Das
Polizeiverordnungsrecht
in
Preußen.

Verwaltungsrechtlich entwickelt und dargestellt

von

Dr. Heinrich Rosin,
ord. Professor der Rechte a. d. Universität Freiburg i. B.

Zweite neubearbeitete Auflage.

Berlin SW48
Wilhelmstraße 119/120.
J. Guttentag, Verlagsbuchhandlung.
1895.

Vorwort.

Die erste Auflage dieses Buches ist seit längerer Frist bereits vergriffen. Anderweitige Aufgaben ließen mich zunächst die Zeit für die Neubearbeitung nicht gewinnen. Als ich dann an sie herantrat, erwies sich die seit der ersten Auflage erwachsene, den Gegenstand betreffende Judicatur und Litteratur als so bedeutend, daß deren Verarbeitung, sowie die sonstige erneute Durcharbeitung des Stoffes wiederum eine ganz geraume Zeit in Anspruch nahm. Erschien es doch sogar nöthig, die für die Neubearbeitung wichtigste Frage nach dem gegenständlichen Umfange des Polizeiverordnungsrechts in einem vorausgeschickten Aufsatze (Verwaltungsarchiv Bd. 3 S. 249—365, auch im Separatabdruck) besonders zu behandeln.

Nunmehr indessen glaube ich, dasjenige geleistet zu haben, was man im Vergleiche zur ersten Auflage von dem vorliegenden Buche billig erwarten mag. Ich habe mich nicht auf Nachträge beschränkt, sondern eine wirkliche Neubearbeitung vorgenommen. Wie bedeutend dieselbe ist, geht schon aus der äußeren Thatsache hervor, daß der Text des Buches gerade um die Hälfte seines früheren Umfanges gewachsen ist. Die fortgeschrittene Gesetzgebung ist überall verarbeitet, die Litteratur und Judicatur, die des Kammergerichts wie namentlich die hochbedeutsame des Ober-Verwaltungsgerichts, kritisch verwerthet, und manche, besonders aus der Praxis, mir in höchst dankenswerther Weise direct entgegengebrachte Anregung benutzt worden. So darf ich annehmen, daß wohl kaum eine wesentliche Frage des Polizei-Verordnungsrechts, welche Theorie oder Praxis bisher beschäftigt hat, in dem vorliegenden Buche ohne eingehende Erwägung geblieben ist.

Eine werthvolle Bereicherung ist der zweiten Auflage dadurch zu Theil geworden, daß das Kgl. Ministerium des Innern (Graf Eulenburg) auf gütige Vermittlung des Herrn Geh. Oberregierungsraths Nöll mir die ministeriellen Vorentwürfe (nebst Erläuterungen) zum Polizeigesetze v. 11. März 1850 abschriftlich zur Verfügung gestellt hat. Die betreffenden Materialien sind im Anhang zum vollständigen Abdruck gebracht. Ihre Benutzung war für das Verständniß des Gesetzes vielfach von besonderem Werthe, während allerdings bei derselben auch eine gewisse Vorsicht geboten war, um nicht in das geltende Gesetz Auffassungen hineinzutragen, welche zwar während der internen Vorstadien der Legislation hervorgetreten, aber im Gesetze selbst nicht zum Ausdruck gelangt waren.

Die Benutzung des Buches glaube ich in zwei Punkten wesentlich erleichtert zu haben: einerseits dadurch, daß ich die übermäßig langen Paragraphen der ersten Auflage in eine größere Reihe kleinerer zerlegt habe, und sodann durch die Beifügung eines ausführlichen Sachregisters, dessen Fehlen in der ersten Auflage mehrfach gerügt worden war.

Endlich möchte ich noch besonders hervorheben, daß die vergleichende Heranziehung der süddeutschen Rechte, welche bereits in der ersten Auflage an einzelnen Punkten erfolgt war, schon in Folge meiner Lehrthätigkeit an süddeutscher Hochschule, erweitert worden ist. Manche Anregung auch für das specifisch preußische Recht war dadurch zu gewinnen. Vielleicht aber wird auch die Praxis des süddeutschen Polizeirechts aus der Verarbeitung des preußischen und namentlich des darin mitbegriffenen Reichsrechts einigen Nutzen ziehen können.

Möge auch der neuen Bearbeitung in Theorie und Praxis eine freundliche Beurtheilung gegönnt sein!

Freiburg i. B., den 29. Juli 1895.

Der Verfasser.

Vorwort zur ersten Auflage.

Die vorliegende Arbeit bezieht sich auf die den Polizeibehörden zustehende Befugniß, polizeiliche Rechtsvorschriften mit Strafandrohung gegen die Uebertretung derselben zu erlassen, das sog. Polizeiverordnungsrecht. Sie soll in erster Reihe das hierüber in Preußen geltende Recht zur umfassenden Darstellung bringen. Auch die für die Thätigkeit der preußischen Behörden maßgebenden Rechtsnormen des deutschen Reiches sind durch diese Umgrenzung mitinbegriffen. Weitergehend ist im Anschluß hieran auch das jetzt in das Reichsrecht aus dem früheren preußischen Recht übergegangene Polizeiverordnungsrecht der Consularbehörden mit in den Kreis der Darstellung hineingezogen worden.

Der Verfasser ist dabei bestrebt gewesen, der Arbeit den Charakter einer möglichst principiellen Untersuchung zu geben, indem er an jedem Hauptpunkte der Darstellung es als seine Aufgabe betrachtet hat, die in dem positiven Rechte seines Staates zur Erscheinung gelangenden allgemeinen verwaltungsrechtlichen Grundgedanken hervortreten zu lassen. Um hierfür eine breitere Grundlage zu gewinnen, hat er außer dem durch die historische Entwickelung für das preußische Recht unmittelbar bedeutsamen französischen Recht auch das Recht der deutschen Mittelstaaten, insbesondere das bayrische, württembergische und badische, zu vergleichender Berücksichtigung herangezogen.

Die Arbeit im Ganzen soll eine verwaltungsrechtliche sein, d. h. vor Allem eine rechtswissenschaftliche. Des Verfassers erstes Bestreben ist es gewesen, den vorliegenden Stoff juristisch zu durchdringen und auf diese Weise, soweit seine Kräfte reichen, mit dazu beizutragen, den jüngsten Zweig der Rechtswissenschaft, das Verwaltungsrecht, als einen wesentlichen Theil des Ganzen erscheinen zu lassen. Im Gegensatz hierzu soll die Arbeit keine politische sein, und dies im doppelten Sinne. Der Verfasser hat sich einerseits davon ferngehalten, von irgend einem politischen Standpunkte aus an die Kritik des Bestehenden heranzutreten, andererseits ist er gerade bemüht gewesen, die Fragen des Rechts von denen der polizeilichen Zweckmäßigkeit, der inneren Politik in diesem Sinne, durch scharfe Sonderung möglichst genau abzuheben. Noch bleibt ihm zu bemerken, daß, wenngleich schon die verwaltungsrechtliche Behandlung der Materie von selbst in das Gebiet des Strafrechts bedeutsam hinübergreift, doch eine Erörterung rein strafrechtlicher Fragen des Polizeirechts nicht im Plane gelegen hat.

Der Verfasser war aber auch bestrebt, über der wissenschaftlichen Untersuchung die unmittelbaren Bedürfnisse der Praxis bei der Darstellung nicht aus dem Auge zu verlieren. So hofft er auch, durch die umfassende Benutzung der Gesetzesmaterialien, Ministerialrescripte, sowie der gesammten Rechtsprechung des Ober-Tribunals und des Ober-Verwaltungsgerichts nicht allein den verordnungsberechtigten Behörden selbst, sondern auch allen bei der rechtlichen Handhabung der erlassenen Verordnungen Betheiligten, insbesondere den auf Grund derselben erkennenden Straf- und Verwaltungsgerichten, für ihre Thätigkeit ein brauchbares Hilfsmittel geboten zu haben.

Breslau, im Januar 1882.

Der Verfasser.

Inhaltsverzeichniß.

I. Theil.

Die Grundlegung.

II. Theil.

Die Ausführung.

Abkürzungen.

a. A. = anderer Ansicht.
A.B.G. = Allgemeines Berggesetz v. 24. Juni 1865.
a. E. = am Ende.
A.L.R. = Allgemeines Landrecht.
Binseel = Preußisches Verwaltungsblatt, herausgegeb. von Binseel, seit Bd. 16 von Hoffmann, Berlin, Carl Heymann's Verlag.
Entsch. = Sammlung von Entscheidungen.
Erk. = Erkenntniß.
Erl. = Erlaß.
G. = Gesetz.
Goltdammer Archiv = Archiv für (deutsches und) preußisches Strafrecht, herausg. zuerst von Goltdammer 1853 ff.
G.V.Bl. = Gesetz- und Verordnungsblatt.
H.G.B. = Handelsgesetzbuch.
J.M.Bl. = Justiz-Ministerialblatt.
Johow = Jahrbuch für Entscheidungen des Kammergerichts in Sachen der nichtstreitigen Gerichtsbarkeit und in Strafsachen, herausg. von Johow u. A.
K.G. = Kammergericht.
L.V.G. = Gesetz über die allgemeine Landesverwaltung v. 30. Juli 1883.
Min. = Minister, Ministerium, Ministerial-.
O. = Ordnung.
O.L.G. = Oberlandesgericht.
Oppenhoff Kommentar = Oppenhoff, das Strafgesetzbuch für das deutsche Reich, erläutert.
Oppenhoff Rechtspr. = Rechtsprechung des Kgl. Ober-Tribunals in Strafsachen, herausg. v. Oppenhoff.
Oppenhoff Ressortverhältnisse = Th. F. Oppenhoff, Die preuß. Gesetze über die Ressortverhältnisse zwischen den Gerichten und den Verwaltungsbehörden. Berlin 1863.
Org.G. = Gesetz über die Organisation der allgemeinen Landesverwaltung v. 26. Juli 1880.
O.V.G. = Oberverwaltungsgericht.
Pol.Str.G.B. = Polizeistrafgesetzbuch.
Pol.V.O. = Polizeiverordnung.
Prov.O. = Provinzialordnung.
Reg.Bl. = Regierungsblatt.
R.G. = Reichsgesetz.
R.G.Bl. = Reichsgesetzblatt.
R.Ger. = Reichsgericht.
R.Gew.O. = Reichs-Gewerbe-Ordnung.
R.Str.G.B. = Reichsstrafgesetzbuch.
Sp. = Spalte.
Verwaltungsblatt s. Binseel.
V.O. = Verordnung.
V.M.Bl. = Ministerialblatt f. d. gesammte innere Verwaltung in den preußischen Staaten.

I. Theil.

Die Grundlegung.

1. Kapitel: Die verwaltungsrechtlichen Grundlagen. [1])

§ 1. Staat und Recht; Verwaltung und Verwaltungsrecht.

Recht ist uns die äußere Abgrenzung der Willensmacht der Persönlichkeiten, [2]) welche denselben von einer über ihnen stehenden Potenz gesetzt wird. Auch diese ordnende Macht selbst, durch welche das Recht in dem bezeichneten objectiven Sinne als der Inbegriff der Rechtssätze geschaffen wird, pflegen wir in subjectiver Auffassung das Recht zu nennen. [3])

[1]) Die Ausführungen dieses Kapitels sollen nur die Grundanschauungen skizziren, von denen aus der Verfasser an die Behandlung seines besonderen Themas herantritt, und haben nicht den selbständigen Zweck einer Erschöpfung der in ihnen berührten Fragen. Nur in diesem Rahmen ist daher auch zu der seit der ersten Auflage erschienenen reichhaltigen Litteratur über diese Gegenstände Stellung genommen.

[2]) Anschütz, Kritische Studien zur Lehre vom Rechtssatz und formellen Gesetz (Hallenser Dissertation 1891) hält es, gegenüber Laband, v. Schulze-Gävernitz und mir (vgl. S. 28 Note 53, S. 33 ff. 39) für nöthig, in die Definition des Rechtssatzes außer dem hier betonten „objectiven Merkmal" der „socialen Schrankenziehung" auch noch „ein subjectives, in der Absicht des Gesetzgebers nachzuweisendes" aufzunehmen, daß nämlich der Erlaß der Norm „zum nächsten Zwecke dieser Schrankenziehung" erfolgt sei. Die wahre Bedeutung dieses Postulats ergiebt sich aus der Bemerkung auf S. 79: „Um es wiederholt hervorzuheben, auf die Absicht des Gesetzgebers muß zurückgegangen werden, wenn aus der objectiven Erscheinungsform eines Gesetzes nicht hervorgeht, ob eine Rechtsnorm oder eine Norm anderer Art" (in specie eine bloße Dienstvorschrift für die Behörden) „vorliege". Es handelt sich also nur um den allgemeinen Interpretationsgrundsatz, daß für die Feststellung von Bedeutung und Inhalt einer gesetzlichen Vorschrift in Zweifelsfällen auf den Willen des Gesetzgebers zurückzugehen ist, welcher in juristische Definitionen nicht noch besonders aufgenommen zu werden braucht.

[3]) Vgl. über diese beiden verschiedenen Bedeutungen von „Recht" und die noch hinzutretende dritte des Rechts im subjectiven Sinne als „Befugniß" Lotmar, Ueber causa im römischen Recht (1875) S. 1—3 und Zitelmann, Irrthum und Rechtsgeschäft (1879) S. 205 Note 161, sowie neuestens Regelsberger, Pandekten I (1893) S. 59.

I. Rechtschaffende Potenz im Staate [4]) ist in weitestem Umfange der Staat selbst; die Erscheinungsform des durch seinen Willensact geschaffenen Rechts das „Gesetz.“ Der Bedeutung nach in unseren heutigen Verhältnissen zurücktretend, der Ursprünglichkeit nach sowohl in geschichtlicher wie in inhaltlicher Beziehung sie überragend, tritt im Staate neben die staatliche Satzung die durch das Bewußtsein des Volkes, als durch die höchste über den thatsächlich und rechtlich verbundenen Einzelnen stehende Potenz, unmittelbar getragene Rechtsnorm, welche als Rechtsübung zur Erscheinung kommt (Gewohnheitsrecht).

II. Die Persönlichkeiten, deren Willenssphäre rechtlich abzugrenzen die Aufgabe ist, sind im Privatrecht die unverbunden neben einander stehenden Individuen als solche. Aber auch die Vereinigung der Einzelpersönlichkeiten zur Gesammtpersönlichkeit des Staates selbst, die Abgrenzung der Gesammtpersönlichkeit von der Sphäre der durch die Vereinigung zu Gliedpersönlichkeiten gewordenen Einzelnen [5]) bedarf der rechtlichen Normirung, welche die principale Aufgabe des Staatsrechts ist.

III. Der Staat hat Aufgaben, deren Verwirklichung seinen Lebenszweck bildet. [6]) Seine zur Erfüllung derselben fortgesetzte planmäßige Thätigkeit nennen wir die Staatsverwaltung. Wie jede Verwaltung, so bedarf auch die Staatsverwaltung der Mittel, durch deren Verwendung sie ihre Aufgaben zu realisiren sucht. Den Gliedpersönlichkeiten gegenüber kann sich der Staat der ihm zustehenden staatlichen Machtmittel bedienen, seiner Herrschaftsrechte über Land und Leute, [7]) vermöge deren er durch Gebot

---

4) — im Gegensatz zu dem außerstaatlichen, internationalen Recht, dem Völkerrecht; vgl. v. Schulze-Gävernitz, Das preußische Staatsrecht I (2. Aufl. 1888) S. 2 Note 1.

5) Gierke, Die Grundbegriffe des Staatsrechts und die neuesten Staatsrechtstheorieen, in der Tübinger Zeitschrift f. d. gesammte Staatswissenschaft XXX (1874) S. 321.

6) Außer Betracht bleibt hier die Rechtsprechung, deren allein auf die Verwirklichung des Rechts gerichtete Thätigkeit sie gegenüber der Verwaltung als dem praktischen Leben des Staates eine besondere Stellung gewinnen läßt.

7) Genau genommen giebt es staatsrechtlich nur eine Herrschaft über „Leute“. Wenn von einer Herrschaft über das „Land“, einer Gebietshoheit des Staates die Rede ist, so bedeutet das, daß der Staat eine Herrschaft über Personen nicht bloß auf der Grundlage persönlicher Zugehörigkeit ausübt, sondern auch über Fremde, welche und insoweit sie in den räumlichen Bereich seiner Machtentfaltung eingetreten

oder Verbot Leistungen oder Unterlassungen von ihnen fordert. [8]) Die Abgrenzung der Willenssphäre der Gesammtpersönlichkeit gegenüber der frei und allein durch sich selbst bestimmten Einzelpersönlichkeit, die Feststellung des rechtlichen Dürfens der Staatsverwaltung und des rechtlichen Müssens der Unterthanen im Interesse derselben ist Aufgabe des Verwaltungsrechts als Theil des Staatsrechts. [9]) Indem der Staat die Normen desselben für sich als bindend erachtet, erkennt er zugleich das Recht als gleichmäßig über ihm und den Gliedpersönlichkeiten stehend an; er stellt sich, in weiser Erkenntniß und Würdigung der auf ihn selbst vom Rechte reflectirten Garantieen,[10]) unter das Recht; — er wird Rechtsstaat.[11])

IV. Auch für das Verwaltungsrecht ist principale Quelle das Gesetz. Aber da dieses Gesetz selbst Staatswille ist, so ist eine wirksame Unterordnung des verwaltenden Staates unter das Gesetz nur dadurch zu erreichen, daß die Gesetzgebung als eigene, von der Verwaltung getrennte, nur durch sich selbst bestimmte Function des Staatswillens auftritt. Diese Selbständigkeit der gesetzgebenden Function des Staates gegenüber der verwaltenden findet der moderne Staat in der Betheiligung des Volkes in seiner Vertretung an der staatlichen Gesetzgebung, welche das charakteristische Merkmal des „Verfassungsstaates" ausmacht. Erst im Verfassungsstaate kann daher der Rechtsstaat zur vollkommenen Realität gelangen.[12])

---

sind. Vgl. hierüber, sowie über Staat und Gemeinde als „Gebietskörperschaften" Rosin, Recht der öffentlichen Genossenschaft (1886) S. 43 ff.

[8]) Laband, Staatsrecht des deutschen Reiches, I, 2. Aufl. (1888) S. 684.

[9]) Vgl. v. Sarwey, Das öffentliche Recht und die Verwaltungsrechtspflege (1880) S. 65 ff.

[10]) v. Ihering, Zweck im Recht, I, 3. Aufl. (1893) S. 377 ff. „Das Recht ist die wohlverstandene Politik der Gewalt" (S. 378).

[11]) Ich citire nur die bahnbrechenden Schriften von Bähr, Der Rechtsstaat (1864), Gneist, Der Rechtsstaat, 2. Aufl. (1879), Lorenz v. Stein, Die vollziehende Gewalt 2. Aufl. (1869) I, 1 S. 294. — Vgl. auch die anregenden Ausführungen von v. Ihering a. a. O. 1. Aufl. S. 344 ff., 365 ff., 2./3. Aufl. S. 357 ff. 376.

[12]) L. v. Stein, Rechtsstaat und Verwaltungsrechtspflege, in Grünhut's Ztschr. f. d. Privat- und öffentliche Recht der Gegenwart, VI (1879) S. 38 ff., v. Sarwey a. a. O. S. 45 ff., sowie desselben „Allgemeines Verwaltungsrecht" in Marquardsen's Handbuch des öffentl. Rechts S. 17 Note 1.

§ 2. Gesetz: Abstracte Norm und Individualrechtssatz.

Inhalt des Gesetzes ist der Rechtssatz, im besonderen die Rechtsregel. [1])

I. Wie für jedes andere Gebiet, so erfüllt auch für das der Staatsverwaltung das Recht und dessen specielle Erscheinungsform, das Gesetz, seine Aufgabe, eine specifische Ordnung der Lebensverhältnisse herbeizuführen, in der Form, daß es an bestimmte Thatbestände als Ursachen, gewisse Rechtsfolgen, Verpflichtungen bezw. Befugnisse, als Wirkungen anknüpft. An den Thatbestand z. B., daß ein wehrpflichtiger Deutscher den Beginn des Kalenderjahres erreicht, in welchem er das 20. Lebensjahr vollendet, knüpft der § 10 des Reichsmilitärgesetzes vom 2. Mai 1874 bezw. 6. Mai 1880 die Verpflichtung für denselben, sich zum Zwecke seiner Aushebung vor den Ersatzbehörden in näher geregelter Weise zu gestellen, und für die Militärverwaltung die Befugniß, ihn der Aushebung zu unterziehen; aus dem Thatbestande des Ausbruchs einer Seuche unter seinem Viehstande läßt das R.G. betr. die Abwehr und Unterdrückung von Viehseuchen v. 23. Juni 1880 [2]) § 9 für den Besitzer von Hausthieren die Verpflichtung zur Anzeige bei der Polizeibehörde und für diese selbst demnächst nach § 24 unter anderen die Befugniß, die Tödtung der erkrankten Thiere anzuordnen, erwachsen. Der Thatbestand, welcher sich selbst möglicherweise aus einer Reihe einzelner Momente, Thatbestandsmomente, zusammensetzt, [3]) erzeugt kraft Gesetzes [4]) die von diesem an ihn ge-

---

[1]) Vgl. besonders Zitelmann a. a. O. S. 225 ff., Windscheid, Pandekten I § 63, 68, Regelsberger, Pandekten I § 118.

[2]) Neue Fassung R.G.Bl. 1894 Nr. 19.

[3]) So setzt sich der Thatbestand des § 10 R.Mil.G. zusammen aus den Momenten der deutschen Nationalität, der Wehrpflichtigkeit (§ 1 R.G. über die Verpflichtung zum Kriegsdienste v. 9. Nov. 1867) und der Thatsache der Erreichung eines gewissen Lebensalters.

[4]) Nicht also das Gesetz ist es, welches selbst die Ursache der eintretenden Rechtswirkung darstellt; Ursache derselben ist der vom Rechte vorausgesetzte Thatbestand: das Gesetz ist nur die Causalbeziehung zwischen beiden, die Macht, welche den Thatbestand zur Ursache, die Rechtsfolge zu seiner Wirkung macht; Zitelmann S. 279, sowie neuestens Tezner bei Grünhut XXI S. 226. Dieser Auffassung stellt Seligmann, Der Begriff des Gesetzes im materiellen und formellen Sinne (Beiträge zur Lehre vom Staatsgesetz und Staatsvertrag I, 1886) S. 35 Note 1 in ausführlicherer Polemik die andere gegenüber, wonach Ursache des Rechtserfolges das Gesetz selbst und der Thatbestand nur die Bedingung oder Voraussetzung ist, unter

knüpfte Rechtswirkung; den Ausspruch des Gesetzes über diese Rechtswirkungen setzt man mit Fug der Beschreibung des Thatbestandes im Gesetze, dem gesetzlichen Thatbestande — welchen man im Gegensatz zu dem real verwirklichten den ideellen oder gedachten Thatbestand nennen kann [5]) — als „Norm" im engeren Sinne [6]) gegenüber.

II. An das Moment des Thatbestandes im Gesetze knüpft sich die in neuerer Zeit vielfach erörterte [7]) und für die folgenden

---

der das Gesetz wirken will. Vgl. dazu im Allgemeinen Windscheid und Regelsberger a. a. O. An sich ist jede der beiden Auffassungen möglich, weil, sobald wir als Ursache nicht mehr die Gesammtheit aller Bedingungen eines Erfolges ansehen, sondern eine von ihnen besonders herausheben, der Begriff der Ursache aufhört, etwas objectiv bestimmtes zu sein und sich nach dem subjectiven Standpunkte und Interesse des Betrachtenden verschieben kann. Ursache in diesem Sinne ist die von einem bestimmten Standpunkte aus wichtigste Bedingung des Erfolges. (Vgl. auch Enneccerus, Rechtsgeschäft, Bedingung und Anfangstermin, 1889, S. 154 und für meine Auffassung des juristischen Ursachenbegriffs besonders Rosin, Recht der Arbeiterversicherung I S. 270 ff.) Hiernach aber kann kein Zweifel sein, daß für den Rechtsdogmatiker, welchem das geltende Recht eine ruhende Masse ist, der hier vertretene Standpunkt der zunächst gegebene ist, während der Rechtshistoriker oder Socialpolitiker, überhaupt jeder, welcher die Entwickelung der socialen Verhältnisse unter der Einwirkung der sich verändernden Gesetzgebung betrachtet, vom Standpunkt seines Interesses aus das Gesetz als causa efficiens der Rechtsfolge ansehen mag. Darum hat es auch keine Bedeutung, wenn Seligmann sich auf Aeußerungen von Helmholtz u. A. beruft, nach denen auch das Naturgesetz und nicht der vorausgegangene Thatbestand als Ursache der Naturerscheinungen zu betrachten sein soll. Das mag durch den Standpunkt des Physikers erfordert sein, aber dem Juristen, welcher für die Anwendung des Strafgesetzes oder des Unfallversicherungsgesetzes nach der Ursache des Todes eines Menschen fragt, wird wenig gedient sein, wenn man ihn auf die im gegebenen Falle wirksam gewesenen Naturgesetze hinweist.

[5]) Hinsichtlich des gleichen Gegensatzes im Strafgesetze s. Hugo Meyer, Lehrbuch des deutschen Strafrechts 2. Aufl. (1877) S. 133 und die dort citirte Untersuchung in Goltdammer's Archiv für gemeines und preußisches Strafrecht, X S. 226 ff., Meyer, Lehrbuch, 4. Aufl. S. 46.

[6]) Im weiteren Sinne nennt man „die Norm" den gesammten, aus Thatbestand und Norm im eigentlichen Sinne zusammengesetzten Inhalt des Gesetzes. Ueber die besondere Bedeutung der „Norm" im Gegensatz zur Strafdrohung vgl. unten § 4.

[7]) Seinen Ausgang nahm der Streit besonders von Laband's Schrift über das Budgetrecht nach den Bestimmungen der preußischen Verfassungsurkunde, zuerst in Behrend's Ztschr. f. die Gesetzgebung und Rechtspflege in Preußen (1870) S. 627, 628. Ueber den gegenwärtigen Stand der Frage orientiren G. Meyer, Lehrbuch des deutschen Staatsrechts (4. Aufl.) § 8 Note 1, Laband, Staatsrecht des deutschen Reiches (2. Aufl.) I S. 513 Note 1 und in Marquardsen's Handbuch des öff. Rechts (2. Aufl.) S. 76. Für die Möglichkeit von „Individualrechtssätzen" jetzt

Untersuchungen bedeutsame Frage an, ob es zu den Erfordernissen des Gesetzes im materiellen Sinne, d. h. des vom Staate erzeugten Rechtssatzes [8]), begrifflich gehöre, daß dasselbe einen allgemeinen Inhalt habe, ob, wie positiv formulirt worden ist, das Gesetz sich, um Gesetz zu sein, „eine nicht vorauszusehende Zahl von logisch darunter fallenden Fällen unterzuordnen habe", [9]) oder auch, wie derselbe Gedanke negativ wiedergegeben wird, das Gesetz nicht „blos auf einen oder mehrere individuell bestimmte Thatbestände sich beziehen dürfe."[10]) Den Gegensatz zu der Bejahung dieser Frage

---

auch Regelsberger, Pandekten I § 30. Die eigenartige Behandlung des Problems, wie sie bereits die 1. Auflage dieses Buches brachte, ist von Laband bei Marquardsen a. a. O. als „sehr beachtenswerth" anerkannt worden; speziell gegen dieselbe haben sich erklärt Eck in den Jahrb. für Dogmatik XXII S. 77 Note 1, Seligmann a. a. O. S. 61 Note 3 a. E. und G. Meyer a. a. O. Wie der letztgedachte Rechtslehrer sich dahin aussprechen kann, daß der von mir angenommene Gegensatz von concret und individuell „überhaupt nicht bestehe", ist mir unverständlich geblieben (vgl. auch Bernatzik, Rechtssprechung und materielle Rechtskraft, 1886 S. 5 Note 5); richtig dagegen ist seine Annahme, daß meine „Theorie im Resultat durchaus auf die Ansicht hinauskommt, daß der Begriff des Gesetzes sich nicht auf allgemeine Vorschriften beschränkt." Ich habe auch durchaus nicht, wie er und Eck zu glauben scheinen, eine vermittelnde Abweichung von dieser Ansicht, sondern nur eine schärfere Präcisirung derselben beabsichtigt.

8) Vgl. oben § 1 I. Ueber den Begriff des Gesetzes im formellen Sinne, worin jeder mit Zustimmung der Volksvertretung ergehende Willensact des Staates begriffen ist, Laband, Reichsstaatsrecht, 2. Aufl. I § 56, und dazu S. 513 Note 1.

9) Schulze, Preußisches Staatsrecht (1. Aufl.) II S. 206: „Zum Begriffe des Gesetzes gehört die Allgemeinheit der Regel, welche in allen logisch darunter fallenden Fällen befolgt werden soll" . . . S. 207: „Dem Merkmale der Allgemeinheit ist genügt, wenn sich der Regel überhaupt eine Zahl von nicht vorauszusehenden Fällen logisch unterzuordnen hat." Vgl. auch desselben Verfassers Lehrbuch des deutschen Staatsrechts (1881) S. 517. In der 2. Aufl. seines preußischen Staatsrechts hat dagegen v. Schulze-Gävernitz seinen Standpunkt geändert und erkennt jetzt (Bd. II S. 4) auch Individualgesetze an, „welche einen einzelnen Fall, der nicht als concreter einer abstracten Gesetzesregel untergeordnet werden kann oder soll, gesetzlich normiren" (Note 2).

10) Georg Meyer in seiner Besprechung von Laband's Reichsstaatsrecht (1. Aufl.) II in Hirth's Annalen des Deutschen Reichs, 1878 S. 370, ebenso in seinem Aufsatz: „Der Begriff des Gesetzes und die rechtliche Natur des Staatshaushaltsetats (Entgegnung auf den v. Martitz'schen Aufsatz in Note 10 a) bei Grünhut Ztschr. VIII (1881) S. 20, 21. — Nach G. Meyer ist die „Regelung individueller oder concreter Verhältnisse" ihrem materiellen Inhalte nach in jedem Falle eine „Sache der Verwaltung, eine Verfügung", auch wenn sie in den Formen des Gesetzes erfolgt. Dazu unten § 3 und Regelsberger, Pandekten I S. 122.

bildet dann der Lehrsatz, daß das Gesetz eine allgemeine Regel nicht zu enthalten brauche, daß es vielmehr „mit dem Begriff des Gesetzes völlig vereinbar sei, daß dasselbe einen Rechtssatz aufstellt, der nur auf einen einzigen" — realen — „Thatbestand anwendbar ist oder nur ein einzelnes concretes Rechtsverhältniß regelt." [10a]) (Individualgesetz.)

Die Ursache dieses wissenschaftlichen Gegensatzes ist, wie ich meine, in einer Verwechslung des Begriffes der „Allgemeinheit" mit dem der „Einheit" zu finden.[11]) Nach meiner Ansicht zieht das Gesetz unter die von ihm aufgestellte Nomirung begrifflich nothwendig eine Thatbestands- (Fall-) Einheit, aber diese Einheit ist nicht nothwendig eine abstracte (allgemeine). Nur das regelmäßige, weil der Stetigkeit und Unparteilichkeit der Rechtsordnung am meisten Entsprechende, ist es, daß das Gesetz in der Formel: „wenn—so"[12]) seine Norm auf einen oder eine Anzahl abstract bezeichneter Thatbestände für anwendbar erklärt, derart, daß jeder concret zur Existenz gelangende reale Thatbestand, welcher in der Gruppirung seiner Thatbestandsmomente den im Gesetz abstract bezeichneten ideellen Thatbestand wiedergiebt, auch die im Gesetz abstract bestimmte Rechtswirkung concret aus sich heraus erzeugen muß. Der oben bezeichnete, abstract festgestellte Thatbestand des § 10 des R.Mil.G. erzeugt jedesmal und so oft er sich „in einer nicht vorauszusehenden Anzahl von Fällen" real darstellt, für den in concreto Betroffenen die in der Militärpflicht liegenden Verpflichtungen, der in § 9 des Viehseuchen-G. abstract vorgesehene Seuchenausbruch in jedem einzelnen concreten Erscheinungsfalle die für den Viehbesitzer in abstracto getroffenen Verbindlichkeiten. Den

---

[10a]) In dieser Weise citirte die 1. Aufl. nach Laband's Reichsstaatsrecht (1. Aufl.) II S. 1. 2; in der 2. Aufl. I S. 513 ist das Wort „concretes" richtiger weggeblieben. Vgl. auch F. v. Martitz: „Ueber den constitutionellen Begriff des Gesetzes nach deutschem Staatsrecht" in der Tübinger Ztschr. XXXVI (1880) S. 241.

[11]) Darüber sind auch die Vertheidiger der „Allgemeinheit" einig, daß eine bloße Summe von Fällen diesem Begriffe nicht entspricht; vgl. die Definition G. Meyer's. Es führt dies schon consequent verfolgt vom Begriffe der Allgemeinheit zu dem der „Einheit". Ueber die Relativität des Begriffs der „Allgemeinheit" besonders v. Martitz a. a. O. und unten § 3. — Mit Recht hebt andererseits Regelsberger, Pandekten I S. 122 hervor, „daß die Natur der individuellen Bestimmung die Umfassung einer Mehrheit von Fällen nicht ausschließt."

[12]) v. Ihering, Zweck S. 337, 3. Aufl. S. 350, Geist des römischen Rechts 3. Aufl. I S. 52, Zitelmann S. 222.

Rechtssatz, welcher einen abstracten Thatbestand einheitlich für alle in concreto darin begriffenen Fälle „ein für alle Mal" ordnet, wird man zutreffend als Rechtsregel (im engeren Sinne) bezeichnen.

Aber, wie die abstracte Normirung eines in abstracto aufgestellten Thatbestandes nur deshalb den Begriff des Gesetzes erfüllt, weil das Abstracte die Einheit der concreten Erscheinungsformen ist, so kann umgekehrt das Erforderniß der Einheit des zu regelnden Thatbestandes im Gesetze verwirklicht sein, ohne daß dasselbe eine abstracte Normirung enthält. Mit anderen Worten: es kann ein einzelner, in der Welt der Thatsachen real zur Erscheinung gelangter oder noch gelangender, Thatbestand[13]) Gegenstand der gesetzlichen Normirung sein, wenn diese Normirung nur für ihn als für eine eigene Einheit erfolgt. Auch dann hat das Gesetz einen Thatbestand „ein für alle Mal" rechtlich geordnet, wenn nach seinem Willen der eine, unmittelbar in Betracht gezogene Fall alle Fälle erschöpfen soll. Hauptsächlich nun tritt in der Gesetzgebung ein einzelner realer Thatbestand dann als besondere Einheit hervor, wenn er als Ausnahme einer bereits durch Gesetz in bestimmter Weise geregelten abstracten Thatbestandseinheit, unter welche er sonst begrifflich fallen würde, seine abweichende Normirung erhält. Es ergiebt sich dies mit Nothwendigkeit aus dem Begriff und inneren Wesen der Ausnahme gegenüber dem Gesetze[14]), die, wenn sie nicht als besondere Einheit gegenüber der Regel aufgefaßt würde, eben dann als concrete Erscheinungsform sich unter die abstracte Einheit des Gesetzes stellen würde. Wie daher z. B. die abstracte Fassung des Art. 24 der norddeutschen Bundesverfassung: „Die Legislaturperiode des Reichstages dauert drei Jahre"[15]) zweifellos einen Rechtssatz enthielt, also auch inhaltlich Gesetz war, so war die Bestimmung des G. v. 21. Juli 1870 über die Verlängerung der Legislaturperiode des am 31. August 1867 gewählten Reichs-

[13]) Es muß zur Vermeidung von Mißverständnissen besonders hervorgehoben werden, daß, wenn hier von einem einzelnen Thatbestande als dem Gegenstand einer rechtlichen Normirung die Rede ist, ein „realer" im Gegensatz zu dem „ideellen, gedachten" (vgl. im Text I a. E.) gemeint wird. Denn auch der im Gesetz vorausgesetzte abstracte Thatbestand, welcher alle darunter begriffenen concreten Fälle umfaßt, kann mit Beziehung auf andere gesetzliche (ideelle) Thatbestände ein „einzelner" genannt werden.

[14]) Vgl. hierzu v. Ihering, Zweck S. 14, Zitelmann S. 207.

[15]) Jetzt R.G. v. 19. März 1888.

tages, wenngleich sie nur einen einzelnen Fall, diesen aber als besondere Einheit normirte, ebenso auch materiell Gesetz und hatte ebenso, wie die abstracte Bestimmung des Art. 24 einen Rechtssatz zum Inhalt[16]). Allein die Fälle, in denen durch abweichende gesetzliche Regelung ein allgemeiner Rechtssatz für einen einzelnen Fall durchbrochen wird, sind begrifflich nicht die einzigen, in denen es dem Gesetze trotz dieser seiner Natur an einem allgemeinen Inhalt mangelt. Es kann sehr wohl ein seinem Wesen nach eigenartiger, als solcher nur einmal gegebener Thatbestand, für welchen es in der bisherigen Gesetzgebung an einer Regelung überhaupt gebricht, als besondere Einheit zum Gegenstande eigenartiger, wenn auch nicht ausnahmsweiser, rechtlicher Ordnung gemacht werden, so z. B. wenn in einem Staate, der allgemeine Bestimmungen über die Regentschaft nicht besitzt[17]), ein einzelner, in Aussicht stehender Bedürfnißfall besonders geregelt wird.[18])

In gewisser Anknüpfung an v. Ihering[19]) nenne ich denjenigen

---

16) Das Beispiel giebt Laband, Reichsstaatsrecht (2. Aufl.) I S. 514; dazu G. Meyer bei Hirth a. a. O. S. 370. Vgl. noch v. Ihering, Zweck 1. Aufl. S. 331, 3. Aufl. S. 344.

17) — wie dies z. B. in Baden der Fall ist.

18) Hierher rechne ich auch z. B. den von Georg Meyer in seiner „Erwiderung“ gegen Laband über die Verstaatlichung der hessischen Ludwigs-Eisenbahn S. 46. 47 vorausgesetzten Fall, daß die für den Erwerb der gedachten Bahn zu zahlende Entschädigung durch Gesetz festgestellt wird. „Der vorliegende Fall ist so geartet, daß gemeingültige Normen überhaupt nicht in Frage kommen können.“ Andere Fälle lassen sich aus Art. 41, Art. 4 Nr. 8 der Reichsverf. entnehmen; Hänel, Staatsrecht I S. 622. 649. Vgl. auch Regelsberger, Pandekten I S. 123. — Nach alledem ist es zu eng, wenn Löning, Verwaltungsrecht S. 226 die Rechtssätze eintheilt in „Rechtsregeln“ und solche „Rechtsnormen, nach welchen nur ein einzelnes, in dem Gesetz angegebenes concretes Verhältniß in Abweichung von den bestehenden Rechtsregeln zu ordnen ist“, und daher jedenfalls unrichtig, wenn er Note 1 dazu urtheilt, daß „die Ausführungen Rosins nur die im Text enthaltene Ansicht in das Gewand einer spitzfindigen Scholastik kleiden.“

19) Die obigen Untersuchungen über den Gesetzesinhalt verdanken ihre Entstehung der Anregung v. Ihering's in seinen geistvollen Ausführungen über das Individualgebot (Zweck 1. Aufl. S. 327 ff., 2./3. Aufl. S. 339 ff.). Nichtsdestoweniger weichen sie sowohl im Einzelnen der Ausführung, wie im Resultate von den Iheringschen Sätzen weitaus ab (vgl. unten § 3 Note 21). Die entscheidende Stelle bei Ihering ist folgende (S. 328, 3. Aufl. S. 341): „Das Concrete ist das Correlat des Abstracten, das Individuelle der Gegensatz desselben, das Concrete in seiner Allgemeinheit“ (Einheit, s. oben) „gedacht heißt abstract, das Abstracte in seiner Verwirklichung concret. Wer sich des Ausdrucks: concret bedient, implicirt damit die Vorstellung,

einzelnen, real verwirklichten oder als verwirklicht vorausgesetzten Thatbestand oder Fall, welcher als Fall-Einheit der rechtlichen Normirung[20]) unterliegt, in dieser Beziehung einen individuellen und bezeichne damit den Gegensatz zu dem concreten Fall, welcher nicht als Fall-Einheit, sondern als einzelne Erscheinungsform einer abstracten, ihn mitumfassenden Einheit für die rechtliche Normirung in Betracht kommt. Demzufolge formulire ich das gefundene Resultat dahin: Jedes Gesetz normirt, seinem Inhalte nach betrachtet, begrifflich eine Thatbestandseinheit, sei es, daß es eine Rechtswirkung abstract an einen abstracten Thatbestand anknüpft und damit alle concreten, darunter begriffenen Fälle umfaßt, oder einem individuellen Thatbestande eine Regelung in individueller Weise zu Theil werden läßt. Dieses Resultat aber, nach welchem auch die individuelle Regelung eines einzelnen Falles der Gesetzgebung als solcher anheimfällt, ist nichts Anderes, als die logische Ableitung und begriffliche Formulirung eines politischen und staatsrechtlichen Postulats des modernen Rechts- und Verfassungsstaates. Wenn nach demselben das Recht die alleinige Grundlage für subjective Rechte und Pflichten, auf dem Gebiete des Verwaltungsrechts insbesondere für die Anforderungen der Staatsorgane gegenüber der persönlichen Freiheit der Staatsbürger sein soll,[21]) so schafft jede solche Anforderung, welche nicht in dem geltenden Rechte ihren zureichenden Grund findet, neues Recht, und ist daher, auch wenn sie sich in einem einzelnen Falle erschöpft und auf Wiederholung nicht berechnet ist, nur unter den Voraussetzungen und in den Formen zulässig, welche für die Erzeugung von Rechtssätzen in der Verfassung des Staates festgesetzt sind.

---

daß dem Einzelnen, das er als solches bezeichnet, ein Allgemeines entspreche, das an ihm nur zur Erscheinung gelange; wer sich des Ausdrucks: abstract bedient, umgekehrt die Vorstellung, daß das Allgemeine, welches er dabei vor Augen hat, im einzelnen Fall wirklich werden könne. Wer dagegen etwas als individuell bezeichnet, will damit ausdrücken, daß dasselbe nicht eine bloße Wiederholung eines Typus des Abstracten ist, sondern daß es denselben in irgend einem Punkt, der ihm eigenthümlich ist, verleugnet." Sowohl v. Martitz, als G. Meyer, welche sich in ihren Aufsätzen S. 242 Note bezw. S. 20 Note 33 je zur Bekräftigung ihrer entgegengesetzten Lehrsätze auf die Iheringschen Ausführungen berufen, sind auf dieselben nicht vollständig genug eingegangen.

20) Ihering bezeichnet als Norm im Gegensatz hierzu nur den eine abstracte Regelung enthaltenden Satz. Zweck S. 329, 333 ff. (3. Aufl. S. 346 ff.)

21) Vgl. oben § 1 III, IV. Dazu Regelsberger, wie Note 10 citirt.

§ 3. Verfügung.

Die abstracten Sätze des Verwaltungsrechts, insbesondere auch die im Gesetz enthaltenen, knüpfen nur zum Theil die von ihnen festgestellten Verpflichtungen der Staatsbürger gegenüber der Staatsverwaltung unmittelbar an den von ihnen normirten Thatbestand an, dergestalt, daß bei concreter Verwirklichung desselben jene Pflichten ipso jure aus ihm entspringen. Zum Theil vielmehr machen sie den Eintritt jener Verpflichtungen von einer im concreten Falle ergehenden Willensaction der Verwaltung selbst, d. h. bestimmter, dieselbe repräsentirender Behörden abhängig, welche die Erfüllung der im Gesetz normirten Handlungen, Leistungen oder Unterlassungen fordern. Der Anzeigepflicht des cit. § 9 des Reichs-Viehseuchengesetzes steht die Pflicht des Viehbesitzers gegenüber, die im Falle des Seuchenausbruches von der Polizeibehörde getroffenen, auf die Absonderung und Bewachung der erkrankten Thiere u. s. w. gerichteten Anordnungen zu befolgen, der durch § 128 R.Str.G.B. unmittelbar begründeten Pflicht, die Betheiligung an einer geheimen Verbindung zu unterlassen, entsprach ebenso in dem jetzt beseitigten Socialistengesetze v. 21. October 1878 die Vorschrift der §§ 1, 17, welche die Betheiligung an einem Vereine untersagte, den die Landespolizeibehörde (§ 6) als socialdemokratischen u. s. w. verboten hatte. Aber auch da, wo in Gemäßheit des Gesetzes aus einem Thatbestande unmittelbar verwaltungsrechtliche Pflichten der Unterthanen entspringen, kann die Behörde gegenüber der Lässigkeit der Verpflichteten sich veranlaßt sehen, dieselben zur Ausführung des Gesetzes in concreto besonders anzuhalten.[1]) Die Willensaction der Verwaltung, welche auf die Hervorbringung oder Geltendmachung der im Gesetz abstract festgestellten Verpflichtungen der Staatsbürger gerichtet ist, enthält als Bethätigung der Staatsgewalt gegenüber dem Unterthan einen „Befehl", welcher sich in die Form der obrig-

---

[1]) Vgl. z. B. § 68 des Personenstands-G. v. 6. Febr. 1875: „Die Standesbeamten sind — befugt, die zu Anzeigen oder sonstigen Handlungen auf Grund dieses Gesetzes Verpflichteten — hierzu (durch Geldstrafen) anzuhalten." Aehnlich § 11 des Unfallversicherungsgesetzes v. 6. Juli 1884: Anmeldepflicht der Unternehmer. „Für die nicht angemeldeten Betriebe hat die untere Verwaltungsbehörde die Angaben nach ihrer Kenntniß der Verhältnisse zu ergänzen. Dieselbe ist befugt, die Unternehmer nicht angemeldeter Betriebe zu einer Auskunft darüber innerhalb einer zu bestimmenden Frist — anzuhalten." Vgl. auch G. Meyer, Verwaltungsrecht I S. 79, sowie unten § 18.

keitlichen Willenserklärung, der „Verfügung“ [2]) kleidet. Verfügung ist hiernach derjenige Willensact der Verwaltung, durch welchen ein concreter, im Gesetz abstract vorgesehener Fall in der vom Gesetz abstract vorgesehenen Weise rechtlich geordnet oder gestaltet wird. Es enthält dieser Begriff zwei von einander in engster Abhängigkeit stehende Momente:

I. Im Verhältniß zu dem allgemeinen Gesetze, auf welchem sie beruht, ordnet die Verfügung ihrem Begriffe nach einen einzelnen Fall oder doch eine Summe [3]) einzelner Fälle. In diesem Punkte steht sie dem Individualgesetze gleich. Wie dieses erschöpft sie ihre Kraft mit dem einzelnen Falle [4]) und kann als solche, d. h. ohne durch besondere Wiederholung eine andere zu werden, nicht auf andere Vorkommnisse erstreckt werden. Indessen ist diese Eigenschaft der Verfügung eine relative: gegenüber der abstracten Thatbestandseinheit des Gesetzes erfaßt die Verfügung einen einzelnen in dieser Einheit begriffenen Fall. Dagegen kann sie darüber hinaus sehr wohl ihrerseits einen allgemeinen Inhalt haben, d. h. es kann an den concreten einzelnen Thatbestand ein Befehl oder Verbot geknüpft werden, welche sich nicht in der Person eines bestimmten Adressaten oder in einer einzelnen Handlung bezw. Unterlassung erschöpfen. Es ist also unrichtig und beruht auf einer Verwechselung des Gegenstandes der Verfügung d. h. des von ihr geordneten Thatbestandes (Falles) mit dem Inhalte der-

[2]) Vgl. besonders Laband, Staatsrecht (2. Aufl.) I S. 690 ff., wo aber die Möglichkeit einer unmittelbar durch Gesetz begründeten, durch Verfügung nicht vermittelten Entstehung verwaltungsrechtlicher Pflichten zu sehr in den Hintergrund tritt. Im Allgemeinen G. Meyer Art. „Verfügung“ in v. Stengel's Wörterbuch des deutschen Verwaltungsrechts II S. 669 und die dort angeführte Litteratur, auch desselben Lehrbuch des Verwaltungsrechts (2. Aufl.) I S. 32 ff. — Dahingestellt bleibt hier, inwieweit es sich empfiehlt, Wort und Begriff der Verfügung auch über die Function, Trägerin eines Verwaltungsbefehls zu sein, hinaus auszudehnen, also auch Gewährungen, rechtsbegründende Acte, Beurkundungen und Entscheidungen darunter zu begreifen. Außer Betracht kann auch bleiben, daß unter Umständen auch zur Durchführung eines Individualgesetzes Verfügungen ergehen können, welche den Inhalt des Gesetzes gegenüber dem realen Thatbestande reproduciren. Will man auch diesen Fall besonders berücksichtigen, so müßte die Definition lauten: Verfügung ist derjenige Willensact der Verwaltung, durch welchen ein einzelner realer Thatbestand in der vom Gesetz (abstract oder individuell) vorgesehenen Weise rechtlich geordnet wird.

[3]) — nicht dagegen deren abstracte Einheit; vgl. oben § 2 Note 11.

[4]) So Schulze, preuß. Staatsrecht 1. Aufl. II S. 206; auch v. Ihering, Zweck S. 327. 328. 330, 3. Aufl. S. 333 ff.

selben d. h. dem Inhalt des diese Ordnung bildenden Gebotes oder Verbotes der Behörde, wenn als begriffliches Erforderniß der Verfügung formulirt wird, daß sie an einzelne bestimmte Personen gerichtet sein müsse oder doch keinen allgemeinen Inhalt haben dürfe. [5]) Die folgenden Bemerkungen und Beispiele mögen dies im Rahmen dieser Abhandlung näher erläutern:

1) Es ist nicht erforderlich, daß die einen einzelnen Fall ordnende Verfügung an bestimmte einzelne Personen gerichtet sein müsse, nur für diese ein Gebot oder Verbot enthalten dürfe. Wenn auch überwiegend häufig, so wird dies doch nur dann der Fall sein, wenn sich der durch die Verfügung zu ordnende Thatbestand in der Rechtssphäre einer einzelnen bestimmten Person erschöpft, sich über dieselbe nicht hinaus erstreckt, wie dies z. B. der Fall ist, wenn die Polizeibehörde einem Hausbesitzer die Beseitigung gewisser feuergefährlicher Einrichtungen in seinem Hause aufgiebt oder einem Fleischer den Verkauf eines von ihm geschlachteten finnigen Schweines verbietet. [6]) Darüber hinaus aber ist ein begriffliches Hinderniß nicht vorhanden, daß eine im einzelnen Falle ergangene Verfügung nicht auch allen oder einer bestimmten Klasse von Unterthanen gewisse Handlungen oder Unterlassungen gebieten könnte; nur erschöpft sich das Gebot dem Begriffe der Verfügung gemäß mit dem einzelnen Falle, zu dessen Ordnung es von vorn=

---

[5]) Als Beispiele speciell aus der Litteratur des preußischen Rechts citirte die 1. Aufl. Förstemann, Principien des preußischen Polizeirechts (1869) S. 206 und v. Brauchitsch, Die neuen preußischen Verwaltungsgesetze (1881) I S. 53 Note 77. Auch wurde darauf hingewiesen, daß die im Text beanstandeten Formulirungen sich oft nach Bedürfniß verändert fänden, z. B. bei Klostermann, Lehrbuch des preuß. Bergrechts, S. 448: Die bergpolizeilichen Anordnungen sind — „specielle, insofern sie für ein einzelnes Bergwerk getroffen werden", sowie desselben Verfassers Kommentar zum preuß. Allg. Berggesetz, 3. Aufl. (1874) S. 289 Note 418: „Diese polizeilichen Anordnungen betreffen im Gegensatz zum § 197 nur ein einzelnes Bergwerk. Sie verpflichten nur den Besitzer dieses Bergwerks und dessen Beamte und Arbeiter" (vgl. unten § 12 Note 18). — Gegenwärtig können die im Text entwickelten Anschauungen wohl als ziemlich allgemein anerkannt bezeichnet werden; vgl. z. B. Jellinek, Gesetz und Verordnung (1887) S. 367 Note 3; Löning, Verwaltungsrecht S. 240 Note 1 (mit nicht unbedenklicher Formulirung); G. Meyer, Art. „Verfügung" § 1 Nr. 3 u. a. m. Für den letztgedachten Schriftsteller sollte sich übrigens, wie ich meine, aus diesem von ihm selbst getheilten Standpunkte der umkehrende Rückschluß auf die Möglichkeit von Individualgesetzen zwingend ergeben.

[6]) Die Beispiele sind entnommen aus G. Meyer bei Grünhut VIII S. 40 bezw. dem Erk. O.V.G. v. 27. Juni 1877 (Entsch. II S. 427).

herein erlassen war. Die „Verfügung" [7]) der Polizeibehörde, durch welche nach § 11 des Socialistengesetzes eine bestimmte einzelne socialdemokratische Druckschrift verboten wurde, hatte nach § 19 das allgemeine Verbot der Verbreitung, Fortsetzung und des Wiederabdrucks der Druckschrift zum Inhalte; die „Verfügungen" [8]) des Oberpräsidenten, welche derselbe im einzelnen Falle, „wenn das Vorhandensein der Reblaus auf einem Grundstücke durch Sachverständige festgestellt ist", zur Verhütung einer Verbreitung des Parasiten zu erlassen ermächtigt ist, können auf einen ganzen Gemeindebezirk oder mehrere solche erstreckt werden; noch weitergehend ist der Inhalt der „Verfügungen", [9]) welche von der Polizeibehörde nach dem Reichs-Viehseuchengesetz[10]) im einzelnen constatirten „Falle der Seuchengefahr"[11]) getroffen werden können.[12]) Ganz in derselben Weise können sich die polizeilichen „Verfügungen,"[13]) welche nach § 198, 199 des Allg. Berg-G. im einzelnen Falle einer auf einem Bergwerk eingetretenen Gefahr das Oberbergamt oder der Revierbeamte zu treffen berechtigt ist, sämmtlichen Arbeitern des Bergwerks bestimmte Verpflichtungen auferlegen. In allen diesen Fällen charakterisiren sich die Anordnungen[14]) der Verwaltungsbehörden als Verfügungen durch ihre genaue Beschränkung auf den einzelnen vom Gesetz vorhergesehenen

---

[7]) Vgl. § 13 des Socialisten-G.

[8]) G. v. 27. Febr. 1878 mit Abänderungs-G. v. 23. März 1885 § 1. 4. Vgl. auch unten § 12 Note 19.

[9]) § 7 Abs. 4 des Reichsgesetzes, auch § 12 Abs. 2; vgl. auch § 134 Abs. 2 des L.V.G. v. 30. Juli 1883 mit § 127. 128 desselben einerseits und § 2 Abs. 2 des preuß. Ausführungs-G. zum Reichs-Viehseuchen-G. v. 12. März 1881.

[10]) Vgl. oben § 2 Note 2.

[11]) § 14. 18 a. a. O.; auch § 2 Abs. 1 des preuß. Ausführungsgesetzes: „für den einzelnen Seuchenfall".

[12]) z. B. § 20: Beschränkungen in der Art der Benutzung, der Verwerthung oder des Transports kranker oder verdächtiger Thiere, § 21 Abs. 2: Verbot des freien Umherlaufens der Hunde, § 23: Impfung u. s. w.

[13]) § 200 Abs. 1 Berg-G.

[14]) Es scheint in der Gesetzgebungssprache sich die Tendenz bemerkbar zu machen, die nicht auf einzelne bestimmte Personen beschränkten Verfügungen als „Anordnungen" zu bezeichnen; vgl. z. B. § 28 Abs. 4 des Socialistengesetzes, § 18 des Viehseuchen-G. mit § 2 u. s. f. des preuß. Ausf.G., § 198. 199 Berg-G., § 3. 4 G. betr. die Befugnisse der Strombauverwaltung gegenüber den Uferbesitzern an öffentlichen Flüssen v. 20. Aug. 1883 (G.S. S. 333).

Fall, während die Ausdehnung ihrer inhaltlichen Beziehung rechtlich ohne Bedeutung ist.[15])

2) Es ist ferner, soweit dies mit dem Postulate der Specialität des Inhalts gesagt sein soll, begrifflich nicht erforderlich, daß eine Verfügung lediglich das Gebot einer einmaligen Handlung oder momentanen Unterlassung enthalte. Selbst soweit sie an eine einzelne Person gerichtet ist, kann sie ohne begriffliches Hinderniß im Rahmen des einzelnen Falles dieser allgemein eine bestimmte Handlung oder Unterlassung anbefehlen. Soweit Unterlassungen in Frage stehen, ist es nach der Natur derselben niemals besonders auffällig gewesen: — daß auch materiell eine Verfügung vorliegt, wenn die Polizeibehörde auf Grund des § 10 II 17 A.L.R.[16]) im concreten Einzelfalle dem Besitzer eines Schießstandes die fernere Benutzung desselben mit Rücksicht auf die dadurch verursachte Gemeingefahr untersagt und für jede Zuwiderhandlung eine polizeiliche Executivstrafe androht,[17]) ist im Wesentlichen nie bezweifelt worden.[18]) Aber auch die polizeiliche Anordnung des § 198 Berg-G. kann — analog denen der übrigen angeführten Beispiele[19]) — dem Besitzer desjenigen Bergwerkes, auf welchem der Fall der Gefahr eingetreten ist, die Wiederholung einer bestimmten Handlung oder Leistung unbestimmt und allgemein für die ganze Dauer der Gefahr zur Pflicht machen.

II. Nach der anderen Seite hin ist der durch die Verfügung

---

15) Vgl. Pol.Str.G.B. für Bayern v. 26. December 1871 Art. 1 Abs. 3: Die Zuständigkeit zur Erlassung der zulässigen polizeilichen Anordnungen, Gebote oder Verbote „an einzelne Personen oder in bestimmten Fällen" u. s. w.; vgl. auch Laband schon 1. Aufl. II S. 221 a. E., 2. Aufl. I S. 696.

16) „Die nöthigen Anstalten zur Erhaltung der öffentlichen Ruhe, Sicherheit und Ordnung und zur Abwendung der dem Publico, oder einzelnen Mitgliedern desselben bevorstehenden Gefahr zu treffen, ist das Amt der Polizei." Dazu mein Aufsatz „über den Begriff der Polizei und den Umfang des polizeilichen Verfügungs- und Verordnungsrechts in Preußen", im Verwaltungsarchiv III, § 5. 6.

17) Vgl. Erk. O.V.G. v. 5. Mai 1877 (Entsch. II S. 399). Ebenso z. B. Erk. v. 25. Oct. 1886 (Entsch. XIV S. 323 ff. 333): Verfügung an einen Fabrikdirigenten, durch welche auf Grund von § 10 cit. die Verbreitung gewisser übelriechender und schädlicher Ausdünstungen bei Vermeidung einer Geldstrafe „für jeden Contraventionsfall" untersagt wird.

18) — vom rechtlichen Standpunkte aus auch nicht von Anschütz, Das Recht des Verwaltungszwanges in Preußen, Verwaltungsarchiv I S. 456; vgl. unten § 12 Note 15.

19) Vgl. z. B. oben Note 12.

geordnete Thatbestand nicht bloß ein einzelner, sondern auch ein concreter, im Gesetz abstract[20]) vorgesehener. Dadurch unterscheidet sich die Verfügung von dem Individualgesetz, dessen Gegenstand die individuelle Regelung eines individuellen Falles ist.[21]) Mag

---

20) Dazu oben Note 2 a. E.

21) Es ist hier der Ort, den Gegensatz der obigen Feststellungen zu denen v. Ihering's (vgl. oben § 2 Note 19) näher darzulegen. Ihering nennt nur den abstracten Rechtssatz „Norm, Gesetz" (vgl. oben § 2 Note 20), die individuelle Regelung eines individuellen Falles ist ihm unter Zugrundelegung etymologischer Ableitungen (S. 330. 3. Aufl. S. 342. 343) eine „Verfügung", welche nur, wenn sie den bestehenden Gesetzen widerspricht, nach den Grundsätzen des constitutionellen Staatsrechts die Form des Individualgesetzes annimmt (S. 331, 3. Aufl. S. 343). Der concrete Befehl auf Grund eines abstracten Gesetzes ist ihm das „concrete Gebot" (Verfügung in unserem Sinne), dessen Begriff er jedoch dadurch einschränkt, daß er als „concretes Gebot" nur ein solches bezeichnet, zu dessen Erlaß im einzelnen Falle die Behörde kraft Gesetzes verpflichtet ist, z. B. den richterlichen Zahlungs- oder Haftbefehl. Jedes Gebot dagegen, dessen Erlaß auf dem freien Ermessen der Behörde beruht, ist ihm, als durch den einzelnen Fall spontan hervorgerufen, ein individuelles, eine Verfügung. S. 329, 3. Aufl. S. 341: „In Anwendung auf die Gebote der Staatsgewalt sind mithin als individuelle nur diejenigen zu bezeichnen, welche im einzelnen Falle eine Anordnung treffen, die nicht schon abstract vorgesehen, durch das Gesetz als nothwendig gesetzt ist, sondern die auf freiem, spontanen Wollen der Staatsgewalt beruht. Vgl. noch S. 318. 331, 3. Aufl. S. 340. 341. 343 f. Ich halte diese Identificirung des concreten Gebotes mit dem als nothwendig vom Gesetz geforderten nicht für richtig; aus dem Begriffe des Concreten als dem lediglich dem Abstracten begrifflich Entsprechenden folgt sie nicht. Der Umfang des im concreten Gebot zu Tage tretenden, der Behörde vom Gesetz freigelassenen Ermessens ändert daher an seinem Rechtscharakter nichts; ein „auf dem freien, den eigenthümlichen Verhältnissen des einzelnen Falles sich anpassenden Machtgebrauch der Staatsgewalt beruhendes" Gebot steht daher als concretum dem ihm entsprechenden abstractum des Gesetzes ebenso gegenüber, wie ein „in einem einfachen Vollzuge einer vorgeschriebenen gesetzlichen Norm bestehendes" dem seinigen. Daher ist die von Ihering als Individualgebot, also als Verfügung in seinem Sinne bezeichnete „Einberufung einer bestimmten Altersclasse zum Zwecke der Aushebung" ebenso ein concretes Gebot, eine Verfügung in unserem Sinne, wie der richterliche Zahlungsbefehl. Bezeichnend ist auch, daß Ihering für sein „concretes Gebot" gegenüber seiner „Verfügung" keinen terminus in unserer verwaltungsrechtlichen Sprache gefunden hat. — Uebrigens scheint es, als wenn sich Ihering in der 2. und entsprechend in der 3. Auflage seines Werkes der obigen Auffassung, wenn auch ohne äußere Markirung, stark genähert hätte. Denn wenn, wie aus den obigen Parallelcitaten hervorgeht, seine Ausführungen auch in ihrem überwiegendsten Theile unverändert geblieben sind, so ist doch an einer Stelle eine charakteristische Veränderung eingetreten. Nachdem nämlich Ihering 1. Aufl. S. 331 und übereinstimmend 2. und 3. Aufl. S. 343 auseinandergesetzt, daß im constitutionellen Staate eine „Verfügung" (in seinem Sinne), „welche den bestehenden Gesetzen

immerhin das Gesetz in der Beurtheilung des Umstandes, ob ein einzelner Fall dem im Gesetz vorhergesehenen Thatbestande entspricht, z. B. ob eine Druckschrift socialistischen Inhalts ist, ein Verein solchen Bestrebungen dient, der Verwaltung freien Spielraum lassen, mag es immerhin, wie dies für die polizeiliche Thätigkeit in weitestem Umfange geschieht,[22]) in der Wahl der Art und des Maßes der Anordnung der Verwaltung freiestes Ermessen gestatten: immer muß doch jede Verfügung einer Verwaltungsbehörde nach Gegen-

---

widerspricht, nur in Form des Gesetzes möglich" sei, und daß hierauf „der Begriff und die staatsrechtliche Unentbehrlichkeit des Individualgesetzes beruhe", heißt es in der 1. Aufl. S. 331 weiter: „Das Individualgesetz theilt den Charakter der Verfügung, aber während die Verfügung im gewöhnlichen Sinn von der Regierungsgewalt erlassen wird, geht jenes von der gesetzgebenden Gewalt aus. Mit dem Maßstabe des abstracten Gesetzes gemessen, stellt sich das Individualgesetz dar als ein Gebot der Staatsgewalt contra legem, die Verfügung als eines praeter legem, das concrete Gebot als eines secundum legem." In der 2. und 3. Aufl. aber lautet die Stelle S. 344: „Das Individualgesetz theilt in Bezug auf seine Geltung und Wirksamkeit den Charakter der Verfügung in obigem Sinn. Aber während letztere von der Regierungsgewalt erlassen werden kann, setzt ersteres nothwendiger Weise einen Act der gesetzgebenden Gewalt voraus, es ist in Wirklichkeit ein Gesetz, nur kein abstractes, aber ein individuelles, und es ist nur für den Fall erforderlich, daß die beabsichtigte Maßregel sich mit dem bestehenden Recht nicht verträgt. Das Individualgesetz ist contra legem, die Individualverfügung secundum legem." Damit aber kommt die ganze Eigenart der Ihering'schen Theorie ins Wanken: denn 1. erkennt Ihering jetzt an, daß auch die Verfügung (in seinem Sinne), sofern sie nicht Individualgesetz ist, gleich dem „concreten Gebote" (obgleich er sich über dieses in der 2. und 3. Aufl. nicht mehr ausdrücklich ausspricht) secundum legem ergeht, daß also Verfügung und concretes Gebot als solche in gleichem Verhältniß zum Gesetze stehen. Demzufolge erkennt Ihering jetzt auch an, daß der verwaltungsgesetzliche Sprachgebrauch seine Unterscheidung nicht mitmacht; denn er fügt auf S. 342 den Wunsch hinzu, „daß der Sprachgebrauch sich in diesem Sinne feststellte." — 2. Ihering geht wenigstens annähernd dazu über, das Individualgesetz nicht mehr blos als Gesetz der Form nach, sondern als „Gesetz in Wirklichkeit" zu betrachten, welches allerdings der Verfügung „in Bezug auf seine Geltung und Wirksamkeit" dadurch gleichsteht, daß es sich „am einzelnen Fall erschöpft" (S. 343). — 3. Indem Ihering jetzt das Individualgesetz als Gebot contra legem der Verfügung und dem concreten Gebote als Geboten secundum legem gegenüberstellt, fällt nunmehr das Gebot praeter legem, welches er früher in die Mitte stellte, aus seinem Rahmen ganz heraus. Es bleibt nur noch der Schritt, anzuerkennen, daß es, weil durch das Gesetz nicht gedeckt, im constitutionellen Staate selbst Art und Form des Gesetzes annehmen muß, möge es nun in abstracto oder mit individueller Beschränkung ergehen. Vgl. Hänel, Das Gesetz im formellen und materiellen Sinne (1888) S. 132 f.

[22]) Vgl. oben Note 16; Laband (2. Aufl.) I S. 694.

stand und Inhalt der abstracten Vorschrift des Gesetzes entsprechen. Der Begriff des Rechtsstaates, von dem diese Untersuchungen ausgingen, führt sonach mit logischer, wie mit politischer Nothwendigkeit zu dem Satze, daß jede Verfügung einen Thatbestand nur dann und in der Weise und mit der Wirkung rechtlich ordnen kann, wenn bezw. wie dies abstract durch Rechtssatz vorgesehen ist. Mit anderen Worten: Nur unter den im Gesetz festgestellten Voraussetzungen und nur im Umfange des Gesetzes darf im Rechtsstaate die Verwaltung eine Handlung, Leistung oder Unterlassung von dem Unterthan fordern.

Diesem Grundsatze, um dessen scharfe Hervorhebung sich Laband besondere Verdienste erworben hat,[23]) wird in der Theorie ein anderer gegenübergestellt, nach welchem die Verwaltung, insbesondere die Polizei, in ihren Verfügungen dem Einzelnen nicht bloß dasjenige gebieten oder verbieten dürfe, wozu sie durch Gesetz positiv berechtigt, sondern vielmehr Alles, was ihr nicht durch Gesetz ausdrücklich verboten sei. Doch ist die Energie, mit welcher diese Anschauung vertreten wird, augenscheinlich im Rückgange begriffen.[24]) In der That kann keine Anzweifelung dagegen aufkommen,[25]) daß, sobald einmal mit der Idee des Rechtsstaates die

---

[23]) Reichsstaatsrecht 1. Aufl. II S. 202. 217, 2. Aufl. I S. 684. 692, bei Marquardsen (2. Aufl.) S. 106. Die übrigen Vertreter dieses Standpunktes bei Laband a. a. O. S. 692 Note 1 und G. Meyer, Verwaltungsrecht (2. Aufl.) S. 78 Note 17. Dazu Jellinek, System der subjectiven öffentl. Rechte (1892) S. 316. 98 und Rehm in „Annalen" 1885 S. 116 f. Wie weit übrigens sogar der klare Ausdruck des rechtsstaatlichen Princips zurückreicht, ergiebt sich aus Bob, System der Polizeiwissenschaft, 1779 (vergl. über denselben meinen oben Note 16 citirten Aufsatz § 3 Note 39), wo es § 7 a. E. heißt: „Die wahre bürgerliche Freiheit bestehet in der Macht, ungestört nach den Gesetzen des Staates zu leben. Ihre Grundsätze sind: Niemand kann zu Unternehmung einer Handlung gezwungen werden, wozu das Gesetz nicht verbindet. Niemand kann von Unternehmung einer Handlung abgehalten werden, die durch das Gesetz erlaubet ist."

[24]) Dies gilt insbesondere auch von dem Hauptvertreter G. Meyer (vgl. seine oben § 2 Note 10 angeführte Kritik Laband's S. 383), dessen Formulirung, so wie sie jetzt im „Staatsrecht" (4. Aufl.) S. 560 Note 2 gegeben ist, praktisch kaum noch von dem hier vertretenen Standpunkte abweicht. Die übrigen ihm folgenden Schriftsteller neuestens „Verwaltungsrecht" a. a. O. Ueber die Ausführungen v. Sarwey's, Allgemeines Verwaltungsrecht, bei Marquardsen, S. 32 ff. vgl. meine Kritik in Schmoller's Jahrbuch IX S. 1006 ff.

[25]) Selbst v. Sarwey S. 35 erkennt an, daß sich gegen die von ihm bekämpfte Auffassung „theoretisch vom Standpunkte des Verfassungsstaates aus Nichts einwenden läßt."

selbständige Rechtspersönlichkeit des Einzelnen auch gegenüber der Gesammtpersönlichkeit des Staates zur Anerkennung gelangt ist, die Verwaltungsbehörden für ihre Eingriffe in die Rechtssphäre des Einzelnen, durch welche sie gebietend oder verbietend seine Handlungsfreiheit beschränken, eines positiven Rechtsgrundes nicht entbehren können. Die Berufung auf den allgemeinen Charakter der Staatsverwaltung als einer freien Zweckthätigkeit innerhalb der gesetzlichen Schranken, welche sich in der bloßen unselbständigen Vollziehung der Gesetze (Executive) nicht erschöpfe, verschlägt dagegen Nichts. Denn soweit damit gesagt sein soll, daß Bestimmungsgrund für die Thätigkeit der Verwaltungsbehörden in letzter Linie nicht der formale Zweck der Gesetzesaufführung, sondern der materielle bestmöglicher Erledigung der ihnen anvertrauten praktischen Staatsaufgaben ist,[26]) so ist dies zwar auch für das Gebiet der polizeilichen Verfügungen richtig, aber mit dem aufgestellten Grundsatze nicht in Widerspruch. Denn diese praktische Zweckthätigkeit findet eben da ihre rechtliche Schranke, wo die Sphäre der eigenen Persönlichkeit aufhört und die einer anderen selbständigen anfängt, mag diese letztere immerhin als Gliedpersönlichkeit der Herrschaft der souveränen staatlichen Gesammtpersönlichkeit unterworfen sein. Gerade der Umfang dieser Herrschaft ist es, der im Rechtsstaat nicht durch die, wenn auch bestgemeinte Willkür der Regierenden, sondern durch Recht und Gesetz bestimmt wird, welches demnach für die Eingriffe der Behörde in die individuelle Rechtssphäre die positive Grundlage zu liefern hat. Dabei kann wiederum, wie bemerkt, in Bezug auf Voraussetzung und Inhalt ihres Eingreifens den Behörden weitgehendes Ermessen verstattet und dadurch auch an diesem Punkte bestätigt sein, daß sich die Verwaltung nicht in einfachem Gesetzesvollzuge erschöpft: aber auch die freieste Gebahrung der Polizeibehörden besteht nur, weil und insoweit sie positiv im Rechte ihre Begründung findet.

Immerhin ist es von Werth und für die gegenseitige Verständigung zuträglich, wenn zwei Punkte, welche allerdings in den voranstehenden Erörterungen implicite bereits enthalten sind, noch besonders hervorgehoben werden. Der eine besteht darin, daß, wie überhaupt auf dem Rechtsgebiete, so auch hier, der positive Grund

[26]) So Laband selbst: 1. Aufl. II S. 200. 202. 204 a. E., 2. Aufl. (etwas verändert) I S. 675. 677. 684 f. 702.

für Rechte und Pflichten nicht blos im Gesetzesrechte, sondern auch im Gewohnheitsrechte gefunden werden kann.[27]) Auch soweit sich in den Zeiten des absoluten Staates behördliche Befugnisse gewohnheitsrechtlich festgestellt haben, sind sie rechtsbegründet, so lange sie nicht durch neueres Recht, insbesondere die moderne Gesetzgebung eine Aenderung erfahren haben.[28]) Sodann aber ist nie verkannt worden,[29]) daß die Ermächtigung der Verwaltungsbehörden zu gebietenden und verbietenden Verfügungen nicht blos durch ein specielles, die Verfügung nach Voraussetzung und Inhalt wörtlich deckendes Gesetz, sondern auch in umfassenderer Abstraction durch allgemeinere Rechtssätze, welche dem behördlichen Ermessen freieren Spielraum lassen, ja, wie besonders auf dem Gebiete der Polizei, durch weitreichende Generalclauseln begründet sein kann. Denn rechtlich ist nicht der Umfang der behördlichen Befugnisse, sondern nur die Thatsache ihrer Ausübung nach Recht und Gesetz für den Begriff des Rechtsstaates entscheidend.[30]) Politisch allerdings wird durch solche Generalclauseln, soweit sie nicht gegenüber der Vielgestaltigkeit der Lebensverhältnisse auch heut noch unentbehrlich sind, ein Stück des alten Polizeistaates conservirt; denn innerhalb ihres Umfanges d. h. soweit die durch sie gegebene positive Grundlage reicht, gilt dann allerdings der Satz, daß die Behörde

---

27) So schon Laband, 1. Aufl. II S. 202, 2. Aufl. I S. 684; G. Meyer Staatsrecht (4. Aufl.) S. 560 Note 2, Verwaltungsrecht (2. Aufl.) I S. 78 Note 17.

28) Vgl. z. B. die oben Note 18 angeführte Abhandlung von Anschütz, wo gezeigt ist, daß sich „der Verwaltungszwang noch während des ganzen 18. Jahrhunderts, ja in gewisser Beziehung bis auf den heutigen Tag, als ein Institut des ungeschriebenen Rechts, der von fester Rechtsüberzeugung getragenen Uebung entwickelt hat." S. 398. 421. 441. 450. 466. — So unbedeutend, wie Laband (2. Aufl.) I S. 684, 692 Note 1 es darstellt, ist daher das Gewohnheitsrecht auch für unsere heutigen Verhältnisse nicht.

29) — was besonders gegenüber der Formulirung, welche G. Meyer im „Staatsrecht" S. 560 Note 2 der hier vertretenen Auffassung giebt, hervorgehoben werden muß. Vgl. schon Laband 1. Aufl. II S. 220.

30) Daher beweist auch das von G. Meyer (z. B. Verwaltungsrecht a. a. O.) herangezogene historische Argument nur, daß auf manchen Gebieten die heutige Staatsverwaltung thatsächlich noch ebenso unbeschränkt ist, wie zu Zeiten des Polizeistaates, nicht aber, daß das polizeistaatliche Princip als solches auch für unsere heutigen Zustände rechtliche Geltung finden könnte. Vgl. G. Meyer, Staatsrecht a. a. O., sowie bei Note 31.

gebieten und verbieten kann, soweit nicht besondere gesetzliche Bestimmungen speciellerer Art hemmend entgegenstehen.[31]) —

Was nun das positive preußische Recht betrifft, so ist der Grundsatz der gesetzmäßigen Verwaltung im Sinne des Rechtsstaates bereits in dem auch für das Verwaltungsrecht maßgebenden Allgemeinen Landrecht von 1794 zur Anerkennung gelangt.[32]) Allgemein werden „Handlungen, welche weder durch natürliche, noch durch positive Gesetze verboten werden, erlaubt" genannt[33]), und in Bezug auf das Vermögen ist der Grundsatz der staatsbürgerlichen Freiheit in der besonderen Wiederholung zum Ausdruck gebracht, daß „in allen Fällen Einschränkungen des Eigenthums, welche nicht aus besonderen wohlerworbenen Rechten eines Anderen entspringen, nur durch Gesetze begründet werden können."[34]) Indessen enthält das A.L.R. in dem bereits angeführten[35]) § 10 II 17 für die polizeiliche Executive eine weitreichende, immerhin auf die sog. Sicherheitspolizei und die Durchführung der Polizeigesetze beschränkte Generalclausel. Eine dem A.L.R. entgegengesetzte Anschauung tritt dann allerdings in der V.O. wegen verbesserter Einrichtung der Provinzial-Polizei- und Finanzbehörden v. 26. December 1808 und den auf sie bezüglichen Instructionen hervor[36]) und führt praktisch für das Gebiet der Landespolizei zu einer Erweiterung der landrechtlichen Clausel (unter Einbeziehung der sog. Wohlfahrtspolizei) bis zu den Grenzen des polizeilichen Amtes überhaupt.[37]) Dagegen sind wiederum die oben entwickelten Sätze nach ihren beiden Richtungen, sowohl was die Voraussetzungen, als den Inhalt der Verfügungen, insbesondere der polizeilichen anlangt, durch die

---

[31]) Dazu G. Meyer, Verwaltungsrecht S. 78 Note 17 in Bezug auf § 10 II 17 A.L.R. und die Judicatur des O.V.G.

[32]) Vgl. meinen Note 16 citirten Aufsatz § 5 Note 128, sowie über die Beziehungen Bob's (oben Note 23) zum preuß. A.L.R. ebenda § 3 Note 39.

[33]) § 87 Einl. A.L.R. mit § 1 daselbst.

[34]) § 32 I 8 A.L.R., auch § 425 II 8 und dazu die Ausführungen meines Aufsatzes S. 302.

[35]) Vgl. oben Note 16.

[36]) Vgl. das Nähere in meinem Aufsatz S. 328 ff. In Betracht kommt namentlich § 38 mit 40 der V.O. selbst, vergl. mit § 8 Abs. 7 der Regierungs-Instruction v. 1817. Dazu auch Löning im „Verwaltungsarchiv" II S. 464. 467.

[37]) In diesem Sinne ist der Wille des Gesetzgebers v. 1808 auch im heutigen Rechte unbedingt noch zu verwirklichen. Vgl. meinen Aufsatz S. 332. 364, sowie oben Note 30.

neue organisatorische, dem Boden des Verfassungsstaates entsprungene Gesetzgebung vollauf verwirklicht. Der § 127 Abs. 3 des Gesetzes über die allgemeine Landesverwaltung v. 30. Juli 1883, welcher mit § 128 Abs. 2 und § 130 Abs. 1, 2 die Begründung der verwaltungsgerichtlichen Klage gegen polizeiliche Verfügungen regelt,[38]) läßt eine solche zu: einmal, wenn behauptet wird, daß die thatsächlichen Voraussetzungen nicht vorhanden seien, welche die Polizeibehörde zum Erlaß der Verfügung berechtigt haben würden, d. h. daß der real vorliegende Thatbestand dem abstracten Thatbestande des angewendeten Gesetzes nicht entspreche (§ 127 Abs. 3 Ziff. 2), und ferner auch, wenn die Klage damit begründet werden kann, daß die angefochtete Verfügung durch Nichtanwendung oder unrichtige Anwendung des bestehenden Rechts den Kläger in seinen Rechten verletze (§ 127 Abs. 3 Ziff. 1), ein Fall, der dann vorliegt, wenn der real gegebene und der Verfügung zu Grunde gelegte Thatbestand nach der abstracten Vorschrift des Rechts nicht diejenigen Verpflichtungen erzeugt, welche die behördliche Verfügung daran geknüpft hat.[39]) Entsprechend ist dann auch für die Anwendung der obrigkeitlichen Zwangsbefugnisse nach § 132 L.V.G.[40]) allgemein vorausgesetzt, daß die Anordnungen, zu deren Durchsetzung sie in An-

---

38) Die angeführten Bestimmungen gehen in ihrem maßgebenden Inhalt bis in die ersten Stadien der Reformgesetzgebung zurück. Uebereinstimmend zunächst § 63 Abs. 3 mit § 64 Abs. 2 G. über die Organisation der allgemeinen Landesverwaltung v. 26. Juli 1880, sodann noch früher § 30 Abs. 3 bezw. § 31 Abs. 2 des älteren Competenzgesetzes v. 26. Juli 1876. Vgl. dazu auch § 11 G. betr. die Verwaltung der den Gemeinden und öffentlichen Anstalten gehörigen Holzungen u. s. w. vom 14. August 1876.

39) Es beruht also begrifflich der Klagegrund des § 127 Ziff. 1 auf der behaupteten Incongruenz zwischen Verfügung und Gesetz, Ziff. 2 auf der behaupteten Incongruenz zwischen Verfügung und Wirklichkeit. Die Ziff. 2 behauptet, daß der der Verfügung zu Grunde gelegte Thatbestand, wenn auch dem abstracten des Gesetzes, so doch dem realen nicht entspreche, die Ziff. 1, daß der der Verfügung zu Grunde gelegte Thatbestand zwar dem realen, aber nicht dem abstracten des angewendeten Gesetzes entspreche. Die Ziff. 1 gründet sich auf rein rechtliche Untersuchungen; auf sie allein kann nach § 94 L.V.G. die „Revision" gestützt werden. Vgl. meinen Art. „Polizeiliche Verfügungen" in v. Stengel's Wörterbuch des Verwaltungsrechts II S. 271. 272.

40) — übereinstimmend mit § 68 des Organisations-G. v. 1880, bezw. § 33 des Competenz-G. v. 1876. Vgl. auch G. betr. die Befugniß der Commissarien für die bischöfliche Vermögensverwaltung in den erledigten Diöcesen, Zwangsmittel anzuwenden, v. 13. Febr. 1878 (G.S. S. 87).

wendung gebracht werden sollen, „durch die gesetzlichen Befugnisse" der betreffenden Behörden positiv „gerechtfertigt" seien.[41. 41a])

III. Die vorstehenden Erörterungen lassen zugleich eine Beantwortung der Frage zu, in welchem Sinne nach mehrfachem Vorgange[42]) die Verfügung als „Rechtsgeschäft" auf dem Gebiete des öffentlichen Rechts im Gegensatz zum Gesetze bezeichnet werden kann. Allerdings sollen die Gefahren nicht verkannt werden, welche aus einer unbesehenen Uebertragung eines Begriffes, über den auf dem Gebiete des Privatrechts selbst nur geringe Uebereinstimmung herrscht,[43]) auf das Gebiet des öffentlichen Rechts erwachsen können. Wenn man jedoch unter „Rechtsgeschäft" einen bestimmten Thatbestand, nämlich eine auf das Eintreten einer Rechtswirkung ge-

---

41) Anschütz, Verwaltungszwang S. 450.

41a) Die Judicatur des O.V.G. hatte naturgemäß nur in geringem Maße Veranlassung, zu den im Text aufgestellten Sätzen principiell und im Allgemeinen Stellung zu nehmen. Indessen heißt es doch im Erk. v. 8. April 1885 (Entsch. XII S. 400): „Wenn dagegen der zur Vertheidigung der Ansicht der Beklagten angerufene Staatsrechtslehrer Georg Meyer das polizeiliche Einschreiten gegen Privatinteressen anscheinend ohne jede Einschränkung zulassen will, so wird mit guten Gründen diese Auffassung von anderen Staatsrechtslehrern, namentlich von Laband, Rosin und Löning bekämpft bezw. die entgegengesetzte Ansicht vertheidigt." Die anscheinend abweichende Formulirung im Erk. v. 29. Juni 1889 (Binseel, Verwaltungsblatt X S. 602), wonach „eine durch die Wahrnehmung berechtigter polizeilicher Interessen überhaupt begründete polizeiliche Anordnung nicht außerdem noch der Rechtfertigung durch eine allgemein erlassene polizeigesetzliche Bestimmung bedarf", soll nach dem Zusammenhange nur den unzweifelhaft richtigen Satz zur Geltung bringen, daß auch die Generalclausel des § 10 II 17 A.L.R. für sich ein ausreichendes positives Fundament für polizeiliche Verfügungen, soweit ihre Tragweite sich erstreckt, darstellt. — Mit einer Wendung auf das Polizeiverordnungsrecht (vgl. unten § 13 Note 2) wird im Erk. v. 20. Oct. 1888 (Binseel X S. 184 Sp. 1 a. E.) auf die obigen Ausführungen Bezug genommen, indem es heißt: „Sie (die ortspolizeiliche Vorschrift) darf zur Unterlage eines positiven Rechtsgrundes nicht entbehren. Dieser aber kann, wie im Gesetze, so auch in einer anderen, und zwar selbst ungeschriebenen Rechtsquelle, dem Gewohnheitsrechte, vorhanden sein (Rosin a. a. O. S. 13)."

42) Laband 2. Aufl. I S. 690 und die neueste Zusammenstellung der bezüglichen Litteratur bei Dantscher v. Kollesberg, Die politischen Rechte der Unterthanen, 3. Lief. S. 70. „Staatsrechtliche Rechtsgeschäfte" erkennt neuestens auch Regelsberger, Pandekten I S. 543 an. Gegner ist namentlich G. Meyer bei Grünhut a. a. O. S. 15 und Verwaltungsrecht I. S. 29 Note 1, wo er indessen anerkennt, daß „diesen Bezeichnungen unrichtige Gedanken nicht zu Grunde liegen".

43) Eine Anschauung davon gewährt Windscheid, Pandekten § 69 Note 1 ff., auch Regelsberger § 135.

richtete Willenserklärung, welche Ursache für das Eintreten dieser Rechtswirkung ist, versteht und dasselbe dem Gesetze als der Macht, kraft deren es diese Rechtswirkung hervorbringt, gegenüberstellt,[44]) so kann man denselben Gegensatz auch für das Verwaltungsrecht zwischen Gesetz und Verfügung wiederfinden: das Gesetz schafft Rechtssätze, „die Verfügung Rechtsverhältnisse" vermöge und in Gemäßheit des Gesetzes; „sie begründet concrete subjective Pflichten und ist Ausübung subjectiver Rechtsbefugnisse des verwaltenden Staates;"[45]) sie bildet einen Thatbestand, welcher, zu dem von ihr zu ordnenden, ihre rechtliche Voraussetzung bildenden, hinzutretend, kraft des Gesetzes die Verpflichtung der Staatsbürger zu der befohlenen Leistung oder Unterlassung hervorbringt.

§ 4. Das Strafgesetz auf dem Gebiete des Verwaltungsrechts.

Auch für das Gebiet des Verwaltungsrechts verwendet die Rechtsordnung zur Sicherung der Erfüllung der von ihr dem Einzelnen auferlegten Verpflichtungen das Mittel der Bestrafung des Zuwiderhandelnden in ausgedehntem Maße.

I. Soweit die verwaltungsrechtliche Norm unmittelbar an einen gewissen Thatbestand bestimmte Verpflichtungen der Staatsbürger anknüpft, bildet die auf Verletzung derselben gesetzte Strafdrohung eine neue Norm, das Strafgesetz, deren Thatbestand also die Uebertretung einer, wenn auch nicht immer zeitlich,[1]) so doch begrifflich dem Strafgesetze vorangehenden Norm verwaltungsrechtlichen Charakters ist. Man hat demnach, wie überhaupt,[2]) so auch im Verwaltungs- und besonders im Polizeistrafgesetze,[3]) die Strafdrohung von derjenigen Norm, deren Uebertretung die Reali-

[44]) Damit wird es abgelehnt, die Legislative selbst als Rechtsgeschäft zu betrachten, wozu bisweilen die Neigung besteht. Vgl. schon Zitelmann S. 232 Note 197 und besonders Otto Mayer im Archiv f. öff. R. III S. 44, sowie Französisches Verwaltungsrecht S. 22. Dagegen Dantscher v. Kollesberg S. 71.

[45]) Laband 2. Aufl. I S. 690.

[1]) So jetzt auch Binding, Normen, 2. Aufl. I S. 4, in Abweichung von der 1. Aufl.: „begrifflich und zeitlich".

[2]) Binding, die Normen und ihre Uebertretung, I: Normen und Strafgesetze, 1872, 2. Aufl. 1890. Desselben Verfassers Handbuch des Strafrechts I (1885) S. 155 ff.

[3]) Anerkennung der Normentheorie für das „Gebiet der Polizeidelicte" z. B. bei Kohler, Referat über Binding im Jur. Litteraturblatt 1891 S. 180. Vgl. auch Seydel, bayr. Staatsrecht III S. 585.

sirung der Strafdrohung nach sich zieht, zu unterscheiden. In dem Satze des § 360 Nr. 3 R.Str.G.B.: „Mit Geldstrafe bis zu 150 Mark oder mit Haft wird bestraft, wer als beurlaubter Reservist u. s. w. ohne Erlaubniß auswandert," ist die Bestimmung: „Du sollst als beurlaubter Reservist ohne Erlaubniß nicht auswandern" diejenige, dem § 15 des R.G. vom 9. November 1867 entsprechende Norm, deren Uebertretung die angedrohte Strafe nach sich zieht; ebenso wird z. B. nach § 366 Nr. 6 R.Str.G.B. eine Strafe bis zu 60 Mark u. s. w. durch die Uebertretung der Norm: „Du sollst Hunde nicht auf Menschen hetzen" verwirkt, welche in dem Strafgesetze: „Mit u. s. w. wird bestraft, wer Hunde auf Menschen hetzt" ausgesprochen liegt. Nach Binding's Vorgange [4]) werde ich in der folgenden Untersuchung in Beziehung auf polizeiliche Strafgesetze unter der „Norm" schlechthin diejenige verstehen, deren Uebertretung mit Strafe bedroht ist, und ihr die durch das Strafgesetz gegebene „Strafdrohung" gegenüberstellen.

II. Den Gesetzen, welche unmittelbar gewisse Rechtspflichten der Unterthanen statuiren, stehen nach den obigen Erörterungen diejenigen gegenüber, welche den Eintritt solcher Verpflichtungen von einer Willensaction der Verwaltung im concreten Falle, einer Verfügung, abhängig machen. Nach dem Prinzipe der heutigen Gesetzgebung, „daß der Ungehorsam gegen den obrigkeitlichen Befehl, das Nichtleisten dessen, was im concreten Falle die Obrigkeit auf Grund des Gesetzes zu fordern hat, straflos ist," und nur „der Ungehorsam gegen das unmittelbar und einem Jeden gebietende und verbietende Gesetz Strafe nach sich zieht," [5]) bleibt es im Verwaltungs- und speciell im Polizeirechte der Behörde überlassen, die Befolgung ihrer Verfügungen durch die ihr zustehenden Zwangsmittel durchzusetzen, während eine öffentliche Strafdrohung auf die Nichtbefolgung dieser Verfügungen regelmäßig nicht gesetzt ist. Indessen führen Gründe der Gesetzgebungspolitik [6]) Abweichungen von dem Principe in der Art herbei, daß eine gesetz-

[4]) Vgl. auch Thon, Rechtsnorm und subjectives Recht (1878) S. 9 Note 26.

[5]) Hälschner, das gemeine deutsche Strafrecht, I (1881) S. 36.

[6]) Vgl. darüber St. v. Stengel, das System der vorbehaltenen Polizeivorschriften oder der Strafpolizeivorschriften, ein Beitrag zur praktischen Anwendung des bayrischen Polizeistrafgesetzbuchs v. 10. Nov. 1861 im Justiz- und Verwaltungsdienste, in der Ztschr. f. Gesetzgebung und Rechtspflege des Königreichs Bayern, VIII S. 357. Auch Edel, das Polizeistrafgesetzbuch für das Kgr. Bayern v. 26. Dec. 1871 erläutert, S. 55.

liche Strafdrohung an die Nichtbefolgung einer im concreten Falle zu erlassenden obrigkeitlichen Verfügung geknüpft wird. Der § 367 Nr. 13 R.Str.G.B.: „Es wird bestraft, wer trotz der polizeilichen Aufforderung es unterläßt, Gebäude, welche den Einsturz drohen, auszubessern oder niederzureißen," ebenso § 360 Nr. 2, 10 u. a. m., ferner insbesondere diejenigen oben angeführten Gesetze, welche den Erlaß von Verfügungen vorsehen, deren Inhalt sich nicht in einem an einzelne bestimmte Personen gerichteten Gebote oder Verbote erschöpft, [7]) bieten hierfür genügende Beispiele. Im Allgemeinen weist auf dieses Verhältniß der § 20 Abs. 2, 3 G. über die Polizeiverwaltung v. 11. März 1850 hin, welcher besagt: „Jede Polizeibehörde ist berechtigt, ihre polizeilichen Verfügungen durch Anwendung der gesetzlichen Zwangsmittel durchzusetzen. Wer es unterläßt, dasjenige zu thun, was ihm von der Polizeibehörde in Ausübung dieser Befugniß geboten worden ist, hat zu gewärtigen, daß es auf seine Kosten zur Ausführung gebracht werde — vorbehaltlich der etwa verwirkten Strafe u. s. w." [8]) Das Strafgesetz enthält also in einem solchen Falle eine Norm, welche nicht in dem Verbot der Verletzung einer durch das Gesetz unmittelbar an einen Thatbestand geknüpften Rechtspflicht der Unterthanen, sondern in dem Verbot der Uebertretung eines auf Grund und nach Art und Maß des Gesetzes im concreten Falle erlassenen Gebots der Behörde und der dadurch erzeugten Verpflichtung besteht. Inwieweit zur Anwendung der Strafdrohung dem Strafrichter außer der Feststellung der ergangenen Verfügung auch die Feststellung desjenigen Thatbestandes obliegt, dessen Vorhandensein die Behörde zum Erlaß der Verfügung berechtigte, wird jedesmal davon abhängen, inwieweit das Gesetz die Momente dieses hinter der Verfügung liegenden Thatbestandes in den Thatbestand des Strafgesetzes mithinübergenommen hat. [9])

---

[7]) So § 17 ff. Socialisten-G., § 66 Reichsviehseuchen-G., § 7 Reblaus-G., § 208 Abs. 2 Allg. Berg-G. Der Grund für diese Gesetzesbestimmungen liegt insbesondere darin, daß der ohne sie allein anwendbare executivische Strafzwang nach seiner rechtlichen Natur „als erster Schritt der Executionsvollstreckung" nur gegen einzelne bestimmte Personen Anwendung findet und daher hier nicht ausreichend erscheinen konnte. Vgl. § 132 Nr. 2 a. E. L.V.G. und dazu Rescr. d. Min. d. Innern v. 23. April 1859 (V.M.Bl. S. 130).

[8]) Ebenso § 18 a. E. der V.O. über die Polizeiverwaltung in den neu erworbenen Landestheilen v. 20. Sept. 1867.

[9]) Auf der einen Seite war z. B. das Verbot des § 20 des Socialisten-G.:

III. Die vorstehenden Ausführungen ergeben, daß die von Gneist mit specieller Beziehung auf das Gebiet des Polizeirechts an verschiedenen Stellen seiner Schriften[10]) durchgeführte Unterscheidung der Polizeigesetze in Polizeistrafgesetze, welche, „sich an die Unterthanen richtend, bestimmt bezeichnete Handlungen oder Unterlassungen direct und unbedingt bei Strafe gebieten" und in Polizeiverwaltungsgesetze, welche, „an die Behörden adressirt, durch polizeiliche Befehle für den Einzelfall nach vorgängiger Einsicht der Sachlage und durch Verwaltungsexecution gehandhabt werden," nicht in der Art ausschließlich ist, daß eine Strafdrohung nicht auch an die Nichtbefolgung einer nach Art und Maß dem freien Ermessen der Behörde unterliegenden Verfügung geknüpft sein könnte.[11])

§ 5. Verwaltungsverordnung.

Die Thätigkeit der Verwaltungsbehörden innerhalb der Gesetze, insbesondere auch der Gebrauch der ihnen durch Gesetz gegenüber dem Einzelnen verliehenen Machtmittel, bestimmt sich, wie bemerkt, in weitem, wenn auch für die einzelnen Verwaltungsgebiete ver-

„Wer einem nach § 16" (Verbot socialdemokratischer Sammlungen) „erlassenen Verbote zuwiderhandelt u. s. w." ein rein formales. Die Prüfung, ob die concrete zu verbietende Sammlung socialdemokratischen Charakters war, lag lediglich der Polizeibehörde ob; dem Strafrichter stand eine Nachprüfung hierüber nicht zu. Dies ist zutreffend entwickelt im Erk. R.Ger. v. 14. Juli 1880 (Rechtsprechung des deutsch. Reichsger. in Strafsachen, herausg. von den Mitgliedern der Reichsanwaltschaft, II S. 194. 195). — Dagegen wird z. B. der Richter nach § 360 Nr. 10 R.Str.G.B. festzustellen haben, daß die polizeiliche Aufforderung, der der Angeklagte keine Folge geleistet hat, ihren Grund in einem „Unglücksfall, gemeiner Gefahr oder Noth" gefunden hat. Uebereinstimmend Olshausen, Commentar, 4. Aufl. litt. b zu Nr. 10 cit. und die dort citirten Erkenntnisse; ebenso auch derselbe in Bezug auf § 367 Nr. 13, litt. b dazu, aber mit zahlreicher Gegnerschaft.

10) So: der Rechtsstaat, 2. Aufl. S. 47. 76. 77. 113. 115; zur Verwaltungsreform und Verwaltungsrechtspflege in Preußen (1880) S. 7. 8; Artikel „Polizeiverordnungen" in v. Holtzendorff's Rechtslexikon (1881) III S. 85, ebenso Art. „Beschwerde" I S. 323; Englisches Verwaltungsrecht I (1883) S. 322. Dieselbe Unterscheidung enthält der Bericht der Commission des Abgeordnetenhauses über den Entwurf des Organisationsgesetzes v. 26. Juli 1880, Nr. 283 der Drucksachen pro 1879/80, zu § 80—82. Der Bericht ist von Gneist abgefaßt (vgl. „zur Reform" S. 4 Note). — Gegen die Gneist'sche Unterscheidung jetzt auch Bornhak, preuß. Staatsrecht III (1890) S. 136 f.

11) Vgl. z. B. noch R.Str.G.B. § 361 Nr. 6, § 367 Nr. 5, soweit sich deren Strafdrohungen auf die Nichtbefolgung einer polizeilichen Verfügung beziehen; vgl. unten § 15 Note 29.

schiedenem Umfange nach dem freien Ermessen derselben. Die Erwägungen, welche die Behörde bei diesem Ermessen leiten, sind nicht Erwägungen des Rechts, sondern der Zweckmäßigkeit d. h. der auf bestmögliche Erreichung der gestellten Aufgaben gerichteten Verwendung der gegebenen Mittel. Allein, da die einzelne Verwaltungsbehörde ihre Aufgabe nur deshalb zu erfüllen hat, damit die Gesammtaufgaben der Staatsverwaltung und des Staates erfüllt werden, so folgt aus dem damit gegebenen Bedürfniß der Einheitlichkeit der gesammten Verwaltung vielfach die Nothwendigkeit, die Thätigkeit der Einzelbehörden innerhalb des Rahmens des ihnen durch Gesetz gestatteten freien Ermessens einheitlich zu regeln. Dies geschieht durch Vorschriften der höheren und höchsten Verwaltungsstufen (also der Verwaltung selbst), welche abstract darüber Bestimmungen treffen, wie sich im einzelnen concreten Falle die Thätigkeit der ihnen untergebenen Behörden zu gestalten habe, insbesondere in welcher Weise sie in concreto von den ihnen gesetzlich zur „Verfügung" stehenden Machtmitteln durch Gebot und Verbot Gebrauch machen sollen. Solche Vorschriften nennt die Rechtssprache „Verordnungen"; nach Laband's Vorgange werde ich sie im Gegensatze zu den in § 6 zu besprechenden Verordnungen anderer Art (Rechtsverordnungen) „Verwaltungsverordnungen" nennen. [1])

I. Die Verwaltungsverordnung ist hiernach dem Gesetze insofern analog, als sie, wie dieses, die einheitliche Normirung einer Thatbestandseinheit enthält. [2]) In ihr schreibt die obere Verwaltungs-

---

[1]) Die Litteratur über den Gegensatz von Rechts- und Verwaltungsverordnungen bei Laband, Staatsrecht (2. Aufl.) I S. 592 Note 1 und in Marquardsen's Handbuch S. 91 Note 2, ferner bei G. Meyer, Staatsrecht (4. Aufl.) S. 497 Note 4, sowie bei v. Schulze, preußisches Staatsrecht (2. Aufl.) II S. 25 Note. Für preußisches Recht noch übereinstimmend v. Stengel, Staatsrecht des Kgr. Preußen in Marquardsen's Handbuch S. 172, abweichend Bornhak, besonders Artikel „Verordnung" in v. Stengel's Wörterbuch II S. 696. In der Praxis hat namentlich das Reichsgericht mehrfach jene Unterscheidung verwerthet; vgl. Erk. R.Ger. V. Civil-Senat v. 1. Juli 1882 bei Binseel IV S. 36 (dazu unten § 47 Note 14), ferner v. 19. Oct. 1883 in Seuffert's Archiv XXXIX Nr. 161 (dazu Seligmann, Begriff des Gesetzes S. 123 Note), ebenso in Strafsachen unter Bezugnahme auf Laband und Schulze das Erk. v. 15. Juni 1891 in Entsch. XXII S. 48.

[2]) Dies hebt besonders Gierke in der oben § 1 Note 5 citirten Abhandlung S. 189 richtig hervor, ebenso G. Meyer, Staatsrecht S. 498. — Auf den Namen, welchen die Praxis im einzelnen Falle der Verwaltungsverordnung giebt (allgemeine Verfügung, Reglement, Instruction), kommt es für das Wesen der Sache nicht an.

behörde, insbesondere das Ministerium [3]), den ihr untergebenen Behörden im Rahmen des Gesetzes abstract vor, wie sie im concreten Falle ihre Thätigkeit, speciell ihre Verfügungen, einzurichten haben, um in Uebereinstimmung mit der Richtung der Gesammtverwaltung zu bleiben. Die Verordnung beschränkt also das den Verwaltungsbehörden gestattete freie Ermessen im Interesse einer einheitlichen Zweckmäßigkeit, und die einzelne Behörde ist auf Grund ihres Unterordnungsverhältnisses verpflichtet, dieser Beschränkung Folge zu geben.

II. Allein die, wenn auch einheitliche, Thatbestandsnormirung der Verwaltungsverordnung ist keine rechtliche: selbst da, wo sie sich auf das Verhältniß der Verwaltung zu den Einzelnen, auf Art und Maß der Verwendung staatlicher, durch Gesetz gewährter Machtmittel ihnen gegenüber bezieht, ist ihre Absicht und Aufgabe nicht die Abgrenzung der Rechtssphäre zweier Persönlichkeiten, der Gesammtpersönlichkeit des Staates in seiner verwaltenden Funktion und der Gliedpersönlichkeit der Einzelnen, sondern vielmehr nur eine Regelung der Verhältnisse innerhalb des freien Rechtskreises einer und derselben Persönlichkeit, eine Selbstbestimmung im Rahmen der durch das Gesetz abgesteckten Rechtssphäre der Staatsverwaltung. Inhalt der Verordnung in diesem Sinne ist daher wohl eine die unteren Stellen kraft ihrer Amtspflicht zur Nachachtung verpflichtende Verwaltungsvorschrift, aber keine Rechtsvorschrift, kein Rechtssatz.

---

[3]) L. v. Stein, Die vollziehende Gewalt, 2. Aufl. I a S. 261 sieht speciell das Ministerium als den „eigentlichen Träger der Verordnungsgewalt" an. Es hängt dies mit seiner Gesammtauffassung des Ministerialsystems zusammen, wonach das Ministerium nicht selbst zu verwalten, sondern nur die Verwaltung der Behörden zu regeln berufen ist, „nichts auszuführen, sondern nur zu verordnen hat." Dementsprechend ist für Stein die „Verordnung" stets der Wille „der höchsten vollziehenden Gewalt, welche das Gesammtleben des Staats oder die Gesammtverhältnisse, welche sich auf die Vollziehung eines Gesetzes beziehen, bestimmt," „Verfügung" dagegen nur ein Willensact eines niederen Organs der Vollzugsgewalt, der wieder die Vollziehung einer Verordnung enthält (S. 43. 44). Das Ministerium regelt ausschließlich die Verwaltung durch Verordnungen, die unteren Behörden verwalten ausschließlich durch Anwendung der Verfügungen. — Dieser Gegensatz entspricht jedoch dem praktischen Rechte nicht; vgl. dagegen G. Meyer, Staatsrecht, 3. Aufl. S. 529 Note 1; Seydel, Grundzüge einer allgemeinen Staatslehre (1873) S. 29, der jedoch jenen Zusammenhang mit der Stein'schen Ministerialauffassung nicht hervorhebt; Gierke a. a. O. S. 188; Bernatzik, Rechtsprechung und Rechtskraft S. 6. Vgl. übrigens neuerdings auch die Darstellung in Stein's Handbuch der Verwaltungslehre, 3. Aufl. I (1887) S. 107 ff.

Es folgt daraus für das Verhältniß der Verwaltung zu den einzelnen Staatsbürgern in Bezug auf die Verwaltungsverordnung insbesondere zweierlei:

1) Unbeschadet der Gehorsamspflicht der Unterbehörden, an die sie adressirt ist, ist die Verordnung für die Verwaltung als Ganzes kein Gesetz, welches, von einer höheren Potenz ihr gegeben, sie rechtlich verbinden könnte [4]). Jede Verwaltungsverordnung kann aus erneuter Zweckmäßigkeitserwägung durch eine andere ersetzt und damit die freie Thätigkeit der Verwaltungsinstanzen anderweitig bestimmt werden, ohne daß der davon thatsächlich berührte Einzelne dagegen Widerspruch zu erheben berechtigt wäre. [5])

2) Aber auch vom Standpunkte des Einzelnen ist die Verwaltungsverordnung kein Gesetz, und zwar nach doppelter Richtung. Einerseits kann sie ihn, da seine Verpflichtungen der Verwaltung gegenüber im Rechtsstaate lediglich durch Rechtssätze, speciell durch das Gesetz bestimmt werden, zu keiner Handlung, Leistung oder Unterlassung verbinden, zu welcher ihn nicht schon das Gesetz, wenn auch nur etwa in allgemeinen Clauseln [6]), verpflichtet. Andererseits aber ist auch eine Verletzung der Verordnung durch die Verfügung einer Verwaltungsinstanz, welche sich mit ihr in Widerspruch setzt, soweit darin nicht zugleich eine Uebertretung des Gesetzes liegt, dem Einzelnen gegenüber keine Rechtsverletzung, [7]) wenngleich der Oberbehörde gegenüber vielleicht [8]) eine Verletzung der Amtspflicht. Der Einzelne mag sich, wenn seine Interessen dadurch berührt werden, beschwerdeführend an die höhere Instanz wenden, um von ihr Beseitigung jenes Widerspruches durch Aufhebung der Verfügung zu erreichen: [9]) ein Recht, ihre Aufhebung zu verlangen, steht ihm, wie im Rechtsstaate der gesetzwidrigen Verfügung gegenüber,[10]) der verordnungswidrigen gegenüber nicht zu.

---

[4]) Vgl. oben § 1 und Laband, Reichsstaatsrecht I S. 680. 591.

[5]) Ebenso auch hinsichtlich der Verwaltungsverordnungen, welche eine Regelung des Verhaltens der Verwaltung bei Eingehung zweiseitiger Rechtsgeschäfte z. B. von Lieferungsverträgen u. s. w. regeln.

[6]) Vgl. oben § 3.

[7]) Vgl. insbesondere Stein, vollziehende Gewalt I a S. 385.

[8]) — insofern sich nicht etwa die Unterbehörde noch dahin zu rechtfertigen vermag, daß nach der Eigenart des Falles die Befolgung der Instruction eine von der Oberbehörde nicht vorausgesehene Schädigung des Gemeinwohls mit sich gebracht hätte.

[9]) Stein a. a. O., verglichen mit seiner Auseinandersetzung bei Grünhut VI S. 69. Vgl. auch v. Sarwey, öffentliches Recht und Verwaltungsrechtspflege S. 116.

III. Der Gegensatz der Verwaltungsverordnung und des Gesetzes ist jedoch nicht unvermittelt. Die Verwaltungsverordnung, welche, bezw. insoweit sie Beziehungen der Verwaltung zum Einzelnen regelt, kann Gesetz werden, wenn sie von der Gesetzgebung ihrem Inhalte nach übernommen wird.[11]) Aber indem sie dann beiden Rechtspersönlichkeiten durch die Gesetzgebung als durch eine über ihnen stehende Potenz gesetzt ist, ist sie regelmäßig auch inhaltlich zu einer rechtlichen Abgrenzung der Rechtssphären beider geworden. Was bis dahin Selbstbindung der Verwaltung aus Zweckmäßigkeitsgründen war, hat sich durch die veränderte Grenzregulirung jetzt formell und materiell zu einer Beschränkung derselben durch Rechtssatz gestaltet.[12]) Damit ist der Weg bezeichnet, auf welchem das gesetzliche Verwaltungsrecht im Rechtsstaate besonders häufig seine Ausgestaltung findet.

---

10) Vgl. oben § 3.

11) Zum Beispiel: Ein Gesetz zur Abwehr ansteckender Menschen-, Thier- oder Pflanzenkrankheiten stellt den Verwaltungsbehörden „für den Fall der Seuchengefahr oder des Seuchenausbruchs" eine Reihe von Maßregeln zur „Verfügung", indem es ihrem pflichtmäßigen Ermessen überläßt und vielleicht bei der Neuheit der Materie überlassen muß, im concreten Falle sich darüber schlüssig zu machen, in welcher Auswahl, Art, Stärke, Verbindung die einzelnen Maßregeln zur Anwendung gelangen sollen. Im Rahmen des Gesetzes sucht nun zunächst die Ministerialinstanz in der elastischen Form der Verwaltungsverordnung (Instruction) die Voraussetzungen für die Entschließung der Unterbehörden einheitlich zu normiren und dabei zugleich das Interesse des Einzelnen mit dem der Verwaltung möglichst in Einklang zu bringen. Bewähren sich diese Vorschriften nicht, so werden sie durch andere ersetzt, je nach Bedürfniß verallgemeinert, specialisirt u. s. w. Findet dann eine gesetzliche Neuregelung der Materie statt, so kann vielleicht ein Theil der Instructionen, welcher sich zu einem festen Niederschlag herausgebildet hat, unmittelbar in das Gesetz aufgenommen werden, wodurch die individuelle Interessensphäre nicht mehr bloß innerhalb des Thätigkeitsbereichs der Verwaltung, sondern gegenüber demselben eine gesicherte Selbständigkeit erlangt.

12) Diesen Uebergang von Verwaltungsverordnungen in das Gesetz hat auch Laband treffend hervorgehoben: Reichsstaatsrecht (2. Aufl.) I S. 591. 681 und bei Marquardsen S. 102. Auch ist derselbe, im Anschluß an die Bemerkungen, welche die 1. Aufl. dieses Buches S. 21 Note 79 enthielt, jetzt der Bedeutung gerecht geworden, welche dabei der Gesetzesform auch für die Auffassung des Gesetzesinhalts als Rechtsnorm zukommt. (Reichsstaatsrecht S. 682, bei Marquardsen S. 102) „Wenn die Form des Gesetzes angewendet worden ist und der Inhalt als Rechtsvorschrift wirksam sein kann, so ist anzunehmen, daß er auch Rechtsvorschrift sein soll; denn man muß davon ausgehen, daß die Form dem Inhalt adäquat ist." Es bedarf daher eines besonderen Nachweises im einzelnen Falle, daß eine gesetzliche Vorschrift, welche im Interesse der Unterthanen das Gebahren der Verwaltungs-

§ 6. Rechtsverordnung.

Die Factoren, welche im Rechtsstaate mit der Ausübung der gesetzgebenden Function des Staates betraut sind, können im Wege des Gesetzes den Erlaß von Rechtsnormen in bestimmtem Umfange anderen Potenzen im Staate übertragen. Anstatt also gewisse Thatbestandseinheiten unmittelbar rechtlich zu ordnen, thun sie dies in solchem Falle mittelbar dadurch, daß sie die rechtliche Normirung derselben anderen von ihnen bestimmten staatlichen Faktoren überlassen. [1]) Man nennt dies eine „Delegation der gesetzgebenden Gewalt". Soweit eine solche Delegation zu Gunsten gewisser Factoren der Verwaltung selbst geschieht, erlangen diese dadurch das Recht, selbstthätig an bestimmten Punkten die rechtliche Abgrenzung ihrer Rechtssphäre von der der Unterthanen zu vollziehen. Aus der Ausübung dieser Befugniß ergiebt sich der Begriff der „Rechtsverordnung". Die Rechtsverordnung bedeutet also den Erlaß von Rechtssätzen durch die Verwaltung auf Grund einer gesetzlichen Delegation.

I. Die Rechtsverordnung ist — gegenüber der Verwaltungsverordnung als der Verordnung im eigentlichen materiellen Sinne — nur formell Verordnung, insofern sie, wie diese, eine Aufstellung von Normen durch die Verwaltung darstellt. Aber während diese Normen bei der Verwaltungsverordnung Verwaltungsvorschriften sind, sind die Normen der Rechtsverordnung Rechtsvorschriften, Rechtsnormen. Daher beruht der Erlaß von Rechtsverordnungen durch die Verwaltung nie, wie der von Verwaltungsverordnungen, auf dem eigenen Recht der Verwaltung, sondern auf einer Delegation der Gesetzgebung, er ist kein jus proprium der Verwaltung, sondern ein jus delegatum. Nur soweit eine solche Delegation erfolgt ist,

---

behörden normirt, für letztere nur instructionelle Bedeutung besitze und für den Einzelnen kein Recht gegen die Verwaltung begründe. Nicht oder doch nicht genügend gerecht werden diesem Gesichtspunkte Seligmann S. 108 ff. (vgl. indessen S. 111); Jellinek, Gesetz u. Verordnung S. 390 Note 34; Anschütz, Lehre vom Rechtssatz S. 56 ff.

[1]) Daß eine solche Ueberlassung nicht verfassungswidrig ist, ergeben gegen v. Rönne, Staatsrecht der preuß. Monarchie, 3. Aufl. I S. 176, die Ausführungen von Laband, Reichsstaatsrecht 1. Aufl. II S. 74 ff. und von G. Meyer S. 498 Note 7. In der 4. Aufl. seines Werkes hat auch v. Rönne (I S. 356 Note 3 a. E.) seine Auffassung wesentlich modificirt. Vgl. namentlich noch Arndt, Verordnungsrecht des deutschen Reiches auf der Grundlage des preußischen (1884) S. 16 ff. und Commentar zur preuß. Verfassung Anm. 4 zu Art. 65—68.

ist die Befugniß zum Erlaß von Rechtsverordnungen begründet. Daß dieser Grundsatz auch nach dem positiven Staatsrechte Preußens Geltung hat, kann mit Wirksamkeit nicht bestritten werden. [2])

[2]) Die hier vertretene Auffassung geht davon aus, daß in Art. 62 der preuß. Verfassungs-Urkunde: „Die gesetzgebende Gewalt wird gemeinschaftlich durch den König und durch zwei Kammern ausgeübt. Die Uebereinstimmung des Königs und beider Kammern ist zu jedem Gesetz erforderlich" das Wort „Gesetz" in materieller Bedeutung als „Rechtsnorm" gebraucht ist. Diese Erklärung des Art. 62 cit. wurde ausführlich begründet von E. A. Chr. (v. Stockmar), Studien über das preußische Staatsrecht, in Aegidi's Ztschr. für deutsches Staatsrecht I S. 199 ff. und von Laband, Budgetrecht S. 10 angenommen. Sie wird getheilt von G. Meyer, Staatsrecht S. 492 Note 7; v. Schulze, preuß. Staatsrecht (2. Aufl.) II S. 18. 28; Seligmann S. 114 ff.; Jellinek, Gesetz und Verordnung S. 373 Note 12. Aus der Praxis vgl. das auch bei Seligmann S. 117 Note citirte Erk. O.Trib. v. 8. Nov. 1864 (Oppenhoff, Rechtsprechung V S. 238). Neuerdings haben namentlich Arndt, Verordnungsrecht S. 32 ff. 65 ff., Verfassungs-Urkunde 2. Aufl. S. 119 ff., 3. Aufl. S. 120 ff. und in seinen dort citirten ferneren Schriften, sowie Bornhak, preuß. Staatsrecht I S. 486 ff. und Artikel „Gesetz" in v. Stengel's Wörterbuch I S. 578 ff. jene Erklärung lebhaft bekämpft und im Gegensatz zu derselben namentlich ein sog. selbständiges Verordnungsrecht des Königs auf gesetzesfreiem Gebiete vertheidigt. Ihnen hat sich auch v. Stengel, preuß. Staatsrecht S. 167 ff. 173 angeschlossen. — Entscheidend für den hier vertretenen Standpunkt bleibt m. E. noch immer, daß nur von diesem aus der Art. 62 einen angemessenen, von Selbstverständlichkeiten freien Sinn erhält. Wenn die Gegner hauptsächlich dafür eintreten, daß in Art. 62 Abs. 2 (im Gegensatz zum Kommissionsentwurf der Nationalversammlung v. 26. Juli 1848 Art. 55 Abs. 3) das Princip des absoluten königlichen Vetos ausgesprochen werden sollte, so muß doch — ganz abgesehen davon, daß dafür sicher ein zielbewußterer Ausdruck gewählt worden wäre — darauf hingewiesen werden, daß es sich in Art. 62 des Titel V „Von den Kammern" in erster Reihe nicht um die Feststellung der Rechte des Königs, sondern der der Volksvertretung handelt, daß dementsprechend schon der Regierungsentwurf v. 20. Mai 1848 § 36 wörtlich diejenigen Bestimmungen enthielt, welche jetzt im Art. 62 Abs. 1. 2 Verf. stehen, und daß diese augenscheinlich eine Erfüllung der in § 6 der V.O. v. 6. April 1848 „über einige Grundlagen der künftigen preußischen Verfassung" enthaltenen Zusicherung sein sollten, welche lautete: „Den künftigen Vertretern des Volks soll jedenfalls die Zustimmung zu allen Gesetzen — zustehen." Daß aber hier die Bedeutung des Wortes „Gesetz" sich auf der Bahn des materiellen Verständnisses bewegte, zeigen die weiter zurückliegenden Etappen des constitutionellen Gedankens in Preußen, so das Gesetz wegen Anordnung der Provinzialstände v. 5. Juni 1823, auf welches das Patent v. 3. Febr. 1847 in Bezug auf den „vereinigten Landtag" hinwies, und wo es hieß, daß den Ständen auch die „Entwürfe solcher allgemeinen Gesetze, welche Veränderungen in Personen- und Eigenthumsrechten u. s. w. zum Gegenstande haben, vorgelegt werden" sollen. Ebenso die V.O. v. 22. Mai 1815 § 4: „Die Wirksamkeit der Landes-Repräsentanten erstreckt sich auf die Berathung über alle Gegenstände der Gesetzgebung, welche die persönlichen und Eigenthumsrechte der Staatsbürger, mit Einschluß der Besteuerung, betreffen." (Arndt, Verf.-Urk. S. 3 ff.

II. Materiell, ihrem Inhalte nach, ist die Rechtsverordnung Gesetz; sie enthält, soweit sie auf verwaltungsrechtlichem Gebiete liegt, Rechtssätze zur Abgrenzung der Gesammtpersönlichkeit des verwaltenden Staates und der Einzelpersönlichkeit des Staatsbürgers. Daher begründet sie für diesen, wie das Gesetz, Pflichten gegenüber der Staatsverwaltung, denen er durch Handlungen, Leistungen oder Unterlassungen zu genügen hat. Aber auch gegenüber der Verwaltung ist die Rechtsverordnung Gesetz. Zwar kann die Verwaltung auch eine Rechtsverordnung, soweit dies nicht ausdrücklich ausgeschlossen ist, als das Resultat ihres freien gesetzgeberischen Willens, nach Maßgabe und in den Formen, wie sie das delegirende Gesetz vorschreibt, wieder aufheben und durch eine andere ersetzen: aber solange dies nicht geschehen ist, ist die Rechtsverordnung, wie im Rechtsstaate jedes Gesetz, eine zweiseitige, auch die Verwaltung im concreten Falle bindende Norm, ein Verhältniß, das insbesondere wiederum im preußischen Recht seinen prägnanten Ausdruck empfangen hat. [3])

III. Demzufolge ist das Verhältniß der Rechtsverordnung zur Verfügung dasselbe, wie das des Gesetzes. Begrifflich ist auch die

und dazu die bei v. Schulze S. 16 f. angeführten Bestimmungen der süddeutschen Verfassungen). Daß in diesen Formeln das gesammte Verwaltungsrecht, soweit es die Rechtssphäre des Staates und der Unterthanen von einander abgrenzt und nicht rein organisatorischen Inhalt hat, begriffen ist, und daß daher auch insoweit nach Art. 62 der Verf. für selbständige kgl. Verordnungen (d. h. soweit nicht Art. 45 und 63: „Nur in diesem Falle" Platz greifen) kein Raum ist, ist m. E. zweifellos. Ein weiteres Eingehen auf die Streitfrage aber kann hier um so eher auf sich beruhen, als, wie auch Arndt, Verordnungsrecht S. 157 ff., Verfassungs-Urkunde S. 59 f. anerkennt, jedenfalls der Erlaß von Polizeistrafverordnungen, auf welche dieses Buch sich bezieht, durch Art. 8 der Verfassung, einem selbständigen, (nicht delegirten) Verordnungsrechte entzogen ist. Vgl. auch v. Stengel S, 188. — Gegen Arndt auch neuestens Schwartz, Kommentar zur Verfassung S. 196 ff.

[3]) § 127 Abs. 3 Nr. 1 L.V.G.: „Die Klage (gegen polizeiliche Verfügungen; vgl. oben § 3) kann nur darauf gestützt werden, 1. daß der angefochtene Bescheid durch Nichtanwendung oder durch unrichtige Anwendung des bestehenden Rechts, insbesondere auch der von den Behörden innerhalb ihrer Zuständigkeit erlassenen Verordnungen, den Kläger in seinen Rechten verletze"; vgl. auch die oben § 3 Note 38 citirten Stellen. — Gemeint sind ihrer Natur nach lediglich Rechtsverordnungen; anders ist es wohl auch nicht aufzufassen, wenn bei v. Brauchitsch, Die neuen preuß. Verwaltungsgesetze (11. Aufl. 1889) I S. 131 Note 239 unter Exemplificirung auf Polizeiverordnungen gesagt ist, daß an jener Stelle unter „Verordnungen" „alle Arten allgemein verbindlicher Verwaltungsnormen zu verstehen sind". Denn „allgemein" d. h. die Unterthanen und daher auch umgekehrt die Verwaltung ihnen gegenüber bindend sind eben nur die Rechtsverordnungen.

Rechtsverordnung nicht, wie die Verfügung [4]), die concrete Ordnung eines concreten, im Gesetz abstract vorgesehenen Thatbestandes in der im Gesetz abstract vorgesehenen Weise, sondern einheitliche Regelung eines Thatbestandes, sei es eines abstracten Thatbestandes in abstracter, sei es eines individuellen in individueller Weise. Die Delegation zur Rechtsverordnung ist dementsprechend von der gesetzlichen Ermächtigung zur Verfügung im concreten Einzelfalle wesentlich verschieden.

IV. Außer den für das Staatsrecht allgemein bedeutsamen „Vollzugsverordnungen" und „Nothverordnungen" [5]) gehören auf

---

4) Eine Verfügung bleibt natürlich ihrem Wesen nach eine solche, auch wenn sie, wie dies bei landesherrlichen Verfügungen Gebrauch ist, als Verordnung bezeichnet wird, so z. B. die nach § 2 des Enteignungsgesetzes v. 11. Juni 1874 zu erlassende, das Expropriationsrecht verleihende königliche Verordnung. Ebenso hinsichtlich kaiserlicher Verordnungen Laband, Reichsstaatsrecht I S. 601.

5) Vollzugsverordnungen, d. h. die nach Art. 45 der preuß. Verfassung vom Könige erlassenen, „zur Ausführung der Gesetze nöthigen Verordnungen". Den Art. 45 cit. auf Verwaltungsverordnungen zu beschränken, geht schon deshalb nicht an, weil man nicht in die preußische Verfassungsurkunde eine Unterscheidung hineintragen darf, die erst durch die neueren staatsrechtlichen Untersuchungen klar dargelegt worden ist. Dies wird jetzt auch mehr und mehr anerkannt, so auch, abweichend gegen früher, von G. Meyer, Staatsrecht S. 499 Note 8 und v. Schulze, preuß. Staatsrecht 2. Aufl. II S. 28 f. Uebereinstimmend auch v. Stockmar (oben Note 2) S. 203, sowie aus neuerer Zeit Arndt, Verordnungsrecht S. 74 ff. und Verf.Urk. zu Art. 45, v. Stengel Staatsrecht S. 173. Abweichend namentlich Bornhak, Staatsrecht I S. 448 ff. und die bei G. Meyer a. a. O. noch Citirten. Nach der hier vertretenen Ansicht ersetzt der Art. 45 eine besondere, dem einzelnen Gesetz einzuverleibende Ermächtigungsklausel und gewährt dem Könige nicht allein das Recht zu Instructionen an die Behörden zwecks der Ausführung eines bestimmten Gesetzes (vgl. oben § 5, besonders auch Note 11), sondern auch zum Erlaß solcher Rechtsvorschriften für die Unterthanen, welche, ohne sich durch logische Ableitung und Interpretation aus dem Gesetze von selbst zu ergeben, doch praktisch zur ordnungsmäßigen „Ausführung des Gesetzes nöthig" sind und deshalb als vom Gesetzgeber gewollt angesehen werden können. Dabei nur an „Detaillirung" der gesetzlichen Vorschriften zu denken, halte ich für zu eng; die Vollzugsverordnungen können auch Ergänzungen des Gesetzes enthalten (vgl. auch Laband I S. 593), nur nicht nach der Seite der Zwecksetzung, wohl aber nach der Seite der Beschaffung der zur Durchführung des Gesetzes erforderlichen Mittel. Knüpft z. B. ein Gesetz an das Vorliegen eines gewissen Thatbestandes bestimmte Rechte der Verwaltung, so kann die Vollzugsverordnung zum Zwecke einer wirksamen Constatirung des Thatbestandes Anzeige- und Auskunftspflichten der Unterthanen begründen. Dasselbe würde von Controllvorschriften u. a. m. gelten. Vgl. auch Arndt, Verordnungsrecht S. 214. Immer aber muß sich die Vollzugsverordnung inhaltlich auf die Ausführung eines bestimmten Gesetzes beziehen und darf dessen allgemeinen Rahmen und Zweckbestimmung nicht überschreiten. In

dem Gebiete des Verwaltungsrechts zu den Rechtsverordnungen die Polizeiverordnungen, genauer die Polizeistrafverordnungen. Sie stellen die Ausübung eines den Polizeibehörden delegirten Gesetzgebungsrechtes dar, kraft dessen dieselben befugt sind, Rechtsvorschriften zu erlassen, welche durch polizeiliche Gebote oder Verbote den Staatsbürgern gewisse Handlungen oder Unterlassungen befehlen, deren Übertretung mit öffentlicher Strafe bedroht ist. Gegründet auf die unabweisliche Nothwendigkeit, den verschiedenartigen und stetig wechselnden Bedürfnissen der im Staate bestehenden engeren Rechtskreise durch eine den Verhältnissen nahe stehende Gesetzgebung zu genügen, bedürfen die Polizeistrafverordnungen einer genauen rechtlichen Normirung um so mehr, als gerade sie es sind, welche mit ihren oft nicht geringen Anforderungen das tägliche Leben des Einzelnen am nächsten berühren. Die Darstellung ihres Rechts auf Grund der preußischen Gesetzgebung und der damit im Zusammenhange stehenden des Reiches bildet den Gegenstand dieses Buches [6]).

---

diesem Sinne kann man die Vollzugsverordnungen als Verordnungen intra legem bezeichnen. — Nothverordnungen sind diejenigen, welche nach Art. 63 Verf. vom Könige, wenn die Aufrechterhaltung der öffentlichen Sicherheit oder die Beseitigung eines ungewöhnlichen Nothstandes es dringend erfordert, insofern die Kammern nicht versammelt sind, unter Verantwortlichkeit des gesammten Staatsministeriums erlassen werden können. Ihr Inhalt kann selbst dem eines Gesetzes derogiren, sich praeter oder contra legem verhalten, nur nicht der Verfassung zuwiderlaufen. Sie bedürfen aber der sofort einzuholenden nachträglichen Genehmigung der Kammern. Vgl. dazu unten § 46.

[6]) Die Litteratur über das preußische Polizeiverordnungsrecht ist seit der 1. Aufl. dieses Buches, für welche wesentlich nur Förstemann, Principien des preußischen Polizeirechts (1869) S. 140 ff. in Betracht kam, erheblich angewachsen. Abgesehen von den Gesammtdarstellungen des preußischen Staatsrechts (v. Rönne, v. Schulze-Gävernitz, Bornhak, v. Stengel), welche an den betreffenden Stellen des Systems auch das Polizeiverordnungsrecht berücksichtigen, sind namentlich folgende selbständige Schriften zu erwähnen: Eine anonym erschienene Schrift beachtenswerthen Inhaltes unter dem Titel „Abhandlungen aus dem Verwaltungsrecht, 1. Das Polizeiverordnungsrecht in Preußen“, Magdeburg, Druck von E. Bänsch jun. (1883). (Die 2. Abhandlung bezieht sich auf die Lehre von der kirchlichen Baulast). Rödenbeck, Das Polizeiverordnungsrecht in Preußen mit besonderer Beziehung auf die Sonntagsruhe (1884). Parey, Das behördliche Polizeistrafverordnungsrecht in Preußen (1882). Gerland, Das Recht der Polizeiverordnungen in der preußischen Monarchie (1885). Rotering, Polizei-Uebertretungen und Polizei-Verordnungsrecht (1888). Gneist, Artikel „Polizeiverordnungen“ in v. Holtzendorff's Rechtslexikon III S. 84 (1881). Eine zusammenfassende Uebersicht über das Polizeiverordnungs-

2. Kapitel: Die geschichtlichen Grundlagen.[1])

§ 7. Das Allgemeine Landrecht.

Das „Allgemeine Landrecht für die preußischen Staaten“ [2]) vom 5. Februar 1794 erwähnt „Polizeigesetze, Polizeiordnungen, Polizeiverordnungen“ an den verschiedensten Stellen [3]) und mit den verschiedensten örtlichen Beziehungen. Es kennt namentlich nicht blos „Polizeigesetze des Staates“ (§ 239 II 20) oder „Landespolizeigesetze“ (§ 127, 184 I 9, § 81 I 23, § 37 Nr. 8, § 262 II 7), sondern auch „besondere Polizeigesetze oder Polizeiordnungen“ der einzelnen „Orte“ oder „Distrikte“ (§ 82 I 8, § 325 I 9, § 424 II 8, § 1292, 1540 II 20). [4]) Indessen enthält es selbständige Bestimmungen über ein Verordnungsrecht der Polizeibehörden im Allgemeinen nicht [4a]). Nur an einem Punkte läßt es die Auffassung des damaligen absoluten und centralistischen Staatswesens über das Polizeiverordnungsrecht deutlich hervortreten.

Nach § 6 II 13 A.L.R. ist „das Recht, Gesetze und allgemeine

---

recht der größeren deutschen Staaten überhaupt giebt mein Artikel „Polizei-Verordnung“ in v. Stengel's Wörterbuch des deutschen Verwaltungsrechts, II S. 279 ff., auch im Separat-Abdruck „Das allgemeine Polizeistrafrecht in seinen Grundzügen“ (enthaltend meine Artikel: „Polizeistrafrecht“, „Polizei-Verordnung“, „Polizeiliche Strafverfügungen“) (1890). Dazu im 1. Ergänzungsbande des Wörterbuchs (1892) S. 75. Am Schlusse des gedachten Artikels auch Hinweisungen auf die Litteratur des Rechts der deutschen Mittelstaaten. Eine Uebersicht über die süddeutschen Polizeistrafgesetzbücher und die Commentare dazu in meinem Artikel „Polizeistrafrecht“ im Wörterbuch II S. 277 f. und im Separatabdruck.

[1]) Vgl. im Allgemeinen Förstemann (1869) S. 141 ff.; Bornhak, Geschichte des preußischen Verwaltungsrechts, Register s. v. „Polizeiverordnungsrecht“; Anonymus (oben § 6 Note 6) S. 9 ff.; neuestens endlich meinen Aufsatz über den Polizeibegriff, besonders von § 5 an. — Einzelne Punkte werden bei der dogmatischen Ausführung noch besonders berücksichtigt werden.

[2]) Dazu meinen Aufsatz S. 295 ff. und die dort Citirten.

[3]) Vgl. die Zusammenstellung in meinem Aufsatze S. 281 Note.

[4]) Auch die Anmerkung zum § 5 Theil I Abth. 3 Tit. 1 des gedruckten Entwurfs (vgl. Note 5) spricht von Polizeigesetzen, welche „sich nur auf gewisse Oerter oder Provinzen beziehen“ und um deswillen nicht in das Allgemeine Gesetzbuch gehören.

[4a]) Die Verfasser des A.L.R. hatten offenbar hier, wie überhaupt in weitgehendem Maße bei den Materien des öffentlichen Rechts, die Absicht, es lediglich bei dem bisherigen Rechtszustande zu belassen; vgl. Svarez' amtliche Vorträge bei der Schlußrevision in v. Kamptz' Jahrbüchern Bd. 41 S. 179, auch Ernst Meier, Die Reform der Verwaltungsorganisation unter Stein und Hardenberg (1881) S. 71 Note, Ziff. 3.

Polizeiverordnungen zu geben, dieselben wieder aufzuheben und Erklärungen darüber mit gesetzlicher Kraft zu ertheilen, ein Majestätsrecht," welches, wie der Entwurf zum Allgemeinen Gesetzbuch sagte, „nur von dem Oberhaupt im Staat ausgeübt werden kann." [5]) Die Verbindung dieser Stelle mit § 2 Einl. A.L.R., wonach „besondere Provinzialverordnungen und Statuten einzelner Gemeinheiten und Gesellschaften nur durch die landesherrliche Bestätigung die Kraft der Gesetze erhalten," und der Vergleich mit der Verwaltungspraxis der damaligen Zeit und ihrer vorlandrechtlichen Entwicklung ergeben mit Sicherheit, daß unter den „allgemeinen Polizeiverordnungen" des § 6 cit. nicht [6]) nur die für den ganzen Staat zu erlassenden, sondern im Gegensatze zu den auf den Einzelfall bezüglichen Verfügungen [7]) schlechtweg die „allgemein verbindlichen" Polizeiverordnungen zu verstehen sind, auch wenn ihre örtliche Geltung auf bestimmte Theile des Staates beschränkt ist. Das Polizeiverordnungsrecht im Ganzen erscheint als ein Theil der gesetzgebenden Gewalt und ist principiell in der Hand des Landesherrn concentrirt, der auch, soweit er örtlichen Instanzen im Staate Stücke davon zur Ausübung überträgt, regelmäßig sich selbst oder den ihm zunächst stehenden Centralbehörden die allein maßgebende und verbindliche Entscheidung vorbehält.

Hiernach ist das Polizeiverordnungsrecht zunächst, im Gegensatz zu der durch § 10 II 17 bestimmten polizeilichen Executive, [8]) nicht mehr Ausfluß patrimonialer Gerichtsgewalt oder städtischer

---

5) § 5 I 3. 1: „Das Recht, Gesetze zu geben, allgemeine Polizeiverordnungen vorzuschreiben — (und überhaupt Anordnungen zu treffen, welche das Wohl und die Sicherheit der Bürger zum Gegenstand haben), kann nur von dem Oberhaupt im Staat ausgeübt werden." Ueber die spätere Weglassung der eingeklammerten Worte, weil sie „soweit sie ein wirkliches jus majestaticum enthalten, unter dem Rechte der Gesetzgebung und Polizei schon mit einbegriffen sind," vgl. meinen Aufsatz S. 275.

6) — wie die erste Auflage dieses Werkes annahm. Vgl. dagegen Bornhak, Staatsrecht, Bd. 3 S. 153 Note 3, Parey S. 11 Note 6, v. Rönne, Staatsrecht (4. Aufl.) Bd. 1 S. 380 und jetzt meinen Aufsatz S. 296. Für die „Allgemeinheit" im örtlichen Sinne noch v. Gneist, Art. „Polizeiverordnungen" in v. Holtzendorff's Rechtslexikon, 3. Aufl. Bd. 3 S. 85 und Rödenbeck S. 10 Note 13.

7) Die „in einzelnen Fällen ergangenen Verordnungen" vgl. in § 5. 60 Einl. A.L.R., dazu auch § 76. 108 II 16 und im Allgemeinen meinen Aufsatz Note 136. Unten § 8 Note 5.

8) Dieselbe erscheint im A.L.R. nicht als Majestätsrecht; vgl. meinen Aufsatz Note 140 und die dort Citirten.

Autonomie. In consequenter Entwicklung hat der absolute Monarch zunächst wenigstens das polizeiliche Gesetzgebungsrecht sich und dem Staate ausschließlich erobert. Von einem Verordnungsrechte der patrimonialen Obrigkeit weiß das A.L.R. überhaupt nichts mehr;[9]) den Stadtgemeinden schreibt es zwar in § 115 II 8 das Recht zu, „Statuten, welche die innere Einrichtung und Polizei der Gemeine, oder gewisser Klassen derselben betreffen, durch ordnungsmäßig abgefaßte Schlüsse zu errichten":[10]) doch handelt es sich auch hier der Sache nach nur um ein Vorschlagsrecht der Gemeindeorgane, während das die Unterthanen verpflichtende Moment, die Sanction, in der vom Landesherrn oder in seinem Namen zu ertheilenden Bestätigung gelegen ist.[11])

Was aber sodann das Verordnungsrecht der Staatsbehörden anlangt, so scheint ein solches der Centralbehörde, des General-Directoriums, in polizeilichen Angelegenheiten durch die Praxis sichergestellt.[12]) Die polizeilichen Verordnungen der Provinzialbehörden, der Kriegs- und Domänenkammern[13]) bedurften, wie mehrfach festgestellt und eingeschärft wird[14]), einer höheren Bestätigung, welche im Namen des Königs vom General-Direktorium ertheilt wird. Dasselbe gilt von den Königlichen Polizei-Direktorien, welche in einzelnen größeren Städten besonders niedergesetzt waren.

§ 8. Die Verordnung vom 26. Dezember 1808 und die Regierungs-Instruction von 1817.[1])

Die Reorganisation der Behörden unter Stein und Harden-

9) Vgl. meinen Aufsatz Note 141.

10) Dazu als Beispiel § 424 II 8: „Jeder, der in einer Stadt den Verkauf zubereiteter Speisen und Getränke als ein bürgerliches Gewerbe treibt, ist schuldig, die diesem Gewerbe nach den Statuten und Polizeiordnungen des Ortes vorgeschriebenen Grenzen genau zu beobachten." Vgl. auch § 425 und meinen Aufsatz Note 141.

11) Gierke, Genossenschaftsrecht Bd. 3 S. 775 ff. Die Einreichung zur Bestätigung erfolgte an die Kriegs- und Domänen-Kammer (§ 116 II 8); die Bestätigung selbst aber wurde jedenfalls nur in minder wichtigen Fällen von dieser selbst, im Uebrigen aber vom Landesherrn selbst bezw. dem Generaldirectorium ertheilt. Näheres in meinem Aufsatz Note 142.

12) Förstemann S. 142 ff.

13) Ueber diese Ernst Meier S. 30 ff. 90 ff.

14) § 2 Einl. A.L.R., sowie die Konstitution v. 25. April 1715 (Mylius II, 1 Spalte 565) und das Rescript v. 15. Jan. 1799 (N.C.C. X Spalte 2185. 2186), worüber Näheres in meinem Aufsatz Note 144. 145.

1) Vgl. meinen Aufsatz § 7 S. 324 ff., woselbst auch die archivalischen Vorarbeiten der Verordnung herangezogen sind, besonders S. 333 ff.

berg hat auch dem Strafverordnungsrecht der Polizeibehörden eine größere Klarheit der gesetzlichen Feststellung gegeben.

I. Die Verordnung wegen verbesserter Einrichtung der Provinzial-Polizei- und Finanzbehörden vom 26. Dezember 1808 [2]) statuirt zunächst ausdrücklich das Recht der an die Stelle der früheren Kriegs- und Domänenkammern getretenen „Regierungen", [3]) in „Polizei- und Landesangelegenheiten" Publicanda zu erlassen, welche jedoch der höheren, d. h. ministeriellen [4]) Genehmigung bedürfen sollen. [5]) Die Landes-Justizcollegien werden angewiesen, [6]) auf dieselben „bei ihren Entscheidungen insofern Rücksicht zu nehmen, als darin keine härtere Strafe wie in den Gesetzen festgesetzt ist." In Bestätigung dieser Vorschriften schärft die am gleichen Tage ergangene „Geschäfts-Instruktion für die Regierungen in sämmtlichen Provinzen" [7]) diesen Behörden noch besonders ein, „auf keinen Fall ohne höhere Genehmigung allgemeine Pönal-Sanctionen zu erlassen," dabei jedoch hinzufügend, daß es ihnen „frei stehe, schon vorhandene gesetzliche Vorschriften von neuem ohne Anfrage publiciren zu lassen." (§ 37.)

II. An Stelle der Instruction vom 26. December 1808 wurde später vom Könige eine neue unterm 23. October 1817 [8]) erlassen, welche besagte [9]):

> „Allgemeine Verbote und Strafbestimmungen dürfen sämmtliche Regierungen nicht ohne höhere Genehmigung erlassen, es sei denn, daß das Verbot an sich schon durch ein

2) G.S. 1806—1810 S. 464; Rabe, Sammlung preußischer Gesetze und Verordnungen IX (1819) S. 467. Die hier interessirenden Stellen auch als Beilage zur Regierungs-Instruction von 1817, G.S. S. 382; vgl. v. Brauchitsch (Studt-Braunbehrens), Die neuen preußischen Verwaltungsgesetze, 11. Aufl., Bd. 1 S. 436.

3) Eingang der Verordnung v. 1808; Rabe S. 468. Ernst Meier S. 215 ff.

4) Förstemann S. 166.

5) § 40 Abs. 3: „Auch ist dieser § nur von Polizeiverfügungen für einzelne Fälle zu verstehen, nicht von solchen, durch welche etwas im Allgemeinen festgesetzt wird. Zu den letztern müssen die Regierungen jedesmal die Genehmigung der höhern Polizeibehörde haben. Ist diese aber erfolgt, so findet auch wider Polizeiverfügungen der letztern Gattung nur unter den vorher festgesetzten Modalitäten der Weg Rechtens statt."

6) § 45 Schlußsatz.

7) G.S. 1806—1810 S. 481. Vgl. meinen Aufsatz S. 324 Note 219.

8) G.S. 1817 S. 248; v. Brauchitsch a. a. O. S. 397.

9) § 11 Abs. 2. 3, dazu auch § 8 Abs. 8.

Gesetz feststeht, in letzterem aber die Strafe nicht ausdrücklich bestimmt ist. In diesem Falle können sie innerhalb der Grenzen des A.L.R. Th. II Tit. 20 §§ 33, 35 und 240 die Strafe bestimmen und bekannt machen.

Auch steht ihnen ohne Anfrage frei, schon bestehende Vorschriften von neuem in Erinnerung zu bringen und bekannt zu machen."

Die Instruction unterscheidet also in dem Strafverordnungsrechte der Regierungen eine dreifache Richtung:

1) Das Recht, auf die Befolgung schon bestehender polizeilicher Vorschriften (Gesetze und Verordnungen) die Unterthanen hinzuweisen bezw. solche von Neuem bekannt zu machen (die sog. Republication), steht ihnen, wie schon nach der Instruktion von 1808, ohne jede höhere Genehmigung zu.

2) Sie bedürfen gleichfalls keiner höheren Genehmigung, wenn sie sich auf die Satzung einer Strafdrohung für die Übertretung einer durch Gesetz bereits aufgestellten Norm beschränken.[10]) Der Rahmen, innerhalb dessen sie sich bei dieser Straffatzung nach freiem Ermessen bewegen dürfen, ist durch die Verweisung auf § 35 II 20 A.L.R. fest bestimmt. Es ist dies derselbe, der für den Richter bei der Strafzumessung maßgebend ist, wenn die Gesetze eine „willkürliche" Strafe verordnen: es soll dann nicht über Gefängniß von 6 Wochen oder 50 Thaler Geldbuße erkannt werden.[11])

3) Dagegen ist das Erforderniß ministerieller Genehmigung festgehalten für den Fall, daß die Ausübung des Strafverordnungsrechts der Regierungen sich nicht bloß auf die Strafdrohung, sondern auch auf die Feststellung der polizeilichen Norm, deren Übertretung die Strafe nach sich zieht, erstrecken soll[12]). Für

---

10) Dabei machte es richtiger Ansicht nach keinen Unterschied, ob das zu Grunde liegende Gesetz eine Handlung oder Unterlassung bereits bei Strafe verboten, also nur Art und Maß derselben unbestimmt gelassen hatte, oder ob es demselben ganz an einer Strafsanction gebrach. Förstemann S. 167. Als Beispiel Erk.K.G. v. 6. Nov. 1893, Johow Bd. 14 S. 338.

11) § 35 II 20 A.L.R. (Von den Verbrechen und deren Strafen): „Wenn die Gesetze eine willkürliche Strafe verordnen: so darf dieselbe nicht über Gefängniß von sechs Wochen oder 50 Thlr. Geldbuße ausgedehnt werden." § 33 ebenda bezieht sich auf die Abstufung des Strafmaßes bei strafbarer Fahrlässigkeit, § 240 auf eine inhaltlich besonders bestimmte Art von Polizeiverordnungen.

12) Vgl. oben § 4. Auf das Strafverordnungsrecht der Regierungen nach der

die Strafandrohung in diesem Falle ist keine besondere Umgrenzung festgestellt; es kann keinem Zweifel unterliegen,[13]) daß die für den Fall bloßer Strafandrohung gegebene auch hier maßgebend sein sollte. War dieselbe überschritten, so hatte der Richter trotzdem nur innerhalb des gesetzlich freigelassenen Strafmaßes zu erkennen.[14])

III. Für das Strafverordnungsrecht der Ortspolizeibehörden fehlte es an besonderen Bestimmungen. Insbesondere enthielt auch die Städte-Ordnung von 1808 solche nicht, während sie andererseits doch auch das im § 115, 116 II 8 A.L.R. den Stadtgemeinden beigelegte Recht, Polizeistatuten mit staatlicher Genehmigung zu errichten, nicht aufgenommen hatte.[15]) In der Praxis gelangte man nun dazu,[16]) unter analoger Anwendung[17]) der Vorschriften der Regierungs-Instruktion von 1817 den Ortspolizeibehörden die Ausübung eines Strafverordnungsrechts unter Genehmigung der Bezirksregierungen zuzuschreiben,[18]) nur daß man

---

Instruction von 1817 beziehen sich auch die Erkenntnisse des Ober-Tribunals v. 15. März 1877 bei Oppenhoff, Rechtspr. Bd. 18 S. 211 = V.M.Bl. S. 137 = J.M.Bl. S. 90, und v. 3. Dec. 1868 bei Oppenhoff Bd. 9 S. 690. — Daß man an dem Erforderniß ministerieller Genehmigung auch in Fällen festhielt, wo eine besondere Ermächtigung zu Polizeiverordnungen in Specialmaterien desselben nicht ausdrücklich gedachte, ergiebt die Vergleichung der Kab.-Ordre v. 7. Febr. 1837 „über die Befugniß der Behörden, durch polizeiliche Bestimmungen die äußere Heilighaltung der Sonn- und Festtage zu bewahren" mit dem Circular v. 28. April 1837, v. Kamptz' Annalen Bd. 21 S. 410. Vgl. Rödenbeck S. 63.

13) Förstemann S. 169.

14) Verordnung v. 1808 § 45; vgl. oben Note 6.

15) Dazu mein Aufsatz S. 344, Förstemann S. 173. Es hing das mit der Beschränkung des Wirkungskreises der Stadtcommunen nach der Städte-Ordnung v. 1808 zusammen. Ernst Meier S. 288. 307 ff., sowie mein Aufsatz § 8.

16) Ein Rescript v. 29. Juni 1829 (v. Kamptz' Annalen 1829 Bd. 1 S. 323 Nr. 70) vermittelt diese Analogie, indem es annimmt, daß die nach § 11 der Instruction v. 1817 vorgeschriebene „höhere Genehmigung" nur für solche Regierungs-Polizeiverordnungen erforderlich sei, welche „den ganzen Regierungsbezirk umfassen", während Ortspolizeiverordnungen von den Regierungen selbstständig erlassen werden dürften. An Stelle des eigenen Erlasses ließ man dann die Genehmigung der von der Ortspolizeibehörde selbst abgefaßten Verordnungen treten. Vgl. meinen Aufsatz S. 345.

17) Daß die Analogie nicht unbedenklich war, beweist die in meinem Aufsatz Note 248 citirte Aeußerung Friese's, des Verfassers der Verordnung v. 1808, in den Vorarbeiten zu derselben.

18) Vgl. Min.-Rescr. v. 31. Juli 1847, V.M.Bl. S. 197, auch bei v. Rönne und Simon, Das Polizeiwesen des preußischen Staates II, 2. Supplementband (1852)

mangels ausdrücklicher Feststellung geneigt war, diese Genehmigung hier auch für den Fall der bloßen Strafdrohung zu erfordern.[19]) Dagegen sah man für die bloße Republikation auch hier von einer Genehmigung der betreffenden Bezirksregierung ab. Über die Art der Publication kreis- und lokalpolizeilicher Verordnungen erging dann die Kab.-Ordre vom 8. Februar 1840, welche die Regelung derselben den einzelnen Bezirksregierungen selbständig[20]) für ihre Verwaltungsbezirke übertrug.

§ 9. Das rheinisch-französische Recht.

Bei Weitem ausgebildeter war gerade das ortspolizeiliche Verordnungsrecht in den rheinischen Gebietstheilen des preußischen Staates, in welchen sich die französische Rechtsverfassung erhalten hatte. [1])

I. Das Strafverordnungsrecht der Regierungen zunächst anlangend, hatte sich allerdings das mit Gesetzeskraft versehene [2]) sogenannte „Ressort-Reglement" [3]) vom 20. Juli 1818 darauf beschränkt, in seinem § 32 den Schlußsatz des § 45 der Verordnung von 1808 dahin wörtlich wiederzugeben, daß die Landesjustizcollegien

---

S. 204 Note 1, ferner die Rescripte v. 17. Juli 1828 und v. 26. April 1828 bei v. Rönne-Simon II S. 28; außerdem noch die Rescripte v. 8. und 16. Juni 1829 (v. Kamptz' Annalen Bd. 13 S. 331 und 324), v. 25. Mai 1829 (Annalen S. 326) und v. 22. Febr. 1834 (Annalen S. 134). Förstemann S. 174 ff., Oppenhoff, Ressort-Verhältnisse S. 166 Note 491. — Eine specielle Ermächtigung zu Polizei-Verordnungen mit „Bestätigung der vorgesetzten Regierung" enthält das G. über die Termine bei Wohnungs-Mieths-Verträgen, v. 30. Juni 1834 § 2. Weiteres in dieser Richtung bei Anonymus S. 14.

[19]) Rescript v. 29. Mai 1829 (s. d. vor. Note). Förstemann S. 175.

[20]) Nur das Polizeipräsidium zu Berlin, welchem im Uebrigen dieselbe Befugniß, wie den Regierungen ertheilt war, hatte zur Feststellung der Publicationsart localpolizeilicher Verordnungen für Berlin und dessen Polizeibezirk ministerielle Genehmigung einzuholen. Vgl. dazu und über die daraufhin erlassene Bekanntmachung v. 24. Dec. 1847 Erk. O.V.G. v. 7. Juni 1887 im Preuß. Verw.Bl. Bd. 8 S. 318 a. E., auch (bezügl. der Verf. v. 27. Dec. 1867) Erk. K.G. v. 5. Jan. 1888 bei Johow Bd. 8 S. 192.

[1]) Ueber den örtlichen Umfang derselben vgl. Oppenhoff, Ressort-Verhältnisse S. 214 Note 1.

[2]) Oppenhoff S. 215 Note 3.

[3]) „Staatsministerial-Beschluß v. 20. Juli 1818, enthaltend die Anweisung für die Rheinischen Regierungen und Gerichte über die bis auf anderweite Verordnung zu beobachtenden Grenzen ihrer gegenseitigen Amtsbefugnisse." Abgedruckt bei Oppenhoff S. 204 ff., publicirt durch die bezüglichen Amtsblätter.

auf die von den Regierungen mit höherer Genehmigung in Polizei- und Landesangelegenheiten erlassenen Publicanda insofern Rücksicht zu nehmen verbunden sein sollten, als darin keine härtere Strafe, wie in den Gesetzen festgestellt sei. Indem aber der § 33 daselbst bestimmte, daß „bei jeder Uebertretung eines Polizeigesetzes, das nicht besonders verpönt sei,[4]) von den Polizeigerichten auf eine Geldstrafe von 1 bis 5 Thalern erkannt werden solle," überhob er thatsächlich die rheinischen Regierungen, ihre polizeilichen Normen durch eine besondere Strafdrohung zu sanctioniren, soweit keine Veranlassung für sie vorlag, im Rahmen ihrer gesetzlichen Befugnisse von der allgemeinen Strafdrohung abzuweichen.[5])

II. Das Strafverordnungsrecht der Ortspolizeibehörden[6]) war für die rheinischen Landestheile durch die französische Gesetzgebung

[4]) Auch hier derselbe Zweifel, wie der hinsichtlich der Instruction v. 1817 oben § 8 Note 10 angeführte, und richtiger Ansicht nach dieselbe Entscheidung. Förstemann S. 168, anders Oppenhoff S. 294 Note 297; vgl. die für beide Ansichten dort notirten Entscheidungen.

[5]) Förstemann S. 168. Vgl. z. B. hinsichtlich anderweiter Bestimmung des Minimum (3 Thlr.) das Erk. des Rheinischen Cassationshofes v. 9. Sept. 1844, bei Volkmar, Die Jurisprudenz des Rheinischen Cassationshofes zu Berlin 1819—1846 S. 450.

[6]) Förstemann S. 176—178 und Volkmar S. 446—464. — Für das eigentlich französische Recht sind benutzt die zusammenfassenden Darstellungen von Laferrière, Cours de droit public et administratif II (1860) S. 448 ff.; Ortolan, Éléments de droit pénal, 4. Ausg. (1875) I S. 268 ff.; Adolphe-Hélie, Théorie du code pénal VI (1863) S. 336 ff.; Batbie, Précis du cours de droit public et administratif, 3. Ausg. (1869) S. 121 ff. 140 ff., sowie die umfassende Arbeit von N. de Champagny, Traité de la police municipale ou de l'autorité des maires de l'administration et du gouvernement en matières règlementaires. I. II. 1844. 1847 (vgl. über dieses Werk v. Mohl, Litteratur der Staatswissenschaft III S. 263 f.), besonders I. partie: Théorie générale des règlements de police. Für das ortspolizeiliche Verordnungsrecht nach Maßgabe des neuen Gemeindegesetzes v. 5. April 1884: Ducrocq, études sur la loi municipale du 5 avril 1884 (Paris, 1886), première étude: „des actes des maires" S. 1—35. — Aus der deutschen Litteratur über französisches Recht kommt jetzt namentlich in Betracht O. Mayer, Theorie des französischen Verwaltungsrechts (1886) S. 65 ff. 167 ff. Dazu E. Löning, Artikel „Polizei" im Handwörterbuch der Staatswissenschaften V S. 163 f.; Lorenz Stein, Die Verwaltungslehre IV (Polizeirecht) S. 39—41; Schäffner, Geschichte der Rechtsverfassung Frankreichs IV (1850) S. 148; beiläufig auch Löning, Die französische Verwaltungsgerichtsbarkeit, in Hartmann's Zeitschr. für Gesetzgebung und Praxis auf dem Gebiete des Deutschen öffentlichen Rechts V (1879) S. 358. — Eine sehr eingehende und brauchbare Darstellung des rheinbayrisch-französischen Polizeiverordnungsrechts giebt Medicus, Ueber die den Bürgermeistern der Bayrischen Pfalz zustehende Befugniß, Lokalpolizei-

geregelt. Das Decret vom 19./22. Juli 1791, relatif à l'organisation d'une police municipale et correctionelle, hatte in seinem Titel I Artikel 46 [7]) den Municipal-Körperschaften, an deren Stelle später die Bürgermeister, maires, getreten waren, [8]) die Befugniß zuertheilt, unter dem Namen von „Polizeibeschlüssen" (délibérations) Reglements zu erlassen, hinsichtlich deren der übergeordneten Departements-Verwaltung nur ein Recht der Abänderung (réformation) [9]) gegeben war. Diese reglementarische Befugniß bezog sich einerseits auf die Republication bezw. Wiederbekanntmachung bereits bestehender Gesetze und Reglements, andererseits auf den Erlaß neuer Ortspolizeiverordnungen, (précautions locales) hinsichtlich derjenigen Gegenstände, welche gesetzlich der Ortspolizei zugewiesen waren. Der Kreis dieser Gegenstände aber war insbesondere in Titel 11 Art. 3 Nr. 1—6 und Art. 4 des Decrets vom 16./24. August 1790,[10]) auf welche das Decret von 1791 ausdrücklich Bezug nahm, fest begrenzt[11]) gezogen. Es gehörte

---

beschlüsse mit Strafwirksamkeit zu erlassen (Speyer 1846). Bedeutsam sind auch die Darstellungen des elsaß-lothringischen Rechts, namentlich Leoni und Mandel (Handbuch des öffentlichen Rechts II, 2): Das Verwaltungsrecht von Elsaß-Lothringen (1895) S. 105 ff., auch Kayser, Uebersicht des Sonderstrafrechts von Elsaß-Lothringen in v. Holtzendorff's Handbuch IV S. 695. — Die rheinisch-französischen Gesetze enthält Bormann und v. Daniels, Handbuch der für die Kgl. preußischen Rheinprovinzen verkündigten Gesetze, Verordnungen und Regierungsbeschlüsse aus der Zeit der Fremdherrschaft, 8 Bde. — Weitere Angaben aus der französischen Litteratur sind namentlich bei O. Mayer und bei Leoni und Mandel zu finden.

7) Bormann-v. Daniels II S. 45: Aucun tribunal de police municipale, ni aucun corps municipal (police simple) ne pourra faire des règlements: le corps municipal néanmoins pourra, sous le nom et l'intitulé de délibération, et sauf la réformation, s'il y a lieu, par l'administration du département, faire des arrêtés sur les objets qui suivent: 1⁰ lorsqu'il s'agira d'ordonner les précautions locales sur les objets confiés à sa vigilance et à son autorité, par les articles 3 et 4 du titre XI du décret du 16 août sur l'organisation judiciaire; 2⁰ de publier de nouveau les lois et règlements de police, ou de rappeler les citoyens à leur observation.

8) Art. 13 des Gesetzes v. 28. Pluviôse VIII = 17. Febr. 1800; vgl. § 108 der Gemeindeordnung für die Rheinprovinz v. 23. Juli 1845.

9) — präcisirt demnächst bezw. eingeschränkt durch das französische Gesetz v. 18. Juli 1837 sur l'administration municipale Art. 11: Le préfet peut les annuler ou en suspendre l'exécution. Laferrière S. 452: — ne peut les modifier. Jetzt Art. 95 des G. v. 5. April 1884.

10) Bormann-v. Daniels I S. 280. 281. Der Abdruck bei Förstemann S. 177 ist in mehrfacher Hinsicht nicht correct.

11) Daß der Aufzählung der Materien im Decret von 1790 für das ortspolizei-

dahin z. B. die Sicherheit und Bequemlichkeit des Verkehrs in den Straßen, die öffentliche Ruhe, die Aufrechterhaltung der Ordnung bei größeren Menschenansammlungen, die Marktpolizei u. s. w.

Die Strafdrohung für die Uebertretung der durch die Ortspolizeiverordnungen aufzustellenden Normen hatte jedoch im rheinisch-französischen Recht die Gesetzgebung selbst und unmittelbar übernommen. Sie fand sich theils als besondere, auf bestimmte Arten polizeilicher Verordnungen bezügliche, in Specialgesetzen, so auch in verschiedenen Artikeln des code pénal von 1810,[12]) theils als allgemeine zuerst in Titel XI Artikel 5 des citirten Decrets vom 16./24. August 1790, demnächst in den Artikeln 600 und 606 des Code vom 3. Brumaire an IV.[13]) Seit 1818 war diese allgemeine Strafdrohung für die rheinischen Gebiete in dem citirten § 33 des Ressort-Reglements enthalten.[14])

---

liche Verordnungsrecht ein limitativer Charakter zukommt, ergiebt sich unmittelbar aus dem Wortlaut der Note 7 angeführten Stelle. Die Auffassung in Deutschland ist jedenfalls immer dementsprechend gewesen; vgl. Medicus S. 33 ff., Förstemann S. 178 und namentlich die unten § 10 Note 10 angeführten Stellen aus den Materialien des Polizeigesetzes v. 11. März 1850. Das neue französische Municipalgesetz v. 5. April 1884 leitet allerdings seine Aufzählung der ortspolizeilichen Materien in Art. 97, 1°—8° mit den Worten: „elle comprend notamment“ ein, indem es in Abs. 1 vorausschickt: „La police municipale a pour objet d'assurer le bon ordre, la sûreté et la salubrité publiques.“ Vgl. dazu Art. 94, 1° und Löning Art. „Polizei“, aber auch Batbie, 4. Ausg. (1876) S. 120 mit desselben Verf. Traité de droit public, 2. Ausg. Bd. 8 (1886) S. 490 Note 1.

12) Z. B. Art. 471 Nr. 8: Ceux, qui auront négligé d'écheniller dans les campagnes ou jardins où ce soin est prescrit par la loi ou les règlements = § 368 Nr. 2 des R.Str.G.B., ebenso Art. 471 Nr. 5, Art. 475 Nr. 1 und 4, Art. 476. 479 Nr. 4. Andere Specialgesetze späterer Zeit bei Ortolan S. 271.

13) Vgl. insbesondere Adolphe-Hélie S. 337. 340; Förstemann S. 177; ausführlich Champagny I S. 209 ff.

14) Erk. d. Rhein. Cassationshofes v. 21. Dec. 1833 im (Rheinischen) Archiv für das Civil- und Criminalrecht der Kgl. preußischen Rheinprovinzen Bd. 20 Abth. 2 S. 4. — Für das eigentlich französische Recht wird die allgemeine Straffanction durch die in Folge der Revision von 1832 neu eingefügte Nr. 15 des Art. 471 code pénal gegeben: Seront punis d'amende depuis 1 franc jusqu' à 5 frcs. inclusivement 15°: ceux qui auront contrevenu aux règlements légalement faits par l'autorité administrative, et ceux qui ne se seront pas conformés aux règlements ou arrêtés publiés par l'autorité municipale, en vertu des articles 3 et 4, titre 11 de la loi du 16—24 août 1790, et de l'article 46, titre 1er de la loi du 19—22 juillet 1791. Vgl. O. Mayer S. 182, Leoni und Mandel S. 108, und Ducrocq S. 29 f.

Das Strafverordnungsrecht der Ortspolizeibehörden im rheinisch-französischen Rechte war nach alledem besonders durch folgende Principien bestimmt:

1. Die Befugniß, Strafverordnungen zu erlassen, war objectiv auf einen festbestimmten Kreis ortspolizeilicher Materien eingeschränkt.

2. Sie war inhaltlich ausschließlich auf die Normfeststellung verwiesen.[15])

3. Dagegen war sie von einer vorherigen Genehmigung der höheren Polizeibehörde befreit und nur Repressivmaßregeln unterworfen.[16])

---

15) Dieser Grundsatz wird von den französischen Schriftstellern besonders hervorgehoben, z. B. Ortolan S. 265: — les contraventions de police — ne peuvent avoir d'autre base de répression que la loi: — la loi seule lorqu' elle même les a définies et frappées de peines; — la loi et le règlement reunis, lorsque la loi s'est bornée à marquer la peine, laissant au règlement le soin de faire des injonctions ou prohibitions. Vgl. auch Championy I S. 23. 126. 209 ff. 348 ff. 370. Das gleiche Princip ist auch in den bergrechtlichen Gesetzen (Art. 93 Tit. X G. v. 21. April 1810 und Art. 96 ebenda, Bormann-v. Daniels V S. 518; Art. 31 Tit. V Decrets v. 3. Jan. 1813) zum Ausdruck gelangt; vgl. unten § 10 bei Note 11, sowie auch Arndt, Reichsverordnungsrecht S. 164 Note 2.

16) Championy I S. 65. Die spätere französische Gesetzgebung hat dieses Princip wieder modificirt, indem sie wenigstens für die auf die Dauer berechneten Reglements des Maire eine stillschweigende Genehmigung des Präfecten insofern erfordert, als dieselben erst nach Ablauf eines Monats nach ihrer Einreichung an die Oberbehörde, wenn in der Zwischenzeit der Präfect von seiner Aufhebungsbefugniß keinen Gebrauch gemacht hat, vollstreckbar werden. Art. 11 G. v. 18. Juli 1837 sur l'administration municipale; vgl. Ortolan S. 269, Batbie S. 122. 143, Adolphe-Hélie S 348, Laferrière S. 451, Championy I S. 58. 69. Den Gegensatz bilden die arrêtés temporaires. O. Mayer S. 65 f. — Diese ganze neuere Richtung ist auf das preußische Recht ohne Einfluß geblieben, nicht so auf das süddeutsche. So hat sich ihr das bayrische Recht in Art. 34 des Pol.Str.G.B. v. 10. Nov. 1861 und Art. 6 des revidirten v. 26. Dec. 1871 angeschlossen, und denselben Standpunkt vertreten das württembergische G. betr. Aenderungen des Polizeistrafrechts bei Einführung des Strafgesetzbuchs für das deutsche Reich, v. 27. Dec. 1871 (Reg.Bl. S. 391 ff.) und § 23 Nr. 3 des badischen Pol.Str.G.B. v. 31. Oct. 1863 (Reg.Bl. S. 439 ff.). Zugleich lassen diese Gesetze jenen Gegensatz auch für die Frage der Nothwendigkeit einer Mitwirkung der Gemeindebehörden u. s. w. beim Erlaß polizeilicher Vorschriften entscheidend sein. Vgl. meinen Artikel „Polizei-Verordnung" in v. Stengel's Wörterbuch, § 5 und die am Schluß angeführte mittelstaatliche Litteratur. — Vgl. jetzt Art. 95 Abs. 3 des Municipalgesetzes v. 5. April 1884; dazu den eine frühere Controverse (O. Mayer S. 65 a. E., Ducrocq S. 20 f.) abschneidenden Abs. 4: „Néanmoins, en cas d'urgence, le préfet peut en autoriser l'exécution immédiat.

§ 10. Das Gesetz über die Polizeiverwaltung v. 11. März 1850 und die Verordnung vom 20. September 1867.

Eine eingehende gesetzliche Feststellung erfuhr in Preußen das Strafverordnungsrecht der Polizeibehörden durch das Gesetz über die Polizeiverwaltung vom 11. März 1850, [1]) dessen Hauptinhalt, nämlich die §§ 5—19, diesem Gegenstande gewidmet ist. [2]) Das Gesetz schloß sich, wenn auch in vollster rechtlicher Selbständigkeit, [3]) an die unter demselben Tage erlassene, durch Gesetz vom 24. Mai 1853 noch vor ihrer Durchführung wieder aufgehobene Gemeinde-Ordnung für den preußischen Staat an, welche in § 59 in Betreff der Befugniß der Gemeindebehörden, ortspolizeiliche Verordnungen zu erlassen, auf die darauf bezüglichen Gesetze verwiesen hatte. Demzufolge liegt auch der Schwerpunkt der das polizeiliche Verordnungsrecht betreffenden Bestimmungen des Gesetzes auf Seiten der Ortspolizeibehörden (§ 5—10), deren Befugnisse nach dieser Richtung hin zum ersten Male geregelt wurden. Auch ergeben die erst jetzt dem Verfasser zugänglich gewordenen ministeriellen Vorarbeiten, [4]) daß man anfänglich nur eine Regelung der ortspolizei-

---

[1]) G.S. S. 265. Der Entwurf ist unterm 3. Januar 1850 den Kammern, und zwar zunächst der ersten, ohne Motive vorgelegt worden (vgl. unten Note 5). Materialien: Drucksachen I. Kammer Nr. 481. 501. 528. II. Kammer Nr. 552. 561. Stenographische Berichte I. Kammer S. 2315—2340, 2447—2449. II. Kammer S. 3223—3230. Das Wichtigste aus denselben theilt mit v. Rönne: Die Gemeinde-Ordnung und die Kreis-, Bezirks- und Provinzial-Ordnung für den Preußischen Staat nebst dem Gesetze über die Polizeiverwaltung v. 11. März 1850 (Brandenburg a. d. H. 1850) S. 395—422.

[2]) Die §§ 1—4 des Gesetzes beziehen sich im Wesentlichen auf die Organisation und die Kosten (§ 3) der örtlichen Polizeiverwaltung und haben zur Hauptaufgabe, das Princip der staatlichen Ortspolizei zur Durchführung zu bringen. Der § 20 streift nur kurz, auf der Grundlage des bestehenden Rechts, „die den Polizeibehörden zustehende Executionsgewalt“. Vgl. meinen Aufsatz im Verwaltungsarchiv S. 348 ff. 360 ff. Der Schluß — § 21 — enthält die cassatorische Klausel.

[3]) Daher ist dasselbe auch durch die Suspension und demnächstige Aufhebung der Gemeinde-Ordnung nicht berührt worden. Das Gegentheil nahm vorübergehend an ein Erk. O.Trib. v. 28. Sept. 1857 bei Striethorst, Archiv für Rechtsfälle Bd. 26 S. 207 ff.; dagegen Erk. v. 19. Oct. 1854, Striethorst Bd. 15 S. 150, Förstemann S. 203 f.

[4]) Eine Abschrift derselben ist mir aus dem Ministerium des Innern (Graf Eulenburg) durch die gütige Vermittlung des Herrn Geheimen Oberregierungsraths Nöll ertheilt worden. Dieselbe ist im Anhange dieses Buches zum Abdruck gelangt. Vgl. meinen Aufsatz S. 347 f.

lichen Functionen, insbesondere auch des ortspolizeilichen Verordnungsrechts beabsichtigte und erst in einem späteren Stadium auch das Polizeiverordnungsrecht der Regierungen in den Rahmen der gesetzlichen Regelung hineinbezog. [5])

I. Schon die Motive zur Gemeinde-Ordnung [6]) hatten darauf hingewiesen, daß bei Regelung der Materie des ortspolizeilichen Verordnungsrechts die in der Rheinprovinz geltenden Bestimmungen zum Anhalt würden dienen können. Ihre thatsächliche Heranziehung, sowie auch die Verwerthung der französischen Gesetzgebung und Jurisprudenz überhaupt ist bei den Berathungen des Gesetzes ausdrücklich hervorgehoben worden. [7]) Unter dieser Einwirkung haben sich die leitenden Principien des ortspolizeilichen Strafverordnungsrechts folgendermaßen gestaltet:

1. Den Ortspolizeibehörden, welche sich nach den geltenden Gemeindeverfassungsgesetzen bestimmen, ist gesetzlich ein selbständiges Strafverordnungsrecht für den Umfang ihrer Gemeinden delegirt worden (§ 5). [8])

---

[5]) Zuerst ausgearbeitet wurde im Ministerium des Innern ein „Entwurf eines Gesetzes über die Ortspolizei" in 14 Paragraphen, welcher nebst „Erläuterungen" unterm 12. September 1849 (gez. v. Manteuffel) dem Kgl. Staatsministerium vorgelegt wurde. Auf Grund der am 19. desselben Monats im Staatsministerium gefaßten Beschlüsse wurde noch an demselben Tage ein „Entwurf eines Gesetzes über die Orts- und Districtspolizei" ausgearbeitet und sämmtlichen Ministern mitgetheilt. Derselbe ist dann noch den Provinzialbehörden zur Begutachtung zugefertigt worden, deren Berichte mir nicht vorgelegen haben. Die Abänderungen, welche der den Kammern mit gleicher Ueberschrift vorgelegte Entwurf gegenüber dem vom 19. Sept. 1849 aufweist, sind nicht sehr umfassend und enthalten im Wesentlichen Verschärfungen der Principien des früheren Entwurfs in Ausdruck und Ausführung zu Gunsten der polizeilichen Machtbefugnisse.

[6]) Motive zu §§ 53—58 Gem.-O. bei v. Rönne S. 187.

[7]) Commissionsbericht der I. Kammer zu § 5 bei v. Rönne S. 405; Aeußerung des Regierungscommissars Delius in den Sten. Ber. I. Kammer S. 2331; vgl. Note 10.

[8]) Nicht allein ohne praktischen Werth (Art. 106 Verf.), sondern auch juristisch verfehlt waren die Erörterungen, welche die Verfassungswidrigkeit dieser Gesetzesbestimmung behaupteten. Als Gründe wurden angeführt: 1. Der Widerspruch mit Art. 8 der Verfassung: „Strafen können nur in Gemäßheit des Gesetzes angedroht oder verhängt werden." Allein die in Gemäßheit einer auf gesetzlicher Delegation beruhenden Rechtsverordnung verhängten Strafen sind auf Grund des Gesetzes verhängt. So schon der Commissionsbericht der I. Kammer zu § 5, bei v. Rönne S. 406. Vgl. Arndt, Verfassungs-Urkunde Anm. 3 zu Art. 8. — 2. Die Unzulässigkeit einer gesetzlichen Delegation der gesetzgebenden Function überhaupt. Vgl.

2. Entsprechend dem rheinisch-französischen Recht bedürfen sie zum Erlaß von Strafverordnungen keiner vorherigen Genehmigung einer höheren Polizeibehörde;[9]) nur die Außerkraftsetzung derselben ist dem Regierungspräsidenten vorbehalten (§ 9).

3. Gleichfalls im äußeren Anschluß an das französische Recht führt das Gesetz in § 6 unter litt. a—h eine Reihe speciell umgrenzter Gebiete, welche dem ortspolizeilichen Verordnungsrechte unterliegen sollen, auf. Allein zur Correctur von Mißständen, welche sich aus dieser festen Begrenzung in der französischen Praxis ergeben haben sollten,[10]) wurde unter litt. i als Gegenstand orts-

---

darüber und dagegen oben § 6 Note 1. Gegen beide Gründe auch Förstemann S. 182. 183. — 3. Ebenso Unrecht hat aber auch Förstemann selbst, welcher S. 183 die Verfassungswidrigkeit aus dem (erst durch G. v. 28. Mai 1853 aufgehobenen) Art. 105 Nr. 1 der Verf. deducirt: „Ueber die innern und besondern Angelegenheiten der . . . Gemeinden beschließen aus gewählten Vertretern bestehende Versammlungen", indem er annimmt, daß nach diesem die Delegation des ortspolizeilichen Verordnungsrechts nur an die gewählten Gemeindevertretungen hätte geschehen dürfen. Dies widerlegt sich durch Nr. 3 Abs. 2 desselben Artikels: „Ueber die Betheiligung der Gemeinden bei Verwaltung der Ortspolizei bestimmt das Gesetz", eine Bestimmung, welche nicht mit Förstemann auf die polizeiliche Executive gegenüber der polizeilichen Legislative beschränkt werden darf, sondern allgemein den Zweck hat, die Ortspolizei aus dem Kreise der „Gemeindeangelegenheiten" bezw. „der innern und besondern Angelegenheiten der Gemeinden" auszunehmen und die Bestimmung über die Betheiligung der Gemeinden daran der Specialgesetzgebung zu überlassen. Vgl. meinen Aufsatz im Verwaltungsarchiv S. 103 und die im Anhang abgedruckten Erläuterungen zu §§ 1—4 des Ministerial-Entwurfs v. 12. Sept. 1849. Daß der Ausdruck „Verwaltung der Polizei" im weiteren Sinne auch die polizeiliche Legislative umfassen kann, wird ja durch die Ueberschrift des Gesetzes v. 11. März 1850 selbst bewiesen.

9) Eine solche ist nur da nöthig, wo sie bei der Strafdrohung über das ihnen bewilligte Maximalmaß weiter bis zu bestimmter Höhe hinausgehen wollen (§ 5 Abs. 2).

10) So nach der Note 7 citirten Aeußerung des Regierungscommissars Delius: „Es hat sich in Frankreich bei den Verhandlungen des höchsten Gerichtshofes herausgestellt, daß das französische Gesetz über den Erlaß ortspolizeilicher Verordnungen nicht genügt. Die Behörden haben sich nicht an jene speciellen Bestimmungen gehalten; sie haben dieselben willkürlich gedeutet und erweitert und es ist sehr oft nothwendig gewesen, dergleichen ungesetzliche Verordnungen, so nothwendig sie sein mochten, anzufechten und durch Cassations-Urtheil zu beseitigen." (Vgl. hierzu die reichhaltige Aufzählung cassirter Verordnungen bei Adolphe-Hélie S. 355 ff.) In demselben Sinne sagen die Erläuterungen zum Ministerial-Entwurf (§§ 1—4): „Die französische Gesetzgebung hat die Gegenstände, auf welche sich die ortspolizeilichen Vorschriften beziehen können, durch Aufstellung einer Reihe von Kategorien zu erschöpfen gesucht, damit aber ihren Zweck nicht erreicht . . . . u. s. w."

polizeilicher Vorschriften zugleich „alles andere" hinzugefügt, „was im besonderen Interesse der Gemeinden und ihrer Angehörigen polizeilich geordnet werden muß." Durch diesen Zusatz nahmen die vorangehend specialisirten Gegenstände den Charakter von Beispielen an, und das ortspolizeiliche Verordnungsrecht erweiterte sich objectiv bis zu den Grenzen des, materiell in dem Gesetze nicht festgestellten, Polizeibegriffes.

4. Dagegen ist das preußische Recht dem französischen hinsichtlich der Beschränkung des ortspolizeilichen Verordnungrechts auf die Normfeststellung unter Ausschließung selbständiger Strafdrohung nicht gefolgt. Es überläßt vielmehr auch die letztere den Ortspolizeibehörden und begnügt sich, die Grenzen ihrer Ausübung zu fixiren (§ 5). Erst die spätere bergrechtliche Gesetzgebung von 1865 hat sich für ihren Rechtskreis dem französischen Principe angeschlossen.[11])

5. Den ersten wichtigen Schritt in neuer Richtung that aber das Gesetz, indem es, wenn auch vorerst nur in schwachem Ansatz, einer Vertretung der der Polizeiverordnung unterworfenen Staatsbürger einen Antheil an ihrem Zustandekommen einräumte.[12]) Es geschah dies zunächst allerdings nur dadurch, daß es der die Verordnung erlassenden Behörde eine vorgängige Berathung über dieselbe mit dem Gemeindevorstande zur Pflicht machte und nur für Gegenstände der landwirthschaftlichen Polizei eine wirkliche Zustimmung der Gemeindevertretung erforderte (§§ 5, 7).

II. Auch das Strafverordnungsrecht der Bezirksregierungen theilte den für das ortspolizeiliche Verordnungsrecht vollzogenen Fortschritt, indem:

1. auch hier unter Wegfall des Erfordernisses ministerieller Genehmigung lediglich eine Repression dem Minister des Innern vorbehalten wurde (§ 16), und

2. wenigstens rechtlich die Theilnahme einer vertretenden Körperschaft, des durch die „Kreis-, Bezirks- und Provinzial-Ordnung"

11) § 197 mit 208 des allgemeinen Berg-G. für die preußischen Staaten. Förstemann S. 188. Noch das G., die Competenz der Oberbergämter betreffend, v. 10. Juni 1861 hatte im § 8 das preußische Princip der Vereinigung von Normfeststellung und Strafdrohung aufrecht erhalten.

12) Ein Einfluß des belgischen oder holländischen Rechts hierauf, wie Stein S. 46 meint, läßt sich nicht nachweisen. Ueber Ansätze dazu schon im früheren preußischen Recht s. Förstemann S. 173 f.

vom 11. März 1850 geschaffenen „Bezirksraths" festgestellt ward,[13]) welche freilich thatsächlich durch die Suspension und endliche Wiederaufhebung auch dieses Gesetzes[14]) illusorisch wurde.

III. Das Gesetz über die Polizeiverwaltung v. 11. März 1850 und damit der das Strafverordnungsrecht der Polizeibehörden regelnde Theil desselben ist ohne Aenderung der leitenden Grundsätze mit geringen Abweichungen auf die neuen, 1866 erworbenen Provinzen durch die Dictatur-Verordnung v. 20. September 1867, und auf das vormalige Herzogthum Lauenburg durch das lauenburgische Gesetz vom 7. Januar 1870 (offizielles Wochenblatt S. 13) übertragen worden.[15]) Seine allgemeinen Grundsätze bilden daher jetzt gemeines und allgemeines Recht des preußischen Staates.

§ 11. Die neuen Organisationsgesetze.

Weitere Ausbildung im Einzelnen hat das Strafverordnungsrecht der Polizeibehörden in Preußen durch die neuere und neueste,

---

[13]) § 9. 13 des Gesetzes; vgl. Art. 33 ff. der Kreis- u. s. w. Ordnung v. 11. März 1850. Mit den auf Grund der Provinzial-Ordnung von 1875 bezw. des Organisations-Gesetzes v. 1880 eingeführten Bezirksräthen (den Vorläufern der jetzigen Bezirksausschüsse) sind die hier in Rede stehenden nicht zu verwechseln.

[14]) Erlaß v. 19. Juni 1852 (G.S. S. 388), G. v. 24. Mai 1853 (G.S. S. 238).

[15]) Die citirten Gesetze haben das G. v. 11. März 1850 in selbständiger Fassung auf die neuen Gebietstheile übertragen; und zwar die Verordnung v. 20. Sept. 1867 auf sämmtliche durch das G. v. 20. Sept. 1866 und durch die beiden Gesetze v. 24. Dec. 1866 mit der Monarchie vereinigten Gebiete, mit Ausnahme des vormaligen Oberamtsbezirks Meisenheim und der bayrischen Enklave Kaulsdorf. In diesen Gebietstheilen hat das G. v. 11. März 1850 auch formell nach § 1 der V.O. v. 20. Sept. 1867 betr. die Einführung der im Westrheinischen Theile des Regierungsbezirks Coblenz geltenden Gesetze in dem Oberamte Meisenheim (vgl. auch § 2 der V.O. v. 13. Mai 1867, G.S. S. 700) bezw. Art. I. der V.O. v. 22. Mai 1867 Geltung erlangt. Im Jadegebiete ist das G. v. 11. März 1850 durch die V.O. v. 24. Jan. 1859 eingeführt worden. Dagegen ist es in den Hohenzollernschen Landen nicht förmlich verkündet worden; es gehören jedoch die das Verordnungsrecht der Regierungen regelnden Bestimmungen desselben zu den die Regierungs-Instruction v. 23. Oct. 1817 erläuternden, ergänzenden und abändernden Bestimmungen, welche durch § 6 V.O. v. 7. Jan. 1852 (G.S. S. 35) dort eingeführt worden sind. Vgl. Erk. O.Trib. v. 29. April 1858 bei Oppenhoff, Commentar zum R.Str.G.B. zu § 360 ff. Anm. 23. Für das ortspolizeiliche Verordnungsrecht kann das Gleiche allerdings nicht behauptet werden; doch hält Bornhak, Staatsrecht Bd. 3 S. 141 Note 18 die Geltung des ganzen Gesetzes in Hohenzollern „infolge der Bezugnahme des Landesverwaltungsgesetzes auf jenes Gesetz für zweifellos." — Die V.O. v. 20. Sept. 1867 ist nach § 4 G. v. 18. Febr. 1891 (G.S. S. 11) auch für die Insel Helgoland in Kraft getreten.

auf die Reorganisation der inneren Verwaltung gerichtete Gesetzgebung erfahren. Es geschah dies zunächst durch §§ 62 und 78 der Kreisordnung v. 13. Dezember 1872 (Polizeiverordnungsrecht des Amtsvorstehers bezw. Landraths), durch §§ 76—85 der Provinzial-Ordnung v. 29. Juni 1875 (Polizeiverordnungsrecht der Provinzialbehörden), sowie durch §§ 58 und 115 des Gesetzes betr. die Zuständigkeit der Verwaltungsbehörden und der Verwaltungsgerichtsbehörden, des sog. Competenzgesetzes (§ 115 cit.: Polizeivorschriften betr. Strom-, Schifffahrts- und Hafenpolizei). Der Geltungsbereich dieser Gesetze beschränkte sich auf die Provinzen Ostpreußen und Westpreußen, Brandenburg, Pommern, Schlesien und Sachsen. [1]) Eine gesetzliche Zusammenfassung insbesondere der durch die aufgeführten Bestimmungen festgestellten Reformen [2]) brachte dann der 6. Titel (§§ 72—81) des Gesetzes über die Organisation der allgemeinen Landesverwaltung v. 26. Juli 1880 (Organisationsgesetz), an dessen Stelle jetzt der 6. Titel (§§ 136—145) des Gesetzes über die allgemeine Landesverwaltung v. 30. Juli 1883 (Landesverwaltungsgesetz) getreten ist. Dasselbe war, ebenso wie das Organisationsgesetz, von Anfang an potentiell „für den gesammten Umfang der Monarchie" erlassen, sollte jedoch thatsächlich (§ 155) in den zur Zeit des Erlasses noch nicht reorganisirten Provinzen Posen, Schleswig-Holstein, Hannover, Hessen-Nassau, Westfalen und der Rheinprovinz erst in Kraft treten, je nachdem für dieselben auf Grund besonderer Gesetze neue Kreis- und Provinzialordnungen erlassen sein würden. Diese Bedingung ist jetzt für alle gedachten Provinzen zur Existenz gelangt, [3]) so daß nunmehr insbe-

---

[1]) Der Ueberschrift nach ist die Kreis-Ordnung auch für die Provinz Posen ergangen, jedoch für dieselbe durch § 182 suspendirt worden; die Kreisordnungs-Novelle v. 19. März 1881 Art. III. hat dann auch das Wort „Posen" aus Ueberschrift und Einleitung gestrichen.

[2]) Selbständig stehen geblieben ist nur der § 62 der Kreis-Ordnung von 1872, betreffend das Verordnungsrecht des Amtsvorstehers. Ihm entspricht der § 54 der Kreis-Ordnung für die Provinz Schleswig-Holstein v. 26. Mai 1888.

[3]) Posen: Art. 1 des G. über die allgemeine Landesverwaltung und die Zuständigkeit der Verwaltungs- und Verwaltungsgerichtsbehörden in der Provinz Posen, v. 19. Mai 1889 (G.S. S. 108). — Schleswig-Holstein: § 155 der Kreis-Ordnung für die Provinz Schleswig-Holstein, v. 26. Mai 1888 (G.S. S. 139). — Hannover: § 120 der Kreis-Ordnung v. 6. Mai 1884 (G.S. S. 181). — Hessen-Nassau: § 119 der Kreis-Ordnung v. 1. Juli 1886 (G.S. S. 193). — Westfalen: § 102 der Kreis-Ordnung v. 31. Juli 1886 (G.S. S. 217). — Rheinprovinz: § 104 der Kreis-Ordnung v. 30. Mai 1887 (G.S. S. 209). — Für die Insel Helgoland,

sondere der das „Polizeiverordnungsrecht" betreffende 6. Titel des Landesverwaltungsgesetzes im Gesammtgebiete der Monarchie in Geltung steht. [4])

Die principiellen Einwirkungen aber, welche die angeführte neue Gesetzgebung auf das Recht der polizeilichen Strafverordnungen ausgeübt hat, erstrecken sich insbesondere nach zweifacher Richtung.

1. Zunächst beziehen sie sich auf die zur Ausübung des Polizeiverordnungsrechts berufenen Behörden. Vom Ministerium herab bis zum Amtsvorsteher als der Ortspolizeibehörde des platten Landes theilen sie jeder Polizeibehörde das ihrem örtlichen Wirkungskreise entsprechende Strafverordnungsrecht unter besonderer Anwendung des Grundsatzes zu, daß die Befugniß immer der übergeordneten Behörde dann und insoweit eintritt, wenn die der unteren nicht mehr ausreicht.

2. Von besonderer Wichtigkeit aber sind diejenigen neuen Bestimmungen, welche sich auf die Theilnahme der neu organisirten Collegien der obrigkeitlichen Selbstverwaltung an dem Zustandekommen der Polizeiverordnungen beziehen. Sie führen principiell den Grundsatz durch, daß eine jede Polizeibehörde bei Ausübung ihres Verordnungsrechts an die Zustimmung des auf derselben Verwaltungsstufe bestehenden Collegiums der obrigkeitlichen Selbstverwaltung gebunden ist. Sie haben damit auch auf diesem Mittelgebiete die Betheiligung der Staatsbürger an der staatlichen Gesetzgebung und Verwaltung zur Geltung gebracht.

---

welche gleichzeitig der Provinz Schleswig-Holstein zugetheilt wurde, ist das L.V.G. nach § 2 des oben § 10 Note 15 citirten Gesetzes in Kraft getreten.

[4]) Es gilt dies insbesondere auch für die Hohenzollernschen Lande (§ 5 L.V.G.), für die als communales Reorganisationsgesetz die Amts- und Landes-Ordnung v. 2. April 1873 in Betracht kommt. Vgl. hierzu oben § 10 Note 15.

II. Theil.

Die Ausführung.

1. Kapitel: Die rechtliche Natur der Polizeistrafverordnungen.

§ 12. 1. Begriffliche Beziehungen der Polizeiverordnung.

Die an den Eingang dieser Untersuchung gestellte verwaltungsrechtliche Grundlegung hatte bis zu dem Punkte geführt, auf welchem sich die Polizeistrafverordnung ihrem Rechtscharakter nach als eine besondere Art der „Rechtsverordnung" darstellte, welche sich ihrerseits wiederum in materieller Beziehung als Gesetz, in formeller aber als Verordnung erwiesen hatte. Es kommt zunächst darauf an, diese rechtliche Natur der Polizeistrafverordnungen im Einzelnen zu entwickeln.

I. Die Polizeistrafverordnung ist materiell d. h. ihrem Inhalte nach Gesetz; [1]) nur formell d. h. nach gewissen Momenten in der Art ihres Zustandekommens kann sie als Verordnung bezeichnet werden.[1a])

---

[1]) Die richtige Erkenntniß dieses Satzes bildet die Regel; vgl. z. B. Laband, Reichsstaatsrecht (1. Aufl.) II S. 217 Note 1; v. Brauchitsch I (11. Aufl.) S. 125 Note 227, S. 245 Note 271; Arndt, Commentar zum Berggesetz (2. Aufl.) Note 2 zu § 197. So auch die Judicatur: z. B. Erk. O.Trib. v. 8. Nov. 1864 (Oppenhoff Bd. 5 S. 238): „eine dem Gebiete der Gesetzgebung angehörige polizeiliche Strafverordnung"; Erk. O.V.G. v. 30. Nov. 1882 (Entsch. Bd. 9 S. 337): „Bauordnungen, welche in ihrer Eigenschaft als Polizeiverordnungen materiell, ihrem Inhalte nach, den Gesetzen gleichstehen"; Erk. R.Ger. in Straff. v. 3. Nov. 1891 (Entsch. Bd. 22 S. 192): „Die Polizeiverordnung charakterisirt sich als ein Ausfluß der gesetzgebenden Gewalt." Dem Sinne nach entsprechend, wenn auch nach Obigem im Ausdruck nicht unbedenklich Erk. K.G. v. 10. Nov. 1881 (Johow, Bd. 3 S. 341): „Eine Polizeiverordnung ist formell gültiges Gesetz." Dazu auch die später noch citirten Entscheidungen. — Aus der französischen Litteratur vgl. z. B. den bei Arndt, Verordnungsrecht S. 6 Note 4 citirten Faustin-Hélie, théorie du code pénal (5. éd.) VII, 2802: „un arrêté de police est . . . une véritable loi locale, il a les effets et l'autorité de la loi, puisqu'il oblige tous les citoyens".

[1a]) Für die Stellung der Polizeiverordnungen im System kann bald die eine,

1. Inhalt der Polizeistrafverordnung sind Rechtsvorschriften, durch welche im polizeilichen Interesse die Unterthanen zu Handlungen oder Unterlassungen unter Strafandrohung verpflichtet werden. [2]) Genau denselben Inhalt hat ein mit der Volksvertretung vereinbartes Polizeigesetz, und eine in den zulässigen Fällen [3]) von den Ressortministern für den ganzen Umfang der Monarchie erlassene Polizeiverordnung unterscheidet sich von jenem nur dadurch, daß sie nicht den gesetzgebenden Organen des Staates, sondern der höchsten behördlichen Verwaltungsinstanz ihre Entstehung verdankt. Ebenso wenig aber ist inhaltlich ein Unterschied zwischen der von der Provinzialpolizeibehörde für eine Provinz erlassenen Strafverordnung und dem gleichlautenden particulären Polizeigesetze, das von den gesetzgebenden Factoren als nur für eine Provinz gültig erlassen worden ist. Lediglich der formale Gegensatz zwischen Verordnung und Gesetz ist es, auf den sich alle ihre rechtlichen Unterschiede zurückführen lassen. In ihm liegt einerseits das Moment beschlossen, daß bei der Polizeiverordnung die Verwaltung selbst es ist, welche darin ihren gesetzgeberischen Willen zum Ausdruck bringt, woraus für sie, soweit dies nicht besonders ausgeschlossen ist, [4]) das Recht folgt, durch eigenen freien Willensentschluß im gesetzlichen Wege dieselbe wieder zu beseitigen. Andererseits aber wirkt jener Gegensatz eine rechtliche Verschiedenheit zugleich dadurch, daß sowohl die Verwaltung als Ganzes, und damit in allen ihren Aeußerungen, der Gesetzgebung, als auch innerhalb des Organismus der Verwaltung die niedere Behörde der oberen rechtlich untergeordnet ist. Gewiß sind die somit sich ergebenden Verschiedenheiten für das Recht der Polizeistrafverordnungen von erheblichster Bedeutung, insofern sie eine Seite ihres Rechtscharakters zum Ausdruck bringen: aber die Rechtslehre würde einseitig bleiben, wenn sie demgegen-

---

bald die andere Seite ihres Rechtscharakters entscheidend werden; vgl. G. Meyer bei Grünhut VIII S. 40.

[2]) Dieser materielle Gesetzesbegriff kommt schon im A.L.R. zum Ausdruck. Einl. § 1: „Das A.L.R. enthält die Vorschriften, nach welchen die Rechte und Verbindlichkeiten der Einwohner des Staats, soweit dieselben nicht durch besondere Gesetze bestimmt werden, zu beurtheilen sind.“ Vgl. auch § 7 ebenda und oben § 6 Note 2.

[3]) § 136 L.V.G.; vgl. unten § 32.

[4]) Das ist die Ausnahme; Regel ist für die Verordnung wie für das Gesetz: nihil tam naturale est, quam eo genere quidque dissolvere, quo colligatum est (l. 35 D. de R. J. 50, 17); dazu Arndt, Verordnungsrecht S. 195 Note 2 und S. 238.

über nicht auch die materielle Gleichheit der Strafverordnungen mit den Gesetzen hervorhöbe, was um so mehr zur Nothwendigkeit wird, als diese Gleichheit nicht so, wie die formale Verschiedenheit, schon in der Bezeichnung zum Ausdruck gelangt. Dazu kommt, daß gerade bei der Polizeistrafverordnung mehr noch, als bei anderen Rechtsverordnungen, die materielle Gesetzesnatur auch auf die Art des Zustandekommens ihren maßgebenden Einfluß ausübt. Es zeigt sich dies ganz besonders in der, der Theilnahme der Volksvertretung an der Gesetzgebung [5]) entsprechenden, Mitwirkung der Selbstverwaltungscollegien beim Erlaß der Verordnung, welche nicht bloß dem freien Ermessen der „verordnenden" Behörde in Bezug auf Inhalt und Aufhebung der Verordnung Schranken setzt, sondern auch dem Anweisungsrecht der höheren Instanzen ein gewisses Gegengewicht bietet. [6]) Nach alledem kann es nicht als ein Fortschritt betrachtet werden, wenn mit großer Energie z. B. v. Martitz [7]) die Gleichstellung der Polizeiverordnung mit den Gesetzen zurückweist, während doch auch er einer Anerkennung ihrer inhaltlichen Uebereinstimmung sich nicht entziehen kann. [8])

2. Die begriffliche Gleichheit der Polizeistrafverordnung mit dem Gesetze in materieller Beziehung hat aber ihre sehr wesentlichen praktischen Folgen. Es ergiebt sich aus ihr zunächst der

---

[5]) Dazu oben § 6 Note 2.

[6]) Vgl. unten § 41.

[7]) „Ueber den constitutionellen Begriff des Gesetzes nach deutschem Staatsrecht" in der Tübinger Ztschr. für die gesammte Staatswissenschaft, Bd. 30 S. 248. 256.

[8]) So S. 256: „ . . . eine Polizeiverordnung hat allerdings mit den Gesetzen den Charakter gemeinsam, daß sie dem Individuum durch Rechtsvorschrift eine Beschränkung auferlegt; aber sonst doch eben gar nichts: weder die Entstehung, noch die Unanfechtbarkeit, noch die Unverbrüchlichkeit, noch die Kraft, bestehende Gesetze oder Verordnungen oder wohlerworbene Rechte aufzuheben, noch die unbegrenzte Verbindlichkeit. Wo bleibt da die materielle Gesetzesnatur?" — Man sollte meinen: in der im ersten Satze anerkannten materiellen Gleichheit, der alle im Folgenden aufgeführten Verschiedenheiten (abgesehen davon, ob sie im vollen Umfange des Ausdrucks zutreffen) lediglich als formale gegenüberstehen, die sich aus dem formalen Gegensatze zwischen Gesetz und Verordnung mit seinen beiden, im Text formulirten Erscheinungsformen ergeben. — Daß aber auch der von v. Martitz formulirte Gegensatz zwischen Gesetz und Polizeiverordnung, wonach nur das erstere einen Willensact des Staates darstellt, durch welchen Landesrecht auch der Krone gegenüber zur Unverbrüchlichkeit gebracht wird, auf nichts Anderes, als auf eine Gegenüberstellung der im Staate thätigen Organe herauskommt, darüber die zutreffenden Bemerkungen von G. Meyer bei Grünhut Bd. 8 S. 38. 39.

Satz, daß überall, wo in gesetzlichen Bestimmungen von „Gesetz,“ [9]) „Polizeigesetz“[10]) oder „Strafgesetz“[11]) die Rede ist und nicht lediglich die formalen Momente des Erlasses in Frage stehen oder sonst ein anderer Wille des Gesetzgebers deutlich zu erkennen ist, auch die Polizeiverordnung in jenen Ausdrücken mitbegriffen ist. Aber auch im Allgemeinen muß der Grundsatz gelten, daß in Bezug auf Auslegung[12]) und Anwendung, also auf inhaltliche Wirksamkeit, die Polizeiverordnung dem inhaltlich entsprechenden Polizeigesetze gleich zu behandeln ist.[13])

---

[9]) z. B. § 367 Str.P.O. („Die Revision kann nur darauf gestützt werden, daß das Urtheil auf einer Verletzung des Gesetzes beruhe“): Erk. K.G. bei Johow Bd. 3 S. 341 (vgl. oben Note 1), Erk. R.Ger. v. 14. Jan. 1887 (Entsch. Straff. Bd. 15 S. 208); vgl. auch in Betreff des entsprechenden § 512 C.P.O. Erk. R.Ger. v. 1. Juli 1882 im Preuß. Verw.=Blatt Bd. 4 S. 36 (vgl. unten § 47 Note 14).

[10]) z. B. § 26 I. 6 A.L.R. (Haftung für Schaden, welcher durch Vernachlässigung eines auf Schadensverhütungen abzielenden Polizeigesetzes entstanden ist): Erk. O.Trib. v. 9. Juni 1865, Striethorst Arch. Bd. 60 S. 78, unter ausdrücklicher Hervorhebung der gegensätzlichen Nichtanwendbarkeit auf „bloße für einen speciellen Fall resp. an eine bestimmte Person erlassene Verfügungen einer Polizeibehörde“ (Koch, Commentar Note 25 ad h. l.), ferner Erk. R.Ger. v. 7. April 1888 (Entsch. Civils. Bd. 21 S. 210). Vgl. dazu, sowie im Allgemeinen über den Sprachgebrauch des A.L.R. in der bezeichneten Richtung meinen Aufsatz im Verwaltungsarchiv Bd. 3 S. 282 Note 83.

[11]) z. B. § 453 Str.P.O. (Befugniß der Polizeibehörden, „eine in den Strafgesetzen angedrohte Strafe durch Verfügung festzusetzen“) mit § 4 des preuß. G. v. 27. April 1883: „die angewendete Strafvorschrift“. — In derselben Weise entscheidet hinsichtlich des § 96 des Feld= und Forstpolizeigesetzes („Im Besonderen treten außer Kraft alle Strafbestimmungen der Feld= und Forstpolizeigesetze“) Erk. K.G. v. 5. Juni 1882 bei Johow Bd. 3 S. 360; dagegen mit zutreffenderer Unterscheidung (im Anschluß an die Materialien) die Commentare von Bülow und Sterneberg (1880) und von Rotering (1887).

[12]) Zur Auslegung von Polizeiverordnungen und daß bei derselben „der Wortlaut nicht allein in Betracht kommen kann“, sondern „überwiegend der aus dem Zweck und Zusammenhange aller Normen erkennbare Gedanke entscheidend ist“: Erk. O.V.G. v. 8. Juni 1887 im Verwaltungsblatt Bd. 8 S. 399 Sp. 1.

[13]) Erk. O.Trib. v. 1. Oct. 1857 bei v. Brauchitsch, Organisationsgesetze II (1877) S. 198 Note 8 und Harfmann, Die neben dem Strafgesetzbuch f. d. deutsche Reich in Preußen geltenden Strafgesetze, 2. Aufl. (1873) S. 454 Note 9: „Gehörig publicirte, in Gemäßheit des Gesetzes v. 11. März 1850 erlassene ortspolizeiliche Strafverordnungen stehen, was ihre Wirksamkeit betrifft, den Gesetzen gleich und sind für alle in dem Ortspolizeibezirke sich aufhaltenden Personen verbindlich. Der Richter muß sie ebenso kennen, wie er Gesetze kennen muß, und es darf ihre Existenz und Anwendbarkeit nicht zum Gegenstande einer Beweisauflage für irgend eine Partei gemacht werden“. Dazu ebenda Erk. O.Trib. v. 26. April 1855: „Unkenntniß der

II. Umgekehrt tritt die Polizeiverordnung, als Aufstellung von Normen durch die Verwaltung, formell der Verwaltungsverordnung an die Seite, während sie sich von ihr materiell dadurch unterscheidet, daß nur sie, nicht aber die Verwaltungsverordnung, Rechtssätze enthält, welche den Unterthan zu bestimmten Handlungen oder Unterlassungen verpflichten. Freilich kann, wie des Genaueren später zu erörtern sein wird, die höhere Polizeibehörde durch instruirende Verwaltungsverordnungen auf den Inhalt der von den unteren Instanzen zu erlassenden Polizeistrafverordnungen im Interesse der Einheitlichkeit und Zweckmäßigkeit ihren maßgebenden Einfluß ausüben: — immerhin sind nur die letzteren selbst, und nur so, wie sie ergangen sind, die Rechtsnormen, welche für das Verhältniß von Polizei und Unterthan bestimmend sind.

III. Durch die materielle Gleichheit mit dem Gesetze ist der begriffliche Gegensatz der Polizeiverordnung zur Verfügung von selbst gegeben. Wie das Polizeigesetz, so steht die Polizeiverordnung der polizeilichen Verfügung dadurch gegenüber, daß sie eine (regelmäßig abstracte, unter Umständen aber auch individuelle) Thatbestandseinheit normirt, während die polizeiliche Verfügung den concret verwirklichten, im Gesetze vorausgesetzten Fall in der vom Gesetz (abstract) vorgesehenen Weise ordnet.[14])

1. Der bezeichnete Gegensatz, welcher sich unmittelbar aus dem Eingangs Entwickelten ergiebt, tritt in der positiven preußischen Gesetzgebung selbst da klar zu Tage, wo die den Polizeiverordnungen gegenüber gestellten polizeilichen Verfügungen solche sind,

---

Polizeiverordnung entschuldigt nicht." — Speciell auf dem Gebiete des Strafrechts stehen Polizeistrafverordnungen materiell den Polizeistrafgesetzen völlig gleich, und es bedarf schon aus diesem Grunde (vgl. dazu Vorrede zur 1. Aufl.) hier nicht eines besonderen Eingehens auf die mit Recht (vgl. meinen Artikel „Polizeistrafrecht" in v. Stengel's Wörterbuch S. 276; a. A. neuestens wieder Klöppel, Reichspreßrecht, 1894, S. 247 ff.) verneinte allgemeine Frage, ob nach positivem deutschen Recht für das „Polizeiunrecht" im Gegensatz zum criminellen Unrecht besondere Grundsätze, namentlich in Bezug auf die Schuld als Voraussetzung der Strafbarkeit, zu gelten haben. — Ueber die analoge Anwendung von § 3 R.Str.G.B. auf die örtliche Wirksamkeit von Polizeistrafverordnungen vgl. noch Oppenhoff, Commentar (12. Aufl.) Note 1 ad h. l., sowie Erk. K.G. v. 8. Febr. 1883 bei Johow Bd. 3 S. 248. In Bezug auf die Uebertretung von Polizeiverordnungen durch eine außerhalb des betr. Bezirks erscheinende Druckschrift möge noch auf die Erk. K.G. v. 4. Nov. 1889 (Johow Bd. 10 S. 268) und v. 9. April 1891 (Johow Bd. 11 S. 310) hingewiesen sein.

[14]) Vgl. das oben Note 10 cit. Erk. O.Trib. v. 9. Juni 1865.

deren Inhalt sich nicht nothwendig in einem an eine einzelne Person gerichteten oder eine einzelne bestimmte Handlung fordernden Befehle erschöpft.[15]) In § 197 erklärt das Allgemeine Berggesetz vom 24. Juni 1865 die Oberbergämter für befugt, für den ganzen Umfang ihres Bezirks oder für einzelne Theile desselben „Polizeiverordnungen" über die ihrer polizeilichen Aufsicht unterstellten Gegenstände zu erlassen. Dieser Verordnungsbefugniß stellt das Gesetz aber in §§ 198, 199 die dem Oberbergamte und für dringende Fälle dem Revierbeamten[16]) ertheilte Ermächtigung gegenüber, wenn auf einem Bergwerke in Beziehung auf jene Gegenstände eine Gefahr eintritt, die zur Beseitigung derselben erforderlichen „polizeilichen Anordnungen" d. h. Verfügungen[17]) zu treffen. Wenngleich die Übertretung sowohl der Bergpolizeiverordnungen, als der im Falle der Gefahr getroffenen polizeilichen Anordnungen nach § 208 a. a. O. derselben unmittelbaren gesetzlichen Strafdrohung unterliegt, unterscheiden sich jene beiden Arten bergpolizeilicher Willenserklärungen materiell doch dadurch, daß nur die ersteren den Charakter polizeilicher Verordnungen mit Gesetzesnatur an sich tragen, indem nur sie eine abstracte Normirung von Thatbeständen enthalten, während die polizeilichen Anordnungen der §§ 198, 199 Verfügungen sind, welche, in concreter Wiederspiegelung des Gesetzes durch das Bedürfniß des concret verwirklichten Falles einer Gefahr hervorgerufen, ihre Wirksamkeit in und mit demselben erschöpfen.[18]) Ebenso deutlich stellt das Reblaus-

[15]) Dazu oben § 3 I Ziff. 1 und 2. Verwirrend ist es daher, wenn Anschütz (vgl. oben § 3 Note 18) sagt, daß in der Befugniß der Polizeibehörden, einer bestimmten Person bei der verfügenden Auflage einer gewissen Handlung oder Unterlassung sofort eine Executivstrafe für jeden einzelnen Fall des Ungehorsams anzudrohen (Beispiele oben § 3 bei Note 17), „den Verwaltungsbehörden thatsächlich ein das Polizeiverordnungsrecht an Tragweite bedeutend überschreitendes Strafverordnungsrecht delegirt" sei und daß „eine derartige Executivverfügung virtuell die Tragweite einer polizeilichen Strafverordnung ad hoc" habe.

[16]) Ueber die Stellung der Revierbeamten, über welchen die Oberbergämter die Aufsichtsinstanz bilden, vgl. § 189. 190 Allg. Berg=G.

[17]) S. oben § 3 Note 13. 14.

[18]) Wie bereits oben (§ 3 Note 5) angedeutet, findet Klostermann den Gegensatz der Anordnungen des § 198 A.B.G. zu den bergpolizeilichen Verordnungen des § 197 begrifflich darin, daß die ersteren nur ein einzelnes Bergwerk betreffen. Aber im unmittelbaren Anschluß an diese Charakterisirung ist er auch schon genöthigt, dieselbe wieder fallen zu lassen, indem er (Commentar S. 289 Note 418) fortfährt: „Soll auch nur für ein einzelnes Bergwerk eine Anordnung getroffen werden, welche das

Gesetz vom 27. Februar 1878 bezw. 23. März 1885 beide Begriffe gegenüber. Die Verfügungen,[19]) welche der Oberpräsident nach § 1 des Gesetzes, wenn in einem concreten Falle „das Vorhandensein der Reblaus festgestellt ist", zur Verhinderung einer Verschleppung derselben treffen kann, können von ihm einzeln oder in Verbindung „angeordnet," ja selbst auf einen ganzen Gemeindebezirk oder mehrere solche ausgedehnt werden. Dieselben sind nach § 2 „wie polizeiliche Verordnungen bekannt zu machen," werden jedoch wiederum, zum Theil wenigstens, für den Einzelnen „schon durch mündliche Mittheilung wirksam," wie auch „in geeigneten Fällen der Oberpräsident die Zustellung einer schriftlichen Mittheilung an die Stelle der öffentlichen Bekanntmachung treten lassen kann." Trotz der theilweisen Gleichbehandlung der hier in Rede stehenden Verfügungen oder Anordnungen mit polizeilichen Verordnungen in Bezug auf die Art der Verkündigung, wird doch gerade in Verbindung damit durch den Wortlaut des Gesetzes selbst der begriffliche Gegensatz klar zum Ausdruck gebracht. Es ist aus alledem der Grundsatz zu entnehmen, daß auch Polizeibefehle (Anordnungen) allgemeinen Inhalts den Normen des Polizeiverordnungsrechts principiell d. h. soweit nicht einzelne durch das Gesetz ausdrücklich auch auf sie übertragen sind, nicht unterstehen, wenn sie sich im Sinne des Gesetzes als „Verfügungen" durch ihre Anknüpfung an einen concreten, im Gesetz bereits vorausgesetzten Thatbestand charakterisiren.[20])

Publicum allgemein angeht, so muß der Weg einer . . . Polizeiverordnung (§ 197) gewählt werden." Demgegenüber wird in den Motiven zu § 198 (abgedruckt Ztschr. f. Bergrecht Bd. 6 S. 199) der Gesichtspunkt des concreten Einzelfalles einer Gefahr treffend hervorgehoben. Gegen Klostermann spricht jetzt auch der durch die Novelle v. 1892 hinzugefügte zweite Satz von § 197 Abs. 1 A.B.G. — Arndt, Commentar zum A.B.G. 2. Aufl. Note 5 zu 198 mit „Verordnungsrecht" S. 168 hält den Unterschied für „rein formell" und stellt es in allen Fällen ganz in das Ermessen des Oberbergamts, ob es nach § 197 oder § 198 vorgehen will, was denn doch, wie mir scheint, schon dem Wortlaut der §§ 198. 199, in deren Eingang die besonderen materiellen Voraussetzungen für ihre Anwendung ausdrücklich hervorgehoben werden, widerspricht. Gegen Arndt auch Brassert, Commentar zum Berggesetz (1888) S. 507 f. 511.

[19]) Vgl. oben § 3 Note 8. Dazu meine Ausführungen bei der Besprechung von v. Sarwey's „Allgemeines Verwaltungsrecht" in Schmoller's Jahrbuch Bd. 9 S. 1006.

[20]) Von diesem Gesichtspunkte aus rechtfertigt sich auch das Erk. R.Ger. v. 3. Nov. 1891 (Entsch. Straff. Bd. 22 S. 190), nach welchem die Anordnungen gemäß § 7

2. Wenn aber so die Polizeiverordnung und die polizeiliche Verfügung ihrem Wesen nach ungleichartig sind, indem die erstere dem Gebiete der Gesetzgebung, die letztere aber dem der Gesetzesanwendung (Vollziehung) angehört, und wenn hiernach ihr Verhältniß zu einander nicht einfach dadurch charakterisirt werden kann, daß man die Verordnung als allgemeine Verfügung und die Verfügung als Verordnung im Einzelfalle bezeichnet:[21]) so ergiebt sich daraus mit Nothwendigkeit, daß auch zwischen der Delegation zur Ausübung eines polizeilichen Verordnungsrechts und der gesetzlichen Ermächtigung zum Erlaß von Verfügungen nach Maßgabe des Gesetzes ein Unterschied der Art nach besteht und daher Rückschlüsse von dem Einen auf das Andere an sich der zwingenden Kraft entbehren. Mag immerhin, namentlich im Wirkungskreise der Ortspolizeibehörden, Verfügungs- und Verordnungsrecht thatsächlich in erheblichem Umfange sich decken, so ist doch dieses Congruenzverhältniß keineswegs ein unbedingt und überall gebotenes. Der von Gneist öfters in „allgemeingültiger" Fassung ausgesprochene Satz, „daß das Verordnungsrecht ein unmittelbarer Ausfluß der Regierungsgewalt, vollziehenden Gewalt, ist, beruhend auf dem Grundsatz, daß, was die Obrigkeit im einzelnen Fall zu gebieten oder zu verbieten befugt ist, solches sie auch für alle Fälle gleicher Art gebieten und verbieten mag,"[22]) mag seine historische

des Reichs-Viehseuchengesetzes (vgl. oben § 3 Note 9 ff.) nicht den Formen des Polizeiverordnungsrechts unterliegen. Die dortige Begründung freilich, daß sich die fraglichen Maßregeln um deswillen nicht als „selbständige Gebotsnorm" ansehen lassen, weil sie „gleichsam die Ausfüllung des im § 7 a. a. O. gegebenen Blanketts bilden" und zwar „umsoweniger, als das Reichsgesetz im § 66 eine besondere Strafandrohung für ihre Nichtbefolgung enthält", geht fehl, weil das Polizeiverordnungsrecht auch in speciellen und die Strafandrohung unmittelbar enthaltenden Delegationen begründet werden kann. Vgl. unten § 15 Note 20. — Ueber ältere, auf §§ 65 ff. I 8 und § 10 II 17 A.L.R. gegründete Bebauungspläne vgl. Erk. O.V.G. v. 6. Febr. 1879 (Entsch. Bd. 5 S. 381) und zu interessanter Bestätigung Art. 2 Nr. 3 des badischen Ortsstraßengesetzes v. 20. Febr. 1868 in der Fassung des G.V.Bl. 1890 S. 508. Dazu dann wieder oben Note 19.

21) Daß allerdings die V.O. v. 26. Dec. 1808 dieser hier reprobirten Auffassung huldigte, indessen mit ihr und mit der ihr zu Grunde liegenden Verkennung des Verhältnisses von Gesetz und Verfügung im Gegensatz sowohl zu der landrechtlichen, wie zu der modernen Gesetzgebung steht, ergiebt sich aus meinem Aufsatz im „Verwaltungsarchiv" Bd. 3 S. 333 ff., in Verbindung mit den obigen Ausführungen § 3 bei Note 32 ff.

22) Vgl. namentlich in v. Holtzendorff's Rechtslexikon (3. Aufl.) Bd. 3 S. 1059 mit S. 84.

Bedeutung haben, ist aber für das moderne Polizeiverordnungsrecht schon um deswillen nicht als richtig anzuerkennen, weil nicht alle Behörden und Instanzen der executiven Polizei auch mit Verordnungsbefugniß in ihrem Wirkungskreise ausgestattet zu sein brauchen.[23]) Ebensowenig ist aber auch umgekehrt als Grundsatz richtig, was das Oberverwaltungsgericht wiederholt ausgesprochen hat, daß „(der Regel nach) Alles, was Gegenstand einer Polizeiverordnung sein kann, auch zum Gegenstande der polizeilichen Verfügung gemacht werden kann.“[24]) Wie aus dem Inhalte der maßgebenden Entscheidungen sich ergiebt, hat der höchste Gerichtshof jenen Satz zuerst in dem Sinne formulirt, um ihn der zweifellos unrichtigen und von ihm mit Recht verworfenen Meinung gegenüberzustellen, „daß, wenn ein Gegenstand sich zur Regelung mittelst polizeilicher Vorschriften“ (Verordnungen) „eignet, oder doch solche zuläßt, nur auf diesem Wege vorgegangen werden dürfe und es unzulässig sei, mittelst Verfügung einzuschreiten:“[24a]) aber er ist in der allgemeinen Formulirung seines Standpunktes zu weit gegangen. Sicher bietet namentlich die allgemeine Clausel des § 10 II 17 A.L.R.[25]) in umfassender Weise ein directes und ausreichendes Fundament dafür, im concreten Falle gefährdeter Ruhe, Sicherheit oder Ordnung bestimmte Handlungen oder Unterlassungen auch dann zu gebieten, wenn dieselben nicht schon vorher durch

---

[23]) Hervorgehoben namentlich auch von Arndt, Reichsverordnungsrecht S. 167 Note 4; vgl. auch Förstemann S. 206 f., sowie unten. Richtig Fricker, Grundriß des Staatsrechts des Königreichs Sachsen (1891) S. 181.

[24]) So Entsch. O.V.G. Bd. 11 S. 369, ausgehend von dem nach Obigem unzutreffenden Satze, daß „die rechtliche Basis der Polizeiverordnung und der Polizeiverfügung eine wesentlich gleichartige ist“ und „die polizeiliche Verfügung sich überhaupt nur äußerlich (?) — nach ihrer Veranlassung und ihrer a priori in Aussicht genommenen Beschränkung auf einen einzelnen concreten Fall (!) — keineswegs aber ihrem inhaltlichen Werthe nach von der Polizeiverordnung unterscheidet.“ (Vgl. dagegen das oben Note 1 citirte Erk. v. 30. Nov. 1882, ferner z. B. Entsch. Bd. 24 S. 359: „Der wesentliche Unterschied, der zwischen polizeilichen Einzelverfügungen und polizeilichen Vorschriften einer Polizeiverordnung besteht.“) Der allgemeine, im Text bezeichnete Grundsatz findet sich weiter in Entsch. Bd. 2 S. 432 (vgl. Note 24 a), Bd. 12 S. 384, Bd. 13 S. 395, Bd. 18 S. 411, sowie in den Erkenntnissen im Preuß. Verwaltungsblatt Bd. 6 S. 381 Sp. 1, Bd. 12 S. 97 Sp. 2; vgl. auch v. Brauchitsch I (11. Aufl.) Note 227.

[24a]) Erk. v. 27. Juni 1877 (Entsch. Bd. 2 S. 432 mit 431); vgl. auch Bd. 1 S. 322 f., Bd. 12 S. 393, Bd. 18 S. 417.

[25]) Vgl. oben § 3 Note 35.

Polizeiverordnung abstract festgestellt waren, mochte immerhin die rechtliche Möglichkeit zum Erlaß einer solchen auf Grund der das Polizeiverordnungsrecht betreffenden Gesetze gleichfalls gegeben gewesen sein. Aber eben nicht die letzteren sind es, aus denen neben der Verordnungsbefugniß zugleich das Recht zu den bezeichneten executivischen Verfügungen entspringt,[26]) sondern der § 10 II 17 A.L.R., welcher seinerseits wiederum für sich eine Delegation zu polizeilichen Verordnungen nicht begründet.[27]) Dementsprechend werden die folgenden Erörterungen ergeben, daß auch im Sinne des obigen, vom Oberverwaltungsgericht aufgestellten Grundsatzes eine unbedingte Congruenz von polizeilichem Verordnungs- und Verfügungsrechte weder objectiv, noch subjectiv gegeben ist.[28])

2. Das delegirende Gesetz und seine Verschiedenheiten.

§ 13. Im Allgemeinen. — Der Umfang des gewährten Ermessens.

I. Wie der Erlaß einer jeden Rechtsverordnung,[1]) so beruht auch der der Polizeistrafverordnungen niemals auf dem eigenen Recht der Verwaltung sondern auf einer Uebertragung der rechtschaffenden Befugniß seitens der gesetzgebenden Factoren, einer in Form des Gesetzes[2]) ausgesprochenen Delegation.[3]) Inhalt dieser

---

26) Vgl. dagegen § 20 G. v. 11. März 1850 (oben § 10 Note 2); dazu Entsch. Bd. 12 S. 393.

27) Darüber handelt ausführlich mein Aufsatz im „Verwaltungsarchiv" Bd. 3 S. 295 ff., besonders S. 300 Note 149.

28) Vgl. für jetzt die Erkenntnisse des O.V.G. im Preuß. Verwaltungsblatt Bd. 5 S. 239 Sp. 1, sowie Entsch. Bd. 20 S. 300.

1) Vgl. oben § 6 I.

2) Ob die Ermächtigung der Polizeibehörden zum Erlaß von Verordnungen auch gewohnheitsrechtlich begründet sein kann, ist die Frage. Das O.V.G. will dieselbe an einer Stelle (Erk. v. 20. Oct. 1888 im Verwaltungsbl. Bd. 10 S. 184 Sp. 1 a. E.) bejahen, indem es sich dafür auf die Ausführungen dieses Buches bezieht (vgl. oben § 3 Note 41a), nach denen polizeiliche Verfügungen den für sie nothwendigen positiven Rechtsgrund nicht bloß im Gesetze, sondern auch im Gewohnheitsrechte finden können. Wenngleich nun an sich der Schluß von der Verfügung auf die Verordnung nicht unbedingt zwingend erscheint, so wird man doch aus allgemeinen Gründen (vgl. Gierke, Deutsches Privatrecht I, 1895 S. 130 Note 9 a. E.) der Ansicht des Gerichtshofes beizutreten haben; nur muß im Hinblick auf die ferneren Ausführungen des gedachten Erkenntnisses (S. 184 Sp. 1 a. E. mit Sp. 2 oben) bemerkt werden, daß es zwei ganz verschiedene Thatbestände sind, wenn eine Polizeibehörde ihre Befugniß, eine Verordnung zu erlassen, auf Gewohnheitsrecht gründet, oder wenn sie andererseits ihrer gesetzlich begründeten Verordnung einen concreten Inhalt giebt,

Delegation ist also die gesetzliche Ermächtigung der Polizeibehörden, an Stelle der Gesetzgebung Rechtsvorschriften unter Strafandrohung zu erlassen. Mit dem Inkrafttreten des delegirenden Gesetzes beginnt auch die Wirksamkeit der übertragenen Verordnungsbefugniß; doch läßt es sich denken, daß die vorbereitende Abfassung und Verkündigung einer Polizeiverordnung bereits vor demjenigen Zeitpunkte statthaft ist, in welchem ihr Inhalt nach dem Gesetze verbindliche Wirksamkeit äußern soll. [4])

II. Indem die Gesetzgebung der Verwaltung die **Befugniß** zum Erlaß von Polizeistrafverordnungen ertheilt, stellt sie es regel-

---

welcher mit einem bereits gewohnheitsrechtlich bestehenden Rechtssatze übereinstimmt. (Vgl. § 2 G. v. 30. Juni 1834, oben § 8 Note 18, sowie in Betreff derjenigen Rechtsanschauungen des O.V.G., welche die Verwischung dieses Unterschiedes erklären, unten § 17 Note 27). — Nimmt man aber die Möglichkeit einer Begründung des Polizeiverordnungsrechts durch Gewohnheitsrecht an sich an, so wird man, ausgehend von der richtigen Auffassung des allgemeinen Verhältnisses von Irrthum und Gewohnheitsrecht (vgl. Gierke a. a. O. S. 167 f.), auch anzuerkennen haben, daß, bei sonst gegebenen Voraussetzungen, der Anstoß zur Bildung des hier in Rede stehenden Gewohnheitsrechts auch durch die irrthümliche Auslegung eines Gesetzes, welchem man die fragliche Verordnungsbefugniß entnahm, gegeben sein kann. Uebereinstimmend für bayr. Recht Rehm, Die Anliegerbeiträge bei Trottoirisirung nach bayr. Rechte, in den „Annalen" 1895 S. 61 ff. Vgl. auch Entsch. O.V.G. Bd. 15 S. 230, sowie die unten § 17 Note 27 a. E. angeführten Erkenntnisse in analoger Anwendung. Einen rechtsgeschichtlichen Anwendungsfall kann man aus den Anführungen oben § 8 III, besonders Note 17, entnehmen.

[3]) Für die Bezeichnung „Delegation", die bei uns (z. B. Entsch. O.V.G. Bd. 9 S. 337) und auch in der französischen Rechtssprache (vgl. Adolphe-Hélie a. a. O. S. 339, Champagny S. 6. 418, Otto Mayer, Franz. Verwaltungsrecht S. 6 f. 37 ff.) gang und gäbe ist, gebraucht die süddeutsche Rechtssprache mehr den Ausdruck „Vorbehalt" (Art. 1 bayr. Pol.Str.G.B.; v. Stengel, vgl. oben § 4 Note 6; auch die Ueberschriften zu §§ 22 und 29 badisch. Pol.Str.G.B. v. 1863). Derselbe erscheint weniger treffend, da man dem Sprachgebrauche gemäß nur ein Recht vorbehalten kann, welches bereits besteht, nicht aber ein solches, welches durch den Vorbehalt erst verliehen werden soll. Eine treffende Verwendung findet dagegen die Bezeichnung „Vorbehalt" für das in § 14 II zur Delegation in Gegensatz gestellte Verhältniß. Ueber „Ermächtigung (Delegation)" und „Vorbehalt" vgl. noch Seydel, Bayr. Staatsrecht Bd. 3 S. 582.

[4]) Dafür bietet eine Analogie der § 2 des G. betr. die Bestrafung der Schulversäumnisse u. s. w. v. 6. Mai 1886 (G.S. S. 144): „Dieses Gesetz tritt mit dem 1. Juli 1886 in Kraft, unbeschadet des Rechtes der zuständigen Behörden, schon vor diesem Termin Polizeiverordnungen zur Bestrafung der Schulversäumnisse, mit verbindlicher Kraft v. 1. Juli 1886 ab, zu erlassen." Ueber ähnliche Erscheinungen in der neuen socialpolitischen Reichsgesetzgebung vgl. mein Recht der Arbeiterversicherung I S. 106 ff.

mäßig zugleich in ihr freies Ermessen, ob, inwieweit und wie sie von derselben nach Würdigung der Verhältnisse Gebrauch machen wolle.[5]) Eine Pflicht zur Ausübung der delegirten Gesetzgebungsgewalt ist für die Polizeibehörden regelmäßig nur in demselben allgemeinen Sinne begründet, als überhaupt für sie die amtliche Pflicht besteht, die ihnen zu Gebote stehenden Machtmittel zur bestmöglichen Erfüllung ihrer Aufgaben, der Sicherheit und des Wohls der Gemeinschaft, auch thatsächlich zu verwenden.[6]) Soweit dann die Polizeibehörde von der ihr zustehenden Ermächtigung zum Erlaß einer allgemeinen Verordnung keinen Gebrauch macht, wird doch ihr, durch besondere Gesetzesbestimmungen begründetes, Recht zu entsprechenden Verfügungen im Einzelfalle dadurch nicht weiter beeinträchtigt.[7])

Demgegenüber kann allerdings auch das delegirende Gesetz ausdrücklich oder seinem Sinne nach die Behörden in specieller Weise zum Erlaß der vorgesehenen Polizeiverordnung rechtlich verpflichten und so das freie Ermessen derselben über die Ausübung ihrer Befugniß mehr oder weniger beschränken. Es wird dies insbesondere dort der Fall sein, wo das Gesetz eine Einzelmaterie, deren rechtliche Ordnung es für nothwendig erachtet, zur ausschließlichen Regelung durch Polizeiverordnung nach Maßgabe örtlich beschränkterer Interessen verweist,[8]) oder wo die der Polizeibehörde überwiesenen Verordnungen den Charakter von Aus-

---

[5]) Erk. O.V.G. v. 26. März 1884 (Verwaltungsblatt Bd. 5 S. 239 Sp. 1): „Ob und in wie weit die Polizei ihre quasi legislatorische Gewalt walten lassen will, ist lediglich Frage der Zweckmäßigkeit und des freien Ermessens"; Erk. v. 27. Juni 1877 (Entsch. Bd. 2 S. 432): „Das Gesetz gewährt den Behörden nur die Befugniß zum Erlasse polizeilicher Vorschriften, verpflichtet sie aber nicht dazu — am wenigsten mit der Maßgabe, daß es den Betheiligten zustände, im Verwaltungsstreitverfahren die Frage zum Austrag zu bringen, ob Veranlassung vorgelegen habe, den Weg des Erlasses polizeilicher Vorschriften zu betreten."

[6]) Laband Reichsstaatsrecht 1. Aufl. II S. 203 Note 1, 2. Aufl. I S. 677, besonders Note 2. Diese Bedingtheit von Recht und Pflicht in der Staatsverwaltung s. auch schon §§ 2—4 II 13 A.L.R.: „Von den Rechten und Pflichten des Staates überhaupt."

[7]) Vgl. oben § 12 Note 24 a.

[8]) So z. B. § 13 des Feld- und Forstpolizei-Gesetzes v. 1. April 1880: „Die Ausübung der Nachtweide, des Einzelhütens, sowie der Weide durch Gemeinde- und Genossenschafts-Heerden wird durch Polizeiverordnung geregelt" mit § 96 Abs. 4: „Bis zur Verkündung der nach § 13 zu erlassenden Polizeiverordnungen behalten die bisherigen Vorschriften u. s. w. Geltung."

führungsbestimmungen haben, ohne welche die übrigen Bestimmungen des die Delegation enthaltenden Gesetzes nicht in thatsächliche Wirksamkeit treten können.

Das den Polizeibehörden durch die Delegation offen gehaltene freie Ermessen erstreckt sich andererseits regelmäßig zugleich auch auf die Ermächtigung, die einmal erlassenen Polizeiverordnungen wieder aufzuheben oder durch andere zu ersetzen. Begrifflich allerdings ist es auch hier nicht ausgeschlossen, die Delegation, zumal wenn sie sich an die centralen Instanzen des Staates wendet, auf den einmaligen Erlaß einer Verordnung zu beschränken, sodaß sich dieselbe mit einmaliger Ausübung des delegirten Rechts consumirt und die Aufhebung oder Abänderung des im Verordnungswege geschaffenen Rechtszustandes auf dem formellen Gesetzgebungswege erfolgen muß. [9])

Endlich kann auch das Ermessen der Polizeibehörden hinsichtlich des Inhalts der über einen Gegenstand zu erlassenden Polizeiverordnungen beschränkt sein, so daß sich dann ihre freie thatsächliche Beurtheilung mehr oder weniger nur auf die Frage zu erstrecken hat, ob sie eine Verordnung, deren Inhalt durch das delegirende Gesetz selbst vollständig oder annähernd gegeben ist, in ihren Bezirken in Rechtskraft zu setzen Veranlassung nehmen wollen oder nicht.

§ 14. Reichsgesetzliche und landesgesetzliche Delegation.

Das im preußischen Staate geltende Verwaltungsrecht bewegt sich seit der Gründung des norddeutschen Bundes und des deutschen Reiches in einer doppelten Sphäre, indem die dasselbe feststellende Gesetzgebung für bestimmte, in der Verfassung des deutschen Reiches bezeichnete Gebiete diesem theils ausschließlich, theils facultativ mit der Wirkung zugetheilt ist, daß die Reichsgesetze den Landesgesetzen vorgehen (Art. 2 Reichs-Verf.). Nur soweit die Reichs-

---

[9]) Als Analogie auf außerpolizeilichem Gebiete diene § 21 des preuß. Ausführungsgesetzes zum Reichs-Ger.Verf.G. v. 24. April 1878: „Die Sitze und Bezirke der Amtsgerichte werden durch Kgl. Verordnung bestimmt. Dieselben können nach dem 1. Oct. 1882 nur durch Gesetz verändert werden.“ Ebenso Art. 1 G. betr. die Bildung der 1. Kammer v. 7. Mai 1853. — v. Martitz a. a. O. S. 257 will nur Fälle dieser Art als Delegationen der Gesetzgebungsgewalt an die Verwaltung bezeichnen, was mit seinem oben § 12 Note 8 angedeuteten Gesetzesbegriff zusammenhängt.

gesetzgebung nicht Platz greift, ist das Gesetzgebungsrecht [1]) den Einzelstaaten vorbehalten. Alles geltende Verwaltungsrecht ist daher seitdem in Preußen, wie in den übrigen Bundesstaaten, seinem Inhalte nach entweder Reichsrecht oder Landesrecht, je nachdem es der Gesetzgebungsgewalt des Reiches oder des Einzelstaates seine Entstehung verdankt.

I. Soweit die dem Reiche zustehende Gesetzgebungsgewalt sich auf polizeiliche und polizeistrafrechtliche Materien erstreckt, [2]) kann dasselbe, analog wie die Landesgesetzgebung, das Recht zur Ausübung seiner gesetzgeberischen Competenz ebenso wie seinen eigenen Organen, auch den Polizeibehörden der Einzelstaaten übertragen. Dieselben sind, wie die Einzelstaaten selbst, der Gewalt des Reiches verfassungsmäßig unterworfen, [3]) das sich ihrer nicht allein zur Ausübung von Verwaltungs-, [4]) sondern auch von Gesetzgebungsfunctionen bedienen kann. Von diesem Rechte zur gesetzlichen Delegation an die Polizeibehörden der Einzelstaaten hat das Reich vielfach, namentlich auch auf gewerbepolizeilichem Gebiete, welches ihm durch Art. 4 Nr. 1 der Reichs-Verfassung zur gesetzlichen Regelung eröffnet war, in der Gewerbe-Ordnung v. 21. Juni 1869 und den sie abändernden Gesetzen umfassenden Gebrauch gemacht. Im Allgemeinen ergeben sich für den Gegensatz der reichsgesetzlichen und der landesgesetzlichen Delegation folgende Rechtsgrundsätze:

1. Sowie die Reichsgesetze überhaupt den Landesgesetzen derogiren, so bestimmt sich auch der Erlaß der auf reichsgesetzlicher Delegation beruhenden polizeilichen Rechtsvorschriften, unter Ausschluß der entgegenstehenden allgemeinen landesrechtlichen Bestimmungen, insbesondere des Gesetzes über die Polizeiverwaltung v. 11. März 1850 u. s. w., nach Inhalt und Form lediglich nach

---

[1]) Laband, Reichsstaatsrecht I S. 104. 521 bezeichnet die den einzelnen Bundesstaaten zukommende Gesetzgebung als „Autonomie". Dagegen wohl mit Recht G. Meyer, Staatsrecht, 4. Aufl. § 155 Note 8 und H. Schulze, Lehrbuch des deutschen Staatsrechts S. 516 u. a. m.

[2]) So insbesondere nach Art. 4 Nr. 1. 3. 8. 13. 15. 16 der Reichs-Verfassung. Ueber die Competenz des Reiches auf dem Gebiete des Polizeistrafrechts im Allgemeinen: Hugo Meyer, Lehrbuch des Strafrechts 4. Aufl. S. 145; Binding, Handbuch des Strafrechts I S. 276 und Haenel, Deutsches Staatsrecht I S. 467 f.

[3]) G. Meyer, Staatsrecht S. 37; Heinze, Das Verhältniß des Reichsstrafrechts zu dem Landesstrafrecht (1871) S. 21.

[4]) Laband, Reichsstaatsrecht I § 66.

den Vorschriften des die Delegation aussprechenden Reichsgesetzes. [5]) Nur soweit das Reichsgesetz selbständige Bestimmungen darüber nicht enthält, ist, weil und soweit dies seiner Absicht entspricht, auf die landesgesetzlichen Vorschriften zurückzugehen. [6])

2. Durch die Delegation hat das Reich seine Gesetzgebungsgewalt hinsichtlich der betreffenden Materie mittelbar ebenso zur Ausübung gebracht, als wenn es unmittelbar reichsgesetzliche Vorschriften materiellen Inhalts erlassen hätte. [7]) Mit dem Inkrafttreten des die Delegation enthaltenden Gesetzes ist daher, soweit das Reichsgesetz selbst nicht ein Anderes bestimmt, [8]) die Landes-

---

5) Beispiele bieten die §§ 69. 76 R.-Gewerbe-Ordnung, welche für die Ausübung des in ihnen delegirten ortspolizeilichen Verordnungsrechts das Einverständniß der Gemeindebehörde zu einer Zeit forderten, wo für die landesgesetzlichen Delegationen der § 5 des Polizeigesetzes v. 11. März 1850 u. s. w. noch eine bloße Berathung mit dem Gemeindevorstande vorschrieb. Uebereinstimmend in Bezug auf § 69 cit. Erk. K.G. v. 11. April 1889 bei Johow Bd. 9 S. 175.

6) Sachlich übereinstimmend Laband, Reichsstaatsrecht I S. 606 Note 2, G. Meyer, Staatsrecht § 165 Note 12 und die dort Citirten; abweichend Arndt, Verordnungsrecht S. 203 Note 4, nach welchem, wenn „das Reichsgesetz Nichts über die Art der Verkündigung enthält, lediglich der Wille des mit Erlaß der Verordnung Beauftragten entscheiden soll". — Entsprechend dem Grundsatze des Textes sind namentlich für die auf Grund der Reichs-Gewerbe-Ordnung zu erlassenden allgemeinen polizeilichen Vorschriften die Formvorschriften des preußischen Polizeiverordnungsrechts maßgebend, soweit nicht im einzelnen Falle auf eine andere Absicht des Reichsgesetzes geschlossen werden kann. Vgl. z. B. für die Anwendung des Princips in Bezug auf § 28 (mit welchem als seine Quelle § 13 des preuß. G. v. 1. Juli 1861 zu vergleichen) Erk. O.V.G. v. 28. Jan. 1884, Entsch. Bd. 10 S. 284, 286; ebenso in Bezug auf § 37 die Nr. 14 der ministeriellen Ausführungs-Anweisung v. 4. Sept. 1869 (V.M.Bl. S. 200), dazu Erk. O.V.G. v. 1. Juli 1878, Entsch. Bd. 4 S. 324; übereinstimmend auch für §§ 73. 74 v. Rohrscheidt, Die Polizeitaxen und ihre Stellung in der Reichs-Gewerbe-Ordnung (1893) S. 48 ff. und Erk. O.V.G. v. 16. April 1894, Entsch. Bd. 26 S. 303 f. Dazu auch für sämmtliche citirte Stellen Schenkel, Commentar I S. 178. 297, II S. 86, ebenso II S. 25 in Bezug auf § 69; dagegen hinsichtlich der letztgedachten Stelle ohne Begründung Erk. K.G. v. 29. Oct. 1891, Johow Bd. 12 S. 170. Zweifelhafter ist z. B. § 105 b a. E., wo es sich nur um eine ziffermäßige Zeitbestimmung zur Ergänzung und Ausführung anderweitiger Rechtsvorschriften handelt. Nach Schenkel II S. 212 sollen dabei wohl die Vorschriften über die Publication von Polizeiverordnungen, nicht aber die über die „Erlassung" (z. B. Mitwirkung der Selbstverwaltungscollegien) Platz greifen.

7) Vgl. Laband, Reichsstaatsrecht, 2. Aufl. I. S. 600. 610.

8) So z. B. § 38 R.-Gewerbe-O.: „Die Centralbehörden sind befugt, — über den Geschäftsbetrieb der Pfandleiher, soweit darüber die Landesgesetze nicht Be-

gesetzgebung in jeder anderen Form, als der durch die reichsgesetzliche Delegation festgestellten, hinsichtlich jenes Gegenstandes ausgeschlossen. Es gilt dies insbesondere für diejenigen Bestimmungen der Reichs-Gewerbe-Ordnung, welche die Regelung gewisser Materien der Ortspolizeibehörde delegiren, wodurch nicht allein die Landesgesetzgebung im formellen Sinne, sondern auch der landesgesetzlich etwa zulässig gewesene Erlaß von Polizeiverordnungen durch die Landespolizeibehörde unzulässig geworden ist. [9])

3. Die auf Grund der reichsgesetzlichen Delegation und in Gemäßheit derselben erlassenen polizeilichen Rechtsvorschriften beruhen auf der Gesetzgebungsgewalt des Reiches, sind daher materiell[9a]) Reichsrecht, nicht Landesrecht.[10]) Sie haben daher, soweit das delegirende Reichsgesetz selbst nichts Anderes bestimmt,[11]) inhaltlich die Kraft, den zur Zeit ihres Erlasses bestehenden, denselben Gegenstand betreffenden landesgesetzlichen d. h. selbst den auf dem Wege der einzelstaatlichen Gesetzgebung erlassenen Rechtsvorschriften zu derogiren.[12]) Dagegen wird im Zweifel nicht an-

stimmungen treffen, Vorschriften zu erlassen" (Neue Fassung nach der Novelle v. 23. Juli 1879; vgl. dazu preuß. G. betr. das Pfandleihgewerbe v. 17. März 1881 und Ministerial-Verordnung v. 16. Juli 1881).

9) §§ 37. 69. 73 ff. 76 R.-Gewerbe-O. Laband I. S. 619 Note 3. — § 155 Abs. 2 des Gesetzes ändert rechtlich daran Nichts.

9a) Dagegen sind sie allerdings in Hinsicht auf ihre formale Sanctionirung durch eine der Organisation des Einzelstaats angehörige Instanz Landesrecht, was z. B. für die Competenz des Kammergerichts als Revisionsinstanz nach § 50 Nr. 2 des preuß. G. v. 24. April 1878 (in Berücksichtigung der Entsch. v. 4. Febr. 1884 bei Johow Bd. 4 S. 265) von Bedeutung ist. An diesem Punkte besteht also kein rechtlicher Unterschied zwischen reichsgesetzlichen Delegationen und Vorbehalten, wie Rödenbeck S. 77 Note 113 anzunehmen scheint.

10) Laband S. 605; Arndt, Verordnungsrecht S. 185 Note 5, S. 193 Note 1.

11) Vgl. z. B. § 33 Abs. 3. der R.-Gewerbe-O. in ursprünglicher Fassung: „Es können jedoch die Landesregierungen, soweit die Landesgesetze nicht entgegenstehen, u. s. w." Vgl. dagegen die Fassung nach der Novelle v. 23. Juli 1879; Schenkel, Commentar S. 220 f.

12) Anerkannt z. B. hinsichtlich des § 37 der R.-Gewerbe-O. durch Nr. 14 der Note 6 citirten ministeriellen Anweisung: „Die durch die Verkehrsinteressen gebotene Regelung der im § 37 bezeichneten Straßengewerbe ist fortan lediglich in das Ermessen der Ortspolizeibehörden gestellt und zwar nach der Absicht des Gesetzes ohne diejenigen Einschränkungen, welche durch die Landesgesetzgebung, namentlich auch durch § 49 der Allg. Gewerbe-O. v. 17. Jan. 1845 in der Fassung des G. v. 22. Juni 1861 vorgeschrieben waren." Erk. O.V.G. v. 1. Juli 1878, Entsch. Bd. 4 S. 324. — Um so mehr darf sich in diesem Falle und ähnlichen die ergehende Ortspolizeiverordnung über entgegenstehende ältere Verordnungen einer

zunehmen sein, daß schon die Delegation selbst das jene Materie betreffende Landesrecht beseitigen sollte, da nicht schon diese, sondern erst die auf ihr beruhende Polizeiverordnung eine materielle Regelung des der Reichsgesetzgebung unterliegenden Gegenstandes in sich trägt.[13])

II. Von der reichsgesetzlichen Delegation (Ermächtigung) rechtlich durchaus verschieden sind diejenigen Bestimmungen eines Reichsgesetzes, welche auf Gebieten der facultativen Reichsgesetzgebung in bestimmtem Umfange lediglich die auf landesgesetzlicher Delegation beruhenden Polizeiverordnungen vorbehalten.[14]) Mit diesen Bestimmungen übt das Reich keine eigene Gesetzgebungsgewalt aus, überläßt im Gegentheil ausdrücklich die Regelung gewisser Materien der Landesgesetzgebung bezw. dem auf ihr beruhenden delegirten Verordnungsrecht. Es constituirt nicht ein neues Recht der Polizeibehörden durch Delegation, sondern es nimmt auf ein durch landesgesetzliche Delegation bestehendes Bezug und verweist auf dasselbe, indem es dasselbe, vielleicht mit gewissen Maßgaben,[15]) vorbehält. Von dieser Natur sind insbesondere, wie sich aus Inhalt, Motiven und historischem Zusammenhange ergiebt,[16]) die sogenannten[17]) Blankettstrafgesetze des

---

höheren Polizeibehörde hinwegsetzen. Erk. O.V.G. v. 12. Dec. 1893, Entsch. Bd. 26 S. 383.

[13]) Derselbe Grundsatz findet auch innerhalb der Landesgesetzgebung Anerkennung; vgl. oben § 13 Note 8.

[14]) Vgl. hierzu Seydel, Die Landesverordnungen zum Vollzuge von Reichsgesetzen, in den „Annalen" 1874 S. 1143. Laband I. S. 605. Arndt, Verordnungsrecht S. 24. Mein „Recht der Arbeiterversicherung" I. S. 66. — Wann Delegation, wann Vorbehalt landesgesetzlicher Normirung vorliegt, ist im Einzelfalle Sache der Interpretation; vgl. Laband Seite 606 Note 3. Einen Vorbehalt enthält z. B. § 9 Abs. 2 des Sprengstoffgesetzes v. 9. Juni 1884 (vgl. Erk. R.Ger. v. 14. Jan. 1887, Entsch. Strafs. Bd. 15 S. 207), oder § 10 des Freizügigkeitsgesetzes v. 1. Nov. 1867, insofern hier die Verweisung auf die Landesgesetze auch die landesgesetzmäßigen Polizeiverordnungen begreift (Erk. K.G. v. 31. März 1884, bei Johow IV. S. 326, wo jedoch der Ausdruck „der polizeilichen Regelung besonders erschlossen" nach dem hier Gesagten und nach den folgenden Ausführungen des Erkenntnisses selbst nicht zutreffend ist; dagegen Erk. O.V.G. v. 11. Dec. 1880, Entsch. Bd. 7 S. 384 f.: „— mit einer Maßgabe den Landesgesetzen vorbehalten hat").

[15]) z. B. § 8 Abs. 2 des Nahrungsmittelgesetzes v. 14. Mai 1879: keine höhere Strafe als die im Abs. 1 angedrohte; vgl. G. Meyer, Verwaltungsrecht, 2. Aufl. I. S. 216; auch oben Note 14 a. E.

[16]) Inhalt: Keines dieser sog. Blankettstrafgesetze enthält in der Fassung den

29. Abschnitts „Uebertretungen" des deutschen Reichsstrafgesetzbuches.[18]) Wenn z. B. der § 366 Nr. 10 R.Str.G.B. denjenigen

Ausspruch einer ausdrücklichen Uebertragung gesetzgeberischer Befugniß, wie z. B. die vielfach citirten Bestimmungen der Gewerbe-Ordnung (ein Moment, das allerdings für sich allein nicht immer ausreicht; vgl. z. B. § 145 R.Str.G.B.), noch bestimmt es etwas über das Subject der Verordnungsbefugniß, wie z. B. § 145 cit. — Motive (S. 156: vgl. v. Schwarze, Commentar 2. Aufl. S. 38): ‚Die einschlägigen Bestimmungen werden sich deshalb an der Aufgabe genügen lassen müssen, diejenigen Vorschriften aufzustellen, die im Wesentlichen überall gleichmäßig anwendbar sein werden, das Besondere dagegen der Particulargesetzgebung oder der autonomischen Bestimmung der Behörden, Kreise und Gemeinden, je nach der Verschiedenartigkeit der politischen Organisation in den verschiedenen Landestheilen, zu überlassen. Von dieser Grundanschauung ist das Preuß. Str.G.B. bei der Aufstellung seines dritten, von den Uebertretungen handelnden Theiles ausgegangen u. s. w. — Insoweit der Entwurf auf bestehende gesetzliche Anordnungen und sonstige, auch polizeiliche Bestimmungen verweist, kann selbstverständlich da, wo dergleichen Anordnungen oder Bestimmungen nicht vorhanden sind, die Vorschrift selbst nicht zur Anwendung kommen. Allein auch solchen Falles liegt in ihr eine Schranke in Bezug auf das zulässige Strafmaß, sobald die Particulargesetzgebung eine solche Anordnung erläßt und hiermit die Vorschrift des Str.G.B. einen realen Inhalt empfängt." — Den sichersten Beweis liefert der historische Zusammenhang mit dem preuß. Str.G.B., aus welchem die betreffenden Vorschriften im Wesentlichen in das R.Str.G.B. übergegangen sind. Dasselbe, unterm 14. April 1851 erlassen, hatte zweifellos nicht die Absicht, das unterm 11. März 1850 ergangene Gesetz über die Polizeiverwaltung mit seinen umfassenden Delegationen durch neue specielle Delegationen zu ergänzen; seine Tendenz ging vielmehr nur dahin, in den betreffenden Blankettstrafgesetzen unter Androhung bestimmter Strafen den Kreis der Polizeiverordnungen zu umschreiben, auf welchen dieselben Anwendung finden sollten. Es delegirte nicht, sondern behielt den Polizeibehörden ihr delegirtes Recht nur vor (Goltdammer, Materialien zum preuß. Str.G.B. I. S. 714; Beseler, Commentar dazu S. 751 ff.). — Gegen die hier vertretene Auffassung hat sich erklärt Löning, Verwaltungsrecht S. 235 Note 3; jedoch dafür Rödenbeck S. 75 Note 110; Bornhak, preuß. Staatsrecht Bd. 3 S. 147; Rotering, Polizei-Uebertretungen S. 30; v. Kirchenheim, Einführung in das Verwaltungsrecht S. 35, sowie (gegenüber der Löningschen Berufung auf die süddeutschen Gesetzgebungen) für das bayrische Recht Rehm (oben § 13 Note 2) S. 57; vgl. auch Binding, Normen, 2. Aufl. I. S. 164.

[17]) Binding, Normen I. 1. Aufl. S. 74. 75, 2. Aufl. S. 160 ff. Heinze (vgl. oben Note 3) S. 56 nennt sie „blinde Strafdrohungen". Vgl. noch Kayser bei v. Holtzendorff, Handbuch des Strafrechts Bd. 4 S. 41 Note 5, auch Binding, Handbuch I. S. 180. 228.

[18]) So insbesondere § 360 Nr. 2. 9. 12. § 361 Nr. 6. § 365. § 366 Nr. 1. 10. § 366a. § 367 Nr. 2. 5. 9. 14. § 368 Nr. 1. 2. 8. § 369 Nr. 2 a. E., 3 R.Str.G.B. Vgl. Binding, Normen S. 162 Note 10 und dazu unten § 15 Note 29.

mit Geldstrafe bis zu 60 Mk. oder mit Haft bis zu 14 Tagen bestraft, „wer die zur Erhaltung der Sicherheit, Bequemlichkeit, Reinlichkeit und Ruhe auf den öffentlichen Wegen, Straßen, Plätzen oder Wasserstraßen erlassenen Polizeiverordnungen übertritt", so enthält nur die Strafdrohung eine selbständige Ausübung der eigenen Gesetzgebungsgewalt des Reiches, während die Norm des Strafgesetzes in der That nichts weiter ist, als die begrifflich nothwendige Umschreibung des Thatbestandes, auf welchen die Strafdrohung Anwendung finden soll. Sie enthält dementsprechend keine selbständige Delegation des Rechts, die gedachten Polizeiverordnungen zu erlassen, sondern setzt ihr Bestehen auf Grund der Ausführung einer landesgesetzlichen Delegation behufs Anwendung der Strafdrohung voraus.[19])

Die einem bloßen reichsgesetzlichen Vorbehalte entsprechenden Polizeiverordnungen sind nach alledem, im Gegensatz zu den auf reichsgesetzlicher Delegation beruhenden, auch materiell nicht Reichsrecht, sondern Landesrecht. Schon die Befugniß der Polizeibehörden zum Erlaß derselben beruht nicht auf dem Reichsgesetz,

[19]) Der Gegensatz von Delegation, d. h. selbständiger Uebertragung eines Polizeiverordnungsrechts, und Vorbehalt eines auf Grund anderer Gesetzesbestimmungen bereits bestehenden findet auch innerhalb der Landesgesetzgebung seine Stätte (vgl. auch Seydel, bayr. Staatsrecht Bd. 3 S. 582) und ist auch hier nicht ohne rechtliche Bedeutung. Namentlich ist das lediglich vorbehaltene Verordnungsrecht auch hier in seiner Existenz abhängig von dem Fortbestehen seiner anderweitigen gesetzlichen Quelle und entfällt mit deren späterer Beseitigung, während das delegirte seine unmittelbare Quelle in dem delegirenden Gesetze selbst findet. — Im Weiteren kann auch der landesgesetzliche Vorbehalt (vgl. oben Note 15) schlechtweg oder mit gewissen bestimmenden Maßgaben erfolgen. Eine einfache Verweisung enthält z. B. § 68 der Städte-O. v. 30. Mai 1853: „In Betreff der Befugniß der Stadtbehörden, ortspolizeiliche Verordnungen zu erlassen, kommen die darauf bezüglichen Gesetze znr Anwendung." Einen Vorbehalt mit gewisser Maßgabe (Zustimmung des Haubergs-Schöffenraths) enthält z. B. § 32 der Hauberg-O. f. Siegen v. 17. März 1879; vgl. meinen Aufsatz im Verwaltungsarchiv Bd. 3 S. 358 Note 317. Ueber den Vorbehaltscharakter der Blankettstrafgesetze des preuß. Str.G.B. v. 1851 vgl. oben Note 16. Auch die meisten hier in Betracht kommenden Bestimmungen des Feld- und Forstpolizeigesetzes v. 1. April 1880 (§ 32. 34. 40 Nr. 2. 3. § 41. 43. 46) enthalten nur Vorbehalte eines Polizeiverordnungsrechtes, welches als durch die Delegationen des G. v. 11. März 1850 u. s. w. (§ 6 litt. h. i. § 7. 11. 13) begründet vorausgesetzt wird, während allerdings z. B. § 11. 13. 94 ebenda nach der Absicht des Gesetzgebers eine wirkliche Delegation repräsentiren. Zu §§ 73. 25 der Feldpolizei-O. v. 1. Nov. 1847 (Schaucommissionen) vgl. Erk. O.V.G. v. 28. Febr. 1895, Entsch. Bd. 27 S. 278.

sondern auf landesrechtlicher Delegation und ist daher, trotz des reichsgesetzlichen Vorbehaltes, nur dann und insoweit gegeben, als sie durch Landesrecht begründet ist. Die Ausübung derselben bestimmt sich nach Form und Inhalt, soweit nicht das Reichsgesetz ausdrücklich einschränkende Bestimmungen enthält,[20]) unbedingt nach den Bestimmungen der vorhandenen landesgesetzlichen Delegation,[21]) welche insbesondere hinsichtlich der zum Erlaß berechtigten Behörden, sowie des inhaltlichen Verhältnisses der Verordnung zum gesetzlichen Landesrecht maßgebend ist. Ebensowenig ist im Zweifel durch den bloßen reichsgesetzlichen Vorbehalt von Polizeiverordnungen der Landesgesetzgebung (im formellen Sinne) die weitere Bethätigung auf dem betreffenden Gebiete abgeschnitten.[22])

§ 15. Delegation zur Normfeststellung und zur Strafdrohung.

Jedes Polizeistrafgesetz enthält, wie jedes andere Strafgesetz, eine Strafdrohung und eine Norm, deren Uebertretung den That-

---

20) So entfällt namentlich für die im R.Str.G.B. vorbehaltenen Polizeiverordnungen die rechtliche Möglichkeit einer eigenen selbständigen Strafdrohung. Vgl. unten § 15 Note 29, sowie auch oben Note 15.

21) Diesen Standpunkt vertritt insbesondere für die Vorbehalte des R.Str.G.B. energisch das Ministerial-Rescript v. 8. Nov. 1872 (B.M.Bl. S. 334) „bezüglich der Form der Polizei-Vorschriften, bezüglich der Behörden, welche zum Erlasse von Polizei-Vorschriften befugt sind, insbesondere auch bezüglich der Nothwendigkeit der Zuziehung gewisser Gemeinde-Vorstände bei der Berathung örtlicher Polizeivorschriften, endlich bezüglich des Publications-Modus." Uebereinstimmend Oppenhoff, Commentar (12. Ausg.) Note 41 zu § 360 ff., sowie Erk. O.L.G. Breslau v. 8 Jan. 1892 bei Goltdammer, Archiv Bd. 39 S. 384; abweichend mit sehr unzutreffender und durch die obigen Erörterungen widerlegter Begründung Erk. O.Trib. v. 21. Febr. 1877 bei Oppenhoff, Rechtsprechung Bd. 18 S. 149.

22) Eine andere Frage ist, inwieweit auf die im Wege der Landesgesetzgebung erlassenen Vorschriften die Strafdrohung des Reichsgesetzes Anwendung finden kann und muß, oder die Landesgesetzgebung das Recht hat, und damit zugleich in die Nothwendigkeit versetzt ist, für ihre Vorschriften eigene Strafdrohungen aufzustellen. Die Antwort ergiebt sich aus der Interpretation der einzelnen Stelle. Die meisten der sog. Blankettstrafgesetze lassen schon ihrem Wortlaute nach die gleichzeitige Umfassung der landesgesetzlichen und landespolizeiverordnungsmäßigen Bestimmungen nicht zweifelhaft erscheinen. Ausdrücklich z. B. § 368 Nr. 2; im Uebrigen vgl. z. B. Olshausen, Commentar 4. Aufl. Note a. b zu § 360 Nr. 12 und die bezüglichen a-Noten zu § 366, 1; § 367, 2. 5. 9; § 368, 1; § 369, 3. — Ueber die hier in Betracht kommende Beziehung der §§ 2. 5 des Einf.G. zum R.Str.G.B. zu den Einzelbestimmungen des 29. Abschnittes s. statt Anderer Olshausen, Commentar 4. Aufl. S. 12, auch meinen Artikel „Polizeistrafrecht" in v. Stengel's Wörterbuch § 5 a. E.

bestand bildet, auf welchen die Strafdrohung Anwendung findet. [1]) Je nachdem sich die Befugniß der Polizeibehörden auf die Feststellung jener Norm, des polizeilichen Gebots oder Verbots, oder auf die Androhung der Strafe beschränken oder aber Beides umfassen soll, ergeben sich verschiedene Arten der sie begründenden Delegation.

I. Wie bereits oben [2]) geschichtlich entwickelt, geht das die preußische Gesetzgebung im Allgemeinen durchziehende Princip dahin, die Delegation des Strafverordnungsrechts ungetheilt auf Normfeststellung und Strafdrohung zu erstrecken. Demzufolge sind nach preußischem Recht die mit dem Strafverordnungsrecht ausgestatteten Polizeibehörden innerhalb des Rahmens der ihnen zur rechtlichen Ordnung überlassenen Materien regelmäßig nicht allein zur Aufstellung bestimmter polizeilicher Gebote und Verbote, sondern gleichzeitig zur selbständigen Strafsanction für dieselben berechtigt. Allerdings stellen die delegirenden Gesetze stets einen Rahmen fest, innerhalb dessen sich die Strafdrohung der Polizeibehörden zu bewegen hat; es unterscheidet sich aber dieses Verhältniß rechtlich durchaus von dem an zweiter Stelle (II) zu besprechenden Falle, in welchem das Gesetz unmittelbar die Uebertretung der von der Polizeibehörde festzustellenden Normen mit Strafe, wenngleich etwa unter Festhaltung desselben Minimum und Maximum, bedroht. Denn im ersten Falle ist es die Polizeibehörde, deren Ermessen bei der abstracten Strafandrohung innerhalb des gesetzlich festgestellten Strafrahmens entscheidet, wobei sie allerdings denselben ohne Weiteres auf die von ihr erlassene Polizeiverordnung übertragen kann; im zweiten Falle dagegen ist es der Richter, welcher im concreten Uebertretungsfalle die Strafe innerhalb des vom Gesetze unmittelbar gegebenen Strafrahmens nach seinem Ermessen feststellt. Wenn daher z. B. das Polizeigesetz v. 11. März 1850 es in § 11 den Regierungen überläßt, gegen die Nichtbefolgung ihrer Verordnungen Geldstrafen bis zu dem Betrage von 10 Thlrn. anzudrohen, so hat die Regierung für jede einzelne von ihr erlassene Verordnung freies Ermessen, entweder die Strafandrohung unverändert nach dem gesetzlichen Maximum und Minimum [3]) zu bestimmen („Mit Geldstrafe bis

---

[1]) Vgl. darüber oben § 4 I.

[2]) § 10 I Ziff. 4.

[3]) Im Einzelnen hierüber genauer unten § 30.

zu 10 Thlrn. wird bestraft, wer u. s. w."), oder innerhalb des gesetzlichen Strafrahmens ein anderes Minimum oder Maximum („Mit Geldbuße von 3 bis 6 Thlrn. wird bestraft, wer u. s. w.") oder endlich gar einen festen Satz („Mit 5 Thlrn. Geldbuße wird bestraft, wer u. s. w.") zu wählen. Thäte sie Nichts von alledem, beschränkte sie sich vielmehr auf die Aufstellung eines Gebotes oder Verbotes, ohne überhaupt eine Strafdrohung selbständig festzustellen, so würde es für den erkennenden Strafrichter an einer solchen und damit überhaupt an einer Grundlage zur Verurtheilung fehlen, weil der § 11 cit. keine an die Unterthanen gerichtete Strafdrohung, sondern vielmehr lediglich eine an die Polizeibehörde gerichtete Ermächtigung zur Strafdrohung enthält. [4])

Von dem Principe der Verbindung von Normfeststellung und Strafdrohung gehen im geltenden preußischen Recht insbesondere die allgemeinen Gesetze über die Polizeiverwaltung v. 11. März 1850 (alte Provinzen), v. 20. September 1867 (neue Provinzen) und v. 7. Januar 1870 (Lauenburg) [5]) in ihren maßgebenden §§ 5, 6 und 11, 12, [6]) und in Anknüpfung an sie die Bestimmungen der neuen Verwaltungsgesetze [7]) aus. Ebenso tritt dieses Princip aber z. B. in den Delegationen [8]) des G. betr. die Erleichterung des Lootsenzwanges in den Häfen und Binnengewässern der Pro-

---

[4]) Vgl. hinsichtlich des eben Erörterten das auf Grund des § 11 Abs. 2 G. v. 11. März 1850 ergangene Circularrescript des Min. d. Innern v. 6. Juni 1850 (B.M.Bl. S. 176; auch v. Rönne-Simon, Polizeiwesen II, 2. Suppl. S. 207) Nr. 2: „Die Strafe der Nichtbefolgung der Uebertretung ist innerhalb des zulässigen Betrages von 10 Thlrn. dergestalt festzusetzen, daß entweder eine bestimmte Summe oder ein Minimum und Maximum oder auch nur das letztere angegeben wird." Wenn aber der Minister eine dieser Bestimmung conforme Strafdrohung als „zur Gültigkeit der polizeilichen Vorschrift erforderlich" bezeichnet, so bezieht sich das seiner Absicht nach nur auf die strafrechtliche Gültigkeit bezw. Wirksamkeit der Verordnung. Die verwaltungsrechtliche Gültigkeit derselben, vermöge deren sie namentlich eine ausreichende Grundlage für polizeiliche Executivverfügungen abgeben kann, wird durch das Fehlen einer Strafdrohung allein nicht alterirt.

[5]) Vgl. oben § 10 III.

[6]) z. B. Gesetz v. 11. März 1850 § 5: „Die ... Behörden sind befugt, ... ortspolizeiliche ... Vorschriften zu erlassen und gegen die Nichtbefolgung derselben Geldstrafen ... anzudrohen." Ebenso § 11 für die Bezirksregierungen.

[7]) z. B. § 137 L.V.G.: „Der Oberpräsident ist befugt, ... Polizeivorschriften zu erlassen und gegen die Nichtbefolgung derselben Geldstrafen .... anzudrohen."

[8]) Aus der Zeit vor dem G. v. 11. März 1850 gehört hierher noch die in der Cab.-Ordre v. 7. Febr. 1837 (vgl. oben § 8 Note 12) enthaltene Specialdelegation.

vinzen Preußen und Pommern v. 9. Mai 1853 §§ 1, 2 und der jetzt anderweitig ersetzten Gesetze betr. die Competenz der Oberbergämter vom 10. Juni 1861 § 8 und betr. die Gerichtsbarkeit der Consuln v. 29. Juni 1865 § 17 Abs. 2 zu Tage. Auch das Reich hat sich demselben in dem Gesetze über die Consulargerichtsbarkeit v. 10. Juli 1879 § 4 Abs. 3 für die Delegation des polizeilichen Strafverordnungsrechts an die deutschen Bundesconsuln und in dem G. betr. die Rechtsverhältnisse der deutschen Schutzgebiete v. 17. April 1886 in der Fassung v. 15. März 1888 § 11 Abs. 2, 3 für die dem Reichskanzler übertragene oder von ihm weiter übertragene Verordnungsbefugniß angeschlossen.

II. 1. Im Gegensatze hierzu kann die den Polizeibehörden delegirte Befugniß auf die Feststellung der Norm, des polizeilichen Gebotes oder Verbotes, beschränkt sein, indem die Gesetzgebung selbst die Strafdrohung für die Uebertretung dieser Normen unmittelbar übernommen hat.[9]) Es ist bereits oben[10]) erwähnt worden, daß diese Beschränkung des polizeilichen Strafverordnungsrechts auf die Normfeststellung dem allgemeinen Principe des französischen Rechts entspricht. Es ist dieselbe auch im Polizeistrafrechte der deutschen Mittelstaaten vielfach zur Aufnahme gelangt,[11]) während sie im preußischen Recht nur eine ausnahmsweise Stellung einnimmt. Als Prototyp dieser Erscheinung kann hier die im Allgemeinen Berggesetz für die preußischen Staaten v. 24. Juni 1865 ausgesprochene Delegation des bergpolizeilichen Verordnungsrechts an die Oberbergämter gelten. Dieselbe überträgt, abweichend von den früheren Bestimmungen des G. v. 10. Juni 1861[12]), in § 197 den Oberbergämtern zwar die Befugniß,

---

9) Dazu jetzt Binding, Normen I, 2. Aufl. S. 84 Note 10.

10) § 9 II Nr. 2.

11) Die Beschränkung auf die Normfeststellung bildet naturgemäß das Princip der umfassenden Polizeistrafrechts-Codificationen Süddeutschlands, so des bayrischen, württembergischen und badischen Pol.Str.G.B., welche in ihren einzelnen Paragraphen, soweit sie nicht selbst den Thatbestand der Uebertretung unmittelbar fixiren, das Verordnungsrecht der Polizeibehörden nur mittelst einer Reihe specieller Delegationen (vgl. § 16) unter gleichzeitig unmittelbarer Hinzufügung einer Strafdrohung begründen. Die ausnahmsweise Gewährung einer allgemeinen Delegation (vgl. § 29 des badischen Pol.Str.G.B., sowie in Bezug auf königliche Nothverordnungen Art. 9 des bayrischen) führt auch hier zu einer Erstreckung derselben auch auf die Strafdrohung. Vgl. Seydel, Bayr. Staatsrecht Bd. 3 S. 585 f.

12) Vgl. unter I. Das Gesetz v. 10. Juni 1861 ist in § 244 des Allg. Berg-G. v. 1865 ausdrücklich aufgehoben worden. Ueber die Motive, welche zur Aenderung

über die Gegenstände der bergpolizeilichen Aufsicht Polizeiverordnungen zu erlassen, setzt aber in § 208 (Fassung der Novelle v. 24. Juni 1892) zugleich fest, daß Zuwiderhandlungen gegen solche Bergpolizeiverordnungen mit Geldstrafe bis zu 300 Mk. und im Unvermögensfalle mit Haft bestraft werden sollen.[13]) Entsprechend hat die Reichs-Gewerbe-Ordnung v. 21. Juni 1869 die Strafdrohung für die auf Grund ihrer Delegationen zu erlassenden Polizeiverordnungen vielfach selbst übernommen.[14]) Endlich kommt in Betracht, daß, soweit das Reichsstrafgesetzbuch[15]) und ebenso das preußische Feld- und Forstpolizeigesetz[16]) unter Vorbehalt gewisser polizeilicher Verordnungen für deren Uebertretung selbst Strafen angedroht haben, die Befugniß der Polizeibehörden hinsichtlich jener gleichfalls auf die Aufstellung der polizeilichen Norm beschränkt worden ist.

Soweit nun die Polizeibehörden dadurch, daß das Gesetz selbst die Strafdrohung übernommen hat, auf die Normfeststellung beschränkt sind, steht ihnen zur selbständigen Strafsanction der betreffenden Vorschriften keinerlei Befugniß zu. Wenn daher z. B. der citirte § 366 Nr. 10 R.Str.G.B. mit Geldstrafe bis zu 60 Mk. oder mit Haft bis zu 14 Tagen den bestraft, der die zur Erhaltung der Sicherheit, Bequemlichkeit, Reinlichkeit und Ruhe auf öffentlichen Wegen, Straßen, Plätzen oder Wasserstraßen erlassenen Polizeiverordnungen übertritt, so darf die Polizeibehörde bei Erlaß einer solchen vorbehaltenen Verordnung nicht selbständig etwa eine

---

des Systems führten, vgl. Brassert, Commentar zu § 208 Note 1. Die Novelle von 1892 hat in dem hier zur Rede stehenden Punkte eine principielle Aenderung gegenüber dem G. v. 1865 nicht herbeigeführt.

13) Eine auf die Normfeststellung beschränkte Delegation enthält z. B. auch für eine Specialmaterie § 19 des preuß. Fischereigesetzes v. 30. Mai 1874 mit der in § 49 Nr. 2 enthaltenen Strafdrohung.

14) So bezieht sich die Strafbestimmung in § 147 Nr. 1 R.Gew.O. auch auf die nach § 37 zu erlassenden Polizeiverordnungen; die nach § 69 zu erlassenden Marktordnungen sind unmittelbar durch die Strafbestimmung des § 149 Nr. 6 geschützt; auf § 73 ff. bezieht sich, was allerdings nicht unbestritten ist (vgl. v. Rohrscheidt, Polizeitaxen S. 50 f. und G. Meyer, Verwaltungsrecht, I 2. Aufl. § 129 Note 7), der § 148 Nr. 8. — Eine reichsgesetzliche, auf die Normfeststellung beschränkte Delegation vgl. noch für die Marinestationschefs in § 2 Nr. 2 mit Abs. 4 des G. betr. die Reichs-Kriegshäfen v. 19. Juni 1883.

15) Vgl. oben § 14 Note 16, sowie auch ebenda Note 14 in Betreff von § 9 Abs. 2 des Sprengstoffgesetzes v. 1884.

16) Vgl. oben § 14 Note 19.

Strafe innerhalb des gesetzlichen Strafmaßes fixiren, muß vielmehr dem Richter die Strafzumessung nach Maßgabe des Gesetzes überlassen. Ja sogar eine bloße Wiederholung der gesetzlichen Strafe würde, wenngleich sie nicht zu verwerfen, vielmehr im Interesse der Sache und des Publicums eher zweckdienlich wäre,[17]) doch keineswegs eine selbständige, von der Polizeibehörde gesetzte Rechtsschrift darstellen.[18]) Immerhin unterscheidet sich eine auf die Normfeststellung beschränkte Polizei(straf)verordnung,[19]) abgesehen von diesem Punkte, in Nichts von einer mit eigener Strafdrohung ausgerüsteten Verordnung, so daß sie im Uebrigen, wie diese, allen für die Ausübung der polizeilichen Verordnungsbefugniß maßgebenden Vorschriften unterliegt.[20])

2. Von der gesetzlichen Anknüpfung einer Strafdrohung an die Uebertretung einer durch das Strafgesetz sei es delegirten, sei es auch nur vorbehaltenen Polizeiverordnung sind rechtlich wohl zu unterscheiden diejenigen strafgesetzlichen Bestimmungen, welche ihre Strafdrohung an die Nichtbefolgung einer polizeilichen Verfügung knüpfen.[21]) Während im ersten Falle das Strafgesetz für die Anwendung seiner Strafdrohung eine für eine Einheit von Fällen[22]) ergangene Norm voraussetzt, beziehen sich die zweiterwähnten Bestimmungen auf eine im concreten Falle auf Grund der Gesetze ergangene polizeiliche Verfügung.[23]) Während das Gesetz im ersten Falle behufs Anwendung seiner Strafdrohung auf

---

17) Zu weit geht Heinze, Reichsstrafrecht und Landesstrafrecht S. 56 Note *); dagegen übereinstimmend z. B. für bergpolizeiliche Verordnungen Brassert, Commentar S. 522.

18) Die Strafdrohung der Polizeiverordnung wäre nur „narrativ", nicht dispositiv; vgl. Champagny II S. 370.

19) Wegen der unmittelbaren Beziehung der polizeilichen Verordnung zur gesetzlichen Strafsanction kann man auch hier mit Recht von einer Polizeistrafverordnung sprechen.

20) Vgl. namentlich das oben § 14 Note 21 citirte Ministerialrescript v. 1872, auch Rödenbeck S. 78. In der Praxis findet sich hie und da die Neigung zu abweichendem Standpunkte; vgl. das oben § 12 Note 20 citirte R.Ger.Erk. v. 3. Nov. 1891, ebenso Erk. K.G. v. 18. Jan. 1892 bei Johow Bd. 12 S. 170, welches jedoch in Bezug auf dieselben Verordnungen durch das Erk. v. 23. März 1893 im Verwaltungsblatt Bd. 14 S. 397 direct wieder aufgehoben wird.

21) Dazu oben § 4 II. Binding, Normen, I, 2. Aufl. S. 161 Note 8; Rödenbeck S. 72.

22) Vgl. oben § 2 II.

23) Ueber die richterliche Feststellung des Thatbestandes und deren verschiedenen Umfang vgl. oben § 4, besonders Note 9.

eine gleichmäßige abstracte Normirung einer Einheit von Fällen hinzielt, bewilligt es im zweiten Falle im Gegensatz hierzu seine Strafdrohung nur für eine Verfügung, welche im concreten Falle nach Prüfung desselben durch die Polizeibehörde auf Grund der Gesetze[24]) erlassen ist. In dieser Richtung stehen sich z. B.[25]) gewisse Bestimmungen des R.Str.G.B. und des preuß. Feld- und Forstpolizei-G. gegenüber. Einerseits setzt z. B. § 366 Nr. 10 R.Str.G.B. eine zur Erhaltung der Sicherheit, Reinlichkeit u. s. w. der Straßen erlassene Polizeiverordnung behufs Anwendung seiner Strafdrohung voraus und überläßt es damit der Polizeibehörde, die von ihr im Einzelfalle zu demselben Zwecke (etwa auf Grund von § 10 II 17 A.L.R.) erlassene Verfügung mittelst der ihr zu Gebote stehenden Zwangsmittel durchzusetzen. Andererseits aber bestrafen § 360 Nr. 10 R.Str.G.B. und ebenso § 44 Nr. 4 des Feld- und Forstpolizeigesetzes[26]), weiter auch § 367 Nr. 13 R.Str.G.B. („wer trotz der polizeilichen Aufforderung es unterläßt, Gebäude, welche den Einsturz drohen, auszubessern oder niederzureißen") nur die Zuwiderhandlung gegen eine Verfügung im concreten Falle,[27]) sodaß z. B. gegenüber der letzterwähnten Bestimmung die Uebertretung einer Polizeiverordnung, welche bauliche Reparaturen unter gewissen abstract festgestellten Voraussetzungen gebietet, nicht nach § 367 Nr. 13 R.Str.G.B., sondern nur nach Maßgabe einer in der Verordnung selbst aufgestellten Strafdrohung zu bestrafen wäre.[28]) Bei den meisten Bestimmungen des Reichs-Strafgesetz-

[24]) Das Gesetz, auf welches die Verfügung gegründet ist, braucht nicht dasselbe zu sein, welches die Strafdrohung enthält. Vgl. z. B. in Bezug auf das R.G. gegen die Rinderpest v. 7. April 1869 das fernere v. 21. Mai 1878, bezw. den § 328 R.Str.G.B.

[25]) Charakteristische Beispiele für die Anknüpfung gesetzlicher Strafdrohungen an concrete Verfügungen (unter Ausschluß abstracter Verbote) fand die erste Auflage in den Bestimmungen des früheren Socialistengesetzes (§§ 1. 9. 11. 16). Auf die dortigen Erörterungen (S. 53 mit Note 59), welche nicht in vollem Umfange einwandsfrei erscheinen, wiederholt zurückzukommen, liegt jetzt keine praktische Veranlassung mehr vor. Vgl. noch Erk. K.G. v. 30. Nov. 1885 bei Johow Bd. 6 S. 254.

[26]) § 360 Nr. 10 cit.: „wer bei Unglücksfällen u. s. w. . . . von der Polizeibehörde zur Hülfe aufgefordert, keine Folge leistet u. s. w." mit § 44 Nr. 4 des Feld- und Forst-Polizei-G.: „wer, abgesehen von den Fällen des § 360 Nr. 10 Str.G.B. bei Waldbränden, von der Polizeibehörde . . . zur Hülfe aufgefordert, keine Folge leistet."

[27]) Olshausen, Commentar, 4. Aufl. zu § 360 Nr. 10 Note 6, sowie zu § 367 Nr. 13 Note 6, sowie die dort Angeführten.

[28]) Vgl. ähnlich auch mit Bezug auf § 360 Nr. 10 über „Vorschriften, welche

buches tritt allerdings der hier beregte Gegensatz zurück, indem sie für die Anwendung der Strafdrohung kein Gewicht darauf legen, ob es sich um ein abstractes oder ein concretes Gebot der Polizeibehörde im gegebenen Falle handelt.[29])

III. Eine Beschränkung der delegirten Befugniß der Polizeibehörden auf die Strafdrohung im Gegensatz zur Normfeststellung wird sich als grundsätzliche nicht leicht finden. Soweit jedoch die Gesetze selbst gewisse polizeiliche Gebote und Verbote den Unterthanen verkünden, ohne dieselben durch eine Strafdrohung zu sanctioniren, können die Polizeibehörden, wenn sie in der betreffenden Materie zum Erlaß von Polizeistrafverordnungen competent sind, innerhalb des ihnen gestatteten Strafrahmens jene Strafsanction ergänzen und dadurch die lex imperfecta zur lex perfecta gestalten. Es ist bereits erwähnt worden,[30]) daß schon der § 11 der Regierungs-Instruction v. 23. Oct. 1817 diese Befugniß der Landespolizeibehörde anerkennt, und bereits bei dieser Gelegenheit festgestellt worden, daß es für die Ausübung derselben keinen Unterschied begründet, ob das Gesetz bereits die Handlung „bei Strafe" ge- oder verbietet und damit nur die Feststellung des Strafmaßes den Polizeibehörden überläßt,[31]) oder überhaupt eine Strafdrohung seinen Bestimmungen nicht beifügt.[32]) Nur ist hier

---

für den Fall eines eintretenden Unglücksfalles z. B. bei Feuersgefahr gewisse Personen allgemein zur Dienstleistung verpflichten", Olshausen Note b, *α*.

[29]) „Im einzelnen Falle ist aus Sinn und Tendenz des Strafgesetzes zu ermitteln, welcherlei qualificirte Polizeibestimmungen in demselben vorausgesetzt werden": Erk. O.L.G. Breslau v. 8. Jan. 1892 bei Goltdammer Bd. 39 S. 385; Rödenbeck S. 72. Als indifferent möchte ich erachten § 360 Nr. 2, § 361 Nr. 6, § 365, § 366 Nr. 1, § 367 Nr. 2. 5. 14, § 368 Nr. 1. 2. 8, § 369 Nr. 3. Doch ist die Litteratur und Praxis nicht immer einstimmig, wie sich aus den An- und Ausführungen bei Olshausen zu den betreffenden Stellen ergiebt. Vgl. auch denselben Commentar Note a zu § 366 Nr. 10, wonach (im Anschluß an ein Erk. R.Ger. v. 7. Juni 1887, Rechtsprechung Bd. 9 S. 379, auch Verwaltungsblatt Bd. 8 S. 408) die Strafdrohung dieser Bestimmung auch auf die Nichtbefolgung einer Verfügung Anwendung finden soll, wenn nur die Ermächtigung zu derselben in einer allgemeinen Polizeiverordnung enthalten war; dazu auch Erk. K.G. v. 4. Jan. 1892, Johow Bd. 12 S. 175.

[30]) Vgl. oben § 8 II Nr. 2, dazu auch Erk. R.Ger. v. 13. Juli 1888 (Entsch. Strafs. Bd. 18 S. 63. 64).

[31]) Dieser Fall wird jetzt, nach Wegfall der sog. willkürlichen Strafe des A.L.R. (vgl. oben § 8 Note 11), nicht leicht mehr vorkommen.

[32]) Beispiele ergeben sich aus Erk. R.Ger. v. 19. Oct. 1893 (Entsch. Strafs. Bd. 24 S. 327) in Bezug auf § 15 des preuß. Wildschadengesetzes v. 11. Juli 1891, in

stets unumgängliche Voraussetzung, daß das Schweigen des Gesetzes über die Bestrafung der Uebertretung nicht seinem Sinne nach die positive Feststellung der Straflosigkeit derselben bedeutet.

§ 16. Allgemeine und specielle Delegation.

I. Auf den Gegenstand der Polizeistrafverordnungen, welcher in der polizeilichen Norm seinen Ausdruck findet, bezieht sich der Gegensatz der allgemeinen und speciellen Delegation. Man wird, will man der in dem Begriffe der Allgemeinheit liegenden Relativität möglichst entgehen, unter einer allgemeinen Delegation eine solche zu verstehen haben, kraft deren eine Polizeibehörde zum Erlaß von Polizeistrafverordnungen im sachlichen Gesammtumfange der ihr zustehenden polizeilichen Wirksamkeit ermächtigt ist. Im Gegensatz hierzu wird speciell diejenige Delegation zu nennen sein, welche der Polizeibehörde eine bestimmte, bald weiter, bald enger umgrenzte Einzelmaterie innerhalb ihres Ressorts zur polizeistrafrechtlichen Regelung überweist.

II. Die umfassenden Polizeistrafrechtscodificationen von Bayern, Württemberg und Baden [1]) haben, ausgehend von dem Grund-

---

dessen Motiven, wie angeführt wird, geradezu auf das Polizeiverordnungsrecht in dieser rein pönalisirenden Function verwiesen ist, sowie ferner aus Erk. K.G. v. 31. März 1884 (Johow Bd. 4 S. 327) in Bezug auf § 8 des preuß. G. über die Aufnahme neu anziehender Personen v. 31. Dec. 1842 mit § 10 des Freizügigkeits-G. v. 1. Nov. 1867 (vgl. auch oben § 14 Note 14).

1) Bayern: Polizeistrafgesetzbuch v. 26. December 1871, welches in Folge der Einführung des R.Str.G.B. an die Stelle des früheren vom 10. November 1861 gesetzt wurde. Dazu eine Reihe späterer Ergänzungs- bezw. Abänderungsgesetze. — Württemberg: Gesetz betr. Aenderungen des Polizeistrafrechts bei Einführung des Strafgesetzbuches für das deutsche Reich, v. 27. December 1871, an Stelle des Polizeistrafgesetzes v. 2. October 1839 nebst Abänderungsgesetz v. 2. Mai 1852. Abänderungsgesetz v. 12. Aug. 1879. — Baden: Polizeistrafgesetzbuch v. 31. Oct. 1863. Eine formelle Neubearbeitung hat bei Einführung des R.Str.G.B. nicht stattgefunden. Die nothwendigen Aenderungen wurden in Art. 3 des Einführungs-G. zum R.Str.G.B. v. 23. Dec. 1871 festgestellt. Vgl. die amtliche Zusammenstellung der in Geltung gebliebenen Bestimmungen in G.V.Bl. 1871 Nr. 58 S. 528 ff. Auch hier eine größere Reihe von Novellen. — Das Nähere über die süddeutschen Polizeistrafgesetzbücher giebt jetzt mein Artikel „Polizeistrafrecht" in v. Stengel's Wörterbuch des Verwaltungsrechts; an dessen Schluß auch die bedeutenderen Commentare (Reger jetzt in 2. Aufl. von Reuß, 1895). — Ueber das Recht der Polizeiverordnungen bezw. polizeilichen Vorschriften im Allgemeinen vgl. Bayern Art. 1—15, Württemberg Art. 50—57, Baden §§ 22—29; dazu meinen Art. „Polizei-Verordnung" bei v. Stengel. Vgl. auch oben § 6 Note 6.

satze der möglichsten Specialität der polizeilichen Reate [2]), unter principiellem Ausschluß einer allgemeinen Delegation es versucht, dem Bedürfniß einer örtlich und zeitlich wechselnden polizeistrafrechtlichen Gesetzgebung dadurch zu genügen, daß sie, die einzelnen polizeilichen Gebiete verfolgend, überall, wo es neben den gesetzlich unmittelbar fixirten Thatbeständen polizeilicher Uebertretungen nothwendig und zweckmäßig schien, unter genauer Bezeichnung des Gegenstandes das polizeiliche Verordnungsrecht begründeten und begrenzten. [3]) Der Vorzug dieses Systems besteht in der möglichsten Wahrung der bürgerlichen Rechtssphäre und Freiheit gegenüber einem sachlich nur allgemein begrenzten polizeilichen Verordnungsrecht der Behörden, [4]) sein Mangel in der thatsächlichen Unmöglichkeit, die Einzelgebiete, auf denen das Bedürfniß einer nach örtlich und zeitlich wechselnden Momenten verschieden zu bestimmenden polizeistrafrechtlichen Gesetzgebung hervortreten könnte, von vornherein für längere Zeit erschöpfend zu bezeichnen. [5])

---

2) Vgl. St. v. Stengel (oben § 4 Note 6) S. 320.

3) Vgl. z. B. Edel, Commentar (oben § 4 Note 6) S. 51; v. Stengel S. 321; Seydel, bayr. Staatsrecht Bd. 3 S. 585. — Bayern Art. 3. 4. 7. 9; Württemberg Art. 51; Baden § 22. 29.

4) Dementsprechend hat man auch z. B. in Bayern bei der Neuredaction des Pol.Str.G.B. im Jahre 1871 den Gedanken, „ob es nicht angemessener sei, statt einer detaillirten Revision des Pol.Str.G.B. v. 1861, ähnlich wie dies in Preußen und anderen deutschen Staaten der Fall ist, die sämmtlichen im deutschen Str.G.B. nicht gedeckten Reate dem Anordnungsrechte der Polizeiverwaltung zu überweisen und lediglich dieses Anordnungsrecht in einigen allgemeinen Grundzügen gesetzlich zu regeln", abgewiesen. „Die Staatsregierung hat diesen Weg, welcher für die Handhabung der Polizei jedenfalls bequemer wäre, nicht betreten, da sich das System des Pol.Str.G.B. v. 1861 im Allgemeinen bewährt und eingelebt hat und namentlich der darin enthaltene Grundsatz, daß Polizeistrafvorschriften in der Regel nur auf Grund specieller gesetzlicher Ermächtigung erlassen werden können, der persönlichen Freiheit offenbar einen größeren Schutz als das entgegengesetzte System gewährt u. s. w." Vgl. die Mittheilungen in v. Riedel-Pröbst's Commentar (1889) S. 19.

5) Es führte dieser Mangel zum Theil zu gewissen Nothventilen, namentlich in Baden zu der Bestimmung des § 29 cit., welcher „für den Fall außerordentlicher Vorkommnisse, welche die Sicherheit der Person und des Eigenthums schwer bedrohen", auch abgesehen von den speciellen Delegationen des Pol.Str.G.B., „der Bezirks- und höheren Verwaltungsbehörde" wenigstens das Recht zuschreibt, „vorübergehende Anordnungen unter Strafandrohung" bis zu 150 Mark oder 6 Wochen Haft zu treffen. Solche Anordnungen, für welche die allgemeinen Bestimmungen in §§ 22—27 nicht gelten sollen (vgl. Schlusser, Commentar S. 16), sollen zwar nach Ablauf von 4 Wochen „jedenfalls" ihre Wirksamkeit verlieren, können aber vom Ministerium er-

Das preußische Recht, welchem es an einer umfassenden Codification des Polizeistrafrechts fehlt, [6]), hatte neben dem fragmentarischen, „von den Uebertretungen" handelnden 3. Theil seines Strafgesetzbuchs v. 14. April 1851 (an dessen Stelle jetzt im Allgemeinen der 29. Abschnitt des II. Theils des deutschen Reichs-Strafgesetzbuchs getreten ist), durch das Gesetz über die Polizeiverwaltung vom 11. März 1850 §§ 5, 11 für die Orts- und Landespolizeibehörden eine allgemeine Ermächtigung zum Erlaß polizeilicher Strafvorschriften begründet. [7]) Mit den Grundsätzen dieses Gesetzes ist das Princip der allgemeinen Delegation für das preußische Polizeiverordnungsrecht im Gesammtumfange der Monarchie bis zur Gegenwart, wenigstens soweit die Befugnisse der Provinzial- und Ortspolizeibehörden in Betracht kommen, [8]) das herrschende geblieben. Die unverkennbare Gefahr, welche in demselben für die Integrität der bürgerlichen Rechtssphäre liegt, [9]) hat jedoch durch die neuen organisatorischen Gesetze in der Betheiligung der Organe der obrigkeitlichen Selbstverwaltung beim Erlaß der Polizeistrafverordnungen ein wesentliches Gegengewicht[10]) erhalten.

Neben den Delegationen des G. v. 11. März 1850, sowie der ihm entsprechenden für die neuen Provinzen ergangenen Gesetze v. 20. September 1867 und v. 7. Januar 1870, und neben den darauf gegründeten Bestimmungen der neuen Verwaltungs-

---

neuert werden. Vgl. dazu, sowie über Art. 9 des bayr. Pol.Str.G.B., bereits oben § 15 Note 11.

[6]) Ueber einen im Jahre 1808, bei Vorbereitung der Verordnung v. 26. December dieses Jahres, von Friese gefaßten und vom preußischen Provinzial-Departement unterstützten Plan der Ausarbeitung eines besonderen „grundsätzlich und systematisch geordneten" Polizeigesetzbuchs vgl. meinen Aufsatz im „Verwaltungsarchiv" Bd. 3 S. 333 Note 249.

[7]) Vgl. hierüber, sowie insbesondere über das Verhältniß des § 6 litt. i des G. v. 1850 zu litt. a—h, sowie zum französischen Recht, schon oben § 10 I Nr. 3.

[8]) Ueber das Princip specieller Begründung des Verordnungsrechts für die Centralbehörden vgl. unten § 32.

[9]) Diese Gefahr erhielt bei der Berathung des § 6 des G. v. 11. März 1850 ihren drastischen Ausdruck in der Rede des Abg. v. Ammon (Sten. Ber. I. Kammer S. 2330), welcher befürchtete, daß es auf Grund des § 6 litt. i cit. zur Octroyirung einer Kleiderordnung kommen könne.

[10]) Ob dasselbe als unbedingt ausreichend zu betrachten, kann verschieden beurtheilt werden. Vgl. dagegen die kritischen Ausführungen von Tezner, Zur Lehre vom freien Ermessen der Verwaltungsbehörden (1888) S. 104—106, andererseits aber doch auch Anonymus S. 54 f.

gesetze kommt als allgemeine Delegation im obigen Sinne noch die den Oberbergämtern durch das Allgemeine Berggesetz v. 24. Juni 1865 (Fassung der Novelle v. 24. Juni 1892) §§ 196, 197 im Gesammtumfange ihrer polizeilichen Aufsichtsbefugniß ertheilte in Betracht. Auch das Reichsrecht kennt allgemeine Delegationen zu polizeilichen Strafverordnungen: für die Bundesconsuln nach § 4 des G. v. 10. Juli 1879 und in Bezug auf die Verwaltung der Schutzgebiete für den Reichskanzler und seine Subdelegatare nach § 11 des G. v. 15. März 1888.[11]) Specielle Delegationen bestehen daneben naturgemäß nur in verhältnißmäßig geringem Umfange. Für das specifisch preußische Recht sind solche z. B. in Bezug auf die Materie der äußeren Heilighaltung der Sonn- und Festtage in der bereits erwähnten Cabinetsordre v. 7. Februar 1837[12]) und dem ihr für die neuen Provinzen und die hohen-

---

11) Vgl. oben § 15 I a. E.

12) Die Kab.-Ordre v. 7. Februar 1837 ist neuerdings, namentlich mit Rücksicht auf die vielbesprochene V.O. des Oberpräsidenten von Sachsen v. 18. Dec. 1882 (vgl. Erk. K.G. v. 5. Juli 1883 bei Johow Bd. 4 S. 256, sowie die oben § 6 Note 6 citirte Specialmonographie von Rödenbeck), eingehender auf ihre heutige Geltung geprüft worden. Dieselbe kann jedoch nicht bezweifelt werden, eine Ansicht, die auch schon in der 1. Aufl. dieses Werkes deutlich zum Ausdruck kam (vgl. dort S. 50 Note 46 und S. 180 Note 46; dazu Rödenbeck S. 67 Note 100). Die Kab.-Ordre enthält, wie schon ihr Wortlaut („setze hierdurch fest, daß die Regierungen befugt sein sollen") ergiebt, eine in sich selbst gegründete Specialdelegation. Dieser Rechtscharakter wird weder dadurch ausgeschlossen, daß man annimmt, es habe jene Befugniß der Regierungen schon vor Erlaß der Kab.-Ordre v. 1837, namentlich auf Grund des § 11 der Regierungs-Instruction von 1817, zu Recht bestanden, noch auch durch die Thatsache, daß die Kab.-Ordre selbst sich als „zur Beseitigung der Zweifel" hierüber ergehend einführt. Es geht nicht an, ihr aus dem letztgedachten Grunde als einer bloß „authentischen Interpretation" den selbständigen Bestand zu bestreiten, eine Auffassung, in der, wie es scheint, Rödenbeck S. 65 und Bornhak, preuß. Staatsrecht III S. 148, sowie Archiv für öffentl. Recht V S. 410 sich begegnen. Ist dem aber so, so hat die cit. Kab.-Ordre als ein Specialgesetz auch durch die neuen allgemeinen Bestimmungen des G. v. 11. März 1850 ihre Kraft nicht verloren (vgl. auch oben § 14 Note 19, sowie Rödenbeck S. 67 bei Note 100); sie ist nicht bloß, wie das die eigenen, aber nicht ganz widerspruchsfreien Ausführungen Rödenbeck's S. 67 wollen, in dem Sinne erhalten geblieben, daß sie im § 12 des G. v. 1850 „inhaltlich aufgegangen" ist, sondern sie ist auch in ihrem formalen Bestande unangetastet geblieben. Daß dies auch der Standpunkt der Praxis ist, ergiebt das oben citirte Erk. K.G., sowie das fernere v. 2. Febr. 1888 bei Johow Bd. 8 S. 220, auch das des R.Ger. v. 30. Oct. 1889 im Verwaltungsblatt Bd. 11 S. 279; vgl. auch das Material bei Olshausen Note d zu § 366 Nr. 1 R.Str.G.B., sowie Oppenhoff, Commentar Note 1 ad h. l. Die gleiche Auffassung liegt

zollernschen Lande entsprechenden Gesetze v. 1. Mai 1892 (G. S. S. 107), ferner in dem gleichfalls schon zur Sprache gekommenen G. betr. die Erleichterung des Lootsenzwanges u. s. w. v. 9. Mai 1853, sowie in einzelnen Bestimmungen des Feld- und Forstpolizeigesetzes v. 1. April 1880[13]) enthalten. Das Reichsrecht bietet nach dieser Richtung für die preußischen Polizeibehörden die verschiedenen Specialdelegationen der Reichsgewerbe-Ordnung, für die Marinestationschefs die des § 2 des G. vom 19. Juni 1883.[14]) Ihnen allen schließen sich diejenigen polizeistrafrechtlichen Bestimmungen des R.Str.G.B. und des preuß. Feld- und Forstpolizei-G. an, welche für specielle polizeiliche Einzelmaterien den Behörden ein polizeiliches Strafverordnungsrecht zwar, wie bereits erörtert,[15]) nicht selbständig delegiren, wohl aber unter Voraussetzung vorhandener (landesgesetzlicher) Delegation vorbehalten.

III. Die speciellen Verordnungsbefugnisse der Behörden finden inhaltlich, wie auch formell die für sie maßgebenden Vorschriften in erster Reihe in den sie selbständig begründenden gesetzlichen Specialdelegationen. Subsidiär allerdings gelten auch für sie die allgemeinen, das Polizeiverordnungsrecht beherrschenden Regeln, und es finden daher insoweit die Vorschriften, welche das G. v. 11. März 1850 und die ihm entsprechenden ferneren Satzungen für die Ausübung des polizeilichen Strafverordnungsrechts allgemein aufstellen, diesem ihrem principiellen Charakter gemäß, auch für die auf Grund specieller Delegation ergehenden Verordnungen Anwendung.[16]) Gilt dies ja doch, wie bereits festgestellt,[17]) selbst für die Ausübung eines reichsgesetzlich delegirten Verordnungsrechts durch preußische Polizeibehörden wenigstens insoweit, als das dem Wortlaut bezw. der Absicht des Reichsgesetzes entsprechend zu erachten ist.

---

endlich dem im Text citirten Ausdehnungsgesetz v. 9. Mai 1892 zu Grunde; vgl. die Begründung in den Verhandlungen des Herrenhauses 1892 Bd. 2 S. 30 (Drucksache Nr. 15).

13) Vgl. oben § 14 Note 19 a. E.; dazu über § 19 des Fischereigesetzes v. 1874 oben § 15 Note 12, sowie über das G. v. 30. Juni 1834 oben § 8 Note 18.

14) Dazu oben § 15 Note 14.

15) Vgl. oben § 14 Note 16 und 19.

16) Erk. K.G. v. 31. März 1884 bei Johow Bd. 4 S. 326, sowie die dort citirte Ministerial-Instruction v. 1. Juli 1856, J.M.Bl. S. 198.

17) Vergl. oben § 14 bei Note 6.

3. Inhaltliche Beziehungen der Polizeiverordnung.

§ 17. a) Die Gebundenheit der Polizeiverordnung durch Gesetz und höhere Verordnung.

Dadurch, daß die polizeiliche Strafverordnung positiv ihre Begründung nur in einer gesetzlichen Delegation finden kann, tritt dieselbe zugleich inhaltlich zu den auf Gesetz beruhenden Rechtsvorschriften in ein bestimmtes rechtliches Verhältniß. Es ist ferner bereits hervorgehoben worden, daß auch durch die innerhalb des Organismus der Polizeiverwaltung bestehende Unterordnung der niederen unter die höhere Behörde der Inhalt der von der ersteren zu erlassenden Verordnung durch die Willensäußerungen der letzteren in bestimmter Weise rechtlich gebunden ist. Dieses Verhältniß inhaltlicher Abhängigkeit der Polizeistrafverordnung wurde bereits oben [1]) als eine Aeußerung des formalen Unterschiedes zwischen Gesetz und Verordnung gekennzeichnet.

Die inhaltliche Gebundenheit der Polizeistrafverordnung durch Gesetz und Willensäußerung der höheren Polizeiinstanz prägen unsere Gesetze [2]) und ihnen folgend die Schriftsteller [3]) in dem Grundsatze aus: „Es dürfen in die polizeilichen Vorschriften keine Bestimmungen aufgenommen werden, welche mit den Gesetzen oder den Verordnungen einer höheren Instanz im Widerspruche stehen.“ Dieser Formulirung mangelt jedoch die gehörige Unterscheidung zwischen denjenigen Potenzen, von welchen die Polizeistrafverordnung in Abhängigkeit gesetzt ist, und der daraus sich ergebenden verschiedenen Art und Tragweite dieser Abhängigkeit.

Zunächst nämlich haben die im 1. Kapitel der Grundlegung vorgenommenen Untersuchungen ergeben, daß die „Verordnungen“ der Verwaltungsorgane sich entweder als Rechtsverordnungen oder als einfache Verwaltungsverordnungen darstellen, je nachdem in ihnen die Behörden auf Grund gesetzlicher Delegation Rechtsvorschriften aufstellen, oder nur auf Grund ihrer Stellung im Verwaltungsorganismus den niederen Organen Verwaltungsvorschriften ertheilen. Man wird daher hinsichtlich der „Verordnungen einer

---

1) Vgl. oben § 12 I Nr. 1.

2) § 15 G. v. 11. März 1850; § 13 V.O. v. 20. Sept. 1867; § 14 des lauenburg. G. v. 7. Jan. 1870.

3) So z. B. Förstemann S. 197; v. Schulze, preuß. Staatsrecht, 2. Aufl. II S. 312; v. Rönne, preuß. Staatsrecht, 4. Aufl. I S. 387. 388 u. A. m.

höheren Instanz" des angeführten Gesetzestextes zwischen solchen zu unterscheiden haben, welche Rechtsverordnungen, nämlich selbst Polizeistrafverordnungen einer höheren Polizeibehörde über denselben Gegenstand sind, und solchen, die nur Verwaltungsverordnungen sind, d. h. Anweisungen der höheren Polizeibehörde an die untere über den zweckmäßigsten Inhalt der von dieser selbst zu erlassenden Polizeistrafverordnungen. Wenn ferner der obige Gesetzestext von dem inhaltlichen Verhältnisse der Polizeiverordnungen zu den Gesetzen spricht, so wird man auch ferner zu unterscheiden haben zwischen demjenigen Gesetze, welches die Delegation, den positiven Grund für das Bestehen der Verordnung enthält, und den anderweitigen gesetzlichen Bestimmungen, welche sich mehr oder weniger mit demjenigen Gegenstande berühren, dessen Regelung durch Strafverordnung sich eine bestimmte Polizeibehörde zur Aufgabe gemacht hat. [4]) Nach alledem lassen sich folgende Grundsätze entwickeln:

I. Das Verhältniß einer Polizeistrafverordnung zu der die Delegation enthaltenden Gesetzesnorm ist ein begrifflich bestimmtes. Da die Delegation den positiven Rechtsgrund der Polizeistrafverordnung bildet, so hat die letztere auch nur genau in dem Umfange Gesetzeskraft, in welchem sie durch die Delegation ins Leben gerufen ist; die formellen, wie die materiellen Bestimmungen der letzteren bilden in jedem Punkte den Rahmen, innerhalb dessen sich die Verordnung zu halten hat. [5]) Im Verhältniß zum delegirenden Gesetze ist die Polizeiverordnung stets und begrifflich eine Verordnung intra legem. Ueberschreitet sie diese ihr gesetzten Schranken, so fehlt es ihr insoweit an dem positiven Fundamente ihres Bestehens, sie erreicht die beabsichtigte Rechtswirkung, die Unterthanen in bestimmter Weise zum Gehorsam zu verpflichten, nicht: sie ist als Rechtsvorschrift nichtig. [6])

II. Dagegen ist das Verhältniß des Inhalts einer Polizeistrafverordnung zu dem eines bestehenden Gesetzes oder einer bereits ergangenen Polizeistrafverordnung einer vorgesetzten Instanz, welche

---

[4]) Vgl. dazu auch oben § 13 Note 2 a. E.

[5]) „Das Recht, Polizeiverordnungen mit Gesetzeskraft zu erlassen, ist ein den betreffenden Verwaltungsbehörden von der gesetzgebenden Gewalt übertragenes jus delegatum und muß sich folglich innerhalb der Schranken der Delegation halten." Entsch. O.V.G. Bd. 9 S. 337.

[6]) Laband, Reichsstaatsrecht, 2. Aufl. I S. 610.

in irgend einem Punkte den gleichen Gegenstand, wie jene, betreffen, kein begrifflich und unbedingt bestimmtes. Es regelt sich vielmehr in diesem, wie in jedem anderen Punkte, der Inhalt einer zu erlassenden Polizeistrafverordnung nach den positiven Festsetzungen des delegirenden Gesetzes. Soweit das letztere selbst im Stande ist, sein Verhältniß zu dem vorhandenen Rechtszustande zu bestimmen, soweit kann es auch in der Bestimmung des inhaltlichen Verhältnisses der auf seinem Grunde zu erlassenden Polizeistrafverordnung zu den bestehenden gesetzlichen oder verordnungsmäßigen Rechtsvorschriften gehen. Danach ergiebt sich insbesondere:

1. Das delegirende Gesetz kann — was zumeist nicht gehörig hervorgehoben wird — soweit seine eigene Kraft reicht, [7]) auch der auf seinem Grunde erlassenen Polizeistrafverordnung die Fähigkeit verleihen, dem zur Zeit ihres Erlasses bestehenden, selbst gesetzlichen Rechtszustande zu derogiren, also im Verhältniß zu dem letzteren Rechtsvorschriften contra legem zu sanctioniren. Daß hiernach die auf Grund reichsgesetzlicher Delegation ergehenden Polizeiverordnungen aus dieser ihrer Quelle regelmäßig die Kraft herleiten, Normen auch im Widerspruch mit dem Inhalte der geltenden Landesgesetze festzustellen, ist bereits in anderem Zusammenhange dargelegt worden. [8]) Aber auch innerhalb der Landesgesetzgebung selbst findet sich die Ausstattung von Polizeiverordnungen mit derogatorischer Kraft, namentlich dann, wenn das delegirende Gesetz eine specielle Materie dem Polizeiverordnungsrechte oder selbst einer besonderen Gattung desselben, z. B. dem örtlichen, zur ausschließlichen [9]) oder doch principalen [10]) Regelung überweist.

[7]) Demgemäß ist ein preußisches Landesgesetz nicht im Stande, der auf ihm beruhenden Polizeiverordnung die Kraft beizulegen, reichsgesetzlichen Bestimmungen zu derogiren. Dasselbe gilt von einfachen (gemeinen) Landesgesetzen im Verhältniß zu Bestimmungen der Verfassungs-Urkunde.

[8]) Vgl. oben § 14 Note 11. 12.

[9]) So § 13 mit § 96 Abs. 4 des Feld- und Forstpolizeigesetzes; vgl. den Wortlaut oben § 13 Note 8. Während aber derselbe hier die Form einer durch den Erlaß der Polizeiverordnung resolutiv bedingten Aufrechterhaltung der bisherigen (gesetzlichen: vgl. Rotering, Commentar S. 92) Vorschriften an sich trägt, prägen andere Gesetze denselben Gedanken einer derogatorischen Kraft der Verordnung in der Form einer bis zum Inkrafttreten der letzteren suspendirten Aufhebung der entgegenstehenden gesetzlichen Bestimmungen aus, so § 4 des Lootsengesetzes v. 9. Mai 1853 und G. über die äußere Heilighaltung der Sonntage in den Provinzen Schleswig-Holstein u. s. w. v. 9. Mai 1892, Schlußsatz.

2. Ist eine solche weitergehende Ermächtigung nicht ertheilt, so kommt für die Delegationen des preußischen Rechts der im Interesse der Rechtssicherheit unentbehrliche Grundsatz zur Anwendung, daß eine ergehende Polizeistrafverordnung keinerlei Inhalt haben darf, welcher einer auf übergeordneter Rechtsquelle, Gesetz oder Polizeiverordnung einer vorgesetzten Instanz, beruhenden Rechtsvorschrift widerspricht.[11]) Dazu ist folgendes zu bemerken:

a) „Gesetz“ ist jedes Reichs- oder Landesgesetz. Wie aber schon die Gegenüberstellung des „Gesetzes“ und der „Verordnungen einer höheren Instanz“ ergiebt, bedeutet „Gesetz“ hier nicht im materiellen Sinne „jede Rechtsnorm,“[12]) sondern vielmehr das jeder Verordnung übergeordnete „Staatsgesetz,“[13]) die Produkte der von den Trägern der gesetzgebenden Gewalt im Staate[14]) unmittelbar ausgehenden rechtsetzenden Thätigkeit. Daraus aber muß der Schluß gezogen werden, daß in dem Worte „Gesetz“ das Gewohnheitsrecht hier nicht mitinbegriffen ist,[15]) sondern daß nach

---

[10]) (zu S. 89). § 11 des Feld- und Forstpolizei-G.: „Mit Geldstrafe bis zu 10 Mk. oder mit Haft bis zu 3 Tagen wird bestraft, wer außerhalb eingefriedigter Grundstücke sein Vieh ohne gehörige Aufsicht und ohne genügende Sicherung läßt. Diese Bestimmung kann durch Polizeiverordnung abgeändert werden. Eine höhere, als die vorstehend festgesetzte Strafe darf jedoch nicht angedroht werden.“ Vgl. noch § 94; dazu auch schon § 139 I 8 A.L.R.: „Neu errichtete Gebäude müssen von älteren schon vorhandenen Gebäuden des angrenzenden Nachbars, wenn nicht besondere Polizeigesetze ein Anderes vorschreiben, wenigstens 3 Werkschuhe zurücktreten.“

[11]) Vgl. zunächst die oben Note 2 citirten Gesetzesbestimmungen, sodann § 137 L.V.G. und die durch ihn ersetzten früheren Normen, auch § 11 des älteren G., betr. die Kompetenz der Oberbergämter v. 11. Juni 1861. — Für die deutschen Mittelstaaten findet sich der Grundsatz ausgesprochen: Bayern Art. 10 Pol.Str.G.B.; Württemberg Art. 54; Baden Art. 24; auch für Hessen in Art. 78 der Kreis- und Provinzialordnung v. 12. Juni 1874. In Bezug auf das Verordnungsrecht der Consuln vgl. unten § 42 Note 3.

[12]) Vgl. z. B. § 7 Einf.G. zur R.Strafproceß-O. Abweichend Erk. O.V.G. v. 13. Febr. 1884, Entsch. Bd. 10 S. 206: „— und mit dem, was hier (in § 15 G. v. 11. März 1850) unter Gesetz verstanden wird, identificirt sich dem Sinne nach jede Rechtsquelle für eine objective Rechtsnorm.“

[13]) So sagen die Erläuterungen zum 1. Ministerialentwurf des G. v. 1850: „Was die Staatsgesetze und die allgemeinen Verordnungen einer höheren Autorität ungeregelt gelassen haben, das muß, wenn es nach den besonderen Verhältnissen einer Gemeinde von örtlichem Interesse ist, durch ortspolizeiliche Vorschriften erledigt werden.“

[14]) — auch im früheren absoluten Staate!

[15]) Die entgegengesetzte Ansicht ergiebt sich wohl als die des O.V.G., wenn man die Note 12 citirte Stelle mit den Ausführungen des Erk. v. 16. Mai 1888, Entsch.

der Absicht der angeführten Bestimmungen die Behörden bei ihrer verordnenden Thätigkeit den bestehenden Gewohnheitsrechten, Observanzen u. s. w. frei gegenüberstehen. In der That entspricht dies auch inneren Erwägungen. Der § 15 des G. v. 11. März 1850 und die ihm folgenden Normen wollen innerhalb der rechterzeugenden Funktion des Staates die Autorität der übergeordneten Potenz gegenüber der untergeordneten zur Geltung bringen. Bei Uebertragung dieses Gedankens auf das Verhältniß der Polizeiverordnung zum Gewohnheitsrecht könnte zunächst jedenfalls dasjenige Gewohnheitsrecht keinen Schutz beanspruchen, welches ausschließlich in dem der verordnenden Behörde unterstehenden Bezirke in Geltung ist. Der Localpolizeiverordnung z. B. müßte jedenfalls das bisherige locale Gewohnheitsrecht weichen;[16]) denn es ließe sich kein Grund erfinden, warum das Gewohnheitsrecht an sich dem gesetzlichen oder gesetzmäßigen Rechte nicht blos gleich-, sondern vielmehr übergeordnet sein sollte. Von diesem Standpunkte aus wird man aber mit Nothwendigkeit weiter gedrängt. Denn da das Gewohnheitsrecht überhaupt keine von äußerer Autorität getragene Rechtserzeugung darstellt,[17]) so kann das in einem bestimmten Bezirke geltende gegenüber der bewußten staatlichen Rechtssetzung auch dadurch keine höhere Autorität erlangen, daß es in einem anderen Bezirke in gleicher Weise beobachtet wird.[18]) — Dagegen umfaßt

Bd. 16 S. 54 (— die Richtigkeit der letzteren an sich, welche nicht von Polizeiverordnungen, sondern von Communalstatuten handeln, hier dahingestellt! —) vergleicht. Zutreffend in Bezug auf locale Observanzen Erk. K.G. v. 25. Mai 1891 bei Johow Bd. 11 S. 267 f. Ein gewisses argumentum e contrario für die hier vertretene Meinung ergiebt auch § 2 G. 30. Juni 1834 (vgl. oben § 8 Note 18), welcher der verordnenden Behörde ausdrücklich, aber auch nur die „Berücksichtigung der bestehenden örtlichen Gewohnheiten" vorschreibt.

16) Vgl. das in voriger Note citirte Erk. des K.G.

17) Dazu Hänel, Deutsches Staatsrecht, I S. 250, dessen Folgerungen für Art. 2 der Reichsverfassung jedoch hiermit nicht acceptirt sein sollen.

18) Vgl. auch die Bemerkung Stobbe's, Deutsches Privatrecht, I, 3. Aufl. S. 178: „Gewohnheitsrechte können in einem weiten Raum gleichmäßig verbreitet sein, sie können aber nicht von einem Centrum aus ihre Kraft nach allen Richtungen hin erstrecken." — Wie man daher auch für Art. 2 der Reichsverfassung über das Verhältniß der Reichsgesetze zum particulären Gewohnheitsrechte denken mag (vgl. Hänel a. a. O., sowie Gierke, Deutsches Privatrecht I S. 184 Note 6), soviel wird umgekehrt unzweifelhaft sein, daß ein über das Reich verbreitetes Gewohnheitsrecht durch ein neues Landesgesetz für dessen Gebiet inhaltlich aufgehoben werden kann. Vgl. auch (aber wohl noch weitergehend) Staub, Commentar zur Wechselordnung, 1895, S. 2.

der Ausdruck „Gesetz" auch hier nicht bloß die allgemeine Norm: auch das Individualgesetz, insbesondere das von der gesetzgebenden Gewalt ertheilte Privilegium ist gegenüber der Polizeiverordnung unantastbar.[19])

b) Dem Gesetz steht an Wirkung die Rechtsverordnung gleich, sofern sie von einer Instanz erlassen ist, welche der Urheberin der fraglichen Polizeiverordnung übergeordnet ist. Das gilt zunächst von den Ausführungs- oder Nothverordnungen des Monarchen, sodann aber namentlich von den Polizeiverordnungen einer höheren Polizeibehörde. Selbstverständlich ist, daß nicht der abstracte Rang entscheidet; eine „höhere" Behörde im Sinne der gedachten Bestimmung ist nur eine solche, welche der verordnenden in concreto vorgesetzt ist, derart, daß die Polizeiverordnung der ersteren auch im Bezirke der letzteren zur Geltung gelangt ist. Hat sich seit dem Inkrafttreten der älteren Polizeiverordnung die Behördenorganisation an sich oder speciell in Bezug auf das Verordnungsrecht geändert, so ist die Frage dahin zu stellen, ob nach den gegenwärtig geltenden Gesetzen die verordnende Behörde selbst oder aber eine ihr vorgesetzte zur Aufhebung jener Verordnung berechtigt wäre.[20]) Bemerkenswerth bleibt noch, daß die bloße Genehmigung einer Verordnung die letztere noch nicht zur Verordnung einer höheren Instanz zu machen geeignet ist,[21]) umsoweniger, wenn sie nur auf die Erhöhung des normalen Strafmaßes gerichtet war.[22])

c) Die Frage, ob und inwieweit die Bestimmungen einer Polizeistrafverordnung einem Gesetze oder der Verordnung einer höheren Instanz widersprechen, kann nur im gegebenen Falle aus einer Interpretation der gegenüberstehenden Rechtsvorschriften in ihrem gegenseitigen Verhältnisse beantwortet werden. Interpreta-

---

19) Erk. O.V.G. v. 8. Oct. 1891, Entsch. Bd. 21 S. 353 ff.: Abdeckereiprivilegium v. 1. Febr. 1787.

20) So können ältere Polizeiverordnungen der Bezirksregierung durch neuere Verordnungen des Regierungspräsidenten beseitigt werden, ebenso aber auch, nachdem jetzt dem Landrath ein Verordnungsrecht beigelegt ist (vgl. unten § 35), durch dessen Verordnungen solche ältere Regierungsverordnungen, welche zur Zeit ihres Erlasses nur für den betreffenden landräthlichen Bezirk (vgl. § 11 des G. v. 1850: „für mehrere Gemeinden ihres Verwaltungsbezirks") ergangen waren. Das Entsprechende gilt dann in Bezug auf § 15 G. v. 1850.

21) Erk. O.V.G. v. 9. Mai 1881, Entsch. Bd. 8 S. 293.

22) Erk. O.V.G. v. 4. Oct. 1892, Entsch. Bd. 23 S. 351: vgl. auch unten § 30 Note 5.

tionsfrage ist es namentlich auch, inwieweit und in welchem Sinne[23]) ein allgemeines Gesetz eine ergänzende locale Regelung zuläßt oder sich ihr verschließt. Läßt sich allerdings feststellen, daß ein Gesetz eine polizeiliche Materie vollständig, d. h. unter erschöpfender Feststellung der der Verwaltung gegenüber begründeten Pflichten der Einzelnen zu regeln beabsichtigte, so ist damit für die Zukunft jede weitergehende Beschränkung der persönlichen Freiheit durch Polizeiverordnung ausgeschlossen.[24])

---

[23]) Vgl. dazu Erk. O.V.G. v. 31. Jan. 1893, Entsch. Bd. 24 S. 357. — Zu unbedingt ist danach aber die dort auf S. 356 sich findende Fassung des Satzes, daß, wenn durch untergeordnete Polizeiverordnung „die Anordnungen einer (höheren) Baupolizeiordnung verschärft werden, dies stets einen Widerspruch mit jenen Anordnungen in sich schließt." Voraussetzung für die Annahme eines solchen Widerspruchs ist vielmehr auch hier, wie das O.V.G. richtig erkennt, daß „bei Erlaß (der höheren Baupolizeiordnung) eine weitergehende Einengung der Baufreiheit zur Sicherung des öffentlichen Interesses nicht für erforderlich erachtet ist, vielmehr die getroffenen Bestimmungen als ausreichend betrachtet sind", und zwar dies in dem Sinne, daß im Uebrigen die bürgerliche Freiheit gewährleistet sein sollte, — eine Voraussetzung, die aber nicht in jedem Einzelfalle zuzutreffen braucht. Denn nicht Alles, was übergeordnete Normen erlaubt haben, haben sie auch unbedingt gegen untergeordnetes Verbot geschützt wissen wollen.

[24]) Ein Beispiel bietet das Erk. O.Trib. v. 12. April 1877, Oppenhoff, Rechtspr. Bd. 18 S. 261, welches, gegenüber den umfassenden polizeilichen Vorschriften des Reichsimpfgesetzes v. 8. April 1874, betreffend den Impfzwang, eine Polizeiverordnung für ungiltig erklärt, welche den Eltern die Zwangspflicht auferlegte, in dem Impftermine die Entnahme des Impfstoffes von ihren Kindern zu gestatten. Weitere Beispiele inhaltlich reprobirter Polizeiverordnungen, namentlich aus der Judicatur des O.Trib., brachte die 1. Aufl. auf S. 61 Note 83. 84; dieselben hier zu wiederholen und durch Anführungen aus der Rechtsprechung des O.V.G. und des K.G. zu ergänzen, scheint kein Bedürfniß vorzuliegen, da jeder Band der Entscheidungen jener Gerichtshöfe durch das Hülfsmittel des Registers eine leichte Auffindung der in Betracht kommenden Erkenntnisse ermöglicht, während eine kritische Würdigung derselben, die sich in die verschiedensten Theile des materiellen Verwaltungsrechts erstrecken würde, über den Zweck dieses Buches hinausgeht. Einzelne Entscheidungen von größerer Tragweite werden übrigens im Folgenden noch berücksichtigt werden. — Aus der hierher gehörigen Litteratur ist jetzt von allgemeinerer Bedeutung der Aufsatz von Rotering im Gerichtssaal Bd. 50 S. 12 ff.: „Ueber Polizeiverordnungen und ihre Gültigkeit", welcher die Frage der inhaltlichen Gültigkeit von Polizeiverordnungen gegenüber den Polizeiübertretungen des R.Str.G.B. (Abschn. 29) behandelt, aber durch das Streben nach Hervorhebung allgemeinerer Gesichtspunkte „auch für den analogen Fall der Rechtsabhängigkeit der Polizeiverordnung von einer übergeordneten landesgesetzlichen Norm Beachtung verdient." Speciellere Fragen betreffen z. B. Dalcke, Die Befugnisse der Bezirksregierungen zum Erlasse jagdpolizeilicher Verordnungen, insbesondere zur Feststellung der allgemeinen Schon- und Hegezeiten,

d) Soweit der gerügte Widerspruch vorhanden ist, ist die Polizeiverordnung nichtig, weil sie damit die Grenzen überschreitet, welche das delegirende Gesetz für ihre Rechtswirksamkeit gezogen hat. Sie vermag die beabsichtigten Pflichten der Individuen nicht zu begründen und den widerstrebenden Willen nicht unter die angedrohte Strafe zu beugen. Zweifelhaft ist die Frage, ob eine aus dem angeführten Grunde nichtige Polizeiverordnung von selbst zur Rechtswirksamkeit gelangt, wenn die entgegenstehenden Normen einer höheren Autorität hinterher von dieser aufgehoben werden. Da die Heilung eines mangelhaften Rechtsactes durch späteren Wegfall des die Mangelhaftigkeit verursachenden Grundes kein allgemeines Princip des Rechts darstellt, sondern nur in besonderen Fällen durch positive Satzung zur Anerkennung gelangt,[25]) so ist die aufgeworfene Frage eher zu verneinen.[26])

e) Eine Polizeiverordnung dagegen, welche sich von Widersprüchen mit Gesetzen und überragenden Verordnungen frei hält, steht im Uebrigen den gegebenen Verhältnissen frei gegenüber. Sie ist insbesondere befähigt, polizeilichen Materien, welche bisher einer gesetzlichen Regelung entbehrten, selbständig eine solche zu Theil werden zu lassen und also insoweit auch neue Pflichten der Einzelnen der Verwaltung gegenüber zu begründen.[27]) Durch diese

---

in Goltdammer's Archiv Bd. 11 S. 594 ff. (gegenüber dem Erk. O.Trib. v. 27. Juni 1862, Oppenhoff, Rechtspr. Bd. 2 S. 498), ferner die oft citirte Rödenbeck'sche Abhandlung über die Sonntagsruhe, besonders S. 79 ff.; Merlo, Die Ungesetzlichkeit der die Straßenreinigung betreffenden Polizei-Verordnungen und Ortsstatute (1894), besonders S. 14 ff. Vgl. endlich auch die Commentare von Oppenhoff und Olshausen zum 29. Abschn. des R.Str.G.B., sowie die Erläuterungen dazu von Rotering in seinem Buche: „Polizei-Uebertretungen und Polizei-Verordnungsrecht.“

25) Vgl. Regelsberger, Pandekten I S. 639.

26) Uebereinstimmend Parey, Polizeistrafverordnungsrecht S. 17 Note 11. Für die hier vertretene Meinung spricht auch einigermaßen der Wortlaut des § 15 G. v. 1850, indem derselbe („Es dürfen . . . keine Bestimmungen aufgenommen werden“) auf den Zeitpunkt des Erlasses der Verordnung abstellt.

27) Es kann daher nicht aufrecht erhalten werden und hat keinen Anhalt im Gesetze, wenn das O.V.G. in einzelnen Erkenntnissen, welche sich ganz besonders auf die polizeiliche Regelung der Pflichten von Straßenanliegern zur Straßenreinigung, Unterhaltung des Bürgersteigs u. s. w. beziehen, über den unzweifelhaft richtigen Satz, daß eine im Widerspruch mit dem geltenden Rechte (§ 15 G. v. 1850) erfolgende „Aenderung bestehender Verbindlichkeiten auf dem Wege der Polizeiverordnung ausgeschlossen ist“ (Entsch. Bd. 10 S. 206 mit Binseel Bd. 10 S. 184 Sp. 1 a. E.) hinausgeht und annimmt, daß „eine Polizeiverordnung rechtliche Verbindlichkeiten weder neu begründen noch bestehende Verpflichtungen abändern

Befugniß, Rechtssätze in diesem Sinne auch praeter legem zu sanctioniren,[28]) unterscheidet sich die Polizeiverordnung einerseits von der Nothverordnung, welche schon begrifflich den bestehenden Gesetzen zu derogiren befähigt ist, andererseits aber auch von der bloßen Ausführungsverordnung, welche sich nur intra legem verhalten d. h. in Beziehung auf ein bestimmtes einzelnes, die Materie bereits regelndes Gesetz und in dessen Rahmen die zu seiner Ausführung erforderlichen specielleren und Hülfs-Rechtssätze sanctioniren darf.[29]) Es bezieht sich aber die Befugniß einer Polizeistrafverordnung, sich praeter legem zu bewegen, sowohl auf den Inhalt der Norm, als der Strafdrohung, und es folgt daraus in letzter Beziehung insbesondere das schon erwähnte Recht der Polizeibehörde, eine bestehende lex imperfecta durch selbständige

---

kann", daß „vielmehr durch Polizeiverordnungen nur polizeiliche Anordnungen über die Art und Weise der Erfüllung solcher Verbindlichkeiten getroffen werden können, welche auf anderweitiger rechtlicher Grundlage beruhen" (Entsch. Bd. 8 S. 356, vgl. mit Bd. 23 S. 381. 383. 397 und Binseel Bd. 10 S. 186, Bd. 14 S. 125; dagegen wohl Bd. 24 S. 356 in Bezug auf die „Einführung" von Baubeschränkungen mittelst Polizeiverordnung). Für die praktische Tragweite des vom O.V.G. angenommenen Rechtssatzes kommt übrigens ermäßigend in Betracht, daß das Gericht nicht allein auch die Observanz als eine das Polizeiverordnungsrecht stützende „anderweitige rechtliche Grundlage" anerkennt, sondern auch die Ungiltigkeit einer neue Pflichten begründenden Polizeiverordnung durch „langjährige Befolgung" geheilt werden läßt (Entsch. Bd. 23 S. 381 mit Binseel Bd. 14 S. 125). Vgl. weiter zu dieser Materie unten § 26 Note 11.

28) Dieselbe ist indirect anerkannt in § 14 G. v. 11. März 1850: „Die Befugniß der Bezirksregierungen, sonstige allgemeine Verbote und Strafbestimmungen in Ermangelung eines bereits bestehenden gesetzlichen Verbotes zu erlassen, ist aufgehoben." Ebenso und zwar direct, die Motive zum 1. Ministerialentwurf: „Was die Staatsgesetze und die allgemeinen Verordnungen einer höheren Autorität ungeregelt gelassen haben u. s. w." (vgl. oben Note 13). Uebereinstimmend Förstemann S. 197, Anonymus S. 38, Rödenbeck S. 19.

29) Vgl. dazu oben § 6 Note 5. — Aus den Erläuterungen zum 1. Ministerial-Entwurf ist hier noch folgende Stelle zu bemerken: „Daß unter den im § 6 angeführten Gegenständen mehrere sind, welche theilweise durch allgemeine Gesetze und Verordnungen geregelt sind, beweist im Zusammenhange mit § 7" (irrthümlich statt § 8 Abs. 2, jetzt § 15 des Gesetzes), „daß es sich hier bloß um ausführende und allenfalls nach den Localverhältnissen ergänzende Bestimmungen handelt." Im Zusammenhalt mit der in der vorigen Note citirten ergiebt diese Stelle aufs Deutlichste, daß zwar die Polizeiverordnung nach Lage der auf die Materie bezüglichen Staatsgesetzgebung („hier") eine bloße Ausführungsverordnung sein kann, aber auch in Ermangelung maßgebender Gesetze die vorhandene Lücke selbst auszufüllen befähigt ist.

Sanctionirung einer Strafdrohung im Rahmen ihrer Strafbefugniß zur lex perfecta zu gestalten, soweit nicht das Schweigen des Gesetzes über die Bestrafung der Uebertretung dem positiven Willen des Gesetzgebers, dieselbe straffrei zu lassen, Ausdruck giebt.[30])

III. Wesentlich verschieden gestaltet sich die inhaltliche Abhängigkeit der Polizeistrafverordnungen von den Verwaltungsverordnungen der vorgesetzten Polizeibehörden, welche für die verordnenden Behörden zur Bestimmung ihres freien Ermessens[31]) Anweisungen über den Inhalt jener enthalten. Ihrem Rechtscharakter gemäß[32]) wirken diese nur innerhalb der Verwaltung; für den Unterthan, zu dessen Kenntniß sie oft gar nicht bestimmt sind, dem sie jedenfalls nicht publicirt werden, begründen sie weder Pflichten noch Rechte gegenüber der Verwaltung. Daher ist allerdings die eine Polizeiverordnung erlassende Behörde kraft ihrer Amtspflicht gehalten, den Inhalt derselben in Uebereinstimmung mit den ihr ertheilten Verwaltungsvorschriften zu setzen. Eine Abweichung davon kann für die vorgesetzte Behörde Veranlassung sein, im Rahmen ihrer gesetzlichen Befugnisse die erlassene Polizeiverordnung außer Kraft zu setzen, und dem Einzelnen, der sich durch jenen Widerspruch in seinen Interessen berührt fühlt, bleibt es unbenommen, im Wege der Beschwerde darauf hinzuwirken, daß der in der Verwaltungsverordnung ausgedrückte Gesammtwille der Verwaltung[33]), gegenüber der besonderen Willensbestimmung einer einzelnen untergeordneten Behörde, zur Geltung gelange: ein Recht, ihre Aufhebung zu verlangen, steht dem Einzelnen nicht zu,[34]) und bevor er sie erwirkt, oder die vorgesetzte Behörde

30) Vgl. oben § 15 a. E.

31) Soweit natürlich die Instruction sich auf eine zutreffende Belehrung über das geltende Recht beschränkt, muß der Widerspruch einer Polizeiverordnung mit ihr für dieselbe vernichtend wirken; allein die causa efficiens dieser Rechtsfolge ist dann eben nicht die Instruction, sondern das Gesetz, das in dieser zum Ausdruck gelangt ist.

32) Vgl. oben § 5 II Nr. 2 und § 12 II.

33) v. Stein, Verwaltungslehre 2. Aufl. I, Abth. 1 S. 382 ff.; dazu jedoch oben § 5 Note 3.

34) Die obere Behörde ist nicht verpflichtet, die im Widerspruch mit ihren Anweisungen ergangene Polizeiverordnung aufzuheben; sie kann ihre in der Instruction niedergelegte Ansicht geändert haben, sie kann unter Würdigung der gegebenen Verhältnisse die Abweichung der erlassenden Polizeibehörde von der Instruction für gerechtfertigt erachten u. s. w. Es gilt hier alles das, was Stein in Grünhuts Zeitschrift Bd. 6 S. 39. 40. 52 in anderem Sinne für die Beschwerde gegen eine,

aus eigener Initiative sie vollzogen hat, ist hinsichtlich seiner rechtlichen Beziehungen zur Polizeiverwaltung für ihn und den erkennenden Richter ausschließlich die, allein eine Rechtsvorschrift enthaltende, Polizeistrafverordnung, so wie sie ergangen ist, maßgebend.[35]) Man kann das gefundene Resultat juristisch etwa dahin formuliren: Eine Polizeiverordnung, welche lediglich einer über ihren Inhalt ergangenen Verwaltungsverordnung widerspricht, ist nicht nichtig, wie die in Widerspruch mit höheren Rechtsvorschriften erlassene, sondern nur anfechtbar; der Einzelne kann sie im In-

---

dem Gesetze in einem absoluten Staate widersprechende Verfügung entwickelt. Vgl. auch Stein, wie Note 33 citirt.

[35]) Die Ausführungen des Textes stehen im Einklang mit denjenigen Grundsätzen, welche die bayrische Litteratur (v. Stengel S. 387, Edel S. 83) bereits vor der 1. Aufl. dieses Buches zu Art. 10 des bayr. Pol.Str.G.B. v. 1871 bezw. Art. 39 des v. 1861 entwickelt hat. Sie sind nach Edel S. 84 und desselben Commentar zum Pol.Str.G.B. v. 1861 (Dollmanns Gesetzgebung des Kgr. Bayern seit Maximilian II., Theil III. Bd. 5 S. 193) bei den Verhandlungen der Kammer der Abgeordneten von 1859/61 Bd. III. S. 207. 208. 209. 255 zur Anerkennung gelangt. — Uebereinstimmend auch die gesammte Litteratur, z. B. Bornhak, Staatsrecht Bd. 3 S. 143 Note 21; Löning, Verwaltungsrecht S. 236 Note 3; Seydel, bayr. Staatsrecht Bd. 3 S. 588; Rotering, Polizeiübertretungen S. 31 und im Gerichtssaal S. 43. — Die hier für maßgebend erachteten Grundsätze haben auch ihren Ausdruck gefunden im Erk. des Rheinischen Revisions- und Cassationshofes v. 10. Juli 1849, abgedruckt im Archiv für das Civil- und Criminalrecht der u. s. w. Rheinprovinzen, Bd. 44 Abth. 2 S. 36, und annähernd (wenn auch unter unrichtiger Anwendung) im Erk. O.Trib. v. 27. Juni 1862, Oppenhoff, Rechtspr. Bd. 2 S. 498. Auch die Judicatur des O.V.G. theilt diesen Standpunkt, wie aus Entsch. Bd. 1 S. 367 (Min. Erl. v. 26. Nov. 1859) und Verwaltungsblatt Bd. 8 S. 88 Sp. 2 a. E. hervorgeht. Anders dagegen die Rechtsprechung des Kammergerichts, namentlich auch in Bezug auf den angeführten Erl. v. 26. Nov. 1859 betr. den Tanz geschlossener Gesellschaften: Erk. v. 14. Dec. 1885 bei Johow Bd. 6 S. 186 und v. 2. Juli 1888, Johow Bd. 8 S. 236; vgl. auch Bd. 11 S. 319 oben und S. 193 oben. Aus letztgedachter Stelle ergiebt sich für die Auffassung des K.G. auch die fernere Consequenz, daß, wenn eine ministerielle Anweisung „in einem Specialfalle an einen einzelnen Regierungspräsidenten" erlassen ist, die widersprechenden Verordnungen dieser Behörde (aber nicht die einer anderen) gleichfalls der Nichtigkeit verfallen. Ebenso müßte aber weiter gefolgert werden, daß eine neuergehende Ministerial-Instruction ipso jure die bestehenden widersprechenden Polizeiverordnungen aufhebt, was, wie das O.V.G. Entsch. Bd. 1 S. 367 (vgl. oben) zutreffend erkennt, mit § 16 Abs. 1 des Ges. v. 1850 im Widerspruch steht. Vgl. dazu unten § 50 Note 22. — Für das badische Recht mit der hier vertretenen Auffassung übereinstimmend Schlusser, Commentar zu § 24 Abs. 1, für das württembergische Recht dagegen zu Unrecht abweichend Schicker, Commentar Note 3. 4 zu Art. 54.

stanzenzuge vor der höheren Polizeibehörde angreifen, welche aus eigenem Rechte, nicht aber aus dem Rechte des Beschwerdeführers, ihre Außerkraftsetzung beschließen kann.[36])

b) Die Gebundenheit der polizeilichen Verfügung durch die Polizeiverordnung.

§ 18. Gebundenheit durch die Norm.

I. Die materielle Gesetzesnatur der Polizeistrafverordnung bringt es nicht blos mit sich, daß sie begrifflich der Verfügung in derselben Weise, wie das Gesetz, gegenübersteht, [1]) sondern auch, daß sich ihr inhaltliches Verhältniß zu der auf sie gegründeten Verfügung in derselben Weise bestimmt, wie dies zwischen Gesetz[1a]) und Verfügung der Fall ist. In dieser Weise übt zunächst die Norm der Polizeiverordnung auf Voraussetzung und Inhalt des in der Verfügung enthaltenen Gebots oder Verbots ihren maßgebenden Einfluß aus. Die Verfügungen aber, welche sich auf eine bestehende Polizeistrafverordnung gründen können, sind insbesondere doppelter Art:

1) Ebenso, wie das Gesetz, [2]) ist auch die Polizeistrafverordnung in der Lage, den Unterthanen Handlungen oder Unterlassungen nicht blos unmittelbar unter Strafdrohung zu verbieten, sondern auch den Eintritt der Strafbarkeit einer Handlung oder Unterlassung von einem vorgängigen, im concreten Falle erlassenen Einzelverbote der Behörde, einer Verfügung abhängig zu machen. [3])

---

36) Vgl. unten § 54 Nr. 3.

1) Vgl. oben § 12 III.

1a) Dazu die grundlegenden Erörterungen § 3 II.

2) So z. B. die Bestimmungen des R.Str.G.B. § 360 Nr. 2: „wer außerhalb seines Gewerbebetriebes wider das Verbot der Behörde Vorräthe von Waffen aufsammelt; Nr. 10: „wer bei Unglücksfällen u. s. w. von der Polizeibehörde zur Hilfe aufgefordert, keine Folge leistet“; § 367 Nr. 13: „— wer trotz der polizeilichen Aufforderung es unterläßt, Gebäude, welche den Einsturz drohen, auszubessern oder niederzureißen“ u. a. m. Vgl. im Allgemeinen oben § 4 II, sowie auch § 15 II Nr. 2.

3) Alle in Note 2 aufgeführten Bestimmungen könnten unverändert in Polizeistrafverordnungen ihren Platz gefunden haben; im Uebrigen sind Beispiele nicht schwer zu fingiren, so eine Polizeiverordnung, welche die Unterlassung einer von der Polizeibehörde besonders gebotenen Latrinenreinigung unter Strafe stellt, oder eine andere, welche Denjenigen mit Strafe bedroht, der an bestimmtem Orte wider das Verbot der Behörde Feuerwerk abbrennt oder Schießübungen anstellt oder fortsetzt u. a. m. Vgl. auch unten § 40 a. E.

Durch eine solche, in der Verordnung enthaltene Vorschrift werden dann ebenso, wie im analogen Falle durch Gesetz, Handlungen oder Unterlassungen, welche sonst straflos sind, dadurch zu Polizeivergehen, daß sie im Einzelfalle wider obrigkeitliche Anordnung vorgenommen sind. [4]) Die polizeiliche Verfügung, welche diese Anordnung enthält, ist hier Voraussetzung der Normwidrigkeit der durch sie verbotenen Handlung oder Unterlassung; sie ist ein Moment des gesetzlichen Thatbestandes, auf welchen die Strafdrohung der Verordnung Anwendung finden soll. [5]) Das Vorhandensein dieses Thatbestandsmomentes hat der Strafrichter zum Zweck der Verurtheilung festzustellen; inwieweit sich aber seine Prüfung auch darauf zu erstrecken habe, ob die auf Grund der Verordnung ergangene Verfügung auch in Gemäßheit derselben erlassen sei, hängt auch hier, wie oben festgestellt, [6]) davon ab, inwieweit die Verordnung neben dem Dasein der erforderlichen Verfügung auch die verordnungsmäßigen Voraussetzungen derselben in den Thatbestand der strafbaren Uebertretung hinübergenommen hat. Mag indessen immerhin eine dahingehende Prüfung dem Strafrichter entzogen und lediglich der vorgesetzten Behörde oder dem Verwaltungsrichter vorbehalten sein: die Rechtspflicht der verfügenden Behörde, ihre Verfügung nach Voraussetzung und Inhalt der Verordnung gemäß zu erlassen, ist in dem einen, wie im andern Falle ohne Unterschied gleichmäßig begründet.

2. Das der Polizeiverordnung widersprechende normwidrige Verhalten, die Vornahme der durch sie verpönten Handlung oder Unterlassung, zieht für den Uebertreter die Verhängung der in ihr angedrohten Strafe durch richterlichen Urtheilsspruch nach sich. Sache der Polizeibehörde ist es hierbei, durch ihre Thätigkeit die gerichtliche Vollziehung der Verordnung durchführen zu helfen, das Einschreiten des Gerichts zu veranlassen, die Bestrafung des Uebertreters zu sichern (sog. gerichtliche Polizei). Allein der Inhalt der den Polizeibehörden zur Vollziehung der Verordnung obliegenden Aufgaben ist hiermit nicht erschöpft. Die öffentliche Ordnung begnügt sich nicht mit dem Postulate einer nach geschehener Ueber-

---

[4]) Vgl. Francke, Ueber Strafandrohungen der Verwaltungsbehörden und deren Vollstreckung, im Magazin für hannoversches Recht, Bd. 5 (1855) S. 43; auch St. v. Stengel a. a. O. S. 317.

[5]) Francke S. 44.

[6]) Vgl. hierzu die Erörterungen und Beispiele oben § 4 Note 9.

tretung eintretenden Bestrafung des Uebelthäters; sie verlangt vielmehr, unabhängig davon, sowohl vor der Uebertretung, daß dieselbe nach Möglichkeit verhindert (Präventivpolizei), als auch nach derselben, daß der durch sie geschaffene normwidrige Zustand beseitigt werde. [7]) Diesen Forderungen, soweit dies im öffentlichen Interesse liegt, ihrerseits zu genügen, ist die fernere selbständige, für Preußen durch § 10 II 17 A.L.R. mitumfaßte [8]) Aufgabe der Polizeibehörden. Es ergiebt sich daraus eine zweite Reihe polizeilicher, durch die bestehende Polizeiverordnung begründeter Verfügungen, welche ebenso, wie die erstbesprochenen, nach Voraussetzung und Inhalt nur in Gemäßheit der Verordnung ergehen dürfen.

II. Die Gebundenheit der polizeilichen Verfügung durch die Norm der Polizeiverordnung bringt den Charakter der letzteren als einer zweiseitig, nicht blos die Unterthanen, sondern auch die Polizeibehörden selbst in ihrer verwaltenden Thätigkeit bindenden Rechtsverordnung zum Ausdruck. [9]) Gerade an diesem Punkte tritt das Interesse hervor, welches auch die Unterthanen an einer allgemeinen, daher stetigen und unparteiischen, Regelung ihrer po-

---

[7]) Vgl. hierzu Thon: Rechtsnorm und subjectives Recht. Untersuchungen zur allgemeinen Rechtslehre (1878) S. 14 ff. 40 ff. Binding, Normen, I, 2. Aufl. S. 305 Note 5.

[8]) Insofern in dieser Generalklausel die „Erhaltung der öffentlichen Ordnung", d. h. aber auch der rechtlichen, den Verwaltungsinteressen des Staates dienenden Ordnung den Polizeibehörden zur Pflicht gemacht ist. Vgl. dazu meinen Aufsatz im Verwaltungsarchiv Bd. 3 S. 317 ff., besonders auch S. 318 Note 203. Anerkannt ist die im Text bezeichnete Aufgabe der Polizeibehörden, insbesondere auch gegenüber Normen, deren Verletzung nur eine „Uebertretung" enthält, im Erk. O.V.G. v. 12. April 1878 (V.M.Bl. S. 127) und dem Min.Rescr. v. 25. März 1878 (V.M.Bl. S. 83); dazu auch die in meinem Aufsatz Note 203 citirten Erkenntnisse, neben denen noch Entsch. Bd. 6 S. 312, Bd. 13 S. 425, Bd. 17 S. 360 und Bd. 18 S. 428 verglichen werden können. Ausdrücklich spricht sich für Baden z. B. aus der § 30 Pol.Str.G.B.: „Neben den Bestimmungen des gegenwärtigen Gesetzbuches bleibt den Polizeibehörden die Befugniß vorbehalten, auch unabhängig von der strafgerichtlichen Verfolgung rechts- und ordnungswidrige Zustände innerhalb ihrer Zuständigkeit zu beseitigen und deren Entstehung oder Fortsetzung zu hindern. — Anordnungen dieser Art sind nur insoweit zu treffen, als sie im öffentlichen Interesse geboten erscheinen." Aehnlich auch Art. 80 Abs. 1 des großh. hessischen G. betr. die innere Verwaltung und die Vertretung der Kreise und der Provinzen, v. 12. Juni 1874; endlich bayr. Pol.Str.G.B. Art. 20; Edel, Commentar dazu.

[9]) Vgl. oben § 6 II. Dazu (unter Beziehung auf die Ausführungen dieses Buches) Entsch. O.V.G. Bd. 9 S. 337.

lizeilichen Verhältnisse im Verordnungswege haben.[10]) Aber auch die Bindung der Polizeibehörden durch die Verordnung ist wiederum eine doppelte, indem sie im Wege der Verfügung, soweit nicht besondere Vorbehalte dies gestatten, weder von ihr nach der Seite einer weitergehenden Beschränkung der persönlichen Handlungsfreiheit abweichen, noch aber auch das von ihnen zu einer allgemeinen Rechtsnorm erhobene öffentliche Interesse im Einzelfalle preisgeben dürfen.

1. Die Polizeibehörden dürfen zunächst in ihren Verfügungen keine weitergehende Handlung, Leistung oder Unterlassung von den Unterthanen fordern, als diesen in der Verordnung im Sinne einer gesetzlichen Abgrenzung der staatlichen und der individuellen Rechtssphäre auferlegt ist.[11]) Insbesondere kann im Einzelfalle auf weitergehende Klauseln des Polizeirechts, wie den oft citirten § 10 II 17 A.L.R.,[12]) nicht mehr zurückgegriffen werden, wenn die betreffende Specialmaterie durch Polizeiverordnung allgemein und abschließend geregelt ist.[13])

---

10) Reg.Comm. Delius bei der Berathung des G. v. 11. März 1850 (Verhandlungen I. Kammer S. 2318): „— Bestimmungen, die gerade deshalb nothwendig sind, damit sich die Polizeibehörde selbst die Hände binde, damit sie nicht in jedem einzelnen Falle erst nach augenblicklichen Eindrücken und nach augenblicklichen Umständen bestimme, welche Gewaltmaßregeln sie zu treffen hat, um ihre Pflicht zu erfüllen."

11) „Ob darüber" (d. h. über die Rechtsnorm der Ortspolizeiverordnung) „hinaus eine weitergehende Beschränkung von der Polizeibehörde unter besonders gearteten Umständen im Einzelfalle angeordnet werden kann, erscheint rechtlich mehr als zweifelhaft": Erk. v. 29. Oct. 1883, Entsch. Bd. 10 S. 269. Dazu Entsch. Bd. 11 S. 369: „Es würde alsdann zu prüfen sein u. s. w.", sowie Erk. v. 21. Febr. 1893, Entsch. Bd. 24 S. 378, wonach selbst „eine freiwillige" (auf Vereinbarung mit der Baupolizeibehörde beruhende) „Unterwerfung der Betheiligten unter Beschränkungen, die in dem öffentlichen Baurechte" (einer Reihe von Baupolizei-Ordnungen) „nicht enthalten sind, ohne öffentlich-rechtlich maßgebende Bedeutung bleiben" muß. — „Die Behörde hat das bestehende Baurecht und nur dieses zur Geltung zu bringen. . . . . Ueber das öffentliche Baurecht steht weder der Polizeibehörde noch dem Einzelnen eine Verfügungsgewalt zu; ebensowenig wie die Polizeibehörde auf ihre daraus entspringenden Befugnisse verzichten könnte, ist ein solcher Verzicht auf Seiten des Einzelnen möglich. Sollte hiervon eine Ausnahme zulässig sein, so müßte sie ausdrücklich durch das Gesetz für statthaft erklärt sein." Vgl. auch nach anderer Richtung Erk. v. 7. Nov. 1887, Entsch. Bd. 15 S. 346, wonach auf Untersagung eines ortspolizeilich geregelten Straßengewerbes Klage nur dann erhoben werden kann, wenn eine solche nebst ihren Voraussetzungen durch die betreffende Polizeiverordnung vorgesehen ist.

12) Vgl. oben § 3 Note 35, sowie § 12 Note 25.

13) Vgl. meinen Aufsatz im Verwaltungsarchiv Bd. 3 S. 318 Note 202 und die dort citirten Entsch. Bd. 7 S. 382, Bd. 23 S. 279.

2. Aber auch die Nichtanwendung eines durch die Verordnung gesetzten Gebotes oder Verbotes in einem an sich derselben unterstehenden Einzelfalle dürfen die Polizeibehörden nicht durch ihre Thätigkeit sanctioniren. Eine im Wege der Verfügung auszuübende Dispensation von der Befolgung einer zu Recht bestehenden Polizeiverordnung steht denselben ohne Weiteres nicht zu.[14]) Ein solches Recht folgt weder aus der rechtlichen Befugniß, die Verordnung im Verordnungswege[15]) ganz oder theilweise wiederaufzuheben, noch selbst für die übergeordneten Polizeibehörden aus ihrem Aufsichtsrechte und der darin wurzelnden Anweisungs- und Außerkraftsetzungsbefugniß.[16]) Denn als Gesetz heischt die Polizeiverordnung Anwendung in allen durch sie ergriffenen Einzelfällen, soweit nicht durch Gesetz selbst eine Ausnahme sanctionirt oder der behördlichen Entschließung anheimgestellt ist.[17]) Daher ist es allerdings zulässig, in der Verordnung selbst ein durch Verfügung auszuübendes Dispensationsrecht zu begründen. Der Umfang einer solchen Ermächtigung unterliegt dem gesetzgeberisch freien Ermessen, so daß sowohl in allgemeiner Form, als auch unter festbestimmten Voraussetzungen Abweichungen gestattet werden können.[18])

---

14) So namentlich die grundlegenden Ausführungen im Erk. O.V.G. v. 30. Nov. 1882, Entsch. Bd. 9 S. 382. Hier auch der Nachweis, daß der frühere § 156 des Zuständigkeitsgesetzes v. 26. Juli 1876 (welchem in dieser Beziehung jetzt der § 145 G. v. 1. Aug. 1883 entspricht; vgl. darüber v. Brauchitsch, Verwaltungsgesetze I, 11. Aufl. S. 370) eine allgemeine Dispensationsbefugniß auch gegenüber solchen Baupolizei-Ordnungen, welchen ein bezüglicher Vorbehalt mangelt, nicht begründet hat. Vgl. auch Erk. v. 8. Juni 1887, bei Binseel Bd. 8 S. 399 Sp. 1 a. E.: „Dies Dispensationsverfahren entspricht der Verordnung, in der es nicht vorgesehen ist, keinenfalls." — Aus der Litteratur übereinstimmend O. Mayer, franz. Verwaltungsrecht S. 170 f.

15) Von diesem Punkte aus gelangt man vielmehr nur zu der rechtlichen Möglichkeit einer die Anwendung der allgemeinen Verordnung einschränkenden Individualverordnung mit allen Voraussetzungen und Formen einer solchen. (Vgl. oben § 2 II, sowie unten § 25 bei Note 15.) Dieser Unterschied zwischen eximirender Individualverordnung und dispensirender Verfügung wird von Arndt, Verordnungsrecht S. 229 f. und Seydel, bayr. Staatsrecht Bd. 3 S. 558, sowie auch v. Hinschius, Artikel „Dispensation" in v. Stengel's Wörterbuch I S. 278 § 2 a. E. zu wenig beachtet.

16) Vgl. die Ausführungen des Note 14 citirten Erkenntnisses in Entsch. Bd. 9 S. 387. 388. Abweichend in Bezug auf das Dispensationsrecht der dienstlichen Vorgesetzten Seydel a. a. O. S. 558 Note 3.

17) Entsch. Bd. 9 S. 387: „Bruch der Rechtsordnung"; ebenso Bd. 8 S. 294 Nr. 49 a. E.: „Verletzung des Gesetzes".

18) Entsch. Bd. 11 S. 376, übereinstimmend mit Bd. 9 S. 340. Beide Erkennt-

§ 19. Gebundenheit der polizeilichen Verfügung durch die Strafdrohung der Polizeiverordnung: Executivstrafe u. Verordnungsstrafe.

Der Grundsatz, daß die Polizeistrafverordnung in ihrer Eigenschaft als Gesetz im materiellen Sinne die Verwaltungsacte der Polizeibehörden unbedingt bindet, muß nicht blos für die Norm der Verordnung, sondern auch für die in ihr enthaltene Strafdrohung gelten. Nun haben freilich die Polizeibehörden in ihrer verwaltenden [1]) Eigenschaft mit der Vollziehung gesetzlicher Strafdrohungen im Contraventionsfalle unmittelbar Nichts zu thun, da diese vielmehr den ordentlichen Strafgerichten obliegt: allein die Zwangsmittel, [2]) welche denselben zur Durchsetzung ihrer Verfügungen im Verwaltungswege zu Gebote stehen, sind zum Theil von der Art, daß dadurch eine Concurrenz mit den in der Verordnung verwendeten Strafmitteln erzeugt wird. In bestimmten Fällen nämlich und unter gewissen Voraussetzungen [3]) dürfen die Polizeibehörden zur Durchsetzung ihrer Anordnungen „Geldstrafen",

---

nisse beziehen sich auf Dispensationen von Baupolizei-Vorschriften, bei denen überhaupt das Bedürfniß zu Ausnahmebewilligungen am meisten hervortritt; vgl. oben Note 14, auch Entsch. Bd. 6 S. 295 ff. Dispensation von Einhaltung der Polizeistunde: Entsch. Bd. 7 S. 309 mit 305; dazu Johow Bd. 8 S. 148 und Bd. 9 S. 170, sowie Binseel Bd. 9 S. 102. Dispensation von straßenbaupolizeilichen Vorschriften (Herstellung der Bürgersteige) Entsch. Bd. 5 S. 444. — Anerkennung des Dispensationsvorbehaltes in der Verordnung selbst auch seitens des früheren Obertribunals: Erk. v. 23. Jan. 1879 bei Goltdammer, Archiv Bd. 27 S. 243.

1) Die „polizeiliche Strafverfügung" (§§ 453 ff. Str.Pr.O. und preuß. G. v. 23. April 1883), welche ihrer rechtlichen Natur nach ein Strafurtheil ist und bei deren Erlaß die Polizeibehörde ausnahmsweise in richterlicher Eigenschaft fungirt (vgl. meinen Artikel „Polizeiliche Strafverfügungen" in v. Stengel's Wörterbuch II. S. 266 § 1), kommt demnach hier nicht in Betracht.

2) § 11 der Regierungs-Instruction v. 23. Oct. 1817 mit § 48 V.O. v. 26. Dec. 1808; § 20 G. über die Polizeiverwaltung v. 11. März 1850; für den Regierungspräsidenten, den Landrath, die Ortspolizeibehörde und den Gemeinde- bezw. Gutsvorstand neuestens (an Stelle der §§ 68 ff. des Organisations-G. v. 26. Juli 1880) geregelt in §§ 132 ff. L.V.G. v. 30. Juli 1883. Es wird in den folgenden Erörterungen hauptsächlich auf diese letzteren Bestimmungen Bezug genommen. — Im Allgemeinen Anschütz, das Recht des Verwaltungszwanges in Preußen, vornehmlich in seiner geschichtlichen Entwickelung dargestellt, im Verwaltungsarchiv Bd. 1 S. 389 ff.

3) § 132 Nr. 2 L.V.G.: „Kann die zu erzwingende Handlung nicht durch einen Dritten geleistet werden, — oder steht es fest, daß der Verpflichtete nicht im Stande ist, die aus der Ausführung durch einen Dritten entstehenden Kosten zu tragen, — oder soll eine Unterlassung erzwungen werden, so sind die Behörden berechtigt, Geldstrafen anzudrohen und festzusetzen u. s. w."

sog. Executivstrafen, in gesetzlicher Höhe androhen und festsetzen, welche im Unvermögensfalle nach Maßgabe des R.Str.G.B. in Haft umgewandelt werden. Es fragt sich nun, ob ihnen diese allgemeine Befugniß unbeschränkt auch zur Durchsetzung derjenigen Verfügungen zusteht, welche sie, wie § 18 gezeigt, zwecks Vollziehung einer Polizeistrafverordnung zu erlassen in die Lage kommen können, oder ob und inwieweit auf dieses ihr Recht der Umstand maßgebenden Einfluß ausüben muß, daß schon die Polizeiverordnung selbst in bestimmtem Umfange von dem Mittel der Geld- bezw. Haftstrafe Gebrauch gemacht hat. Es ist klar, daß die Beantwortung dieser Frage bei der Gleichheit des allgemeinen Rechtscharakters von Rechtsverordnung und Gesetz dieselbe sein muß, wie für das Verhältniß der bezüglichen polizeilichen Zwangsverfügungen gegenüber dem (formellen) Polizeistrafgesetze, [4]) und es kann daher die Erörterung, für welche gerade durch den neuesten Stand der Litteratur [5]) eine besondere Veranlassung gegeben ist, allgemein dahin gerichtet werden: ob und inwieweit das executivische Strafrecht der Polizeibehörden durch das Bestehen concurrirender Polizeistrafgesetze eine Einschränkung erleidet und in welchen Fällen eine solche Concurrenz gegeben ist.

Von einem gewissen Standpunkte aus kann man nun allerdings zu einer unbedingten Verneinung dieser Frage gelangen,

---

[4]) Dies wird regelmäßig anerkannt; vgl. z.B. v. Brauchitsch, Verwaltungsgesetze, I. 11. Aufl. Note 263.

[5]) Die herrschende Lehre, wie sie am ausführlichsten in der 1. Aufl. dieses Buches entwickelt war, hat durch Neukamp, die polizeilichen Verfügungen zur Verhütung strafbarer Handlungen (oder Unterlassungen) und deren Durchführung nach preuß. Recht, im Verwaltungsarchiv Bd. 3 S. 1 ff., eine zwar sehr beachtenswerthe, aber, wie ich meine, im Ganzen erfolglose Anfechtung erfahren. Nur auf die Hauptpunkte derselben kann im Rahmen dieser Darstellung eingegangen werden. Daselbst auch eine Uebersicht der Judicatur S. 2 ff., der Verwaltungspraxis S. 13 f., der Litteratur S. 14 ff. Die neuere Theorie und Praxis ruht wesentlich, besonders in den Resultaten, auf den Ausführungen der 1. Auflage. Aus der früheren Litteratur kommt besonders in Betracht: Francke in seinem § 18 Note 4 citirten Aufsatze (1855); Förstemann S. 410—412 (1869); v. Brauchitsch, Organisationsgesetze (1877) II S. 198 Note 15, Verwaltungsgesetze (1881) I S. 62 Note 95. Bahnbrechend wirkten die Erkenntnisse des O.V.G. v. 12. April 1878 (V.M.Bl. S. 125), v. 9. April 1879 (Entsch. Bd. 5 S. 278 = V.M.Bl. S. 236) und v. 26. Febr. 1879 (V.M.Bl. S. 232), deren Ausführungen noch jetzt zu dem Besten gehören, das die Behandlung der Frage aufzuweisen hat. — Vgl. als Anregung auch die oben § 18 Note 7 citirten Ausführungen von Thon.

wenn man nämlich rein theoretisch nur den principalen Zweck der beiden Institute, der Criminalstrafe einerseits und der Executivstrafe andererseits ins Auge faßt. [6]) Dieser aber ist zweifellos wesentlich verschieden. [7]) Das Wesen der Strafe im einfachsten Sinne besteht in der Zufügung eines Uebels wegen der in der Vergangenheit geschehenen Uebertretung eines durch das Recht gesetzten Ge- oder Verbotes: ihr Zweck ist Sühne des begangenen Verbrechens. Ihr gegenüber ist der Zwang auf die unmittelbar gegenwärtige oder zukünftige Herstellung des einem Gebote oder Verbote entsprechenden Zustandes oder Verhaltens gerichtet: sein Zweck ist, dem obrigkeitlichen Befehle noch jetzt Gehorsam zu verschaffen. Von diesem Standpunkte aus ist allerdings eine Concurrenz zwischen der criminellen Strafvorschrift und der behördlichen Zwangsbefugniß niemals gegeben. Allein dieser Gesichtspunkt kann nicht entscheiden.[7a]) Vielmehr kann im Verhältniß der Staatsgewalt zu dem ihr unterworfenen Einzelnen die Frage, ob und inwieweit zwei Aeußerungsformen der ersteren mit einander concurriren bezw. collidiren, praktisch nur nach der Art und dem Maße des Eingriffs in die persönliche Freiheits- und Rechtssphäre des Unterthanen auf der einen und der anderen Seite beurtheilt werden. In dieser Richtung aber treffen allerdings die gesetzliche Strafvorschrift und die behördliche, eine Executivstrafe zur Anwendung bringende, Zwangsverfügung ganz wesentlich zusammen. Zunächst schon, wie hervorgehoben, in Bezug auf die Art des verwendeten Eingriffsmittels: Geldbuße bezw. Freiheitsentziehung; sodann aber auch in Bezug auf ihre praktische Wirkung, und zwar sowohl vor als nach dem widerrechtlichen Verhalten des Einzelnen, auf welches die Strafvorschrift sowohl, als die Zwangsverfügung abgestellt ist. Vor demselben soll die polizeiliche An-

---

[6]) Das ist im Wesentlichen der Standpunkt von Neukamp; vgl. besonders die Ausführungen S. 46. 72 ff. Grundlegend Francke a. a. O. S. 45.

[7]) So die gemeine Meinung (Neukamp S. 46 Note 30). Noch directer kommen natürlich diejenigen zu dem hier vertretenen Resultate, welche zwischen der Executivstrafe und der Criminalstrafe von vornherein keinen begrifflichen Unterschied anerkennen, sei es, daß sie die Executivstrafe auch als „eigentliche Strafe" betrachten (Löning, Verwaltungsrecht S. 251 f.; Hänel, deutsches Staatsrecht I. S. 457 f.) oder umgekehrt wenigstens die in einer Polizeiverordnung angedrohte Strafe als eine „executio ad faciendum, ein Zwangsmittel" auffassen (Bornhak, preuß. Staatsrecht, Bd. 3 S. 149).

[7a]) Erk. O.V.G. v. 27. Jan. 1887 bei Binseel Bd. 8 S. 229 Sp. 1.

drohung einer Executivstrafe motivirend auf den Adressaten der Verfügung einwirken, um ihn zum Gehorsam zu veranlassen: der Zwang ist ein psychologischer. Aber gerade ein solcher wird, wenn auch vielleicht weniger unmittelbar und eindringlich,[7b]) ebenso durch die gesetzliche Strafvorschrift geübt, welche der Sühne, d. h. der Verhängung der Strafe in Gemäßheit derselben, vorausgeht und nach positivem Rechte vorausgehen muß.[8]) Und noch entschiedener wirkt Strafgesetz und Zwangsverfügung nach Eintritt der Gebotsübertretung zusammen; denn wie verschieden auch sich das auf ihre Vollziehung gerichtete Verfahren gestalten mag:[9]) auf beiden Seiten wird dem Vermögen bezw. der Bewegungsfreiheit des Inculpaten ein Abbruch gethan, welcher in der von ihm begangenen Unbotmäßigkeit seinen Rechtsgrund findet.[10]) Ist nun diese Unbotmäßigkeit nach dem Inhalte des durch sie verletzten Gebotes auf beiden Seiten inhaltlich die gleiche, so ist in der That bei dem Zusammentreffen von Strafgesetz und Zwangsstrafverfügung prak-

---

7b) — weil sich die gesetzliche Strafvorschrift nicht an einen bestimmten Einzelnen richtet. Zur Ausgleichung dessen steht natürlich in keinem Falle Etwas entgegen, daß eine Behörde bei Gelegenheit einer Verfügung den Adressaten besonders auf die gesetzlichen Straffolgen seines Ungehorsams hinweist. Natürlich wird dadurch die Competenz des Strafrichters (vgl. oben Note 1) zur Verhängung der durch Gesetz oder Polizeistrafverordnung angedrohten öffentlichen Strafe nicht ausgeschlossen.

8) „Nulla poena sine lege." § 2 R.Str.G.B.: „Eine Handlung kann nur dann mit einer Strafe belegt werden, wenn diese Strafe gesetzlich bestimmt war, bevor die Handlung begangen wurde." Binding, Handbuch des Strafrechts, Bd. 1 S. 204 ff., verglichen aber mit S. 17 ff.

9) Vgl. oben bei Note 1. Daß dagegen nach preuß. R. die Festsetzung polizeilicher Executivstrafen nicht durch den Strafrichter — (vgl. z. B. Erk. des preuß. Ober-App.-Ger. v. 21. Febr. 1874, Oppenhoff, Rechtsprechung Bd. 15 S. 114; Erk. des Gerichtshofes zur Entscheidung der Competenz-Conflicte v. 14. Dec. 1867, J.M.Bl. 1868 S. 116) —, sondern durch die Polizeibehörden selbst erfolgt, ergiebt sich aus § 133 Abs. 2 L.V.G. — Gegen die Androhung eines Zwangsmittels findet der verwaltungsgerichtliche Rechtsweg statt; Abs. 1 daselbst.

10) Daß auch die Festsetzung der Executivstrafe im concreten Falle durch den in der Vergangenheit liegenden Ungehorsam rechtlich begründet wird, läßt sich nicht leugnen, und es bleibt das nicht weniger wahr, auch wenn man mit Neukamp S. 72 Note 61 als eine Consequenz des principalen Zwecks der obrigkeitlichen Zwangsbefugnisse den Satz anerkennen will, daß die Vollstreckung der Executivstrafe wegfällt, wenn vor derselben, obzwar nach Ablauf der bei der Androhung gesetzten Frist, Gehorsam geleistet oder die Folgeleistung unmöglich geworden ist. Hiernach rechtfertigt sich auch (gegen Parey, Verordnungsrecht S. 21 Note 15b und Neukamp S. 46 Note 30) der in den Gesetzen zur Anerkennung gelangte Sprachgebrauch, von „Executivgeldstrafe" zu reden; vgl. § 132 Nr. 2 L.V.G.

tisch nur eine gegenseitige quantitative Erhöhung der staatlichen Einwirkung auf die Rechtssphäre des Unterthanen gegeben. Eine solche aber ist nicht statthaft, da das Gesetz, welches die verwaltenden Functionen der Behörde unbedingt bindet, bereits das Maß der Geld- bezw. Freiheitseinbuße zwingend bezeichnet hat, welches vor der Uebertretung an „psychologischem Erfüllungszwange" und nach derselben an nachtheiliger Rechtsfolge („Vergeltung")[11]) zur Anwendung gelangen soll. Hiernach ergiebt sich als Resultat der einfache Grundsatz: Zur Erzwingung einer durch polizeiliche Verfügung befohlenen Handlung oder Unterlassung ist die Anwendung der behördlichen Executivstrafe (§ 132 Ziff. 2 L.V.G.) ausgeschlossen, wenn dieselbe Handlung oder Unterlassung durch Gesetz oder Rechtsverordnung, insbesondere Polizeistrafverordnung, unter Strafdrohung geboten ist. Zur Erläuterung und Sicherung dieses auch im Rechte anderer deutscher Staaten zur Anerkennung gelangten[12]) Satzes mögen zunächst im Allgemeinen noch folgende Bemerkungen dienen:

1. Nur dann wird das polizeiliche Executivstrafrecht durch die gesetzliche (oder verordnungsmäßige) Strafdrohung ausgeschlossen, wenn zwischen der gesetzlichen Norm, welche durch die Strafdrohung geschützt ist, und dem polizeilichen Befehle, um dessen Durchsetzung es sich handelt, oder, wie man auch sagen kann, zwischen dem Delicte, wegen dessen die Criminalstrafe verhängt wird, und dem Ungehorsam, welcher die Festsetzung der angedrohten Executivstrafe

---

[11]) Vgl. insbesondere die angeführten Worte bei Hänel, Staatsrecht S. 458 Note 8.

[12]) Ausdrücklich findet nach dem bayrischen Pol.Str.G.B. das Executiv-(„Ungehorsams-")Strafrecht (Art. 21 Abs. 2. 3) nur Anwendung „zum Vollzuge von Gesetzen, deren Uebertretung nicht mit Strafe bedroht ist" (Art. 21 Abs. 1 vgl. mit Art. 20). Für Baden folgt das Gleiche aus der Vorschrift in § 31 Pol.Str.G.B., wonach „durch Androhung und Ausspruch von Geldstrafen" nur „die Erfüllung solcher Verbindlichkeiten des öffentlichen Rechts zu erzwingen ist, für deren zwangsweisen Vollzug ein besonderes Verfahren nicht vorgeschrieben ist", in Verbindung mit den Worten in § 30 Abs. 1: „auch unabhängig von der strafgerichtlichen Verfolgung"; vgl. übereinstimmend Schlusser, Commentar S. 22. Für Württemberg entwickelt Schicker, Polizeistrafrecht, 2. Aufl. S. 176 f. die hier vertretenen Grundsätze aus Art. 2 des G. v. 12. Aug. 1879: „Der Ungehorsam gegen die von einer Behörde . . . getroffenen . . . Anordnungen kann, soweit nicht besondere gesetzliche Bestimmungen etwas Anderes festsetzen, mit Geldstrafe bis zu 100 Mark oder Haft bis zu 8 Tagen bestraft und diese Strafe bei fortgesetztem Ungehorsam wiederholt werden." Vgl. auch Neukamp S. 20 ff.

nach sich zieht, eine objective Identität vorhanden ist. Diese festzustellen, ist Sache der Interpretation der Strafgesetze einerseits und der behördlichen Verfügungen andererseits, welche im Einzelfalle sehr wohl zu Zweifeln und Schwierigkeiten führen kann. Dies rechtfertigt die weiter unten (§ 20) vorgenommene Einzelerörterung, als deren allgemeiner Grundgedanke schon hier der Satz hervorzuheben ist, daß die Verwaltungsbefehle zur Beseitigung eines durch die Normübertretung geschaffenen dauernden Zustandes nicht mit der gesetzlichen Norm zusammenfallen, welche der Herbeiführung dieses Zustandes durch das strafrechtlich geschützte Gebot von Handlungen oder Unterlassungen entgegenwirken soll.[13])

Die vorausgesetzte „Identität" des die Unbotmäßigkeit nach der einen, wie nach der anderen Richtung darstellenden Thatbestandes hat dazu geführt, daß der hier vertretene Grundsatz, nach welchem beim Vorhandensein jener Uebereinstimmung das Executivstrafrecht der Polizeibehörden nicht zur Ausübung gelangen darf, in Judicatur und Litteratur (aber nicht in der 1. Auflage dieses Buches) häufig in die Formel: „Ne bis in idem" gekleidet wurde. Es handelte sich dabei um eine Art Schlagwort zur kurzen Bezeichnung eines häufig verwendeten Grundsatzes, welches man dem Gebiete des Strafprocesses entlehnte. Dagegen hat man nie daran gedacht, den so eingekleideten Grundsatz mit dem Princip der strafprocessualischen Rechtskraft[14]) in eine innere Verbindung zu bringen oder ihn gar als eine Folgerung aus demselben darzustellen. Wenn daher Neukamp[15]) ausführlich darlegt, daß man sich zur Rechtfertigung der hier vorgetragenen Lehre nicht auf den Satz: „Ne bis in idem" (im strafprocessualischen Sinne) berufen dürfe, so ist er vollständig im Recht: nur daß seine Polemik gar nicht die Lehre selbst, sondern höchstens eine nicht unmißverständliche Einkleidung derselben zu treffen vermag.

2. Neben der Identität des Thatbestandes ist aber auch Identität der staatlichen Einwirkungsmittel für die Anwendung des oben festgestellten Grundsatzes vorausgesetzt. Nur die Verwendung der executivischen Geld- bezw. Haftstrafe d. h. derjenigen Zwangsmittel, welche auch in den Rahmen des ordentlichen Strafensystems

---

13) Uebereinstimmend namentlich G. Meyer, Verwaltungsrecht, 2. Aufl., S. 84 Note 35, Hänel S. 458 Note 8 a. E., Anschütz S. 458, Schicker S. 177.

14) Vgl. v. Kries, Lehrbuch des deutschen Strafprozeßrechts S. 594.

15) a. a. O. S. 45 ff.

unseres Criminalrechts fallen, ist durch jenes Princip den Polizeibehörden entzogen, nicht aber die Durchsetzung ihrer Verfügung mittels ihrer sonstigen gesetzlichen Zwangsbefugnisse, sofern deren besondere Voraussetzungen gegeben sind: die Ausführung der zu erzwingenden Handlung durch einen Dritten auf Kosten des Verpflichteten (§ 132 Nr. 1 L.V.G.) und der sonstige „unmittelbare Zwang“ (Nr. 3 ebenda) zur Herstellung eines der Verfügung entsprechenden Zustandes. Diese Zwangsmittel liegen vollständig außerhalb des strafgesetzlichen Wirkungskreises: die Strafdrohung des Gesetzes oder der Verordnung enthält über sie und ihr Maß weder direct noch indirect irgend welche Bestimmungen. Und dabei handelt es sich nicht bloß um die „äußere Erscheinung“[16]) der betreffenden staatlichen Einwirkungsmittel, ihre Gleichheit auf jener, ihre Verschiedenheit auf dieser Seite, sondern um das innere Wesen derselben. Die in Nr. 1 und 3 des § 132 L.V.G aufgeführten, äußerlich wirkenden, unmittelbaren Zwangsmittel sind ihrer Art nach gar nicht im Stande, mit der criminellen Geld- oder Freiheitsstrafe zu collidiren. Ihre Durchführung kann in keiner Weise unter den Gesichtspunkt eines Strafübels für die geschehene Rechtsverletzung gebracht werden, sondern stellt sich einfach als die behördlicherseits erfolgende unmittelbare Herstellung eines Zustandes dar, für welchen der Unterthan selbst verantwortlich gewesen ist: sie ist Erfüllungszwang im Wege der Selbsterfüllung durch den Berechtigten. Und wenn auch durch die stets zulässige und für den Fall der Zwangsausführung durch einen Dritten (Nr. 1 a. a. O.) sogar gesetzlich vorgeschriebene vorherige „Androhung“[17]) eine Motivation des Betreffenden zu eigener Erfüllung behufs Vermeidung des behördlichen Einschreitens versucht werden kann bezw. muß, so steht doch auch diese mit dem psychologischen, durch Androhung eines selbständigen Uebels wirkenden Strafzwange in keinerlei innerer Verbindung. Es ist daher Neukamp[18]) nicht gelungen, die

[16]) So Neukamp S. 90.

[17]) L.V.G. § 132 Nr. 2 Schlußsatz: „Der Ausführung durch einen Dritteu (Nr. 1), sowie der Festsetzung einer Strafe (Nr. 2) muß immer eine schriftliche Androhung vorhergehen.“

[18]) S. 43 f. — Eine in mancher Hinsicht instructive und gegen gewisse Einzelheiten der Neukamp'schen Darstellung verwerthbare Parallele zu den unmittelbaren Zwangsmitteln der Nr. 1 und 3 des § 132 L.V.G. bietet der im Rechte des Handelskaufs bei Verzug des Gegencontrahenten zulässige Selbsthilfeverkauf des Verkäufers (zum Theil auch der entsprechende Deckungskauf des Käufers) (Art. 343. 354 ff.

herrschende Lehre durch den Nachweis ad absurdum zu führen, daß von ihrem Standpunkte aus „nicht blos die Verhängung von Executivgeldstrafen, sondern auch die Anordnung sonstiger Zwangsmittel" zur Durchführung von Normen, die unter Strafsanction stehen, unzulässig sein müßte.

Nur gegenüber derjenigen, besonders neuestens[19]) versuchten Begründung der herrschenden Theorie ist Neukamp im Rechte, welche die Unzulässigkeit des Exekutivstrafzwanges daraus ableiten will, daß die ein gesetzliches Gebot wiederholende Verfügung überhaupt keine selbständige „Anordnung" im Sinne des § 132 L.V.G. darstelle. In der That ist diese Anschauung nicht haltbar: eine solche Verfügung ist der selbständige, aus dem eigenen Interesse der Verwaltung an ihren praktischen Aufgaben[20]) und ihrem eigenen subjectiven Rechte abfließende Wille der Vollzugsorgane, daß dem

---

H.G.B.; dazu Cosack, Lehrbuch des Handelsrechts, 2. Aufl. S. 161 ff.). Auch hier erfordert das Gesetz vor Ausführung des Selbsthilfezwanges eine „Androhung" (Anzeige) mit Nachfrist, ohne daß derselbe dadurch den Charakter eines Strafzwanges erhielte. Und wenn Neukamp S. 43 a. E. darin, daß die Vornahme der Handlung (§ 132 Nr. 1 L.V.G.) auf Kosten des Säumigen angedroht wird, einen der Androhung einer Executivstrafe gleichstehenden psychologisch zwingenden Hinweis auf ein selbständiges Uebel erblicken will, so darf doch nicht außer Acht bleiben, daß im Wesen des Zwangsmittels der „Ausführung durch einen Dritten" es nicht liegt, daß die durch dieselbe erwachsenden Kosten die vom Verpflichteten selbst aufzuwendenden nothwendig übersteigen müssen, ebensowenig, wie Selbsthilfeverkauf oder Deckungskauf nothwendig immer eine dem säumigen Gegencontrahenten nachtheilige Preisdifferenz zu ergeben brauchen.

19) So Anschütz S. 457. Gegen ihn Neukamp S. 27. 67. Die Ausführungen im Erk. O.V.G. v. 12. April 1878 (V.M.Bl. S. 127) klingen der Sache nach an die Anschütz'sche Auffassung an, sind jedoch insoweit im Erk. v. 24. Juni 1882 (Entsch. Bd. 9 S. 279) und v. 7. Sept. 1889 (Binseel Bd. 11 S. 79 Sp. 2) zurückgenommen.

20) Demgemäß bleibt auch noch Neukamp (S. 86 ff.) hinter der richtigen Auffassung zurück, wenn er in der Präventivpolizei zur Verhütung strafbarer Handlungen lediglich eine Präventivjustiz und (ebenso wie in der sog. „gerichtlichen Polizei") eine bloße Hülfsfunction für die Strafrechtspflege erblicken will. Nicht bloß die Verfügung auf Beseitigung einer normwidrigen Bauanlage ist, wie Neukamp S. 37 meint, ein Act der Baupolizei, sondern auch die auf Verhinderung ihrer Errichtung. Baupolizei und Präventivpolizei sind keine Gegensätze, und ebensowenig fehlt andererseits den Maßregeln zur Beseitigung eines durch eine strafbare Handlung herbeigeführten normwidrigen Zustandes der innere Zusammenhang mit den die Handlung unter Strafe verbietenden Normen, so daß Neukamp wiederum zu Unrecht (S. 33. 36) die Erwägung der ersteren von vornherein gänzlich aus dem Rahmen unserer Frage herausweisen will.

Gesetze im einzelnen Falle Genüge geschehe, und daher mit allen behördlichen Zwangsmitteln durchführbar, welche nicht durch allgemeine oder besondere Gründe gesetzlich ausgeschlossen erscheinen.

3. Der hier vertretene Lehrsatz gründet sich auf das nothwendige und unumstößliche Verhältniß von Gesetz und Verwaltungsthätigkeit und gilt auch ohne daß ihm bei der gesetzlichen Regelung der „Zwangsbefugnisse" eine ausdrückliche Sanctionirung zu Theil geworden ist. Aber ebensowenig tritt ihm in diesem Rahmen eine gesetzliche Bestimmung entgegen, insbesondere nicht die von Neukamp[21]) angezogene, in Nr. 3 des § 132 L.V.G. enthaltene, wonach „unmittelbarer Zwang nur angewendet werden darf, wenn die Anordnung ohne einen solchen unausführbar ist." Nach der Ansicht Neukamp's nämlich wird in den hier fraglichen Fällen durch die Ausschaltung des Executivstrafrechts (Nr. 2 des § 132 cit.) dem „klaren Wortlaut" des Gesetzes entgegengewirkt, welches „unmittelbaren Zwang nur dann zuläßt, wenn die polizeiliche Anordnung mittelst Verhängung von Geldstrafen nicht durchführbar ist." Allein es unterliegt keinem Zweifel und wird doch wohl auch von Neukamp nicht geleugnet,[22]) daß nach der citirten Gesetzesvorschrift nicht in jedem einzelnen Falle thatsächlich erst mit Executivstrafen (einmal oder gar mehrfach?) vergeblich vorgegangen sein muß, ehe zur Anwendung unmittelbaren Zwanges geschritten werden darf. Das Princip der Subsidiarität des „unmittelbaren Zwanges"[23]) bedeutet vielmehr

---

21) S. 24. 25.

22) – wie trotz der Ausdrucksweise auf S. 24: „wenn feststeht, daß die beiden anderen Zwangsmittel nicht zum Ziele führen" angenommen werden darf.

23) Es möge bei dieser Gelegenheit der Hinweis nicht unterlassen werden, daß die Bestimmung in § 132 Nr. 3 L.V.G., indem sie ohne Unterschied allen „unmittelbaren Zwang" für höchst subsidiär erklärt, über das Bedürfniß und den durch dasselbe gerechtfertigten ursprünglichen Grnndgedanken des Gesetzgebers hinausgeht. Es geht dies schon daraus hervor, daß ja die in Nr. 1 sogar dem executivischen Strafverfahren vorangestellte „Ausführung durch einen Dritten" selbst ein unmittelbares, direct wirkendes Zwangsmittel dargestellt und demzufolge insofern mit den Maßregeln der Nr. 3 gegenüber den Executivstrafen der Nr. 2 eine eigene Einheit bildet. In der That wollte die Kommission des Herrenhauses zur Berathung des II. Entwurfs der Kreis-Ordnung, welche zuerst den Anstoß zur Aufnahme einer der Nr. 3 entsprechenden Bestimmung gab, dieselbe berechtigter Weise dahin fassen, daß „persönlicher Zwang", d. h. „physische Gewalt gegen Personen" nur im Nothfalle angewendet werden solle (vgl. v. Brauchitsch, Materialien zur Kreis-Ordnung Bd. 2 S. 1208 f., Bd. 3 S. 1620 ff., besonders S. 1624). Dementsprechend wurde auch der (in die Kreis-Ordnung § 79 Abs. 5 und noch in das Competenzgesetz v. 26. Juli

nur, daß nach der Gesammtlage des concreten Falles derselbe zur Durchsetzung des behördlichen Willens unentbehrlich sein muß und insbesondere durch andere Zwangsmittel nicht ersetzt werden kann. So wie daher unmittelbarer Zwang „ohne Weiteres"[24]) anwendbar ist, wenn es sich um eine unverzüglich nöthige Durchsetzung des behördlichen Willens handelt,[25]) oder wenn selbst die Maximalhöhe der gesetzlichen Zwangsstrafe von vornherein als nicht ausreichend erscheint, den Adressaten psychologisch zu dem in concreto erforderlichen Gehorsam zu zwingen:[26]) so auch hier. Gerade der letztgedachte Fall zeigt deutlich die Relativität des in § 132 Nr. 3 L.V.G. gebrauchten Ausdrucks „unausführbar". So wie derselbe die Behörde nicht ermächtigt, über das Maximalmaß der in § 132 Nr. 2 aufgeführten Summen hinaus die Androhung von Executivstrafen zu versuchen, so ermächtigt er sie nicht, dasjenige Maß der Geld- bezw. Freiheitseinbuße zu steigern, welches im betreffenden Falle das Gesetz selbst an Stelle der Behörde zur Erzielung eines gewissen Erfolges verwendet hat.

1876 § 33 Nr. 3 übergegangene) Zusatz hinter den Worten: „Unmittelbarer Zwang darf" angenommen: „unbeschadet der Bestimmungen des Gesetzes zum Schutze der persönlichen Freiheit vom 12. Februar 1850." Die Fassung der Commission entsprach damit vollständig dem § 30 Abs. 3 des badischen Pol.Str.G.B.: „Persönlicher Zwang kann nur angewendet werden, wenn die zu treffenden Maßregeln ohne solchen undurchführbar sind; ein Gewahrsam darf in solchem Falle die Dauer von 48 Stunden nicht übersteigen." Bei der etwas rapiden (vgl. v. Brauchitsch a. a. O. Bd. 3 S. 1622 oben, S. 1624) Berathung im Plenum wurden dagegen, trotz der Bedenken des Referenten (v. Brauchitsch S. 1624) die Worte „persönlicher Zwang" in „unmittelbarer Zwang" abgeändert, und zwar, wie sich aus der Rede des Mitantragstellers v. Bernuth (v. Brauchitsch S. 1625) ergiebt, lediglich, um der Vollständigkeit in Anführung der „gesetzlichen Zwangsmittel" zu genügen, ohne daß auf die große Tragweite, die man dem Moment der Subsidiarität damit verlieh, näher eingegangen wurde.

24) Neukamp S. 25.

25) Das ergeben gerade die in der Berathung des Herrenhauses (v. Brauchitsch S. 1622) von dem Antragsteller v. Bernuth angeführten Beispiele: Vorführung vor die militärische Untersuchungscommission, die nur an einem Tage versammelt ist, Oeffnung eines geschlossenen Behältnisses bei Gelegenheit einer Haussuchung, Entfernung störender Elemente bei einer Feuersbrunst.

26) Vgl. auch den Fall und die Ausführungen des Erk. O.V.G. v. 19. Jan. 1893 bei Binseel Bd. 14 S. 456 Sp. 1, auch wenn daselbst unter der „gesetzlichen Strafe", deren Höhe „in gar keinem Verhältniß zu den Kosten oder Verlusten steht, welche der Klägerin durch die Befolgung der ihr gemachten Auflage erwachsen würden", die Strafe des § 147 Nr. 2 der Reichs-Gewerbe-O. verstanden ist.

Gegenüber der zwingenden Rechtfertigung unseres Satzes aus dem geltenden, wenn auch nicht speciell ausgesprochenen Rechte hat aber weiter das Zurückgehen auf die Materialien der neueren Verwaltungsgesetze keine wesentliche Bedeutung. Ueberdies widersprechen sich die von Neukamp[27]) angeführten Stellen derselben und sind daher keinesfalls im Stande, die Geltung des Princips zu widerlegen. Daß die Praxis der Behörden in früherer, vorrechtstaatlicher Zeit nicht selten andere Wege gegangen ist, ist bekannt, und es darf daher nicht Wunder nehmen, wenn diese Anschauung auch noch in den Motiven eines der ersten modernen Verwaltungsgesetzentwürfe zum Ausdruck gelangt ist.[28]) Für die Legislation verlor dies jedenfalls seine Bedeutung dadurch, daß bei der Berathung desselben Entwurfs, der übrigens zum Gesetze überhaupt nicht erhoben wurde, auf Seiten der Volksvertretung widerspruchslos die Unvereinbarkeit jener Praxis mit dem Gesetz constatirt wurde;[29]) für das Verhalten der Behörden aber kann jene Motivenstelle schon um deswillen eine autoritative Richtschnur nicht bilden, weil kurz vorher unter der Unterschrift des Ministers, welcher den Entwurf zu vertreten hatte, durch Ministerialerlaß die betreffende abwegige Praxis auf das Entschiedenste gemißbilligt worden war.[30])

So sieht sich denn auch der neueste, eingehendste und scharfsinnige Gegner[31]) genöthigt, am Schlusse seiner Abhandlung wenigstens de lege ferenda einen berechtigten Gedanken in der herrschenden Ansicht anzuerkennen. Wenn er denselben aber darin

---

27) S. 25 f. 83 f.

28) Motive zu § 26 des II. Entwurfs der Kreis-Ordnung; v. Brauchitsch, Materialien Bd. 1 S. 613, Neukamp S. 84.

29) Abg. Reichensperger-Olpe (v. Brauchitsch Bd. 2 S. 960, Neukamp S. 25 a. E.). Die weiteren Anführungen Neukamp's a. a. O. treffen nicht ganz zu. Die von dem gedachten Abgeordneten gemißbilligte Anwendung der Executivstrafe zur Erhöhung gesetzlicher Strafdrohungen war für seinen (öfters wiederholten; vgl. Anschütz S. 438 Note 86, S. 459) Antrag auf gänzliche Beseitigung des polizeilichen Executivstrafrechts nur ein einzelnes unterstützendes Moment, und die Ablehnung dieses Antrages läßt daher jene widerspruchslos erfolgte Mißbilligung in ihrer vollen Bedeutung bestehen.

30) Bescheid, die Unzulässigkeit der Verhängung von Executivstrafen anstatt oder neben der gesetzlichen Polizeistrafe betr., v. 15. März 1869 (gez. Graf zu Eulenburg), V.M.Bl. S. 74. 75. Der gedachte II. Entwurf der Kreis-O. wurde in der Session 1871/2 dem Landtage vorgelegt.

31) Neukamp S. 85 ff.

finden will, daß die Ausübung des polizeilichen Zwanges[32]) zur Verhütung strafbarer Handlungen möglicherweise zu widersprechenden Entscheidungen über das Vorliegen einer solchen durch die verschiedenen Behördenreihen führen kann, so geht er fehl. Zwingender als die Möglichkeit eines Widerspruchs zwischen entscheidenden Behörden, ist die Wirklichkeit eines Widerspruchs zwischen einem Verwaltungsacte und dem Gesetze, der durch die Verwendung des behördlichen Strafzwanges neben der gesetzlichen Strafe, und zwar nur in diesem Rahmen, gegeben ist.

§ 20. Einzelpunkte.

Aus dem allgemeinen Grundsatz des vorigen Paragraphen ergeben sich im Zusammenhalt mit den Ausführungen in § 18 folgende Consequenzen im Einzelnen:

1. Vor erfolgter Uebertretung des Strafgesetzes ist es Recht und Pflicht der Polizeibehörde, soweit das öffentliche Interesse es erfordert, der Begehung der normwidrigen Handlung oder Unterlassung entgegenzutreten. Die Polizeibehörde kann sich dabei, soweit dies (insbesondere bei gebotenen Unterlassungen) möglich ist, der ihr gesetzlich zustehenden unmittelbar wirkenden, äußeren Zwangsmittel (§ 132 Nr. 1, 3 L.V.G.) bedienen, während ihr die Androhung executiver Geld- bezw. Haftstrafen neben der gesetzlichen Strafdrohung untersagt ist. Wenn daher z. B. eine Polizeistrafverordnung der Regierung zu M. den Gastwirthen das Abhalten von Tanzmusiken ohne Erlaubniß der Polizeibehörde bei Geld- oder verhältnißmäßiger Freiheitsstrafe verbot, so war der Amtsvorsteher zu W., wenn er Grund zu der Annahme hatte, daß der Gastwirth D., trotz der ihm versagten Erlaubniß, dennoch an dem in Aussicht genommenen Tage die geplante Tanzmusik abhalten werde, wohl befugt, dies z. B. unmittelbar durch polizeiliche Zurückweisung der sich meldenden Tanzgäste oder polizeiliche Schließung des Tanzsaales, wenn das öffentliche Interesse es forderte, zu verhindern, wogegen seine an den D. erlassene Verfügung, durch

[32]) Consequent kommt Neukamp dazu, seine Vorschläge, welche der Präventivpolizei gegenüber strafbaren Delicten eine bloß vorläufige Wirksamkeit beilegen wollen, auf alle zu solchem Zwecke verwendbaren Zwangsmittel auszudehnen. Auf diese Vorschläge, deren Bedenklichkeit Neukamp selbst S. 92 hervorhebt, ist hier nicht einzugehen.

welche er ihm für Abhaltung der Tanzmusik eine Executivstrafe von 50 M. androhte, mit Recht reprobirt werden mußte. [1])

2. Soweit es das öffentliche Interesse erfordert, ist es ferner Aufgabe der Polizeibehörde, nach Begehung der Uebertretung und unabhängig von der für dieselbe eintretenden Bestrafung, für die Beseitigung der durch die Uebertretung geschaffenen normwidrigen Zustände zu sorgen. Diese Verpflichtung und Berechtigung ist in den Gesetzen vielfach in Specialfällen anerkannt. [2]) Man wird

---

[1]) Inhalt des Erk. O.V.G. v. 12. April 1878 (V.M.Bl. S. 125). Vgl. ebenso noch Erk. v. 12. Febr. 1881 (Entsch. Bd. 7 S. 218): Keine Executivstrafe gegen die Eltern, damit diese ihre Kinder zum Schulbesuch anhalten, wenn die Schulordnung die ersteren bei ungerechtfertigter Versäumniß der Kinder mit Uebertretungsstrafe bedroht. — Erk. v. 13. Oct. 1880 (Entsch. Bd. 7 S. 300): Keine Executivstrafe in Concurrenz mit § 147 Nr. 4 R.Gew.O. in der Fassung des G. v. 17. Juli 1878. — Erk. v. 7. Jan. 1889 (Verw.Bl. Bd. 10 S. 388 Sp. 1): Kein executivischer Strafzwang zur Vorlegung von gewerblichen Papieren, deren Vorlegung auf Erfordern durch Polizeiverordnung bei Strafe geboten ist. — Erk. v. 2. April 1892 (Entsch. Bd. 23 S. 388): Der § 14 des R.Impf=G. v. 8. April 1874 schließt Executivstrafen zur Erzwingung der dort gebotenen Handlungen aus. — Dem richtigen Grundsatz entspricht ferner die im Erk. v. 6. April 1882 (Entsch. Bd. 8 S. 363 mit 367) zur Behandlung gelangte Polizeiverfügung, welche im Hinblick auf §§ 285, 360 Nr. 14 R.Str.G.B. den Betrieb des Totalisators unter Androhung zwangsweiser Verhinderung untersagt. — Grundlegende Ausführungen enthalten weiter die oben § 19 Note 5 citirten Erkenntnisse v. 26. Febr. und 9. April 1879, welche sich auf die Ausübung der polizeilichen Zwangsgewalt zur Verhinderung des gesetzwidrigen Beginns oder der Fortsetzung eines die erforderliche polizeiliche Genehmigung entbehrenden Gewerbebetriebes (§ 15 Abs. 2, § 33. 147 Nr. 1 R.Gew.O.) beziehen. Vgl. über diesen Thatbestand unten Note 6—10, sowie noch über das Princip im Allgemeinen Erk. v. 3. Dec. 1887 (Entsch. Bd. 16 S. 391).

[2]) So z. B. § 75 I 8 A.L.R. (hinsichtlich eines positum oder suspensum): „Der Uebertreter muß das Aufgestellte oder Aufgehängte sofort wegzuschaffen angehalten werden und hat überdies eine Polizeistrafe verwirkt"; § 32 des R.Rayon=G. v. 21. Dec. 1871 hinsichtlich der gesetzwidrig ohne die erforderliche Genehmigung in der Umgebung von Festungen hergestellten Anlagen; § 51 Feld= und Forstpolizei=G. v. 1. April 1880: Wer vor Ertheilung der vorgeschriebenen Genehmigung mit der Errichtung einer Feuerstelle beginnt, wird bestraft. Auch kann die Behörde die Weiterführung der Anlage verhindern und die Wegschaffung der errichteten Anlage anordnen. Nahezu der gleiche Wortlaut in § 20 G. betr. . . . die Gründung neuer Ansiedelungen, v. 25. August 1876 u. s. f. Vgl. überhaupt Erk. O.V.G. v. 7. April 1877, Entsch. Bd. 2 S. 295, und 9. April 1879, Entsch. Bd. 5 S. 283; auch Förstemann S. 410, Thon S. 49 Note 118, Parey S. 21 Note 15 a. — Eine Polizeistrafverordnung mit analogem Inhalt s. im Erk. O.V.G. v. 24. Juni 1878, Entsch. Bd. 2 S. 309. Sie behandelt die Entfernung neu zu errichtender Krug= und Gastwirthschaftsgebäude von der Grenze des Chausseegebietes und setzt fest:

jedoch zu größerer Deutlichkeit zwischen den auf eine Unterlassung und den auf Vornahme einer Handlung gerichteten Normen zu unterscheiden haben:

a) Wo die Gesetze bezw. Polizeiverordnungen eine Unterlassung bei Strafe fordern, kann die trotzdem erfolgende Vornahme der verpönten Handlung einen äußeren Zustand herbeiführen, dessen Beseitigung im öffentlichen Interesse liegt, z. B. wenn Jemand in einer den gesetzlichen oder verordnungsmäßigen Bestimmungen widersprechenden Art Baulichkeiten aufführt, Hecken anlegt u. dgl. m. [3]) Ihre auf Beseitigung dieses normwidrigen äußeren Zustandes an den Uebertreter gerichteten Verfügungen [4]) kann die Polizeibehörde mit allen ihr zu Gebote stehenden Zwangsmitteln durchsetzen. Sie braucht sich insbesondere hier im gesetzlich gegebenen Falle auch der als psychologisches Zwangsmittel wirkenden Androhung executiver Geldstrafen nicht zu enthalten, weil das von ihr mittelst Verfügung gestellte Gebot, den normwidrigen gemeinschädlichen oder gemeingefährlichen Zustand zu beseitigen, nicht identisch ist mit dem gesetzlichen Gebot, die zur Herbeiführung desselben dienende Handlung zu unterlassen. [5])

Nicht zu verwechseln mit der auf Beseitigung des normwidrigen Zustandes gerichteten Thätigkeit der Polizeibehörde ist diejenige,

---

„Uebertretungen dieser Bestimmungen werden mit einer Geldstrafe bis zu 10 Thlrn. belegt, und außerdem wird nach Umständen der Abbruch der vorschriftswidrigen Gebäude von Polizeiwegen veranlaßt werden." Vgl. auch Binseel Bd. 8 S. 229 Sp. 1.

3) Vgl. ferner die vorige Note.

4) Daß die polizeilichen Anordnungen gegenüber Bauwerken, welche ohne die erforderliche polizeiliche Genehmigung oder in Abweichung von derselben hergestellt sind, nicht unbedingt eine vollständige Beseitigung des Bauwerks oder der Abweichungen, sondern principiell nur eine Zurückführung auf einen den baupolizeilichen Vorschriften entsprechenden Zustand zum Inhalte haben dürfen, bildet feststehende Praxis des O.V.G. Vgl. namentlich das Erk. v. 18. März 1886, Entsch. Bd. 13 S. 393 und die ferneren, dort in der Note angeführten Urtheile; weiter v. 18. Jan. 1886, Bd. 13 S. 400, und v. 17. Dec. 1890, Bd. 20 S. 397.

5) Vgl. Binding, Normen I, 2. Aufl. S. 305 Note 5. — Dem Grundsatze des Textes entspricht das Min.Rescr. v. 25. März 1878 (gez. Friedenthal): „... Hiernach kann darin, daß eine Prostituirte wegen Beziehens einer ihr nach § 361 Nr. 6 R.Str.G.B. verbotenen Wohnung mit der in diesem Paragraphen angedrohten Contraventionsstrafe bestraft, außerdem aber durch Executivstrafen angehalten wird, die verbotene Wohnung wieder zu verlassen, eine doppelte Bestrafung einer und derselben Uebertretung nicht gefunden werden." Vgl. auch den Fall des Erk. O.V.G. v. 27. Juni 1884 (Entsch. Bd. 11 S. 374): Beseitigung von Baulichkeiten in normwidriger Nähe von Chausseen, sowie unten Note 7. 8.

welche nach geschehener Uebertretung bezweckt, eine erneute zu verhindern. Für die zu diesem Ziele anwendbaren Zwangsmittel kommt vielmehr alles das zur Anwendung, was unter Ziff. 1 für die Verhinderung von Normwidrigkeiten entwickelt ist. Wenn also z. B. Jemand, entgegen den §§ 33, 147 Nr. 1 der R.Gew.O. [6]), in einem bestimmten Locale die Schankwirthschaft ohne polizeiliche Genehmigung betreibt, so steht es nach dem oben Entwickelten der Behörde zwar frei, zur Beseitigung des dadurch geschaffenen normwidrigen Zustandes die Schließung bezw. Räumung des Locals, die Fortschaffung der auf den Gewerbebetrieb bezüglichen Ankündigungen u. s. w. durch alle gesetzlichen Mittel, gegebenen Falls [7]) auch durch Androhung von Executivstrafen zu erzwingen. [8]) Dagegen ist die letztere auch im Sinne des § 15 Abs. 2 der R.Gew.O. [9]) unzulässig, soweit es sich nur um die Verhinderung neuer, durch einzelne Handlungen des Ausschanks consumirter Contraventionsfälle handelt. [10])

6) § 33 Abs. 1: Wer Gastwirthschaft, Schankwirthschaft oder Kleinhandel mit Branntwein oder Spiritus betreiben will, bedarf dazu der Erlaubniß. § 147: Mit Geldstrafe bis zu 300 Mk. und im Unvermögensfalle mit Haft wird bestraft: 1) wer den selbstständigen Betrieb eines stehenden Gewerbes, zu dessen Beginn eine besondere polizeiliche Genehmigung ... erforderlich ist, ohne die vorschriftsmäßige Genehmigung unternimmt oder fortsetzt.

7) D. h. unter den gesetzlichen Voraussetzungen der Nr. 2 des § 132 L.V.G. (vgl. oben § 19 Note 3). Ueber die Auslegung der gesetzlichen Bestimmung, insbesondere, von welchen Gesichtspunkten aus die Frage zu beurtheilen ist, ob die Handlung (hier eine zur Beseitigung des normwidrigen Zustandes gebotene) „thunlich" (§ 132 Nr. 1 L.V.G.) „durch einen Dritten geleistet werden kann" (Nr. 2) vgl. das Erk. O.V.G. v. 2. Oct. 1880, Entsch. Bd. 7 S. 341, ferner das v. 22. Jan. 1887, Binseel Bd. 8 S. 229 Sp. 2, und v. 28. Dec. 1892, Entsch. Bd. 23 S. 377 a. E.

8) Die Beispiele sind aus dem Inhalt der Erk. O.V.G. v. 9. April 1879, Entsch. Bd. 5 S. 285, und v. 1. Aug. 1876, Entsch. Bd. 1 S. 319 entnommen. Vgl. auch Erk. v. 10. April 1886, Entsch. Bd. 13 S. 424 ff. (Die Schließung des ganzen kaufmännischen Geschäfts, eines „Kleinhandels mit verschiedenen Waaren", mit dem in Verbindung die Schankgewerbe-Contravention begangen wurde, geht über das Maß der Beseitigung des normwidrigen Zustandes hinaus; vgl. dazu oben Note 4.) Unmittelbarer Zwang durch Versiegelung der zum Betrieb einer unconcessionirten Privatkrankenanstalt (§ 30 R.Gew.O.) dienenden Räumlichkeiten: Erk. R.Ger. v. 27. April 1891, Entsch. Straff. Bd. 22 S. 5 ff., besonders S. 10.

9) „Die Fortsetzung des Betriebes kann polizeilich verhindert werden, wenn ein Gewerbe, zu dessen Beginn eine besondere Genehmigung erforderlich ist, ohne diese Genehmigung begonnen wird."

10) Vgl. die Erk. O.V.G. v. 9. April und 26. Febr. 1879 (oben § 19 Note 5); dazu auch Erk. v. 24. Juni 1882, Entsch. Bd. 9 S. 279 ff. Diese vom preuß. O.V.G. nach anfänglichem Schwanken (vgl. Erk. v. 7. April 1877, Entsch. Bd. 2 S. 295)

b) Wo die Gesetze oder Polizeistrafverordnungen die Vornahme einer Handlung bei Strafe gebieten, kann, wenn dieselbe durch Unterlassung der geforderten Handlung verwirkt ist, für die Polizeibehörde noch immer ein Interesse bestehen, auch abgesehen von der eintretenden Bestrafung, die nachträgliche Vornahme jener Handlung herbeizuführen. Wenn z. B. eine Polizeiverordnung den Gartenbesitzern das Raupen der Bäume zu bestimmten Zeitpunkten oder den Fleischern die Vorlegung ihrer Fleischbücher am 1. jeden Monats gebietet[11]), so ist mit der, durch die fruchtlose Verstreichung des für die Handlung gesetzlich fixirten Momentes,[12]) verwirkten Bestrafung des Uebertreters dem öffentlichen Interesse an Vornahme jener Handlung noch nicht Genüge geleistet. Der seitens der Polizeibehörde nunmehr eintretende Zwang zur nachträglichen Erfüllung der gebotenen Handlung ist auch hier seinem inneren Wesen nach auf Beseitigung eines normwidrigen Zustandes (der allerdings, wie in dem angeführten Beispiel betreffend die Vorzeigung der Fleischbücher, seinem negativen Charakter gemäß nicht immer in die äußere Erscheinung hervortreten wird) gerichtet und daher seinem Inhalte nach nicht mit dem die Vornahme der Handlung in einem bestimmten, bereits verstrichenen Zeitpunkte fordernden strafgesetzlichen Gebote identisch.[13]) Daraus folgt auch hier, daß

festgehaltene Auffassung des § 15 Abs. 2 der R.Gew.O. wird auch vom preuß. Min. d. Innern (Erlaß v. 25. Nov. 1884 bei Binseel Bd. 6 S. 113 und Reger, Bd. 5 S. 287) getheilt. Ebenso steht sie in den anderen größeren deutschen Staaten in Geltung; vgl. z. B. für Sachsen V.O. des Min. d. Innern v. 24. Sept. 1885 bei Reger, Bd. 6 S. 153, sowie die Ausführung im Erk. O.L.G. Dresden v. 16. Dec. 1892 bei Reger Bd. 13 S. 356, für Württemberg Schicker, Polizeistrafrecht, 2. Aufl. S. 177, für Baden und Bayern, sowie im Allgemeinen Schenkel, Commentar zur R.Gew.O., 2. Aufl. Bd. 1 S. 91. Das oben Note 8 a. E. citirte Reichsgerichts-Erk. läßt die Frage dahingestellt.

11) Die Beispiele nach § 368 Nr. 2 R.Str.G.B. bezw. Erk. O.V.G. v. 20. Dec. 1876, Entsch. Bd. 1 S. 399.

12) Daß die geforderte Handlung an einen irgendwie bestimmten Zeitmoment oder doch Zeitraum fixirt sein muß, ist begrifflich nothwendig, wenn eine Strafbarkeit für Unterlassung derselben eingetreten sein soll. In analoger Anwendung dessen wird für die polizeiliche Executive im § 132 Nr. 2 L.V.G. im Anschluß an die oben § 19 Note 17 citirten Worte verordnet: „in dieser (d. h. der schriftlichen Androhung) ist, sofern eine Handlung erzwungen werden soll, die Frist zu bestimmen, innerhalb welcher die Ausführung gefordert wird."

13) Neukamp S. 30 ff. leugnet diese Nichtidentität und will demnach auch den im Text angenommenen Parallelismus zwischen dem Fall einer gesetzlich gebotenen Unterlassung und dem einer gebotenen Handlung nicht gelten lassen. Die gesetzliche

die Polizeibehörde, soweit sie die nachträgliche Vornahme der Handlung von dem Verpflichteten selbst zu fordern berechtigt ist,[14]) sich zur Herbeiführung dieses Erfolges auch der Androhung und Festsetzung executivischer Geld- und Haftstrafen wird bedienen können.[15]) Nur muß man sich auch hier, wie oben, gegenwärtig

Norm auf Vornahme einer Handlung bleibe auch nach dem Fristablauf bestehen, wie sich daraus ergebe, daß die Verjährung der Strafverfolgung nach der Praxis nicht schon mit dem Ablauf der gesetzlichen Frist zu laufen beginne (sondern z. B. bei gesetzlichen Meldefristen erst mit dem Aufhören des die Meldepflicht begründenden Verhältnisses). Allein wie dem auch sei, darüber kann doch kein Zweifel bestehen, daß das „strafgesetzliche", d. h. das „durch die gesetzliche Strafdrohung geschützte" (§ 19 Nr. 1) und ihr zur bedingenden Grundlage dienende Gebot die recht- bezw. fristzeitige Vornahme der Handlung verlangt und daß der Uebertreter (wie lange dies auch geschehen kann) immer doch bestraft wird, weil er nicht in der gesetzlichen Frist gemeldet hat. Dagegen fordert das nach dem Ablauf derselben ergehende polizeiliche Gebot in concreto die nachträgliche Vornahme der Handlung, und ebenso erfolgt die eventuelle polizeiliche Straffestsetzung, weil der Adressat der Verfügung auch nachträglich in der ihm in concreto von Neuem gesetzten Frist (vgl. Note 12 a. E.) die Meldung wiederum nicht erstattet hat. Eine Concurrenz der Gebote, welche zu einer doppelten Bestrafung wegen desselben Thatbestandes führen könnte, ist also, worauf es allein ankommt, nicht vorhanden. Und wenn Neukamp (S. 30. 36) sagt, daß sowohl das gesetzliche, wie das polizeiliche Gebot „die Beseitigung des vor der Vornahme der Handlung bestehenden Zustandes fordere" und beide „den normgemäßen Zustand" (z. B. „die ordnungsmäßige Vorlegung von Fleischbüchern") herbeiführen wollen, so ist im Gegensatz dazu für das Recht der wesentliche Unterschied darin zu finden, daß nur das polizeiliche, auf nachträgliche Vornahme der Handlung gerichtete, Gebot von dem bestehenden Zustande als einem normwidrigen ausgeht und daß es zwar diesen nachträglich beseitigen, dagegen die Erfüllung des strafgesetzlichen Gebotes auf rechtzeitige Vornahme der Handlung (also die „ordnungsmäßige" Vorlegung des Fleischbuches) gar nicht mehr herbeiführen kann. — Aehnliches würde gegenüber den Ausführungen Neukamp's auf S. 34 gelten. — Den im Text vertretenen Anschauungen hat sich das O.V.G. in zwei Erkenntnissen v. 27. Jan. 1887 und 20. April 1891 (vgl. unten Note 15) ausdrücklich angeschlossen.

14) § 132 Nr. 2 L.V.G.; vgl. oben § 19 Note 3.

15) Ist z. B. durch Polizeiverordnung das Raupen für einen bestimmten Zeitpunkt oder das Reinigen der Latrinen durch die Hausbesitzer, die Vorlegung des Fleischbuches am 1. jedes Monats u. s. w. angeordnet, so kann die Polizeibehörde nach fruchtlos verstrichener gesetzlicher Frist — abgesehen von der eintretenden Bestrafung — die nachträgliche Vornahme der Handlung (unter den Voraussetzungen des § 132 Nr. 2 L.V.G.) auch durch Androhung und Festsetzung executivischer Geld- bezw. Haftstrafen erzwingen. Entsprechend Erk. O.V.G. v. 20. April 1891 (Entsch. Bd. 21 S. 332): Eintragung in ein Trödelbuch. „Die ministeriellen Bestimmungen, deren Befolgung durch die Polizeiverordnung zur Pflicht gemacht wird, sagen, daß alle Einkaufs- und Verkaufsgeschäfte im Laufe des Tages, an

halten, daß die für die nachträgliche executiv-polizeiliche Herbeiführung der Vornahme einer gesetzlich gebotenen Handlung geltenden Grundsätze nicht auf diejenige Thätigkeit der Polizeibehörde Anwendung finden dürfen, durch welche sie einer erneuten Normwidrigkeit, hier einer erneuten Unterlassung der durch das Gesetz für einen neuen Zeitmoment geforderten wiederholten Handlung, vorzubeugen sucht.[16]) [17])

---

welchem sie abgeschlossen sind, in ein Geschäftsbuch eingetragen werden sollen; die Verfügung v. 20. Mai 1890 dagegen verlangt, daß die bei der Revision vorgefundenen Gegenstände nachträglich in ein solches Buch eingetragen werden. Es handelt sich also bei dem letzteren nicht um die Sühne einer in der Vergangenheit liegenden Uebertretung der Polizeiverordnung, sondern um die Beseitigung eines normwidrigen Zustandes, des Mangels eines vollständigen ordnungsmäßigen Geschäftsbuches." Ebenso Erk. O.V.G. v. 27. Jan. 1887 bei Binseel Bd. 8 S. 229 Sp. 2: „Die hier (d. h. in der Polizeiverordnung) angedrohte Strafe wird lediglich durch die Unterlassung der Projectsvorlegung innerhalb der gedachten 6 Wochen nach erfolgter öffentlicher Bekanntmachung — einmal — verwirkt. Für die Unterlassung der erst durch die Verfügung v. 11. März 1886 unter Executivstrafe gestellten Auflage, binnen 2 Wochen nach Zustellung der Verfügung ein Project vorzulegen, ist in § 10 der Polizeiverordnung eine allgemeine Strafe überall nicht angedroht; denn die im § 10 a. a. O. gedachten 6 Wochen . . . waren bei Erlaß der Verfügung v. 11. März 1886 längst abgelaufen." Denselben Standpunkt nimmt mit Recht ein die Redaction der „Arbeiterversorgung" Bd. 7 S. 64 f. in Bezug auf die Frage, ob gegenüber dem § 81 des Krankenversicherungs-G. v. 15. Juni 1883 die nachträgliche Anmeldung der Versicherten durch Executivstrafen erzwungen werden darf. — Soweit in den fraglichen Fällen die oben berührten Voraussetzungen des § 182 Nr. 2 L.V.G. nicht vorliegen, hat die Polizeibehörde, sofern es „thunlich ist" (vgl. oben Note 7), die zu erzwingende Handlung durch einen Dritten ausführen zu lassen und den vorläufig zu bestimmenden Kostenbetrag im Zwangswege von dem Verpflichteten einzuziehen. Die schriftliche Androhung, welche nach positivem Recht der Anwendung dieses Zwangsmittel vorausgehen muß (vgl. oben § 19 Note 17), kann nach den obigen Ausführungen (§ 19 im Text bei Note 17. 18) unbedenklich bereits vor geschehener Uebertretung des strafgesetzlichen Gebotes (also vor Ablauf der gesetzlichen Frist) für den Fall derselben erfolgen. Uebereinstimmend Erk. O.V.G. v. 7. Sept. 1889, Binseel Bd. 11 S. 97 Sp. 2 a. E. Bei periodisch wiederkehrenden Handlungen ist auch eine allgemeine Androhung ausreichend.

[16]) Die Androhung einer Executivstrafe zur Erzwingung der nachträglichen, am verordnungsmäßigen Termine versäumten, Vorlegung eines ordnungsmäßig geführten Fleischbuches ist darnach gesetzlich zulässig, eine solche zur Herbeiführung der Verlegung an dem noch bevorstehenden, folgenden Termine unzulässig. Ist die Verlegung (hier einer Dampfkessel-Concession und der Revisionsbücher) durch Polizeiverordnung „auf Erfordern jederzeit und unverzüglich" bei Strafe vorgeschrieben (so nach dem Thatbestand im Erk. O.V.G. v. 7. Jan. 1889, Binseel Bd. 10 S. 387), so ist die Anwendung von Executivstrafen unbedingt ausgeschlossen, weil jedes Erfordern schon an sich einen neuen Contraventionsfall begründen würde.

Anerkannt in den Ausführungen des Erk. v. 27. Jan. 1887, Binseel Bd. 8 S. 229 Sp. 2: „Kläger führt dann aus, jedes Nichteinreichen des Projects nach vorheriger Aufforderung sei eine Uebertretung der Polizeiverordnung und in § 10 mit Strafe bedroht. Wäre Letzteres richtig, so würde in der That die Androhung einer Executivstrafe unzulässig sein. Die Sache liegt aber anders" (vgl. oben Note 15).

17) Bemerkt sei zum Schluß noch, daß vorbereitende Verfügungen, durch welche die Behörde Handlungen fordert, die ihr eine Vergewisserung über das Vorliegen eines strafgesetzwidrigen Zustandes ermöglichen sollen, der Durchsetzung mittelst Executivstrafen ohne Weiteres zugänglich sind, es sei denn, daß das Gesetz auch diese Handlungen besonders vorgesehen und ihre Unterlassung mit Strafe bedroht hätte. Vgl. über solche vorbereitende Verfügungen das in Entsch. Bd. 23 S. 388 Note *) erwähnte Erkenntniß, sowie Erk. v. 11. Dec. 1880, Entsch. Bd. 7 S. 388.

2. Kapitel: Gegenstand und Inhalt der Polizeistrafverordnungen.

1. Abschnitt: Die Norm der Polizeiverordnung.

1. Begriff und Umfang der Polizei.

§ 21. Der Begriff der Polizei im Allgemeinen.

Das vorliegende Kapitel behandelt die Frage nach Gegenstand und Inhalt der Polizeistrafverordnungen; es ist seine Aufgabe, erstens durch Untersuchung festzustellen, welche Lebensverhältnisse der Regelung durch Polizeistrafverordnung unterzogen werden können, und sodann, im engen Zusammenhange damit, die allgemeinen Grundsätze für den Inhalt derjenigen Gebote und Verbote, sowie der daran geknüpften Strafdrohungen zu entwickeln, durch welche jene Regelung bewirkt werden soll. Es empfiehlt sich dabei, die Frage nach dem Gegenstande der Polizeistrafverordnungen im Zusammenhange mit der nach dem Inhalt der durch sie aufgestellten Norm (des polizeilichen Ge- oder Verbotes) zu behandeln (Abschnitt 1) und daran erst die weitere Untersuchung über den Inhalt der gegen die Uebertretung der Norm gerichteten Strafdrohung [1]) zu schließen (Abschnitt 2).

Es ist bereits hervorgehoben worden, [2]) daß das preußische Recht nicht, wie die süddeutschen Polizeistrafgesetzbücher, den Umfang des polizeilichen Strafverordnungsrechts nach dem Systeme der speciellen Delegationen durch eine umfassende und erschöpfende Bezeichnung bestimmter, demselben unterliegender Einzelmaterien

1) Ueber den Gegensatz von Norm und Strafdrohung vgl. oben § 4 I.

2) Vgl. oben §§ 10. 16.

abgrenzt. Vielmehr bezeichnet das grundlegende Gesetz v. 11. März 1850, ebenso wie die nach seinem Muster für die neuen Provinzen „über die Polizeiverwaltung" ergangenen Gesetze und Verordnungen, in § 6 als „zu den Gegenständen der ortspolizeilichen Vorschriften gehörig," außer den zunächst hervorgehobenen Specialmaterien in litt. i „alles Andere, was im besonderen Interesse der Gemeinden und ihrer Angehörigen polizeilich geordnet werden muß," und ebenso dürfen sich nach § 12 die Vorschriften der Bezirksregierungen, außer auf die im § 6 angeführten, auch auf „alle anderen Gegenstände beziehen, deren polizeiliche Regelung durch die Verhältnisse der Gemeinden und des Bezirks erfordert wird." Damit ist für das preußische Recht, wenigstens principiell, das System der allgemeinen Delegation zur Geltung gelangt, nach welchem die Polizeibehörden zum Erlaß von Strafverordnungen im sachlichen Gesammtumfange ihrer polizeilichen Wirksamkeit ermächtigt sind. Der Umfang des Polizeiverordnungsrechts ist daher wesentlich durch den Begriff des „Polizeilichen," der Polizei bestimmt und begrenzt. Da aber der Text des G. v. 11. März 1850 eine Bestimmung des Polizeibegriffs nicht enthält, muß auf die allgemeine, das preußische Recht beherrschende Auffassung zurückgegangen werden. [3])

I. Das preußische A.L.R. v. 5. Febr. 1794 sagt im § 10 II 17: „Die nöthigen Anstalten zur Erhaltung der öffentlichen Ruhe, Sicherheit und Ordnung und zur Abwendung der dem Publico oder einzelnen Mitgliedern desselben bevorstehenden Gefahr zu treffen, ist das Amt der Polizei." Diese Gesetzesstelle giebt dem „Amte der Polizei," wie sofort erhellt, einen wesentlich negativen, auf Schutz, Erhaltung und Sicherheit gerichteten Inhalt. Sie entspricht damit derjenigen Definition, welche in der Theorie des vorigen Jahrhunderts [4]) vielfach für die sogenannte „Sicherheits-

---

[3]) Die folgende Darstellung ruht auf den Untersuchungen, welche ich neuestens in meinem Aufsatze: „Der Begriff der Polizei und der Umfang des polizeilichen Verfügungs- und Verordnungsrechts in Preußen" gegeben habe, der zuerst im Bd. 8 des Verwaltungsarchivs, dann auch im Sonderabdruck erschienen ist. (S. 249 der Zeitschrift = S. 1 des Sonderabdrucks).

[4]) Vgl. hierüber z. B. G. Meyer, Staatsrecht, 4. Aufl. S. 556, Verwaltungsrecht, 2. Aufl. Bd. 1 S. 72; v. Schulze-Gävernitz, preuß. Staatsrecht, 2. Aufl. Bd. 2 S. 300 f. 306; v. Rönne, preuß. Staatsrecht, 4. Aufl. Bd. 1 S. 550; Stein, Polizeirecht S. 5 und im Allgemeinen F. X. Funk: „Die Auffassung des Begriffs der Polizei im vorigen Jahrhundert" in der Tübinger Ztschr. für die ges. Staatswissenschaft Bd. 19 (1863) S. 489 ff.

polizei," als den einen Haupttheil polizeilichen Wirkens gebräuchlich war, deren Aufgabe in dem Schutze der Gemeininteressen vor allen dieselben bedrohenden Gefahren, in der Erhaltung des vorhandenen Güterbestandes gegenüber Beeinträchtigungen, kurz in der Gewährung von „Sicherheit" im allgemeinsten Sinne gefunden wurde. Dabei stellte man dem bloßen „Schutze" die positiven Veranstaltungen zur „Förderung" des Gemeinwohls d. h. zur Vermehrung und Verbesserung des gegenwärtigen Zustandes gegenüber, und nannte die darauf gerichtete öffentliche Thätigkeit nach dem erstrebten Resultate, der Wohlfahrt der Gesammtheit, „Wohlfahrtspolizei."

Die in Praxis und Theorie [5]) gegenwärtig herrschende Meinung erblickt nun in dem citirten § 10 II 17 A.L.R. eine allgemeine, auf alle polizeilichen Functionen, daher auch das Verordnungsrecht, bezügliche Begriffsbestimmung [6]) der Polizei. Absichtlich habe das Gesetzbuch die „Sicherheitspolizei" zur Polizei schlechtweg erklärt und die Wohlfahrtspolizei aus dem Begriff und Umfang derselben überhaupt ausgeschieden. Das A.L.R. habe, so meint Löning, in dieser Beziehung nur zum Gesetz erhoben, was in der Litteratur zuerst von Pütter [7]) mit den Worten zum Ausdruck gebracht worden sei: „Ea supremae potestatis pars, qua exercetur cura avertendi mala futura in statu reipublicae interno in commune metuenda, dicitur politia. — Promovendae salutis cura proprie non est politiae."

An dieser Meinung ist nun allerdings soviel richtig, daß in der That, wie die zuerst vom Oberverwaltungsgericht bekannt gegebenen Materialien [8]) erkennen lassen, die Fassung des § 10 cit.

---

[5]) Für die Praxis wesentlich bestimmend wurde das Erk. O.V.G. (betreffend das Kreuzberg-Denkmal) v. 14. Juni 1882, Entsch. Bd. 9 S. 353 ff. Weitere Erkenntnisse desselben Gerichtshofs in gleichem Sinne s. in meinem Aufsatz Note 8 (hierzu jetzt noch Erk. v. 13. Jan. 1894, Entsch. Bd. 26 S. 327 f.); daselbst auch Note 10 über die Praxis des Kammergerichts in Landesstrafsachen, z. B. Erk. v. 5. Juli 1883 bei Johow Bd. 4 S. 257, auch jetzt Erk. v. 6. April 1893, Johow Bd. 14 S. 275. — In der Litteratur war leitend Löning, Verwaltungsrecht S. 7; am ausführlichsten neuerdings Schilling, Beiträge zur Entwickelung des Polizeibegriffs nach preuß. Recht, im Verwaltungsarchiv Bd. 2 S. 497 ff.; fernere Litteraturangaben in meinem Aufsatz Note 12. 13.

[6]) Vgl. meinen Aufsatz Note 17.

[7]) z. B. Institutiones juris publici germanici (ed. VI, 1802) § 331.

[8]) Entsch. Bd. 9 S. 376 mit Bd. 6 S. 353. Vgl. meinen Aufsatz Note 110.

bei der Redaction des A.L.R. absichtlich im Sinne einer Ausschließung der Wohlfahrtspolizei gewählt worden ist.[9]) Dagegen ist in keiner Weise beabsichtigt worden, mit diesem so beschränkten Inhalt den Begriff der Polizei im Allgemeinen zu erschöpfen und damit die Wohlfahrtsbeförderung als einen besonderen, der Polizei gegenüberstehenden Zweig der Staatsthätigkeit oder gar als völlig außerhalb der Staatsaufgaben liegend zu erklären. Vielmehr hat die neueste, von mir unternommene, eingehende Untersuchung ergeben,[10]) daß unter dem „Amt der Polizei" nicht allgemein und im übertragenen Sinne die „Aufgabe der polizeilichen Staatsthätigkeit," sondern im ursprünglichen staatsrechtlichen Sinne[11]) der Amtsauftrag der Polizeibehörden (der „Polizei" in diesem persönlichen Sinne) zu verstehen ist. Berücksichtigt man dabei zugleich, daß der § 10 cit. seine systematische Stellung in dem Titel „von der Gerichtsbarkeit" und neben dem Marginale „Polizeigerichtsbarkeit", also im Zusammenhange mit solchen Normen erhalten hat, welche sich auf die Ausübung der obrigkeitlichen Zwangsgewalt über die Unterthanen beziehen, und erwägt man ferner die staatsrechtliche Auffassung des Polizeiverordnungsrechts nach A.L.R., so kann man das Resultat dahin zusammenfassen, daß jener Paragraph nur auf eine Bestimmung und Begrenzung der (executivischen) Amtsgewalt der Polizeibehörden[12]) gerichtet gewesen ist.

Dadurch bleibt zunächst der landrechtliche Begriff der Polizei und noch mehr der Umfang der Staatsaufgaben nach A.L.R. unberührt. So wie der Zweck des Staates nach der Auffassung

---

[9]) Nicht aufrecht erhalten läßt sich daher die in der ersten Auflage dieses Werkes im Anschluß an Förstemann S. 13 Note 1 und Oppenhoff, Ressortverhältnisse S. 290 Note 285 vertretene Auffassung, daß sich der auf die Sicherheitspolizei beschränkte Inhalt von § 10 II 17 A.L.R. lediglich aus systematischen Gründen (der Stellung im 17. Titel des 2. Theils: vgl. die Ueberschrift „Schutz", sowie §§ 1. 3 „Sicherheit") erkläre und daher keine materielle und dispositive Bedeutung habe. Dagegen schon mein Aufsatz (Zeitschrift) S. 288 f., sowie im Einzelnen über den „Umfang der polizeilichen Amtsgewalt" nach § 10 cit. dortselbst § 6 S. 306 ff.

[10]) Vgl. meinen Aufsatz S. 42 f.

[11]) Analog das „richterliche Amt" (§§ 74. 76. 99 II 17), das „fiskalische Amt" (§ 28 II 14), das „geistliche Amt" (§ 60 ff. II 11).

[12]) — vielleicht sogar nur der örtlichen Polizeibehörden, wie in meinem Aufsatz Note 118 u. 245 angedeutet ist. Daß jedenfalls nach der V.O. v. 1808 der § 10 II 17 A.L.R. nur noch die Orts-, aber nicht mehr die Landespolizeibehörden (Regierungen) bindet, ist im Anschluß an die Ausführungen meines Aufsatzes schon oben § 3 Note 36. 37 hervorgehoben worden.

des Gesetzbuches sich nicht in der Herstellung des Rechtsschutzes und der Sicherheit des bürgerlichen Zusammenlebens erschöpft,[13]) so umfaßt auch der Polizeibegriff [13a]) im Allgemeinen, wie er uns im A.L.R. in den Zusammensetzungen „Polizeigesetz, Polizeiordnung, Polizeiverordnung, Polizeiinstanz u. s. w." entgegentritt, neben der Sicherheits- auch die Wohlfahrtspolizei, und deckt sich dadurch, in Uebereinstimmung mit der herrschenden Auffassung des 18. Jahrhunderts, wesentlich mit demjenigen, was wir heute als innere Verwaltung bezeichnen. Dementsprechend werden die beiden Haupttheile der polizeilichen Staatsthätigkeit im Allgemeinen an anderer Stelle, in §§ 2 und 3 des „von den Rechten und Pflichten des Staates überhaupt" handelnden 13. Titels des 2. Theils A.L.R. neben einander hervorgehoben. Die Sicherheitspolizei enthält der vorangestellte § 2, in welchem es als die vorzüglichste Pflicht des Staatsoberhauptes (das nach § 1 alle Rechte und Pflichten des Staates gegen seine Bürger in sich vereinigt) bezeichnet wird, neben der äußeren auch „die innere Ruhe und Sicherheit zu erhalten und einen Jeden bei dem Seinigen gegen Gewalt und Störungen zu schützen." An ihre Seite aber tritt die Wohlfahrtspolizei, insofern es dem Staatsoberhaupte ferner besonders „zukommt, für Anstalten zu sorgen, wodurch den Einwohnern Mittel und Gelegenheit verschafft werden, ihre Fähigkeiten und Kräfte auszubilden und dieselben zur Beförderung ihres Wohlstandes anzuwenden." Denn daß alle solche Anstalten im Sinne des A.L.R. und ihrer Redactoren als „Polizeianstalten," die zu ihrer Einrichtung und Leitung dienenden Verwaltungsthätigkeiten als polizeiliche anzusehen sind, ist durch die Materialien des Gesetzbuchs[14]) und durch sonstige Zeugnisse seiner Redactoren[15]) erwiesen. Polizei also ist nach A.L.R. begrifflich die Gesammtheit der auf die Her-

---

[13]) Ausführlich darüber mein Aufsatz § 2.

[13a]) Mein Aufsatz § 4.

[14]) Vgl. deren Anführung im Erk. O.V.G. v. 30. Sept. 1882, Entsch. Bd. 9 S. 129; dazu Entsch. Bd. 11 S. 174.

[15]) In Betracht kommen hier die in meinem Aufsatz S. 284 angeführten Stellen aus Svarez' Vortrag „über das Recht der Polizei." Derselbe, zu dem Kreise von Vorträgen gehörig, mit denen Svarez den damaligen Kronprinzen Friedrich Wilhelm in die Rechts- und Staatswissenschaften einführte, ist jetzt von mir in der Zeitschrift für Litteratur und Geschichte der Staatswissenschaften Bd. 3 S. 363 ff. mit einer Einleitung zum vollständigen Abdruck gebracht worden. Die hier maßgebenden Stellen auf S. 372. 376.

stellung der inneren Sicherheit und Wohlfahrt der Staatsbürger gerichteten staatlichen[16]) Thätigkeit.

Geht hiernach schon dadurch der Umfang des Polizeibegriffs über den der polizeilichen Amtsgewalt (§ 10 II 17 A.L.R.) hinaus, daß alle pfleglichen, des Zwanges entrathenden Thätigkeiten wohl in den Rahmen des ersteren, aber nicht in den der letzteren fallen,[17]) so sind des Weiteren auch nicht einmal alle zwingenden Aeußerungen der Polizeigewalt durch § 10 cit. ergriffen und begrenzt worden. Zunächst gilt dies von den unmittelbaren Regierungsacten des Monarchen selbst, speciell von den Aeußerungen seiner Gesetzgebungsgewalt. Nach dem politischen Standpunkte des A.L.R. und seiner Redactoren soll zwar der staatliche Zwang principiell und regelmäßig nur zur Herstellung der bürgerlichen Sicherheit verwendet werden, während die Förderung der Wohlfahrt der freien Selbstbestimmung des Einzelnen anheimgegeben bleiben soll.[18]) Allein dieser Grundsatz tritt da zurück, wo die souveräne Würdigung des Monarchen auch den wohlfahrtsfördernden Zwang als unentbehrlich für die staatliche Gesammtheit bezeichnet. Auf die Ausübung der Majestätsrechte aber bezieht sich der § 10 II 17 A.L.R. überhaupt nicht, weil er nicht die souveräne Gewalt, sondern nur Amt und Behörde zu treffen bestimmt ist. Für den Monarchen giebt es nur innere Schranken der Gerechtigkeit und Zweckmäßigkeit, und auch die wohlfahrtsfördernden Zwangsgesetze, die er für nothwendig erachtet, sind ihrem Begriffe nach und trotz des § 10 cit. im Sinne des A.L.R. durchaus „Polizeigesetze."

Daraus aber ergiebt sich unmittelbar, daß auch für den Umfang des Polizeiverordnungsrechts nach A.L.R. der § 10 II 17 keine Begrenzung gegenüber dem allgemeinen Polizeibegriffe bildet. Mag dasselbe immerhin gewissen Behörden zur Ausübung in weiterem oder engerem Rahmen übertragen sein, seinem Wesen nach ist es, wie bereits erörtert,[19]) nicht Amtsrecht,[20]) sondern Majestätsrecht, welches in § 6 II 13 A.L.R. mit dem eigentlichen Gesetz-

---

16) „Staatlich" ohne Rücksicht auf die nach A.L.R. anerkannte Möglichkeit einer Verleihung der Polizeigerichtsbarkeit. Vgl. § 19 ff. II 17.

17) Vgl. das Nähere in meinem Aufsatz S. 293 f.

18) Diese „Differenzirung des Staatszwecks" in Bezug auf die zu verwendenden Mittel wird in meinem Aufsatz § 3 ausführlich entwickelt und in ihrer Tragweite beleuchtet.

19) Vgl. oben § 7.

20) Näheres in meinem Aufsatz S. 299 f.

gebungsrecht auf völlig gleiche Stufe gestellt wird. Daher ist es äußerlich ebenso unbedingt, wie dieses, und die zur Ausübung berufenen Behörden finden den Grund,[21]) wie die Grenze ihrer Befugniß nicht im § 10 II 17 A.L.R., sondern in dem Willen des Staatsoberhauptes, welchen dasselbe sei es in concreto bei der von ihm oder in seinem Namen zu ertheilenden Bestätigung, sei es in Form der die Ermächtigung enthaltenden besonderen Gesetze und Instructionen zum Ausdruck bringt.

So hat denn der § 10 II 17 A.L.R. Bedeutung nur für die Executivgewalt der Polizeibehörden gehabt und behalten.[22]) Für diese allerdings ist das oben[23]) erwähnte Princip der Differenzirung der Staatszwecke in Bezug auf die Anwendung staatlicher Zwangsgewalt zum äußerlich verbindlichen allgemeinen Rechtssatz gestaltet, indem die Polizeibehörden, soweit sie sich nicht auf besondere gesetzliche Bestimmungen zu stützen vermögen, Zwangsverfügungen im Einzelfalle nur im Rahmen der sog. Sicherheitspolizei im Sinne des § 10 cit. erlassen dürfen. In erster Reihe freilich[24]) sind stets die „besonderen gesetzlichen Bestimmungen,“ deren Vollzug den Polizeibehörden obliegt, maßgebend, unter ihnen aber neben den Gesetzen auch die in Gemäßheit des souveränen Willens der Gesetzgebung erlassenen Polizeiverordnungen, deren Begriff und Ausdehnung (— diese, von Specialnormen abgesehen —) schon im A.L.R. nicht durch § 10 II 17, sondern durch den allgemeinen gesetzlichen, auch die Wohlfahrtsbeförderung an sich nicht ausschließenden, Polizeibegriff bestimmt wird.

II. Die erste gesetzliche Grundlage für das Strafverordnungsrecht der „Landespolizeibehörden“ ist, wie oben[25]) gezeigt, in der Verordnung wegen verbesserter Einrichtung der Provinzial-Polizei- und Finanzbehörden v. 26. Dezember 1808 und in der Geschäftsinstruction für die Regierungen von demselben Tage, an deren

---

21) Dazu oben § 12 Note 27.

22) Vgl. bereits oben § 3 bei Note 36. 37.

23) Vgl. Note 18.

24) — und zwar nicht bloß positiv, sondern auch negativ, so daß auch sicherheitspolizeiliche Verfügungen, welche an sich durch die Generalclausel des § 10 cit. gerechtfertigt sein würden, ausgeschlossen sind, soweit durch besondere Gesetze (oder Verordnungen) die individuelle Handlungsfreiheit auf einem gewissen Lebensgebiete garantirt ist. Vgl. Entsch. O.V.G. Bd. 7 S. 382 mit Bd. 28 S. 279, sowie meinen Aufsatz Note 202.

25) Vgl. § 8.

Stelle dann die spätere v. 23. Oktober 1817 getreten ist, enthalten. Und gerade in diesen wichtigen legislatorischen Erzeugnissen tritt der Begriff der Polizei als die einheitliche Zusammenfassung von Sicherheits- und Wohlfahrtspolizei so deutlich und energisch, als nur möglich, zu Tage. Die V.O. v. 1808 construirt die Regierungen in dreifacher Eigenschaft, als Landeshoheitsbehörden, als Landespolizeibehörden und als Landesfinanzbehörden. Als Landespolizeibehörden aber haben die Regierungen nach § 3 der Verordnung „die Fürsorge wegen des Gemeinwohls Unserer getreuen Unterthanen, sowohl in negativer als positiver Hinsicht. Sie sind daher so berechtigt, als verpflichtet, nicht allein allem vorzubeugen, und solches zu entfernen, was dem Staate und seinen Bürgern Gefahr oder Nachtheil bringen kann, mithin die nöthigen Anstalten zur Erhaltung der öffentlichen Ruhe, Sicherheit und Ordnung zu treffen, sondern auch dafür zu sorgen, daß das allgemeine Wohl befördert und erhöhet werde, und jeder Staatsbürger Gelegenheit habe, seine Fähigkeiten und Kräfte in moralischer sowohl als physischer Hinsicht auszubilden und innerhalb der gesetzlichen Grenzen auf die ihm zuträglichste Weise anzuwenden." Die Geschäftsinstructionen von 1808 bezw. 1817 variiren denselben Gedanken. So stellt die erstere in § 50[26]) als „allgemeinen Grundsatz über die Gewerbe-Polizei" den folgenden auf: „Die Wirksamkeit der Regierungen bei Ausübung der Polizeigewalt muß sich nicht blos auf die Abwendung von Gefahren und Nachtheilen und Erhaltung dessen, was schon da ist, sondern auch auf die Mehrung und Förderung der allgemeinen Wohlfahrt erstrecken." Nach § 7 der Instruction von 1817 aber müssen die Regierungen „eifrigst bedacht sein, nicht allein allem vorzubeugen und alles zu entfernen, was dem Staate oder seinen Bürgern Gefahr oder Nachtheil bringen kann, sondern auch das Gemeinwohl derselben möglichst zu befördern und zu erhöhen"[27]).

Schon die Fassung dieser Stellen läßt deutlich erkennen, daß man bei ihr gerade auf die Hineinbeziehung der Wohlfahrtspolizei, bei deren Definition man sich zum Theil an § 3 II 13 A.L.R.

---

26) Rabe's Sammlung Bd. 9 S. 435.

27) Die Geschäftsinstruction v. 23. Oct. 1817 ist auch formell für die Regierungen der Provinz Hessen-Nassau (§ 6 der V.O. v. 22. Febr. 1867, G.S. S. 276) und der Provinz Schleswig-Holstein (§ II des Erlasses v. 20. Juni 1868, G.S. S. 620) in Kraft gesetzt worden.

anlehnte, in den allgemeinen Polizeibegriff entscheidenden Werth legte. Und in der That ergeben die neuerdings mehrfach[28]) herangezogenen Materialien der V.O. v. 1808, daß der Gesetzgeber in voller Absichtlichkeit darauf ausging, die Möglichkeit einer Bestimmung des Polizeibegriffs nach dem beschränkten, nur die Sicherheitspolizei umfassenden Inhalt von § 10 II A.L.R. energisch auszuschließen. So kann denn, entgegen einer Ausführung des Oberverwaltungsgerichts,[29]) kein Zweifel darüber bestehen, daß das Polizeiverordnungsrecht nach der V.O. v. 1808 und den auf sie gegründeten Instructionen nicht auf sicherheitspolizeiliche Materien sich beschränkt, sondern auch wohlfahrtspolizeiliche Gegenstände zu regeln im Stande ist, sofern nur die zu treffenden Bestimmungen Nichts enthalten, was „einer ausdrücklichen Disposition der Gesetze direkte entgegenläuft."[30])

III. Wie bereits bemerkt, enthält nun das Gesetz über die Polizeiverwaltung v. 11. März 1850 selbst keine Begriffsbestimmung der Polizei, und es würde danach schon an sich für seine Bestimmungen über das Polizeiverordnungsrecht diejenige Definition der Polizei zu Grunde zu legen sein, welche sich als die maßgebende des preußischen Rechts aus den bisher besprochenen grundlegenden Gesetzen ergeben hat. Daß man damit aber in der That dem Willen des Gesetzgebers von 1850 genügt, ergeben deutlich die Erläuterungen zum ministeriellen Vorentwurf v. 12. September 1849,[31]) die sich dahin aussprechen: „Welche Gegenstände überhaupt einer ortspolizeilichen Regulirung fähig und bedürftig sind, läßt sich schwer bestimmen. Das Gebiet der Polizei ist überhaupt ein fast unbegrenztes. Sie ist der Rest oder das nothwendige Com-

28) Die „Akten betr. die Ressortveränderung der Landescollegien in Westpreußen und die nachher beschlossene Ausarbeitung eines generellen Ressortreglements für sämmtliche Provinzen", Geh. Staats-Archiv Rep. 77 CXCIX. A., sind zuerst von Löning, Gerichte und Verwaltungsbehörden in Brandenburg-Preußen, 2. Artikel, im Verwaltungsarchiv Bd. 2 S. 456 ff., sodann besonders für die hier in Betracht kommenden Punkte in meinem Aufsatz S. 324 ff. herangezogen worden.

29) Entsch. Bd. 9 S. 372, verglichen indessen mit S. 426.

30) §§ 38. 40 V.O.; dazu § 35 der Instruction v. 1808 und § 8 Abs. 7 der von 1817.

31) Vgl. oben § 10 Note 5, sowie meinen Aufsatz S. 347 f. 355 ff. — Die hier in Betracht kommende Materialienstelle ist regierungsseitig bereits bei früherer Gelegenheit herangezogen worden; vgl. „zehnter Bericht der Abgeordnetenhaus-Kommission für Petitionen," Drucksachen des Abgeordnetenhauses 1883/4 Nr. 217, dessen wesentlicher Inhalt im Verwaltungsblatt Bd. 5 S. 234 ff. abgedruckt ist.

plement der übrigen Zweige der Staatsgewalt. Sie fängt an, wo die Rechtspflege, die Finanz- oder Kriegsverwaltung aufhört und umgekehrt. Was die Staatsgesetze und allgemeinen Verordnungen einer höheren Autorität ungeregelt gelassen haben, das muß, wenn es nach den besonderen Verhältnissen einer Gemeinde von örtlichem Interesse ist, durch ortspolizeiliche Vorschriften erledigt werden." Mit Sicherheit ist hiernach der für das Verordnungsrecht maßgebende Polizeibegriff auf die gesammte sogenannte innere Verwaltung (das Complement der Rechtspflege, der Finanz- und Kriegsverwaltung) erstreckt worden, und die ferneren parlamentarischen Verhandlungen ergeben nichts, was von diesem Resultate abzugehen berechtigte.[32]) So kann in der That — ganz abgesehen von allgemeinen historisch-politischen Gründen — in keiner Weise davon die Rede sein, mit dem Oberverwaltungsgericht[33]) das G. v. 11. März 1850 als „zur Erläuterung und näheren Ausführung des § 10 II 17 A.L.R. bestimmt" anzusehen und die Wohlfahrtspolizei principiell (d. h. sofern nicht weitergehende Specialdelegationen eingreifen) aus dem Bereiche seiner Wirksamkeit auszuschließen. Vielmehr ist auch im Sinne der §§ 6 litt. i und 12 dieses Gesetzes, auf welche auch die späteren Bestimmungen der neuen Verwaltungsgesetze Bezug nehmen,[34]) die im Verordnungswege zur Wirksamkeit gelangende „Polizei" ununterschiedlich die gesammte, auf das Gemeinwohl der Unterthanen, ihre Sicherheit und Wohlfahrt, gerichtete innere staatliche Verwaltungsthätigkeit.

IV. Indem die Polizeibehörden zur Erreichung des vorbezeichneten Zweckes den Unterthanen bestimmte Handlungen oder Unterlassungen im Wege der Polizeiverordnung anbefehlen, führen sie durch ihre darauf gerichteten Gebote und Verbote eine Beschränkung der natürlichen Handlungsfreiheit der Einzelnen im Interesse des Gemeinwohls herbei. Durch die Androhung öffent-

---

32) Dies gilt insbesondere von der in der I. Kammer erfolgten Streichung der am Schluß von § 6 litt. h der Regierungsvorlage vorfindlichen Worte: „und Ordnung bei Benutzung derselben," auf welche das O.V.G. Bd. 9 S. 373 zu Unrecht sich berufen will. Vgl. dagegen meinen Aufsatz S. 357 f., sowie unten § 27 Note 15.

33) Entsch. Bd. 9 S. 374; Bd. 26 S. 328. Daß übrigens die Einzelbestimmungen in § 6 litt. a—h des G. v. 11. März 1850 den Rahmen des § 10 II 17 A.L.R. zum Theil überschreiten, wird auch vom O.V.G. zugegeben. Vgl. darüber meinen Aufsatz Note 318.

34) § 137 L.V.G.

licher Strafen suchen sie diese Eingriffe in die Willenssphäre der Einzelnen wirksam zu machen. Hieraus ergiebt sich der Inhalt der Polizeistrafverordnungen: sie enthalten unter Strafdrohung gegen die Uebertretung Rechtsvorschriften, welche durch das Gebot von Handlungen oder Unterlassungen die natürliche Handlungsfreiheit der Einzelnen zu Gunsten des Gemeinwohls, der Sicherheit und Wohlfahrt der Gesammtheit, beschränken. Eine neuere, tiefer in das eigentliche Wesen der verschiedenen Staatsthätigkeiten eindringende, in Wissenschaft und Praxis vertretene Auffassung,[35]) erkennt nun überhaupt nur derjenigen Richtung der inneren Staatsverwaltung, welche sich in der Beschränkung der natürlichen Handlungsfreiheit des Einzelnen zu Gunsten des Gemeinwohls äußert und, wenn nöthig, durch staatlichen (sei es psychologischen, sei es physischen) Zwang realisirt wird, die Bezeichnung „Polizei“ zu, während sie ihr die des Zwanges entrathende,[36]) auf

---

[35]) Bahnbrechend in dieser Richtung war Bluntschli, Allgemeines Staatsrecht (1. Aufl. 1851) S. 457. Mit besonderer Schärfe spricht sich jetzt in gleichem Sinne aus G. Meyer, Staatsrecht 4. Aufl. S. 556: „In diesem Sinne ist Polizei diejenige Thätigkeit der inneren Verwaltung, welche sich als Beschränkung der persönlichen Freiheit des Einzelnen äußert und in der Form von Zwang auftritt. Der Zwang kann dann entweder in der Anwendung unmittelbarer physischer Gewalt oder im Erlaß von Geboten und Verboten unter Androhung von Strafe bestehen.“ Ebenso Laband, Reichsstaatsrecht 2. Aufl. Bd. 2 S. 202: „ . . . sowie das Wesen der Polizei überhaupt darin besteht, daß die natürliche Handlungsfreiheit des Einzelnen im Interesse der Gesellschaft oder des Staates Beschränkungen unterworfen wird.“ Ferner Löning, Verwaltungsrecht S. 8 (vgl. aber dessen Artikel „Polizei“ im Handwörterbuch der Staatswissenschaften Bd. 5 S. 164 f.). Sehr gut auch v. Schulze-Gävernitz, preuß. Staatsrecht 2. Aufl. Bd. 2 S. 303—305 und Medicus Artikel „Polizei“ in Bluntschli und Brater's deutschem Staatswörterbuch Bd. 8 S. 131. Vgl. auch noch G. Meyer, Verwaltungsrecht, 2. Aufl. Bd. 1 S. 72 und die dort Note 5 angeführte weitere Litteratur. — Eine Annäherung an den richtigen Begriff enthält schon die frühere Eintheilung der Polizei in „Zwangs-“ und „Hülfspolizei“ (vgl. Medicus S. 135), deren Sinn aber dadurch getrübt wurde, daß man sie (wenn auch a potiori, aber nicht begrifflich richtig) mit der Eintheilung in „Sicherheits-“ und „Wohlfahrtspolizei“ identificirte. So noch v. Rönne, preuß. Staatsrecht 4. Aufl. S. 551; siehe dagegen und über die Anwendung von polizeilichen Zwangsmaßregeln auf dem Gebiete der sog. Wohlfahrtspolizei (z. B. hinsichtlich des Schulwesens) für jetzt G. Meyer, Staatsrecht a. a. O. Note 6. 7, auch v. Schulze S. 303.

[36]) — und damit sich einer Beschränkung der persönlichen Handlungsfreiheit enthaltende. Es ist im Auge zu behalten, daß das bestimmende Princip für den Polizeibegriff im modernen Sinne die Beschränkung der natürlichen Handlungsfreiheit im Interesse des Gemeinwohls (auf dem Gebiete der inneren Verwaltung) ist,

die Sicherheit bezw. Wohlfahrt der Gesammtheit gerichtete, innere staatliche Thätigkeit als „Pflege" gegenübergestellt.[37]) „Polizei" und „staatliche Pflege" bilden nach dieser Lehre, je nach der Verschiedenheit der von ihnen angewendeten Mittel, die beiden zu demselben Zwecke, dem Schutze und der Förderung des Gemeinwohls, concurrirenden Theile der inneren Verwaltung. Daß dies nicht der Standpunkt des A.L.R. und des ihm folgenden preußischen Rechts ist, ergiebt sich aus dem Angeführten von selbst;[38]) immerhin ist die Verschiedenheit der Auffassung gerade für das polizeiliche Verordnungsrecht praktisch ohne Bedeutung. Denn da hier durch den Begriff der Verordnung und das Wesen der in ihr enthaltenen Gebote und Verbote das Zwangsmoment von selbst gegeben ist,

---

während der Zwang nur ein eventuelles Mittel darstellt, dieselbe zu realisiren. Jene ist das Principale des Begriffs, dieser das Accessorium. Dementsprechend ist die Anwendung des staatlichen Zwanges nicht auf den Umfang des Polizei-Begriffs beschränkt (vgl. § 132 L.V.G. gegenüber § 33 Competenz-G. v. 1876), und der Hinweis hierauf (z. B. bei Schilling S. 519) genügt nicht, um den modernen Polizeibegriff zu verwerfen. Ebensowenig wird derselbe aber andererseits, wie jetzt Löning im Staatswörterbuch (vgl. Note 35) meint, einseitig dadurch, daß er angeblich der von den Polizeibehörden ausgehenden „Beobachtung und Ueberwachung" nicht gerecht wird. Denn diese ganze Hülfsfunktion hat doch, insofern sie erfolgt, „um überall rechtzeitig da einschreiten zu können, wo die öffentliche Ordnung und Sicherheit bedroht erscheint," die Aufrechterhaltung der für das menschliche Zusammenleben nöthigen Beschränkungen der Einzelfreiheit zum letzten Ziele und den polizeilichen Zwang gleichfalls zum äußersten Rückhalt.

37) Medicus S. 131; v. Schulze S. 304. — Entsprechend stehen sich auf den meisten Gebieten der inneren Verwaltung die polizeiliche und die nur pflegende staatliche Thätigkeit gegenüber: der Gesundheitspflege die Gesundheitspolizei, der Bildungspflege die Bildungs-, bezw. Unterrichtspolizei, der Verkehrspflege die Verkehrspolizei, der Landwirthschaftspflege die Landwirthschaftspolizei u. s. w.; v. Schulze a. a. O.; Stein S. 5.

38) Nicht zutreffend daher v. Stengel, Staatsrecht des Königreichs Preußen, in Marquardsen's Handbuch des öffentlichen Rechts, S. 182 Abs. 3 Schlußsatz. Richtig Schilling S. 518, dessen Ausdrucksweise jedoch zu Unrecht den Anschein erweckt, als wenn die bei ihm Note 21 aufgeführten Schriftsteller, und unter diesen die erste Auflage dieses Buches, das Gegentheil angenommen hätten. — Der Terminologie des preußischen Rechts, welche als Polizei die gesammte innere Verwaltung bezeichnet, würde daher im Allgemeinen die Eintheilung derselben in Zwangspolizei (Polizei im neueren Sinne) und Hülfspolizei (Pflege) am besten entsprechen, insofern man sich dabei von dem oben Note 35 gerügten Fehler freihält. — Ueber die Verwendung eines der modernen Theorie entsprechenden Polizeibegriffs im preußischen Recht auf dem formalen Gebiete der Abgrenzung des staatlichen und communalen Wirkungskreises vgl. unten § 36 Note 16 und die dort citirten Ausführungen meines Aufsatzes über den „Polizeibegriff".

so kann wenigstens die in Verordnungen sich äußernde Polizei auch nach preußischem Rechte, übereinstimmend mit der Auffassung der modernen Staatswissenschaft, definirt werden als: ein Zweig der inneren Staatsverwaltung, welcher sich in der Beschränkung der natürlichen Handlungsfreiheit des Einzelnen zu Gunsten des Gemeinwohls äußert.[39]) Aus der Entwicklung dieses Begriffs nach negativer und positiver Richtung ergeben sich die Einzelmomente für die Bestimmung von Gegenstand und Inhalt der durch Verordnung festzustellenden polizeistrafrechtlichen Normen.

§ 22. Negative Begriffsentwicklung.

Da das polizeiliche Strafverordnungsrecht der Behörden, wie es ihnen insbesondere durch das Gesetz v. 11. März 1850 und die daran sich schließenden und darauf sich gründenden Bestimmungen allgemein delegirt ist, nach den vorangehenden Erörterungen gegenständlich zunächst durch den Begriff der Polizei umgrenzt ist, [1]) so können darauf, unbeschadet ihrer Rechtfertigung durch anderweitige gesetzliche Ermächtigungen, [2]) Verordnungen der Polizeibehörden nicht gegründet werden, welche sich auf andere als polizeiliche Gegenstände beziehen. Es muß dies um so mehr festgehalten werden, als durch die formale Organisation der Behörden denselben neben der Polizeiverwaltung häufig andere Zweige staatlicher oder auch communaler [3]) Thätigkeit überwiesen sind, bei deren Besorgung sie sich

[39]) Dementsprechend werden auch in A.L.R. §§ 424. 425 II 8 die auf die Gastwirthschaft u. s. w. bezüglichen „Statuten und Polizeiverordnungen des Orts" dahin charakterisirt, daß sie „diesem Gewerbe Grenzen vorschreiben" und „Einschränkungen festsetzen" d. h. aber die individuelle Handlungsfreiheit im öffentlichen Interesse beschränken. Vgl. meinen Aufsatz S. 301.

[1]) Auf der Tendenz, diese Umgrenzung auch äußerlich kenntlich zu machen, beruht die Vorschrift in § 140 L.V.G., wonach Polizeivorschriften der Minister, des Ober- und Regierungs-Präsidenten unter der Bezeichnung „Polizei-Verordnung" ergehen müssen. Vgl. das Nähere hierüber unten § 47 Note 23.

[2]) Doch ist nach § 14 G. v. 11. März 1850 „die Befugniß der Bezirksregierungen, sonstige allgemeine Verbote und Strafbestimmungen in Ermangelung eines bereits bestehenden gesetzlichen Verbotes mit höherer Genehmigung zu erlassen, aufgehoben." Vgl. auch in dieser formalen Hinsicht das Erk. K.G. v. 27. April 1881, Johow Bd. 11 S. 195, gegen welches im Uebrigen unten § 26 I in Betracht kommt.

[3]) Letzteres z. B. bei den städtischen Bürgermeistern, insofern dieselben (vgl. § 62 der östl. Städte-Ordnung v. 30. Mai 1853) die Ortspolizei verwalten. Nichtleistung der den Gemeindeangehörigen obliegenden Gemeindedienste kann daher nicht ohne

behufs Erreichung der ihnen gestellten Ziele des Erlasses von Polizeistrafverordnungen als Mittel nicht bedienen dürfen. Sieht man nun von der auf die äußeren Beziehungen und den äußeren Schutz des Staates gerichteten behördlichen Thätigkeit, welche sich in der auswärtigen und Militärverwaltung concentrirt, ab, so treten der Polizei im Rahmen der gesammten, auf das innere Staatsleben bezüglichen Verwaltung noch folgende angrenzende Gebiete gegenüber:

1. Die Justiz, besonders die Civiljustiz, [4]) deren eigenthümlicher Zweck in dem Schutze [5]) und der Wiederherstellung gefährdeter oder verletzter Privatrechte gegründet ist. Die Verordnung v. 26. December 1808, welche die erste gesetzliche Grundlage für das Strafverordnungsrecht der Polizeibehörden in Preußen bildet, hat zugleich in der principiellen Abgrenzung der polizeilichen und anderweitigen Verwaltung von der Civilgerichtsbarkeit ihr hauptsächliches Ziel erblickt. [6]) Ein Eingreifen der Polizeibehörden in den geordneten Gang der Civiljustiz ist daher, wie überhaupt, so auch im Wege des Erlasses einer auf das Streitverhältniß bezüglichen Polizeiverordnung ausgeschlossen. Es ändert sich an diesem Grundsatze gerade dann nichts, wenn die Verordnung zu Gunsten des als Civilpartei auftretenden Staates, einer Gemeinde u. s. w. erlassen ist. Dementsprechend hat z. B. das frühere Obertribunal der Strafverordnung eines Bürgermeisters, mittelst deren derselbe als Ortspolizeibehörde in einem Privatrechtsstreite der von ihm vertretenen Gemeinde mit Privaten über Eigenthum und Besitz eines Grundstücks das Betreten desselben allgemein verboten hatte, gegenüber den Proceßgegnern der Stadtgemeinde die rechtliche Anwendung versagen können. [7]) Man wird den dadurch belegten Grundsatz

---

Weiteres im Wege der Polizeiverordnung mit öffentlicher Strafe bedroht werden. Vgl. die bei Oppenhoff, Kommentar 8. Aufl. S. 798 Note 65 citirten Erkenntnisse.

[4]) Das Verhältniß der Polizei zur Strafrechtspflege bietet hinsichtlich des Gegenstandes der Polizeistrafverordnungen hier zu Bemerkungen keinen Anlaß.

[5]) — z. B. durch die Mittel des Arrestes, der einstweiligen Verfügung. Man kann daher für die Civiljustiz nicht ohne Weiteres mit v. Schulze-Gävernitz (Bd. 2 S. 323: gegen den Mohl'schen Begriff der Präventivjustiz) sagen: „Die Justiz hat es stets mit einer bereits geschehenen Rechtsverletzung zu thun, nie mit einer erst drohenden Gefahr."

[6]) Vgl. Ernst Meier, Reorganisation (vgl. oben § 7 Note 4 a) S. 219 ff., Oppenhoff, Ressortverhältnisse S. 3 Note 5, Löning im Verwaltungsarchiv Bd. 2 S. 455 ff.

[7]) Erk. O.Trib. v. 1. Oct. 1857 (Rhein. Archiv Bd. 53 Abth. 2 S. 35); s. ferner

allgemein dahin formuliren können: Eine Polizeistrafverordnung ist ausgeschlossen, durch welche lediglich zum Zwecke einer thatsächlichen oder rechtlichen Gestaltung des im Streite begriffenen Privatrechtsverhältnisses Zustände herbeigeführt werden, zu deren legaler Erreichung die Mittel der Civilrechtspflege, vorbeugende wie herstellende, ausreichend gegeben sind. [8])

2. Die Finanzverwaltung, welche mit der Beschaffung und Verwaltung der dem Staate bezw. den Gemeinden nöthigen materiellen Mittel betraut ist. In der früheren Staatspraxis und Lehre mit der polizeilichen Thätigkeit eng verschwistert, [9]) tritt sie in der V.O. v. 26. December 1808 derselben, und dementsprechend die Regierung als Landespolizeibehörde der Regierung als Finanzbehörde scharf getrennt gegenüber.[10]) Das polizeiliche Verordnungsrecht, welches nach § 14 des Gesetzes vom 11. März 1850 auch den Regierungen allein verblieben ist,[11]) darf demnach nicht zur Realisirung von Zwecken der Finanzverwaltung verwendet werden. Ein Beispiel einer aus solchem Grunde mit Recht reprobirten Polizeistrafverordnung bietet die über das Meldewesen im Polizeibezirk H. unterm 26. Februar 1877 ergangene, welche im Interesse der Steuerverwaltung die Beschaffung eines Besteuerungsausweises (eines Abzugsattestes oder einer Steuerquittung)

---

auch Erk. v. 12. März 1868 (Oppenhoff, Rechtspr. Bd. 9 S. 199). Hier wird einer Verordnung die Wirksamkeit abgesprochen, welche bei einem Privatrechtsstreite zwischen einer Gemeinde und Privaten über die Benutzung eines Wasserlaufs den von Letzteren auf § 6 litt. b und § 13 Nr. 2 des G. über die Benutzung der Privatflüsse v. 28. Februar 1843 gestützten Widerspruch gegen eine Gemeindeanlage im Wasserlaufe durch entsprechende Verbote unter Strafdrohung zu beseitigen, bezw. den Gegnern der Gemeinde den Rechtsbesitz zu entziehen und den Streit dadurch zu Gunsten der Gemeinde zu entscheiden versucht hatte. — Vgl. noch Oppenhoff, Kommentar, 12. Aufl. Note 45 zu § 360 ff.; Hartmann, Strafgesetze S. 445 Note 5; Rotering im Gerichtssaal Bd. 50 S. 43.

8) Eine allgemeine Erörterung über die Statthaftigkeit eines polizeilichen Eingreifens bei Privatrechtsstreitigkeiten, insbesondere auch durch Verfügung, liegt außerhalb des Rahmens dieser Abhandlung. Vgl. darüber die Erk. O.V.G. Bd. 4 S. 414. 422, Bd. 5 S. 354, Bd. 7 S. 374, Bd. 11 S. 226, Bd. 12 S. 311. 369, sowie meinen Aufsatz im Verwaltungsarchiv Note 170.

9) Vgl. v. Schulze Bd. 2 S. 293. 300. Förstemann S. 3. 4.

10) § 3 mit § 4, § 38 mit § 41 der Verordnung.

11) Vgl. oben Note 2. Eine andere Auslegung des § 14 cit. s. unten § 27 Note 25. Ueber den früheren Rechtszustand nach der V.O. v. 1808 und der Instruction v. 1817 vgl. Erk. O.Trib. v. 16. Juli 1856 (Goltdammer, Archiv Bd. 5 S. 687); dagegen allerdings Oppenhoff, Ressortverhältnisse S. 164 Note 488.

seitens neu anziehender Personen bei Strafe erforderte.[12]) Soweit die Behörden ein Strafverordnungsrecht in Finanz- und Steuersachen ausüben wollen, muß dasselbe vielmehr auf besondere, hierfür etwa bestehende, gesetzliche Ermächtigungen gegründet werden; durch das ihnen zustehende polizeiliche Strafverordnungsrecht kann es nicht gerechtfertigt werden, wie es auch principiell nicht unter dessen Normen steht.[13])

3. Die Verwaltung der Landeshoheit (im engeren Sinne) oder die Regiminalverwaltung. Der Regierung als Landespolizeibehörde stellt die Verordnung v. 26. December 1808 die Regierung als Landeshoheitsbehörde, den Polizeisachen die Landeshoheitssachen gegenüber.[14]) Beide zusammen, Landeshoheits- und Polizei-

---

12) Erk. O.Trib. v. 11. Juli 1878 (ergangen auf gleichlautenden Antrag des Generalstaatsanwalts) bei Oppenhoff, Rechtspr. Bd. 19 S. 365. Vgl. insbesondere S. 367: „— weil die Ordnung und Controle der Steuerverhältnisse der Gemeindeangehörigen nicht zu den Gegenständen gehört, auf welche sich die polizeilichen Vorschriften — zu beschränken haben." Widersprechend (ohne Beachtung der vorigen Entscheidung) Erk. K.G. v. 31. März 1884 bei Johow Bd. 4 S. 327 f. Dagegen auf dem hier vertretenen Standpunkte stehend Erk. K.G. v. 24. Sept. 1888, Johow Bd. 8 S. 182: Ungiltigkeit von Polizeiverordnungen, welche Controlmaßregeln über die Errichtung der Hundesteuer festsetzen; dazu auch Johow Bd. 14 S. 302.

13) Das wird im Erk. O.Trib. v. 19. Juni 1879, Oppenhoff, Rechtspr. Bd. 20 S. 302, in Bezug auf eine in Gemäßheit des § 49 a. E. der rheinischen Städte-Ordnung v. 15. Mai 1856 — („Gegen Uebertretungen der über die Erhebung von Communalsteuern zu erlassenden, von der Regierung zu genehmigenden Regulative können durch besondere Verordnung Strafen bis auf die Höhe von 10 Thlrn. vorgesehen werden", vgl. mit § 53 der östl. Städte-O. v. 30. Mai 1853: Strafandrohungen im Regulativ selbst) — ergangene Verordnung, welche den Theaterunternehmern die Abhaltung von Vorstellungen vor Entrichtung der auf dieselben gelegten communalen Abgabe bei Strafe verboten hatte, zu wenig hervorgehoben. — Natürlich können durch besondere gesetzliche Bestimmungen gewisse Normen des Polizeiverordnungsrechts ausdrücklich auf solche Steuerverordnungen übertragen werden, wie dies denn auch im Gemeindeverfassungs-G. für Frankfurt v. 25. März 1867 § 62 a. E. durch den Zusatz (hinter den Worten „vorgesehen werden"; vgl. oben) geschehen ist: „solche Verordnungen sind in der Form der ortspolizeilichen Verordnung bekannt zu machen." Vgl. Entsch. R.Ger. in Straff. Bd. 2 S. 407 f. Ueber die Regelung der Erhebung von Marktabgaben durch die nach § 69 der Reichs-Gewerbe-O. zu erlassende Marktordnung (oben § 14 Note 6) vgl. Erk. K.G. v. 21. Nov. 1887 bei Johow Bd. 8 S. 141 a. E., sowie Schenkel, Kommentar Bd. 2 S. 23.

14) § 1 mit § 8, § 36 mit § 38 der Verordnung. In den letztgedachten Paragraphen wird der Gegensatz von Landeshoheits- und Polizeisachen den Bestimmungen über die Zulässigkeit des Rechtsweges gegen die Verfügungen der Regierungen zu Grunde gelegt. Schon hieraus ergiebt sich zu Gunsten der gemeinen Meinung (Oppenhoff,

sachen, bilden das Gebiet der technisch sogenannten „inneren (Landes) Verwaltung."[15]) Versucht man, unter Ausscheidung aller blos organisatorischer Gegensätze,[16]) den Inhalt der Landeshoheitsverwaltung positiv zu bestimmen,[17]), so bieten eine Handhabe dazu

---

Ressortverhältnisse S. 3. 4. 53 ff. 338, passim) gegen Förstemann S. 477. 478 die materielle Natur jenes Gegensatzes. Vgl. auch meinen Aufsatz im Verwaltungsarchiv S. 325 a. E.

15) So § 3 des „Publicandum betr. die veränderte Verfassung der obersten Staatsbehörden der Preuß. Monarchie in Beziehung auf die innere Landes- und Finanz-Verwaltung", v. 16. Dec. 1808 in Bezug auf das Ressort des Ministeriums des Innern. Rabe Bd. 9 S. 385.

16) Der materielle Inhalt der in der V.O. v. 26. Dec. 1808 ausgeprägten Gegensätze ist um deswillen nicht leicht festzustellen, weil mit den materiellen Bestimmungen durchgehends nicht allein die formellen über die Competenzen der reorganisirten Behörden sich kreuzen, sondern auch der Einfluß, welchen die bisherige Competenzvertheilung, insbesondere zwischen Justiz- und Verwaltungsbehörden, auf die Gruppirung der den neuen Regierungen obliegenden Angelegenheiten ausübte, mehrfach hindernd hervortritt. Nach § 1 „verwalten die Regierungen als Landeshoheits-Behörde in ihrem Departement sämmtliche vorbehaltene Rechte des Staats" (vgl. über den hierin liegenden formalen Gegensatz zur Polizei nach damaligem Staatsrecht: Oppenhoff, Ressortverhältnisse S. 36 Note 84 und S. 51 Note 131 mit Förstemann S. 478), „welche sich auf die inneren Verhältnisse desselben zu seinen Unterthanen beziehen. Es gehören daher vor die Regierungen die Landes-Grenz-, Huldigungs-, Auswanderungs-, Abschoß-Sachen, die Führung der Vasallen-Tabellen, die Ertheilung der Pässe zu Reisen außerhalb Landes, die Standeserhöhungen, die Legitimationen zum besseren Fortkommen, die Censur aller Bücher, Schriften und öffentlichen Blätter, die Publication der Edicte und Verordnungen, insofern solche nicht aus dem Justizdepartement allein ergangen, die Oberaufsicht über alle bereits vorhandene oder noch zu errichtende öffentliche Anstalten, Gesellschaften und Corporationen". Die Verwaltung der Landeshoheitssachen geschieht jedoch ressortmäßig nach § 26 V.O. v. 26. Dec. 1808 und § 2 der Instruction von demselben Tage litt. k und n gleichfalls durch die sog. Polizeideputation der Regierungen, was wiederum rückwirkend zur Folge gehabt hat, daß einzelne Landeshoheitssachen anderwärts auch unter polizeiliche Gesichtspunkte gebracht werden; vgl. z. B. § 3. 9. 13 V.O. Andererseits erklärt sich z. B. die Zuzählung der Paß- und Censursachen zu den Landeshoheitssachen aus dem früheren Verhältnisse der Gerichte zu den Verwaltungsbehörden. Vgl. dazu Ernst Meier, Reorganisation S. 228 f., Löning S. 437 f. und z. B. § 3 des Publ. v. 16. Dec. 1808. — Endlich darf auch nicht übersehen werden, daß die wenigstens mittelbar auf Schutz und Förderung des Gemeinwohls der Einzelnen gerichtete Thätigkeit in Landeshoheits-, besonders in Oberaufsichtssachen eine übertragene Anwendung des Polizeibegriffs auf dieselbe zu gestatten schien; vgl. Förstemann S. 477. 478.

17) Gewöhnlich erfolgt die Bestimmung negativ, sodaß man sich für die Feststellung des Begriffs der Polizei- und Landeshoheitssachen im Kreise bewegt; vgl. z. B. Hoffmann: „Ueber den Begriff, den Inhalt und die Bedeutung des positiven

diejenigen Gesetzesstellen, welche die Landeshoheitssachen als „Verfassungssachen", als Gegenstände, die „auf die Grundverfassung des Staates und das innere Staatsrecht" oder auf „die innere Staatsverfassung" Bezug haben, charakterisiren und zum Theil ausdrücklich in diesem Sinne der Polizeiverwaltung gegenüberstellen.[18]) Hiernach geht der Unterschied von Regiminal- und Polizeiverwaltung auf den Gegensatz von Verfassung und Verwaltung, Organisation und Function zurück. Die Polizeiverwaltung ist ihrem Wesen nach von vornherein Verwaltung, unmittelbare Thätigkeit zum Schutze und zur Förderung des Gemeinwohls der Staatsbürger, die Regiminalverwaltung aber ist, wie man sagen könnte, Verwaltung der Staatsverfassung, diejenige Thätigkeit der Behörden, welche auf den Grundaufbau des Staates und den Zusammenhalt seiner organisatorischen Theile gerichtet ist. Danach gehören zur Verwaltung der Landeshoheit:

a) die in den verschiedenen, hier in Betracht kommenden Gesetzesstellen genannten[19]) Grenz-, Huldigungs-, Indigenatssachen, die ständischen Angelegenheiten, jetzt auch die auf die Wahlen zum Land- und Reichstag bezüglichen Geschäfte, kurz Alles, was auf die territoriale und personale Grundlage des Staates, ihre Constituirung und die Theilnahme der Staatsbürger an der Staatsverfassung Bezug hat;

b) die „Oberaufsicht über alle vorhandene oder noch zu errichtende öffentliche Anstalten, Gesellschaften und Corporationen."[20]) Diese öffentlichen Gemeinwesen, zu denen namentlich die Gemeinden, Kirchen, die Corporationen im Sinne von § 25 ff. II 6

Staatsverwaltungsrechts in dessen engerem Sinne", in der Tübinger Ztschr. (1844) S. 192. 193. Versuch einer positiven Definition (in Annäherung an die hier gegebene) für das bayr. Recht bei Pözl, Lehrbuch des bayr. Verwaltungsrechts, 3. Aufl. S. 204 mit S. 48. 94. Zum württembergischen Rechte (z. B. § 98 des Verw.Edicts für die Gemeinden u. s. w. v. 1. März 1822) Hoffmann S. 193 Note 1. Für preußisches Recht jetzt v. Stengel, Die Organisation der preußischen Verwaltung nach den neuen Reformgesetzen (1884) S. 6.

[18]) So in erster Reihe § 8 Publ. v. 16. Dec. 1808; dazu § 5 Nr. 6 desselben und § 2 Nr. 1 der Regierungs-Instruction v. 1817, auch § 1 der V.O. v. 26. Dec. 1808.

[19]) § 1 V.O. v. 1808, § 2 Nr. 1 Instr. v. 1817 mit § 2 litt. n der Instr. v. 1808; neuerdings die dem Landtage im Jahre 1875 vorgelegte „Denkschrift über die Reorganisation der allgemeinen Landesverwaltung des preuß. Staats" (Nr. 14 Drucks. Abg.H.).

[20]) § 1 V.O. v. 1808 mit § 5 Nr. 6 des Publ. v. 16. Dec. 1808.

A.L.R.[21]) gehören, erscheinen nach der Auffassung des damaligen Rechts sämmtlich als „Staatsgesellschaften" d. h. als Theile des staatlichen Organismus selbst, deren Zweck „zugleich ein Theil des Staatszweckes und in dieser Hinsicht einer besonderen Staatseinwirkung zugänglich und bedürftig ist."[22]) Damit hängt auch ein verschiedener Inhalt der über sie gehandhabten Staatsaufsicht gegenüber der über Privatvereine zusammen. Während die Aufgabe der gewöhnlichen Vereinsaufsicht darauf beschränkt ist, Alles dasjenige hintanzuhalten, was in der Zweckverfolgung des Vereins dem Staate selbst, seinen eigenen Zwecken und Interessen, zuwider werden könnte,[23]) ist bei den öffentlichen Gemeinwesen die Erfüllung ihres Zweckes selbst zu einer öffentlichrechtlichen Pflicht gegenüber dem Staate gestaltet, deren Verwirklichung die geordneten Organe des Staates im allgemeinen staatlichen Interesse zu überwachen haben.[24]) So kann denn die staatliche Aufsicht über die

[21]) Ueber die Stellung des A.L.R. zum Corporationswesen, nach welcher alle gemäß § 25 II 6 mit juristischer Persönlichkeit beliehenen Vereinigungen den Charakter „öffentlicher Corporationen" oder „öffentlicher Gesellschaften" an sich tragen, vgl. mein Recht der öffentlichen Genossenschaft (1886) S. 30 ff. Ebenda S. 37 f. über die Kirchen als öffentliche Corporationen. Nicht zu den öffentlichen Corporationen gehören auch die ihnen gegenübergestellten, in § 11 ff. II 6 behandelten „erlaubten Privatgesellschaften" (vgl. meinen Aufsatz in Gruchot's Beiträgen Bd. 27 S. 121), wenngleich sie nach § 14 „die inneren Rechte der Corporationen" genießen. Die Aufsicht des Staates über sie ist daher ihrem Charakter nach eine lediglich polizeiliche, wie auch in den Erkenntnissen des O.V.G. v. 19. Nov. 1888 (Entsch. Bd. 17 S. 403) und v. 3. Jan. 1889 (stückweise abgedruckt ebenda in den Noten zu S. 415 f. 417 f. 423 ff., sowie vollständig bei Binseel Bd. 10 S. 295 ff.) in Bezug auf die Rechtsmittel des § 127 ff. L.V.G. angenommen ist.

[22]) Das Citat, sowie der Ausdruck „Staatsgesellschaft" stammt aus dem, mit der V.O. v. 1808 ungefähr gleichzeitigen, badischen 2. Constitutionsedict v. 14. Juli 1807 „über Gemeinheiten, Körperschaften und Staatsanstalten", welches in Bezug auf das Corporationswesen den Standpunkt des preuß. A.L.R. vollständig theilt. Vgl. mein Genossenschaftsrecht S. 31 f.

[23]) § 3. 4 II 6 A.L.R. Dazu meinen Aufsatz im Verwaltungsarchiv S. 270 f. 315. Die an letzterer Stelle gegenüber der Entsch. O.V.G. Bd. 17 S. 416 zum Ausdruck gebrachte Auffassung, nach welcher § 4 cit. einen über § 10 II 17 A.L.R. hinausreichenden Inhalt hat, wird, wie ich jetzt sehe, vom Gerichtshof selbst in dem neueren Erk. v. 3. Jan. 1889 (vgl. oben Note 21), Binseel S. 299 Sp. 2 getheilt.

[24]) Dem Nachweis dieses Satzes sind die Ausführungen meines Genossenschaftsrechts S. 16 ff. gewidmet. Ueber das entsprechende Recht der landrechtlichen Corporationen S. 30 ff., und übereinstimmend die Ausführungen der oben Note 21 citirten beiden Erkenntnisse des O.V.G., Entsch. Bd. 17 S. 416 f. bezw. Binseel Bd. 10 S. 298 a. E. 299 Sp. 2.

öffentlichen Verbände als eine besonders geartete, auf die Verfassung des Staates, nämlich auf die Verbindung seiner Theilorganismen mit dem Staatsganzen, gerichtete Aeußerung der Staatshoheit betrachtet werden.[25])

Nur jene unmittelbare staatliche Fürsorge für das Gemeinwohl der Staatsbürger ist dem preußischen Rechte, soweit es noch heut auf jene älteren Grundlagen zurückzugehen hat, „Polizei"; nur die zwingende Thätigkeit auf diesem Gebiete, nicht aber auf dem der Landeshoheitsverwaltung, ist in ihrer, die persönliche Handlungsfreiheit des Einzelnen beschränkenden Function in der Lage, sich des Mittels der polizeilichen Strafverordnung zu bedienen.

Positive Begriffsentwicklung.

§ 23. Die Beschränkung der natürlichen Handlungsfreiheit, insbesondere auch der Privatrechte.

Positiv betrachtet stellen sich, wie gezeigt, die Normen der Polizeiverordnung als Rechtsvorschriften dar, welche eine Beschränkung der natürlichen Handlungsfreiheit des Einzelnen (§ 23) durch Gebot oder Verbot (§ 24) zu Gunsten des Gemeinwohls (§ 25) enthalten. Das erste darin liegende Moment ist also die Beschränkung der natürlichen Handlungsfreiheit des Einzelnen, welches zunächst besprochen werden soll.

I. Soweit die zum Erlaß von Polizeiverordnungen berechtigte Behörde dem Einzelnen Handlungen oder Unterlassungen durch Rechtsvorschrift anbefiehlt, insoweit beschränkt sie die natürliche Handlungsfreiheit desselben zu Gunsten des Gemeinwohls; sie begrenzt die Sphäre des Einzelnen gegenüber ihrer natürlichen Entwicklungsfähigkeit durch Rechtsnorm einschränkend zu Gunsten der Gesammtheit. Es entspricht dies, wie angedeutet, [1]) der Auffassung des modernen Polizeibegriffs, welche auf den verschiedenen Lebens-

---

[25]) Vgl. noch Oppenhoff, Ressortverhältnisse S. 53 Note 139 ff. und die dort ausgiebig benutzte Rechtsprechung des Gerichtshofs zur Entscheidung der Competenzconflicte; aus neuerer Zeit etwa noch die Erk. desselben Gerichtshofs v. 10. April 1874 (J.M.Bl. S. 159), v. 10. Oct. 1874 (S. 343), v. 14. Oct. 1876 (S. 226. 238). Förstemann S. 477. — Aus der Judicatur des O.V.G. noch das Erk. v. 17. Jan. 1895, abgedruckt in der Zeitschr. „Arbeiterversorgung" Bd. 12 S. 171, betr. die Unzulässigkeit der Klage aus § 127 L.V.G. gegenüber einer als Ausfluß der Aufsicht über Ortskrankenkassen erlassenen Verfügung.

[1]) Vgl. oben § 21 bei Note 35 und hinsichtlich der Uebereinstimmung des preußischen Rechts in der Materie der Polizeiverordnungen ebenda bei Note 89.

gebieten die persönliche Handlungsfreiheit des Einzelnen und die polizeiliche Beschränkung derselben als einander ausschließend gegenüberstellt. [2]) Auf welchen Lebensgebieten der inneren Verwaltung [3]) nun aber die staatliche Polizeigewalt dem Einzelnen gegenüber in ihrer charakteristischen Function sich zu äußern habe, inwieweit der polizeiliche Zwang die Freiheit des Einzelnen zu beschränken habe, das zu bestimmen ist Sache polizeilicher Zweckmäßigkeitserwägungen, [4]) der inneren Politik: der allgemeine Rechtsbegriff der Polizei, sowie er insbesondere auch für das preußische Recht entwickelt worden ist, kann darüber seinem Wesen nach nichts ergeben. Nur aus dem inhaltlichen Verhältniß des Polizeiverordnungsrechts zur staatlichen Gesetzgebung [5]) entsteht ein den Gegenstand der polizeilichen Normen näher bestimmender Grundsatz, auf den sich das preußische Recht gegenüber den Rechtssystemen der speciellen Delegationen beschränken muß: — Soweit die staatliche Gesetzgebung auf gewissen Lebensgebieten durch Feststellung des Princips der persönlichen Handlungsfreiheit gegenüber dem Gesammtinteresse eine Bethätigung der polizeilichen Zwangsgewalt überhaupt ausgeschlossen hat, sei es, daß sie von dem betreffenden Lebensgebiete jede staatliche Thätigkeit fernhalten oder sie nur als eine pflegende, des Zwanges entrathende, zulassen will, insoweit ist die Sphäre des Individuums vor der Einwirkung des polizeilichen Verordnungsrechts gesichert; jede hier in dieselbe übergreifende polizeiliche Rechtsvorschrift müßte auf Grund ihres Widerspruches mit dem Inhalte der Staatsgesetzgebung der Nichtigkeit

---

[2]) So steht z. B. die Gewerbefreiheit der Gewerbepolizei (vgl. Laband, Reichsstaatsrecht 2. Aufl. Bd. 2 S. 201 f.), die Vereins- und Versammlungsfreiheit der Vereins- und Versammlungspolizei, die Verehelichungsfreiheit den „polizeilichen Beschränkungen der Eheschließung" (R.G. v. 4. Mai 1868) gegenüber.

[3]) — abgesehen von den Landeshoheitssachen; vgl. § 22 Nr. 3.

[4]) Daß die Fassung des § 6 litt. i des G. v. 11. März 1850: „alles andere, was im besonderen Interesse der Gemeinden und ihrer Angehörigen polizeilich geordnet werden muß", nichts Anderes ausdrückt, als die dem freien Ermessen der Polizeibehörde anheimgegebene Beurtheilung der durch die Verhältnisse gegebenen Nothwendigkeit polizeiverordnungsmäßigen Eingreifens, geht ganz klar aus § 12 („alle anderen Gegenstände, deren polizeiliche Regelung durch die Verhältnisse der Gemeinden oder des Bezirks erfordert wird") und aus § 17, welcher die richterliche Prüfung hinsichtlich der Nothwendigkeit und Zweckmäßigkeit ausschließt, hervor. Vgl. auch die oben § 21 III bei Note 31 angeführte Stelle der „Erläuterungen".

[5]) Vgl. oben § 17.

verfallen.[6]) Soweit jedoch eine solche Aeußerung des allgemeinen Staatswillens nicht entgegensteht, ist das Verordnungsrecht der Polizeibehörden, entsprechend seiner Befugniß, Rechtssätze auch praeter legem zu sanctioniren, ermächtigt, neue Lebensgebiete, auf denen bis dahin die natürliche Handlungs- und Unterlassungsfreiheit des Einzelnen ohne staatliche Beschränkung sich äußern durfte, polizeilicher Einwirkung zu unterwerfen.[7]) Nur das staatliche Aufsichtsrecht und die Betheiligung der Selbstverwaltung am Erlaß der Verordnungen bilden die Cautelen, welche verhindern sollen, daß sich die Polizeigewalt in ihrer verordnenden Function mit den politischen Principien der einheitlichen Staatsverwaltung oder mit den innerlich berechtigten Interessen der Einzelnen in Widerspruch setze.

---

[6]) Soweit daher z. B. nach der Reichs-Gewerbe-Ordnung das Princip der Gewerbefreiheit reicht, soweit ist der Erlaß von Polizeiverordnungen ausgeschlossen. Dabei kommt es aber noch darauf an, welcher Rechtsinhalt nach der Reichs-Gewerbe-O. dem positiven, durch sie statuirten Begriff der Gewerbefreiheit zu geben ist, um danach die Grenzen der Gewerbepolizei zu bestimmen. Vgl. hierüber z. B. in Bezug auf den Erlaß gewerbepolizeilicher Verordnungen das Erk. O.Trib. v. 4. Nov. 1870 (Oppenhoff, Rechtsprechung Bd. 11 S. 544 und V.M.Bl. 1871 S. 13), welches ausspricht, daß sich § 1 der R.Gew.O. „lediglich auf die Zulassung zum Betriebe von Gewerben im Allgemeinen erstrecke, keineswegs aber auf diejenigen polizeilichen, im öffentlichen Interesse gegebenen Vorschriften, unter denen die Ausübung eines bestimmten Gewerbes überhaupt gestattet sei." (Daher wird das den Gastwirthen gesetzte Gebot, Schülern den Aufenthalt in ihren Localen zu gestatten, für rechtsgültig erachtet.) Auf demselben Standpunkte steht auch die Judicatur des O.V.G. (Erk. v. 21. Oct. 1889, Entsch. Bd. 18 S. 308 ff.: Verbot und Beschränkung polizeiwidriger Anlagen mit Rücksicht auf die Oertlichkeit) und die des Kammergerichts (Erk. v. 24. Mai 1888 bei Johow Bd. 8 S. 149, betr. Aufbewahrung von Spirituosen; v. 15. Nov. 1888 bei Johow Bd. 9 S. 177: Verbot des Verkaufs marktgängiger Waaren außerhalb der Marktplätze während oder vor der Marktzeit; v. 22. Mai 1890 bei Johow Bd. 10 S. 166; v. 13. Jan. 1890 bei Johow Bd. 10 S. 168: Körordnungen u. a. m.) Vgl. noch im Allgemeinen, sowie über die Grenzen zwischen „Zulassung" und „Ausübung" Schenkel, Kommentar zur R.Gew.O. 2. Aufl. Bd. 1 S. 16 f.; dagegen zu Unrecht abweichend Bornhak im Archiv für öffentl. R. Bd. 5 S. 416. — Selbstverständlich gilt das hier Entwickelte überhaupt nur, soweit nicht (vgl. oben § 17 II Nr. 1) der Polizeiverordnung durch das delegirende Gesetz derogatorische Kraft beigelegt ist.

[7]) Vgl. oben § 17 II Nr. 2 e. So konnte z. B. vor Erlaß des Reichs-Impf-Gesetzes v. 8. April 1874 der Impfzwang durch Polizeiverordnung der Regierungen für ihre Bezirke ausgesprochen werden. Vgl. Erk. O.Trib. v. 3. Dec. 1868 (Oppenhoff, Rechtspr. Bd. 9 S. 690) und v. 23. Oct. 1878 (J.M.Bl. S. 166).

II. Die natürliche Handlungsfreiheit des Einzelnen besteht nach der Seite der ihm behufs Erreichung seiner individuellen Zwecke zu Gebote stehenden materiellen Mittel zugleich in der Befugniß, von denselben in jeder ihm zweckdienlich erscheinenden Weise Gebrauch zu machen oder nicht Gebrauch zu machen. Zu diesen materiellen Mitteln gehören die dem Einzelnen zustehenden privaten Vermögensrechte. Insoweit daher das Verordnungsrecht der Polizeibehörden die rechtliche Befugniß enthält, der natürlichen Handlungsfreiheit des Einzelnen zu Gunsten der Gesammtheit Schranken zu setzen, insoweit liegt in ihm zugleich die Ermächtigung, die freie Ausübung der privaten Vermögensrechte, insbesondere des Eigenthums und der dinglichen Rechte, nach gewisser Seite hin durch Gebot und Verbot zu Gunsten des Gemeinwohls zu beschränken. [8]) Die Grenze des polizeilichen Eingreifens bildet auch wiederum lediglich die von der Staatsgesetzgebung gezogene Linie, soweit dieselbe auf bestimmten Lebensgebieten das Princip der persönlichen Handlungsfreiheit der Polizeigewalt gegenüberstellt. [9]) Das Privatrecht als solches schließt, seinem Begriffe nach, ein polizeiliches Eingreifen

---

8) Die Parallele zwischen der der Polizei zustehenden Befugniß, die Ausübung der Privatrechte im öffentlichen Interesse zu beschränken, und ihrem allgemeinen, eine Beschränkung der natürlichen Handlungsfreiheit des Einzelnen ergebenden, Charakter tritt schon deutlich hervor in § 40 V.O. v. 26. Dec. 1808: „Wird die Klage (gegen polizeiliche Verfügungen) . . . nur auf die allgemeine bürgerliche Freiheit und die Principien vom freien Genuß seines Eigenthums gegründet, so stehet den Gerichten keine Cognition über die Nothwendigkeit zum allgemeinen Besten und die Zweckmäßigkeit der polizeilichen Anordnung zu." Dieselbe Nebeneinanderstellung z. B. in Entsch. O.V.G. Bd. 11 S. 370.

9) Daß der Lehrsatz des Artikels 9 der preuß. Verfassung: „Das Eigenthum ist unverletzlich" keine solche allgemeine Grenzlinie zu Gunsten der Unantastbarkeit des Privateigenthums gegenüber der Polizeigewalt darstellt, dürfte jetzt anerkannt sein. Eine große Reihe von Entscheidungen weist denn auch die Berufung auf Art. 9 gegen polizeiliche Eigenthumsbeschränkungen, mögen dieselben durch Verfügungen oder Verordnungen begründet sein, immer wieder zurück. So schon Erk. O.Trib. v. 21. Juni 1862 (Oppenhoff, Rechtspr. Bd. 2 S. 478) u. v. 8. März 1866 (Oppenhoff, Bd. 7 S. 167). Jetzt namentlich die Judicatur des O.V.G. Entsch. Bd. 8 S. 329, Bd. 11 S. 367, Bd. 13 S. 314, Bd. 19 S. 372, Bd. 21 S. 413 f., Bd. 23 S. 351, Bd. 24 S. 399, Bd. 25 S. 410; ebenso die des Kammergerichts: Johow Bd. 3 S. 342, Bd. 6 S. 319, Bd. 8 S. 238, Bd. 9 S. 245. 260, Bd. 10 S. 166; endlich auch Erk. R.Ger. in Strafsachen v. 19. April 1881, Entsch. Bd. 4 S. 106. Aus der Litteratur: Förstemann S. 454 f. und die Kommentare zur Verfassungs-Urkunde von Arndt (3. Aufl. S. 60) und Schwartz (1895 S. 70 f.). Vgl. auch Code civil art. 545 mit 544.

zu Gunsten des Gesammtinteresses an sich nicht aus.[10]) Denn da es nichts Anderes ist, als die durch einen Inbegriff von Normen nach gewisser Seite hin bestimmte Rechtsstellung[11]) eines Einzelnen anderen Rechtspersönlichkeiten des Privatrechts gegenüber, so besagt es an und für sich nichts über die Stellung des Privatberechtigten gegenüber der öffentlichrechtlichen Gesammtpersönlichkeit des Staates, insbesondere auch in ihren polizeilichen Interessen und Functionen. Nach dieser Seite hin die Grenzen zwischen dem Einzelnen und der Staatspersönlichkeit zu ziehen, ist gerade Aufgabe nicht des Privatrechts, sondern des Verwaltungsrechts,[12]) welches demnach auch die Normen für das Verhältniß der Polizeigewalt, sowohl in ihrer verfügenden als verordnenden Function, den Privatrechten der Einzelnen gegenüber darzubieten hat. Aber während die polizeiliche Verfügung ihrem Wesen nach für einen Eingriff in das Privatrecht einer positiven Begründung durch eine bestimmte Norm des Verwaltungsrechts bedarf,[13]) ist die mit besonderen formalen Cautelen umgebene Verordnungsgewalt, in

---

10) v. Sarwey, Das öffentliche Recht und die Verwaltungsrechtspflege, S. 374; Löning Art. „Polizei" im Handwörterbuch Bd. 5 S. 162; G. Meyer, Verwaltungsrecht, 2. Aufl. Bd. 1 S. 86; v. Seydel, bayr. Staatsrecht Bd. 3 S. 594; Rotering im Gerichtssaal Bd. 50 S. 39 ff. und Andere. — In allgemeinster Fassung namentlich Erk. O.V.G. v. 4. Oct. 1892, Entsch. Bd. 23 S. 351: „Das Privatrecht und insbesondere das verfassungsmäßig garantirte Eigenthum schließt als solches und schon an und für sich ein polizeiliches Einschreiten keineswegs aus", sowie Erk. R.Ger. v. 14. Jan. 1882, Entsch. in Civilsachen Bd. 9 S. 205 (Hamburgisches Recht): „Es leidet nach der der Polizei im gegenwärtigen Staate zugewiesenen Aufgabe einerseits, nach dem nur relativen Werthe des Privatrechts gegenüber öffentlichen Interessen andererseits keinen Zweifel, daß die Polizei an den persönlichen und Vermögensrechten der Einzelnen da keine rechtliche Schranke findet, wo es sich darum handelt, einem gemeingefährlichen Verhalten der letzteren entgegenzutreten u. s. w.; dazu Erk. v. 12. Nov. 1887, Entsch. Bd. 19 S. 355. — Verkannt dagegen war der maßgebende Grundsatz in dem civilrechtlichen Erk. des früheren O.Trib. v. 27. Jan. 1863 (Striethorst Arch. Bd. 49 S. 53), welches in jedem Eingriff der Polizeiverordnung in ein Privatrecht eine Verletzung des § 15 G. v. 11. März 1850, also einen Widerspruch mit Gesetzen sehen wollte. Daß dem nicht so ist, wird ausdrücklich in den Erk. desselben Gerichts v. 18. März 1875 (Oppenhoff, Rechtsprechung Bd. 16 S. 240) und v. 14. Febr. 1878 (Oppenhoff Bd. 19 S. 70) hervorgehoben. Ein fehlerhaftes Erk. eines Untergerichts s. z. B. bei Binseel Bd. 4 S. 273.

11) Vgl. Zitelmann, Irrthum und Rechtsgeschäft S. 201. 213.

12) Vgl. oben § 1 III; dazu v. Sarwey S. 109.

13) Dazu oben § 3 II. Diese Normen zu entwickeln, ist Aufgabe des verwaltungsrechtlichen Systems in seiner Gesammtheit.

ihrer Function praeter legem, wie ausgeführt, lediglich durch ihr bestimmtes negatives Verhältniß zum Inhalte der staatlichen Gesetzgebung gebunden.

Nach diesen Ausführungen ist, negativ ausgedrückt, die Rechtsgiltigkeit einer Polizeiverordnung dadurch an sich, d. h. abgesehen von einem etwaigen Widerspruch mit dem Inhalte gesetzlicher Bestimmungen,[14]) nicht beeinträchtigt, daß ihre Normen einen Eingriff in die Ausübung eines Privatrechts, welcher Natur es auch sei,[15]) enthalten, sei es, daß sie dem Berechtigten gewisse in der

14) Ein solcher Widerspruch liegt aber eben überall da nicht vor, wo die fragliche Gesetzesbestimmung als eine rein privatrechtliche eine Grenzziehung zwischen der individuellen Freiheit und der das Gesammtinteresse vertretenden Polizeigewalt und danach eine Sicherstellung der ersteren gegenüber der letzteren überhaupt nicht beabsichtigt. Wenn daher auch das Reichsgericht, Entsch. in Civils. Bd. 6 S. 177, festgestellt hat, daß nach gemeinem Privatrecht eine Doppelversicherung je zum vollen Werthe mit der Wirkung einer Solidarobligation nach der „rechtlichen Natur des Versicherungsgeschäfts" nicht unmöglich und daher auch nicht unzulässig ist, so reicht das m. E. nicht aus, um eine aus Gründen der Feuerpolizei und zur Verhütung von Brandstiftungen ergangene Polizeiverordnung, welche solche Doppelversicherungen verbietet, nach § 15 G. v. 11. März 1850 als ungiltig zu erklären, wie dies im Erk. K.G. v. 1. Mai 1884, Johow Bd. 4 S. 271 geschehen ist. Ebensowenig kann das Erk. K.G. v. 15. Oct. 1888 bei Johow Bd. 8 S. 150 aufrecht erhalten werden, insofern es eine Polizeiverordnung, welche zur Bekämpfung der Trunksucht den Gast- und Schankwirthen, sowie den Getränkekleinhändlern das Creditgeben auf Getränke verbietet, um deswillen aus § 15 cit. für ungiltig erklärt, weil (privatrechtlich) Jedem das Creditgeben erlaubt sei. Die Vertragsfreiheit, mag sie als Doppelversicherungs- oder als Creditirungsfreiheit erscheinen, ist eben, soweit sie sich auf dem Boden des Privatrechts hält, für das Verwaltungsrecht nur ein Ausfluß der natürlichen Handlungsfreiheit, welche der Einwirkung der Polizeigewalt im öffentlichen Interesse unterliegt. Erkennt doch die Entsch. v. 15. Oct. 1888 selbst an, daß eine Verordnung mit Recht verbieten dürfte, an Trunkenbolde oder Personen, welche sich durch übermäßiges Trinken der Gefahr des in § 361 Nr. 5 Str.G.B. incriminirten Zustandes aussetzen, überhaupt Getränke zu verabfolgen. Nur die öffentlichrechtliche Grenzziehung zwischen Einzel- und Gesammtinteresse gewährt Schutz gegen das polizeiliche Verordnungsrecht. Ob von diesem Standpunkte aus die letztgedachte Entscheidung aus dem publicistischen Grundsatze der Gewerbefreiheit zu rechtfertigen gewesen wäre, weil sie, über die zulässigen Beschränkungen der Ausübung eines Gewerbes hinaus (vgl. oben Note 6), einen integrirenden und wesentlichen Bestandtheil des ganzen Gewerbebetriebes völlig ausschaltet, muß hier dahingestellt bleiben. — Ohne privatrechtliche Bedenken hat denn auch das K.G. selbst eine Verordnung für giltig erklärt, welche dem Pächter eines gemeinschaftlichen Jagdbezirkes die Jagdafterverpachtung oder die Ausstellung von Jagderlaubnißscheinen gegen Entgelt zum Schutze des Wildbestandes verbietet (Erk. v. 21. Nov. 1887, Johow Bd. 7 S. 275).

15) Eigenthum, dingliche, obligatorische u. s. w. Rechte; vgl. Note 14 und 18.

Ausübung des Rechts an und für sich liegende Handlungen in bestimmtem Umfange verbieten, oder ihm als Berechtigten gewisse Handlungen anbefehlen, zu deren Vornahme er durch das ihm zustehende Privatrecht an und für sich nicht verpflichtet ist.[16]) Dieser Grundsatz, welcher sowohl principiell[17]), wie auch in den verschiedensten Einzelanwendungen[18]) in der preußischen Praxis zu unbestrittener Anerkennung gelangt ist, hat auch in der Gesetz-

---

16) Eine ähnliche Formulirung im Erk. O.Trib. v. 18. März 1875 (Oppenhoff, Rechtspr. Bd. 16 S. 240). — Selbstverständlich ist, daß auch das subjective Privatrecht durch diejenigen Thatbestände keine höhere Festigkeit gegenüber der Polizeigewalt erlangen kann, welche lediglich unter den betheiligten Einzelnen wirken, so z. B. durch ein dasselbe (eine Grundgerechtigkeit) zwischen dem Berechtigten und Verpflichteten feststellendes Civilerkenntniß; vgl. Erk. O.Trib. v. 14. Febr. 1878 (Oppenhoff Bd. 19 S. 71), auch v. 7. Oct. 1858 (Goltdammer Archiv Bd. 6 S. 828). — Aehnlich und zutreffend auch in Bezug auf öffentliche Vermögensrechte (v. Sarwey S. 107 ff. 499 ff.) das Erk. O.Trib. v. 18. März 1875 (Oppenhoff Bd. 16 S. 239). Hier wird eine über die Führung von Abflüssen in einen städtischen Kanal ergangene Polizeiverordnung auch auf den für anwendbar erklärt, welchem früher bei Herstellung seiner Anlage auf Grund des damals bestehenden objectiven Rechts weitergehende Befugnisse beigelegt waren. Die Concession als res inter partes acta schützt nicht gegen die Aenderung der Rechtsnorm.

17) Der Grundsatz selbst wird mit mehr oder weniger Bestimmtheit in folgenden Erkenntnissen zum Ausdruck gebracht: a) aus der Judicatur des früheren O.Trib.: Oppenhoff, Rechtspr. Bd. 2 S. 478, Bd. 7 S. 166, Bd. 19 S. 70; — b) aus der des Kammergerichts: Johow Bd. 3 S. 342, Bd. 4 S. 308, Bd. 6 S. 319, Bd. 7 S. 281, Bd. 9 S. 245, Bd. 11 S. 191. 267; — c) aus der des Oberverwaltungsgerichts: Binseel Bd. 5 S. 327. Zu alledem die oben Note 9 gegebenen Citate.

18) Eine Reihe wichtigerer Erkenntnisse möge hier zusammengestellt sein: a) Judicatur des O.Trib.: Erk. v. 10. Jan. 1878 (V.M.Bl. S. 54 = Goltdammer Arch. Bd. 26 S. 245 = Oppenhoff, Rechtspr. Bd. 19 S. 21, hier aber ohne Gründe): Durch Polizeiverordnung kann vorgeschrieben werden, daß die Hecken an Communalwegen von den Privateigenthümern alljährlich vor dem 1. April geschoren werden müssen und nicht über 1,30 Meter hoch sein dürfen; Erk. v. 7. April 1870 (Oppenhoff Bd. 11 S. 236): Durch eine Pol.V.O. kann den Hausbesitzern (ungeachtet des Art. 681 des Rh.B.G.B.) untersagt werden, das Dachwasser auf die anstoßende Straße abfließen zu lassen; Erk. v. 8. März 1866 (Oppenhoff Bd. 7 S. 166): Zum Schutze eines Wasserlaufes kann den Anliegern verboten werden, auf einen Streifen zu beiden Seiten desselben Holz, Steine, Sand u. s. w. zu lagern, zu bauen, zu graben, zu ackern, zu säen und zu pflanzen; Erk. v. 5. Febr. 1863 (Oppenhoff Bd. 3 S. 264 = V.M.Bl. S. 122): Einer Pol.V.O., welche den Uebergang über das Planum einer Bahn verbietet, kann nicht dem gegenüber die Rechtsgiltigkeit abgesprochen werden, welcher vor dem Bau der Bahn eine Wegegerechtigkeit an den betr. Grundstücken gehabt zu haben behauptet; Erk. v. 14. Febr. 1878 (Oppenhoff Bd. 19 S. 69): Eine Pol.V.O. kann vorschreiben, daß Servituten an Wäldern nur in den von dem Waldeigenthümer an-

gebung[19]) seinen Ausdruck erhalten. Die französische läßt denselben schon in der Definition des Eigenthums deutlich hervortreten, indem der Art. 544 des code civil dasselbe begrifflich dahin bestimmt: „La propriété est le droit de jouir et disposer des choses de la manière la plus absolue, pourvu qu'on n'en fasse pas un usage prohibé par les lois ou par les règlements."[20])

---

zuweisenden Districten ausgeübt werden dürfen. Vgl. nach derselben Richtung der Beschränkung von Forstservituten auch Erk. v. 21. Juni 1862 (Oppenhoff Bd. 2 S. 477). Erk. v. 28. Mai 1864 (Oppenhoff Bd. 4 S. 545): Beschränkung des Eigenthums an Hengsten durch eine Kör=Ordnung. — b) Judicatur des Kammergerichts: Erk. v. 28. Januar 1886 (Johow Bd. 6 S. 317): Durch Pol.V.O. können die Hauseigenthümer angehalten werden, bei Eintritt der Dunkelheit Hausflur, Treppen, Corridore zu beleuchten;' Erk. v. 21. Febr. 1889 (Johow Bd. 9 S. 244): Pflicht der Eigenthümer auch unbebauter Grundstücke zur Reinigung angrenzender Straßentheile (vgl. dazu oben § 17 Note 27); Erk. v. 10. Nov. 1881 (Johow Bd. 3 S. 340): Verbot der Ofenklappen, entsprechend Erk. O.V.G. v. 5. Dec. 1881 (Entsch. Bd. 8 S. 327) und Erk. R.Ger. v. 19. April 1881 (Entsch. Straff. Bd. 4, S. 106); Erk. v. 25. April 1889 (Johow Bd. 9 S. 259): Giltigkeit einer Pol.V.O., welche eine bestimmte Breite für Privatflüsse vorschreibt; Erk. v. 3. Oct. 1881 (Johow Bd. 4 S. 307): Giltigkeit einer Pol.V.O. zum Schutze eines öffentlichen Wasserlaufs, auch wenn dadurch das Eigenthum am angeschwemmten Lande beschränkt wird; Erk. v. 8. Dec. 1887 (Johow Bd. 8 S. 237): Kör=Ordnung, vgl. oben unter a; Erk. v. 23. Mai 1887 (Johow Bd. 7 S. 281): Gegenüber einer Pol.V.O., welche die Abführung des Schmutzwassers durch Anlagen unter Tage fordert, kann sich ein Grundbesitzer nicht darauf berufen, daß er durch Ersitzung das Recht erworben habe, sein Wasser über ein Nachbargrundstück abfließen zu lassen; Erk. v. 25. Mai 1891 (Johow Bd. 11 S. 266): Beschränkung von Realrechten an öffentlichen Straßen. — c) Judicatur des Oberverwaltungsgerichts: Erk. v. 4. Oct. 1892 (Entsch. Bd. 23 S. 349): Beschränkung der Baufreiheit durch Pol.V.O., Regelung der Entfernung nachbarlicher Bauten von einander (Bauwich); Erk. v. 5. Juni 1884 (Verwaltungsbl. Bd. 5 S. 326): Giltigkeit einer Pol.V.O., welche die Hauseigenthümer verpflichtet, zum Anschluß an die öffentliche Kanalisation die nöthigen Entwässerungsanlagen (auf eigene Kosten) herzustellen.

19) Aus der Praxis der gesetzgebenden Factoren möge noch der 4. Bericht der Commission für das Justizwesen über Petitionen, Drucks. des Abg.=Hauses 1882/3 Nr. 56 (vgl. Binseel Bd. 4 S. 130 Sp. 2) hervorgehoben werden, in welchem unter Berufung auf die erste Aufl. dieses Buches aus dem Satze, daß „zum Schutze bedrohter öffentlicher Interessen durch Polizeiverordnung die Ausübung des Eigenthums Beschränkungen unterworfen werden könne," gefolgert wird, daß „auch die Möglichkeit, für eine bestimmte gemeinnützige Heilquelle allgemein präventive Schutzmaßregeln (gegen Bauarbeiten, Steinarbeiten und Tiefbohrungen) zu treffen, schon jetzt nicht ausgeschlossen sei."

20) Ueber die „règlements de police" vgl. oben § 9. Badisches Landrecht Satz 544: „Gesetze oder Verordnungen des Staats."

Auch das preußische A.L.R. hat, wenngleich es in § 32 I 8 ausspricht, daß Einschränkungen des Eigenthums nur durch Gesetze begründet werden können, ausdrücklich anerkannt, daß unter diesen Gesetzen auch die materiell sich als solche darstellenden Polizeiverordnungen mitbegriffen sind.[21])

§ 24. Fortsetzung. Entschädigungsfrage.

Die Frage nach der Berechtigung der Polizeibehörde zu Eingriffen in die Privat-Vermögensrechte auf dem Wege der Polizeiverordnung erledigt nicht die weitere, ob und inwieweit für die durch solche Eingriffe veranlaßten Aufopferungen von ihrem Eigenthume den Berechtigten Entschädigung geleistet werden muß. Da die Polizeiverordnung gemäß ihrer erkannten rechtlichen Natur ihrem Inhalte nach Gesetz ist und ihre Normen auf Grund gesetzlicher Delegation ebenso, wie die des formellen Gesetzes, Rechtssätze darstellen, so ergiebt sich, daß hinsichtlich der Frage nach der Entschädigung für die durch jenen Inhalt herbeigeführten Beschränkungen des Privateigenthums dieselben Grundsätze maßgebend sein müssen, welche hinsichtlich der durch das formelle Gesetz selbst veranlaßten Eigenthumsbeschränkungen gelten. [1]) Ohne die Frage in diesem allgemeinen Umfange grundsätzlich zu erledigen, [2]) lassen sich von jenem Gesichtspunkte aus für das preußische Polizeiverordnungsrecht folgende Einzelsätze gewinnen:

1. Die Feststellung von Normen über die Entschädigung, welche den Einzelnen für die durch die Verordnung herbeigeführten

---

[21]) A.L.R. I 22 § 1: „Den gesetzlichen Einschränkungen des Eigenthums ist ein jeder Grundbesitzer sich zu unterwerfen verbunden (Tit. 8 §§ 33 sqq.)“ mit § 82 I 8: „Nähere Bestimmungen über die §§ 78—81 berührten Gegenstände bleiben den besonderen Polizeigesetzen eines jeden Ortes vorbehalten.“ Im Allgemeinen: Förstemann S. 454 und mein Aufsatz im Verwaltungsarchiv Bd. 3 S. 282.

[1]) So auch Erk. R.Ger. v. 20. Sept. 1890 (Entsch. Civils. Bd. 26 S. 339), wogegen das Erk. v. 9. Jan. 1882 (Verwaltungsbl. Bd. 4 S. 79 = Gruchot's Beiträge Bd. 26 S. 935) einen anderen Standpunkt einnimmt, indem es die Polizeiverordnung selbst als geeignete Grundlage eines Entschädigungsanspruches anerkennt, wenn sie nicht „sich nur als die Ausführung einer allgemeinen gesetzlichen Bestimmung (§ 66 I 8 A.L.R.) darstellt“ (vgl. dagegen Ziff. 2 des Textes).

[2]) Eine allgemeine Darstellung der Frage nach der Entschädigungspflicht des Staates u. s. w. bei Eingriffen in das Privateigenthum (außerhalb der Enteignung im engeren Sinne) wäre für Theorie und Praxis dringend zu wünschen, kann aber nicht im Zusammenhange mit der vorliegenden Arbeit unternommen werden.

Eingriffe in ihr Privateigenthum seitens der Allgemeinheit zu leisten ist, bildet nicht Aufgabe und Befugniß der Polizeiverordnung selbst, die sich insoweit nicht mehr auf polizeilichem, sondern auf finanziellem Gebiete bewegen würde. Umgekehrt ist aber auch demzufolge die Rechtsgiltigkeit und die verbindliche Wirkung der Polizeiverordnung von der Entschädigungsfrage unabhängig. Der Einzelne mag auf Grund der allgemeinen Gesetze seinen Entschädigungsanspruch verfolgen: seine Verpflichtung zum Gehorsam ist aber von der Anerkennung und Befriedigung desselben nicht abhängig. [3])

2. Soweit die Beschränkung des Eigenthums und der dinglichen Rechte durch die polizeiliche Norm unmittelbar in einer für alle durch sie Betroffenen gleichmäßigen Weise herbeigeführt wird, [4]) findet eine Entschädigung, mangels allgemeiner gesetzlicher Zusicherung, [5]) nur dann und insoweit statt, als das die Delegation zum Erlaß der Verordnung enthaltende Gesetz eine solche ausdrücklich gewährleistet. [6]) Es greift hier, wie den eigentlichen Staatsgesetzen gegenüber, der Grundsatz Platz, daß die durch das objective Recht bestimmte Privatberechtigung von selbst den Einwirkungen unterliegt, welche die Aufstellung neuer Rechtssätze auf dieselbe ausübt. [7])

---

[3]) Erk. O.V.G. v. 5. Dec. 1881 (Entsch. Bd. 8 S. 328 a. E.) und v. 5. Juni 1884 (Binseel Bd. 5 S. 327 Sp. 1 a. E.), auch Erk. K.G. v. 10. Nov. 1881 (Johow Bd. 3 S. 342).

[4]) Beispiele vgl. oben § 23 Note 18.

[5]) Daß auch Art. 9 der Verfassung eine solche gegenüber künftigen, im Wege der Gesetzgebung sich vollziehenden Beschränkungen der Privatrechte nicht enthält, ist anerkannt; vgl. Oppenhoff, Ressortverhältnisse S. 46 a. E.; v. Rönne, preuß. Staatsrecht 4. Aufl. Bd. 2 S. 99 Note 4b, S. 100 Note 2; Arndt, Kommentar, 3. Aufl. Note 2 zu Art. 9; auch Erk. R.Ger. v. 20. Sept. 1890, Entsch. Bd. 26 S. 340.

[6]) Ein Beispiel kann aus § 12 des G. über die Benutzung der Privatflüsse v. 28. Febr. 1843 entnommen werden: „Wo nach Provinzialgesetzen u. s. w. das Flößen auf einem Privatflusse Jedem freisteht ··· kann darüber durch besondere" (vom Ministerium zu erlassende) „Reglements nach Vorschrift des § 10 nähere Anordnung getroffen werden. Wenn diese Anordnungen den Eigenthümern oder Nutzungsberechtigten neue Verpflichtungen auferlegen, so gebührt denselben dafür nach Vorschrift des § 9 Entschädigung."

[7]) Vgl. insbesondere A.L.R. I 22 § 2 (dazu oben § 23 Note 21): „Für Einschränkungen und Belastungen dieser Art kann kein Grundbesitzer eine im Gesetz ihm nicht ausdrücklich vorbehaltene Entschädigung fordern." Kab.-Ordre v. 4. Dec. 1831 mit dem dadurch genehmigten staatsministeriellen Gutachten v. 16. Nov. 1831. —

3. Soweit dagegen die polizeiliche Norm die Beschränkung des Eigenthums nicht unmittelbar durch Rechtssatz herbeiführt, vielmehr den Eintritt derselben von einem im concreten Falle und auf Grund der besonderen Verhältnisse desselben ergehenden freien Willensentschlusse der Verwaltung als solcher, insbesondere einer Verfügung abhängig macht, welche sich als die Ursache jener, den bestimmten Einzelnen besonders treffenden Beschränkung darstellt, tritt nach allgemeinen gesetzlichen Bestimmungen [8]) für die im Einzelfalle zu Gunsten des Gemeinwohls durch die Verwaltung beanspruchte Eigenthums-Aufopferung [9]) ein Entschädigungsanspruch des Privatberechtigten in Geltung.[10]) Dagegen ist ein solcher gegen-

---

Erk. O.Trib. v. 14. Juli 1875 (Striethorst, Archiv Bd. 60 S. 111), v. 3. Mai 1840 (Präj. Nr. 863), v. 9. März 1849 (Entsch. Bd. 17 S. 374); vgl. auch im Allgemeinen das Erk. der jurist. Facultät Jena v. 14. Juli 1879 bei Reger Bd. 3 S. 99. — Dernburg, preuß. Privatrecht § 33; v. Schulze, preuß. Staatsrecht 2. Aufl. Bd. 2 S. 371; G. Meyer, Staatsrecht § 222 a. E.; Löning, Verwaltungsrecht S. 254 f. — Auf Polizeiverordnungen speciell bezieht sich Erk. O.Trib. v. 9. April 1872 (Striethorst Archiv Bd. 86 S. 81), sowie das cit. Erk. R.Ger. v. 20. Sept. 1890; vgl. auch die Bemerkung in Entsch. O.V.G. Bd. 9 S. 360 a. E. Neuestens G. Meyer, der Staat und die erworbenen Rechte (1895) S. 20 f.

[8]) § 75 Einl., § 31 I 8 A.L.R. Citirte Kab.-Ordre v. 1831. Auch hinsichtlich des Princips Art. 9 Verf. mit Entsch. R.Ger. Bd. 26 S. 340. — Erk. O.Trib. v. 14. Juli 1875 (Striethorst, Archiv Bd. 60 S. 111) und v. 1. Juli 1850 (Entsch. Bd. 20 S. 3). Der Gegensatz, „ob der Eigenthümer schon vermöge Gesetzes zu der ihm von der Polizei aufgegebenen Handlung verpflichtet gewesen" (vgl. Note 11), oder „ob er dazu erst durch die polizeiliche Anordnung" (Verfügung) „verpflichtet worden sei", tritt auch in den Ausführungen des R.Ger. Erk. v. 14. Juni 1890 (Gruchot's Beiträge Bd. 34 S. 881 a. E. 885) deutlich hervor. — Dernburg und v. Schulze a. a. O. — Zum Eintritt dieser Entschädigungspflicht bedarf es keinerlei besonderen Vorbehaltes. Im Einzelnen, insbesondere hinsichtlich der Person des Leistungspflichtigen, bestimmt sich dieselbe auch in der Materie des Polizeiverordnungsrechts nach allgemeinen Grundsätzen.

[9]) Nur für eine solche, nicht für jeden Vermögensnachtheil wird nach positivem Rechte Ersatz geleistet. v. Sarwey S. 373.

[10]) Als Beispiel diene die den Gegenstand des O.Trib.Erk. v. 27. Jan. 1863 (Striethorst, Archiv Bd. 49 S. 49) bildende Polizeiverordnung der Regierung zu Sigmaringen v. 16. Mai 1857, welche die Ufereigenthümer am Neckar zu Gunsten der Flößerei auf diesem verpflichtete, die Einrammung von Anbindepfählen, die Ausrüstung von Anlandestellen u. s. w. durch die Behörde nach näherer Bestimmung derselben zu dulden. Eine gesetzliche Analogie hierzu bilden die Bestimmungen über die Errichtung trigonometrischer Marksteine zum Zweck der Landesvermessung nach dem G. v. 7. Oct. 1865. Vgl. auch § 51 der Reichs-Gewerbe-O. — Der hier zur Beurtheilung der Entschädigungsfrage verwendete Gesichtspunkt findet sich auch in dem cit. Erk. auf S. 55 angedeutet, während dasselbe in seinen sonstigen Ausführungen keineswegs (vgl. § 23 Note 10) zutrifft.

über einer auf Grund der Verordnung ergehenden polizeilichen Verfügung nicht begründet, wenn die letztere sich nicht als Ursache einer besonderen, das Privateigenthum treffenden Beschränkung darstellt, sei es, daß sie lediglich eine durch die Polizeiverordnung unmittelbar gesetzte Einschränkung dem Säumigen gegenüber zur Geltung bringt,[11]) sei es auch, daß sie, wie dies z. B. bei den durch eine Verordnung geforderten (bau=) polizeilichen Consensen der Fall ist, nur die Bedingung darstellt, unter der und nach deren Inhalt überhaupt nur die Ausübung einer bestimmten Eigenthumsbefugniß allgemein durch Rechtssatz gestattet ist.[12])

4. Soweit durch die entwickelten Sätze für den Privatberechtigten ein Entschädigungsanspruch begründet ist, findet über die Frage, ob ein Fall der Entschädigung vorliegt, sowie über die Gewährung derselben, soweit nicht besondere gesetzliche Bestimmungen entgegenstehen,[13]) der Rechtsweg vor den Civilgerichten statt.[14])

§ 25. Gebot und Verbot als Mittel der Beschränkung.

Inhalt der polizeilichen Normen sind die an die Einzelnen gerichteten Gebote und Verbote. Sie bilden die Mittel, durch

11) Vgl. oben § 18 I Nr. 2 und § 19. — Eigenthümlich gestaltet sich der Fall, wenn die Verordnung, auf Grund deren die Verfügung ergangen ist, sich aus Rechtsgründen als ungiltig erweist. Der Civilrichter, für welchen die letztere nach § 1 G. v. 11. Mai 1842 jedenfalls unantastbar ist, muß dann die Entschädigung zusprechen, wenn dieselbe nach dem Verhältniß des Verfügungsinhalts zu dem sonstigen Rechtszustande (abgesehen von der Verordnung) begründet ist. Vgl. einen solchen Rechtsfall im Erk. O.Trib. v. 9. April 1872 (Striethorst, Archiv Bd. 86 S. 81), dessen Entscheidung sich durch diese Erwägungen rechtfertigt. Analog auch Gruchot Bd. 34 S. 885.

12) Der hier beregte Gegensatz ist treffend hervorgehoben auch von v. Sarwey S. 370. 404 a. E. Er ist auch in der preußischen Praxis nicht unbeachtet geblieben; vgl. Oppenhoff, Ressortverhältnisse S. 45 Note 108, S. 354 Note 101. 105.

13) z. B. Ausschluß des Rechtsweges in dem die Delegation enthaltenden Gesetze.

14) Für den Entschädigungsfall zu Nr. 3 des Textes ist der Grundsatz durch § 4 des G. über die Zulässigkeit des Rechtsweges in Beziehung auf polizeiliche Verfügungen v. 11. Mai 1842 ausdrücklich ausgesprochen. Dasselbe gilt von dem Entschädigungsfalle zu Nr. 2 des Textes, wenn man (vgl. unten § 53 Note 4) im Sinne jenes Gesetzes die polizeilichen Verordnungen als von vornherein im Ausdruck „Verfügungen" mitbegriffen ansieht. Aber auch wenn man dies nicht für richtig hält, wird man, sei es auf dem Wege der Analogie, sei es auf dem allgemeiner Erwägungen (besonders im Sinne der reichsgerichtlichen Judicatur: z. B. Entsch. Bd. 11 S. 71, Bd. 19 S. 72, Bd. 22 S. 288, Bd. 25 S. 330) zu dem gleichen Resultate gelangen. Vgl. v. Sarwey S. 386 Nr. 3, Oppenhoff, Ressortverhältnisse S. 46 Note 111, S. 417 Note 23.

welche die Beschränkung der individuellen Handlungsfreiheit bezw. der privaten Vermögensrechte zu Gunsten des Gemeinwohls ins Werk gesetzt wird.

I. Die Polizeistrafverordnung kann nicht allein die Unterlassung gewisser Thätigkeiten, sondern auch positiv die Vornahme bestimmter Handlungen gebieten und Zuwiderhandlungen mit Strafe bedrohen. Verbot sowohl als Gebot sind nur verschiedene Bethätigungen der im Begriffe der Polizei (im modernen Sinne) liegenden Beschränkung der natürlichen Handlungsfreiheit des Einzelnen zu Gunsten der Gesammtheit. Eine Einschränkung der Polizeistrafverordnungen auf die Aufstellung von Verboten unter Bedrohung des verpönten Thuns, wie sie vereinzelt hervorgetreten ist, [1]) kann aus dem Begriffe der Polizei nicht entnommen werden. [2])

II. Jeder Befehl der Staatsgewalt, welcher Nachachtung für sich in Anspruch nimmt, muß dem Unterthan mit ausreichender Bestimmtheit zum Ausdruck bringen, was von ihm verlangt wird. Es gilt dieser Grundsatz nicht blos von polizeilichen Verfügungen, für welche ihn die Judicatur des O.V.G. wiederholt hervorgehoben hat, [3]) sondern ebenso für polizeiliche Verordnungen. Nur braucht die erforderliche Bestimmtheit der polizeilichen Normen nicht unbedingt eine absolute zu sein; es genügt auch eine Relation, welche Tragweite und Maß der Verpflichtung nach Verhältniß besonderer und wechselnder Grundlagen feststellt. [4])

---

[1]) Vgl. Erk. O.Trib. v. 8. April 1869 (Oppenhoff, Rechtsprechung Bd. 10 S. 207), wo der Angeklagte die Ungiltigkeit einer die Theilnahme am Löschdienste anbefehlenden Polizeiverordnung daraus erweisen will, „daß die Aufgabe der Polizei zunächst eine negative, hindernde, verbietende" sei. Dagegen die Begründung des den Cassations-Recurs verwerfenden Erkenntnisses S. 210. Vgl. auch Erk. v. 6. Juni 1863 (Oppenhoff Bd. 3 S. 487). — Ganz vorübergehend hat auch das O.V.G. den gekennzeichneten Irrweg einschlagen wollen; vgl. Entsch. Bd. 12 S. 385 mit der zutreffenden Gegenbemerkung in Bd. 18 S. 378, dazu meinen Aufsatz im Verwaltungsarchiv Bd. 3 Note 193.

[2]) Uebereinstimmend Rödenbeck, Polizeiverordnungsrecht in Beziehung auf die Sonntagsruhe S. 96 f.

[3]) Entsch. Bd. 9 S. 231, Bd. 20 S. 278. 283, Bd. 23 S. 341, Binseel Bd. 8 S. 208 Sp. 2 a. E., S. 212 Sp. 2, auch v. Brauchitsch, Verwaltungsgesetze, 11. Aufl. Bd. 1 S. 131 Note 238 Abs. 3.

[4]) Erk. O.V.G. v. 31. Januar 1893, Entsch. Bd. 24 S. 360, bezüglich auf Verordnungen, kraft deren sich die Höhe der Gebäude nach der Straßenbreite, bezw. („unzweckmäßig", aber nicht „rechtsungültig") nach den bestehenden öffentlichen Feuerlöscheinrichtungen bestimmen soll.

III. Der Inhalt der zu erlassenden Gebote und Verbote ist nach dem Zwecke, der damit erreicht werden soll, unendlich verschieden. Hervorzuheben bleibt nur, daß durch Polizeistrafverordnungen, wie durch Gesetz, auch solche Handlungen oder Unterlassungen verpönt werden dürfen, welche, sei es subjectiv, sei es objectiv, nicht unmittelbar auf die Vereitelung des der Verordnung zu Grunde liegenden Zweckes gerichtet sind. Dementsprechend können auch diejenigen (z. B. Eltern, Dienstherren) mit Strafe bedroht werden, welche gegebenen Falls die Uebertretung der polizeilichen Norm durch einen Dritten (z. B. Kinder bezw. Dienstboten) (schuldhaft) zu verhindern unterlassen. [5]) Inhalt der Norm ist hier das positive Gebot der eigenen Verhinderung einer, wenn auch als solche selbst strafbaren, Uebertretung eines Dritten. Ebenso kann in Ausübung der nach § 2 des Einführungsgesetzes zum R.Str.G.B. der Landesgesetzgebung verbliebenen Befugniß [6]) die Polizeistrafverordnung in Bezug auf die von ihr verpönten Uebertretungen Beihülfe, Begünstigung und in gleicher Weise den Versuch, welche nach allgemeinen Strafgesetzen (§§ 43. 49. 257 R.Str.G.B.) bei Uebertretungen keiner Strafe unterliegen, mit solcher bedrohen. [7]) Immerhin aber ist nothwendige Voraussetzung eintretender Strafbarkeit eine eigene, durch polizeiliche Norm verbotene Handlung oder Unterlassung: die, sei es strafrechtliche, sei es auch nur civilrechtliche, Haftbarkeit für eine von einem Dritten begangene Uebertretung oder deren Folgen, abgesehen von eigener Normwidrigkeit, festzustellen, liegt außerhalb der Ermächtigung der Polizeistrafverordnungen. [8])

[5]) Vgl. das Note 1 citirte Erk. v. 6. Juni 1863, auch das Erk. v. 7. Nov. 1867 (Oppenhoff, Rechtsprechung, Bd. 8 S. 678). Dazu Oppenhoff, Kommentar, 12. Aufl. Note 43 zu §§ 360 ff.

[6]) Vgl. statt Anderer Oppenhoff, Kommentar, Note 2 zu § 2 Einf.G. zum R.Str.G.B., Rotering, Polizei-Uebertretungen, S. 28 und die bei Beiden citirte weitere strafrechtliche Litteratur; dazu hinsichtlich des Verhältnisses von § 2 cit. zu dem die Uebertretungen behandelnden 29. Abschnitt des R.Str.G.B. oben § 14 Note 22.

[7]) Oppenhoff, Kommentar, Note 4. 7. 42 zu §§ 360 ff. hinsichtlich der Beihilfe und des Versuchs; das Gleiche muß für die Begünstigung gelten. Vgl. analog §§ 7. 8 des Feld- und Forstpolizei-G. v. 1. April 1880 und Rotering a. a. O.

[8]) Daher „ist es nicht statthaft, für die Zuwiderhandlungen des Gesindes den Dienstherrn als solchen ohne weiteres rechtlich verantwortlich zu machen“. So das bei Oppenhoff, Kommentar Note 43 cit. angeführte Dresdener Erk. v. 31. Mai 1875 in Stenglein's Ztschr. Bd. 6 S. 74. Ebensowenig kann eine subsidiarische

IV. Die Frage nach der „Allgemeinheit" der durch die Polizeiverordnung aufgestellten Norm hat in den für Preußen geltenden Gesetzesbestimmungen keine ausdrückliche Erledigung erfahren und beantwortet sich daher nach den grundlegenden, bereits in der Einleitung festgestellten Gesichtspunkten. [9]) Danach ergiebt sich Folgendes:

1. Es kann nicht als ein begriffliches Erforderniß der Polizeiverordnung bezeichnet werden, daß dieselbe einen allgemeinen Inhalt habe.[10]) Der Kreis der Thatbestände, auf welche der in der Verordnung aufgestellte Rechtssatz Anwendung leiden soll, ist für ihre Rechtsgiltigkeit in keiner Weise entscheidend. Es ist nicht nöthig, daß eine Polizeiverordnung das Verhalten der Einwohnerschaft bei Volksfesten, Märkten u. s. w. allgemein erledigt, sondern ebenso zulässig und rechtsgültig, ein einzelnes bevorstehendes Volksfest oder einen bestimmten Jahrmarkt in einer Verordnung zum Gegenstande polizeilicher Regelung zu machen. Und auch das ist nicht einmal erforderlich, daß die in der Polizeiverordnung gesetzten Gebote und Verbote sich immer an einen unbestimmten

Haftbarkeit für Geldbuße und Kosten Dritten unter der Voraussetzung auferlegt werden, daß sie nicht nachweisen, die Uebertretung sei ohne ihr Wissen verübt. Erk. O.Trib. v. 30. Mai 1856 (Goltdammer's Archiv Bd. 4 S. 688). Eine solche Vorschrift kann nur im Gesetz festgestellt werden. Vgl. z. B. § 5 Feld- und Forstpolizei-G. v. 1. April 1880, § 11 des Forstdiebstahl-G. v. 15. April 1878. Uebereinstimmend Rotering S. 29.

[9]) Oben § 2. Dort auch das Nähere über die Formulirung der Frage und deren Beantwortung vom allgemeinen Standpunkte der materiellen Natur des Gesetzes aus. Dazu auch, besonders über Individualgesetz und Verfügung, oben § 3 I. Vgl. auch § 12 III.

[10]) Nach dieser Richtung verdient es ausdrücklich hervorgehoben zu werden, daß keines der neueren preußischen Gesetze das Begriffsmerkmal der „Allgemeinheit" in die das Strafverordnungsrecht der Polizeibehörden begründende Delegation hineingenommen hat. Ich citire §§ 5. 11 G. v. 11. März 1850 und der entsprechenden V.O. v. 20. Sept. 1867, ferner §§ 136. 137. 138. 142. 144 L.V.G., § 62 Kreis-O. v. 1872 und § 54 der schleswig-holsteinschen v. 1888; ebenso aber auch die jetzt beseitigten § 78 Kreis-O. v. 1872, §§ 76. 79. 85 Prov.O. v. 1875, § 115 Komp.G. v. 1876, §§ 72. 73. 74. 78. 80 Org.G. v. 1880; endlich noch die geltenden Delegationen in § 197 Allg. Berg-G. (vgl. auch § 8 G. v. 10. Juni 1861) und § 4 R.G. über die Consulargerichtsbarkeit v. 10. Juli 1879 (vgl. auch § 17 G. v. 29. Juni 1865); auch § 11 Abs. 2. 3 des R.G. über die Schutzgebiete. Wenn demgegenüber die schleswig-holsteinsche Städte-O. v. 14. April 1869 bei Gelegenheit einer Specialbestimmung in § 89 Abs. 4 von „allgemeinen Verordnungen der Ortspolizeibehörde" spricht, so ist damit nur das regelmäßige Verhältniß zum Ausdruck gebracht. Vgl. dagegen über die V.O. v. 26. Dec. 1808 oben § 12 Note 21.

Kreis von Personen wenden; es steht vielmehr nichts entgegen, daß eine Polizeiverordnung z. B. die Eigenthümer einer bestimmten Häuserreihe zu Handlungen oder Unterlassungen verpflichtet,[11]) oder daß, wenn in einem Ortspolizeibezirke nur ein einziges gewerbliches oder sonstiges Unternehmen bestimmter Art sich vorfindet, die polizeilichen Pflichten des Unternehmers dem Publicum oder den Angestellten und Arbeitern gegenüber in einer Polizeiverordnung zusammen mit den sonstigen polizeilichen Verhältnissen des Betriebes geregelt werden.[12])

2. In gewissem Umfange muß ein polizeiliches Gebot oder Verbot, auch wenn es nur an einen einzelnen realen Thatbestand anknüpft oder sich nur auf das Verhalten einer einzelnen Person bezieht, in der Form der Verordnung erlassen werden. Da nämlich eine polizeiliche Verfügung nur als die Verwirklichung eines bereits bestehenden Rechtssatzes begrifflich zu denken ist,[13]) so muß der Weg der neuen Rechtserzeugung, d. h. der Verordnung, überall da beschritten werden, wo ein Einzelgebot durch die bestehende Rechtsordnung nicht gedeckt ist[14]) oder gar in Abänderung derselben ergehen soll. Die Verschärfung einer bereits bestehenden allgemeinen Polizeiverordnung, welche für einen speciellen Fall nöthig werden sollte, muß daher verordnungsmäßig erfolgen, ebenso wie umgekehrt auch eine, in der Verordnung nicht bereits vorgesehene, Dispensation von ihren Vorschriften nur auf dem Wege einer solchen Individualverordnung geschehen kann.[15])

---

[11]) Vgl. z. B. Erk. O.V.G. v. 9. Mai 1881, Entsch. Bd. 8 S. 290: Verbot der Anlegung von Ausgängen an der Hinterfront. Uebereinstimmend Arndt, Verordnungsrecht S. 166 Note 6.

[12]) Man denke an die häufigen Polizeiverordnungen über den Betrieb des (in der Hand eines Unternehmers liegenden) Pferdebahn- oder Omnibus-Unternehmens einer bestimmten Stadt. Vgl. z. B. Verwaltungsblatt Bd. 14 S. 566 Sp. 1.

[13]) Vgl. oben § 3 II mit § 12 III.

[14]) Ueber den gleichen principiellen Standpunkt des französischen Rechts s. Otto Mayer, Theorie des französischen Verwaltungsrechts S. 66 f. Thatsächlich allerdings werden die umfassenden Generalclauseln des preußischen Polizeirechts (§ 10 II 17 A.L.R. bezw. § 3 V.O. v. 26. Dec. 1808; vgl. oben § 3 Note 35. 37) das Bedürfniß einer Individualverordnung aus diesem Gesichtspunkte (praeter legem) selbst für die Ortspolizeibehörden nur selten entstehen lassen.

[15]) Vgl. oben § 18 II, insbesondere Note 15 über eximirende Individualverordnungen. — Bornhak, Preußisches Staatsrecht Bd. 3 S. 138 erkennt an, daß „eine polizeiliche Rechtsnorm für den individuellen Fall zwar gesetzlich nicht ausgeschlossen ist," und ebenso ferner, daß „begrifflich die Abänderung einer polizei-

§ 26. Das Gemeinwohl als Zweck der Beschränkung.

Gebote und Verbote, welche im Wege der polizeilichen Verordnung die natürliche Handlungsfreiheit des Einzelnen beschränken, ergehen, dem Begriffe der Polizei entsprechend, im Interesse des Gemeinwohls.

I. Die Interessen des Gemeinlebens in ihrem Gesammtumfange sind es, welche der Fürsorge der Polizei unterstehen. Sowohl in der Sicherung des Gemeinwohls vor Gefahren, als in der positiven Förderung desselben bethätigt sich diese, und es ist dementsprechend bereits in § 21 festgestellt worden, daß sowohl der Polizeibegriff des A.L.R. als auch der der V.O. v. 26. Dec. 1808, welcher insbesondere dem preußischen Polizeiverordnungsrechte zu Grunde liegt, ungetrennt beide Richtungen jener staatlichen Thätigkeit, die Wohlfahrtspolizei ebenso wie die Sicherheitspolizei, umfaßt. Daß aber ganz besonders das G. über die Polizeiverwaltung v. 11. März 1850 für den Umfang des polizeilichen Strafverordnungsrechts denselben Standpunkt einnimmt, konnte noch ausdrücklich aus den Materialien desselben constatirt werden. Hiernach kann die neuere Richtung unserer Judicatur, [1]) welche

lichen Rechtsnorm für den individuellen Fall selbst wieder eine Rechtsnorm sein müßte", hält aber alle solche Individualverordnungen für „gewohnheitsrechtlich unzulässig", ohne jedoch einen Beweis für dieses negative Gewohnheitsrecht, namentlich aus der Judicatur der Gerichte, erbringen zu können.

[1]) Ueber die allgemeinen Grundsätze, von denen dieselbe ausgeht, vgl. oben § 21 Note 5. Daß die Beschränkung der polizeilichen Befehlsgewalt auf die Sicherheitspolizei nur Platz greifen soll, sofern nicht weitergehende Specialbestimmungen Anwendung finden, wird in den dort angeführten Erkenntnissen besonders hervorgehoben; vgl. dazu § 21 Note 33. Eine Zusammenstellung einzelner Verordnungen und Verfügungen, welche als „wohlfahrtspolizeilich" vom Oberverwaltungsgericht oder Kammergericht reprobirt worden sind, ist in meinem Aufsatz im Verwaltungsarchiv Bd. 3 Note 193 mit 306 gegeben. Die ihnen dort gegenübergestellten Fälle, in denen die Gerichtshöfe das Vorgehen der Polizeibehörden gebilligt haben, zeigen, daß bei der Handhabung im Einzelnen der principielle Standpunkt nicht immer mit unbedingter Consequenz festgehalten wird. Vgl. namentlich Note 306 a. E. hinsichtlich der vom Kammergericht stets für giltig erachteten „Körordnungen"; dazu jetzt noch Erk. v. 20. März 1893, Johow Bd. 14 S. 270. Aus der Praxis des früheren O.Trib. vgl. Oppenhoff, Rechtspr. Bd. 19 S. 292 und die in Entsch. O.V.G. Bd. 9 S. 374 zusammengestellten Erkenntnisse. — Eine möglichst genaue (vgl. die folgende Note) Bestimmung des Umfangs der Sicherheitspolizei nach § 10 II 17 A.L.R., dessen Bedeutung für die Verfügungsgewalt der Ortspolizeibehörden unangetastet bleibt (vgl. oben § 21 Note 22 und § 3 Note 36. 37), habe ich in § 6 meines oft citirten Aufsatzes zu geben versucht.

wiederholt Verordnungen um deswillen für ungiltig erklärt hat, weil sie mit ihrem Gegenstande den Umfang der durch § 10 II 17 A.L.R. bestimmten Sicherheitspolizei überschritten, nicht gebilligt werden. Vielmehr muß ihr gegenüber daran festgehalten werden, daß auch auf denjenigen Gebieten staatlicher Thätigkeit, welche man der sogenannten Wohlfahrtspolizei zurechnen möchte, [2]) den Polizeibehörden im Rahmen ihrer amtlichen Thätigkeit und unter den formalen gesetzlichen Cautelen [3]) das Recht zusteht, im Wege der

[2]) Daß feste Grenzen zwischen „Sicherheits"= und „Wohlfahrtspolizei" oft schwer oder gar nicht zu ziehen sind, „weil die in § 10 II 17 A.L.R. vom Gesetzgeber verwendeten naturrechtlichen Begriffe trotz aller wissenschaftlichen Erläuterung und aller praktischen Umsicht einer festen und in allen unvorhergesehenen Einzelfällen leicht bestimmbaren Begrenzung spotten", habe ich in meinem Aufsatz S. 319 unter Hinweis auf die Praxis des O.V.G. besonders hervorgehoben. Vgl. die in voriger Note citirten Stellen und das Zeugniß des O.V.G. selbst in Entsch. Bd. 20 S. 407. Daraus erklären sich auch die Widersprüche, welche sich im Einzelnen nicht allein zwischen den verschiedenen Gerichtshöfen (vgl. die denselben Fall betreffenden Erk. O.V.G. v. 6. Juni 1885, bei Binseel Bd. 7 S. 15, und des K.G. v. 1. April 1886, ebenda S. 256) finden, sondern auch innerhalb der Judicatur desselben Gerichts mehr oder weniger klar hervortreten. — Mit der Sicherheitspolizei im älteren Sinne wesentlich identisch und daher ebensowenig wie diese für eine scharfe Sonderung der staatlichen Functionen, geschweige denn zur Bestimmung des Umfangs des preußischen Polizeiverordnungsrechts verwendbar, ist der im Anschluß an Aeltere von L. v. Stein aus dem Begriffe der „Gefahr" (dem Correlatbegriff von „Schutz" und „Sicherheit") entwickelte Polizeibegriff. (Polizeirecht = Verwaltungslehre 4. Theil S. 2 ff.; auch 2. Theil S. 63 ff., 1. Theil 2. Aufl. 1. Abth. S. 320; Handbuch der Verwaltungslehre 3. Aufl. Bd. 1 S. 204 ff.; Artikel „Polizei" in v. Stengel's Wörterbuch Bd. 2 S. 247.) Ihm ist „Polizei diejenige Function, welche in allen Punkten des Gesammtlebens dasselbe vor den Gefahren zu schützen hat, die aus dem Uebermaße irgend einer Kraft entstehen" (Polizeirecht S. 3) oder — nach Ausscheidung der Abwehr von natürlichen Gefahren durch mechanische und technische Mittel — die staatliche Zwangsgewalt in specifischer Function „behufs Sicherung gegen Gefährdungen" (Verwaltungslehre I, 1 S. 320). Allein auch Stein selbst kann sich, wie schon ehemals Pütter, Institutiones § 331 a. E., dem Gedanken der Relativität des Gegensatzes von Gefahrenabwehr (Sicherung) und Förderung nicht völlig verschließen (Polizeirecht S. 2 a. E.) und wird so der modernen Auffassung genähert, welche in dem Momente der Beschränkung der natürlichen Handlungsfreiheit zu Gunsten der Gesammtheit und dem dieselbe realisirenden Zwange das einzige verläßliche Kriterium des Polizeibegriffs festhält. Vgl. im Ganzen G. Meyer, Staatsrecht, 4. Aufl. S. 556 und Verwaltungsrecht 2. Aufl. Bd. 1 S. 72; hier Note 6 auch andere Schriftsteller, welche, wie v. Stein, das Moment der Gefahrenabwehr in der polizeilichen Thätigkeit zu einseitig betonen. Ihnen ist neuerdings auch Gerland, Ueber den Begriff der Polizei und insbesondere der Sicherheitspolizei nach preuß. R., Archiv für öffentliches Recht Bd. 5 S. 5 ff. 9, hinzuzufügen. Vgl. auch oben § 21 Note 35.

[3]) Vgl. hierüber schon oben § 23 I a. E.

Strafverordnung durch Gebote und Verbote dem Einzelnen zwingend gegenüberzutreten, — soweit nicht durch die Gesetze des Staates gewisse Lebensgebiete der freien Selbstbethätigung des Individuums unter Ausschluß polizeilichen Eingreifens gesichert sind.

II. Die Interessen des Gemeinwohls sind es, denen die Gebote und Verbote der Verordnung zu dienen haben; nur durch diesen Zweck wird das polizeiliche Eingreifen in die natürliche Handlungsfreiheit des Einzelnen gerechtfertigt. [4])

1. Dem Gemeinwohl gegenüber steht das Sonderinteresse einer Einzelpersönlichkeit, welches daher niemals den Gegenstand und Inhalt einer Polizeiverordnung bestimmen darf. [5]) Nicht als ob es nicht Aufgabe der Polizei wäre, auch den Interessen der Einzelnen Schutz und Förderung durch die ihr zustehenden Machtmittel angedeihen zu lassen! Besteht ja doch gerade eine Hauptaufgabe der inneren Verwaltung, und damit der Polizei, darin, durch das Mittel der Förderung des individuellen Wohls das Gemeinwohl zu fördern, [6]) und es hieße daher das Wesen der Sache

---

[4]) Ausdrücklich ausgesprochen z. B. in der Regierungs-Instruction v. 1817 § 7 Abs. 2: „Es muß daher bei allen Maßregeln der Grundsatz leitend sein, Niemanden in dem Genuß seines Eigenthums, seiner bürgerlichen Gerechtsame und Freiheit . . . weiter einzuschränken, als es zur Beförderung des allgemeinen Wohls nöthig ist.“ Uebereinstimmend (mit besonderem Hinblick auf § 6 litt. e G. v. 11. März 1850) Erk. O.V.G. v. 26. Juni 1894, Binseel Bd. 16 S. 66 Sp. 2: „Die Aufgaben der Polizei sind begriffsmäßig auf den Schutz der öffentlichen Interessen beschränkt“, sowie vorher: „Denn dies würde . . . auf einen Eingriff in die Willensfreiheit und die Vermögensrechte des Einzelnen hinauskommen, der unter keinen Umständen durch das öffentliche Interesse erfordert werden kann, und deshalb völlig außerhalb desjenigen Gebietes liegt, auf dem die Uebung polizeilichen Zwanges, mag dieser im Wege der Einzelverfügung oder der Polizeiverordnung erfolgen, durch das Gesetz zugelassen ist.“ Vgl. auch Erk. K.G. v. 10. Nov. 1881, Johow Bd. 3 S. 342: „ . . . daß danach eine polizeiliche Vorschrift . . . dann als den Gesetzen höherer Instanz widersprechend vom Richter zu erachten ist, wenn sie der . . . Anforderung dieser allgemeinen Gesetze, daß nämlich das Allgemeininteresse zu Grunde liegen müsse, nicht entspricht.“ Ueber das richterliche Prüfungsrecht in Betreff des hier in Rede stehenden Momentes vgl. im Ganzen unten § 52 Note 22.

[5]) Förstemann S. 194; vgl. auch im Allgemeinen Neukamp im Verwaltungsarchiv Bd. 3 S. 57 f.

[6]) L. v. Stein, Verwaltungslehre, 2. Theil (Lehre von der inneren Verwaltung) S. 5. 55 ff.; v. Schulze, preuß. Staatsrecht, 2. Aufl. Bd. 2 S. 285; Leuthold, öffentliches Interesse und öffentliche Klage im Verwaltungsrechte, in den „Annalen“ 1884 S. 332. 334 u. A. m. — Derselbe Gedanke tritt auch in den Bestimmungen des § 10 II 17, § 3 II 13 A.L.R., § 3 V.O. v. 1808, § 6 litt. i G. v. 1850 hervor.

verkennen, wollte man schlechthin den Erlaß einer Polizeiverordnung im Interesse „einzelner Privaten“ ausschließen. [7]) Nur darf das Einzelinteresse nicht zum Sonderinteresse werden, indem es ohne Rücksicht auf sein Verhältniß zum Gemeinwohl als letzter und ausschließlicher Endzweck der polizeilichen Maßregel auftritt; [8]) es

---

7) Durch die Nichtbeachtung dieses Gesichtspunktes wird die Ausführung Förstemanns einseitig. Es trifft daher seine Polemik gegen das Erk. O.Trib. v. 26. Sept. 1860 (J.M.Bl. S. 410; V.M.Bl. S. 239; Goltdammer Bd. 8 S. 818) nicht zu, welches gegen eine die Laichzeit regelnde Polizeiverordnung den Einwand nicht zulassen wollte, daß eine solche „nicht den Schutz einzelner Personen, wie im vorliegenden Falle der Eigenthümer der Seeen, im Auge haben dürfe.“ Vgl. auch z. B. den Inhalt der oben § 23 Note 18 angeführten Erk. O.Trib. v. 14. Febr. 1878 und 21. Juni 1862 betr. die Beschränkung von Forstservituten zu Gunsten der belasteten Waldgrundstücke, ebenso Erk. K.G. v. 21. Nov. 1887 (Johow Bd. 7 S. 275), welches eine Verordnung für giltig erklärt, die, „um einer den Wildstand gefährdenden Ausbeutung des den Grundbesitzern zustehenden Jagdrechtes Seitens der Jagdpächter entgegenzuwirken, also um die Interessen der jagdberechtigten Grundbesitzer zu schützen und zu fördern“, die Afterverpachtung seitens des Pächters eines gemeinschaftlichen Jagdbezirkes ohne Genehmigung der Gemeindebehörde oder die Ausstellung von Erlaubnißscheinen gegen Entgelt verbietet. In allen diesen Fällen kommt in Betracht, daß Wald, jagdbare Thiere, Fische, wenngleich sie formell zu Privateigenthum vertheilt sind, doch zugleich einen dauernden Güterschatz der Nation zu bilden berufen sind. Vgl. meinen Aufsatz im Verwaltungsarchiv Bd. 3 S. 312, sowie mein Recht der öffentl. Genossenschaft S. 86 f., auch § 6 litt. h G. v. 1850. — Auch hier (vgl. dazu oben § 23 Note 14) hat sich aber das K.G. wiederholt, und zwar speciell, wo obligatorische Verhältnisse hineinspielten, dem öffentlichen Interesse gegenüber im Banne des Privatrechts festhalten lassen. So hat es namentlich die verordnungsmäßige Regelung des Verhaltens der Pferdebahnpassagiere in Bezug auf Entrichtung des Fahrgeldes, besonders bei Einrichtung von Fahrgeldbehältern (fare-boxes), in Bezug auf Aufbewahrung des Fahrscheins, Controllmaßregeln u. s. w. nicht gelten lassen (Erk. v. 9. Nov. 1885, Johow Bd. 6 S. 285; Erk. v. 19. Febr. 1894, Binseel Bd. 15 S. 289), ohne zu beachten, daß, wie der Berufungsrichter mit Recht hervorgehoben hatte (Johow Bd. 6 S. 286), „die Verordnung sich zwar in erster Linie (?) auf das civilrechtliche Verhältniß des Fahrgastes und der Unternehmer der Straßenbahn bezieht, dieselbe jedoch auch zur Erhaltung der Ordnung, Sicherheit und Leichtigkeit des Verkehrs (§ 6 litt. b G. v. 1850)“ bestimmt ist. Nach derselben Richtung erregt es Bedenken, wenn das Gericht (Erk. v. 12. Juli 1888, Johow Bd. 8 S. 140) nicht gestatten will, daß bei Regelung der Marktordnung (vgl. §§ 68. 69 R.Gewerbe-O. und oben § 22 Note 13 a. E.) den Verkäufern das Verlassen des Standplatzes bis zur Bezahlung des Standgeldes bei Strafe verboten wird, weil hier „die Erfüllung einer obligatorischen Verpflichtung von lediglich privatrechtlicher (?!) Natur“ in Frage stehe. Ueberall ist hier doch das individuelle Rechtsverhältniß mehr Gegenstand, als Zweck der polizeilichen Einwirkung.

8) Erk. O.V.G. v. 27. April 1882, Entsch. Bd. 9 S. 349 (auf eine polizeiliche

muß bleiben, als was es der Polizei gegenüber allein in Betracht kommen darf, das Mittel für die Förderung des Gemeinwohls, das Wohl des Einzelnen eine Erscheinungsform vom Wohl der Gesammtheit. [9])

2. Ein besonderer Anwendungsfall der entwickelten Grundsätze tritt im Verhältniß der Polizeigewalt zur Communalverwaltung in die Erscheinung. Allerdings bilden die Gemeinden Vereinigungspunkte öffentlicher Interessen. Allein, indem das Gesetz in bestimmtem Umfange die Gemeinden als wirthschaftliche Sonderpersönlichkeiten constituirt, stellt es sie der wirthschaftlichen Einzelpersönlichkeit völlig zur Seite und verbietet damit insoweit, ihnen die Mittel der staatlichen Polizeigewalt in höherem Maße dienstbar zu machen, als dies dem Einzelnen gegenüber am Platze wäre.[10]) Hiernach steht es der Polizeibehörde insbesondere nicht zu, soweit das Gesetz den Communen gewisse Aufgaben ausdrücklich zur Er-

Verfügung bezüglich, aber ebenso für das Verordnungsrecht zutreffend): „Wäre die polizeiliche Thätigkeit vorliegenden Falls lediglich behufs Wahrnehmung der Privatrechte des S. und in solcher Abhängigkeit von dessen Beschwerden und Anträgen entwickelt, daß im Falle einer — bei sonst unveränderter Sachlage — erfolgten Vereinigung zwischen dem S. und dem Kläger und demnächstiger Zurücknahme jener Anträge die Beklagte (Behörde) ihre Aufgabe für erfüllt und die erlassene Verfügung als erledigt ansähe, so würde dieselbe ohne Weiteres haben aufgehoben werden müssen, weil die Wahrnehmung der Sonderinteressen des S. außerhalb der polizeilichen Zuständigkeit liegt. Es mag indeß angenommen werden, daß die Beklagte, wenn auch immerhin zum Schutze eines Nachbarn des Klägers, so doch mindestens gleichzeitig in Wahrung des öffentlichen Interesses hat einschreiten wollen und eingeschritten ist." Vgl. auch Erk. v. 25. Mai 1881, Entsch. Bd. 7 S. 381: „Grenzen des polizeilichen Einschreitens zum Schutze von Privatwegen"; dazu Neukamp a. a. O. S. 58. — Ueber das Verhältniß der Polizei zur Civiljustiz s. oben § 22 Nr. 1.

[9]) Aus den Sätzen des Textes ergiebt sich zugleich die relative Selbständigkeit des durch eine Polizeimaßregel erstrebten Gemeininteresses gegenüber dem durch dieselbe gleicherzeit geförderten Einzelinteresse. Eine Folgerung daraus ist es, wenn nach dem Erk. O.Trib. v. 4. Febr. 1861 (Goltdammer, Archiv Bd. 12 S. 217) die Strafdrohung einer forstpolizeilichen Verordnung auch auf solche Fälle Anwendung findet, in denen der Forsteigenthümer sich zur Sicherung seines Interesses von dem Uebertreter vertragsmäßig für dieselben Uebertretungen eine Conventionalstrafe ausbedungen hatte.

[10]) Vgl. auch Erk. O.V.G. v. 6. Dec. 1878, Entsch. Bd. 4 S. 368 f.; Edel, Kommentar zum bayr. Pol.Str.G.B. S. 74. Vollständig verkannt sind die hier berührten Gesichtspunkte in dem auch sonst unklaren Aufsatz: „Ueber Polizeiverordnungen in Betreff des Collectenwesens nach preußischem Recht" in der deutschen Gerichtszeitung Bd. 5 (1863) S. 2—4.

füllung mit den ihnen zustehenden wirthschaftlichen Mitteln zugewiesen hat, die Erledigung derselben durch Anwendung des obrigkeitlichen Machtmittels der Polizeiverordnung auf die Einzelnen abzuwälzen.[11])

§ 27. 2. Ortspolizei und allgemeine Landespolizei.

I. Die Gemeininteressen, deren Schutz und Förderung mit den ihnen zustehenden Mitteln, namentlich auch durch Erlaß von Strafverordnungen, Aufgabe der Polizeibehörde ist, können sich auf einen bald größeren, bald beschränkteren Kreis von Regierten beziehen. Darauf beruht der Unterschied der Ortspolizei und der (allgemeinen) Landespolizei, [1]) der ortspolizeilichen und der landespolizeilichen Verordnungen.

1. Hiernach ist die Ortspolizei derjenige Zweig polizeilicher Thätigkeit, dessen Aufgabe es ist, die Gemeininteressen der örtlichen Gemeinschaften im Staate zu befriedigen, während die Landes-

[11]) So legen §§ 2. 28. 60 des R.G. über den Unterstützungswohnsitz v. 6. Juni 1870 und § 1 des preuß. Ausführungsgesetzes dazu v. 8. März 1871 den als Ortsarmenverbänden bestehenden Gemeinden die vorläufige Unterbringung obdachloser Fremdlinge zur Last. Die Gemeinden haben für dieselbe eventuell im Wege freier Vereinbarung mit Gastwirthen u. s. w. zu sorgen; nicht aber darf behufs Abwälzung jener Last durch Polizeiverordnung den Gastwirthen eines Orts die Verpflichtung auferlegt werden, jeden ihnen vom Gemeindevorstande zugewiesenen Fremden, wenn auch eventuell gegen Entschädigung aus der Gemeindekasse, zu beherbergen. So mit Recht das Erk. O.Trib. v. 26. Juli 1878 (Oppenhoff, Rechtsprechung Bd. 19 S. 335 = V.M.Bl. S. 249). Dagegen steht natürlich die Möglichkeit, daß die Gemeinde freiwillig eine gewisse Function auf den Communaletat übernehmen könnte, ihrer Regelung als Polizeilast der Gemeindemitglieder nicht entgegen, was z. B. für die Rechtsgiltigkeit von Polizeiverordnungen betr. die Einrichtung von Pflichtfeuerwehren (z. B. Erk. K.G. v. 5. Juni 1890, Johow Bd. 10 S. 161) von Bedeutung ist. — An diesem Punkte müßte auch die weitere Beurtheilung derjenigen Erk. des O.V.G. einsetzen, welche, im Hinblick auf den die Tragung der Polizeikosten durch die Gemeinden anordnenden § 3 G. v. 11. März 1850, Polizeiverordnungen betr. die Pflicht der Adjacenten zur Straßenreinigung nur unter der Voraussetzung besonderer, dieselbe begründender, Observanzen anerkennen (vgl. bereits oben § 17 Note 27 und besonders Entsch. Bd. 23 S. 384, sowie Binseel Bd. 14 S. 125 Sp. 2). Indessen würde die Untersuchung darüber, ob in der That der § 3 cit. die ihm vom Gerichtshofe beigelegte Tragweite besitzt und ob, wenn das der Fall, eine entgegenstehende Observanz dieselbe zu beseitigen vermöchte, den Rahmen dieser Abhandlung bei Weitem überschreiten.

[1]) Die preußische Gesetzgebung definirt den Gegensatz nicht, sie setzt ihn voraus; vgl. z. B. §§ 14. 34. 35 V.O. v. 26. Dec. 1808, § 13 Nr. 2 V.O. v. 30. April 1815.

polizei auf die Förderung der staatlichen Gemeininteressen über diese örtliche Beschränkung hinaus gerichtet ist. Die Ortspolizei steht der allgemeinen Landespolizei, ihrem Objecte nach, wie das „Besondere" dem „Allgemeinen," oder besser noch: dem „Einheitlichen" gegenüber; zwar verfolgt sie, wie diese und jede Polizei, Gemeininteressen, nicht Sonderinteressen Einzelner; [2]) aber die von ihr ins Auge gefaßten Gemeininteressen sind in erster Reihe und unmittelbar nicht Gemeininteressen des gesammten Staates, sondern besondere Gemeininteressen der örtlichen, im Staate bestehenden Gemeinschaften. [3]) Welche Gegenstände es nun aber sind, an denen das Staatsganze, welche, an denen in erster Reihe die Ortsgemeinschaft interessirt ist, das bestimmt sich, analog wie die Abgrenzung des staatlichen und des Wirkungskreises der Ortsgemeinde überhaupt, [4]) zu verschiedenen Zeiten der staatlichen Entwicklung verschieden nach der Auffassung des Staates und seinen Bedürfnissen, sowie der daraus sich ergebenden mehr oder weniger umfassenden Bestimmung seiner Aufgaben gegenüber denen der örtlichen Gemeinschaft. Soweit indessen das hierin maßgebende Gesetz des Staates keine positiven Festsetzungen enthält, entnimmt der Begriff der Ortspolizei, wie der der Ortsgemeinde, [5]) seine nähere Bestimmung aus der Natur und dem Wesen der örtlichen d. h. nachbarlichen Gemein-

---

[2]) . . . auch nicht die Sonderinteressen der Gemeinden als solcher, insofern diese als wirthschaftliche Sonderpersönlichkeiten in Betracht kommen; vgl. oben § 26 II Nr. 2.

[3]) Mittelbar sind die besonderen Ortsinteressen staatliche Gesammtinteressen, da die Ortsgemeinschaft einen integrirenden Theil des Staates bildet. (Uebereinstimmend Entsch. O.V.G. Bd. 26 S. 89 oben.) Daher gehört die Aufsicht über die Ortspolizei zur allgemeinen Landespolizei, ebenso, wie die Aufsicht über die Communen Sache der allgemeinen Landesverwaltung ist.

[4]) Vgl. meinen Aufsatz: „Souveränetät, Staat, Gemeinde, Selbstverwaltung. Kritische Begriffsstudien" in den Annalen 1883 S. 291 a. E. 292, auch Ernst Meier in v. Holtzendorff's Encyklopädie 5. Aufl. S. 1161.

[5]) Diese begriffliche Parallelisirung wird dadurch nicht gehindert, daß einmal nach positivem preußischen Verwaltungsrecht selbst die Ortspolizei, im Sinne einer specifischen obrigkeitlichen Zwangsgewalt, nicht als Gemeinde-, sondern als „allgemeine Landesangelegenheit" in der Art betrachtet wird, daß ihre Verwaltung, selbst soweit sie durch Gemeindebeamte erfolgt, im Namen und Auftrage des Staates geführt wird (vgl. meinen Aufsatz im Verwaltungsarchiv Bd. 3 S. 337 ff. 348 ff. 363), und daß andererseits die Ortspolizeibezirke nicht immer mit dem Gemeindebezirke zusammenfallen, vielmehr häufig mehrere Gemeinden (z. B. beim Amtsbezirke) umfassen.

schaft.[6]) Danach sind im Zweifel Gegenstände der Ortspolizei alle diejenigen, aber auch nur diejenigen polizeilichen [7]) Materien, durch deren Regelung die besonderen, auf dem nachbarlichen Zusammenwohnen, sowie der nachbarlichen Lage der Grundstücke beruhenden örtlichen Gemeininteressen befriedigt werden sollen, Gegenstände der Landespolizei dagegen alle polizeilichen Materien, in denen ein staatliches Gemeininteresse über jene Beschränkung hinaus zu Tage tritt.[8])

2. Neben dieser materiellen, d. h. inhaltlich bestimmten Bedeutung der Begriffe Orts- und Landespolizei besteht jedoch eine andere formale, welche sich mit jener mannigfach durchkreuzt. Die Handhabung der Ortspolizei liegt zwar prinzipiell den Polizeibehörden des betreffenden Orts, die der Landespolizei regelmäßig höheren, einem weiteren Bezirk vorstehenden Landespolizeibehörden ob. Aber einerseits sind die Ortspolizeibehörden zugleich Organe der Landespolizeibehörden für die Besorgung landespolizeilicher Angelegenheiten in ihrer örtlichen Erscheinung,[9]) andererseits aber ist den Landespolizeibehörden mannigfach eine inhaltlich ortspolizeiliche Wirksamkeit eingeräumt, namentlich sofern sich dieselbe auf solche Gegenstände erstreckt, welche eine übereinstimmende Regelung für mehrere oder alle Ortspolizeibezirke ihres Sprengels erfordern. Gegenstände der letzteren Art werden dadurch inhaltlich nicht landespolizeiliche, sie bleiben ortspolizeilicher Natur; denn das besondere Interesse der örtlichen Gemeinschaft hört dadurch nicht auf,

---

[6]) Vgl. die Ausführungen meines Aufsatzes in den Annalen S. 291 ff. Sachlich übereinstimmend Erk. O.V.G. v. 21. Sept. 1886, Entsch. Bd. 14 S. 86 f.

[7]) ... im Gegensatz zu denjenigen, welche dem communalen Wirkungskreise angehören.

[8]) Uebereinstimmend die Judicatur des O.V.G.: Erk. v. 13. Dec. 1890 (Entsch. Bd. 20 S. 422), v. 5. April 1893 (Entsch. Bd. 24 S. 409) und v. 6. Jan. 1894 (Entsch. Bd. 26 S. 87), zum Theil unter ausdrücklicher Beziehung auf die Ausführungen des vorliegenden Werkes. In der Litteratur theilen wesentlich den Standpunkt des Textes Förstemann S. 78, v. Rönne, preuß. Staatsrecht 4. Aufl. Bd. 1 S. 552, v. Schulze, preuß. Staatsrecht 2. Aufl. Bd. 2 S. 310, Anonymus (vgl. oben § 6 Note 6) S. 44, Rödenbeck, Polizeiverordnungsrecht und Sonntagsruhe S. 22 ff., Leidig, preuß. Stadtrecht S. 449, v. Stengel, preuß. Staatsrecht S. 192.

[9]) Vgl. z. B. § 1 Abs. 2 G. v. 11. März 1850, § 56 Nr. 1 mit § 62 II der Städte-Ordnung v. 30. Mai 1853 u. a. m. Auch v. Rönne, preuß. Staatsrecht Bd. 1 S. 561 Note 1. Vgl. auch Erk. O.V.G. v. 2. Juli 1879 (V.M.Bl. S. 288 ff.).

ein solches zu sein, daß es sich übereinstimmend in mehreren, ja allen örtlichen Gemeinschaften des Staates oder eines seiner größeren Theile wiederfindet. Nicht das übereinstimmende, nur in diesem Sinne allgemeine, Interesse aller örtlichen Gemeinschaften im Staate, sondern das unmittelbare, einheitliche Gemeininteresse des Staates selbst bezw. seiner umfassenden Theile bildet den Inhalt der Landespolizei.[10]) Jene, auf materiell ortspolizeiliche Gegenstände gerichtete, aber mehrere Ortspolizeibezirke zugleich umfassende Function ist vielmehr nur im formalen Sinne eine landespolizeiliche, weil sie von einer Landespolizeibehörde ausgeht und sich dementsprechend auf einen weiteren Bezirk erstreckt. Nach alledem tritt dem Gegensatze von Orts- und Landespolizei im materiellen Sinne ein gleicher Gegensatz im formellen Sinne gegenüber, der sich nicht, wie jener, nach dem Inhalte der dadurch bezeichneten Thätigkeit und Interessenbefriedigung, sondern nach der Behörde bestimmt, von welcher die polizeiliche Thätigkeit ausgeht.[11]) Auch dieser formale Gegensatz hat im preußischen Verwaltungsrechte seine besondere Bedeutung.[12])

II. Von den entwickelten Grundanschauungen aus sind die das polizeiliche Strafverordnungsrecht betreffenden Bestimmungen

---

[10]) Eine Parallele bietet das Verhältniß des vielfach sogenannten „allgemeinen" oder besser „gemeinsamen" (Regelsberger, Pandekten Bd. 1 S. 119) Rechts als des übereinstimmenden Partikularrechts zum sogenannten „gemeinen", für das ganze Rechtsgebiet als für eine Einheit bestimmten, Rechte. — Uebereinstimmend mit dem Texte Rödenbeck S. 27 Note 52, Schicker, württemb. Polizeistrafrecht 2. Aufl. S. 86, auch Entsch. O.V.G. Bd. 24 S. 409.

[11]) Manche Schriftsteller wollen nur diesen formalen, auf die Verschiedenheit der Behörde und ihres räumlichen Wirkungskreises gegründeten Unterschied von Orts- und Landespolizei anerkennen, leugnen dagegen den vorher besprochenen materiellen Gegensatz der zu befriedigenden Interessen gänzlich, wobei sie sich jedoch mit dem geltenden Rechte im Widerspruch befinden. So G. Meyer, Verwaltungsrecht 2. Aufl. Bd. 1 S. 86 Note 3, Löning, Verwaltungsrecht S. 183, Bornhak, preuß. Staatsrecht Bd. 3 S. 158, auch v. Stengel S. 183, während er S. 192 (vgl. oben Note 8) für das Polizeiverordnungsrecht der hier vertretenen Meinung folgt. Gewürdigt wird die Bestimmung des Gegensatzes nach „zwei vielfach sich durchkreuzenden Momenten, einem materiellen und einem formalen" wesentlich im Sinne des Textes in der oben Note 8 citirten Entsch. O.V.G. Bd. 26 S. 87, vgl. auch schon früher Bd. 5 S. 357 f.

[12]) Er tritt hervor z. B. in den Bestimmungen L.V.G. §§ 127 ff., welche bei der Regelung der gegen ortspolizeiliche Verfügungen zulässigen Rechtsmittel den formalen Begriff derselben zu Grunde legen. Vgl. namentlich Entsch. Bd. 5 S. 358, Bd. 8 S. 382, Bd. 9 S. 349.

des Gesetzes v. 11. März 1850, der Verordnung v. 20. September 1867 und des lauenburgischen Gesetzes v. 7. Januar 1870 zu betrachten.

1. Nach § 5 bezw. 6 der Gesetze sind die mit der örtlichen Polizeiverwaltung beauftragten Behörden befugt, ortspolizeiliche, für den Umfang der Gemeinde giltige Vorschriften zu erlassen. Schon diese Bestimmung charakterisirt die von der Ortspolizeibehörde zu erlassenden, auf den Umfang eines Ortspolizeibezirkes beschränkten Polizeiverordnungen auch materiell als ortspolizeiliche. Der Inhalt dieses Begriffes erlangt seine nähere Bestimmung in dem folgenden § 6 bezw. 7, welcher feststellen soll, was „zu den Gegenständen der ortspolizeilichen Vorschriften gehört." Es werden in demselben zunächst unter litt. a—h eine Reihe von Materien aufgeführt, welche also im Sinne der obigen Entwicklungen vom Gesetze ausdrücklich als solche bezeichnet sind, die für das polizeiliche Verordnungsrecht[13]) materiell als ortspolizeiliche in Betracht kommen und darum der Ortspolizeibehörde zunächst überlassen bleiben sollen. Es gehören dahin im Einzelnen:[14])

a) der Schutz der Personen und des Eigenthums,

b) Ordnung, Sicherheit und Leichtigkeit des Verkehrs auf öffentlichen Straßen, Wegen und Plätzen, Brücken, Ufern und Gewässern,

c) der Marktverkehr und das öffentliche Feilhalten von Nahrungsmitteln,

d) Ordnung und Gesetzlichkeit bei dem öffentlichen Zusammensein einer größeren Anzahl von Personen,

e) das öffentliche Interesse in Bezug auf die Aufnahme und Beherbergung von Fremden, die Wein-, Bier- und Kaffeewirth-

---

[13]) Nur um das polizeiliche Verordnungsrecht, nicht um die Polizeiverwaltung überhaupt handelt es sich bei diesen Bestimmungen; daher ist die von der I. Kammer angenommene Fassung der Eingangsworte: „Zu den Gegenständen der Ortspolizei gehören" mit Recht wieder beseitigt worden (vgl. v. Rönne, Gemeindeordnung S. 410), wie sie auch zu den Worten der litt. i: „was polizeilich geordnet werden muß" nicht gepaßt haben würde. Eine materielle Aenderung wäre allerdings für das Verordnungsrecht auch mit der Fassung der I. Kammer nicht gegeben gewesen.

[14]) Ueber das Verhältniß dieser Einzelbestimmungen zu dem Gegensatz von Sicherheits- und Wohlfahrtspolizei vgl. schon oben § 21 Note 33, sowie die dort citirte Stelle meines Aufsatzes; zu litt. f und daß eine solche Unterscheidung „insbesondere auf dem Gebiete der Gesundheitspflege vollkommen undurchführbar" wäre: Hänel, deutsches Staatsrecht Bd. 1 S. 606 Note 4.

schaften und sonstige Einrichtungen zur Verabreichung von Speisen und Getränken,

f) Sorge für Leben und Gesundheit,

g) Fürsorge gegen Feuersgefahr (und sonstige Unsicherheit: Verordnung von 1867) bei Bauausführungen, sowie gegen gemeinschädliche und gemeingefährliche Handlungen, Unternehmungen und Ereignisse überhaupt,

h) Schutz der Felder, Wiesen, Weiden, Wälder, Baumpflanzungen, Weinberge u. s. w.[15])

Das Gesetz begnügt sich jedoch, mit Rücksicht auf die in der französischen Praxis hervorgetretenen Mängel,[16]) mit dieser speciellen Aufzählung nicht; es erstreckt vielmehr unter litt. i das Verordnungsrecht der Ortspolizeibehörden noch auf „alles andere, was im besonderen Interesse der Gemeinden und ihrer Angehörigen[17]) geordnet werden muß."[18]) Dieser Zusatz enthält nun aber, wie der Wortlaut ergiebt, nichts Anderes, als eine den obigen Entwickelungen entsprechende Charakterisirung der Ortspolizei im materiellen Sinne als derjenigen polizeilichen Thätigkeit, welche auf die Befriedigung der besonderen Interessen der im Staate bestehenden Ortsgemeinschaften gerichtet ist,[19]) wobei nicht ausge-

[15]) Die Regierungsvorlage hatte noch die Worte: „und Ordnung bei Benutzung derselben". Dieselben sind in der I. Kammer gestrichen worden, weil aus ihnen „eine unzulässige Beschränkung der Dispositionsbefugnisse des Eigenthümers gefolgert werden könnte" (vgl. v. Rönne S. 409). Es sollten damit jedenfalls polizeiliche Eingriffe in das private Wirthschaftsleben, die durch die Rücksicht auf das öffentliche Interesse nicht veranlaßt wären, abgewehrt werden. Vgl. oben § 21 Note 32 und meinen Aufsatz im Verwaltungsarchiv Bd. 3 S. 357 f.

[16]) Vgl. oben § 10 Note 10.

[17]) Die getrennte Hervorhebung des Interesses der „Gemeinden" und „ihrer Angehörigen" bedeutet nichts Anderes, als einen Hinweis auf den oben § 26 Note 6 bemerkten Gesichtspunkt.

[18]) Ueber das „muß" vgl. oben § 23 Note 4.

[19]) Vgl. dazu die oben § 21 III mitgetheilte Stelle der „Erläuterungen": „wenn es nach den besonderen Verhältnissen einer Gemeinde von örtlichem Interesse ist". Die entsprechende Negative enthielt der 1. Ministerialentwurf in § 8 Abs. 1: „Die in § 5 erwähnte Befugniß erstreckt sich nicht auf Gegenstände, die eine über den Bereich der Gemeinde hinausgehende Bedeutung haben." Uebereinstimmend § 8 des 2. Ministerialentwurfs; dagegen ist in dem den Kammern vorgelegten Entwurfe die Stelle weggeblieben, wahrscheinlich, weil ihr Inhalt durch die positive Fassung von § 6 litt. i ausreichend gedeckt erschien, möglicherweise aber auch auf Grund des bei Note 20 ausgesprochenen Gedankens. Vgl. auch Erk. O.V.G. v. 8. Oct. 1885, Entsch. Bd. 12 S. 326.

schlossen ist, daß sich diese Interessen übereinstimmend auch in mehreren oder selbst allen Gemeinden des Staates vorfinden.[20]) Dadurch, daß das Gesetz diesen Zusatz aufgenommen hat, hat es einerseits das Verordnungsrecht der Ortspolizeibehörden positiv so weit erstreckt, als begrifflich der Rahmen der Ortspolizei, so wie er oben gezeichnet worden ist, reicht.[21]) Andererseits aber hat es, indem es das ortspolizeiliche Verordnungsrecht negativ von dem materiell landespolizeilichen abgrenzt, zugleich angezeigt, daß es die in litt. a — h aufgeführten Gegenstände eben deshalb dem Verordnungsrecht der Ortspolizeibehörden überlassen hat, weil und insoweit es in ihrer Regelung ein Interesse der nachbarlichen Ortsgemeinschaft erblickt, — ein Motiv, das für die Interpretation jener Bestimmungen, insbesondere der weitgefaßten in litt. a. f. g von wichtiger Bedeutung werden kann.[22])

2. Während aber das Verordnungsrecht der Ortspolizeibehörden auch inhaltlich ausschließlich ein ortspolizeiliches ist, hier also insoweit der formale und der materielle Begriff der Ortspolizei sich decken, ist dies bei dem Verordnungsrechte der Landespolizeibehörden (Bezirksregierungen) nicht in gleicher Weise der Fall.

---

20) Vgl. oben Note 10; dazu auch unten Note 26.

21) Einschließlich der litt. i ist in § 6 cit. der Kreis der für ortspolizeiliche Vorschriften rechtlich geeigneten Gegenstände erschöpft. Dagegen bilden litt. a—h für sich nur „Beispiele" (wie auch die Erläuterungen sich ausdrücken), welche durch litt. i zum Ganzen des ortspolizeilichen Wirkungskreises ergänzt werden. Hiernach und nach dem Wortlaut: „alles andere" hat litt. i ihren selbständigen gegenständlichen Inhalt, und es nicht richtig, denselben auf solche Materien zu beschränken, welche den in litt. a—h aufgeführten in ihrer speciellen Art „ähnlich" oder „verwandt" sind. Zu einer solchen Ergänzung hätte auch bei der Weite der in litt. a—h verwendeten Begriffe keine Veranlassung vorgelegen. Vgl. oben § 10 I Nr. 3, sowie die eingehenden, zutreffenden Erörterungen von Rödenbeck S. 24 ff., auch (abgesehen von seiner abweichenden Auffassung der Ortspolizei) Bornhak, Staatsrecht Bd. 3 S. 142 und im Archiv für öffentliches Recht Bd. 5 S. 404. Dagegen tritt der Gedanke, daß litt. i nur solche Specialmaterien umfasse, die den in litt. a—h aufgeführten dem Gegenstande nach ähnlich sind, schon im Erk. O.Trib. v. 8. Mai 1865 (Entsch. Bd. 55 S. 14*) in den Vordergrund und auch das Kammergericht hat ihn wiederholt in mehr oder weniger bestimmter Weise zum Ausdruck gebracht; vgl. Erk. v. 5. Juli 1883 bei Johow Bd. 4 S. 257, v. 1. April 1886 bei Binseel Bd. 7 S. 256 Sp. 2, v. 14. April 1892 bei Johow Bd. 13 S. 257, sowie v. 6. April 1893, Johow Bd. 11 S. 275.

22) Vgl. in Bezug auf litt. f und die Grenzen der Orts- und Landespolizei bei Maßnahmen gegen Seuchengefahr Erk. O.V.G. v. 6. Jan. 1894, Entsch. Bd. 26 S. 89.

Ihnen ist nach § 11 des G. v. 11. März 1850 (und entsprechend der Verordnung v. 20. Sept. 1867) das Recht gegeben, sowohl für mehrere Gemeinden d. h. Ortspolizeibezirke ihres Verwaltungsbezirkes, als auch für den ganzen Umfang desselben Polizeiverordnungen zu erlassen, über deren Inhalt § 12 bestimmt, daß sie sich „auf die im § 6 des Gesetzes angeführten und alle anderen Gegenstände beziehen können, deren polizeiliche Regelung durch die Verhältnisse der Gemeinden oder des Bezirks erfordert wird." Darin liegt aber zweierlei:

a) Die Landespolizeibehörden haben erstens das Recht, in Betreff der in § 6 litt. a—i (einschließlich) des Gesetzes bezeichneten Gegenstände ortspolizeilicher Natur Verordnungen mit Strafdrohung zu erlassen. Nur dürfen sie dies nicht in Beschränkung auf eine einzelne Gemeinde, d. h. einen einzelnen Ortspolizeibezirk thun, was einen Eingriff in die Rechte der betreffenden Ortspolizeibehörde enthalten würde; vielmehr setzt die Ausübung dieser Befugniß voraus, daß durch die zu erlassende Verordnung übereinstimmende örtliche Interessen mindestens mehrerer, vielleicht aller Gemeinden des Bezirks befriedigt werden sollen. Die hier in Betracht kommenden, für mehrere Gemeinden oder den ganzen Umfang des Bezirks d. h. alle Gemeinden desselben erlassenen Polizeistrafverordnungen sind also ihrem Inhalte nach, materiell, ortspolizeiliche,[23]) der Behörde nach, von welcher sie ausgegangen sind, formell, landespolizeiliche.

b) Ferner aber steht den Landespolizeibehörden das Recht zu, Polizeiverordnungen über alle anderen Gegenstände zu erlassen, deren polizeiliche Regelung durch die Verhältnisse der Gemeinden oder des Bezirks erfordert wird. Das Gesetz spricht hier nicht von den „besonderen Interessen," sondern bloß von den „Verhältnissen" der Gemeinden oder des Bezirks;[24]) es handelt sich hier nicht mehr um Gegen-

---

[23]) Ausdrücklich anerkannt in dem Kommissionsberichte der I. Kammer: „wenn man erwägt, daß die sogenannten districtspolizeilichen (vgl. Note 25) Verordnungen im Verhältniß zu jeder einzelnen Gemeinde ortspolizeiliche sind"; v. Rönne S. 414.

[24]) Die Verschiedenheit des Ausdrucks ist nicht zufällig. Der II. Ministerialentwurf, welcher zuerst das Polizeiverordnungsrecht der Regierungen selbständig regelte und ihnen in § 12 die Befugniß gab, „districtspolizeiliche, für den Umfang mehrerer Gemeinden ihres Verwaltungsbezirks gültige Vorschriften zu erlasen", entsprach in § 13 dem jetzigen § 12 des Gesetzes, so jedoch, daß die Schlußworte lauteten: „... deren polizeiliche Regelung durch die besonderen Verhältnisse des Districts erfordert wird". Dem entsprach negativ der folgende § 14: „Die in § 12

stände ortspolizeilichen Charakters, welche vielmehr durch den Hinweis auf § 6 des Gesetzes, dessen litt. i eingeschlossen, erledigt sind, sondern um ein über diese inhaltliche Beschränkung hinausgehendes landespolizeiliches Verordnungsrecht. Das hier in Betracht kommende Strafverordnungsrecht der Landespolizeibehörden ist daher auch materiell ein landespolizeiliches:[25]) es umfaßt alle durch den Begriff der Polizei bestimmten, inhaltlich über den örtlichen Interessenkreis hinausgehenden staatlichen Gemeininteressen, welche, in den Verhältnissen des landespolizeilichen Verwaltungsbezirks hervortretend, für diesen ihre Regelung als nothwendig und zweckmäßig erscheinen

erwähnte Befugniß erstreckt sich nicht auf Gegenstände, die eine über den Bereich des Regierungsbezirks hinausgehende Bedeutung haben." Der den Kammern vorgelegte Entwurf hat zunächst den letzten Paragraphen ganz fallen gelassen, was an sich noch nicht entscheidend wäre, wenn das positive Moment der „Besonderheit" in § 13 stehen geblieben wäre (vgl. oben Note 19). Daß auch dieses beseitigt wurde, was ich dem inzwischen wirksam gewordenen Einfluß der Provinzialbehörden selbst zuschreibe (vgl. oben § 10 Note 5), war für die Herstellung des im Text angenommenen Sinnes von § 12 des Gesetzes ausschlaggebend. Vgl. übrigens auch den Wortlaut der Kab.-Ordre v. 7. Febr. 1837 (oben § 16 Note 12).

25) Es ist bereits von Förstemann S. 184—187 die eigenthümliche Thatsache zutreffend hervorgehoben worden, daß die Kammern bei Berathung des ihnen ohne Motive vorgelegten Entwurfes übereinstimmend von der Ansicht ausgegangen sind, daß durch denselben den Bezirksregierungen nur ein materiell ortspolizeiliches Verordnungsrecht im Sinne des im Text unter Nr. 2a entwickelten beigelegt werden sollte, so daß dementsprechend das ihnen bis dahin auf Grund der Instruction von 1817 zustehende landespolizeiliche Verordnungsrecht mit durch die aufhebende Clausel des § 14 (über deren jetzige Bedeutung oben § 22 Note 11 zu vergleichen) getroffen sein würde. Es geht dies deutlich aus dem Commissionsberichte der I. Kammer zu §§ 11 und 14 des Gesetzes (v. Rönne S. 414. 416) hervor. Allein der Entwurf bot so, wie er den Kammern vorgelegt worden war, für jene Annahme keinen Anhalt, auch wenn man sie, nach dem in voriger Note Mitgetheilten, für ein früheres internes Stadium desselben eher für zutreffend erachten möchte. Er erklärte in § 11 die Bezirksregierungen für befugt, „districtspolizeiliche, für mehrere Gemeinden ihres Verwaltungsbezirks oder für den ganzen Umfang desselben gültige Vorschriften zu erlassen", von denen er im § 12 (nach der Note 24 besprochenen Neuredaction) bestimmte, daß sie sich „auf die im § 6 des Gesetzes angeführten und alle anderen Gegenstände beziehen dürfen, deren polizeiliche Regelung durch die Verhältnisse des Districts erfordert wird." Der Entwurf hatte also, den im Text gegebenen Ausführungen entsprechend, die von der Bezirksregierung zu erlassenden Verordnungen im formellen Sinne als districtspolizeiliche bezeichnet, womit er die materiell ortspolizeilichen und landespolizeilichen Verordnungen der Bezirksregierungen zusammenfaßte. Die Bezeichnung als districtspolizeiliche und nicht als bezirkspolizeiliche, welche sich schon im 2. Ministerialentwurf findet (vgl. Note 24), erklärt sich im Hinblick auf den Geltungsbereich der Verordnungen, der nicht nothwendig mit dem ganzen

Regierungsbezirk zusammenfiel. Daraus ergiebt sich zugleich die Hinfälligkeit der besonderen Gründe, aus denen auch Förstemann annimmt, daß der den Kammern vorgelegte Entwurf ein materiell landespolizeiliches Verordnungsrecht der Regierungen gar nicht im Auge gehabt habe. Aus einer bei Gelegenheit der Kostenfrage gethanen Aeußerung des Regierungscommissars (Sten.Ber. I. Kammer S. 2324), in welcher die für die Polizeibezirke des § 126 der Gemeinde-Ordnung (Vereinigungen mehrerer benachbarter Gemeinden, welche für sich eine genügende Polizeiverwaltung nicht herzustellen vermögen) bestellten, in § 135 daselbst „Kreisamtmänner" genannten Bezirksbeamten als „Districtsbeamte" bezeichnet werden, hält er sich berechtigt zu folgern, daß sich § 11 mit 12 des Entwurfs nur auf den Erlaß von Polizeiverordnungen für die Polizeibezirke des § 126 cit. habe beziehen sollen. Der Entwurf habe danach festsetzen wollen, „daß in diesen Polizeibezirken das Polizeiverordnungsrecht nicht durch den Bezirksbeamten (den Kreisamtmann), sondern durch die Bezirksregierung auszuüben sei und zwar so, daß gleichzeitig dieselbe Verordnung für mehrere, selbst für alle Polizeidistricte ihres Verwaltungssprengels gegeben werden dürfte." Indessen steht der Förstemann'schen Auslegung schon der klare Wortlaut von § 11 des Entwurfs entgegen; es kommt hinzu, daß aus § 5 mit §§ 1 und 7 des Entwurfs, welcher die Kreisamtmänner ausdrücklich erwähnt, eher zu folgen scheint, daß in der That diese und nicht die Bezirksregierung in ihrem Polizeibezirke das Verordnungsrecht besitzen sollten, und endlich, daß, wie erwähnt, der Ausdruck „districtspolizeiliche Vorschriften" sich schon im 2. Ministerialentwurf v. 19. Sept. 1849 findet, während die Einrichtung der Polizeibezirke und Kreisamtmänner erst durch die Verhandlungen der Commission der I. Kammer, die sich damals im allerersten Anfangsstadium befanden, in die Gemeinde-Ordnung eingefügt wurde (v. Rönne S. 8. 16. 261 ff.). Bleibt hiernach auch gegenüber Förstemann die obige Auffassung des Entwurfs bestehen, so handelt es sich weiter nur noch um die Aenderungen, welche derselbe durch die Kammern erfahren hat. Die I. Kammer hat nun die Bezeichnung der Regierungsverordnungen als „districtspolizeiliche" in § 11 gestrichen, weil dieselben (nach ihrer beschränkten Auffassung stets) im Verhältniß zu jeder einzelnen Gemeinde (materiell) ortspolizeiliche seien (vgl. oben Note 23). Ebenso hat die I. Kammer im Anschluß daran in § 12 die Worte: „deren polizeiliche Regelung durch die Verhältnisse des Districts erfordert wird" in die folgenden: „deren polizeiliche Regelung durch die Verhältnisse der Gemeinden oder des Bezirks erfordert wird" umgewandelt. Die II. Kammer hat sich dem angeschlossen. Diese Beschlüsse haben nun aber den Wortlaut des Gesetzes keineswegs zu einem solchen gestaltet, welcher die im Texte festgehaltenen Gedanken weniger zwingend offenbarte, als der des letzten Entwurfs, und es kann daher ein bestimmendes Zurückgehen auf die in den Materialien zu Tage getretene, ohne entscheidenden objectiven Ausdruck gebliebene Auffassung der Kammern nicht für gerechtfertigt erachtet werden. (Vgl. im Allgemeinen zu diesem Standpunkt der Auslegung Gierke, Deutsches Privatrecht, Bd. 1 S. 140, G. F. Meyer in Gruchot's Beiträgen Bd. 28 S. 1 ff., sowie im Speciellen übereinstimmend Rödenbeck S. 29 Note 56.) Das seitdem thatsächlich geübte und, wie Förstemann selbst S. 187 entwickelt, auch in der späteren Gesetzgebung indirect anerkannte, materiell landespolizeiliche Strafverordnungsrecht der Regierungen ist daher als ein gesetzlich wohl gerechtfertigtes, nicht aber, wie Förstemann möchte, als ein usurpirtes oder erschlichenes zu betrachten.

lassen, es bezieht sich nicht auf besondere örtliche Gemeininteressen, sondern auf Gemeininteressen eines größeren, insbesondere des staatlichen Ganzen, wenn auch in örtlich engerer Erscheinungsform.[26])

§ 28. 3. Bergpolizei.

Indem für Gegenstand und Inhalt der Normen derjenigen Polizeiverordnungen, welche auf Grund eines der Fälle specieller Delegation erlassen werden, oder auch nur in speciellen Gesetzesbestimmungen vorbehalten sind, [1]) mangels des Anlasses, den sie wissenschaftlicher Erörterung bieten, auf die obigen Anführungen (§ 16) und den Wortlaut der bezüglichen Gesetze selbst verwiesen wird, sei an dieser Stelle nur noch der Gegenstände bergpolizeilicher Verordnungen Erwähnung [2]) gethan. Dieselben beruhen,

[26]) Nach alledem entspricht es dem geltenden Gesetze nicht, wenn die Judicatur des Kammergerichts auch bei Verordnungen der Landespolizeibehörden fordert, es müsse erkennbar sein, „daß die besonderen Verhältnisse des Regierungsbezirks eine polizeiliche Regelung des Gegenstandes erforderten" (Erk. v. 14. Mai 1891, Johow Bd. 11 S. 196) oder „daß Verhältnisse und Interessen localer Art den Erlaß der Verordnung gefordert haben" (Erk. v. 1. April 1886, Binseel Bd. 7 S. 256 Sp. 1), indem dabei überdies die „Besonderheit" in der Richtung des Eigenthümlichen und Abweichenden urgirt wird (wogegen oben Note 10. 20 und Bornhak im Archiv f. öff. Recht Bd. 5 S. 406 a. E. zu vergleichen ist). Denselben unrichtigen Standpunkt lassen auch das Erk. v. 5. Juli 1883 bei Johow Bd. 4 S. 257 und der bei Binseel Bd. 5 S. 233 abgedruckte, auf einen Specialfall bezügliche Bericht der Petitionscommission des Abgeordnetenhauses (vgl. besonders S. 237 Sp. 2) erkennen. Dagegen steht auf dem hier vertretenen Standpunkte das Erk. K.G. v. 8. Dec. 1887, Johow Bd. 8 S. 237, betreffend eine vom Oberpräsidenten für die Provinz Pommern erlassene Körordnung für Privatdeckhengste. Es wird dort ausgeführt, daß das Polizeiverordnungsrecht des Oberpräsidenten „nicht blos die im § 6 unter a—i des Gesetzes aufgeführten Gegenstände der ortspolizeilichen Vorschriften umfasse, sondern sich . . . nach § 12 auf alle anderen Gegenstände erstrecke, deren polizeiliche Regelung durch die Verhältnisse mehrerer Kreise, eines oder mehrerer Regierungsbezirke oder der ganzen Provinz erfordert wird." Wenn nun „die durch die Körordnung bezweckte Verbesserung und Hebung der Pferdezucht im wesentlichen Interesse der Landwirthschaft liege, so bewege sich dieselbe jedenfalls innerhalb des durch den § 12 u. s. w. den Bezirksregierungen bezw. dem Oberpräsidenten im erweiterten Umfange delegirten Polizeiverordnungsrechts." Völlig übereinstimmend mit den hier vertretenen Anschauungen Rödenbeck S. 22 ff. 54 f.

[1]) Ueber den Unterschied der Delegation und des gesetzlichen Vorbehalts vgl. oben § 14 Note 14. 19.

[2]) Eine ins Einzelne gehende Erörterung dieser Specialmaterie liegt außerhalb des Plans der Darstellung. Vgl. dazu besonders die Kommentare von Klostermann (5. Aufl., herausgegeben von Fürst, welche jedoch zur Zeit noch nicht bis zu dem die Bergpolizei behandelnden 9. Titel des A.B.G. vorgeschritten ist), Brassert

wenngleich sie sich auf eine specielle polizeiliche Materie beziehen, doch im oben entwickelten Sinne auf einer ihrem Umfange nach allgemeinen Delegation, insofern sie sich auf alle diejenigen Gegenstände erstrecken, welche überhaupt der bergpolizeilichen Aufsicht unterliegen. Dieses Princip war bereits in dem Gesetz betr. die Competenz der Oberbergämter v. 10. Juni 1861 zum Ausdruck gelangt, welches in § 9 als zu den Gegenständen der bergpolizeilichen Vorschriften (§ 8) gehörig aufführte:

1. die Wahrung der Nachhaltigkeit des Bergbaues,
2. die Sicherheit der Baue,
3. die Sicherheit der Oberfläche im Interesse des Privat- und öffentlichen Verkehrs,
4. die Sicherheit des Lebens und der Gesundheit der Arbeiter,

sämmtlich Gegenstände, welche wörtlich übereinstimmend das G. v. 21. Mai 1860 betr. die Aufsicht der Bergbehörden über den Bergbau u. s. w. in § 1 der bergpolizeilichen Einwirkung ausschließlich unterstellt hatte. Dementsprechend hat denn auch das „Allgemeine Berggesetz für die Preußischen Staaten" v. 24. Juni 1865, welches auch in den neuerworbenen Landestheilen zur Geltung gelangt ist, [3]) in § 197 die Oberbergämter für befugt erklärt, über alle diejenigen Gegenstände Polizeiverordnungen zu erlassen, welche in § 196 daselbst als der polizeilichen Aufsicht der Bergbehörden unterliegend aufgeführt sind. [4]) Allerdings hat der Umfang des bergpolizeilichen Aufsichtsrechts im A.B.G. gegenüber den Gesetzen v. 10. Juni 1861 bezw. 21. Mai 1860 Veränderungen erfahren. Es erstreckt sich nach dem ursprünglichen Text des Gesetzes auf:

die Sicherheit der Baue,

(1888 nebst Nachtrag 1894) und Arndt (große Ausgabe in 2. Aufl. 1888, kurzgefaßter Kommentar 1892), sowie des letzterwähnten Verfassers „Bergbau und Bergbaupolitik" (1894) S. 70 ff.

[3]) Vgl. die beiden Verordnungen v. 22. Febr. 1867, ferner die v. 8. Mai und 1. Juni 1867, sowie für Schleswig-Holstein das G. v. 12. März 1868.

[4]) Aus dem Charakter der bergpolizeilichen Delegation als einer allgemeinen im oben entwickelten Sinne würde folgen, daß, soweit sich die bergpolizeiliche Aufsicht nach besonderen gesetzlichen Bestimmungen über den Rahmen des § 196 hinaus auf Gegenstände erstreckt, die ihrer Natur nach zu polizeiverordnungsmäßiger Regelung sich eignen, auch diese einer solchen seitens der Bergbehörde unterzogen werden könnten. Doch besteht Streit darüber, ob und in welchem Sinne (auch gegenüber der unzweifelhaft limitativen Absicht des bergrechtlichen Gesetzgebers) jene Voraussetzung zutrifft. Vgl. einerseits Klostermann Note 410 (3. Aufl.), Arndt, großer Kommentar S. 188 und „Bergbau" S. 70 f., andererseits Brassert S. 496.

die Sicherheit des Lebens und der Gesundheit der Arbeiter,

den Schutz der Oberfläche im Interesse der persönlichen Sicherheit und des öffentlichen Verkehrs,

den Schutz gegen gemeinschädliche Einwirkungen des Bergbaues.

Die polizeiliche Aufsicht über den Bergbau erscheint hier einerseits insofern eingeschränkt, als ihr einmal die Sorge für die Wahrung der Nachhaltigkeit des Bergbaues, sodann aber die im Interesse des Privatverkehrs auszuübende Thätigkeit für die Sicherheit der Oberfläche entzogen ist. Für die letztgedachte Einschränkung geben die Motive [5]) als Grund an, daß es nicht zur Aufgabe der Bergpolizei gehört, bei dem Schutze der Oberfläche auch rein privatrechtliche Interessen wahrzunehmen, ein Satz, der bereits durch die aus dem allgemeinen Begriffe der Polizei hergeleiteten Entwickelungen seine Begründung, aber auch seine Begrenzung erfahren hat. [6]) Die „Wahrung der Nachhaltigkeit des Bergbaus" aber ist darum aus dem Kreise der bergpolizeilichen Aufsicht ausgeschieden worden, „weil dieser dehnbare Begriff eine scharfe Begrenzung der Bergpolizei verhindert und es unter den heutigen Verhältnissen regelmäßig im eigenen Interesse des Bergbautreibenden liegt, auf die Nachhaltigkeit seines Bergbaues Bedacht zu nehmen, überdies auch der förmliche Raubbau schon vom eigentlichen bergpolizeilichen Standpunkte aus verhindert werden kann." Andererseits erhielt der Umfang der bergpolizeilichen Aufsicht und damit des bergpolizeilichen Verordnungsrechts — abgesehen von der besonderen Hervorhebung des Schutzes der Oberfläche im Interesse der persönlichen Sicherheit, als des beibehaltenen Kerns des beseitigten Theils von § 9 Nr. 3 des G. v. 10. Juni 1861 — eine Erweiterung durch die Erstreckung auf den Schutz gegen gemeinschädliche Einwirkungen des Bergbaues, wie er sich z. B. in der Thätigkeit zur Verhütung gemeingefährlicher Tagebrüche, der Verunreinigung fließender Gewässer, der Zerstörung von Gesundbrunnen [7]) u. s. w. äußert. [8])

---

[5]) Motive zu § 196, Zeitschr. f. Bergrecht Bd. 6 S. 198.

[6]) Vgl. oben § 26 II Nr. 1; dazu Arndt, großer Kommentar S. 188, auch Brassert S. 497.

[7]) Vgl. auch den oben § 23 Note 19 angeführten Kommissionsbericht S. 129 a. E.

[8]) Förstemann S. 187, Klostermann Note 415, Brassert S. 503 ff. u. A. m.

Die neue Novelle zum Berggesetze v. 24. Juni 1892 hat gleichfalls wiederum Erweiterungen des bergpolizeilichen Verordnungsrechts mit besonderer Rücksicht auf die Wahrung socialpolitischer Interessen herbeigeführt. Unter die Gegenstände der bergpolizeilichen Aufsicht ist an dritter Stelle „die Aufrechterhaltung der guten Sitten und des Anstandes durch die Einrichtung des Betriebes" aufgenommen worden, und ebenso sind in § 197 die Oberbergämter besonders [9]) für befugt erklärt worden, durch Polizeiverordnung „für solche Betriebe,[10]) in welchen durch übermäßige Dauer der täglichen Arbeitszeit die Gesundheit der Arbeiter gefährdet wird, Dauer, Beginn und Ende der täglichen Arbeitszeit und der zu gewährenden Pausen vorzuschreiben und die zur Durchführung dieser Vorschriften erforderlichen Anordnungen zu erlassen."

Schließlich ist zur gegenständlichen Abgrenzung des bergpolizeilichen Verordnungsrechts noch festzustellen, daß sich dasselbe, wie die bergpolizeiliche Aufsicht überhaupt, nach § 196 Abs. 3 A.B.G.[11]) auch auf die in den §§ 58 und 59 desselben erwähnten Aufbereitungsanstalten, Dampfkessel und Triebwerke erstreckt. Es sind dies die vom Bergwerkseigenthümer zur Aufbereitung d. h. mechanischen[12]) Sonderung und Zerkleinerung der eigenen Bergwerkserzeugnisse errichteten und betriebenen Anstalten, sowie die zum Betriebe auf solchen und auf Bergwerken dienenden Dampfkessel und Triebwerke.[13]) Endlich unterliegen auch die Salinen der bergpolizeilichen Aufsicht.[14])

[9]) Anknüpfung an § 120 e der Gewerbe-Ordnung. Ueber das Verhältniß der Bestimmung zum bisherigen Recht, insbesondere im Hinblick auf § 196 Abs. 2 Punkt 2 vgl. Arndt, kurzgefaßter Kommentar S. 102, Brassert, Nachtrag S. 85. Die Befugniß, allgemein für den Bergbau einen Normal- (Maximal-) Arbeitstag vorzuschreiben, ist nach parlamentarischer Feststellung in der neu eingeschobenen Bestimmung nicht enthalten.

[10]) Vgl. auch oben § 12 Note 18.

[11]) Vgl. §§ 6. 12 G. v. 10. Juni 1861; §§ 6. 154 Reichs-Gewerbe-Ordnung.

[12]) . . . im Gegensatz zu den Hüttenwerken, in welchen die chemische Ausscheidung und Umsetzung der gewonnenen Mineralien vorgenommen wird. Dieselben unterstehen (§ 12 G. v. 10. Juni 1861) der Aufsicht der Regierungen als Landespolizeibehörden. Es beruht dies auf der Verschiedenartigkeit des Hüttenbetriebes, der jetzt regelmäßig nicht mehr von dem Bergwerksbesitzer, sondern als eigenes Gewerbe von besonderen Unternehmern geführt wird. Klostermann Note 145, Brassert S. 61, Dernburg, preuß. Privatrecht, 5. Aufl. § 267 Note 4.

[13]) Klostermann zu §§ 58. 59 cit.

[14]) . . . mit Ausnahme von Hannover, Art. 2 der Einführungs-Verordnung v. 8. Mai 1867.

2. Abschnitt: Die Strafdrohung der Polizeiverordnung.

§ 29. Allgemeines. Strafart.

I. Die selbständige Satzung einer Strafdrohung zur Sicherung der Befolgung der von ihnen aufgestellten polizeilichen Normen steht, wie bereits hervorgehoben, [1]) den Behörden nur insoweit zu, als nicht das Gesetz selbst schon diese Function übernommen und damit die ihnen ertheilte Delegation auf die Normfeststellung beschränkt hat. [2]) Während, wie gleichfalls bereits entwickelt, im letzteren Falle der über den Straffall erkennende Richter die Norm für die Bestrafung des Uebertreters unmittelbar im Gesetze, und nur in diesem, findet, bedarf es, soweit das Verordnungsrecht der Polizeibehörden auch auf die Strafdrohung sich erstreckt, der Sanctionirung einer solchen durch die verordnende Behörde selbst, damit nach ihr, soweit sie den Rahmen der Delegation nicht überschreitet, der erkennende Richter die Strafbarkeit des Zuwiderhandelnden bestimme.

1. Das Princip des preußischen Rechts ist, wie festgestellt, im Allgemeinen auf die Verbindung von Normfeststellung und Strafdrohung im Verordnungsrechte der Polizeibehörden gerichtet. Es offenbart sich dasselbe für das jetzt geltende Recht insbesondere in den allgemeinen Delegationen des G. v. 11. März 1850 und der auf der Grundlage desselben ergangenen neueren Gesetze, ebenso aber auch auf dem Gebiete der speciellen Delegation in den Vorschriften des Gesetzes betr. die Erleichterung des Lootsenzwanges u. s. w. v. 9. Mai 1853. Auch das deutsche Reichsrecht hat dasselbe in der den Bundesconsuln (§ 4 G. v. 10. Juli 1879) und für die Schutzgebiete dem Reichskanzler (§ 11 Abs. 2 R.G. v. 17. April 1886 bezw. v. 15. März 1888) ertheilten allgemeinen Delegation zu polizeilichen Strafverordnungen angenommen. Alle diese Gesetze überlassen den verordnenden Behörden die selbständige Feststellung einer Strafdrohung für die Uebertretung der von ihnen gesetzten Norm, indem sie sich darauf beschränken, durch Bezeichnung

[1]) Vgl. oben § 15.

[2]) Gleichgültig ist, ob, wie z. B. beim Allg. Berg-G. v. 1865, die Delegation von vornherein nur die Befugniß zur Normfeststellung gewährt hat, oder die ursprünglich, wie im G. v. 11. März 1850, auch die Strafdrohung umfassende Ermächtigung hinterher in bestimmtem sachlichen Umfange, so hinsichtlich der Materien der sog. Blankettstrafgesetze des R.Str.G.B., auf die Normfeststellung beschränkt worden ist. Vgl. oben § 15 Note 15. 16.

bestimmter Strafmaxima, soweit nöthig, die Grenzen für diese Befugniß zu bestimmen.

2. Das delegirende Gesetz selbst ist in der Feststellung des Rahmens, innerhalb dessen sich das Strafandrohungsrecht der verordnenden Polizeibehörden bewegen darf, insoweit unbeschränkt und souverän, als nicht die Gesetzgebungsgewalt selbst, deren Aeußerung dasselbe darstellt, einer höheren Potenz unterworfen ist. Es tritt dies für die Gesetze des preußischen Staates gegenüber der gesetzgebenden Gewalt des Reiches insofern zu Tage, als dieselben in den den Polizeibehörden zu ertheilenden Strafandrohungs-Delegationen an die, allerdings für das polizeiliche Verordnungsrecht thatsächlich vielfach kaum zu erreichenden, Grenzen des § 5 des Einführungs-Gesetzes zum R.Str.G.B. gebunden sind. [3]) Eine dieselben überschreitende landesgesetzliche Delegation würde sammt der auf sie gegründeten polizeilichen Strafverordnung insoweit der Nichtigkeit unterliegen. Weiter jedoch ist die preußische Landesgesetzgebung hinsichtlich der Art und des Maßes der den verordnenden Polizeibehörden zur Disposition zu stellenden Strafen durch die Reichsgesetzgebung, speciell das R.Str.G.B., allgemein[3a]) nicht gebunden, und es kann namentlich keinem Zweifel unterliegen, daß sie in ihren bezüglichen Delegationen den für Uebertretungen im R.Str.G.B. festgestellten Strafrahmen (Haft oder Geldstrafe bis 150 Mark) [4]) zu überschreiten wohl befugt geblieben ist. Denn der Begriff der Uebertretungen, der sich im R.Str.G.B. lediglich nach der Höhe der in dem einzelnen Strafgesetze angedrohten Strafe bestimmt, ergiebt keine Vorschrift darüber, welche Delicte inhaltlich als Uebertretungen zu qualificiren seien, und ist insbesondere mit dem Begriff des Polizeidelicts nicht identisch. [5])

---

3) § 5 Einf.G. zum R.Str.G.B.: „In landesgesetzlichen Vorschriften über Materien, welche nicht Gegenstand des Strafgesetzbuchs für das Deutsche Reich sind, darf nur Gefängniß bis zu 2 Jahren, Haft, Geldstrafe, Einziehung einzelner Gegenstände und die Entziehung öffentlicher Aemter angedroht werden." Ueber den Begriff der Materie hinsichtlich der im 29. Abschnitt behandelten Uebertretungen vgl. oben § 14 Note 22. Rotering, Polizei-Uebertretungen S. 29.

3a) Im Einzelnen können auf dem Wege des reichsgesetzlichen Special-„Vorbehaltes" Einwirkungen auf die Landesgesetzgebung geübt werden; vgl. oben § 14 Note 15.

4) R.Str.G.B. § 1 Abs. 3: „Eine mit Haft oder mit Geldstrafe bis zu 150 Mark bedrohte Handlung ist eine Uebertretung".

5) Vgl. statt Anderer jetzt meinen Artikel „Polizeistrafrecht" in v. Stengel's Wörterbuch, Bd. 2 S. 275 § 5.

Dagegen ist die polizeiliche Strafdrohung, dem Begriffe der Polizeiverordnung entsprechend, [6]) genau an den Umfang der Delegation und den Rahmen ihrer durch sie gesetzten Befugniß gebunden. Indem die concrete Bestimmung des den einzelnen Polizeibehörden überlassenen Strafmaßes der Einzelaufführung der berechtigten Behörden [7]) überwiesen wird, sind hier folgende allgemeine Sätze, zunächst in Betreff der Strafart, zu entwickeln.

II. Nur diejenigen Strafarten stehen den verordnenden Behörden für die von ihnen ausgehenden Strafdrohungen zur Verfügung, welche ihnen kraft Delegation zur Verwendung überlassen sind, und überdies nur in derjenigen Combination, die im Gesetz als zulässig bezeichnet ist. Am weitgehendsten in dieser Beziehung ist § 11 Abs. 2 des erwähnten Reichsgesetzes vom 15. März 1888, nach welchem der Reichskanzler in den für die Schutzgebiete zu erlassenden Polizeiverordnungen „Gefängniß bis zu drei Monaten, Haft, Geldstrafe und Einziehung einzelner Gegenstände anzudrohen" befugt ist. Von wesentlicher Bedeutung ist dabei namentlich auch, daß der Eintritt der Freiheitsstrafe nicht auf den Fall des Unvermögens zur Zahlung einer Geldstrafe beschränkt ist, ein Standpunkt, der sonst nur noch in dem G. betr. die Erleichterung des Lootsenzwanges v. 9. Mai 1853 eingenommen ist, in welchem den Regierungen in den Provinzen Preußen und Pommern überlassen ist, für die Zuwiderhandlungen in den von ihnen durch polizeiliche Verordnungen festgestellten Fällen, in denen die Schiffer einer Begleitung durch Lootsen sich bedienen müssen, zwischen Geldbuße bis zu 50 Rthlrn. (150 Mark) und Gefängniß, jetzt Haft [8]) bis zu 6 Wochen zu wählen. [9]) Alle übrigen hier in Betracht kommenden Gesetze beschränken dagegen das polizeiliche Verordnungsrecht auf die Androhung von Geldstrafen, an deren Stelle im concreten Falle des Unvermögens durch den Richter eine verhältnißmäßige Freiheitsstrafe zu setzen ist (§ 30). Eine directe Bedrohung der Uebertretung mit einer Freiheitsstrafe, wenn auch nur alternativ neben Geldstrafe, wäre hier ungiltig und würde für den

[6]) Vgl. oben § 17 I.

[7]) Das Nähere unten § 38.

[8]) Das „Gefängniß" des cit. Gesetzes v. 9. Mai 1853 ist die „polizeiliche Gefängnißstrafe" des § 333 Nr. 1 des preuß. Str.G.B. Sie besteht nach § 334 in einfacher Freiheitsentziehung, ist also begrifflich mit der Haft des R.Str.G.B. identisch.

[9]) Selbstverständlich darf die Regierung auch dem erkennenden Richter die Wahl überlassen, indem sie die Strafdrohung auf „Geld- oder Haftstrafe" richtet.

Richter eine bezügliche Berechtigung nicht begründen.[10]) Das R.G. v. 15. März 1888 ist ferner zugleich das einzige, welches die Androhung der Einziehung einzelner Gegenstände (§ 40 R.Str.G.B.) gestattet; es ist der Ansicht beizupflichten, daß ohne solche Ermächtigung die Polizeibehörden zur Verwendung dieses Strafmittels nicht befugt sind.[11]) Andere, als die vorstehend erwähnten Strafarten dürfen in den auf Grund der angeführten Gesetze ergehenden Polizeiverordnungen nicht angedroht werden; insbesondere gilt dies von der Strafe des Verlustes civilrechtlicher Ansprüche[12]) oder auch verwaltungsrechtlicher Befugnisse.[13])

§ 30. Strafmaß.

Begrifflich ist es an sich denkbar, daß das delegirende Gesetz zwar formell der verordnenden Behörde den Ausspruch der Strafdrohung überläßt, den Inhalt derselben jedoch derart fest bestimmt, daß der Polizei weiter keinerlei Ermessen gestattet ist. [1]) Regelmäßig wird jedoch, wie dies in den hier maßgebenden Gesetzen geschehen ist, die Delegation nur den Rahmen feststellen, innerhalb dessen der Behörde bei Abfassung der Strafdrohung freie Bewegung gewährt ist. Die verordnende Behörde ist dann, wie bereits an anderer Stelle angedeutet, [2]) befugt, innerhalb dieser Grenzen das Strafmaß selbständig zu bestimmen und den erkennenden Richter durch diese Bestimmung zu binden, sei es, daß sie innerhalb des ihr verstatteten Strafrahmens einen festen

---

10) So wird im Erk. K.G. v. 14. April 1892, Johow Bd. 13 S. 257, eine Verordnung, welche „neben einer Geldstrafe von 30 Mark alternativ verhältnißmäßige Gefängnißstrafe androht,“ „insoweit, als sie eine Gefängnißstrafe androht, für ungiltig erachtet.“

11) Oppenhoff, Kommentar zum R.Str.G.B. Note 52 zu §§ 360 ff., Parey S. 17 Note 11 a, Rotering S. 29.

12) Erk. K.G. ohne Datum, bei Binseel Bd. 1 S. 309: Verlust des Anspruchs auf das Fahrgeld, wenn der Droschkenkutscher bei Beginn der Fahrt die vorgeschriebene Einhändigung einer Fahrmarke unterlassen hat.

13) So hebt Förstemann S. 206 als unzulässige Strafdrohung die Androhung einer Entziehung der Concession zum Ausschank hervor; vgl. auch im Allgemeinen Rotering S. 29.

1) So z. B. wenn das delegirende Gesetz die Behörde ermächtigte, für die Uebertretung ihrer Verordnungen eine Geldstrafe von 30 Mark anzudrohen. Auch hier würde aber immerhin, da das Gesetz nicht unmittelbar die Strafdrohung übernommen hat, ein Ausspruch derselben durch die Behörde in der Verordnung erfolgen müssen.

2) Vgl. oben § 15 I.

Satz wählt oder unter Feststellung eines Minimums und Maximums, welche beide nicht nothwendig die Minimal- bezw. Maximalgrenzen der Delegation zu erreichen brauchen, die Abmessung der Strafe im Einzelfalle dem Arbitrium des Richters überläßt. Im Einzelnen ist in Betreff der allgemeinen Delegationen des specifisch preußischen Rechts [3]) noch Folgendes zu bemerken:

1. Das Gesetz v. 11. März 1850, die auf dasselbe gegründeten, für die neuen Provinzen erlassenen Bestimmungen und die daran anschließenden Vorschriften der neuen Verwaltungsgesetze stellen stets ein bestimmtes Maximum der von ihnen principaliter allein zugelassenen Geldstrafe auf, welches in keinem Falle 100 Mk. (§ 136 L.V.G.) überschreitet. Den einzelnen verordnungsberechtigten Behörden sind verschiedene Maxima zugetheilt, welche ihrer Stellung in der behördlichen Stufenfolge entsprechend bemessen sind. Diese Maxima dürfen von ihnen nicht überschritten werden; es ist jedoch nach § 5 Abs. 2 des G. v. 11. März 1850 und der V.O. v. 20. Sept. 1867 der Bezirksregierung, an deren Stelle nach § 144 L.V.G. der Regierungspräsident getreten ist, [4]) die Befugniß beigelegt, denjenigen Ortspolizeibehörden, deren Strafandrohungsrecht principiell vom Gesetz nur auf ein Maximum von 9 Mk. fixirt ist, dieses durch Verfügung im einzelnen Falle einer zu erlassenden Verordnung bis zu 30 Mk. zu erstrecken. Allgemein darf diese Genehmigung nicht ertheilt werden. Auch die genehmigte Verordnung bleibt eine Verordnung der Ortspolizeibehörde, sie stellt nicht eine solche des Regierungspräsidenten selbst [5]) oder eine der Ortspolizeibehörde durch Subdelegation übertragene Ausübung des regierungspräsidialen Verordnungsrechts dar.

---

[3]) Das R.G. über die Schutzgebiete läßt Gefängnißstrafen bis zu 3 Monaten zu, stellt dagegen für die anzudrohende Geldstrafe kein Maximum auf. Die übrigen, in § 29 I Nr. 1 erwähnten Gesetze gehen im Ganzen nicht über 150 Mark Geldstrafe und (im Lootsengesetz) sechs Wochen Haft hinaus. Ein Minimum ist gesetzlich überall nicht vorgesehen.

[4]) Nach § 5 des G. v. 1850 war die Genehmigung von der Bezirksregierung zu ertheilen; nach § 82 Abs. 1 der Provinzial-Ordnung v. 29. Juni 1875 ging dies Recht, in Folge der geplanten Beseitigung der Bezirksinstanz, auf den Oberpräsidenten über; mit der Entscheidung für Beibehaltung der Bezirksinstanz kehrte es im Organisationsgesetze v. 26. Juli 1880 wieder zu dieser, jetzt aber in die Hände des an die Stelle der Regierungs-Abtheilung des Innern getretenen Regierungspräsidenten zurück. Das L.V.G. hat diesen Standpunkt beibehalten.

[5]) Vgl. bereits oben § 17 Note 21. 22.

2. Eine bestimmte **Minimalgrenze** für die von den Behörden zu erlassenden Strafdrohungen stellen die hier maßgebenden Gesetze überall **nicht** fest. Es ergiebt sich die Frage, ob dieselbe in dem für Uebertretungen [6]) im R.Str.G.B. festgestellten Minimum gefunden werden muß, dergestalt, daß die verordnenden Behörden nicht unter das Minimum von 1 Mk. (§ 27 R.Str.G.B.) hinabzugehen berechtigt sind. Die Frage wird verschieden beantwortet. Die Praxis namentlich will auch ein geringeres Strafminimum (z. B. 30 oder 50 Pfg.) in Verordnungen für zulässig erachten, [7]) stützt sich aber dabei lediglich darauf, daß nach §§ 2, 5, 6 des Einführungs-G. zum R.Str.G.B. das Minimum des § 27 R.Str.G.B. für die neben diesem Gesetzbuche geltenden besonderen Landes-Strafgesetze keine unbedingt bindende Norm enthalte. Dies zugegeben, [8]) so ist doch damit eine endgültige Entscheidung der Frage nicht gewonnen. Denn der Inhalt der **Polizeiverordnungen** bestimmt sich in erster Reihe nach dem die Delegation enthaltenden Landesgesetze und ist daher an das Strafminimum des § 27 R.Str.G.B. dann gebunden, wenn sich nachweisen läßt, daß dies die Absicht des delegirenden Landesgesetzes gewesen ist. Das letztere, nicht der § 27 cit. unmittelbar, ist in diesem Falle die das Polizeiverordnungsrecht bindende Norm. In der That aber läßt sich der Nachweis erbringen, daß nach dem Willen des preußischen Landesgesetzgebers sich die von ihm nicht ausdrücklich festgestellte Minimalgrenze

---

6) Als solche im Sinne des R.Str.G.B. stellen sich nach den durch die delegirenden Gesetze (vgl. im Text unter Nr. 1) festgestellten Strafmaxima die Zuwiderhandlungen gegen die auf ihrem Grunde erlassenen Polizeiverordnungen dar.

7) Erk. v. 7. März 1889, **Johow** Bd. 9 S. 165: Geldstrafe von 30 Pf. bis 5 Mark; vgl. auch S. 166. Ebenso der Ministerial-Erlaß v. 19. Juli 1888, Verwaltungsblatt Bd. 10 S. 69 = B.M.Bl. S. 178, ausgehend von den Ministerien der Justiz, des Kultus und des Innern, und Bezug nehmend auf die Materialien des im Jahre 1883 berathenen Gesetzentwurfs betr. die Behandlung der Schulversäumnisse (Drucksachen des Abg.H. 1882/3 Nr. 152 S. 11). Auch der Erlaß selbst, sowie die angeführten Erkenntnisse beziehen sich auf Polizeiverordnungen über die Bestrafung von Schulversäumnissen, und es soll gar nicht verkannt werden, daß in dieser Materie ein Heruntergehen unter das Minimum von 1 Mark ein praktisches Bedürfniß ist. Doch muß demselben auf dem Wege der **Landesgesetzgebung** genügt werden, wozu sich z. B. im G. v. 6. Mai 1886 (G.S. S. 144) theilweise Gelegenheit geboten hätte. Mit der Praxis übereinstimmend **Bornhak**, Staatsrecht Bd. 3 S. 146 Note 30. Vgl. dagegen unten Note 9.

8) Vgl. über die nicht unstreitige Frage z. B. **Oppenhoff**, Kommentar Note 1 zu § 27.

des polizeiverordnungsmäßigen Strafandrohungsrechts nach der in den jedesmal geltenden allgemeinen Strafgesetzen für die fragliche Delictsart angenommenen zu bestimmen hat.[9]) Eine vollbeweisende Bethätigung dieses legislatorischen Gedankens findet sich nämlich in dem unterm 14. April 1851, also nach dem Polizeigesetze v. 11. März 1850, ergangenen preußischen Strafgesetzbuche, welches, indem es das niedrigste Maß der bei Uebertretungen eintretenden Geldbuße auf 10 Silbergroschen = 1 Mk. festsetzt (§ 335), als Uebertretungen solche Handlungen oder Unterlassungen bezeichnet, „welche durch Gesetze oder gesetzlich erlassene Verordnungen der Behörden unter Strafe gestellt sind" (§ 332), jene Minimalgrenze also ausdrücklich als auch für die letzteren maßgebend ansieht.

Daß umgekehrt die in einer Polizeiverordnung enthaltene Strafdrohung mit ihrem Minimum nicht nothwendig bis zu dem des § 27 R.Str.G.B. herabzugehen braucht, ergiebt sich bereits aus dem oben Bemerkten.[10]) Ist daher z. B. in einer Verordnung eine Strafe von 3—10 Mk. angedroht, so darf der Richter nicht auf eine solche von 1 Mk. erkennen. Hat doch nicht einmal für das R.Str.G.B. selbst, geschweige denn für die neben ihm geltenden besonderen Strafgesetze, der § 27 cit. die Bedeutung, auch für alle einzelnen Delicte als Strafminimum zu fungiren. — Nicht zu verwechseln aber mit dem Falle der selbständigen polizeilichen Strafdrohung ist der Fall des Erlasses einer auf die Normfeststellung beschränkten Verordnung zur Ergänzung eines sog. Blankettstrafgesetzes. Hier ist die Strafdrohung unmittelbar im Gesetz enthalten, und der verordnenden Behörde steht, wie überhaupt keine selbständige Strafdrohung, so insbesondere kein Recht zu, das Strafminimum anders als im Gesetze zu bestimmen. Bei Anwendung des § 366 Nr. 10 R.Str.G.B.[11]) kann daher z. B.

---

[9]) Uebereinstimmend in dieser Auffassung Rotering, Polizei-Uebertretungen S. 29.

[10]) Anerkannt im Erk. O.Trib. v. 11. Juni 1863 (Oppenhoff, Rechtspr. Bd. 3 S. 498 = B.M.Bl. S. 217), ebenso v. 28. April 1837 (Goltdammer, Archiv Bd. 5 S. 411), auch im Erk. K.G. v. 7. Nov. 1887 (Johow Bd. 7 S. 244). Uebereinstimmend Bornhak im Archiv für öff. R. Bd. 5 S. 418, Staatsrecht Bd. 3 S. 146 Note 31, Parey S. 17.

[11]) „Mit Geldstrafe bis zu 60 Mark" (dazu § 27 R.Str.G.B.) „oder mit Haft bis zu 14 Tagen wird bestraft: 1. wer die zur Erhaltung der Sicherheit, Bequemlichkeit, Reinlichkeit und Ruhe auf den öffentlichen Wegen, Straßen, Plätzen oder Wasserstraßen erlassenen Polizei-Verordnungen übertritt."

dem Richter das Recht, auf eine Strafe von 1 Mk. zu erkennen nicht dadurch verschränkt werden, daß die zur Ausfüllung desselben ergangene Verordnung unbefugt eine Minimalstrafe von 3 Mk. für die Uebertretung androht.[12])

3. Hat die Strafdrohung der polizeilichen Verordnung die ihr durch die Delegation gesetzten Maximal- oder Minimalgrenzen überschritten, so ist sie, soweit diese Ueberschreitung reicht, für den erkennenden Richter nicht verbindlich. Die der Delegation entsprechenden Festsetzungen werden aber dadurch nicht berührt: utile per inutile non vitiatur. Der Richter hat die Strafe unter Einhaltung des in dem delegirenden Gesetze festgestellten Strafrahmens abzumessen.[13])

§ 31. Strafverwandlung.

Die hier maßgebenden Gesetze haben den verordnenden Behörden nur die Androhung der Geldstrafen selbst überlassen; die im Unvermögensfalle eintretende Umwandlung derselben in Freiheitsstrafen ist im einzelnen Uebertretungsfalle Sache des Strafrichters. Für diesen aber sind die im Gesetz selbst gegebenen Umwandlungsgrundsätze unmittelbare Richtschnur; der verordnenden Behörde steht es nicht frei, in dieser Hinsicht für den Richter bindende Vorschriften zu erlassen, insbesondere ist es ihr nach Maßgabe der delegirenden Gesetzesvorschriften nicht gestattet, einen anderen Umwandlungsmaßstab dem gesetzlichen zu substituiren. [1])

[12]) Erk. O.Trib. v. 20. Nov. 1856 und 1. Oct. 1857 (Goltdammer Bd. 6 S. 268). Ebenso Erk. K.G. v. 30. Sept. 1888 (Johow Bd. 8 S. 202), aus welchem das obige Beispiel entnommen ist. Vgl. auch das Note 10 cit. Erk. bei Johow Bd. 7 S. 244.

[13]) Vgl. Erk. O.Trib. v. 14. Oct. 1864 (Oppenhoff, Rechtspr. Bd. 5 S. 237), Erk. K.G. bei Johow Bd. 7 S. 244 und die dort noch angeführte Judicatur. Bornhak im Archiv S. 413, Staatsrecht Bd. 3 S. 154 Note 54, Parey S. 17. Daß umsoweniger durch den Mangel der Strafdrohung die Gültigkeit der Norm und der auf sie gegründeten polizeilichen Verfügung berührt wird, vgl. auch Erk. O.V.G. v. 19. Oct. 1886 bei Binseel Bd. 8 S. 71 Sp. 1, sowie Binding, Normen Bd. 1, 2. Aufl. S. 40 Note 8, S. 84 Note 11.

[1]) Uebereinstimmend Oppenhoff, Kommentar Note 51 zu §§ 360 ff., Rotering S. 29. Abweichend dagegen Erk. K.G. v. 13. Dec. 1888 bei Johow Bd. 9 S. 166 mit S. 165. Das Kammergericht wurde, nachdem es einmal die Zulässigkeit eines geringeren Minimums, als 1 Mark anerkannt hatte (vgl. § 30 Note 7), nothwendig zu diesem Standpunkte gedrängt, weil es sonst „für die Umwandlung einer nicht beizutreibenden Geldstrafe von weniger als 1 Mark . . . an einem gesetzlichen Maßstabe fehlen würde“ (a. a. O. S. 165).

Das Gesetz v. 11. März 1850 bestimmte in dieser Hinsicht (§ 18): „Für den Fall des Unvermögens des Angeschuldigten ist auf verhältnißmäßige Gefängnißstrafe zu erkennen. Das höchste Maß derselben ist 4 Tage statt 3 Thlr. und 14 Tage statt 10 Thlr." Die Sätze von 3 bezw. 10 Thlrn. waren die beiden für die Ortspolizeibehörden bezw. die Regierungen im Gesetz festgestellten Maxima. Die ganze Bestimmung bezog sich offenbar [2]) auf § 88 II 20 A.L.R. als des damals geltenden Strafrechts, welcher aussagt: „Fünf Thaler Geldbuße werden einer Gefängnißstrafe von 8 Tagen, der Regel nach, gleich geachtet." Ihm entsprechend und da im A.L.R. die Frist von 8 Tagen eine Woche bedeutet, [3]) wurde für den Doppelbetrag von 10 Thlrn. der Doppelbetrag von 2 Wochen festgesetzt, während für das Maximum von 3 Thlrn. ein proportionales von 4 Tagen (genau 4¹/₅ Tag) neu bestimmt werden mußte. Es ergiebt sich daraus mit Zuverlässigkeit, daß es nicht die Absicht des Gesetzgebers gewesen ist, in irgend einem Punkte ein Sonderrecht für die Umwandlung der auf Grund von Polizeiverordnungen erkannten Vermögensstrafen festzustellen oder zuzulassen, sondern daß er auch hier lediglich dem allgemeinen Strafgesetze zur Anwendung verhelfen wollte. Es kann demnach auch keinem gegründeten Zweifel unterliegen, daß die Bestimmung des § 18 cit. ihrem ganzen Umfange bereits durch die umfassenden und für alle Fälle ausreichenden Umwandlungsvorschriften des § 335 des preußischen Str.G.B. beseitigt worden ist, an deren Stelle jetzt die §§ 28, 29 R.Str.G.B. getreten sind. [4]) Demnach ist jetzt im

---

[2]) Ebenso Oppenhoff, Ressortverhältnisse S. 514 Note 49, Förstemann S. 196.

[3]) Auch im Civilrecht, Entsch. O.Trib. Bd. 31 S. 189, Striethorst, Archiv Bd. 17 S. 362 (Pl. Präj. 2663).

[4]) Die für Uebertretungen im preuß. Str.G.B. gegebenen Umwandelungsvorschriften wichen zum Theil von den allgemeinen des § 17 ab. Vgl. § 335 Abs. 2. 3: „An die Stelle einer Geldbuße, welche wegen Unvermögens des Verurtheilten nicht beigetrieben werden kann, soll Gefängnißstrafe treten. Die Dauer derselben soll vom Richter so bestimmt werden, daß der Betrag von 10 Silbergroschen bis zu 2 Thalern einer Gefängnißstrafe von 1 Tage gleichgeachtet wird. Die Gefängnißstrafe darf auch in diesem Falle niemals die Dauer von 6 Wochen übersteigen." Ueber den Charakter der „polizeilichen Gefängnißstrafe" des preuß. Str.G.B. vgl. oben § 29 Note 8. Daß § 18 G. v. 1850 bereits durch § 335 des preuß. Str.G.B. beseitigt worden ist, spricht gleichfalls ausdrücklich aus Oppenhoff, Kommentar zum preuß. Str.G.B. 5. Ausg. (1867) Note 53 zu § 332; dazu Förstemann S. 196, Oppenhoff, Ressortverhältnisse a. a. O.

Geltungsbereiche des G. v. 11. März 1850 eine auf Grund der Uebertretung einer Polizeiverordnung erkannte Geldstrafe im Unvermögensfalle in Haft umzuwandeln, wobei der Betrag von einer bis zu 15 Mk. nach freiem Ermessen des Richters innerhalb dieser Grenzen einer eintägigen Haftstrafe gleich zu achten ist. Damit ist, wie schon unter der Geltung des preuß. Str.G.B., der umwandelnde Richter auch an die Maxima des § 18 cit. (14 bezw. 4 Tage) nicht weiter gebunden,[4a]) was einmal der Incommensurabilität der Haftstrafe des R.Str.G.B. und ebenso schon der „polizeilichen Gefängnißstrafe" des preuß. Str.G.B. mit der Gefängnißstrafe des A.L.R., andererseits aber auch dem Umstande entspricht, daß die neuen Verwaltungsgesetze die jenen Maximis im Gesetz von 1850 zu Grunde liegenden Geldbußensätze zum Theil erheblich verändert haben. [5])

In Hinsicht der letztgezogenen Folgerung weicht jedoch der Rechtszustand in den neuen Provinzen, in denen sich das polizeiliche Verordnungsrecht nach der V.O. v. 20. Sept. 1867 bestimmt, von dem der altländischen Provinzen ab. Denn die letztere Verordnung hat, obgleich zur Zeit ihrer Emanation das preuß. Str.G.B. bereits in den 1866 neu erworbenen Provinzen in Geltung getreten war, [6]) trotzdem den durch dasselbe in den alten Provinzen, wie gezeigt, beseitigten § 18 G. v. 11. März 1850 in ihren § 16 wörtlich hinübergenommen, was sich kaum anders, als durch ein, bei den sich damals drängenden gesetzgeberischen Ar-

[4a]) Abweichend Erk. K.G. v. 8. Dec. 1890 (in den Gründen), Johow Bd. 11 S. 205.

[5]) Das Maximum des Ober- und Regierungspräsidenten beträgt z. B. nicht mehr 30, sondern 60 Mark. Sollte damit zugleich das Maximum der zu substituirenden Haftstrafe gerade verdoppelt sein? Dazu würde die Inconvenienz treten, daß gegenüber den Ministerial-Verordnungen, für die das Maximum nach § 136 L.V.G. 100 Mk. beträgt, der Richter, da das Verordnungsrecht der Ministerien nicht auf das G. v. 11. März 1850 zurückgeht, an dessen § 18 nicht gebunden wäre, wie er auch keinen bestimmten Maßstab für das Verhältniß „30 Mark: 14 Tagen = 100 Mark: x, also x = $46^2/_3$ Tage" gewinnen würde.

[6]) Die Verordnung v. 20. Sept. 1867 ist ergangen „für den Bereich der durch das G. v. 20. Sept. 1866 und durch die (zwei) Gesetze v. 24. Dec. 1866 mit unserer Monarchie vereinigten Gebiete mit Ausnahme des vormaligen Oberamtsbezirks Meisenheim und der Enklave Kaulsdorf." Für genau denselben Bereich hatte die V.O. v. 25. Juni 1867 das preuß. Str.G.B. mit dem 1. Sept. 1867 in Kraft gesetzt. Zu Meisenheim und Kaulsdorf gilt das G. v. 11. März 1850; vgl. oben § 10 Note 15.

beiten allerdings begreifliches, legislatorisches Versehen erklären läßt. Hiernach sind die in diesem Paragraphen aufgestellten Maxima von 4 Tagen Haft [7]) statt 3 Thlr. und 14 Tagen statt 10 Thlr. für den Strafrichter der neuen Provinzen auch gegenüber dem § 335 preuß. Str.G.B. und jetzt auch gegenüber dem § 29 R.Str.G.B. [8]) maßgebend geblieben. Diese Divergenz zwischen dem Rechte der alten und der neuen Provinzen [9]) fordert, besonders jetzt nach allseitigem Inkrafttreten des L.V.G., zu gesetzgeberischem Einschreiten im Wege der Aufhebung des § 16 der citirten Verordnung (und der Klarheit halber, auch des § 18 des G. v. 11. März 1850) heraus.

3. Kapitel: Die berechtigten Behörden und die Bereiche der Polizeistrafverordnungen.

1. Abschnitt: Die Behörden der allgemeinen Polizei.

1. Die Behörden selbst.

§ 32. Princip. Minister.

Unter den „Behörden der allgemeinen Polizei" werden hier diejenigen verstanden, deren sachlicher Wirkungskreis begrifflich und principiell auf die Einheit, den Inbegriff der polizeilichen Functionen gerichtet ist. [1]) Ihnen werden als „besondere Polizeibehörden" (Abschn. 2) diejenigen gegenübergestellt, deren Functionen, wie z. B. die der Bergpolizeibehörden, sachlich auf eine besondere polizeiliche Materie beschränkt sind. Der Gegensatz fällt augenscheinlich nicht mit dem, nach anderer Richtung hin einflußreichen und bereits verwendeten, der allgemeinen und speciellen Delegation zusammen, welch' letzterer vielmehr sich nach dem Verhältniß des den einzelnen Behörden delegirten Verordnungsrechts zu dem sachlichen Gesammtumfange ihres Ressorts bestimmt, wie denn z. B. die den Bergbe-

---

[7]) „Haft" jetzt statt der polizeilichen Gefängnißstrafe des preuß. Str.G.B. und der V.O. v. 1867; vgl. § 29 Note 8.

[8]) . . . in Gemäßheit des § 2 Einf.-G. zum R.Str.G.B.; Oppenhoff, Kommentar Note 20 zu § 28 R.Str.G.B.

[9]) . . . anerkannt auch von Oppenhoff, Kommentar Note 51 zu §§ 360 ff.

[1]) So z. B. die V.O. über die veränderte Verfassung aller obersten Staatsbehörden in der preuß. Monarchie, v. 27. Oct. 1810, wo dem Minister des Innern „die allgemeine Polizei im ausgedehntesten Sinne" übertragen wird. Auch findet sich der Gegensatz: „gemeine und besondere Polizeibehörden" schon bei Aug. Fr. Hase, Handbuch zur Kenntniß des preuß. Polizei- und Cameralwesens, Bd. 1 (1794) S. 5.

hörden ertheilte Ermächtigung in diesem Sinne als allgemeine Delegation zu charakterisiren war. [2])

I. Gerade die Organisation des polizeilichen Verordnungsrechts ist es, welche durch die neue Verwaltungsgesetzgebung eingreifende Veränderungen erfahren hat, in denen sich die allgemeinen Ideen der unternommenen Verwaltungsreorganisation wiederspiegeln. Während noch das G. v. 11. März 1850 als Subjecte des polizeilichen Strafverordnungsrechts nur die Ortspolizeibehörden einerseits und die Regierungen als Landespolizeibehörden andererseits einander gegenüberstellt, geht das letzthin maßgebende L.V.G., ebenso wie schon das Organisations-G. v. 1880 davon aus, daß einer jeden Instanz der allgemeinen Polizei, vom Minister herab bis zur Ortspolizeibehörde, das ihrem örtlichen Wirkungskreise entsprechende Polizeistrafverordnungsrecht mit der Maßgabe zuzutheilen sei, daß die Function der übergeordneten Behörde stets dann und insoweit eintritt, als die der unmittelbar untergeordneten örtlich nicht mehr ausreicht. [3]) Auf dieser Grundlage ergiebt sich unter Berücksichtigung der geschichtlichen Entwickelung folgende Stufenleiter:

II. Die Ministerien. [4]) Die oberste Leitung der allgemeinen Polizei concentrirt sich auch heute noch in dem Ministerium des Innern, [5]) wenn auch von demselben im Laufe der Zeit gewichtige besondere Zweige der Polizei auf andere Ministerien übertragen worden sind. [6])

1. Wie Förstemann (S. 151—165) ausführlich nachgewiesen hat, stand den Verwaltungsministerien, insbesondere dem Minister des Innern, auf Grund der organischen Verordnung „über die veränderte Verfassung aller obersten Staatsbehörden in der preußischen Monarchie" v. 27. Oct. 1810 ein selbständiges polizeiliches Straf-

---

[2]) Vgl. oben §§ 16. 28.

[3]) Motive zum 4. Titel des Entw. des Org.G. v. 26. Juli 1880 (Drucks. d. Abg.-H. 1879/80 Nr. 62).

[4]) Vgl. Anonymus (oben § 6 Note 6) S. 22 ff., Parey S. 44 ff.

[5]) Vgl. oben Note 1. Von 1830—1840 führte das Ministerium des Innern die Bezeichnung „Ministerium des Innern und der Polizei."

[6]) So steht unter dem Kultusminister die Gesundheitspolizei, unter dem Minister der öffentlichen Arbeiten die Bau- und Eisenbahnpolizei, unter dem Handelsminister die Berg-, Hafen- und Schifffahrts- und der größte Theil der Gewerbepolizei und unter dem Landwirthschaftsminister die Landwirthschafts-, Forst-, Jagd-, Fischerei- und Viehseuchenpolizei. Vgl. Hue de Grais, Handbuch der Verfassung und Verwaltung in Preußen und dem deutschen Reich (9. Aufl. 1893) § 219 mit 50.

verordnungsrecht **allgemein** im Umfange ihres polizeilichen Ressorts nicht zu. Allerdings versuchte der Staatsministerialbeschluß v. 7. Januar 1845 [7]) mangels jeder ausdrücklichen Gesetzesbestimmung ein solches für die Ministerialinstanz daraus abzuleiten, daß es ihrer Genehmigung zum Erlaß polizeilicher Verordnungen durch die Regierungen nach §§ 40, 45 V.O. v. 26. Dec. 1808 und § 11 der Instr. v. 23. Oct. 1817 bedurfte; [8]) allein es kann juristisch keinem Zweifel unterliegen, daß mit dem Rechte, die Hand-

---

7) Derselbe (J.M.Bl. 1845 S. 34; V.M.Bl. S. 40; v. **Rönne-Simon**, Polizeiwesen II, 2. Suppl. S. 204; **Förstemann** S. 155. 156) lautete:

„Ueber die Auslegung des § 6 II 13 A.L.R., welcher bestimmt:

> Das Recht, Gesetze und allgemeine Polizeiverordnungen zu geben, dieselben wieder aufzuheben und Erklärungen darüber mit gesetzlicher Kraft zu ertheilen, ist ein Majestätsrecht,

und über die Befugniß der Verwaltungsbehörden, allgemeine polizeiliche Anordnungen und Strafbestimmungen zu erlassen, hatten sich Zweifel erhoben, welche Veranlassung gegeben haben, diesen Gegenstand im Kgl. Staatsministerium zu erörtern."

„Mit Rücksicht darauf, daß im § 45 der Verordnung v. 26. Dec. 1808, wegen verbesserter Einrichtung der Provinzial-, Polizei- und Finanzbehörden verordnet ist:

> Auf die von den Regierungen mit **höherer Genehmigung** in Polizeiangelegenheiten erlassenen Publicanda sind die Landes-Justizcollegien bei ihren Entscheidungen insofern Rücksicht zu nehmen verbunden, als darin keine härtere Strafe, als in den Gesetzen festgesetzt ist,

und daß nach § 40 daselbst

> die Regierungen zu solchen Polizeiverfügungen, durch welche etwas im **Allgemeinen** festgesetzt wird, die **Genehmigung der höheren Polizeibehörde** einzuholen haben,

sowie endlich mit Bezug auf § 11 der Regierungs-Instruction vom 23. Oct. 1817, woselbst bestimmt ist:

> Allgemeine Verbote und Strafbestimmungen dürfen sämmtliche Regierungen **nicht ohne höhere Genehmigung** erlassen, es sei denn, daß das Gebot schon an sich durch das Gesetz feststeht, in letzterem aber die Strafe nicht ausdrücklich bestimmt ist. In diesem Falle können sie innerhalb der Grenzen des A.L.R. Th. II Tit. 20 §§ 33. 35 und 240 die Strafen bestimmen und bekannt machen,

hat das Kgl. Staatsministerium in seiner Sitzung v. 7. Jan. 1845 als unzweifelhaft anerkannt:

> daß die Ausübung des im § 6 Tit. 13 Th. II A.L.R. gedachten Majestätsrechts, allgemeine Polizeiverordnungen zu erlassen, den Verwaltungs-Ministerien insoweit zuständig sei, als dieselben für ermächtigt gehalten werden müssen, polizeiliche Anordnungen und Strafbestimmungen innerhalb der Grenzen der polizeilichen Strafgewalt zu erlassen und deren Erlaß von Seiten der Regierungen zu genehmigen."

8) Vgl. oben § 8.

lung eines Dritten zu genehmigen, noch nicht das Recht, sie selbständig statt Jenes vorzunehmen, gegeben ist, [9]) und daß dieser Grundsatz auf das Verhältniß des Ministers zu den Regierungen hinsichtlich des Erlasses von Polizeiverordnungen um so mehr Anwendung finden mußte, als in der Uebertragung des Verordnungsrechts der Regierungen auf den Minister von selbst eine Ausdehnung des örtlichen Wirkungskreises der vorzunehmenden Handlung lag.[10]) Jedenfalls war der versuchten Argumentation mit dem G. v. 11. März 1850, dessen §§ 11 und 14 die ministerielle Genehmigung zu den Polizeiverordnungen der Regierungen beseitigten,[11]) der Boden entzogen, und es ist seitdem anerkannt, daß eine allgemeine Delegation zum Erlaß von Polizeistrafverordnungen für die Ministerien nicht begründet ist.[12]) Es entspricht dies ganz besonders der Anforderung des modernen constitutionellen Staatsrechts, daß die centralen Bedürfnisse der Gesetzgebung auch von den an der Centralstelle wirksamen gesetzgebenden Organen in der Form der Gesetzgebung befriedigt werden.[13]) Nur wo die letzteren ausdrücklich für eine bestimmte besondere Einzelmaterie, vorzüglich mit Rücksicht auf den Wechsel der ihre Regelung bestimmenden Bedürfnisse, den Erlaß von Polizeiverordnungen durch die centralen Verwaltungsbehörden als nothwendig erachtet haben, ist den Ministerien die Ausübung eines polizeilichen Verordnungsrechtes zuzugestehen. Dem-

---

9) Förstemann beruft sich hierfür sehr drastisch auf die „geschriebene Rechtsvernunft", l. 160 pr. D. 50, 17 (Ulpian): „aliud est vendere, aliud vendenti consentire."

10) Nichtsdestoweniger hat sich das Ober-Tribunal der Rechtsauffassung des Staatsministerialbeschlusses mehrfach angeschlossen; vgl. Erk. v. 28. Mai 1864 (Oppenhoff, Rechtspr. Bd. 4 S. 545) und die dort citirten früheren Entscheidungen v. 5. März 1856 (J.M.Bl. S. 153) und v. 16. Juli 1857 (J.M.Bl. S. 378). Förstemann S. 156.

11) Vgl. oben § 10.

12) Vgl. hierzu insbesondere den Bericht der Commission des Abg.-H. zur Vorberathung der Provinzial-O. (Drucks. 1875 Nr. 170) S. 24: „Bisher hat das Recht, Polizeiverordnungen für den ganzen Umfang der Monarchie oder einzelne Theile derselben zu erlassen, den Ministern nicht zugestanden." Förstemann S. 134. Oppenhoff, Ressortverhältnisse S. 508 Note 22 bis. — Dagegen hatte noch der 1. Ministerialentwurf zum Polizeigesetze v. 1850, der nur die Ortspolizei behandelnde Entwurf v. 12. Sept. 1849 (vgl. Anhang) in seinem Schluß-§ 14 „die den Ministern und den Bezirksregierungen bisher verliehen gewesene Befugniß zum Erlasse polizeilicher Vorschriften" für unberührt erklären wollen.

13) Der gleiche Standpunkt des französischen Rechts bei Otto Mayer, franz. Verwaltungsrecht S. 52.

entsprechend waren auch vor der Epoche der neuesten Verwaltungsgesetze eine Reihe specieller Delegationen in Wirksamkeit, welche die Verwaltungsministerien zum Erlaß von Polizeistrafverordnungen behufs Regelung bestimmter Einzelmaterien ermächtigten.[14]) Daraufhin und im Uebrigen galt der einfache Satz: Den Ministern steht ein polizeiliches Strafverordnungsrecht nicht allgemein, sondern nur insoweit zu, als ein solches für sie durch specielle Delegation begründet ist.

2. Dieser Rechtszustand ist prinzipiell auch durch die Bestimmungen der neuen Verwaltungsgesetze anerkannt und aufrecht erhalten worden. Eine gesetzliche Regelung fand das polizeiliche Strafverordnungsrecht der Ministerien zuerst in § 85 der Provinzialordnung v. 1875, mit welchem im wesentlichen übereinstimmend[15]) der § 72 des Organisations-G. v. 1880 und an dessen Stelle der § 136 L.V.G. Folgendes festsetzt:

„Soweit die Gesetze ausdrücklich auf den Erlaß besonderer polizeilicher Vorschriften (Verordnungen, Anordnungen, Reglements u. s. w.) durch die Centralbehörden verweisen, sind die Minister befugt, innerhalb ihres Ressorts dergleichen Vorschriften für den ganzen Umfang der Monarchie oder für einzelne Theile derselben zu erlassen und gegen die Nichtbefolgung dieser Vorschriften Geldstrafen bis zum Betrage von 100 Mark anzudrohen.

Die gleiche Befugniß steht zu:

1. dem Minister der öffentlichen Arbeiten in Betreff der Uebertretungen der Vorschriften der Eisenbahnpolizei-Reglements;

2. dem Minister für Handel und Gewerbe in Betreff der zur Regulirung der Strom-, Schifffahrts- und Hafenpolizei zu erlassenden Vorschriften, sofern dieselben sich über das Gebiet einer einzelnen Provinz hinaus erstrecken sollen.

Zum Erlasse der in § 367 Nr. 5 des Str.G.B. für das Deutsche Reich gedachten Verordnungen sind auch die zuständigen Minister befugt."

---

14) Beispiele bei Förstemann S. 162 ff. und oben § 24 Note 6.

15) Abweichungen bestehen a) hinsichtlich des Bereichs der ministeriellen Verordnungen. Prov.O.: „für den ganzen Geltungsbezirk dieses Gesetzes", Org.G. und L.V.G.: „für den ganzen Umfang der Monarchie oder einzelner Theile derselben; b) hinsichtlich des Strafmaximums. Prov.O. 30 Mark, Org.G. und L.V.G. 100 Mark; c) hinsichtlich der getroffenen Specialdelegationen (vgl. unten Note 17).

Die Bestimmungen dieses Paragraphen lassen sich mit Rücksicht auf die obige Entwicklung in folgende Einzelsätze auflösen:

a) Nur soweit die Gesetze ausdrücklich auf den Erlaß besonderer polizeilicher Vorschriften durch die Centralbehörden verweisen, ist den Ministern ein polizeiliches Strafverordnungsrecht zugeschrieben. Es ist damit negativ der Rechtsgrundsatz anerkannt, daß den Ministerien eine allgemeine Ermächtigung zum Erlaß von Polizeistrafverordnungen im Umfange ihres polizeilichen Ressorts nicht zusteht, sie vielmehr auf die Ausführung specieller Delegationen beschränkt sind.[16]) Die Zahl der letzteren hat das Gesetz, um anerkannten Bedürfnissen zu genügen, zugleich um drei vermehrt, was in Nr. 1 und 2, sowie im Schlußsatz des Paragraphen seinen Ausdruck erhalten hat.[17])

---

[16]) Zum Staatsrecht anderer deutscher Länder vgl. G. Meyer, Staatsrecht (4. Aufl.) § 160 Note 6. Für Preußen außer demselben noch v. Stengel S. 189, Bornhak Bd. 3 S. 145, Löning, Verwaltungsrecht S. 237.

[17]) Die Hinzufügung von speciellen Delegationen für die Minister erfolgte zuerst in der Commission des Abg.-H. bei der Berathung der Prov.O. und hing damit zusammen, daß der Regierungs-Entwurf die Ministerien zum Erlaß von Polizeiverordnungen ermächtigen wollte, soweit überhaupt die Gesetze ausdrücklich auf den Erlaß besonderer polizeilicher Anordnungen oder Verordnungen verweisen, die Commission aber dies auf ein Verordnungsrecht der Ministerien, soweit die Gesetze ausdrücklich auf den Erlaß besonderer Verordnungen durch die Centralbehörden verweisen, einschränkte und nunmehr veranlaßt war, die von der Regierung bei der Berathung zur Sprache gebrachten Fälle, in denen ein Bedürfniß zum Erlaß ministerieller Verordnungen anerkannt wurde, dem Gesetze als Specialdelegationen für die Minister einzufügen. — Was die einzelnen Fälle anlangt, so steht zu: a) dem Minister für öffentliche Arbeiten (organisirt durch Erl. v. 7. Aug. 1878, nach § 85 Prov.O. dem Minister für Handel, Gewerbe und öffentliche Arbeiten) das Recht der verordnungsmäßigen Strafdrohung in Betreff der Uebertretungen der Vorschriften der Eisenbahnpolizei-Reglements. Vgl. hierzu, sowie überhaupt für das Polizeiverordnungsrecht des Eisenbahnministers Eger, Handbuch des preuß. Eisenbahnrechts Bd. 2 S. 39 ff. — b) Dem Minister für Handel und Gewerbe der Erlaß von Verordnungen zur Regelung der Strom-, Schifffahrts- und Hafenpolizei, sofern sich dieselben über das Gebiet einer einzelnen Provinz hinaus erstrecken sollen. Vgl. dazu unten § 42 IV. — c) Den zuständigen Ministern der Erlaß der in § 367 Nr. 5 R.Str.G.B. gedachten polizeiverordnungsmäßigen Normen. Der § 367 Nr. 5 cit. lautet: „Mit Geldstrafe bis zu 150 Mark oder mit Haft wird bestraft, wer bei der Aufbewahrung oder bei der Beförderung von Giftwaaren, Schießpulver oder Feuerwerken, oder bei der Aufbewahrung, Beförderung, Verausgabung oder Verwendung von Sprengstoffen oder anderen explodirenden Stoffen oder bei Ausübung der Befugniß zur Zubereitung oder Feilhaltung dieser Gegenstände, sowie der Arzeneien die deshalb ergangenen Verordnungen nicht befolgt." Vgl.

b) Soweit die Gesetze auf den Erlaß besonderer polizeilicher Vorschriften durch die Centralbehörden verweisen, sind die Minister befugt, innerhalb ihres Ressorts dergleichen Vorschriften zu erlassen. Soweit dieser Satz lediglich die positive Seite des unter a) formulirten darstellt, enthält er insofern keine selbständige Festsetzung, als schon die einzelnen speciellen Delegationen selbst die Befugniß der Ministerien zum Erlaß der in ihnen vorgesehenen Strafverordnungen begründen, ohne daß es eines allgemeinen Ausspruches darüber bedürfte. Principielles bestimmt er bei dieser Auffassung nur hinsichtlich der Ressortverhältnisse, und zwar einmal, daß unter den Centralbehörden, auf welche die Gesetze, insbesondere die Reichsgesetze[18]) „verweisen", für Preußen die zuständigen Ministerien zu verstehen seien, und sodann, daß bei Veränderungen im Ressort der einzelnen Ministerien, welche nach preuß. Staatsrecht der Organisationsgewalt der Krone überlassen sind,[19]) der danach jedesmal für die betreffende polizeiliche Specialmaterie zuständige Minister auch zum Erlaß der darauf bezüglichen Verordnungen befugt sein solle, ohne daß es dazu einer Abänderung des die specielle Delegation enthaltenden Gesetzes bedürfte.[20])

c) Der unter litt. b an die Spitze gestellte Satz enthält aber außer jenem, sich von selbst ergebendem Positivum noch eine weittragende selbständige Festsetzung. Er spricht nicht blos aus, daß die Ministerien zum Erlaß von Polizeistrafverordnungen befugt sind, soweit ihnen derselbe durch besondere Gesetze übertragen ist, sondern er erklärt sie zur Ausübung eines polizeilichen Verordnungsrechts insoweit für befugt, als die Gesetze für eine besondere Einzelmaterie auf den Erlaß polizeilicher Vorschriften durch die Centralbehörden auch nur verweisen. Es äußert dieser Satz seine Wirksamkeit insbesondere in denjenigen Fällen, in denen

---

V.O. der Minister des Innern und für Handel und Gewerbe v. 19. Oct. 1893 (Verwaltungsblatt Bd. 15 S. 53. 67 = V.M.Bl. S. 225).

18) z. B. § 38 R.-Gewerbe-O. und dazu oben § 14 Note 8.

19) . . . was in der staatsrechtlichen Theorie allerdings nicht ganz unbestritten ist; vgl. die ausführliche Auseinandersetzung v. Rönne's, 4. Aufl. S. 423 ff. Gneist, Gesetz und Budget (1879) S. 36 ff., v. Schulze, preuß. Staatsrecht (2. Aufl.) Bd. 2 S. 30. 31. Arndt, Verordnungsrecht S. 150 u. A. m. — Für die Staatspraxis vgl. im Sinne des Textes z. B. den Erlaß v. 7. Aug. 1878 (G.S. 1879 S. 25) und v. 17. Febr. 1890 (G.S. S. 35).

20) Vgl. sonst z. B. zu den in Note 19 citirten Erlassen die Gesetze v. 13. März 1879 (G.S. S. 123) und v. 26. März 1890 (G.S. S. 37).

ein Reichsgesetz[21]) die Regelung einer polizeilichen Einzelmaterie im Wege der Strafverordnung den Centralbehörden der Bundesstaaten zwar nicht selbständig delegirt, wohl aber ausdrücklich vorbehält, sofern ihnen dieselbe durch die Landesgesetzgebung übertragen ist.[22]) Für alle diese Fälle ermächtigt der § 136 cit. die preußischen Ministerien zur Ausübung des vorbehaltenen Polizeiverordnungsrechts, indem es dem in der Reichsgesetzgebung im Einzelfalle zum Ausdruck gelangten Bedürfnisse Folge giebt. Die selbständige Festsetzung des § 136 geht also in diesem Theile dahin, daß er für die Ministerien allgemein eine bedingte Delegation zur Ausübung eines polizeilichen Verordnungsrechts in allen den Specialmaterien begründet, für welche immer die Reichsgesetzgebung ein solches den Centralbehörden der Bundesstaaten vorbehalten haben wird.[23])

d) Gegen die Nichtbefolgung der von ihnen im Gesammtumfange ihrer Ermächtigung erlassenen Polizeivorschriften sind die Ministerien befugt, Geldstrafen bis zum Betrage von 100 Mark anzudrohen. Dieser letzte Satz von § 136 Abs. 1 enthält gleichfalls eine selbständige Festsetzung, dahin gehend, daß in allen Fällen, wo den Ministern der Erlaß polizeilicher Normen überlassen ist, ihnen ebendadurch auf Grund des gegenwärtigen Gesetzes die gleichzeitige Strafdrohung übertragen sein solle. Er stellt also, in Gemäßheit des im preußischen Rechte geltenden Princips, die Einheit der Delegation zur Normfeststellung und zur Strafdrohung her, indem er die letztere allgemein für alle diejenigen Fälle ausspricht, wo die in Specialgesetzen den Ministern ertheilte Ermächtigung sich auf die Delegation zur Normfeststellung beschränkt haben sollte,[24]) ohne daß doch das Gesetz selbst eine Strafe unmittelbar angedroht hat.

---

21) Ueber bloße Vorbehalte polizeibehördlicher Verordnungen auch in Landesgesetzen vgl. oben § 14 Note 19.

22) Vgl. hierzu oben § 14 II.

23) Es würde daher z. B. auf Grund des Abs. 1 § 136 L.V.G. der Specialdelegation des Schlußsatzes nicht bedurft haben, wenn der Wortlaut des § 367 Nr. 5 R.Str.G.B. „die seitens der Centralbehörden der Bundesstaaten deshalb ergangenen Verordnungen" ausdrücklich hervorheben würde.

24) Ein Beispiel gewähren §§ 5. 6 des G. betr. die Beförderung von Auswanderern, v. 7. Mai 1853, hinsichtlich eines vom Minister für Handel, Gewerbe (und öffentliche Arbeiten) zu erlassenden Reglements, welches insbesondere diejenigen Controlen vorschreiben soll, denen die concessionirten Auswanderungsunternehmer hinsichtlich ihrer Geschäftsführung unterworfen sind.

§ 33. Oberpräsident.

Der Oberpräsident [1]) steht an der Spitze der Provinz; [2]) abgesehen von den besonderen Verwaltungsbezirken, welche die Hohenzollernschen Lande einerseits und die Stadt Berlin andererseits für sich bilden, [3]) zerfällt der preußische Staat in 12 Provinzen, deren jede regelmäßig in mehrere [4]) Regierungsbezirke eingetheilt ist.

Die V.O. v. 26. December 1808 und die Regierungsinstruction v. 23. Oct. 1817, welche, wie erwähnt, in §§ 40, 45 bezw. 11 den Regierungen für ihre Bezirke ein, regelmäßig mit ministerieller Genehmigung auszuübendes, Polizeiverordnungsrecht beilegten, erwähnen eines solchen, den Oberpräsidenten [5]) hinsichtlich der ganzen Provinz zustehenden ebensowenig, wie die demnächst unterm 31. Dec. 1825 ergangene Instruction für dieselben. [6]) Nichtsdestoweniger wurde ihnen in der Praxis das Recht, mit Genehmigung des Ministers provinzielle Polizeistrafverordnungen zu erlassen, beigelegt. [7]) Dasselbe konnte allerdings nicht mit dem Obertribunal aus dem von diesem angenommenen ministeriellen Verordnungsrechte abgeleitet werden, [8]) ergab sich aber, wie bereits Förstemann zutreffend annimmt, [9]) von selbst aus der den Oberpräsidenten in § 2 V.O. wegen verbesserter Einrichtung der Provinzialbehörden

---

1) Parey, Polizeistrafverordnungsrecht S. 51 ff.

2) § 2 der V.O. wegen verbesserter Einrichtung der Provinzialbehörden v. 30. April 1815; § 1 der Oberpräsidial-Instruction v. 31. Dec. 1825; § 8 L.V.G. — Zuerst eingeführt ist das Institut der Oberpräsidenten durch § 34 des Publicandum v. 16. Dec. 1808 betr. die veränderte Verfassung der obersten Staatsbehörden der preuß. Monarchie in Beziehung auf die innere Landes- und Finanzverwaltung (Rabe Bd. 9 S. 383).

3) Die sog. Hohenzollernschen Lande bilden, ohne zu einer Provinz zu gehören, einen Regierungsbezirk für sich (vgl. dazu § 5 L.V.G.); die Stadt Berlin, bereits durch § 2 der Prov.O. v. 29. Juni 1875 aus dem Communalverbande der Provinz Brandenburg ausgeschieden, ist durch §§ 1. 41—47 L.V.G. als besonderer Verwaltungsbezirk mit eigenartig gemischtem Charakter organisirt worden.

4) Die Provinz Schleswig-Holstein (mit Helgoland; vgl. oben § 11 Note 3) bildet nur einen Regierungsbezirk. Erlaß v. 20. Juni 1868.

5) Vgl. insbesondere auch § 49 der V.O. v. 26. Dec. 1808 mit § 34 des Publ. v. 16. d. M. (oben Note 2).

6) G.S. 1826 S. 1; abgedruckt auch bei v. Brauchitsch, Verwaltungsgesetze Bd. 1, 11. Aufl. S. 392.

7) Förstemann S. 171 f.

8) Erk. v. 16. Juli 1857 (J.M.Bl. S. 379).

9) Förstemann S. 171.

v. 30. April 1815[10]) und § 1 Nr. I der Instruction v. 31. Dec. 1825 zugewiesenen Stellung im Organismus der Provinz, wonach sich in ihnen die Regierungsverwaltung hinsichtlich aller derjenigen Angelegenheiten, welche sich über den Bereich einer Regierung hinaus erstreckten, concentriren sollte. Zweifelhafter konnte die Berechtigung des Oberpräsidenten zum Erlaß provinzieller Polizeiverordnungen werden, nachdem auch das die Materie umfassend regelnde Gesetz v. 11. März 1850, und, ihm für die neuen Provinzen folgend, die V.O. v. 20. Sept. 1867 derselben nicht weiter Erwähnung gethan hatten. Indessen wird man auch diesen Gesetzen gegenüber annehmen können, daß die analoge Uebertragung des nach § 11 derselben den Regierungen, unter Wegfall der ministeriellen Genehmigung, zugewiesenen Verordnungsrechts, soweit dasselbe den Rahmen eines Regierungsbezirks der Provinz überschreitet, auf den Oberpräsidenten in Gemäßheit des § 1 Nr. I der auch in den neuen Provinzen eingeführten Oberpräsidialinstruction v. 31. Dec. 1825[11]) der Intention des Gesetzgebers entsprechen dürfte,[12]) wie sich auch Beispiele einer solchen Ausübung eines oberpräsidiellen Verordnungsrechts aus der Zeit nach 1850 nachweisen lassen.[13])

Für ihren Geltungsbereich bestätigte zunächst die Provinzial-Ordnung v. 29. Juni 1875 § 76 nicht allein das Strafverordnungsrecht des Oberpräsidenten, sondern machte den letzteren sogar principiell zur ausschließlichen Instanz für das in Provinz und Regierungsbezirk auszuübende Verordnungsrecht. Die Befugniß der Bezirksregierungen zum Erlaß von Polizeivorschriften wurde aufgehoben,[14]) und dem Oberpräsidenten die Ausübung des Ver-

---

10) G.S. 1815 S. 85, auch bei v. Brauchitsch S. 383.

11) In der Provinz Schleswig-Holstein durch Erl. v. 20. Juni 1868, in Hannover durch Erl. v. 16. Sept. 1867 (vgl. v. Rönne, Staatsrecht, 4. Aufl. Bd. 3 S. 175 Note 7), in Hessen-Nassau durch Erl. v. 7. Dec. 1868.

12) Die Gegengründe Förstemanns S. 174 entspringen nur aus seiner oben § 27 Note 25 zurückgewiesenen Beurtheilung des der Regierung nach dem G. v. 11. März 1850 zustehenden Verordnungsrechts. Uebereinstimmend mit der hier vertretenen Ansicht Anonymus S. 24 Note 3.

13) Förstemann S. 194.

14) „Die Befugniß der Bezirksregierungen zum Erlasse von Polizeivorschriften wird von dem Zeitpunkte ab aufgehoben, wo die Bildung der Provinzial- und Bezirksräthe erfolgt sein wird.“ § 81 Prov.O. mit v. Brauchitsch, Organisationsgesetze Bd. I Note 1 zum cit. §.

ordnungsrechts auch für nur einen Regierungsbezirk beigelegt, während dieselbe dem Regierungspräsidenten nur für dringende Fälle belassen wurde (§ 79 Prov.O.). Es war diese Potenzirung des oberpräsidiellen Verordnungsrechts zum Theil allerdings durch Zweckmäßigkeitsgründe veranlaßt,[15]) hing aber zum Theil auch mit der, namentlich vom Abgeordnetenhause damals noch geplanten gänzlichen Beseitigung der Bezirksinstanz zusammen.[16]) Nachdem sich das Organisationsgesetz v. 26. Juli 1880 jedoch für die Beibehaltung derselben entschieden und dementsprechend dem Regierungspräsidenten ein gleichwerthiges Verordnungsrecht für den Regierungsbezirk wieder beigelegt hatte, kehrte die oberpräsidielle Verordnungsgewalt wieder zu ihrer natürlichen Function zurück, kraft deren sie da einzutreten berufen ist, wo die des Regierungspräsidenten nicht mehr ausreicht. In diesem Umfange ist durch § 73 des Org.G., unter Aufhebung der Befugniß der Bezirksregierungen zum Erlasse von Polizeivorschriften, dem Oberpräsidenten ein den §§ 6, 12 und 15 bezw. 13 der über die Polizeiverwaltung ergangenen Gesetze entsprechendes Polizeistrafverordnungsrecht übertragen worden. Der § 137 L.V.G. steht jetzt auf demselben Standpunkte.

§ 34. Regierungspräsident. [1])

Der preußische Staat besteht aus 35 Regierungsbezirken. In der Provinz Hannover sind dieselben an die Stelle der 6 früheren Landdrosteibezirke getreten (§ 2 L.V.G.).

Die allgemeine Landesverwaltung concentrirte sich bis zum Organisationsgesetze v. 26. Juli 1880 überall auf Grund des § 5 der V.O. v. 30. April 1815 und § 1 der Regierungsinstruction

---

15) Vgl. insbesondere die Motive zu § 84 des Entwurfs, Drucks. d. Abg.-H. 1875 Nr. 14 S. 32: „. . . da die überwiegende Mehrzahl der schon bisher von den Bezirksregierungen erlassenen Polizeiverordnungen solche Gegenstände betreffen, welche eine gleichmäßige Regelung in allen Regierungsbezirken angezeigt erscheinen lassen. — Dazu kommt, daß die Prüfung wichtiger Polizeiverordnungen durch das größere Collegium des Provinzialausschusses eingehender und allseitiger erfolgen dürfte, als durch die . . . Bezirksausschüsse.“

16) Vgl. dazu die Motive zum Org.G. (oben § 32 Note 3): „Im Allgemeinen, Beibehaltung der Bezirksinstanz“ (Anlagen zu den Verhandlungen des Abg.-H. 1879/80 Bd. 2 S. 974). Jener Vorbehalt einer späteren Beseitigung der Bezirksinstanz tritt in § 67 der Prov.O. selbst zu Tage.

1) Parey S. 24 ff.

v. 23. Oct. 1817 [2]) in den Bezirksregierungen, welche in drei Abtheilungen, die des Innern, die für Kirchen- und Schulwesen und die für directe Steuern, Domänen und Forsten zerfielen. [3]) Nach § 17 des Organisationsgesetzes von 1880 und dem ihm folgenden § 18 L.V.G. tritt in Durchführung des in diesen Gesetzen für die allgemeine Landesverwaltung principiell angenommenen Bureausystems [4]) der Regierungspräsident an die Stelle der aufgehobenen Abtheilung des Innern und damit im Wesentlichen mit persönlicher Verantwortlichkeit an die Spitze des Regierungsbezirks. Dieselbe Stellung, wie in den übrigen Provinzen, ist dem Regierungspräsidenten in den hannöverschen Regierungsbezirken zugewiesen (§ 25 L.V.G. = § 24 Org.G.). Für den Stadtkreis Berlin tritt principiell der Polizeipräsident an die Stelle des Regierungspräsidenten. [5])

Die der Bezirksregierung nach §§ 40, 45 der V.O. v. 26. Dez. 1808 und § 11 der Regierungs-Instruction v. 23. Oct. 1817 delegirte, principiell an ministerielle Genehmigung gebundene, Befugniß zum Erlaß von Polizeistrafverordnungen für den Regierungsbezirk ist im historischen Abschnitt bereits Gegenstand der Besprechung gewesen. [6]) Die §§ 11 ff. des Gesetzes v. 11. März 1850 befreiten dieselbe von jenem Erforderniß „höherer Genehmigung." In dieser Gestalt ging das Verordnungsrecht der Regierungen in die V.O. v. 20. Sept. 1867 über, nach deren § 19 für die Aus-

---

[2]) Die gleichen Bestimmungen gelten nach dem Erl. v. 20. Juni 1868 für die Regierung in Schleswig, sowie nach § 6 der Verordnung v. 22. Febr. 1867 für die Provinz Hessen-Nassau; auch sind dieselben mit einigen Modificationen durch § 6 V.O. v. 7. Jan. 1852 für die Regierung in Sigmaringen in Kraft gesetzt.

[3]) Kab.-Ordre v. 31. Dec. 1825.

[4]) Motive zum Org.G. (Anlagen, citirt § 33 Note 16, S. 977). Bureausystem: „selbständige Verwaltung durch einen Einzelbeamten unter voller persönlicher Verantwortlichkeit."

[5]) § 42 Abs. 2 L.V.G. = § 35 Abs. 2 Org.G. Vgl. auch Entsch. R.Ger. Straff. Bd. 18 S. 63 und Erk. O.V.G. v. 14. März 1882, Entsch. Bd. 8 S. 331. — Nach dem G. v. 12. Juni 1889 (G.S. S. 129) kann durch den Minister des Innern mit Zustimmung des Provinzialraths von Brandenburg die (orts- und) landespolizeiliche Zuständigkeit des Polizeipräsidenten von Berlin auf die Stadt Charlottenburg und die Kreise Teltow und Niederbarnim erstreckt werden (§ 1). Jedoch bleiben die im § 2 genannten Zweige der Polizei von der Erstreckung ausgeschlossen. Die erweiterte Zuständigkeit begreift auch das Verordnungsrecht in sich (§ 3).

[6]) Vgl. oben § 8.

übung desselben in der Provinz Hannover die Landdrosteien traten. [7]) Für die Gestaltung des bezirkspolizeilichen Verordnungsrechts bei der Reorganisation der inneren Verwaltung war sowohl die Tendenz einer völligen Beseitigung der Bezirksinstanz, als die einer bureaumäßigen Einrichtung der allgemeinen Landesverwaltung, erstere freilich nur vorübergehend, bestimmend. Beide waren in der Provinzial-O. v. 29. Juni 1875 wirksam, welche, unter Aufhebung des Verordnungsrechts der Bezirksregierungen, dem Regierungspräsidenten ein Verordnungsrecht für den Regierungsbezirk nur in Fällen, welche keinen Aufschub zuließen, gewährte, im Uebrigen aber den Oberpräsidenten an die Stelle der Regierung treten ließ (§§ 76, 79, 81). Nach definitiver Beibehaltung der Bezirksinstanz [8]) hat sodann § 73 Abs. 2 Org.G. und jetzt § 137 Abs. 2 L.V.G. dem Regierungspräsidenten die volle Verordnungsgewalt für den Regierungsbezirk wieder beigelegt. Entsprechend dem allgemeinen Uebergange des Verordnungsrechts der Bezirksregierungen auf den Regierungspräsidenten tritt endlich der letztere an die Stelle der ersteren auch hinsichtlich der besonderen Materien, welche in speciellen Delegationen der Regierung zur strafpolizeilichen Regelung überwiesen waren. Der § 74 Abs. 3 Org.G. = § 138 Abs. 3 L.V.G. hat dies hinsichtlich der Vorschriften des Gesetzes, betr. die Erleichterung des Lootsenzwanges in den Häfen- und Binnengewässern der Provinzen Preußen und Pommern, v. 9. Mai 1853 ausdrücklich ausgesprochen. [9])

§ 35. Landrath. [1])

Die einzelnen Regierungsbezirke des preußischen Staates zerfallen in Kreise, [2]) die hohenzollernschen Lande statt deren jedoch in 4 Ober-Amtsbezirke. [3]) Die größeren Städte der Monarchie sind

[7]) v. Rönne, Staatsrecht 4. Aufl. Bd. 1 S. 385 Note 4.

[8]) Motive zum Org.G., wie oben § 32 Note 3 und § 33 Note 16 citirt.

[9]) Dasselbe muß auch von der speciellen Materie der Kab.-Ordre v. 7. Febr. 1837 betr. die Befugniß der Behörden, die äußere Heilighaltung der Sonn- und Festtage zu bewahren, gelten. Vgl. dazu oben § 16 Note 12.

[1]) Parey S. 70 ff.

[2]) §§ 35. 36 der V.O. v. 30. April 1815. In den neuen Provinzen ist die Kreiseintheilung eingeführt durch § 3. 4 V.O. v. 22. Febr. 1867 (Hessen-Nassau), § 5 der V.O. v. 12. Sept. 1867 (Hannover), § 1 der V.O. v. 22. Sept. 1867 (Schleswig-Holstein).

[3]) § 5 L.V.G. mit § 1 der hohenzollernschen Amts- und Landes-Ordnung v. 2. April 1873.

kreiseximirt und bilden eigene Stadtkreise. [4]) An der Spitze der Landkreise steht der Landrath, [5]) an dessen Stelle in Hohenzollern der Oberamtmann tritt.

Dem Landrath steht weder nach dem Gesetz v. 11. März 1850, noch der V.O. v. 20. Sept. 1867 ein auf den Kreis bezügliches Verordnungsrecht zu. [6]) Selbst das ihm durch specielle Bestimmung der Feldpolizei-Ordnung v. 1. Nov. 1847 § 25 zugeschriebene [7]) ist durch das G. v. 11. März 1850 zu Gunsten der nach ihm regelmäßigen Ausübung des ortspolizeilichen Verordnungsrechts in Wegfall gekommen. Erst die Kreis-O. v. 13. Dec. 1872 § 78 hat ihm für seinen Wirkungskreis ein solches übertragen, welches mit gewisser Potenzirung in örtlicher Beziehung [8]) in § 78 Org.G. und § 142 L.V.G. für die ganze Monarchie recipirt worden ist.

§ 36. Ortspolizeibehörden.

Das Strafverordnungsrecht der Ortspolizeibehörden hat zuerst in dem G. v. 11. März 1850 seine ausdrückliche Feststellung erfahren. [1]) Dasselbe theilt in § 5 den mit der örtlichen Polizeiverwaltung beauftragten Behörden, indem es von dem principiellen Zusammenfallen des Ortspolizeibezirks und der Gemeinde ausgeht, die Befugniß zu, ortspolizeiliche, für den Umfang der Gemeinde giltige Vorschriften unter Strafdrohung selbständig zu erlassen, ohne daß sie dazu, wie es die frühere Praxis erforderte, einer Genehmigung der Bezirksregierung bedürften. Dieselbe Vorschrift ist unverändert in § 5 der V.O. v. 20. Sept. 1867 auf die neuen Provinzen übertragen worden. Die letztere hat jedoch ausdrücklich [2]) auch den

---

[4]) § 36 der V.O. v. 30. April 1815. Städte, die mit Ausschluß der activen Militärpersonen mindestens 25000 (in Westfalen 30000, in der Rheinprovinz 40000) Einwohner haben, sind befugt, aus dem Landkreise, zu dem sie gehören, auszuscheiden. § 4. 5 der verschiedenen Kreis-Ordnungen.

[5]) § 36 L.V.G.

[6]) Erk. O.Trib. v. 7. Oct. 1858 (J.M.Bl. S. 366 = Goltdammer, Archiv Bd. 6 S. 828).

[7]) . . . „Localordnungen", durch welche das Einzelhüten während des ganzen Jahres oder ganzer Jahresperioden gestattet wird und zugleich die erforderlichen Sicherungsmaßregeln festgesetzt werden, zu erlassen. Förstemann S. 172. 173.

[8]) Vgl. unten § 89.

[1]) Vgl. oben § 10.

[2]) Dem Sinne nach war dies auch schon im § 5 des G. v. 11. März 1850 mit § 1 daselbst für die „Kreisamtmänner" geschehen. Vgl. darüber oben § 27 Note 25, sowie unten Note 5.

Fall berücksichtigt, daß nach den in den neuen Provinzen geltenden Gemeindeverfassungsgesetzen die örtliche Polizeiverwaltung in einem mehrere Gemeinden umfassenden Bezirke einem Beamten (Amtshauptmann, Amtmann u. s. w.) oder einer Behörde zusteht, und unter dieser Voraussetzung diesen Beamten bezw. diese Behörde zum Erlaß ortspolizeilicher Vorschriften für den Umfang einer wie mehrerer Gemeinden, als auch für den ganzen Bezirk ermächtigt.

Da eine umfassende Darstellung der, mit den vielfach von einander abweichenden, in Preußen geltenden Gemeindeverfassungsgesetzen auf das Engste zusammenhängenden, Organisation der Ortspolizei [3]) nicht als im Plane dieser Abhandlung liegend erachtet werden kann, so möge es genügen, im Folgenden die Ortspolizeibehörde des Gesetzes v. 11. März 1850 für den Bereich derjenigen Provinzen zu individualisiren, welche der Kreis-Ordnung v. 13. Dec. 1872 unterstehen [4]) und damit eine geschlossene Rechtseinheit im preußischen Staate von bedeutendstem Umfange bilden. Für die übrigen Provinzen sollen nur einzelne vergleichende Bemerkungen hinzugefügt werden.

Nach dem G. v. 11. März 1850 selbst wird die örtliche Polizeiverwaltung, als die Handhabung der obrigkeitlichen Befehls- und Zwangsgewalt[4a]) auf dem Gebiete der örtlichen inneren Verwaltung, einmal (§ 1) von den nach der gleichzeitig erlassenen Gemeinde-Ordnung dazu bestimmten (Gemeinde-) Beamten [5]) im Namen

---

[3]) Vgl. dazu im Allgemeinen v. Rönne, preuß. Staatsrecht 4. Aufl. Bd. 1 S. 382 ff. 571 ff., Bd. 3 S. 326 ff., Bornhak Bd. 3 S. 123 ff. 143 f., v. Stengel S. 122 ff., Parey, Polizeistrafverordnungsrecht S. 55 ff., Gerland, Recht der Polizeiverordnungen S. 6 ff.

[4]) Ostpreußen, Westpreußen, Brandenburg, Pommern, Schlesien, Sachsen. Vgl. oben § 11 Note 1.

[4a]) Vgl. die im Anhang abgedruckten Erläuterungen, sowie die unten Note 16 citirten Ausführungen meines Aufsatzes, besonders S. 351 f. Dazu oben § 21 IV, auch Note 38 a. E.

[5]) Der § 1 des Gesetzes sagt: „Die örtliche Polizeiverwaltung wird von den nach den Vorschriften der Gemeinde-Ordnung dazu bestimmten Beamten (Bürgermeistern, Kreisamtsmännern, Oberschulzen) im Namen des Königs geführt — vorbehaltlich der im § 2 des gegenwärtigen Gesetzes vorgesehenen Ausnahme". Nach der Gemeinde-Ordnung v. 11. März 1850, welche nicht zwischen Stadt- und Landgemeinden, sondern nur zwischen Gemeinden mit mehr und weniger als 1500 Einwohnern unterscheidet (§ 9, Titel II—III), sind a) Bürgermeister die Vorsteher der Gemeinden mit über 1500 Einwohnern (§ 58 Nr. 1). Ihnen steht in Gemeinden mit nicht mehr als 1500 Einwohnern der Gemeindevorsteher gleich (§ 114 Nr. 1 a). — b) Gemeinden,

des Königs geführt, andererseits aber ist zugleich (§ 2) der Staatsregierung das Recht vorbehalten, in Gemeinden, wo sich eine Bezirksregierung, ein Land-, Stadt- oder Kreis-Gericht [6]) befindet sowie in Festungen und in Gemeinden von mehr als 10000 Einwohnern, ja sogar aus dringenden Gründen zeitweise auch in anderen Gemeinden, die örtliche Polizeiverwaltung einem besonderen Staatsbeamten zu übertragen. Mit der durch G. v. 24. Mai 1853 erfolgten Wiederaufhebung der Gemeinde-Ordnung v. 11. März 1850 [7]) trat die frühere Organisation der Ortspolizei und nach ausdrücklicher Feststellung der beiden Gesetze v. 14. April 1856 [8]) für die Landgemeinden der sechs (jetzt sieben) östlichen Provinzen auch die durch Art. 42, 114 der Verfassung v. 31. Januar 1850 aufgehobene gutsherrliche Polizeigewalt [9]) auch rechtlich[10]) wieder in Wirksamkeit. Während nun für die Städte der östlichen Provinzen demnächst die Städte-Ordnung v. 30. Mai 1853 § 62 die Handhabung der Ortspolizei, soweit sie nicht königlichen Behörden übertragen ist, dem Bürgermeister zur Ausübung im staatlichen Auftrage überließ, ist die Landgemeinde der der Kreis-Ordnung v. 13. Dec. 1872 unterstehenden Provinzen erst in diesem Gesetze zu

welche für sich allein den Zwecken des Gemeindeverbandes nicht entsprechen, sollen sich zu einer „Sammtgemeinde" vereinigen dürfen (§ 126). Die gemeinsamen Angelegenheiten derselben werden von einem Vorsteher (Bürgermeister, Oberschulzen) verwaltet (§ 130), welchem von der Staatsregierung die Handhabung der Ortspolizei übertragen werden kann (§ 135). — c) Gemeinden, welche eine genügende Polizeiverwaltung herzustellen nicht vermögen, werden mit benachbarten zu einem Polizeibezirke vereinigt (§ 126). Im Polizeibezirke wird zur Handhabung der Ortspolizei ein besonderer Bezirksbeamter (Kreisamtmann) bestellt (§ 135).

[6]) Jetzt ein Collegialgericht 1. Instanz, also ein Landgericht.

[7]) Gesetz betr. die Aufhebung des Art. 105 der Verf.-Urk. v. 31. Jan. 1850, vom 24. Mai 1853 (G.S. S. 228) und G. betr. die Aufhebung der Gemeinde-Ordnung v. 11. März 1850, sowie der Kreis-, Bezirks- und Provinzial-Ordnung v. 11. März 1850, v. 24. Mai 1853 (G.S. S. 238).

[8]) Gesetz v. 14. April 1856, betr. die Abänderung des Art. 42 und die Aufhebung des Art. 114 der Verf.Urk. v. 31. Jan. 1850 (G.S. S. 353) und G. v. 14. April 1856, betr. die ländlichen Ortsobrigkeiten in den sechs östlichen Provinzen der Monarchie (G.S. S. 354).

[9]) . . . wie sich § 1 G. v. 14. April 1856 ausdrückt, „die nach den §§ 18—22 Tit. 17 Th. II A.L.R. aus Unserem Hoheitsrechte abgeleitete, in der Regel mit dem Besitze eines Ritter- oder anderen ländlichen Gutes verbundene, ortsobrigkeitliche (polizei-obrigkeitliche) Gewalt."

[10]) Thatsächlich hatte dieselbe nie aufgehört. Vgl. darüber das Nähere bei Oppenhoff, Ressortverhältnisse S. 503 Note 3.

einer staatlichen Organisation der örtlichen Polizei vorgeschritten. Unter Aufhebung der gutsherrlichen Polizeigewalt (§ 46) vereinigte dasselbe die Landgemeinden bezw. selbständigen Gutsbezirke[11]) des Kreises zu mehreren „Amtsbezirken" (§ 48), in deren jedem ein vom Oberpräsidenten ernannter Amtsvorsteher[12]) im Ehrenamte (§ 56) die Ortspolizei im Namen des Königs verwaltet (§§ 59, 46). Hiernach besteht in den gedachten 6 Provinzen im Einzelnen folgende Organisation der mit dem Verordnungsrechte ausgestatteten Ortspolizeibehörden:

1. Besondere Staatsbeamte verwalten die Ortspolizei in denjenigen Städten, in welchen die Staatsregierung von dem ihr durch § 2 des Gesetzes v. 11. März 1850 zugestandenen Rechte Gebrauch gemacht hat. Demzufolge fungiren Polizeipräsidenten in Berlin,[13]) Breslau, Königsberg, Polizeidirectoren (zuweilen mit dem Titel Polizeipräsident) in Danzig, Stettin, Potsdam, Magdeburg.[14])

2. In den übrigen Städten, in denen die Städte-Ordnung für die östlichen Provinzen v. 30. Mai 1853 gilt, verwaltet nach § 62 I Nr. 1 der Bürgermeister oder mit Genehmigung der Regierung ein anderes Magistratsmitglied, nicht aber der collegiale Magistrat selbst[15]) die Ortspolizei. In Betreff der Befugniß des

---

11) Ueber den Begriff vgl. v. Möller, Landgemeinden und Gutsherrschaften nach preuß. R. (1865) S. 365 ff., v. Stengel, Staatsrecht S. 334 f. Keil, Art. „Landgemeinde-Ordnung" § 10, in v. Stengel's Wörterbuch, 1. Ergänzungsband S. 63.

12) Die Ernennung erfolgt auf Grund von Vorschlägen des Kreistages, in welche aus der Zahl der Amtsangehörigen die zu Amtsvorstehern befähigten Personen aufzunehmen sind, auf 6 Jahre.

13) Ueber die Erstreckung der ortspolizeilichen Befugnisse des Polizeipräsidenten von Berlin auf die Vororte vgl. schon oben § 34 Note 5. — Im Uebrigen: Polizei-Reglement v. 18. Sept. 1822 (v. Kamptz, Annalen Bd. 8 S. 491) und Kab.-Ordre v. 16. Mai 1830 (Bd. 14 S. 359), abgedruckt bei v. Rönne-Simon, Polizeiwesen Bd. 3 S. 653—663.

14) Für die neuen Provinzen verweist der § 2 der V.O. v. 20. Sept. 1867 in Bezug auf die Bestellung staatlicher Polizeibehörden auf das bestehende Recht. Im Ganzen giebt es danach, außer den im Text genannten, in Preußen noch folgende Städte mit königlichen Polizeibehörden: Frankfurt a. M., Köln, Posen, Hannover, Aachen, Wiesbaden, Kassel, Celle, Göttingen, Koblenz, Marburg, Hanau und Fulda. Die sechs letztgenannten werden als Nebenamt von dem Landrath verwaltet. Vgl. Hue de Grais, 9. Aufl. S. 278 Note 11. — Zu § 2 des G. v. 11. März 1850 vgl. noch die im Anhang abgedruckten „Erläuterungen".

15) Eine Polizeiverordnung, die vom „Magistrat", anstatt vom Bürgermeister erlassen ist, ist daher rechtsungiltig: Erk. K.G. v. 6. Nov. 1893 bei Johow Bd. 14

Bürgermeisters, ortspolizeiliche Verordnungen zu erlassen, verweist § 63 der Städte-Ordnung ausdrücklich auf die darauf bezüglichen Gesetze. Sowie nun aber nach preußischem Recht schon die Verwaltung der Orts-Polizei im Sinne einer specifischen obrigkeitlichen Zwangsgewalt nicht als Gemeinde-Angelegenheit, sondern im Namen und Auftrage des Staates geführt wird,[16]) so ist auch das polizeiliche Verordnungsrecht keine Aeußerung eigener communaler Gesetzgebungsgewalt (Autonomie),[17]) sondern ein delegirtes Stück staatlicher Gesetzgebung, wobei die Uebertragung von Seiten des Staates wiederum nicht an die Gemeinde als solche,[18]) sondern an den einzelnen Beamten in seiner Eigenschaft als Functionär der staatlichen Ortspolizei erfolgt ist.[19])

3. Ortspolizeibehörde für den gesammten Amtsbezirk ist der Amtsvorsteher;[20]) auf ihn ist dementsprechend durch § 62 Kreis-O.

S. 256. Anders, wenn die Unterzeichnung „Magistrat" nur eine falsche Ausdrucksweise darstellt, weil der Bürgermeister allein den Gemeindevorstand bildet: Erk. K.G. v. 21. Febr. 1884, Johow Bd. 4 S. 322 (Schubin in Posen im Jahre 1851). — Ueber den „Magistrat" als Ortspolizeibehörde in den hannöverschen Städten vgl. v. Stengel S. 123, Hue de Grais S. 277 Note 8.

16) § 1 des G. v. 11. März 1850 und der V.O. v. 1867; dazu die Ausführungen meines Aufsatzes im Verwaltungsarchiv Bd. 3 S. 337 ff. 348 ff. 363, sowie die Rede des Ministers Grafen zu Eulenburg bei der Berathung des § 68 Org.G. im Abgeordnetenhause (Sten. Ber. 1879/80 S. 2008 a).

17) Anerkannt schon bei der Berathung des G. v. 11. März 1850 durch den Abg. Kisker, Verhandlungen der I. Kammer S. 2316. Hervorgehoben auch von Gierke, Art. „Ortsstatuten" in v. Holtzendorff's Rechtslexikon Bd. 2 S. 973.

18) Für Preußen gelten daher diejenigen Sätze nicht, welche Seydel in seinem bayrischen Staatsrecht Bd. 3 S. 588 für Bayern entwickelt: „Die Uebertragung des Verordnungsrechts hat eine verschiedene Bedeutung, je nachdem sie zu Gunsten der kgl. Behörden oder der Gemeindebehörden erfolgt. — Die Ausübung des Polizeiverordnungsrechts durch die Gemeindebehörden ist ein Recht der Gemeinden, in dessen Ausübung von staatlicher Seite nur soweit eingegriffen werden kann, als das Gesetz eine Handhabe hierzu bietet." Vielmehr ist das Polizeiverordnungsrecht in Preußen im Sinne einer unmittelbaren im Namen des Staates auszuübenden Gesetzgebungsbefugniß für alle Behörden, namentlich auch in Bezug auf die Anweisungsbefugniß der Oberbehörden, einheitlich gestaltet.

19) Vgl. dazu noch die im Anhang abgedruckten „Erläuterungen", sowie die Ausführungen meiner Aufsätze im Verwaltungsarchiv Bd. 3 S. 352 und in den „Annalen" 1883 S. 321.

20) § 59 der Kreis-O. v. 1872. Ueber die Formen des Erlasses einer Polizeiverordnung durch den Stellvertreter des Amtsvorstehers oder einen benachbarten Amtsvorsteher bezw. Bürgermeister gemäß § 57 Abs. 5 der Kreis-O. vgl. z. B. die Bestimmungen des Oberpräsidenten von Ostpreußen v. 24. Sept. 1880 im Ver-

das Verordnungsrecht der Ortspolizeibehörde gemäß §§ 5 ff. des G. v. 11. März 1850 übertragen worden.[21]) Die zum Amtsbezirk gehörenden Gemeinde= bezw. Gutsvorsteher sind für die Polizeiverwaltung nur seine ausführenden Organe;[22]) ein polizeiliches Verordnungsrecht für die Gemeinde bezw. den selbständigen Gutsbezirk steht ihnen nicht zu.[23]) Nur soweit ausnahmsweise einzelne Gemeinden bezw. selbständige Gutsbezirke für sich allein einen Amtsbezirk bilden (§ 48 Nr. 2. 3 der Kreis=O.), ist der Gemeinde= bezw. Gutsvorsteher in seiner Eigenschaft als Amtsvorsteher (§ 56 Abs. 5) zum Erlaß von Polizeiverordnungen ermächtigt.

2. Verschiedenheit des Verordnungsrechts auf den einzelnen Stufen.

§ 37. Orts- und landespolizeiliches Verordnungsrecht.

Gegenstand und Inhalt des den vorbesprochenen Polizeibehörden zustehenden Verordnungsrechts ist im Allgemeinen bereits im 2. Kapitel festgestellt worden. Soweit die Stufenfolge derselben Verschiedenheiten in dem Umfange der den einzelnen zustehenden Befugniß begründet, ist zunächst Folgendes hervorzuheben:

Was den Gegenstand der zu erlassenden Verordnungen anbetrifft, so ergab sich (§ 27), daß der sachliche Gesammtumfang des polizeilichen Verordnungsrechts nach dem G. v. 11. März 1850

---

waltungsblatt Bd. 2 S. 48. -- Auf die Provinz Schleswig=Holstein ist das Institut des Amtsvorstehers durch die bezügliche Kreis=O. v. 26. Mai 1888 übertragen. Vgl. §§ 51. 54. 34 Nr. 2. 3. § 48 Abs. 5.

[21]) Ueber ländliche Gesammtpolizeibezirke in den anderen Provinzen und deren Vorsteher, die Landräthe (Hannover), Landbürgermeister (Rheinprovinz), Amtmänner (Westfalen), Distriktscommissarien (Posen) vgl. die oben Note 3 citirten Uebersichten. — Das Polizeiverordnungsrecht der Distriktscommissarien wird in dem Erk. K.G. v. 21. Febr. 1884, Johow Bd. 4 S. 320 f. zu Unrecht in Abrede gestellt; vgl. dagegen die bei v. Rönne, Staatsrecht 4. Aufl. Bd. 1 S. 577 Note 9 citirten Motive zu dem 1880/1 vorgelegten Entwurf einer Kreis=Ordnung für Posen, Drucks. d. Abg.H. Nr. 7 zu §§ 24. 25, sowie v. Loos, Der Polizei=Distriktscommissarius in der Provinz Posen, 2. Aufl. (1894) S. 50 ff.

[22]) §§ 29. 30 Nr. 3. § 31 der Kreis=O. v. 1872, jetzt § 40 Abs. 1 (Abs. 2 für Posen), § 91 Nr. 3, §§ 122. 123 der östlichen Landgemeinde=Ordnung v. 3. Juli 1891.

[23]) Dementsprechend hat der Amtsvorsteher das Polizeiverordnungsrecht mit der Maßgabe übertragen erhalten, daß er Polizeistrafverordnungen nicht blos für den Umfang mehrerer Gemeinden und Gutsbezirke oder des ganzen Amtsbezirks, sondern auch für den Umfang einer einzelnen Gemeinde oder eines Gutsbezirks erlassen kann. Vgl. unten § 39.

und ihm entsprechend nach der V.O. v. 20. Sept. 1867 [1]) für die Ortspolizeibehörden einerseits und die Regierungen als Landespolizeibehörden andererseits ein verschiedener ist. Während die ersteren auf die in § 6 der Gesetze aufgeführten Materien ortspolizeilicher Natur beschränkt sind, ihr Verordnungsrecht also auch materiell sich als ein ausschließlich ortspolizeiliches darstellt, ist den Regierungen ein solches im weiteren Umfange des § 12 daselbst zugestanden, wonach dieselben nicht bloß für einen über einen einzelnen Ortspolizeibezirk hinausreichenden Sprengel Verordnungen ortspolizeilichen Inhalts (§ 6 des Gesetzes) erlassen, sondern auch, ihrer Stellung als Landespolizeibehörden entsprechend, Gegenstände landespolizeilicher Natur einer Regelung durch Polizeistrafverordnung für ihren Bezirk unterziehen dürfen. Die auf das Subject des polizeilichen Verordnungsrechts bezüglichen Bestimmungen der neuen Verwaltungsgesetze haben nun, indem sie ihre Delegationen auf die obigen Gesetze zurückführten, jene Verschiedenheit in dem sachlichen Gesammtumfange des den einzelnen Behörden zustehenden Verordnungsrechts je nach ihrer Stellung als Orts- bezw. Landespolizeibehörden gleichfalls anerkannt und durchgeführt.

1. Hiernach steht allen Polizeibehörden unterhalb der Bezirksinstanz nur ein materiell ortspolizeiliches Verordnungsrecht zu, derart, daß sie bei Ausübung desselben auf die Gegenstände des § 6 des G. v. 11. März 1850 u. s. w. beschränkt sind. Dies ergiebt sich für die Ortspolizeibehörden (§ 36) außer dem Amtsvorsteher unmittelbar aus §§ 5, 6 dieses Gesetzes, für diesen aber daraus, daß der § 62 der Kreis-Ordnung für den sachlichen Umfang des amtspolizeilichen Verordnungsrechts ausdrücklich auf die §§ 5 ff. des G. v. 11. März 1850 Bezug nimmt und das diesen Paragraphen gemäß gestaltete Verordnungsrecht der Ortspolizeibehörde auf den Amtsvorsteher überträgt. [2]) Dementsprechend ist z. B. im Einzelfalle, nachdem der § 115 des Kompetenz-G. v. 26. Juli 1876 die Strom-, Schifffahrts- und Hafenpolizei als nicht in den sachlichen Rahmen der dem Amtsvorsteher übertragenen Ortspolizei fallend [3]) erklärt hatte, zugleich auch das darauf bezügliche Verordnungsrecht den Landespolizeibehörden ausschließlich reservirt

---

[1]) Ebenso nach dem lauenburgischen G. v. 7. Jan. 1870, welches hier wegen seiner geringen Wichtigkeit nicht immer besonders erwähnt wird.

[2]) Uebereinstimmend § 54 der schleswig-holsteinschen Kreis-O. v. 1888.

[3]) Weil diese polizeiliche Materie „eine rein locale Behandlung nicht zuläßt“.

worden, was jetzt in § 59 Abs. 2 der Kreis-O. [4]) mit § 138 L.V.G. seinen erneuten Ausdruck gefunden hat. [5])

Die gleiche materielle d. h. ortspolizeiliche Natur ist aber auch dem Polizeiverordnungsrecht des Landraths zuzuschreiben, obwohl das Gesetz sich nicht ausdrücklich darüber vernehmen läßt. [6]) Der das preußische Recht durchziehende Grundsatz, daß die selbständige [7]) Wahrnehmung der allgemeinen landespolizeilichen Interessen sich erst in der Bezirksinstanz concentrirt, berechtigt zu dieser Entscheidung. Das vom ehemaligen § 78 der Kreis-O. sowohl, als vom § 80 Org.G. bezw. § 144 Abs. 2 L.V.G. im formellen Sinne als „kreispolizeilich" bezeichnete Verordnungsrecht des Landraths ist daher im materiellen Sinne ein ausschließlich ortspolizeiliches; [8]) es ist für die Befriedigung der übereinstimmenden, aber ihrer Natur nach besonderen Gemeininteressen mehrerer Ortspolizeibezirke des Kreises geschaffen und demgemäß auf die Gegenstände des § 6 der maßgebenden Gesetze beschränkt, dagegen auf landespolizeiliche Materien nicht auszudehnen. [9])

Vgl. v. Brauchitsch, Verwaltungsgesetze, Bd. 2, 11. Aufl. Note 184 und die dort citirten Entsch. O.V.G.

4) Neue Fassung nach der Novelle v. 19. März 1881; übereinstimmend § 51 Abs. 2 der schleswig-holsteinischen Kreis-O.

5) Der gleiche Ausschluß der Ortspolizeibehörden gilt nach dem oben § 16 Note 12 mit § 27 Note 24 a. E. Entwickelten auch für die Materie der Kab.-Ordre v. 7. Febr. 1837. Vgl. auch Rödenbeck S. 66 und zu Unrecht abweichend Bornhak im Archiv für öff. Recht Bd. 5 S. 411. Uebereinstimmend dagegen Erk. K.G. v. 2. Febr. 1888, Johow Bd. 8 S. 220.

6) Die über das Polizeiverordnungsrecht des Landraths handelnden Bestimmungen der neuen Verwaltungsgesetze (§ 78 Kreis-O. v. 1872, § 78 Org.G., § 142 L.V.G.) nehmen zwar auf das G. v. 11. März 1850 u. s. w. im Allgemeinen Bezug, vermeiden es aber consequent und in Abweichung von allen anderen gleichartigen Bestimmungen, einen bestimmten § desselben (5, 6 bezw. 12) heranzuziehen. Es tritt darin eine charakteristische Unsicherheit des Gesetzgebers zu Tage.

7) . . . im Gegensatz zur Stellung als Organ der Landespolizeibehörde, wie sie der Landrath regelmäßig einnimmt. §§ 33 und 40 der V.O. v. 30. April 1815 mit der landräthlichen Instruction v. 31. Dec. 1816.

8) Abweichend Anonymus S. 44 Note 92; eher übereinstimmend, „mit Rücksicht auf den doch mehr localen Charakter der Kreispolizei" Gerland, Recht der Polizei-Verordnungen S. 6. Die hier vertretene Auffassung tritt auch in den bei Johow Bd. 10 S. 161 erwähnten, nach § 144 Abs. 2 L.V.G. erlassenen Vorschriften des Regierungspräsidenten zu Cöslin hervor, nach denen die landräthlichen Polizeiverordnungen auf § 5 des G. v. 11. März 1850 Bezug zu nehmen haben.

9) Dem entspricht es, daß nach § 138 L.V.G. die den Landrath ausschließende

2. Im Gegensatze hierzu ist der Regierungspräsident als Landespolizeibehörde nicht blos befugt, materiell ortspolizeiliche Verordnungen zu erlassen, soweit die örtlichen Zuständigkeiten der unteren Stufen nicht ausreichen, sondern gemäß § 12 des G. v. 11. März 1850 und der V.O. v. 20. Sept. 1867 auch Gegenstände landespolizeilicher Natur in den Kreis seiner Regelung zu ziehen.[10]) Denselben sachlichen Umfang hat das zur Ergänzung des Verordnungsrechts des Regierungspräsidenten in örtlicher Beziehung bestimmte des Oberpräsidenten. Sowohl die ehemaligen §§ 76 und 79 der Provinzial-O. und § 73 des Org.G. v. 1876, als auch der § 137 L.V.G. bestätigen dies, indem sie für den sachlichen Umfang der Befugnisse dieser Behörden auf §§ 6 und 12 der maßgebenden Gesetze verweisen.

3. Das Polizeiverordnungsrecht der Minister, welches lediglich durch specielle Delegationen begründet wird, ist gegenständlich im Einzelnen durch den Inhalt dieser bestimmt.

§ 38. Die Abstufungen des Strafmaßes.

Nach der Stufenfolge der verordnenden Behörden bestimmt sich auch das Maximum der ihnen überlassenen [1]) Strafdrohung verschieden. Während noch das G. v. 11. März 1850 und die V.O. v. 20. Sept. 1867 nur zwei Sätze, von 3 Thalern = 9 Mark und von 10 Thalern = 30 Mark, den ersteren für die Ortspolizeibehörden, den letzteren für die Regierungen einander gegenüberstellten, zugleich aber gestatteten, daß auch die Ortspolizeibehörden im Einzelfalle mit Genehmigung der Regierung sich des höheren Maximums bedienen dürften, sind nach den neuen Verwaltungsgesetzen einerseits in Folge der vervielfältigten Abstufung der verordnungsberechtigten Behörden die Maxima mannigfaltiger geworden, andererseits sind dieselben auch mit Rücksicht auf den inzwischen

---

Befugniß des Regierungspräsidenten, strom-, schifffahrts- und hafenpolizeiliche Verordnungen zu erlassen, auch auf einzelne Kreise oder Theile derselben erstreckt ist.

[10]) Vgl. z. B. die vorige Note, sowie unten § 42.

[1]) Die hier besprochenen allgemeinen Maximalgrenzen sind für die selbständigen Strafdrohungen der Behörden verbindlich, hindern dagegen nicht, in einer zur Ausfüllung eines Blankettstrafgesetzes ergehenden Polizeiverordnung die höhere Strafdrohung des ersteren hinweisend zu wiederholen. Vgl. oben § 15 Note 17. 18 und Erk. K.G. v. 21. Febr. 1884 bei Johow Bd. 4 S. 319.

gesunkenen Werth des Geldes mäßig erhöht worden. [2]) Hiernach ergeben sich folgende Abstufungen:

1. Das niedrigste Maximum, 9 Mark, ist für die Ortspolizeibehörden, sowohl in den Städten wie auf dem Lande, im Allgemeinen unverändert beibehalten worden; [3]) nur die Ortspolizeibehörde in den Städten, welche eigene Stadtkreise bilden, [4]) ist der Kreispolizeibehörde auf dem Lande, dem Landrath, in Höhe des Strafmaximums gleichgestellt worden (Nr. 2). Die Strafandrohung der Ortspolizeibehörden kann sich über 9 Mark hinaus bis zu 30 Mark erstrecken, wenn der Regierungspräsident [5]) im Einzelfalle seine Genehmigung dazu ertheilt.

2. Bis zu 30 Mark darf schon nach § 78 der Kreis-O. v. 1872, dann nach § 78 des Org.G. v. 1880 und jetzt nach § 142 L.V.G. die Strafandrohung des Landraths gehen; das gleiche Maximum gilt für die Ortspolizeibehörde in Stadtkreisen nach § 80 Org.G., jetzt § 144 Satz 1 L.V.G., ohne daß sie dazu der Genehmigung des Regierungspräsidenten bedürfte.

3. Das noch nach §§ 79. 76 der Provinzial-Ordnung vom 29. Juni 1875 an ein Maximum von 30 Mark gebundene [6]) Verordnungsrecht des Regierungspräsidenten und des Oberpräsidenten ist nach § 73 des Org.G. v. 1880 und jetzt entsprechend nach § 137 L.V.G. mit einem solchen von 60 Mark bedacht worden. Nach der speciellen Delegation des Lootsengesetzes v. 9. Mai 1853 darf der Regierungspräsident (§ 138 Abs. 3 L.V.G.) in den be-

---

2) Motive zum Entwurf des Org.G.; vgl. oben § 32 Note 3.

3) Es kommen dafür in Betracht § 5 des G. v. 11. März 1850 und der V.O. v. 20. Sept. 1867 und hinsichtlich des Amtsvorstehers § 62 der Kreis-O. v. 1872 und § 54 der schleswig-holsteinschen.

4) Vgl. oben § 35 Note 4.

5) § 144 Abs. 1 Schlußsatz L.V.G. Nach § 5 G. v. 1850 und der V.O. v. 1867 war die Regierung competent, an deren Stelle schon in § 80 Abs. 1 Org.G. der Regierungspräsident getreten war. Nach § 82 Abs. 1 der Provinzial-O. v. 1875 war das Genehmigungsrecht vorübergehend dem Oberpräsidenten übertragen, was mit der geplanten Beseitigung der Bezirksinstanz zusammenhing; vgl. oben § 30 Note 4. Der Polizeipräsident von Berlin bedurfte auch nach früherem Recht der Genehmigung nicht, weil er selbst zugleich die Stellung der Landespolizeibehörde einnahm. Vgl. oben § 34 Note 5, auch § 36 Note 13, sowie Erk.K.G.v.10.Nov.1881, Johow Bd. 3 S. 341.

6) . . . entsprechend dem Strafmaximum der Regierungen nach § 11 G. v. 1850 und der V.O. v. 1867.

züglichen Verordnungen Geldbuße bis zu 150 Mark oder Haft bis zu sechs Wochen androhen.

4. Das Strafmaximum des ministeriellen Verordnungsrechts, welches noch nach § 85 der Provinzial-O. v. 1875 nur 30 Mark betrug, ist durch § 72 Org.G. und jetzt durch § 136 L.V.G. auf 100 Mark erhöht worden.

§ 39. Die Bereiche.

I. Für die Bestimmung des örtlichen Umfanges des den einzelnen Behörden zustehenden Verordnungsrechts ist der Grundsatz maßgebend, daß die Verordnungsgewalt immer der übergeordneten Behörde dann und erst dann wirksam wird, wenn die der unmittelbar untergeordneten Behörde örtlich nicht mehr ausreicht. Es beruht dieser Satz auf der relativen Selbständigkeit der den verschiedenen Verwaltungsstufen überwiesenen Functionen, wonach zwar die höheren durch ihre Anweisungen in geordneter Art auf die Ausübung der den niederen zugewiesenen einwirken, nicht aber dieselben ohne gesetzliche Veranlassung zur selbständigen Handhabung übernehmen dürfen. [1]) Er entspricht auch den Anforderungen der Zweckmäßigkeit, welche verlangen, daß die polizeilichen Bedürfnisse einer Oertlichkeit möglichst von der den Verhältnissen zunächst stehenden Polizeiinstanz befriedigt werden. Seine consequente Durchführung hat jenes, bereits im Gesetz v. 11. März 1850 und der V.O. v. 20. Sept. 1867 zu Tage tretende [2]) Princip in den neuen Verwaltungsgesetzen erfahren, wie denn die Motive des Org.G. v. 1880 [3]) ausdrücklich hervorheben, „es werde in ihm im Allgemeinen der Grundsatz durchgeführt, daß jeder Instanz ein

---

1) Dieser Grundsatz ist auch für die übrigen Functionen der Behörden anerkannt; eine besondere Erörterung ist ihm in Beziehung auf das Verhältniß des Landraths zum Amtsvorsteher zu Theil geworden. Min.Rescr. v. 15. Sept. 1875 (V.M.Bl. S. 267) und besonders Erk. O.V.G. v. 9. Juni 1877, Entsch. Bd. 2 S. 424; vgl. auch Bd. 10 S. 357, Bd. 17 S. 328, Bd. 20 S. 302, Bd. 23 S. 214, Bd. 24 S. 347. 410. — Die in diesen Entscheidungen mehrfach (z. B. Bd. 20 S. 302) hervortretenden Ausnahmefälle, namentlich der „besonderen Dringlichkeit", greifen gegenüber den unbedingten und besonders gearteten Normen des Polizeiverordnungsrechts nicht Platz.

2) § 5 mit 11 des G. v. 11. März 1850 und der V.O. v. 20. Sept. 1867 und dazu Erk. O.Trib. v. 26. Sept. 1860 (V.M.Bl. S. 239 = J.M.Bl. S. 410 = Goltdammer, Archiv Bd. 8 S. 818).

3) Vgl. oben § 32 Note 3.

Polizeiverordnungsrecht für ihren Bezirk und für Theile desselben, welche über den Bezirk der nächstfolgenden (unteren) Instanz hinübergreifen, beizulegen ist." Hiernach ergiebt sich im Einzelnen Folgendes:

1. Das Verordnungsrecht der untersten Verwaltungsstufe, der Ortspolizeibehörde, erstreckt sich auf den Gesammtumfang des ihr unterstellten Ortspolizeibezirks. Soweit derselbe, wie dies hinsichtlich der neuen Provinzen in § 5 der V.O. v. 1867 für die dort genannten Amtshauptleute und Amtmänner vorausgesetzt ist und nach der östlichen, wie nach der schleswig-holsteinschen Kreis-Ordnung regelmäßig für den Bezirk des Amtsvorstehers zutrifft,[4]) nicht mit einem einzelnen Gemeindebezirke zusammenfällt, sondern mehrere derselben umfaßt, ist der die Polizeiverwaltung führende Beamte nicht allein befugt, Verordnungen für den Gesammtumfang des Amtsbezirks, sondern auch für einzelne und mehrere Gemeinden desselben zu erlassen, wie dies sowohl in § 5 der V.O. v. 1867 wie in § 62 bezw. 54 der gedachten beiden Kreis-Ordnungen ausdrücklich anerkannt ist.[4a]) Daher muß z. B. der Amtsvorsteher weiter auch für befugt erachtet werden, für mehrere einzelne Ge-

---

4) Vgl. oben § 36, besonders Note 2. 20 ff.

4a) Eine Schwierigkeit für die Beurtheilung des Polizeiverordnungsrechts solcher Behörden, welchen „die örtliche Polizeiverwaltung über mehrere einzelne Gemeinden aufgetragen ist" (Min.Erl. v. 1. Juli 1860, V.M.Bl. S. 146) ergab sich aus § 5 G. v. 11. März 1850 dadurch, daß derselbe, von der principiellen Identität von Gemeinde und Ortspolizeibezirk ausgehend (vgl. oben § 36 Eingangs), die Ortspolizeibehörde nur für befugt erklärte, nach Berathung mit dem Gemeindevorstande „für den Umfang der Gemeinde" gültige Vorschriften zu erlassen. Die Praxis, welche in dem oben citirten Erlaß zum Ausdruck gelangte, konnte nun kein Bedenken tragen, solche Behörden auch für mehrere oder alle Gemeinden ihres Bezirks als verordnungsberechtigt zu erachten, verlangte aber, ebenso wie die nach dem Gesetz unumgängliche Berathung mit allen einzelnen Gemeindevorständen, so auch nach dem Wortlaut des § 5 cit. eine „besondere Formulirung und Publication" der Verordnung für jede Gemeinde. Andererseits aber gelangte man von dem Wortlaut des § 11 des Gesetzes aus, welcher das Polizeiverordnungsrecht der Regierungen auch „für mehrere Gemeinden ihres Verwaltungsbezirks" wirksam werden ließ, dazu, auch der Regierung die Befugniß zu einheitlichen Polizeiverordnungen für mehrere Gemeinden eines Ortspolizeibezirks zu vindiciren. Die nach § 5 gesetzlich nothwendige Zuziehung der einzelnen Gemeindevorstände einerseits und deren praktische Schwierigkeit andererseits drängte augenscheinlich zu diesem rechtlich nicht unbedenklichen (vgl. auch oben § 27 Note 25) Resultate. Ihm entsprechend wird jetzt noch für Posen von v. Loos (vgl. oben § 36 Note 21) das Verordnungsrecht des Districtscommissarius in seinem Verhältniß zum landräthlichen bestimmt, welches letztere in dieser Hinsicht gemäß meinden seines Amtsbezirks über dieselbe Materie Verordnungen verschiedenen Inhalts zu erlassen, so wie sie die besonderen Bedürfnisse der einzelnen Gemeinde erfordern. Aber auch für die Polizeibehörde eines nur aus einer Gemeinde bestehenden Ortspolizeibezirkes ist die rechtliche Möglichkeit gegeben, eine Verordnung nur für einen Theil des Polizeibezirks gültig zu erlassen. [5]) Ueber die Grenzen ihres Bereichs hinaus ist die Polizeibehörde nicht verordnungsberechtigt; doch wird dadurch nicht ausgeschlossen, daß die Wirkungen einer erlassenen Verordnung auch außerhalb des Bezirks befindliche Personen ergreifen, wenn deren Handlungen oder Unterlassungen in dem Bereiche der Verordnung zur Erscheinung gelangen. [6])

2. Dem Landrath steht nach § 142 L.V.G. das Recht zu, Polizeiverordnungen für den ganzen Umfang des Kreises oder für mehrere Ortspolizeibezirke desselben zu erlassen. Es ist durch diese, dem früheren § 78 Org.G. entsprechende Fassung ein Fortschritt in der Richtung des an die Spitze gestellten Princips gegenüber dem § 78 der Kreis-O. von 1872 vollzogen, welcher dem Landrath nur gestattete, Verordnungen für den ganzen Umfang des Kreises oder für mehrere Amtsbezirke desselben zu erlassen. Damit war dem Landrath das Recht genommen, Polizeiverordnungen nur für mehrere Stadtgemeinden des Kreises, oder für eine Stadtgemeinde und einen Amtsbezirk u. s. w. in Kraft zu setzen. [7]) Ein innerer Grund dazu, die Städte insoweit von dem Verordnungsrechte des Landraths zu eximiren, lag nicht vor, wenn man dieselben ihm unterwarf, sobald es für den ganzen Umfang des Kreises wirksam wurde, und es ist daher mit Recht einem bei Berathung des § 78 Org.G. gemachten Versuche, den Entwurf im Sinne des § 78

---

§ 142 L.V.G. (der aber von mehreren „Ortspolizeibezirken" spricht) an Stelle desjenigen der Bezirksregierung getreten sein soll.

[5]) Erk. O.V.G. v. 21. Oct. 1889, Entsch. Bd. 18 S. 302 ff. 305: Polizeiverordnung zur Verhinderung der Errichtung von Fabrikgebäuden u. s. w. auf dem Terrain der vormaligen Feldmark Alt-Scheitnig (Breslau). Abweichend zu Unrecht Bornhak, Staatsrecht Bd. 3 S. 145 a. E.

[6]) Vgl. dazu das oben § 12 Note 13 a. E. hinsichtlich der örtlichen Wirksamkeit der Polizeiverordnungen Angeführte. Schicker, Württembergisches Polizeistrafrecht, 2. Aufl. S. 87 über die Anwendbarkeit von polizeilichen Vorschriften betr. die Beschaffenheit und Beleuchtung der Fuhrwerke auf solche, welche aus anderen Polizeibezirken kommen.

[7]) So Min.Erl. v. 25. Aug. 1878 (V.M.Bl. 1879 S. 161).

der Kreis-O. zu beschränken, [8]) keine Folge gegeben worden. Dem Landrath steht also nunmehr, dem Principe gemäß, das Recht zu, Polizeiverordnungen nicht nur für den ganzen Kreis, sondern auch für mehrere, sei es städtische, sei es ländliche, Ortspolizeibezirke desselben zu erlassen, ohne daß im letzteren Falle eine nachbarliche Lage derselben erfordert würde; [9]) dagegen darf er für einen Ortspolizeibezirk eine Verordnungsgewalt nicht ausüben, weil dazu das Verordnungsrecht des Amtsvorstehers bezw. städtischen Polizeiverwalters ausreicht. Dem Principe entsprechend, wird man aber, wenngleich dies im Gesetze nicht ausgesprochen ist, schließlich noch behaupten müssen, daß der Landrath auch für mehrere, verschiedenen Amtsbezirken angehörige Landgemeinden oder Gutsbezirke, sowie für ähnliche Fälle[10]) Verordnungen zu erlassen befugt ist.

3. Dem Regierungspräsidenten steht ein Verordnungsrecht für den ganzen Regierungsbezirk und Theile desselben, welche über die örtliche Wirksamkeit der unmittelbar untergeordneten verordnungsberechtigten Behörde, des Landsraths, hinausreichen, zu. Hiernach ist der § 137 Abs. 2 L.V.G., welcher dem Regierungspräsidenten ein Verordnungsrecht „für mehrere Kreise oder für den Umfang des ganzen Regierungsbezirks" zuschreibt, zu interpretiren.[11])

Für den Bereich des Verordnungsrechts in der Bezirksinstanz kommt aber ferner in Betracht, daß in ihr zuerst ein Verordnungsrecht auf landespolizeilichem Gebiete wirksam wird. Soweit daher

---

[8]) In der Sitzung des Abg.H. v. 26. Mai 1880 (Sten.Ber. S. 2025) stellte der Abg. Lauenstein den Antrag, im § 86 (später § 78 des Gesetzes) statt der Worte „für mehrere Ortspolizeibezirke" zu setzen „für mehrere ländliche Ortspolizeibezirke".

[9]) Min.Erl. v. 25. Aug. 1878, oben Note 7.

[10]) Z. B. für einen See oder Forst, der in verschiedene Amtsbezirke sich erstreckt, oder für die Gewässer mehrerer Amtsbezirke; vgl. das bei Oppenhoff, Kommentar Note 24 zu §§ 360ff. R.Str.G.B. citirte Erk.O.Trib. v. 26. Sept. 1860 (J.M.Bl. S. 410).

[11]) Hiernach wird man analog annehmen müssen, daß dem Regierungspräsidenten auch das Recht zusteht, eine Polizeiverordnung für mehrere in verschiedenen Kreisen liegende Ortspolizeibezirke zu erlassen. Andererseits darf der Regierungspräsident eine und dieselbe Materie für mehrere Kreise nicht in der Art regeln, daß er für jeden derselben besondere polizeiliche Normen aufstellt. Anders beim Amtsvorsteher (Nr. 1) in Bezug auf sein Verordnungsrecht für mehrere Gemeinden, aber nur, weil der Gemeindevorsteher selbst kein Polizeiverordnungsrecht besitzt. Entsprechend dem § 137 Abs. 2 L.V.G. verhielt sich § 73 Abs. 2 Org.G. Dagegen ließen die §§ 11 des G. v. 1850 bezw. der V.O. v. 1867, da das Verordnungsrecht des Landraths damals fehlte (vgl. oben § 35 Note 6), das der Regierungen für den ganzen Umfang ihres Verwaltungsbezirks oder für mehrere Gemeinden desselben wirksam werden.

die Verhältnisse des Bezirks den Erlaß einer Verordnung in landespolizeilicher Materie erfordern, ist, unter Ausschluß der niederen Polizeibehörden, allein der Regierungspräsident dazu befugt, auch wenn die Verordnung thatsächlich nur in einem Raume wirksam wird, welcher ortspolizeilich von einer niederen Polizeibehörde beherrscht wird. Dieses Princip ist denn auch in § 138 Abs. 1 L.V.G. für die zu einer landespolizeilichen Specialmaterie[12]) erklärte Strom-, Schifffahrts- und Hafenpolizei zum Ausdruck gelangt, indem derselbe bestimmt, daß die Befugniß des Regierungspräsidenten, in dieser Materie Verordnungen zu erlassen, „sich auch auf einzelne Kreise oder Theile derselben erstreckt."

4. Entsprechend allem Vorangegangenen ist der Oberpräsident örtlich soweit competent, als die Verordnungsgewalt des Regierungspräsidenten nicht ausreicht. In diesem Sinne bestimmt § 137 L.V.G., daß sich sein Verordnungsrecht auf „mehrere Kreise, sofern dieselben verschiedenen Regierungsbezirken angehören, auf mehr als einen Regierungsbezirk und auf den Umfang der ganzen Provinz" erstrecken dürfe.[13])

5. Was endlich den Bereich der ministeriellen Verordnungen anlangt, so wird derselbe durch die dafür ergangenen Specialdelegationen im Einzelnen bestimmt. Soweit dieselben nichts Besonderes festsetzen, erstreckt sich das Verordnungsrecht der Minister auf den Gesammtumfang der Monarchie und Theile derselben, welche über die örtliche Wirksamkeit der nächstuntergeordneten verordnungsberechtigten Behörde, eines Oberpräsidenten, hinausreichen. In diesem Sinne ist, wie Nr. 2 daselbst zeigt, die Vorschrift des § 136 Abs. 1 L.V.G. zu verstehen.

II. Die Bezirke der Polizeibehörden können auf dem dafür gesetzlich bestimmten Wege verändert werden. Es ist dabei in Theorie und Praxis namentlich die Frage zweifelhaft geworden, ob bei der Vergrößerung eines Polizeibezirks die in demselben geltenden Polizeiverordnungen von selbst in dem Gebietszuwachs Giltigkeit erlangen. Dieselbe ist in der Regel zu verneinen,[14]) da

[12]) Vgl. oben § 37 Note 3. 9.

[13]) Uebereinstimmend früher § 73 Org.G. Der § 76 Prov.O. v. 1875 gab dem Oberpräsidenten als der Hauptinstanz des Verordnungsrechts in der Provinz auch das Recht, Verordnungen für mehrere Kreise schlechthin und solche für einen Regierungsbezirk zu erlassen. Vgl. oben §§ 33. 34.

[14]) Im Princip übereinstimmend: Seydel, Bayr. Staatsrecht Bd. 3 S. 557, Bornhak, Preuß. Staatsrecht Bd. 3 S. 145. Erk. O.L.G. München v. 19. Dec. 1891 bei Goltdammer, Archiv Bd. 40 S. 212 und die dort citirte „Zeitschr. für Gesetz-

Rechtssätze principiell nur für dasjenige Gebiet Kraft haben und behalten, für welches sie durch den Willen des Gesetzgebers erlassen und verkündet worden sind.[15]) Bestätigt wird dies auch durch die Analogie der Staatspraxis, nach welcher in neu erworbenen Gebietstheilen die in den alten Provinzen geltenden Gesetze regelmäßig erst durch besondere gesetzliche Anordnung in Kraft gesetzt werden.[16]) Indessen ist, auch hier in Analogie des Staatsrechts,[17]) eine Ausnahme für solche Rechtssätze zuzugeben, welche nach dem Willen des Gesetzgebers das Gebiet als eine nothwendige Einheit ergreifen, eine Voraussetzung, welche bei Polizeiverordnungen namentlich da zutreffen wird, wo dieselben die Pflichten der Bürger im Verhältniß zu der mit dem Polizeibezirk zusammenfallenden und mit ihm gleichmäßig vergrößerten Commune in einer unbedingt als einheitlich vorausgesetzten Weise bestimmen.[18])

---

gebung und Rechtspflege des Kgr. Bayern" Bd. 11 S. 429. Dazu auch analog Erk. R.Ger. v. 5. Oct. 1891, Entsch. Civils. Bd. 28 S. 304 ff. Wenn Bornhak für den Fall, daß es sich „um einen einzigen Ortspolizeibezirk handelt", anders entscheiden will, so beruht das nur auf seiner, bereits oben Note 5 zurückgewiesenen Annahme, „daß eine Polizeiverordnung unmöglich nur für einen Theil eines (Orts=)Polizeibezirkes erlassen werden könne".

15) Die angeführten Gegengründe entscheiden nicht. Wenn das Erk. O.V.G. v. 18. März 1880, Entsch. Bd. 6 S. 218 aus den Bestimmungen der verschiedenen Gemeindegesetze, nach denen „privatrechtliche Verhältnisse durch die Veränderungen der Gemeindegrenzen nicht berührt werden sollen" (z. B. § 2 Abs. 8 der östl. Städte=O. v. 1853, § 5 der Kreis=O. v. 1872) den Schluß zieht, „daß dagegen die öffentlichrechtlichen Verhältnisse nach den für den gesammten Stadtbezirk geltenden Normen zu regeln sind", so erscheint dies argumentum a contrario im Sinne eines zwingenden allgemeinen Princips als unhaltbar (vgl. auch Bornhak a. a. O. Note 27). Ebensowenig stichhaltig ist das Argument des Erk. O.L.G. Dresden v. 21. Dec. 1891 bei Goltdammer a. a. O., daß es nach Einverleibung der Vorortsgemeinden und nach Aufhebung ihrer Selbstständigkeit „an einem greifbaren Subjecte fehlen würde, an welches die Verkündigung bereits verkündeter Ortsgesetze zu richten wäre." Denn die Verkündung der Polizeiverordnungen erfolgt nicht an die Gemeinden als solche, sondern an die Unterthanen.

16) Ausdrücklich hervorgehoben im angeführten R.Ger.Erk. S. 306. Vgl. auch Seydel a. a. O.

17) Seydel a. a. O., welcher „die Absicht des Gesetzgebers, daß das Gesetz im ganzen jeweiligen Staatsgebiete gelten solle, z. B. unbedingt hinsichtlich der Verfassungs= oder Staatsgrundgesetze annehmen" will. Auch das O.V.G. behandelt den § 10 II 17 A.L.R., was allerdings nicht ohne Bedenken ist, als eine „allgemeine staatsrechtliche Bestimmung" des preuß. Staates. Vgl. meinen Aufsatz im Verwaltungsarchiv Bd. 3 Note 9 und 210.

18) Von diesem Gesichtspunkte aus würde sich in dem Specialfalle des citirten

3. Die Bedeutung des Ueber- und Unterordnungsverhältnisses der Behörden für das Polizeiverordnungsrecht.

§ 40. Subdelegation.

Die Behörden der allgemeinen Polizei, vom Minister herab bis zur Ortspolizeibehörde, stehen unter sich in einem bestimmten Verhältniß der Ueber- und Unterordnung. Es ergiebt sich die Frage, ob und inwieweit diese gegenseitige Beziehung zu einander auf die Gestaltung des polizeilichen Verordnungsrechts eine Wirkung ausübt.

Zunächst ist die den einzelnen Behörden durch das Gesetz delegirte Befugniß zum Erlaß von Polizeiverordnungen im Sinne des Gesetzes für sie insofern eine ausschließliche, als es ihnen nicht freisteht, dieselbe anderen Behörden [1]) zu subdelegiren, insbesondere sie ohne ausdrückliche gesetzliche Ermächtigung [2]) untergeordneten Behörden zur Ausübung zu überlassen. Selbst wenn man für das Verordnungsrecht im Allgemeinen, insbesondere für das der obersten Staatsorgane (Monarch, Bundesrath, Kaiser) zu Unrecht anderer Meinung sein wollte, [3]) muß die Unzulässigkeit der Subdelegation speciell für das Polizeiverordnungsrecht aus dem besonderen Willen des Gesetzgebers, der hier die normativen Befugnisse der einzelnen

Erk. O.V.G. v. 18. März 1880 die Annahme begründen lassen, daß eine die Pflicht zur Unterhaltung des Bürgersteiges durch die Adjacenten im Gegensatz zur Stadtgemeinde regelnde Polizeiverordnung auch auf neueinverleibte Gemeindetheile von selbst Anwendung finden müsse. Ebenso etwa Polizeiverordnungen betr. den Anschluß an das städtische Kanalnetz (Binseel Bd. 5 S. 326), nicht dagegen solche über die innere Hausbeleuchtung, die Beseitigung der Ofenklappen, das Schlafstellenwesen u. s. w. Bornhak a. a. O. giebt (in Parallele mit Seydel, vgl. Note 17) zu, daß allerdings das „ganze communale Verfassungsrecht auf das angeschlossene Gebiet" von selbst übertragen sei, „da die Verfassung einer Körperschaft nur eine einheitliche sein kann." Dieselbe Voraussetzung kann aber unter Umständen auch bei verwaltungsrechtlichen Beziehungen der Körperschaft obwalten.

[1]) Z. B. keine Subdelegation seitens der Polizeibehörde an den Magistrat der Stadt; vgl. analog Entsch. O.V.G. Bd. 10 S. 208.

[2]) Ueber einen Fall ausdrücklicher gesetzlicher Ermächtigung zur Subdelegation im Recht der Schutzgebiete vgl. unten § 42 II.

[3]) Die principielle Befugniß zur Subdelegation des Verordnungsrechts wird namentlich vertheidigt von Arndt, Verordnungsrecht S. 169 ff., auch von Jellinek, Gesetz und Verordnung, S. 392; dagegen besonders Laband, Reichsstaatsrecht, 2. Aufl. Bd. 1 S. 604. 607 Note 3, Seydel, bayr. Staatsrecht, Bd. 3 S. 587; vgl. auch mein Recht der Arbeiterversicherung Bd. 1 S. 103.

Behörden in örtlicher und inhaltlicher Beziehung genau bestimmt und gegen einander abgegrenzt hat, geschlossen werden. [4]) Dementsprechend ist es z. B. in den Urtheilssprüchen des Obertribunals mehrfach anerkannt worden, daß dem Landrath zur Zeit, als ihm gesetzlich ein polizeiliches Verordnungsrecht überall noch nicht zustand, ein solches auch nicht durch Subdelegation seitens der Bezirksregierung übertragen werden konnte. [5]) Nach dem jetzigen Rechtszustande ist die praktische Tragweite des an die Spitze gestellten Grundsatzes dadurch geringer geworden, daß die neuen Verwaltungsgesetze principiell eine jede polizeiliche Instanz mit dem ihr entsprechenden Verordnungsrechte ausgestattet haben; doch würde immerhin auf Grund desselben z. B. eine Uebertragung des dem Regierungspräsidenten zustehenden landespolizeilichen [6]) Verordnungsrechts auf untergeordnete Behörden, ferner eine Subdelegation des ortspolizeilichen Verordnungsrechts seitens des Amtsvorstehers an einen zum Amte gehörigen Gemeinde- oder Gutsvorsteher, wenn auch nur für die einzelne Gemeinde oder das Gut, endlich allgemein die Ueberlassung des höheren Strafmaximums einer Behörde an die mit einem geringeren ausgestattete niedere unzulässig und unwirksam sein. [7])

Von der Subdelegation des polizeilichen Verordnungsrechts zu unterscheiden und von ihrer Unzulässigkeit nicht mitbetroffen sind jedoch folgende Verhältnisse:

1. Zulässig ist der Vorbehalt [8]) von Polizeiverordnungen der unteren Behörden zur Ergänzung und Ausführung der für einen weiteren Polizeibezirk erlassenen Norm nach den besonderen Rücksichten der einzelnen darin begriffenen untergeordneten Bezirke,

---

[4]) Das wird auch von Arndt, S. 180 Note 1 anerkannt; übereinstimmend auch Förstemann S. 171. Vgl. auch § 41 I 13 A.L.R.: „Geschäfte eines öffentlichen Amts soll Niemand eigenmächtig einem Anderen an seiner Statt auftragen."

[5]) Erk. O.Trib. v. 7. Oct. 1858 (oben § 35 Note 6) und v. 11. Oct. 1871 (Oppenhoff, Rechtspr. Bd. 12 S. 502) in den Gründen.

[6]) Z. B. des strom-, schifffahrts- und hafenpolizeilichen; hinsichtlich der Kab.O. v. 7. Febr. 1837 ausdrücklich anerkannt in dem oben § 37 Note 5 citirten Erk. K.G. bei Johow Bd. 8 S. 220.

[7]) Damit nicht zu verwechseln ist die Genehmigungsbefugniß des Regierungspräsidenten zur Strafdrohung der Ortspolizeibehörden bis zu 30 Mark. Die Ertheilung der Genehmigung enthält keine Uebertragung des dem Regierungspräsidenten eigenthümlichen Polizeiverordnungsrechts. Vgl. oben § 30 Nr. 1 a. E.

[8]) Ueber den allgemeinen Gegensatz von Delegation und Vorbehalt vgl. oben § 14 II.

sofern der Erlaß solcher Verordnungen für ihren engeren Bereich schon an sich in der Zuständigkeit der unteren Behörde begriffen ist. Hier handelt es sich begrifflich gar nicht um die Uebertragung des Polizeiverordnungsrechts der höheren auf die niedere Behörde, sondern um einen lediglichen Vorbehalt der dieser aus eigenem Rechte zustehenden Befugniß, deren Ausübung nur eine bestimmte Richtung gegeben wird. [9])

2. Zulässig erscheint es auch in allen Fällen, daß eine höhere Behörde in ihrer, für einen weiteren Bereich erlassenen Polizeiverordnung es der unteren Behörde überträgt, die Modalitäten für die Erfüllung der Norm nach Ort, Zeit, Maß oder Art nach den localen Verhältnissen zu bestimmen, sofern in solchen „Feststellungen"[10]) nicht eine selbständige Normgebung, sondern nur die differenzirte Ausprägung der vorhandenen Norm erblickt werden kann. Unter dieser Voraussetzung, deren Vorliegen allerdings im einzelnen Falle zweifelhaft werden kann, kommt es nicht weiter darauf an, ob die untere Behörde in der Materie selbst verordnungsberechtigt wäre;[11]) ja es wird die Annahme begründet sein,

---

[9]) Vgl. aus der Praxis z. B. das Ineinandergreifen der im Erk. K.G. v. 28. Mai 1892 (Johow Bd. 13 S. 258) erwähnten Provinzial-, Kreis- und Local-Feuerpolizei-Ordnungen. Aehnliche Bedürfnisse und Verhältnisse werden sich namentlich auf dem Gebiete der Baupolizeiverordnungen ergeben. Ein weiteres Beispiel bietet auch der § 4 litt. g des auf Grund des G. v. 7. Mai 1853 ergangenen ministeriellen Reglements v. 6. Sept. 1853 (V.M.Bl. S. 203); vgl. oben § 32 Note 24 und Erk. K.G. v. 8. Febr. 1883, Johow Bd. 3 S. 248. — Natürlich darf über das Maß einer Ergänzung und Ausführung der weiteren Polizeiverordnung hinaus der Vorbehalt niederer Polizeiverordnungen nicht dazu mißbraucht werden, um ohne Aufstellung eigener, selbstständiger Normen im Wege des Blankettstrafgesetzes das höhere Strafmaß der übergeordneten Behörde der unteren für ihre Verordnungen zur Verfügung zu stellen. Eine Oberpräsidialverordnung: Mit Geldstrafe bis zu 60 Mark wird bestraft, wer die von der Ortspolizeibehörde über diese oder jene (unter § 6 des G. v. 1850 fallende) Materie zu erlassenden Verordnungen übertritt", wäre ungültig.

[10]) Diese Bezeichnung oder die analoge „Festsetzungen" beginnt in der Sprache der Reichsgesetze für die im Text berührten Verhältnisse üblich zu werden. Vgl. mein Recht der Arbeiterversicherung Bd. 1 S. 89 f., sowie z. B. § 105 b a. E. der R.Gew.O. (vgl. dazu oben § 14 Note 6 a. E.).

[11]) So hat das K.G., trotzdem es mit Recht die Incompetenz der Ortspolizeibehörden zu Verordnungen über die Sonntagsruhe (vgl. oben § 37 Note 5) und ebenso die Nichtberechtigung der Landespolizeibehörden zu Subdelegationen in dieser Materie (vgl. oben Note 6) voraussetzt, es doch für zulässig erachtet, daß in einer Regierungspolizeiverordnung die unterstellten Ortspolizeibehörden beauftragt werden,

daß die Vollziehung jener Modalitätsbestimmungen, auch wo sie allgemein erfolgt, nicht unbedingt, sondern nur nach dem Willen der verordnenden höheren Behörde, in den Formen der Polizeiverordnung zu ergehen habe.

3. Zulässig ist endlich die Anknüpfung einer Strafdrohung an die von einer untergeordneten Polizeibehörde im concreten Einzelfalle auf Grund der Verordnung zu erlassende Verfügung.[12]) In diesem Falle steht überhaupt gar nicht der Erlaß einer Verordnung durch die untergeordnete Behörde in Frage, sondern die Ordnung eines concreten Einzelfalles auf Grund und in Gemäßheit der mit Gesetzeskraft ausgestatteten höheren Verordnung.

---

nach Rücksprache mit den Kirchenbehörden die Zeit festzustellen, innerhalb welcher an den einzelnen Orten der Hauptgottesdienst regelmäßig stattfindet; vgl. Erk. v. 29. Sept. 1887, Johow Bd. 7 S. 290. — Eine ähnliche Feststellung soll nach der im V.M.Bl. 1880 S. 184 erwähnten V.O. der Regierung zu Düsseldorf v. 20. Jan. 1873 stattfinden, welche nach Einrichtung von Kehrbezirken (auf Grund des § 56 der preuß. Gew.O. v. 7. Jan. 1845) die Eingesessenen ihres Bezirks verpflichtete, „in den localpolizeilich angeordneten Fristen" ihre Schornsteine durch den angestellten Bezirksschornsteinfeger reinigen zu lassen. — Auf das Gebiet der Einzelverfügung (Text Nr. 3) greift bereits über die im Erk. O.Trib. v. 4. März 1869 (Oppenhoff, Rechtspr. Bd. 10 S. 131) zur Sprache kommende Regierungsverordnung, welche die Besitzer von Feld- und Gartengrundstücken zur Sammlung und Vernichtung der Maikäfer verpflichtete, wobei den einzelnen Besitzern ein bestimmtes Maß per Woche durch die Gemeindevorstände angegeben werden sollte.

[12]) Vgl. dazu oben § 18 und für Beispiele zunächst Note 2 und 3 daselbst. Ferner z. B. Erk. R.Ger. v. 14. Jan. 1887 (Entsch. Straff. Bd. 15 S. 207): Regierungs-Polizeiverordnung betr. den Verkehr mit explosiven Stoffen, enthaltend die Verpflichtung zur Befolgung derjenigen Vorschriften, welche von der Ortspolizeibehörde bei Genehmigung von Sprengstoffniederlagen in Betreff der Einrichtung derselben ertheilt werden; ebenso Erk. K.G. v. 18. Jan. 1892 (Johow Bd. 12 S. 228): Oberpräsidialverordnung, wonach die Entnahme von Steinen, Kies, Sand u.s.w. von den Dünen nur mit schriftlicher Erlaubniß des Wasserbauinspectors nach den in der Erlaubniß festgesetzten Bedingungen gestattet ist. Ueber Strafandrohung gegen die Nichtbefolgung der Weisungen, welche von den Executivbeamten des Straßendienstes ergehen, vgl. die oben § 15 Note 29 a. E. citirten Entscheidungen. — Auch hier gilt übrigens das Gesagte gleichmäßig für solche im Einzelfall ergehende Verfügungen, welche nicht an einen einzelnen bestimmten Adressaten gerichtet sind. Dementsprechend Erk. O.Trib. v. 11. Oct. 1871 (Oppenhoff, Rechtspr. Bd. 12 S. 502), wo es sich um eine Strafdrohung der Regierung gegen die Nichtbefolgung der von den Landräthen im Einzelfalle des Erscheinens von Tollwuth zu erlassenden Vorsichtsmaßregeln gegen die Verbreitung derselben handelte. Vgl. analog oben § 12 Note 20. — Nicht unbedenklich ist nach alledem im Endresultate die oben Note 1 citirte Entsch. O.V.G.

§ 41. Anweisungsrecht.

Das Verordnungsrecht der einzelnen Polizeibehörden ist aber andererseits auch in dem Sinne ausschließlich, daß eine ihnen übergeordnete Behörde dasselbe nicht willkürlich zu eigener Ausübung an sich ziehen darf. Es ergab sich dieser Satz bereits aus der festen Begrenzung der dem Verordnungsrecht der einzelnen Behörden beigelegten örtlichen Wirksamkeit und der damit garantirten relativen Selbständigkeit der niederen Behörden gegenüber den höheren. [1]) Dagegen wird durch dieselbe, wie gleichfalls bereits angedeutet, das aus der formellen Seite des Verordnungscharakters folgende Recht der übergeordneten Behörden, insbesondere der Ministerien, durch ihre Anweisungen (Instructionen, Verwaltungsverordnungen) [2]) in geordneter Art auf die Ausübung des den untergeordneten zustehenden Verordnungsrechts durch diese selbst, im Interesse der Zweckmäßigkeit und Einheitlichkeit, einzuwirken, in keiner Weise ausgeschlossen. [3]) Diese Einwirkung kann sowohl positiven, als negativen Inhalt haben. [4]) Die Unterbehörden können daher einerseits angewiesen werden, eine mehr oder minder bestimmt bezeichnete Verordnung zum Erlaß zu bringen, [5]) als auch

[1]) Vgl. oben § 39 Note 1, sowie unten § 42 Note 12. Anonymus S. 24 f. Otto Mayer, französisches Verwaltungsrecht S. 64. Ueber besondere Vorschriften des bayr. Rechts, welche mit dem oben § 36 Note 18 berührten Punkte zusammenhängen und nach denen in gewissen Fällen das Recht zum Erlaß ortspolizeilicher Vorschriften im Nichtausübungsfalle auf die Districtsbehörde übergeht, vgl. Art. 5 des bayr. Pol.Str.G.B. und Seydel, bayr. Staatsrecht Bd. 3 S. 590. — Entsprechend den Ausführungen der ersten Auflage dieses Buches S. 145 Note 192 hat jetzt auch Laband, Reichsstaatsrecht 2. Aufl. S. 603 Note 4 seine frühere Ansicht, daß in allen Fällen, wo der Erlaß einer Verordnung dem Reichskanzler delegirt ist, auch eine kaiserliche Verordnung ergehen dürfe, zurückgenommen.

[2]) Vgl. oben § 5 und § 12 II.

[3]) § 1 Abs. 2 G. v. 11. März 1850 bezw. der V.O. v. 20. Sept. 1867: „Die Ortspolizeibeamten sind verpflichtet, die ihnen von der vorgesetzten Staatsbehörde in Polizeiangelegenheiten ertheilten Anweisungen zur Ausführung zu bringen."

[4]) Erk. O.V.G. v. 30. Nov. 1882 (Entsch. Bd. 9 S. 338): „Vermöge der Oberaufsicht wird die Ortspolizeiverwaltung an dem Erlasse einer Polizeiverordnung gehindert oder zu dem Erlasse einer solchen angehalten werden können."

[5]) So wird z. B. in dem ministeriellen Circular v. 11. Mai 1884 (V.M.Bl. S. 159) der vollständige Entwurf einer Polizeiverordnung betr. den Verkehr mit Mineralölen den untergeordneten Polizeibehörden (Oberpräsidenten bezw. Regierungen) zur Bewerkstelligung des Erlasses mitgetheilt. Ueber die Zulässigkeit, „daß der Text der Verordnung höheren Orts festgestellt wird", vgl. auch Erk. O.V.G. v. 26. Sept. 1881, Binseel Bd. 3 S. 36 Sp. 1 unten.

kann ihnen befohlen werden, eine Verordnung überhaupt nicht oder erst nach eingeholter höherer Genehmigung in Kraft zu setzen. [6]) Denn auch ihr Verordnungsrecht haben die Behörden nicht um ihrer selbst willen; auch mit ihm sind sie, wie mit jeder anderen ihrer Functionen, Glieder des geordneten Verwaltungsorganismus und unterliegen als solche den in ihm wirkenden Kräften. Die Anweisungsbefugniß hebt aber auch die gesetzlich festgestellte instanzmäßige Selbständigkeit des Verordnungsrechts der niederen Behörden nicht auf, da sie ihrem Wesen nach nur im Innern des Verwaltungsorganismus wirkt [7]) und daher zum Zwecke einer entsprechenden Gestaltung der äußeren Verhältnisse die eigene Bethätigung der in der Instanz verordnungsberechtigten Behörden nicht umgehen kann. [8]) Außerdem aber ist nach der neuesten Gestaltung des polizeilichen Verordnungsrechts für dessen Selbständigkeit in den verschiedenen Instanzen die nothwendige Zustimmung der auf gleicher Stufe stehenden Selbstverwaltungskörperschaften, soweit eine solche erfordert wird, [9]) von besonderer Bedeutung, da auf deren Beschlüsse dem Minister u. s. w. eine Einwirkung durch Anweisung nicht zusteht,[10]) so daß derselbe insoweit nunmehr für die positive Richtung auf die den Polizeibehörden verbliebene Initiative beschränkt ist.

---

[6]) Das Letztere wird allgemein empfohlen in der allgemeinen Verfügung des Landwirthschaftsministers betr. die Ausführung des Feld- und Forstpolizeigesetzes, v. 12. Mai 1880 Ziffer 1 Abs. 3 (B.M.Bl. S. 187). Auch der Ministerial-Erlaß v. 16. Oct. 1887 (B.M.Bl. S. 270) constatirt, daß die „Befugniß der vorgesetzten Behörde, von den nachgeordneten Ortspolizeibehörden die Vorlegung der Entwürfe der zu erlassenden Polizeiverordnungen zu verlangen, unzweifelhaft aus dem Aufsichtsrechte derselben resultirt."

[7]) Vgl. hierzu, namentlich in Bezug auf die inhaltliche Gebundenheit der Polizeiverordnung durch die Instruction oben § 17 III.

[8]) Dies übersieht Förstemann S. 154. 155. Richtig gewürdigt ist das Verhältniß der instructionsmäßigen Anweisung zur eigenen Uebernahme der Functionen einer untergeordneten Behörde durch die obere in den oben § 89 Note 1 angeführten Erörterungen über das Verhältniß des Amtsvorstehers zum Landrath. — Daß die Feststellung des Textes einer ortspolizeilichen Verordnung in der höheren Instanz derselben nicht den Charakter einer ortspolizeilichen nimmt, hebt das Note 5 citirte Erk. O.V.G. ausdrücklich hervor.

[9]) Vgl. unten §§ 43—45.

[10]) Vgl. dazu die Motive zu § 93 des Entwurfs der Provinzial-O. (Drucksachen des Abg.H. 1875 Nr. 14 S. 33) und zum 4. Titel des Entw. des Org.G. v. 1880 (Sten. Ber. des Abg.H. Anlage-Bd. 2 S. 990). Löning, Verwaltungsrecht S. 55. Zorn im Verwaltungsarchiv Bd. 2 S. 85 Note 39.

§ 42. 2. Abschnitt: Besondere Polizeibehörden.

Von besonderen Polizeibehörden, denen eine Befugniß zum Erlaß von Strafverordnungen zusteht, [1]) sind hervorzuheben:

I. Die Consularbehörden. Die Delegation, auf Grund deren gewissen Consularbehörden das Recht, Polizeiverordnungen mit Strafandrohung zu erlassen, zusteht, ist eine von der Gesetzgebung des Reiches ausgehende. [2]) Sie ist zuerst in § 24 Abs. 1 des norddeutschen Bundesgesetzes betr. die Organisation der Bundesconsulate, sowie die Amtsrechte und Pflichten der Bundesconsuln v. 8. Nov. 1867 indirect durch Bezugnahme auf das für die Consulargerichtsbarkeit maßgebend erklärte preußische Gesetz v. 29. Juni 1865 (G.S. S. 681), insbesondere dessen § 17 ausgesprochen, jetzt aber direct in dem Reichsgesetze über die Consulargerichtsbarkeit v. 10. Juli 1879 § 4 Abs. 3—5 enthalten.

Danach ist jeder Consul, welchem eine Consulargerichtsbarkeit zukommt, zum Erlaß von Polizeistrafverordnungen [3]) befugt (§ 4

---

[1]) Ueber das Polizeiverordnungsrecht des Eisenbahnministers aus § 136, besonders Nr. 1 L.V.G., vgl. oben § 32 Note 17. Den ihm untergeordneten Eisenbahnverwaltungen steht ein besonderes eisenbahnpolizeiliches Verordnungsrecht nicht zu; vgl. Eger, Handbuch des preuß. Eisenbahnrechts Bd. 2 S. 40, Gleim, Artikel „Eisenbahnpolizei" in v. Stengel's Wörterbuch Bd. 1 S. 340 § 2. Nach den Ausführungen Eger's S. 41 ff. steht aber auch den allgemeinen Polizeibehörden „ein Polizeiverordnungsrecht in Bezug auf die Materien des eigentlichen Eisenbahnbetriebs, d. h. der ordnungsmäßigen und sicheren Instandhaltung und Benutzung der Eisenbahnanlagen und Betriebsmittel" mit Rücksicht auf die besonderen Interessen und eigenartigen Verhältnisse des Eisenbahnbetriebs und dessen selbständige Organisation nicht zu; vielmehr sind sie auf solche Verordnungen beschränkt, durch welche „nur allgemeine polizeiliche Interessen z. B. in sanitärer Hinsicht, zur Aufrechterhaltung der öffentlichen Ruhe und Ordnung, zum Schutze gegen allgemeine Gefahren auch auf dem Bahngebiete verfolgt und wahrgenommen werden." Bei etwaiger Collision hat gegenseitiges Benehmen der beiderseitigen höchsten Verwaltungsinstanzen einzutreten. — Ein eigenes Polizeiverordnungsrecht steht auch dem Deichhauptmann als Verwalter der örtlichen Deichpolizei (gegen Löning, Verwaltungsrecht S. 692) nicht zu; vielmehr bildet der Erlaß von Polizeiverordnungen „zum Schutze des Deiches, des Deichgebiets, der Gräben, Pflanzungen und sonstigen Anlagen des Deichverbandes", wie im § 25 des Erlasses v. 14. Nov. 1853 anerkannt ist, einen Ausfluß des landespolizeilichen Verordnungsrechts des Regierungspräsidenten. Vgl. im Text unter III, sowie mein Recht der öffentl. Genossenschaft S. 196 Note 47.

[2]) Art. 4 Nr. 7, Art. 56 der Reichsverfassung; Laband, Reichsstaatsrecht, 2. Aufl. Bd. 1 S. 604, Zorn in den „Annalen" 1882 S. 437.

[3]) Nach Zorn a. a. O. Note 6, auch Reichsstaatsrecht 1. Aufl. Bd. 2 S. 492 Note 106, dem sich v. Stengel, Die deutschen Schutzgebiete (1889) S. 142 f. an-

Abs. 2). Eine Consulargerichtsbarkeit aber wird in den Ländern ausgeübt, in welchen ihre Ausübung durch Herkommen oder durch Staatsvertrag gestattet ist (§ 1 Abs. 1). [4]) Jedoch ist der Consul zur Ausübung der Gerichtsbarkeit nur befugt, wenn er dazu vom Reichskanzler ermächtigt ist. Auch kann der Reichskanzler neben dem Consul, sowie an Stelle desselben einem anderen Beamten die Befugnisse des Consuls bei Ausübung der Gerichtsbarkeit übertragen (§ 5 Abs. 1, 2). Die vom Consul erlassenen Verordnungen können sich über den ganzen Consulargerichtsbezirk oder auf Theile desselben erstrecken. Die Consulargerichtsbezirke werden vom Reichskanzler nach Vernehmung des Ausschusses des Bundesraths für Handel und Verkehr bestimmt (§ 2). Die Verordnungen des Consuls verpflichten die seiner Gerichtsbarkeit unterworfenen Personen; dies sind die in den Consulargerichtsbezirken wohnenden oder sich auf-

schließt, sollen die consularischen Polizeistrafverordnungen über das gewöhnliche Polizeiverordnungsrecht dadurch hinausreichen, daß sie „nicht blos secundum und praeter legem, sondern selbst contra legem" ergehen, also auch das bestehende Recht abändern dürfen. Zum Beweise wird auf die Motive zu § 4 des Consulargerichtsbarkeits-Gesetzes Bezug genommen. Allein diese heben ausdrücklich als „selbstverständlich" hervor, daß „die Polizeiverordnungen des Konsuls mit den in den Konsulargerichtsbezirken geltenden inländischen Gesetzen nicht in Widerspruch treten dürfen." Wenn sie aber dann, worauf sich die genannten Schriftsteller berufen, fortfahren: „Von einem derartigen Widerspruch kann insoweit keine Rede sein, als die inländischen Gesetze vermöge ihres Gegenstandes oder ihrer lokalen Beziehung im Konsulargerichtsbezirke unanwendbar sind. In solchen Fällen wird das Verordnungsrecht des Konsuls dazu dienen, fühlbar gewordene Lücken der Gesetze in einer den eigentlichen Verhältnissen des Konsulargerichtsbezirkes entsprechenden Weise auszufüllen" — so ist klar, daß es sich auch hier im Sinne des Gesetzgebers nicht um ein Verordnungsrecht contra, sondern nur praeter legem handelt. Die betreffenden Bestimmungen des inländischen Gesetzes werden nicht durch die Verordnung aufgehoben, sondern sie werden, was eventuell der gerichtlichen Cognition unterliegt, als nach dem Willen des Gesetzgebers wegen ihrer ausschließlichen Beziehung auf das Inland in den Consulargerichtsbezirken nicht geltend vorausgesetzt.

[4]) Nach Laband, Reichsstaatsrecht 2. Aufl. Bd. 2 S. 376 und G. Meyer, Verwaltungsrecht, 2. Aufl. Bd. 2 S. 24 sind diese Länder: die Türkei nebst den ihrer Oberhoheit unterworfenen Ländern (vgl. jedoch für Egypten die Reichsgesetze v. 30. März 1874 bezw. 5. Juni 1880, R.G.Bl. S. 23 bezw. 145); ferner Persien, China, Siam, Japan, Samoa, Korea, Sansibar. Für Bosnien und Herzegowina, sowie Tunis ist in Folge der politischen Beziehungen dieser Länder zu Oesterreich bezw. Frankreich die Consulargerichtsbarkeit aufgehoben. Dagegen besteht sie noch in dem selbständig gewordenen Königreich Rumänien; über Serbien vgl. Art. 25 des Consularvertrages v. 6. Januar 1883. Im Ganzen noch Zorn: Art. „Konsuln" in v. Stengel's Wörterbuch Bd. 1 S. 836.

haltenden Reichsangehörigen und Schutzgenossen (§ 1 Abs. 2). Die Strafandrohung des Consuls darf sich bis zu einem Maximum von 150 Mk. erstrecken. Ueber die Uebertretungen erkennt das Consulargericht (§ 12), welches aus dem Consul als Vorsitzenden und 2 Beisitzern besteht (§ 6). Gegen die Entscheidung ist ein Rechtsmittel nicht zulässig (§ 33). Die Geldstrafen fließen zur Reichskasse (§ 46).

II. Die Behörden der Schutzgebiete.[5]) An das consularische Polizeiverordnungsrecht schloß sich das der Colonialbehörden unmittelbar an. Das R.G. betreffend die Rechtsverhältnisse der deutschen Schutzgebiete v. 17. April 1886 bestimmte in § 2, daß das Reichsgesetz über die Consulargerichtsbarkeit in einem vom Kaiser zu bestimmenden Zeitpunkt in den Schutzgebieten in Kraft treten sollte, wobei an Stelle des Consuls der vom Reichskanzler zur Ausübung der Gerichtsbarkeit ermächtigte Beamte und an Stelle des Consulargerichts das nach Maßgabe der Bestimmungen über das letztere zusammengesetzte Gericht des Schutzgebietes einzutreten hatte. Sobald hiernach die Einführung des Consulargerichtsbarkeits-Gesetzes in den Schutzgebieten erfolgte,[6]) ging auch das consularische Verordnungsrecht auf die betreffenden Gerichtsbeamten der Colonien über. Zugleich konnte nach § 3 Nr. 2 des R.G. v. 17. April 1886 deren Strafandrohungsrecht durch kaiserliche Verordnung bis zu einem Maximum von 3 Monat Gefängniß, Haft, Geldstrafe schlechtweg und Einziehung einzelner Gegenstände gesteigert werden. Diese letztgedachte Bestimmung ist in die Neuredaction, welches das G. v. 17. April 1886 durch G. v. 19. März 1888 erhalten hat, nicht mehr aufgenommen worden. Dagegen ist in derselben (§ 11) nunmehr mit dem gedachten weiteren Strafrahmen der Reichskanzler selbst als befugt erklärt worden, für die Schutzgebiete oder einzelne Theile derselben „polizeiliche und sonstige die Verwaltung betreffende[7]) Vorschriften zu erlassen" oder auch dieses

---

[5]) v. Stengel, Die deutschen Schutzgebiete S. 142 ff. und in seinem Wörterbuch, 1. Ergänzungsband S. 84; G. Meyer, staatsrechtliche Stellung der deutschen Schutzgebiete (1888) S. 184 ff.

[6]) Nach G. Meyer, Staatsrecht, 4. Aufl. (1895) S. 530 Note 3 ist die Einführung für Neu-Guinea und die Salomonsinseln, für die Marschall-, Brown- und Providence-Inseln, für Deutsch-Ostafrika, für Südwestafrika, für das Kamerun- und Togogebiet durch die zeitlich dort angegebenen Verordnungen erfolgt.

[7]) Durch diesen Zusatz ist zugleich jede Möglichkeit, das Verordnungsrecht aus § 11 cit. auf das Gebiet der älteren sog. „Sicherheitspolizei" (vgl. oben §§ 21. 26) zu beschränken (wie dies wohl v. Stengel, Schutzgebiete S. 143 nach der von ihm

Verordnungsrecht der mit einem kaiserlichen Schutzbrief für das betreffende Schutzgebiet versehenen Colonialgesellschaft sowie den Beamten des Schutzgebietes zu übertragen.

III. Die Bergpolizeibehörden.[8]) Nach dem (an die Stelle des § 8 des Gesetzes, die Competenz der Oberbergämter betreffend, vom 10. Juni 1861 getretenen) § 197 des für ganz Preußen geltenden „Allgemeinen Berggesetzes" v. 24. Juni 1865 bezw. 24. Juni 1892 steht das bergpolizeiliche Verordnungsrecht (vgl. oben § 28) den Oberbergämtern zu, deren 5, zu Breslau, Halle, Klausthal, Dortmund und Bonn,[9]) bestehen. Das Verordnungsrecht erstreckt sich örtlich auf den ganzen Umfang ihres Verwaltungsbezirks oder auf Theile desselben. Es ist auf die Normfeststellung beschränkt;[10]) die Strafandrohung hat das Allgemeine Berggesetz unmittelbar übernommen, indem es für die Uebertretung eine Geldstrafe bis zu 300 Mark androht (§ 208). Die Entscheidung steht den ordentlichen Gerichten zu (§ 209).

Bei dem Zusammenhange, in welchem bergpolizeiliche Materien mit solchen Gegenständen stehen können, die in das Ressort der allgemeinen Polizeibehörden gehören, ist der Erlaß einer gemeinschaftlichen Polizeiverordnung des Oberbergamts und der zuständigen allgemeinen Polizeibehörde häufig zweckmäßig und auch üblich.[11]) Welche Polizeibehörde aber zur Mitwirkung zuständig ist, bestimmt sich lediglich nach den entwickelten, das allgemeine Polizeiverordnungsrecht betreffenden Grundsätzen.[12])

---

gegebenen Definition für die Verordnungen aus § 4 des Konsulargerichtsbarkeits-Gesetzes möchte), ausgeschlossen.

8) Litteratur vgl. oben § 28 Note 2. Ueber das Verordnungsrecht des Oberbergamts zu Bonn nach früherem rheinischen Recht, auch Förstemann S. 170.

9) Breslau: für Ost- und Westpreußen, Posen und Schlesien; Halle: für Pommern, Brandenburg, Sachsen und den Kreis Ilfeld; Klausthal: für Schleswig-Holstein, den Reg.-Bezirk Kassel und Hannover außer Ilfeld und den Bezirken Aurich und Osnabrück; Dortmund: für Aurich und Osnabrück, für Westfalen mit Ausschluß des südlichsten Theils und für den nördlichen Theil des Reg.-Bezirks Düsseldorf; Bonn: für die übrigen Theile Westfalens und der Rheinprovinz, für den Reg.-Bezirk Wiesbaden, für Hohenzollern und Waldeck. So nach Hue de Grais, 9. Aufl. S. 398.

10) Vgl. oben § 15 II Nr. 1.

11) Brassert, Kommentar S. 508 Nr. 3, Arndt, großer Kommentar 2. Aufl. Note 7 zu § 197.

12) Vgl. den Erlaß der Minister des Innern und der öffentlichen Arbeiten v. 18. April 1888 (Ztschr. für Bergrecht Bd. 30 S. 156), wo insbesondere mit Recht (vgl. oben § 39 Note 1 und § 41 Note 1) hervorgehoben ist, daß „das Recht zum

IV. **Behörden der Strom-, Schifffahrts- und Hafenpolizei.** Der Erlaß von Polizeiverordnungen in dieser Materie steht nach dem (an Stelle des § 115 des Kompetenzgesetzes v. 26. Juli 1876 getretenen) § 74 des Org.G. v. 1880 und jetzt dem § 138 L.V.G., soweit mit der Verwaltung dieser Zweige der Polizei besondere, unmittelbar von dem Minister für Handel und Gewerbe ressortirende Behörden beauftragt sind, diesen zu.[13] Soweit dies nicht der Fall ist, ist die Strom-, Schifffahrts- und Hafenpolizei als ein besonderer Zweig der allgemeinen Landespolizei (im Gegensatz zur Ortspolizei) den für diese bestellten allgemeinen Polizeibehörden übertragen.[14] Demzufolge ist zum Erlaß bezüglicher Polizeiverordnungen in erster Reihe der Regierungspräsident, über ihm der Oberpräsident und an höchster Stelle der Minister für Handel und Gewerbe[15] befugt. Die Befugniß des Regierungspräsidenten erstreckt sich principgemäß[16] nicht allein auf den Regierungsbezirk, sondern auch auf einzelne Kreise und Theile derselben, die des Oberpräsidenten auf die ganze Provinz und Theile derselben, welche über den Umfang eines Regierungsbezirks hinausgehen, die des Ministers auf das Staatsgebiet und Theile desselben, welche nicht in dem Umfang einer einzelnen Provinz umfaßt sind (§ 136 Nr. 2 L.V.G.). Das Maximum der zulässigen Strafandrohung ist sowohl für die besonderen Behörden, als für den Regierungs- und Oberpräsidenten das allgemeine landespolizeiliche von 60 Mk; dem Minister ist

---

Erlaß von Polizeiverordnungen für einen größeren Bezirk nicht die Befugniß in sich schließt, auch für einen engeren Bezirk, hinsichtlich dessen das Polizeiverordnungsrecht einer anderen Behörde zusteht, solche Verordnungen zu erlassen." Bemerkt muß jedoch werden, daß sich „die Zuständigkeit der allgemeinen Polizeibehörde zur Mitwirkung" nicht unter allen Umständen „lediglich nach dem Umfange des Bezirks, für welchen die Verordnungen Geltung erlangen sollen", sondern eventuell auch nach dem landes- oder localpolizeilichen Charakter der Materie zu bestimmmen hat; so gerade bei den häufigen, die Sonntagsarbeit betreffenden gemeinschaftlichen Polizeiverordnungen von Oberbergamt und Regierung bezw. Regierungspräsident (Kab.-Ordre v. 7. Febr. 1837, vgl. oben § 37 Note 5; Ministerialerlaß v. 25. April 1873, Ztschr. f. Bergrecht Bd. 16 S. 4, Brassert S. 259).

13) Motive zu § 115 Komp.-G. (Druckf. des Abg.-H. 1876 Nr. 61). Hue de Grais S. 477 Note 19.

14) § 59 der östlichen bezw. § 51 der schleswig-holsteinischen Kreis-Ordnung.

15) Nach § 115 Komp.-G. war der Oberpräsident ausschließlich verordnungsberechtigt, in der Ministerialinstanz aber nach § 85 Abs. 2, b der Provinzial-O. der Minister für Handel, Gewerbe und öffentliche Arbeiten.

16) Vgl. oben § 34.

das regelmäßige ministerielle Strafmaximum von 100 Mk. gestattet.[17])

V. Die Marinestationschefs. Hinsichtlich der Verhältnisse der Reichskriegshäfen besteht ein besonderes, auf der reichsgesetzlichen Delegation des G. v. 19. Juni 1883, betreffend die Reichskriegshäfen u. s. w., beruhendes Verordnungsrecht der Marinestationschefs. Hiernach sind diese Behörden in den für sie abgegrenzten Reichskriegshafengebieten, jedoch mit Ausschluß der oldenburgischen Häfen, befugt, soweit die Sicherheit des Kriegshafens, seiner Werke und Anlagen dies erfordert, wegen Erhaltung des Fahrwassers und dessen Kennzeichnung, sowie über das Ein- und Auslaufen, Ankern, Laden, Löschen und über das Verhalten der Schiffe und Fahrzeuge und ihrer Bemannung in seepolizeilicher Beziehung Verordnungen zu erlassen. Das Verordnungsrecht ist auf die Normfeststellung beschränkt; die Strafdrohung (Geldstrafe bis 150 Mk. oder Haft) ist in dem gedachten Reichsgesetze (§ 2) unmittelbar enthalten.

4. Kapitel: Der Erlaß der Polizeistrafverordnungen.

1. Abschnitt: Die Sanction.

§ 43. Die Mitwirkung der Körperschaften der obrigkeitlichen Selbstverwaltung.

Der Inhalt des den vorbesprochenen Behörden zustehenden Polizeistrafverordnungsrechts ist die Befugniß, auszusprechen, daß gewisse polizeiliche Vorschriften mit Strafandrohung für die ihrem Bezirke angehörigen Staatsbürger Recht sein sollen.[1]) Sowohl dieser Ausspruch selbst als äußere Handlung (Publication), als auch die darin zu Tage tretende, durch ihn nach Außen wirksam werdende Willensbestimmung (Sanction)[2]) ist das ausschließliche Recht der

---

17) Nach den Note 15 citirten Gesetzesbestimmungen betrug das Strafmaximum überall 30 Mark.

1) Aus ihrem Wesen als „Recht" ergiebt sich dann von selbst die Pflicht ihrer Befolgung. Dies hob Gierke bei Grünhut Bd. 6 S. 229 seiner Zeit gegenüber der von Laband, Staatsrecht 1. Aufl. Bd. 2 S. 5 allzu scharf in den Vordergrund gestellten Trennung von Gesetzesinhalt und Gesetzesbefehl hervor. Vgl. auch Schulze, deutsches Staatsrecht Bd. 1 S. 527 und jetzt Laband 2. Aufl. Bd. 1 S. 516 Note 2.

2) Nur die aus der Gegenüberstellung von Willensbestimmung und Willenserklärung sich ergebenden beiden Stadien des Zustandekommens eines Gesetzes, die

zum Erlaß ermächtigten Behörden. Dieselben sind jedoch kraft Gesetzes für die Ausübung ihrer Befugniß an bestimmte Voraussetzungen und Formen gebunden, ebenso wie ihnen die Mittel der Publication genau vorgeschrieben sind. —

I. In erster Reihe steht die Willensbestimmung, daß gewisse polizeiliche Vorschriften Recht sein sollen, die dem Entwurf zu ertheilende Sanction, den verordnungsberechtigten Polizeibehörden ausschließlich zu. [3]) Nur sie sind für befugt erklärt, für ihren Bezirk giltige Polizeiverordnungen mit Strafandrohung zu erlassen. [4]) Dies hindert aber nicht, daß sie verpflichtet sein können, nur einem solchen Entwurfe die Sanction zu ertheilen, hinsichtlich dessen sie sich mit anderen Behörden oder Collegien ins Benehmen gesetzt, oder gar deren Zustimmung eingeholt haben. Dergleichen Vorschriften können zunächst in den Instructionen enthalten sein, welche den unteren Polizeibehörden, im Interesse der Einheitlichkeit und Zweckmäßigkeit, von den oberen, insbesondere dem Ministerium über die Ausübung ihres Polizeiverordnungsrechts ertheilt werden. [5])

Bildung und den Ausspruch des gesetzgeberischen Willens, kann ich mit Gierke a. a. O. und Schulze als begrifflich gegeben anerkennen; jede weitere Zerlegung ist nur positivrechtlich. Vgl. Laband 2. Aufl. Bd. 1 §§ 54, 55, der 4 Stadien: die Feststellung des Rechtssatzes oder Gesetzesinhalts, die Sanction oder die Ertheilung des Gesetzesbefehls, die Promulgation (vgl. unten § 47 Note 1) und die Publication unterscheiden will.

3) Ueber gemeinschaftliche Sanction einer Polizeiverordnung durch zwei verordnungsberechtigte Behörden mit verschiedener sachlicher Competenz (Oberbergamt und Behörde der allgemeinen Polizei) vgl. oben § 42 III.

4) Dies zeigt schon der Wortlaut der hier maßgebenden Delegationen, deren regelmäßige Form ist: „Der Oberpräsident u. s. w. ist befugt, Polizeivorschriften zu erlassen.“

5) Die instructionelle Auflage, Entwürfe von Polizeiverordnungen der höheren Behörde selbst zur Genehmigung vorzulegen, ist bereits oben § 41 Note 6 zur Sprache gekommen. Ebenso ist bereits im Allgemeinen constatirt worden, daß solche Instructionen nur im Innern des Verwaltungsorganismus wirken, dagegen die Rechtsgiltigkeit der Verordnung unberührt lassen (vgl. § 41 Note 7 und § 17 III.). Communication mit Behörden eines anderen Ressorts: z. B. nach dem Erlaß des Ministers für Handel und Gewerbe v. 11. Febr. 1891 (Ztschr. f. Bergrecht Bd. 32 S. 273) betr. Polizeiverordnungen für Bergwerks-Anschlußbahnen: Einholung gutachtlicher Aeußerung der Eisenbahnbehörden. Zustimmung der Eisenbahnbehörde zu polizeilichen Verordnungen „über den Betrieb auf den zum Betriebe mit Maschinenkraft eingerichteten Kleinbahnen“ nach dem Minist.-Erlaß v. 22. Aug. 1892 zu § 22 (V.M.Bl. S. 334); vgl. auch § 48 G. über Kleinbahnen und Privatanschlußbahnen, v. 28. Juli 1892. Ueber die Zuziehung der militärischen Commandanturen bei „ortspolizeilichen Anordnungen, bei denen das Militär besonders concurrirt, wie z. B. in Beziehung auf Festungswerke, wegen des Betretens der

Aber auch die Gesetze selbst können, in erster Reihe für einzelne polizeiliche Materien, den Erlaß von Verordnungen an die Begutachtung oder auch Billigung derselben durch andere Instanzen knüpfen, wobei im einzelnen Falle zu untersuchen bleibt, welche Rechtsfolgen die Nichtbeachtung dieser Voraussetzung im Sinne des Gesetzgebers nach sich ziehen, insbesondere ob sie die Nichtigkeit und Unverbindlichkeit der Verordnung bewirken soll. [6]) Von besonderer Wichtigkeit sind aber endlich die allgemeinen Bestimmungen, welche namentlich auf Grund der neuen Verwaltungsgesetze das preußische Polizeiverordnungsrecht beherrschen und nach denen die verordnungsberechtigten Behörden in weitreichender Weise für ihre Verordnungen der Zustimmung oder doch des Gutachtens gewisser Behörden bezw. Körperschaften bedürfen, welche ihnen gegenüber als die Vertreter der Staatsbürger, die durch die zu erlassende Vorschrift verpflichtet werden sollen, erscheinen. Es entsprechen diese Bestimmungen der Idee, daß, wie die Staatsgesetzgebung selbst nicht ohne Zustimmung der gesammten Staatsbürger in ihrer geordneten Vertretung ausgeübt werden darf, ebensowenig auch die von der staatlichen Gesetzgebung abgeleitete Verordnungsgewalt der Polizeibehörden sich über die thätige Mitwirkung der in dem betreffenden örtlichen Bezirke zusammengefaßten Staatsbürgerschaft hinwegsetzen dürfe. [7])

Schießstände der Garnison" vgl. Min.Erl. v. 21. Aug. 1852, V.M.Bl. S. 218; dazu Förstemann S. 179. Zuziehung der Gewerberäthe (Fabrikinspectoren) bei Erlaß von Polizeiverordnungen, die in ihren Wirkungskreis fallen, nach der (jetzt aufgehobenen; vgl. V.M.Bl. 1892 S. 160) Dienstanweisung v. 24. Mai 1879 § 8 Nr. 1, V.M.Bl. S. 154.

[6]) Regelmäßig wird in den Hauberg-Ordnungen vorgeschrieben, daß die nach § 11 des G. v. 11. März 1850 bezw. der V.O. v. 20. Sept. 1867 vom Regierungspräsidenten zu erlassenden Polizeiverordnungen, „soweit sie die Bewirthschaftung der Hauberge betreffen, der Zustimmung des Hauberg-Schöffenraths bedürfen." Vgl. § 32 der Haubergordnung für den Kreis Siegen v. 17. März 1879, § 32 des G. für den Dillkreis und den Oberwesterwaldkreis v. 4. Juni 1887, § 34 G. v. 9. April 1890. Nach dem Wortlaut der Gesetze dürfte die Rechtsgiltigkeit der Verordnungen von der ertheilten Zustimmung abhängig sein. Vgl. zur Sache noch mein Genossenschaftsrecht S. 185 Note 15. — „Zu einer gutachtlichen Aeußerung ist den Vorständen der betheiligten Berufsgenossenschaften oder Berufsgenossenschafts-Sectionen Gelegenheit zu geben" bei Polizeiverordnungen nach § 120 e Abs. 2 der Reichs-Gewerbe-O. und § 197 Abs. 2 des preuß. Allg. Berggesetzes. Nichtbeachtung wird wohl nur ein Beschwerderecht der betreffenden Genossenschaftsorgane erzeugen. Vgl. analog Schenkel, Kommentar zur Gew.-O. Note 5 ad h. l.

[7]) Vgl. den Ausdruck dieses Gedankens bei Schulze, deutsches Staatsrecht Bd. 1

II. Das Gesetz vom 11. März 1850 hat dieses Princip nur in sehr beschränkter Weise realisirt. Der § 5 desselben verlangte für den Erlaß ortspolizeilicher Verordnungen nur eine vorgängige Berathung der Polizeibehörde mit dem Gemeindevorstande.[8]) Nur zum Erlaß von Verordnungen über Gegenstände der landwirthschaftlichen Polizei sollte die Zustimmung der Gemeindevertretung erforderlich sein (§ 7), „indem es bei den eigenthümlichen Verhältnissen der Landwirthschaft wünschenswerth erschien, daß solche Verordnungen nicht ohne Zustimmung der Betheiligten oder ihrer Vertreter erlassen würden." [9]) Für die Polizeiverordnungen der Regierungen war eine Mitwirkung (Zustimmung) des Bezirksraths d. h. nach der Kreis-, Bezirks- und Provinzial-Ordnung v. 11. März 1850 der Selbstverwaltungsbehörde des Regierungsbezirks[10]), nur für landwirthschaftliche Verordnungen in Aussicht genommen (§ 13);[11]) doch sind die Bezirksräthe nie ins Leben getreten, und die Nothwendigkeit ihrer Mitwirkung ist durch die demnächstige Aufhebung der Kreis- u. s. w. Ordnung v. 11. März 1850 indirect beseitigt worden.[12]) Auf demselben Stand-

S. 624. 625. Ueber die Verwirklichung desselben im Rechte Bayerns, Württembergs, Badens vgl. die oben § 9 Note 16 citirten Stellen.

[8]) Zur Rechtfertigung dieses Standpunktes sollten die im Anhang abgedruckten „Erläuterungen" des 1. Ministerialentwurfs (zu §§ 5 ff.) dienen. Ueber die Anträge, welche bei der parlamentarischen Behandlung des Gesetzentwurfs statt der bloßen „Berathung" mit dem Gemeindevorstande dessen Zustimmung oder selbst die Zustimmung der Gemeindevertretung verlangten, vgl. v. Rönne, Gemeinde-Ordnung S. 406.

[9]) Begründung des Antrags der Commission der I. Kammer bei v. Rönne S. 411. Dazu auch die „Erläuterungen" (Note 8). Aehnliche Besonderheiten im Art. 3 Abs. 2 des bayr. Pol.Str.G.B.

[10]) Ueber den Bezirksrath d. G. v. 11. März 1850, der nicht mit dem der neueren Verwaltungsgesetze (§ 27 Org.G. v. 26. Juli 1880) verwechselt werden darf, vgl. Titel II der Kreis-, Bezirks- u. s. w. Ordnung v. 11. März 1850. Er besteht aus dem Regierungspräsidenten und 4 Bezirksdeputirten, die von der Provinzialversammlung gewählt werden. Ueber seine Geschäfte in der allgemeinen Landesverwaltung vgl. Art. 37.

[11]) Fruchtloser Antrag Kisker: „Dem Erlaß anderer polizeilicher Vorschriften muß mit Ausnahme dringender Fälle eine Berathung mit dem Bezirksrathe vorhergehen"; vgl. v. Rönne S. 416.

[12]) Zuerst substituirten auf Grund des Art. 67 der Kreis- u. s. w. Ordnung die Minist.-Verf. v. 22. Juli 1850 (V.M.Bl. S. 212) und der Erlaß v. 28. Dec. 1850 bis zur Einrichtung der Bezirksräthe diesen die Bezirkregierungen selbst; da dies vielfach als dem Sinn des Gesetzes widersprechend erachtet wurde, so übertrug

punkte[13]) steht die V.O. v. 20. September 1867 Während nach ihr die Verordnungen der Bezirks-Regierungen einer Mitwirkung vertretender Körperschaften überhaupt nicht bedürfen, muß dem Erlaß ortspolizeilicher Verordnungen (§ 5) eine Berathung mit dem Gemeindevorstande bezw. beim Erlaß von Verordnungen für einen Bezirk, zu welchem mehrere Gemeinden gehören,[14]) eine Anhörung der betreffenden Amtsvertretung vorangehen.[15]) Eine principielle Behandlung des Gegenstandes trat erst mit der Kreis-Ordnung v. 13. Dec. 1872 ein, welche mit dem Erforderniß der Zustimmung des Amtsausschusses zu den Polizeiverordnungen des Amtsvorstehers (§ 62) und des Kreisausschusses zu denen des Landraths (§ 78) für die Behörden der allgemeinen Polizei den Grundsatz zu realisiren begann, daß dieselben zum Erlaß von Polizeiverordnungen der Zustimmung derjenigen Körperschaft der obrigkeitlichen Selbstverwaltung bedürfen, welche mit ihnen im Behördenorganismus auf gleicher Stufe steht.[16]) Dieses Princip hat demnächst in §§ 76, 79 der Provinzial-Ordnung v. 24. Juni 1875 und in §§ 75, 78, 79 des Organisationsgesetzes, an deren Stelle jetzt die §§ 139, 142, 143 L.V.G. getreten sind, seine weitere Ausbildung und zugleich seine Ausdehnung auf die ganze Monarchie erhalten.

III. Für die hiernach das geltende Recht bildende Mitwirkung von Körperschaften der obrigkeitlichen Selbstverwaltung beim Erlaß

---

der Circ.-Erlaß v. 13. März 1852 (V.M.Bl. S. 84) die Befugnisse der Bezirksräthe auf die General-Commissionen; endlich constatirte die Circ.-Verf. v. 22. Nov. 1853 (V.M.Bl. S. 280) nach Aufhebung der Kreis- u. s. w. Ordnung die Rückkehr der vollen Freiheit der Regierungen auch bei Erlaß landwirthschaftspolizeilicher Verordnungen. Die Bedenken Förstemanns S. 191 gegen diesen Schluß sind im Sinne des Gesetzgebers nicht stichhaltig.

13) Ueber die legislatorischen Versuche der Zwischenzeit vgl. v. Rönne, preuß. Staatsrecht 4. Aufl. Bd. 1 S. 382 Note 4 b.

14) Vgl. oben § 36.

15) Vgl. dazu die abweichende Bestimmung der Städte-Ordnung für Schleswig-Holstein v. 14. April 1869 § 89 Abs. 4: „Allgemeine Verordnungen der Ortspolizeibehörde sind vor ihrem Erlaß mit den städtischen Behörden zu berathen. Ist ein Einverständniß nicht zu erreichen, so gebührt die Entscheidung der Regierung." In der That ist hier also eine Zustimmung der städtischen Behörden oder eventuell deren Ergänzung durch die Regierung erfordert. Die ganze Bestimmung ist jetzt als durch § 143 L.V.G. aufgehoben zu erachten. Vgl. Hase, Ergänzungsband für Schleswig-Holstein, 2. Aufl. in v. Brauchitsch, Verwaltungsgesetze, S. 247.

16) Vgl. dazu die Bemerkungen des Ministers Grafen zu Eulenburg bei Berathung des § 79 des Org.G. im Abg.-Hause, Sten. Ber. S. 2145 a.

von Polizeistrafverordnungen lassen sich zunächst folgende allgemeine Sätze aufstellen:

1. Die Mitwirkung der Selbstverwaltungskörperschaften bezieht sich in allen Fällen nur auf die Willensbestimmung darüber, ob der Entwurf einer bestimmten polizeilichen Vorschrift Gesetz d. h. Recht werden solle;[17]) an der Willensbestimmung, daß eine polizeiliche Vorschrift Gesetz sein solle, am Erlaß des Gesetzesbefehls an die Unterthanen, der Sanction der Verordnung, haben sie keinen Antheil. Diese bildet vielmehr den Inhalt des polizeilichen Verordnungsrechts selbst, das der berechtigten Polizeibehörde allein zusteht. Die letztere ist daher durch die zustimmende Erklärung der mitwirkenden Körperschaft keineswegs gebunden, der gebilligten Polizeivorschrift nun auch wirklich die Sanction angedeihen zu lassen, den Gesetzentwurf zum Gesetz zu erheben.[18])

2. Die Mitwirkung der Selbstverwaltungskörperschaften bezieht sich auf den formulirten Entwurf der Verordnung, nicht bloß auf den „Verordnungsstoff". Es genügt nicht, ihre Meinung lediglich in abstracto darüber einzuholen, ob ein gewisser polizeilicher Gegenstand in einer im Allgemeinen bezeichneten Art und Weise geregelt werden soll.[19]) Im Uebrigen aber kann diese Mitwirkung eine

---

[17]) In dieser Weise glaube ich den richtigen Sinn der Laband'schen Ausführungen (vgl. oben Note 1. 2) unter Berücksichtigung der Gierke'schen Einwendungen formuliren zu sollen. Allerdings ist daran festzuhalten, daß auch die Volksvertretung mit dem Gesetzesinhalt nicht als mit einem theoretischen Satze, einem wissenschaftlichen Axiom (Schulze a. a. O.), sondern als mit einem Rechtssatze befaßt ist, der als solcher den Gesetzesbefehl in sich trägt. Aber der ihr vorgelegte Rechtssatz ist und bleibt für sie nur der Entwurf eines solchen, und ihre definitive Willensbestimmung geht daher allerdings nicht dahin, daß ein Rechtssatz Gesetz sein solle, sondern dahin, daß der Entwurf durch die Sanction des Souveräns Gesetz werden solle. Vgl. jetzt auch Laband 2. Aufl. Bd. 1 S. 516 Note 2. — Anders natürlich, wo den repräsentirenden Körperschaften, wie in den freien Städten, Theil an der Sanction des Gesetzes zusteht. G. Meyer, Staatsrecht 4. Aufl. § 162.

[18]) Dies nehme ich mit Laband 2. Aufl. Bd. 1 S. 542 f. gegen Gierke a. a. O. S. 230 als richtig an. Auch im Staatsrecht enthält der übereinstimmende Wille des Souveräns und der Volksvertretung, daß ein Gesetzentwurf Gesetz werden solle, begrifflich keinen Vertrag, kraft dessen der Souverän der Volksvertretung gegenüber verpflichtet wäre, den Entwurf mit seinem Willen, daß derselbe Gesetz sein solle, der Sanction, auszustatten. Das positive Recht kann freilich anders bestimmen. Uebereinstimmend in Bezug auf die Sanction von Polizeiverordnungen Schicker, württ. Polizeistrafrecht, 2. Aufl. S. 88. Anonymus S. 25.

[19]) Vgl. Erk. O.V.G. v. 20. Oct. 1888 bei Binseel Bd. 10 S. 184 Sp. 1: „es kann endlich dem Kläger sogar zugegeben werden." — Auf die Eingangs-

zweifache sein, entweder eine entscheidende oder eine berathende. Im ersten Falle bedarf es der Zustimmung, im letzten nur der Anhörung der berechtigten Körperschaft:

a) Die Nothwendigkeit der Zustimmung ist nach dem heutigen preußischen Rechte die Regel und nur in einzelnen Fällen zu einer bloßen Begutachtung abgeschwächt. Aber auch die „Zustimmung"[20]) setzt ihrem Begriffe nach ein „Stimmen", welchem sie hinzutritt, nothwendig voraus, enthält daher in keinem Falle das sogen. Recht der Initiative. Die zur Zustimmung berechtigten Selbstverwaltungskörperschaften sind daher nicht befugt, selbständig Verordnungsentwürfe vorzuschlagen und dieselben von sich aus so zu erledigen, daß nunmehr die zum Erlaß berechtigte Behörde über deren Sanctionirung beschließen müßte.[21]) Insofern ist ihre Stellung von der der preußischen und deutschen Volksvertretung verschieden, welche hinsichtlich der Initiative zu Gesetzentwürfen der Regierung gleichgestellt ist. Dieser Unterschied ist ein innerlich begründeter, da es angemessen erscheinen mußte, den Erlaß von Rechtsvorschriften, welche lediglich eine Beschränkung der persönlichen Freiheit des Einzelnen im Interesse der Verwaltung herbeiführen, der Initiative der Verwaltungsbehörden vorzubehalten. Im Uebrigen aber ist auch die zustimmungsberechtigte Behörde ebensowenig wie die Volksvertretung[22]) verpflichtet, einen Verordnungsentwurf im Ganzen anzunehmen oder abzulehnen; es steht vielmehr auch ihr das Recht der Amendirung zu, kraft dessen sie ihre Zustimmung von der Annahme ihrer Abänderungsvorschläge abhängig macht. Für die Fassung des Beschlusses sind die im Allgemeinen bestehenden Vorschriften maßgebend.[23])

---

formel und die Unterschrift der Verordnung bezieht sich das Mitwirkungsrecht der Selbstverwaltungs-Körperschaften nicht, da in diesen Bestandtheilen lediglich das Recht zur Sanction und Publication wirksam wird, welches der erlassenden Behörde ausschließlich zusteht. Die Praxis der formalen Gesetzgebung kann hier nicht entscheiden. Vgl. Laband, Reichsstaatsrecht 2. Aufl. Bd. 2 S. 544 und übereinstimmend Erk. O.V.G. v. 20. Oct. 1888, Binseel Bd. 10 S. 184 Sp. 1.

20) Das ist der terminus technicus der Gesetze.

21) Ueber das Initiativrecht des Landraths vgl. Motive zu § 65 des 1. Entw. der Kreis-Ordnung (Abg.-H. Drucks. Nr. 4). Die Anregung zur Vorlegung eines Verordnungsentwurfs durch die Behörde kann (analog dem sog. ständischen Petitions- oder Motionsrechte) natürlich auch von der zur Mitwirkung berufenen Behörde ausgehen. Dies Recht steht ihr aber nicht allein und eigenthümlich zu.

22) Vgl. statt Anderer Schulze, deutsches Staatsrecht Bd. 1 S. 524, G. Meyer 4. Aufl. S. 494, Laband Bd. 2 S. 537.

23) Vgl. über die Beschlußfassung des Provinzialraths § 15 L.V.G., des Bezirks-

b) Das Erforderniß der „Berathung" oder „Anhörung" (§ 5 G. v. 11. März 1850 bezw. der V.O. v. 20. Sept. 1867) besteht in der Verpflichtung der verordnungsberechtigten Behörde, der Körperschaft, deren Anhörung das Gesetz verlangt, Gelegenheit zu geben, ihre Bedenken über den gesammten Entwurf der Verordnung der Polizeibehörde gegenüber zu äußern.[24]) Es setzt dies jedenfalls eine directe Mittheilung des Entwurfs durch die Polizeibehörde an die zur Berathung berechtigte Körperschaft und die Gewährung der Möglichkeit einer Aeußerung darüber voraus. Ein Mehreres wird nicht erfordert. Insbesondere steht es der Polizeibehörde frei, nach Lage des Geschäftsganges den Weg mündlicher Berathung oder schriftlicher Mittheilung zu wählen. Im letzten Falle muß eine angemessene Frist zur Rückäußerung freigelassen werden; verstreicht diese fruchtlos, so hat die Behörde ihrer Pflicht genügt.[25]) Ob und inwieweit sie die Monita der berathenden Körperschaft berücksichtigen will, ist lediglich ihrem freien Ermessen anheimgegeben. Indessen darf sie, und zwar selbst dann, wenn der Standpunkt der mitberathenden Behörde ein principiell ablehnender war, nicht eine Verordnung publiciren, welche weder mit dem vorgelegten Entwurfe, noch mit den dagegen erhobenen Erinnerungen übereinstimmt, sondern sachlich[26]) neue Bestimmungen enthält, über welche die mitwirkende Körperschaft noch keine Gelegenheit zur Aeußerung gehabt hat.[27])

3. Nur die Behörden der allgemeinen Polizei sind principiell an die Mitwirkung selbstverwaltender Körperschaften gebunden. Für die besonderen Polizeibehörden, denen ein Verordnungsrecht zusteht (§ 42), bestehen solche ihnen coordinirte Körperschaften nicht. Danach bedürfen namentlich die besonderen, für Strom-, Schifffahrts- und Hafenpolizei unmittelbar unter dem Minister für Handel und Gewerbe fungirenden Behörden für ihre auf Grund

---

ausschusses § 33 L.V.G., des Kreis- und Amtsausschusses z. B. § 138 bezw. 54 der östlichen Kreis-Ordnung.

[24]) Erk. O.Trib. v. 7. Oct. 1858 (J.M.Bl. S. 368).

[25]) „Dem Erforderniß der Vorberathung ist genügt, wenn die projectirte Verordnung dem Gemeindevorstand zu seiner Erklärung vorgelegt worden ist, dieser aber ein Bedenken dagegen nicht geäußert hat." Vgl. das Note 24 citirte Erkenntniß.

[26]) Auf bloße redactionelle Aenderungen untergeordneter Art kommt es jedenfalls nicht an.

[27]) Erk. des Bezirksverwaltungsgerichts für den Stadtkreis Berlin bei Binseel Bd. 2 S. 112 Sp. 2 (vgl. auch Bd. 1 S. 253 Sp. 2).

des § 138 L.V.G. ergehenden Polizeiverordnungen einer Mitwirkung von Organen der Selbstverwaltung nicht,[28]) während allerdings der Oberpräsident und der Regierungspräsident nach ausdrücklicher Hervorhebung des § 139 L.V.G. auch für ihre strom-, schifffahrts- und hafenpolizeilichen Verordnungen den gewöhnlichen Regeln unterstehen.[29]) Anders liegt der Fall nur, wenn einem Ober- oder Regierungspräsidenten ausdrücklich die Stellung als „besondere Behörde im Sinne des § 138 L.V.G." für ein eigenes Wassergebiet als lediglich persönliches Nebenamt übertragen worden ist.[30]) — In der Ministerialinstanz findet eine Mitwirkung selbstverwaltender Collegien überhaupt nicht statt, nachdem die Theilnahme der Volksvertretung gerade durch die Delegation an die Minister ausgeschlossen werden sollte.

4. Was umgekehrt den näheren staatsrechtlichen Character der mitwirkenden Behörden anbelangt, so ergiebt sich derselbe aus dem bereits früher[31]) bestimmten Wesen des polizeilichen Verordnungsrechts nach preußischem Recht. Danach ist das Recht, Polizeiverordnungen mit Strafandrohung zu erlassen, den Polizeibehörden selbst, nicht aber den Communen gegeben, deren örtlicher Umfang mit dem des polizeilichen Verwaltungsbezirks zusammenfällt.[32]) Die das Polizeistrafverordnungsrecht constituirenden Gesetze begründen also keine Autonomie, ja nicht einmal eine delegirte Gesetzgebungsgewalt der Gemeinden in Polizeistrafsachen, sondern sie enthalten eine Uebertragung der staatlichen Legislative auf die staatlichen Polizei-Verwaltungsbehörden. Es entspricht dies, wie gezeigt, der Thatsache, daß nach consequent durchgeführtem preußischen Staatsrechte jede Polizei, im Sinne einer specifischen obrigkeitlichen Zwangsgewalt, demnach auch die Ortspolizei, und diese selbst da, wo sie kraft besonderer Uebertragung von Gemeindebeamten verwaltet wird, als Ausübung eines staatlichen Hoheitsrechts aufgefaßt

---

[28]) Vgl. Motive zu § 115 Komp.-G. v. 1876, abgedruckt in dem Note 30 citirten Erkenntniß S. 342 f.

[29]) Ebenso früher § 75 Org.G. und § 115 Abs. 4 des Komp.-G. v. 1876.

[30]) Erk. O.V.G. v. 24. Oct. 1887, Entsch. Bd. 15 S. 343.

[31]) Vgl. oben § 36 Nr. 2 und die in den dortigen Noten gegebenen Verweisungen.

[32]) Dies zeigt sich auch äußerlich schon darin, daß auch der an der Spitze des Regierungsbezirks stehende Regierungspräsident ein polizeiliches Verordnungsrecht hat, während doch der Regierungsbezirk nur staatlicher Verwaltungsbezirk, nicht aber weiterer Communalverband ist.

und daher nie zu den Communalangelegenheiten, sondern stets zu den allgemeinen Staats- oder Landesangelegenheiten[33]) gerechnet wird. Aus alledem ergiebt sich aber, daß nach staatsrechtlicher Consequenz die Mitwirkung der Staatsbürgerschaft auch beim Erlaß von Polizeiverordnungen in derjenigen Form erfolgen muß, wie sie sich überhaupt in dem betreffenden staatlichen Verwaltungsbezirke als Theilnahme an der Verwaltung der allgemeinen Landesangelegenheiten bethätigt. Dagegen kann dieselbe folgerichtig, soweit nicht besondere Umstände eine Ausnahme aus Zweckmäßigkeitsgründen herbeiführen, nicht der communalen Vertretungskörperschaft der entsprechenden Commune übertragen sein, welche wohl eine Vertretung der Communalangehörigen für die Beschlußfassung über Communalsachen, nicht aber eine Vertretung der Staatsbürgerschaft zur Mitwirkung bei der Verwaltung der allgemeinen Landesangelegenheiten darstellt.[34])

5. Die Entscheidung der ihnen vorgelegten Frage, ob ein bestimmter Verordnungsentwurf Recht werden solle, ist, gleichviel ob ihnen nur eine berathende oder entscheidende Mitwirkung zusteht, dem freien Ermessen der betreffenden Körperschaften anheimgestellt. Demzufolge findet weder eine instructionelle Einwirkung auf ihre Entschließung statt,[35]) noch auch ist in denjenigen Fällen, in welchen es ihrer Zustimmung zum Erlaß einer Verordnung bedarf, gegen ihren ablehnenden Beschluß der zum Erlaß berechtigten Behörde ein Rechtsmittel gegeben.[36]) Nur in der ortspolizeilichen Instanz,

---

[33]) Dieser Begriff darf nicht mit dem der „allgemeinen Landespolizei" verwechselt werden; auch die Ortspolizei ist „Staats- oder allgemeine Landesangelegenheit". Gegensatz der letzteren ist lediglich die Communalangelegenheit.

[34]) Man kann, wie z. B. Schulze, preuß. Staatsrecht, 2. Aufl. Bd. 1 S. 452, Bd. 2 S. 310 (vgl. in gewissem Sinne auch meinen Aufsatz im Verwaltungsarchiv Bd. 3 Note 265. 335) für eine Veränderung der das preußische Recht gegenwärtig bestimmenden Grundlagen eintreten; soweit man damit nicht durchdringt, muß man aber die Consequenzen dieser juristisch acceptiren. Dies übersehen die von bestimmten politischen Richtungen ausgehenden, sich bei den Gesetzesberathungen stets wiederholenden Versuche, der Gemeindevertretung in Städten allgemein eine Mitwirkung bei Erlaß von Polizeiverordnungen zu sichern. Vgl. z. B. den Antrag Lauenstein zu § 79 Org.G. (Nr. 308 Drucks. des Abg.-H.). Vgl. § 44 Note 2.

[35]) Vgl. oben § 41 Note 10.

[36]) Uebereinstimmend v. Brauchitsch, Verwaltungsgesetze 11. Aufl. Bd. 1 Note 274 zu § 139 L.V.G. Die allgemeinen Bestimmungen der §§ 121 ff. L.V.G. über Beschwerden finden hier offenbar keine Anwendung (vgl. v. Brauchitsch a. a. O.). Auch in denjenigen Fällen, wo das Gesetz ausnahmsweise ein Rechtsmittel zuläßt,

gegenüber der vom Amtsausschuß bezw. städtischen Gemeindevorstande versagten Genehmigung, macht das Gesetz eine Ausnahme, indem es die Ergänzung derselben durch den Kreis- bezw. Bezirksausschuß zuläßt (§ 44).

6. Polizeiverordnungen, welche die erforderliche Mitwirkung der berechtigten Selbstverwaltungskörperschaften nicht erhalten haben, sind nichtig, soweit nicht die versagte Zustimmung in den gesetzlich vorgesehenen Fällen ergänzt worden ist. Auch wo eine bloße Berathung vorgeschrieben ist, führt deren Mangel zur Nichtigkeit der Verordnung, da nach dem Willen des Gesetzgebers auch in diesen Fällen zwar die Intensität jener Mitwirkung der selbstverwaltenden Körperschaft, nicht aber die Intensität der Bindung der erlaßberechtigten Behörde an diese Mitwirkung eine geringere sein sollte. Die Nichtigkeit tritt ein, da es der Verordnung, d. h. dem Willen der Polizeibehörde, daß dieselbe Recht sein solle, an einer nach dem Gesetz objectiv nothwendigen Voraussetzung seiner Rechtskraft gebricht. Ihr Inhalt ist, wie der jeder Nichtigkeit, der absolute Mangel jeder Rechtswirkung, so daß juristisch selbst von einer Aufhebung der Verordnung nicht weiter die Rede sein kann.[37])

§ 44. Die einzelnen mitwirkungsberechtigten Behörden.

I. Der Oberpräsident bedarf der Zustimmung des Provinzialraths (§ 139 L.V.G.), der für die obrigkeitliche Selbstverwaltung [1]) der Provinz bestimmten Körperschaft, [2]) welcher aus dem Oberpräsidenten selbst als Vorsitzendem, aus einem zweiten höheren Verwaltungsbeamten und aus fünf Mitgliedern besteht, welche vom

---

faßt es dasselbe nicht als Beschwerde auf: „Die Zustimmung kann auf Antrag ergänzt werden." Daß das O.V.G. anderer Ansicht sei, läßt sich aus dem von v. Brauchitsch angeführten Erkenntnisse (vgl. dasselbe unten § 44 Note 35) wegen seiner speciellen Beziehung nicht schließen.

[37]) Vgl. unten § 54 Note 2.

[1]) Das heißt: für die Theilnahme der Staatsbürger an der Ausübung staatlicher Hoheitsrechte, im Gegensatz zur sogen. wirthschaftlichen, d. h. communalen Selbstverwaltung. Vgl. über diesen, auf den Schriften Gneist's beruhenden Gegensatz und das nicht völlig Zutreffende desselben meinen Aufsatz in den Annalen 1883 S. 318 f.

[2]) Nicht dagegen des Provinziallandtags (wie ein Antrag Richter-Virchow Nr. 206 der Drucksachen des Abg.H. für 1875 bei Berathung der Provinzial-O. wollte) als der rein communalen Vertretungskörperschaft, ebensowenig des Provinzialausschusses oder des Landesdirectors als der rein communalen Verwaltungsbehörden.

Provinzialausschusse [3]) aus der Zahl der zum Provinziallandtage wählbaren Provinzialangehörigen auf 6 Jahre gewählt werden (§§ 10 ff. L.V.G.). Der Zustimmung des Provinzialraths bedarf der Oberpräsident, wie bereits bemerkt, [4]) auch für die in Strom-, Schifffahrts- und Hafenpolizei-Angelegenheiten zu erlassenden Verordnungen. Für die Polizei-Verordnungen des Oberpräsidenten von Berlin fällt die Zustimmung einer Selbstverwaltungskörperschaft fort. [5])

II. Der Regierungspräsident [6]) bedarf, auch für strompolizeiliche u. s. w. Verordnungen, der Zustimmung des Bezirksausschusses, der aus dem Regierungspräsidenten, zwei ernannten Mitgliedern, von denen einer zum Richteramte, der andere zum höheren Verwaltungsdienste befähigt sein muß, und aus vier Mitgliedern besteht, welche aus den Einwohnern des Bezirks durch den Provinzialausschuß gewählt werden (§§ 28 ff. L.V.G.). Der Polizeipräsident von Berlin bedarf für die Verordnungen, welche er als Regierungspräsident erläßt, [7]), der Zustimmung des Oberpräsidenten, [8]) ebenso für die landespolizeilichen Verordnungen, welche in den durch das G. v. 12. Juni 1889 seiner Competenz unterstellten Vororten ergehen. [9])

III. Der Landrath[10]) bedarf der Zustimmung des Kreisausschusses,[11]) dessen Zusammensetzung, abgesehen von dem Vorsitz des

[3]) Vgl. die vorige Note.

[4]) Oben § 43 Note 29.

[5]) § 43 Abs. 1 L.V.G.; v. Brauchitsch, Verwaltungsgesetze 11. Aufl. Bd. 1 Note 273 zu § 139 L.V.G.; Bornhak, Staatsrecht Bd. 3 S. 144.

[6]) § 139 L.V.G. Früher § 75 Org.G. mit § 79 der Prov.O. Der letztgedachte Paragraph verlangte, da nach der Prov.O. dem Regierungspräsidenten ein Verordnungsrecht nur für dringende Fälle zustand (vgl. oben § 34), außer der Zustimmung des Bezirksraths (aus welchem in Vereinigung mit dem Bezirksverwaltungsgericht der jetzige Bezirksausschuß hervorgegangen ist) noch die nachträgliche des Provinzialraths.

[7]) Vgl. oben § 34 Note 5.

[8]) § 43 Abs. 3 mit § 41 Abs. 1 L.V.G.; v. Brauchitsch Note 273 zu § 139 L.V.G. Eine Mitwirkung der Gemeindebehörden von Berlin tritt bei der Ausübung des landespolizeilichen Verordnungsrechts nicht ein: Erk. O.V.G. v. 28. Oct. 1880, bei Binseel Bd. 2 S. 89.

[9]) § 3 des citirten Gesetzes; vgl. zu demselben oben § 34 Note 5.

[10]) § 142 L.V.G.; früher § 78 Org.G. mit § 78 der Kreis-O. v. 1872. Ueber den Landrath als ländliche Ortspolizeibehörde in Hannover vgl. unten Note 24.

[11]) Von der Kreisinstanz abwärts beginnt (im Gegensatz zur Provinz) die behördliche Personalunion für die Geschäfte der wirthschaftlichen (communalen) und der

Landraths, durch die Kreis-Ordnungen geregelt wird (§ 36 L.V.G.). Nach §§ 131 ff. der östlichen[12]) Kreis-Ordnung besteht der Kreisausschuß aus dem Landrathe und 6 Mitgliedern, welche von der Kreisversammlung (dem Kreistage) aus der Zahl der Kreisangehörigen auf 6 Jahre gewählt werden.

IV. Der Amtsvorsteher der östlichen, wie der schleswig-holsteinschen Kreisordnung[13]) bedarf in allen Fällen, also auch wenn die Verordnung nur für den Bereich einzelner Gemeinden des Amtsbezirks erlassen werden soll, der Zustimmung des Amtsausschusses, welcher im Wesentlichen aus den Gemeinde- und Gutsvorstehern des Amtsbezirks besteht.[14]) In denjenigen Amtsbezirken, welche nur aus einer Gemeinde bestehen, tritt an die Stelle des Amtsausschusses die Gemeindeversammlung bezw. die Gemeindevertretung;[15]) in denjenigen, welche nur aus einem Gutsbezirke bestehen, fällt der Amtsausschuß und dessen Mitwirkung fort.[16]) Versagt der Amtsausschuß die Zustimmung, so kann dieselbe auf Antrag des Amtsvorstehers durch Beschluß des Kreisausschusses ergänzt

---

obrigkeitlichen (staatlichen) Selbstverwaltung, was der minderen Bedeutung der letzteren auf diesen Stufen entspricht. Der Kreisausschuß ist in erster Reihe communale Verwaltungsbehörde, dann aber auch Behörde der obrigkeitlichen Selbstverwaltung; einen „Kreisrath" (Provinzialausschuß — Provinzialrath) giebt es neben ihm nicht.

12) Für Posen, das keine neue Kreis-Ordnung erhalten hat, vgl. Art. IV des G. v. 19. Mai 1889 (oben § 11 Note 3).

13) § 62 mit § 52 Nr. 2 der Kreis-O. v. 1872; § 54 mit § 40 Nr. 2 der schleswig-holsteinschen v. 1888. Das Erforderniß einer Zustimmung des Amtsausschusses an Stelle der Berathung mit den betheiligten Gemeinde- bezw. Gutsvorstehern ist zuerst durch die Commission des Abg.H. zur Vorberathung des 2. Entwurfs der Kreis-O. v. 1871 in das Gesetz hineingekommen. Sten.Ber. S. 1385 ff.

14) § 51 Kreis-O. v. 1872 mit § 146 Abs. 2 der östlichen Landgemeinde-O. v. 1891; § 38 der schleswig-holsteinschen Kreis-O. v. 1888. Vermöge seiner wesentlichen, im Text angeführten Zusammensetzung entspricht die Zuziehung des Amtsausschusses den Bestimmungen des § 5 G. v. 11. März 1850 bezw. der V.O. v. 20. Sept. 1867, insofern diese die Mitwirkung des Gemeindevorstandes vorsehen. Es gilt aber nach § 62 Abs. 1 a. E. der östlichen und § 54 ebenda der schleswig-holsteinschen Kreis-O., wie diese Stellen ausdrücklich hervorheben („auch im Falle des § 7 des Gesetzes") für den Erlaß landwirthschaftlicher Polizeiverordnungen im Amtsbezirke (vgl. im Text V Nr. 3) keine Besonderheit mehr.

15) § 51 Nr. 2 der östlichen, § 38 Nr. 2 der schleswig-holsteinschen Kreis-O. Die Mitwirkung der Gemeindevertretung ist daher lediglich eine exceptionelle; vgl. die Rede des Ministers Grafen zu Eulenburg, wie § 43 Note 16 citirt. Erk. O.Trib. v. 16. Juni 1876 (Oppenhoff, Rechtspr. Bd. 17 S. 440 = J.M.Bl. S. 149).

16) Nr. 3 der Note 15 citirten Stellen; v. Brauchitsch, Verwaltungsgesetze, 11. Aufl. Bd. 2 Note 188 zu § 62 cit.

werden. Der Beschluß des Kreisausschusses ist endgiltig und kann von keiner Seite angefochten werden.[17])

V. Hinsichtlich der Verordnungen der Ortspolizeibehörde (abgesehen vom Amtsvorsteher) ist, auch hier[18]) mit besonderer Berücksichtigung der östlichen Kreis-Ordnungs-Provinzen, besonders Folgendes hervorzuheben:

1. Nach § 5 des G. v. 11. März 1850 bezw. der V.O. v. 20. Sept. 1867 bedarf die Ortspolizeibehörde einer Mitwirkung auch hier nicht der Gemeindevertretung, sondern des Gemeindevorstandes, also z. B. in den Städten der östlichen Provinzen des Magistrats.[19]) Die Stadtverordnetenversammlung hat auch kein Recht, vom Magistrat die Vorlage des ihm zugegangenen Verordnungsentwurfs zu fordern. Dagegen wird der Magistrat weder seitens der Polizeibehörde, noch auch, wie ich annehme, von Aufsichtswegen gehindert werden können, zu seiner eigenen Information eine Aeußerung der Gemeindevertretung über den Entwurf herbeizuführen.[20]) Die Mitwirkung des Gemeindevorstandes vollzieht sich principiell nur in der Form der Berathung. Auch diese fällt natürlich fort, wo die Verwaltung der Ortspolizei und das Amt des Gemeindevorstandes in Personalunion zusammentreffen;[21])

---

17) § 62 Abs. 2 der östlichen (neue Fassung; früher § 58 Komp.G. v. 1876) und § 54 Abs. 2 der schleswig-holsteinschen Kreis-O.

18) Vgl. oben § 36.

19) Ueber diesen und seine Eigenschaft als Ortsobrigkeit und Gemeindeverwaltungsbehörde vgl. § 56 der östl. Städte-O. v. 30. Mai 1853.

20) Vgl. dagegen die Materialien des bei Binseel Bd. 8 S. 98 f. angeführten Falles, wo nach dem Schreiben des Polizeipräsidiums von Berlin v. 18. Nov. 1886 die „Ressortminister Entscheidung getroffen hatten, daß dem Beschlusse der Stadtverordnetenversammlung wegen Vorlegung des Entwurfs der neuen Baupolizei-O. keine Folge zu geben sein wird." Ich halte die Remonstration des Magistrats v. 2. Dec. 1886 für begründet, zwar nicht um deswillen, weil „die gesetzlich vorgeschriebene Zustimmung des Magistrats zu den Gemeindeangelegenheiten gehört" (vgl. dagegen oben § 43 III Nr. 4), wohl aber aus dem Grunde, weil das Urtheil des Magistrats betreffs seiner Mitwirkung bei Polizeiverordnungen und die Art der Bildung desselben durchaus frei ist und keinerlei Anweisung unterliegt (vgl. ebenda Nr. 5).

21) Dies ist einerseits der Fall bei der sogen. Bürgermeisterei-Verfassung, bei welcher der städtische Gemeindevorstand ein Einzelbeamter, Bürgermeister (nicht ein collegialischer Magistrat) ist, welchem zugleich die Handhabung der Ortspolizei staatlicherseits übertragen ist. Während dieselbe aber z. B. in der Rheinprovinz die Regel bildet (§§ 9. 57 der rhein. Städte-O. v. 15. Mai 1856), tritt sie in den östlichen Provinzen (§ 72 der östl. Städte-O. v. 30. Mai 1853) nur ausnahmsweise in kleinen Städten ein. In den Städten der östlichen Provinzen mit collegialischem

ein Einrücken der Gemeindevertretung für den Ortsvorstand findet auch in diesen Fällen nicht statt.[22])

2. Besondere Vorschriften trifft der § 5 der für die neuen Provinzen ergangenen Verordnung v. 20. Sept. 1867 für den Fall, daß die örtliche Polizeiverwaltung innerhalb eines Bezirks, zu welchem mehrere Gemeinden gehören, einem Beamten oder einer Behörde zusteht. Nach demselben ist, wenn der Erlaß der Verordnung für den Umfang einer Gemeinde erfolgt, auch hier die Anhörung des betreffenden Gemeindevorstandes erforderlich; soll die Verordnung für mehrere Gemeinden oder den ganzen Bezirk in Kraft treten, so ist im Gesetz die Anhörung der Amtsvertretung (Amtsversammlung) und erst in deren Ermangelung die Anhörung der betreffenden Gemeindevorstände vorgesehen. Auf Grund dieser Bestimmungen ist jetzt in der Provinz Hannover für den Landrath als Ortspolizeibehörde des platten Landes[23]) die Anhörung der ländlichen Gemeindevorsteher überall da erforderlich, wo er nicht auf Grund von § 142 L.V.G. unter Zustimmung des Kreisausschusses sei es für den ganzen Kreis, sei es für mehrere Ortspolizeibezirke desselben[24]) die Verordnung zu erlassen in der Lage ist.

3. Für Verordnungen, welche die Ortspolizeibehörde auf dem Gebiete der landwirthschaftlichen Polizei erläßt, ist aus besonderen, die Materie betreffenden Rücksichten,[25]) an Stelle der Berathung

---

Magistrate steht nichtsdestoweniger die Handhabung der Ortspolizei dem Bürgermeister allein zu (§ 62 a. a. O.), soweit sie nicht einem besonderen Staatsbeamten übertragen ist (vgl. oben § 36 Nr. 1. 2). Erk. O.Trib. v. 7. Jan. 1858 (Rhein. Arch. Bd. 54 Abth. 2 A S. 3) und andere Erkenntnisse bei Oppenhoff, Kommentar Note 31 zu §§ 360 ff. R.Str.G.B. — Andererseits findet sich jene Personalunion auch in den hannoverschen Städten, sofern dort, wie meistens, der collegiale Magistrat selbst als solcher die Polizeiverwaltung führt (§§ 71. 78 der Städte=O. v. 24. Juni 1858; vgl. oben § 36 Note 15 a. E.). Uebereinstimmend Gostkowski in v. Brauchitsch, Verwaltungsgesetze, Ergänzungsband für Hannover S. 112.

22) Anerkannt in der Verhandlung des Abg.H. bei der Schlußberathung von § 79 Org.G. (Sten. Ber. S. 2407 ff.) unter Ablehnung eines entgegengesetzten Abänderungsantrages Richter (Nr. 339 Drucks.).

23) Vgl. oben § 36 Note 21.

24) . . . . nicht für mehrere Landgemeinden des Kreises, sondern z. B. für eine Stadt und die Landgemeinden des Kreises. Näheres hierüber, sowie über die einzelnen zu unterscheidenden Fälle, deren Beurtheilung in Folge des Zusammentreffens der kreis= und ortspolizeilichen Functionen des Landraths (vgl. oben Note 10) nicht ohne Schwierigkeit ist, bei Gostkowski S. 160 f.

25) Vgl. oben § 43 Note 9.

mit dem Gemeindevorstande die Zustimmung der Gemeindevertretung erfordert (§ 7 des G. vom 11. März 1850 bezw. der V.O. vom 20. Sept. 1867).

4. Endlich hat § 79 des Org.G. v. 26. Juli 1880, welchem jetzt der § 143 L.V.G. entspricht, in Bezug auf die Ausübung des Polizeiverordnungsrechts in Städten eine Rechtsänderung insofern herbeigeführt, als auf Grund eines im Abgeordnetenhause zu Stande gebrachten Compromisses[26]) wenigstens für den Erlaß derjenigen Polizeiverordnungen, welche und insoweit sie nicht zum Gebiete der Sicherheitspolizei gehören, die Zustimmung des Gemeindevorstandes, an Stelle der bloßen Anhörung desselben, erforderlich sein soll. Hiernach aber gliedert sich in Bezug auf die Mitwirkung der Gemeindeorgane das städtische Polizeiverordnungsrecht in dreifacher Weise:

a) Für Verordnungen auf dem Gebiete der landwirthschaftlichen Polizei[27]) ist die Zustimmung der Gemeindevertretung d. h. der Stadtverordnetenversammlung ausschließlich erforderlich. Es kann nicht angenommen werden,[28]) daß nach dem Inkrafttreten des L.V.G. in den Städten auch für landwirthschaftspolizeiliche Verordnungen die Zustimmung des Gemeindevorstandes genügen

---

[26]) Der Entwurf des Org.G. enthielt besondere Bestimmungen über die Ausübung des Verordnungsrechts in Städten, als in die Städte-Ordnungen gehörig, überhaupt nicht. Bei der 2. Berathung im Hause gelangte ein Antrag Lauenstein (Nr. 294 Drucks.) zur Annahme, nach welchem zum Erlaß von Verordnungen in Städten „die Zustimmung der Stadtgemeinde“ (also Magistrat und Stadtverordnete) erfordert wurde. Gegenüber dem Standpunkte der Staatsregierung, welche diesen Antrag für unannehmbar erklärte, suchte bei der dritten Berathung ein Antrag v. Huene (Nr. 309 Drucks.) zu vermitteln, welcher nur die Zustimmung des Gemeindevorstandes, diese aber allgemein, verlangte. Bei dem besonders aus sicherheitspolizeilichen Rücksichten auch jetzt noch aufrechterhaltenen Widerspruch der Staatsregierung wurde schließlich der Antrag v. Huene durch einen Antrag v. Liebermann (Nr. 312 Drucks.) im Sinne des Gesetzestextes amendirt.

[27]) Solche sind auch bei Städten mit Rücksicht auf ihre Feldmark möglich; die Berathung der Gemeindevertretung erfolgt nach § 7 G. v. 11. März 1850 (— diese Bestimmung fehlt in der V.O. v. 20. Sept. 1867 —) unter dem Vorsitze des mit der örtlichen Polizeiverwaltung beauftragten Beamten.

[28]) Abweichend Gostkowski S. 112 Note 66 a. E. Uebereinstimmend Leidig, preuß. Stadtrecht S. 458, der nur zu weit geht, wenn er neben der Zustimmung der Stadtverordneten nach § 7 cit. auch noch die des Magistrats erfordert, während augenscheinlich im Sinne des G. v. 1850 und der V.O. v. 1867 die Zuziehung der Gemeindevertretung das Minus der Zuziehung des Gemeindevorstandes ersetzen soll.

soll, da der § 143 L.V.G. sowohl seinem Wortlaute nach,[29]) als nach dem ganzen Gange der Verhandlungen[30]) nicht die Tendenz hat, die intensivere Betheiligung der Gemeindebürgerschaft durch ihre unmittelbare Vertretung, welche bisher für jene Specialmaterie bestand, zu beseitigen.

b) Für andere Verordnungen, welche aber nicht zum Gebiete der Sicherheitspolizei gehören, verlangt das Gesetz die Zustimmung des Gemeindevorstandes, insbesondere des Magistrats.[31]) Wird diese Zustimmung versagt, so kann sie auf Antrag der Polizeibehörde durch Beschluß des Bezirksausschusses bezw. in Berlin des Oberpräsidenten[32]) ergänzt werden. Die Versagung wird angenommen werden dürfen, wenn der Gemeindevorstand eine ihm von der Polizeibehörde[33]) bezeichnete angemessene Frist ohne Aeußerung verstreichen läßt. Der Beschluß des Bezirksausschusses wird auch hier[34]) nach jeder Seite hin als endgiltig zu erachten sein.[35]) — Ein länd-

29) Vgl. dagegen § 62 der östlichen und § 54 der schleswig-holsteinischen Kreis-O. oben Note 14.

30) Vgl. oben Note 26.

31) Dazu auch die reichsgesetzlichen Delegationen der §§ 69. 76 der Reichs-Gewerbe-O., oben § 14 Note 5.

32) § 43 Abs. 3 L.V.G.; Erk. O.V.G. v. 7. Juni 1887 bei Binseel Bd. 8 S. 319 Sp. 2 a. E., ebenso v. Brauchitsch Bd. 1 Note 280 Abs. 2 zu § 143 L.V.G., auch Bornhak S. 143.

33) Das oben Note 20 erwähnte Remonstrations-Schreiben des Berliner Magistrats v. 2. Dec. 1886 hält nicht die Polizeibehörde, sondern nur die Communalaufsichtsbehörde auf Antrag der Polizeibehörde für befugt, eine solche Frist zu bezeichnen. Aber gerade das Aufsichtsverfahren greift bei dieser legislativen Thätigkeit des Magistrats nicht Platz, und der Hinweis auf den Schlußsatz des § 143 Abs. 2 L.V.G., der einen ganz anderen Fall betrifft (vgl. unten § 46 Note 10), ist nicht stichhaltig. Vgl. zu Gunsten der Polizeibehörde auch oben § 43 Note 24. 25. Ob die bezeichnete Frist eine angemessene war und danach die Zustimmung als versagt angesehen werden darf, unterliegt der Prüfung des Bezirksausschusses, der über die Ergänzung zu befinden hat. Ueber gerichtliche Nachprüfung vgl. unten § 52 Note 20. Amendirt der Magistrat die Vorlage, so ist die Polizeibehörde dies als Ablehnung mit neuen Vorschlägen zu behandeln berechtigt. — Der Bezirksausschuß kann die Zustimmung nur insoweit ergänzen, als sie versagt ist; er kann nicht mit der Polizeibehörde Bestimmungen vereinbaren, welche dem Magistrat noch nicht vorgelegen haben. Vgl. oben § 43 Note 26. 27.

34) Vgl. oben Note 17.

35) In dem oben Note 32 citirten Erkenntnisse S. 320 Sp. 1 hebt das O.V.G. hervor, daß es gegenüber dem § 62 Abs. 2 der Kreis-O. v. 1872 (vgl. Note 34) hier „an einer ausdrücklichen, den regelmäßigen Instanzenzug einschränkenden Bestimmung fehlt.“ Allein der Schluß daraus auf die Zulässigkeit der Beschwerde an

licher Gemeinde- oder Gutsbezirk, welcher auf Grund von § 49 der östlichen bezw. § 36 der schleswig-holsteinischen Kreis-Ordnung bezüglich der Verwaltung der Polizei mit dem Stadtbezirke vereinigt ist, wird in Bezug auf das Verordnungsrecht des städtischen Polizeiverwalters als selbständig und nur real unirt mit der Stadt zu gelten haben, sodaß die Mitwirkung seines besonderen Vorstehers erforderlich, aber auch dessen Anhörung in jedem Falle genügend ist.[36])

c) Für Verordnungen auf dem Gebiete der Sicherheitspolizei genügt die vorgängige Berathung mit dem Gemeindevorstande. Im Anschluß daran ist auch für ortspolizeiliche Verordnungen des Polizeipräsidenten von Berlin in den seiner Zuständigkeit unterstellten Vororten zwar die Zustimmung des Oberpräsidenten, aber nur die Anhörung des Magistrats der betreffenden Stadt bezw. des Amtsausschusses des betreffenden Bezirks geboten.[37])

Nach allem Vorangegangenen bedarf es noch einer Feststellung der Gebiete der „landwirthschaftlichen Polizei" und der „Sicherheitspolizei", welche im Folgenden unternommen werden soll.

§ 45. „Landwirthschaftliche" und „Sicherheits-Polizei."

I. Die „landwirthschaftliche Polizei" [1]) ist derjenige Zweig der Polizeiverwaltung, welcher sich auf den Schutz und die Förderung des landwirthschaftlichen Betriebes bezieht. Sie wird der „Landwirthschaftspflege" gegenüber dadurch charakterisirt, daß sie zur Erreichung des ihnen beiden gemeinschaftlichen Zieles in einer die persönliche Handlungsfreiheit des Einzelnen beschränkenden Weise

---

den Provinzialrath (§ 121 L.V.G.), wenn ihn das Gericht, was nicht klar ersichtlich, ziehen wollte, wäre weniger gerechtfertigt, als die Anwendung der Analogie zu § 62 cit., welche durch die besondere Würdigung jener legislativen Beschlüsse gestützt wird (vgl. oben § 43 bei Note 36). Uebereinstimmend v. Brauchitsch Note 280 zu § 143 L.V.G.

[36]) Vgl. preuß. Verwaltungsblatt Bd. 15 S. 340 (Redaction).

[37]) § 3 Abs. 1. 2 G. v. 12. Juni 1889; vgl. oben § 36 Note 13.

[1]) Kein Material für die innere Feststellung des Begriffs gewähren die auf die Organisation der landwirthschaftlichen Polizeiverwaltung bezüglichen Stellen, um so weniger, als in ihnen meistens der Begriff der Polizei in dem umfassenden Sinne der älteren Theorie genommen ist. Vgl. besonders § 7 a der V.O. v. 16. Dec. 1808 (Rabe, Sammlung Bd. 9 S. 387); V.O. v. 27. Oct. 1810; § 2 Nr. 4 der Regierungs-Instruction v. 23. Oct. 1817; Erlaß v. 25. Juni 1848 (Bildung des landwirthschaftlichen Ministeriums).

wirkt und sich eventuell durch Zwang realisirt. [2]) Die Landwirthschaft ist aber diejenige wirthschaftliche Thätigkeit, welche auf die productive Erzeugung von Pflanzen- und Thierstoffen durch den Anbau des Bodens gerichtet ist; Ackerbau und Viehzucht sind demnach ihre beiden wesentlichen, gewöhnlich mit einander verbundenen und sich gegenseitig bedingenden Zweige. [3]) „Verordnungen über Gegenstände der landwirthschaftlichen Polizei" (§ 7 G. v. 11. März 1850 bezw. der V.O. v. 20. Sept. 1867) sind demnach solche, welche aus Rücksichten des Schutzes und der Förderung des landwirthschaftlichen Betriebes [4]) den Einzelnen zu bestimmten Handlungen und Unterlassungen verpflichten und die Zuwiderhandlung mit Strafe bedrohen. Im Einzelnen gehören dahin insbesondere diejenigen Verordnungen, welche nach § 6 litt. h des G. v. 11 März 1850 u. s. w. „zum Schutze der Felder, Wiesen und Weiden" ergehen, [5]) sowie die den feldpolizeilichen Delegationen und Vorbe-

---

[2]) Vgl. hierzu oben § 21 bei Note 35. Landwirthschaftspflege: z. B. Errichtung von Landwirthschaftsschulen, landwirthschaftlichen Creditanstalten; Landwirthschaftspolizei: z. B. Feldpolizei.

[3]) v. Schulze-Gävernitz, preuß. Staatsrecht, 2. Aufl. Bd. 2 S. 410; Stein, Handbuch der Verwaltungslehre 2. Aufl. S. 626 ff.; H. Rösler, Verwaltungsrecht Bd. 1 Abth. 2 S. 503 ff. Vgl. auch § 48 II 2 und § 400 I 21 A.L.R.: „Unter Landgütern werden auch hier solche verstanden, mit welchen Ackerbau und Viehzucht verbunden ist."

[4]) Eine eigene Auffassung von dem Begriff der landwirthschaftlichen Polizeiverordnung hatte ein Polizeirichter, dessen Urtheil im Erk. O.Trib. v. 6. Juni 1863 (Oppenhoff, Rechtspr. Bd. 3 S. 487) reprobirt wird. Derselbe qualificirte als solche eine Verordnung, welche den Transport des Latrinendüngers während der Tagesstunden verbot.

[5]) Nach dem Text des Gesetzes, wie er jetzt vorliegt, ist dies unzweifelhaft. Dagegen ist es nicht unmöglich, daß in den früheren Stadien der Legislation eine beschränktere Absicht vorgewaltet hat. Es ist bereits oben (§ 21 Note 32 und § 27 Note 15) zur Sprache gekommen, daß § 6 litt. h der Regierungsvorlage, welcher auch die vorangegangenen Ministerial-Entwürfe entsprachen, außer dem „Schutz der Felder, Wiesen, Weiden, Wälder, Baumpflanzungen, Weinberge u. s. w." noch „die Ordnung bei Benutzung derselben" aufführte, ein Zusatz, welcher bei der Berathung von der I. Kammer gestrichen wurde. Nun ist es bemerkenswerth, daß der § 7 der Regierungsvorlage gerade den Schutz der Felder u. s. w. nicht erwähnte, sondern dahin lautete: „Zu Verordnungen über die Benutzung der Felder, Wiesen, Weiden oder sonstige Gegenstände der landwirthschaftlichen Polizei ist die Zustimmung des Gemeinderaths erforderlich", eine Fassung, welche die 1. Kammer in Consequenz ihrer zu § 6 litt. h gefaßten Beschlüsse in den jetzigen Gesetzestext umänderte. Ja, im 1. Ministerial-Entwurf fehlten sogar die Worte: „oder sonstige Gegenstände der landwirthschaftlichen Polizei". Statt dessen lautete er: „Wenn es sich darum handelt,

halten des Feld- und Forstpolizeigesetzes vom 1. April 1880 entsprechenden Vorschriften. [6])

Die Tendenz des Gesetzgebers geht aber dahin, polizeiliche Vorschriften über Gegenstände der landwirthschaftlichen Polizei jedenfalls der Zustimmung der Interessenten vorzubehalten. Soweit daher eine und dieselbe Verordnung mehrere unter einander getrennte Vorschriften enthält, von denen einige auf landwirthschaftspolizeilichen Rücksichten beruhen, andere aber nicht, so bedarf es jedenfalls hinsichtlich der ersteren der Zustimmung der Gemeindevertretung, während hinsichtlich der letzteren Berathung mit dem Gemeindevorstande, bezw. dessen Zustimmung in den betreffenden Fällen, ausreichend ist. Wenn aber eine und dieselbe polizeiliche Vorschrift untrennbar sowohl dem Gebiete der landwirthschaftlichen Polizei, als auch anderen polizeilichen Gebieten angehört, so wird für sie im Ganzen die Zustimmung der Gemeindevertretung erforderlich sein. [7])

II. Die Bestimmung des § 143 L.V.G., welche in Städten den Erlaß von Verordnungen, soweit sie nicht zum Gebiete der Sicherheitspolizei gehören, der Zustimmung des Gemeindevorstandes vorbehalten hat, ist, wie bemerkt, in letzter Stunde der Berathung des Organisationsgesetzes vom 26. Juli 1880, dessen § 79 sie entspricht, im Abgeordnetenhause durch Annahme eines der Kammer selbst entstammenden Compromißantrages ins Leben getreten. Dabei ist von den verschiedensten Standpunkten aus, und zwar sowohl von Seiten der Regierung, wie des Hauses, gleichmäßig hervorgehoben bezw. zugegeben worden, daß über die Begrenzung des Begriffes der „Sicherheitspolizei" eine klare Anschauung nicht bestehe, ja es ist sogar dessen sichere Bestimmbarkeit überhaupt in

die Benutzung der Felder, Wiesen, Weiden und dergleichen durch eine ortspolizeiliche Vorschrift zu ordnen u. s. w.", wobei es nahe liegt, die Worte „und dergleichen" als Ersatz der im Vergleich zu § 6 weggebliebenen Aufführung der „Baumpflanzungen, Weinberge, Wälder" aufzufassen und danach anzunehmen, daß ursprünglich nur die über den landwirthschaftlichen Schutz hinausgehenden Benutzungsordnungen der gesteigerten Mitwirkung der Gemeinde unterliegen sollten. Vgl. auch die „Erläuterungen".

[6]) So §§ 11. 13. 34 des Feld- und Forstpolizei-G. und zu letztgenanntem § auch § 368 Nr. 2 R.Str.G.B. — Ueber „Körordnungen" als landwirthschaftliche Polizeiverordnungen vgl. die oben § 26 Note 1 in Bezug genommenen Erkenntnisse des Kammergerichts.

[7]) Vgl. das bei Oppenhoff, Kommentar Note 31 zu §§ 360 ff. R.Str.G.B. citirte Erk. O.Trib. v. 15. Mai 1856.

Abrede gestellt worden.[8]) Nichtsdestoweniger muß der Versuch einer wissenschaftlichen Feststellung dieses Begriffes im Sinne des § 143 cit. unternommen werden,[9]) wobei allerdings die Aeußerungen der einzelnen Redner nur mit besonderer Vorsicht zu benutzen sein werden:

1. Zunächst geht Eines mit voller Gewißheit aus den Berathungen des Gesetzes hervor, daß nämlich die „Sicherheitspolizei" im Sinne des § 79 Org.G. bezw. § 143 L.V.G. nicht mit dem unbestimmten Begriffe derselben im Sinne der älteren Theorie, deren Niederschlag der § 10 II 17 A.L.R. enthält,[10]) identificirt werden darf. Während die letztere unter der Sicherheitspolizei schlechthin den Schutz der Gemeininteressen gegen jedwede Gefährdung und Beeinträchtigung im Gegensatz zur Förderung der-

---

8) Vgl. insbesondere die Reden des Abg. Lauenstein (Sten. Ber. S. 2139), v. Heydebrandt (S. 2141), Zelle (S. 2142), des Ministers Grafen zu Eulenburg (S. 2146), des Abg. v. Huene (S. 2152), Richter (S. 2408). Gleiches gilt von den vorgängigen gesetzlichen Bestimmungen, auf welche bei der Berathung Bezug genommen wurde; so von § 89 der schleswig-holsteinischen Städte-Ordnung v. 14. April 1869, welcher dem Minister des Innern das Recht giebt, in gewissen Städten die Sicherheitspolizei einer besonderen Staatsbehörde zu übertragen. Auch bei der Berathung dieses Gesetzes constatirte der Urheber jener Bestimmung, Abg. Miquel (Sten. Ber. des Abg.H. 1868/9 S. 1483 b), „daß damit auch nicht etwas entscheidend Klares gesagt ist". Bei der Berathung des analogen Entwurfs einer Städte-Ordnung von 1876 verkennt die Commission des Abg.H. (Drucks. Nr. 231 S. 29) gleichfalls nicht, „daß der Begriff Sicherheitspolizei ein dehnbarer sei." Auch neuestens wiederum wurde bei den Berathungen des Polizeikostengesetzes v. 20. April 1892 zu § 6 wiederholt hervorgehoben, daß die Grenzen der Sicherheitspolizei „unsichere und schwer zu ziehen seien"; doch meinte der Minister des Innern, daß „dies in der Theorie zuzugeben sei; praktisch hätten sich aber bislang keine erheblichen Schwierigkeiten hieraus ergeben." Vgl. die Materialien im Verwaltungsarchiv Bd. 1 S. 267. 268.

9) Keinen Anhalt gewähren auch hier die meisten, auf die äußere Organisation der Sicherheitspolizei bezüglichen Stellen; man vgl. § 5 Publ. v. 16. Dec. 1808 (Rabe Bd. 9 S. 386), § 2 d der Regierungs-Instruction v. 26. Dec. 1808 (Rabe S. 417), § 2 Nr. 2 der Reg.-Instr. v. 23. Oct. 1817, die V.O. v. 27. Oct. 1810, § 13 der V.O. v. 30. April 1815, §§ 29. 60 der Kreis-O. v. 1872 u. a. m. Am bedeutsamsten nnd dem hier entwickelten Begriff am nächsten kommend ist noch die Beschreibung der Sicherheitspolizei, welche in dem Kgl. Befehl v. 24. April 1812, wegen einiger näheren Bestimmungen der V.O. v. 27. Oct. 1810, gegeben ist und (G.S. S. 44) dahin geht: „Aufsicht auf die innere Ruhe des Staates, auf verdächtige Fremde, auf das Paßwesen, imgleichen die Obsorge für die Sicherheit des Lebens, der Freiheit und des Eigenthums gegen Gewalt und List."

10) Vgl. oben § 21.

selben verstand, zeigt eine unbefangene Würdigung der geäußerten legislatorischen Auffassungen, daß man sich im Sinne der citirten Gesetzesstellen als specielleres Object der Sicherheitspolizei im Rahmen der zu schützenden Gemeininteressen die „öffentliche Sicherheit" gedacht hat.[11]) Der Schutz der „öffentlichen Sicherheit" war es, welchen man von dem lähmenden Erforderniß der Zustimmung einer communalen Körperschaft freistellen wollte.

2. Der Begriff der „öffentlichen Sicherheit" kann, mangels bestimmter und einheitlicher, das preußische Recht beherrschender Vorstellungen darüber,[12]) nur aus dem Sprachgebrauche und der Wissenschaft entnommen werden. Hiernach ist, wie R. v. Mohl, L. v. Stein, H. v. Schulze-Gävernitz[13]) bezeugen, unter „öffentlicher Sicherheit" derjenige Zustand zu verstehen, in welchem die in einem Gemeinwesen bestehende Rechtsordnung vor widerrechtlichen Angriffen Einzelner geschützt ist. „Sicherheitspolizei" ist demnach nichts anderes als Rechtspolizei,[14]) d. h. die Beschränkung der persönlichen Handlungsfreiheit Einzelner zum Schutze der bestehenden Rechtsordnung vor drohenden[15]) Angriffen. Da eine gesicherte Rechtsordnung in jedem Gemeinwesen die nothwendige Vorbedingung für die Entwicklung aller weiteren Interessen des

---

[11]) So besonders die Reden des Abg. Lauenstein (S. 2139) und des Ministers Grafen zu Eulenburg (S. 2146).

[12]) Die der „öffentlichen Sicherheit" Erwähnung thuenden Gesetzesstellen sind weder bestimmt genug, um als Anhalt dienen zu können, noch auch stimmen sie dem Sinne nach unter sich überein. Ueber den weitergehenden Begriff der öffentlichen Sicherheit nach § 10 II 17 A.L.R. vgl. Note 10 und besonders meinen Aufsatz im Verwaltungsarchiv Bd. 3 S. 313 Note 190. 191; in ähnlich weitem Sinne z. B. § 8 Abs. 1 G. betr. die Befugnisse der Strombauverwaltung v. 20. Aug. 1883 (G.S. S. 335); enger und dem hier maßgebenden Begriffe sich nähernd § 6 G. zum Schutz der persönlichen Freiheit v. 12. Febr. 1850 und § 15 des Jagdpolizeigesetzes v. 7. März 1850; noch enger die unten Note 19 citirten Stellen.

[13]) R. v. Mohl, Die Polizeiwissenschaft nach den Grundsätzen des Rechtsstaats, 3. Aufl. Bd. 3: System der Präventivjustiz oder Rechtspolizei S. 1 ff., besonders S. 12 Note 5; L. v. Stein, Polizeirecht S. 6. 88. 89. 90; v. Schulze, preuß. Staatsrecht, 2. Aufl. Bd. 2 S. 305. 322 f.

[14]) So nach der Bezeichnung R. v. Mohl's. Gegen die von diesem als gleichbedeutend gebrauchte Bezeichnung der Sicherheitspolizei als Präventivjustiz und die darin liegende Verkennung der Verschiedenartigkeit der Aufgaben von (Straf-) Justiz und Polizei vgl. v. Schulze S. 322 f.

[15]) Dagegen fällt der erfolgte Bruch der Rechtsordnung der Strafjustiz anheim, welche in ihren Aufgaben von der sogen. gerichtlichen Polizei unterstützt wird. Vgl. die vorige Note.

Gemeinwesens bildet, so erklärt sich das besondere Gewicht, welches das Gesetz auf eine möglichste Energie der sicherheitspolizeilichen Thätigkeit gelegt hat.

3. Aufgabe der Sicherheits- oder Rechtspolizei ist danach der, von jeder besonderen staatlichen Interessenverfolgung unabhängige, vorbeugende Schutz der Rechtsordnung vor rechtswidrigen Angriffen Einzelner oder einer Vereinigung Einzelner auf dieselbe.[16] Ihr

---

[16] Vgl. hierzu die Bemerkung des Ministers Gr. zu Eulenburg (Sten.Ber. a. a. O. S. 2147 a): „So vielgestaltig das Leben, so vielgestaltig die Versuche zur Umgehung der Gesetze sind, so vielgestaltig müssen auch die Mittel und Maßregeln sein, welche man zur Abwehr der Verletzung des Rechtszustandes und zur Wiederherstellung desselben anwenden muß." In demselben Sinne läßt der Befehl v. 1812 (vgl. oben Note 9) die Sicherheitspolizei sich fürsorglich gegen „Gewalt und List" wenden, welche „die Sicherheit des Lebens, der Freiheit und des Eigenthums" bedrohen. Principiell übereinstimmend mit der Auffassung des Textes ist der ausführliche „Bericht des Magistrats zu Berlin an den Minister des Innern wegen Uebernahme einzelner Zweige der Ortspolizeiverwaltung" v. 29. Dec. 1890 (Binseel Bd. 12 S. 316 ff.), ebenso in der Litteratur besonders Löning im Handwörterbuch der Staatswissenschaften Bd. 5 S. 166 und wohl auch Grotefend, preuß. Verwaltungsrecht Bd. 1 S. 250 Note 4. Auch die Judicatur steht durchaus auf dem Standpunkte dieses Buches, auf welches sie wiederholt Bezug nimmt. Vgl. zunächst die begrifflichen Formulirungen im Erk. O.V.G. v. 18. Sept. 1884, Entsch. Bd. 11 S. 295 a. E. (bezüglich auf § 15 des Jagdpolizeigesetzes v. 7. März 1850; vgl. oben Note 12): „insbesondere das Gesichertsein der Unterthanen des Staates vor gewaltsamen und widerrechtlichen Angriffen in Ansehung ihrer Person, ihrer Ehre, ihrer Rechte und ihres Vermögens." Ferner Erk. v. 14. Nov. 1887 (Entsch. Bd. 15 S. 432): „Sicherheitspolizei vor Allem diejenige zwingende Thätigkeit der polizeilichen Organe, welche die Aufrechterhaltung der Rechtsordnung als der Grundlage aller Sicherheit bezweckt." Erk. v. 20. April 1887 (Binseel Bd. 9 S. 14 Sp. 1 in Bezug auf § 31 der kgl. Polizeiverordnung für die Stadt Hannover v. 21. Dec. 1859). Ebenso die Judicatur des Kammergerichts in Bezug auf § 79 Org.G.; vgl. Erk. v. 4. Mai 1885 (Binseel Bd. 6 S. 304 Sp. 2): „Als sicherheitspolizeiliche Vorschriften sind aber nur diejenigen anzusehen, welche die bestehende Rechtsordnung vor widerrechtlichen Angriffen Einzelner schützen sollen." Sachlich übereinstimmend, aber in der Fassung nicht präcis genug Erk. v. 25. Febr. 1889, Johow Bd. 9 S. 230; vgl. Note 20. — Im Gegensatz hierzu wird der Rahmen der Sicherheitspolizei im Sinne des § 143 L.V.G. zu weit gezogen z. B. von v. Brauchitsch, Verwaltungsgesetze 11. Aufl. Bd. 1 Note 279: „Dem Gebiete der Sicherheitspolizei werden alle Polizeiverordnungen angehören, welche und soweit sie den Zweck haben, Gefahr von dem Gemeinwesen oder Einzelnen abzuwehren bezw. die Sicherheit von Person und Eigenthum zu schützen, im Gegensatze zu Verordnungen, deren Aufgabe es ist, den Betrieb der verschiedenen gewerblichen und sonstigen Thätigkeiten lediglich im Interesse der öffentlichen Ordnung zu regeln." Ebenso von Parey, die neuesten Verwaltungs-Organisationsgesetze (1880) Bd. 1 S. 123 Anm.: „Die Polizeiverordnungen, bei denen es sich um den Schutz der materiellen Güter der Menschen (Leben, Gesundheit,

gegenüber steht die „Verwaltungspolizei" als die Gesammtheit derjenigen polizeilichen Thätigkeit, welche den einzelnen, dem Schutze und der Förderung der verschiedenen besonderen Gemeininteressen dienenden, Verwaltungszweigen immanent ist.[17]) Wie aber die

Eigenthum) handelt, welche mithin die öffentliche Sicherheit betreffen, dürften wohl die Regel bilden, Verordnungen zum Schutz rein ethischer oder ästhetischer Interessen (Ruhe, Ordnung) die Ausnahme." Sie Beide und Andere (vgl. auch Gerland, Ueber den Begriff der Polizei und insbesondere der Sicherheitspolizei nach preuß. Recht, im Archiv für öffentl. Recht Bd. 5, namentlich S. 27. 46) gehen dadurch fehl, daß sie die Aufgabe der Sicherheitspolizei im Sinne von § 143 L.V.G. auf die Abwehr von Rechtsverletzungen, Gefährdungen der Rechtsordnung und der Rechte durch widerrechtliche Angriffe zu beschränken versäumen, vielmehr den Schutz der materiellen Interessen bezw. Güter vor Gefährdungen überhaupt als deren Gegenstand betrachten. Dadurch verlieren sie, indem sie sich wieder der alten Sicherheitspolizei (§ 10 II 17 A.L.R.) nähern, die feste Grenzlinie gegenüber der polizeilichen Thätigkeit, welche nicht Sicherheitspolizei im Sinne von § 143 L.V.G. ist, wie denn andererseits auch umgekehrt (gegenüber v. Brauchitsch) die öffentliche Ordnung nicht nothwendig einen Gegensatz zur öffentlichen Sicherheit involvirt, vielmehr zugleich als deren Voraussetzung in Betracht kommen kann (vgl. meinen Aufsatz im Verwaltungsarchiv Bd. 3 S. 316).

[17]) Z. B. die Sanitätspolizei als Polizei der Sanitätsverwaltung, die Wegepolizei als Polizei der Wegeverwaltung u. s. w. Alle diese einzelnen Zweige der Polizei stehen, auch soweit es sich bei ihnen um die Abwehr von Gefahren handelt, in ihrer Gesammtheit als „Verwaltungspolizei" der „Rechts- oder Sicherheitspolizei" als der Polizei des vorbeugenden Rechtsschutzes gegenüber. Den Gegensatz zur Sicherheitspolizei im Sinne des § 143 L.V.G. bildet daher nicht die Wohlfahrtspolizei im Sinne der älteren Theorie (vgl. oben § 21). Wenn man nichtsdestoweniger in den Landtagsverhandlungen zum § 79 Org.G. Sicherheits- und Wohlfahrtspolizei einander gegenübergestellt findet (z. B. Abg. Lauenstein S. 2134, Min. Eulenburg S. 2146, Abg. Richter S. 2149), so beruht das zum Theil allerdings auf unrichtiger Auffassung der Sachlage, zum Theil aber auch auf unrichtiger Bezeichnung durch Verwendung eines gewohnten Ausdrucks und Gegensatzes. Das Letztere gilt auch von dem Gebrauch des Ausdrucks „Wohlfahrtspolizei" in § 6 des Polizeikostengesetzes v. 20. April 1892, wie denn bei der Berathung desselben der Minister Herrfurth (Sten.Ber. des Abg.H. 1892 Bd. 1 S. 334) ausdrücklich bemerkte, daß „der Ausdruck Wohlfahrtspolizei nicht ganz zutrifft" und daher besser von Verwaltungspolizei als Gegensatz der Sicherheitspolizei gesprochen werden sollte. — Zutreffend das oben Note 16 citirte Erk. O.V.G. v. 20. April 1887, indem es der Sicherheitspolizei die „verwaltende Polizei" gegenüberstellt, „derartig, daß die Veranstaltungen, welche die letztere trifft, um die einzelnen Glieder des Publikums in ihren Gütern (Leben, Gesundheit, Eigenthum) zu sichern, auch dann nicht als Schutz der öffentlichen Sicherheit erscheinen, wenn sie sich etwa auf öffentliche Anstalten (öffentliche Wege, öffentliche Flüsse, öffentliche Feuerlöschanstalten) erstrecken." (Bezugnahme auf die Ausführungen dieses Buches.) — Dementsprechend verhält sich die Judicatur und Verwaltungspraxis auch im Einzelnen, indem sie der Sicherheitspolizei

Rechtsordnung theils eine öffentliche, das öffentliche Recht und seine Grundlagen umfassende, theils eine private, auf den Rechtszustand der einzelnen Privatpersonen bezügliche ist, so zerfällt auch die Sicherheitspolizei in die öffentliche und die Privat-Sicherheitspolizei,[18]) deren erstere (auch politische Polizei genannt) die „öffentliche Sicherheit“ im engsten Sinne,[19]) deren letztere aber die Rechtsgüter der Einzelnen, ihre leibliche und wirthschaftliche Integrität vor widerrechtlichen Angriffen[20]) zu schützen hat.

4. Die zum Zwecke der Erfüllung ihrer Aufgaben aufzuwendende Thätigkeit der Sicherheitspolizei braucht nicht immer unmittelbar auf die Abwendung bestimmter einzelner widerrechtlicher Handlungen und dementsprechend auch nicht nothwendig gegen einen bestimmten Uebelthäter gerichtet zu sein.[21]) Aufgabe der Sicherheitspolizei ist es vielmehr auch, die Rechtsordnung als Ganzes vor unbestimmten Gefahren, die ihr durch den widerrechtlichen Willen Einzelner drohen könnten, zu bewahren. So wird z. B. auch die Fremdenpolizei von sicherheitspolizeilichen Rücksichten beherrscht, insofern die Controle der ankommenden Fremden, zu deren Durchführung auch den Einheimischen Verpflichtungen (Anmeldung u. s. w.) auferlegt werden, zu dem Zwecke erfolgt, um etwaigen

---

nach § 143 L.V.G. nicht zurechnet: Verordnungen zur Regelung des Feuerlöschwesens, Einrichtung von Pflichtfeuerwehren u. s. w. (Erk. K.G. v. 4. Mai 1885, Binseel Bd. 6 S. 304), über Fleischbeschauung (Erk. K.G. v. 25. Febr. 1889, Johow Bd. 9 S. 228), Baupolizeiverordnungen, abgesehen etwa von besonderen Einzelbestimmungen (Erk. O.V.G. v. 7. Juni 1887, Binseel Bd. 8 S. 319 Sp. 2), Verordnungen, betreffend die Beschränkungen des Velocipedfahrens (Rescript des Min. d. Inn. bei Binseel Bd. 4 S. 410). Vgl. auch § 59 Nr. 1 der Kreis-O. von 1872.

18) Stein S. 91 ff.; v. Schulze S. 323, hier auch über dieselbe Eintheilung bei älteren Schriftstellern, z. B. v. Berg.

19) In diesem engsten Sinne findet sie sich z. B. in Art. 68 der Reichs-Verfassung, Art. 63 der preuß. Verfassung, § 28 Nr. 3 des früheren Socialistengesetzes u. s. w.

20) Vgl. demgegenüber Note 16. 17.

21) In diesem Sinne hebt der Commissionsbericht zu § 110a des Städte-Ordnungsentwurfs von 1876 (vgl. oben Note 8) zutreffend hervor, daß „die Einschränkung des Begriffs der Sicherheitspolizei auf die Verhütung und Verfolgung von strafbaren Handlungen jedenfalls zu eng sei.“ Ebenso das oben Note 17 a. E. citirte Ministerialrescript. Sie ist auch schon deshalb zu eng, weil die Sicherheitspolizei, jedenfalls die executivische, auch in die Lage kommen kann, Rechte gegen rein civilrechtliche Beeinträchtigungen zu schützen, insbesondere, wenn die Hülfe des Gerichts zu spät kommen würde; vgl. oben § 22 Note 8.

rechtsgefährdenden Elementen unter denselben zeitig entgegentreten zu können.[22])

5. Tendenz des Gesetzgebers im Sinne des § 143 cit. ist es, das Gebiet der Sicherheitspolizei jedenfalls von der beschließenden Mitwirkung des städtischen Gemeindevorstandes frei zu halten. Daraus ergiebt sich, umgekehrt wie bei Verordnungen der landwirthschaftlichen Polizei, daß, wenn eine und dieselbe polizeiliche Vorschrift gleichzeitig sicherheitspolizeilichen und verwaltungspolizeilichen Rücksichten entspringt, sie im Ganzen von der Zustimmung des Gemeindevorstandes befreit ist.[23]) Dagegen sind auch hier, wenn eine Verordnung verschiedene, unter sich trennbare Vorschriften theils sicherheitspolizeilichen, theils anderweitigen polizeilichen Charakters enthält, die letzteren unbeschadet der Selbständigkeit der ersteren an die Zustimmung des Gemeindevorstandes gebunden.[24]) Ist in einem solchen Falle von der Polizeibehörde für die ganze Verordnung die Zustimmung des Gemeindevorstandes nachgesucht und entweder ertheilt oder verweigert und demnächst ergänzt worden, so ist damit natürlich auch dem Erforderniß der Berathung über die einzelnen Vorschriften sicherheitspolizeilichen Charakters genügt.[25])

§ 46. Octroyirte Polizeiverordnungen.

In gewissem Umfange gestattet das Gesetz der Polizeibehörde, in Fällen, welche keinen Aufschub zulassen, eine Verordnung auch ohne die erforderliche Zustimmung der selbstverwaltenden Körperschaft zu erlassen.[1]) Die fraglichen Gesetzesbestimmungen enthalten

---

22) Vgl. z. B. v. Rönne, preuß. Staatsrecht, 4. Aufl. Bd. 4 S. 279 und die Rede des Min. Gr. zu Eulenburg (S. 2146), auch den Befehl v. 1812 (oben Note 9) und den Note 16 citirten Magistratsbericht S. 317 Sp. 2.

23) Uebereinstimmend v. Brauchitsch Note 279 a. E., Gerland S. 72, Grotefend S. 250 Note 5. Die abweichende Fassung des oben Note 17 a. E. citirten Ministerialrescripts ist wohl nicht principiell zu nehmen.

24) Rede des Ministers Gr. Eulenburg S. 2409.

25) Erk. O.V.G. v. 7. Juni 1887, Binseel Bd. 8 S. 319 Sp. 2.

1) Aehnliches findet sich zuerst in § 79 der Prov.-O. v. 1875, nach welchem der Regierungspräsident für seine in dringenden Fällen mit Zustimmung des Bezirksraths erlassenen Verordnungen noch der nachträglichen Zustimmung des Provinzialraths bedarf. „Wird die Zustimmung nicht innerhalb 6 Monaten nach dem Tage der Publication der Polizeiverordnung ertheilt, so hat der Oberpräsident dieselbe außer Kraft zu setzen." Der Antrag der Commission des Abg.-H. (Nr. 170 der Drucks. pro 1875 S. 24. 73) auf folgende Fassung: „so tritt dieselbe von selbst außer Kraft" ist bei der definitiven Feststellung nicht zur Geltung gekommen. Demnächst

Ausnahmen von dem sonst geltenden Princip und sind daher einer analogen Anwendung unzugänglich. Es besteht aber diese Vergünstigung nach dem Gesetze nur für den Oberpräsidenten und den Regierungspräsidenten, [2]) sowie für die Ortspolizeibehörde in Städten, soweit für sie sonst die Zustimmung des Gemeindevorstandes erforderlich ist. [3]) Diese Behörden dürfen „in Fällen, welche keinen Aufschub zulassen, die Polizeivorschrift vor Einholung der sonst nöthigen Zustimmung erlassen." Wird jedoch diese Zustimmung nicht nachträglich binnen bestimmter Frist ertheilt, so hat die Behörde, welche die Verordnung erlassen hat, dieselbe „außer Kraft zu setzen."

Die hier maßgebenden Bestimmungen finden ihre Parallele für Preußen in den sogen. „octroyirten Verordnungen" des Art. 63 der Verfassungs-Urkunde, nach welchem der König in dem Falle, wenn die Aufrechterhaltung der öffentlichen Sicherheit [4]) oder die Beseitigung eines ungewöhnlichen Nothstandes es dringend erfordert, insofern die Kammern nicht versammelt sind, berechtigt ist, Verordnungen, die der Verfassung nicht zuwiderlaufen, mit Gesetzeskraft zu erlassen. Dieselben sind aber den Kammern bei ihrem Zusammentritt zur Genehmigung sofort vorzulegen. Die Schwierigkeiten, welche diese Bestimmung der preußischen Staatsrechtstheorie [5]) namentlich durch den Mangel einer Feststellung der juristischen Folgen bei nachträglicher Versagung der erforderlichen Genehmigung bereitet hat, sind für das Polizeiverordnungsrecht durch die ausdrückliche Vorschrift, welche in solchem Falle die Außerkraftsetzung

---

steht bereits § 115 Komp.-G. v. 1876 hinsichtlich der vom Oberpräsidenten in dringenden Fällen ohne Zustimmung des Provinzialraths zu erlassenden Verordnungen der Strom-, Schifffahrts- und Hafenpolizei genau auf dem Standpunkte des neuesten Rechts.

[2]) § 139 L.V.G. Die Bestimmung gilt auch für Verordnungen der Strom-, Schifffahrts- und Hafenpolizei.

[3]) § 143 Abs. 2 L.V.G. Die Bestimmung findet keine Anwendung bei landwirthschaftlichen Polizeiverordnungen, für die es der Zustimmung der Gemeindevertretung bedarf, und für Verordnungen sicherheitspolizeilicher Natur, für die es nur der Berathung mit dem Gemeindevorstande bedarf.

[4]) Vgl. oben § 45 Note 19.

[5]) Vgl. namentlich v. Rönne 4. Aufl. Bd. 1 S. 376, v. Schulze Bd. 2 S. 37, Bornhak Bd. 1 S. 516, v. Stengel S. 174, Arndt, Kommentar zu Art. 63. Für Elsaß-Lothringen Laband, Reichsstaatsrecht, 2. Aufl. Bd. 1 S. 771 und überhaupt G. Meyer, Staatsrecht, 4. Aufl. S. 502. Auch Dernburg, preuß. Privatrecht, 5. Aufl. Bd. 1 S. 31.

der Verordnung durch die Behörde selbst befiehlt, zum Theil beseitigt worden. Hiernach ergiebt sich im Einzelnen:

1. Die Beurtheilung darüber, ob ein Fall vorliegt, welcher keinen Aufschub zuläßt, ist lediglich dem freien Ermessen der Behörde überlassen. Die objective Lage der Thatsachen kommt für die Rechtsgiltigkeit der octroyirten Polizeiverordnung als solcher nicht in Betracht.

2. Der Erlaß der Verordnung ist im juristischen Sinne nicht durch die demnächstige Ertheilung der nachträglich erforderlichen Zustimmung resolutiv bedingt. Es entspricht diese Auffassung jedenfalls dem Sinne [6]) des Gesetzes, sowie dessen Ausdruck. [7]) Die erlassene Verordnung wird daher auch nicht von selbst, ipso jure, rechtsungiltig, wenn die Zustimmung von der berechtigten Körperschaft verweigert wird. [8])

3. Dagegen ist allerdings die Behörde, welche die Verordnung erlassen hat, gesetzlich verpflichtet, die Zustimmung der Selbstverwaltungskörperschaft, des Provinzialraths, Bezirksausschusses bezw. Gemeindevorstandes nachträglich einzuholen. Wird dieselbe nicht innerhalb einer bestimmten Frist ertheilt, so hat die Behörde die fernere Verpflichtung, die Verordnung außer Kraft zu setzen. Ein Recht, die nicht ertheilte Zustimmung des Gemeindevorstandes durch den Bezirksausschuß ergänzen zu lassen, [9]) ist im Gesetz nicht gegeben; [10]) der städtischen Polizeibehörde bleibt nur übrig, nach geschehener Außerkraftsetzung der octroyirten Verordnung den Weg des ordentlichen Erlasses zu beschreiten, welcher zugleich die Möglichkeit einer Ergänzung der abermals versagten Zustimmung eröffnet. Die gesetzliche Frist beträgt für die Verordnungen des Ober- und des Regierungspräsidenten 3 Monate, für die der städtischen Polizeibehörde 4 Wochen, vom Tage der Publication,

---

[6]) Dagegen dürfte allerdings zweifelhaft sein, ob, wie Dernburg behauptet, „eine bloß bedingt wirkende Gesetzesnorm mit dem Wesen des Gesetzes als bindender Vorschrift nicht vereinbar" sei.

[7]) Abgesehen von der Nothwendigkeit der „Außerkraftsetzung" ist zu beachten, daß die berechtigten Behörden in dringenden Fällen „vor Einholung der Zustimmung" u. s. w., nicht aber „unter Vorbehalt" derselben die Verordnung erlassen dürfen.

[8]) Das ist jetzt auch die für Art. 63 der Verfassung herrschende Ansicht; vgl. jedoch v. Rönne, Laband, G. Meyer.

[9]) § 143 Abs. 1 Satz 2 L.V.G.; vgl. oben § 44 IV Nr. 4b.

[10]) Vgl. das § 44 Note 20 mit 33 citirte Schreiben des Berliner Magistrats S. 98 Sp. 2.

nicht des Inkrafttretens der Verordnung an gerechnet. Die Außerkraftsetzung hat unverzüglich nach der Versagung der Genehmigung bezw. Ablauf der Frist zu erfolgen;[11]) sie erfordert die entsprechende Art der Publication, welche bei der Inkraftsetzung Anwendung gefunden hat.

4. Bis zur Außerkraftsetzung durch die Behörde hat die Verordnung die volle Wirkung einer jeden Polizeiverordnung der bezüglichen Instanz.[12]) Sie bestimmt rechtsgültig alle der Zeit ihrer Geltung angehörigen Rechtsverhältnisse. Soweit nicht besondere Gesetze Anderes bestimmen,[13]) ist dies auch anzuerkennen, nachdem die Verordnung bereits wieder außer Kraft gesetzt ist. Eine Rückwirkung im entgegengesetzten Sinne kommt mangels einer dies bestimmenden gesetzlichen Vorschrift der Außerkraftsetzung nicht zu.[14])

5. Die Außerkraftsetzung selbst enthält zunächst die Erklärung, daß die betreffende Verordnung nicht mehr Recht sein solle. Insofern steht sie der „Aufhebung" einer Verordnung gleich. Aber sie enthält, nachdem die betreffende Körperschaft ihre Zustimmung nicht ertheilt hat, zugleich die Erklärung, daß materiell die Verordnung überhaupt nicht Recht hätte werden sollen. Aus dieser Idee einer Reprobirung der Inkraftsetzung einer octroyirten Verordnung durch ihre Außerkraftsetzung folgt im Sinne des Gesetzes,[15]) daß mit der letzteren die Verordnung nicht bloß selbst aufhört, Recht zu sein, sondern daß alle diejenigen Vorschriften von demselben Augenblicke wieder anfangen, Recht zu sein, welche durch die Inkraftsetzung jener es zu sein aufgehört haben. Der Wiedereintritt des früheren Rechtszustandes ist demnach für die „Außer-

---

[11]) Eine Verpflichtung, die Außerkraftsetzung auf den Moment der versagten Genehmigung bezw. des Fristenablaufs zurückzuverlegen, besteht für die Behörde nicht.

[12]) Daher bedarf es rechtlich keiner Bekanntmachung der nachträglich erfolgten Zustimmung, mag dieselbe auch praktisch empfehlenswerth sein. Dernburg S. 32, Laband S. 772.

[13]) Vgl. § 2 Abs. 2 R.Str.G.B.: „Bei Verschiedenheit der Gesetze von der Zeit der begangenen Handlung bis zu deren Aburtheilung ist das mildeste Gesetz anzuwenden"; Oppenhoff, Kommentar Note 6 dazu.

[14]) Selbst wenn man den octroyirten Verordnungen des Staatsrechts eine resolutiv bedingte Wirksamkeit vindicirt, so ist damit noch nicht ihr Außerkrafttreten ex tunc begrifflich gegeben. Laband S. 772.

[15]) Anderenfalls würde man thatsächlich den Erlaß einer, bestehende Rechtsvorschriften bloß aufhebenden Verordnung von der Zustimmung der Selbstverwaltungskörperschaften emancipiren. Vgl. dagegen unten § 49 und dazu v. Rönne, Staatsrecht, Bd. 1 § 91 a. E.

kraftsetzung" gegenüber der bloßen „Aufhebung" charakteristisch.[16]) Aber auch er wirkt nur von dem Momente der Außerkraftsetzung an für die der Folgezeit angehörigen Rechtsverhältnisse; eine rückwirkende Kraft ist auch ihm gegenüber nicht anerkannt.[17])

2. Abschnitt: Die Publication.

§ 47. Formen und Arten.

Die Willensbestimmung, daß gewisse polizeiliche Vorschriften Recht sein sollen, bedarf, wie jede andere rechtliche Willensbestimmung, um nach Außen wirksam zu sein, der Erklärung, Publication. [1]) Erst mit dieser vollendet sich die Inkraftsetzung der Verordnung; alle vorhergehenden Acte sind bis dahin nur innere Vorgänge, welche nach Außen erst mit der und durch die Publication Wirksamkeit erlangen. [2]) Es ergiebt sich daraus die Folgerung, daß die Rechtsgiltigkeit einer Polizeiverordnung auch in Bezug auf die Sanction einzig und allein nach den zur Zeit der Publication geltenden gesetzlichen Vorschriften zu beurtheilen ist. [3])

---

16) Das ist auch für Art. 63 Verf. die übereinstimmende Meinung. Die Aufhebung der bestehenden Rechtsvorschriften durch die octroyirte Verordnung war nur eine resolutiv bedingte; bedingt aber nicht durch die Zustimmung der vertretenden Körperschaft zur octroyirten Verordnung, sondern durch den Nichteintritt der Außerkraftsetzung der octroyirten Verordnung durch die Behörde. Die eingetretene Bedingung wirkt aber auch hier nur ex nunc.

17) Bei dieser Rechtslage werden die Behörden im Erlaß octroyirter Verordnungen die höchste Vorsicht anzuwenden haben, damit der Wechsel des Rechtszustandes möglichst vermieden werde.

1) Eine sog. Promulgation im Sinne Laband's, die Ausfertigung einer Gesetzesurkunde, deren Bedeutnng nach Außen darin bestehen soll, daß sie das verfassungsmäßige Zustandekommen des Gesetzes in formell unzweifelhafter Weise constatirt, schreibt das Gesetz für den Erlaß von Polizeiverordnungen nicht vor. Die Vollziehung einer die Verordnung enthaltenden Urkunde ist daher ein nach Außen irrelevanter Act.

2) Besonders hervorgehoben von v. Schulze, preuß. Staatsrecht Bd. 2 S. 22, deutsches Staatsrecht Bd. 1 S. 526.

3) Mit Recht ist daher im Erk. K.G. v. 24. Nov. 1890, Johow Bd. 11 S. 185 eine Polizeiverordnung der Regierung zu Minden v. 24. Juni 1887 für ungiltig erachtet worden, welche erst am 23. Juli 1887 im Amtsblatt publicirt worden war, nachdem inzwischen am 1. Juli 1887 in der Provinz Westfalen das L.V.G. in Kraft getreten war (vgl. oben § 11 Note 3), welches in § 137 Abs. 3 die Befugniß der Regierungen zum Erlaß von Polizeiverordnungen aufhebt. Nur wird in der Begründung des gedachten Erk. auf die Nichtbeobachtung der Formvorschriften des § 140 L.V.G. zu sehr das entscheidende Gewicht gelegt. — Der im

Das Gesetz schreibt aber für die Publication der staatlichen Willenserklärungen, welche Recht setzen sollen, sowohl der Gesetze im engeren Sinne, als der polizeilichen Verordnungen bestimmte Formen und Arten vor, so daß nur eine diesen entsprechende Erklärung als Publication des gesetzgeberischen Willens angesehen werden darf. Die Publication ist also nicht eine einfache Bekanntmachung, sondern die bestimmte Form und Art des gesetzgeberischen Ausspruchs, daß gewisse Vorschriften Recht sein sollen.

Das Gesetz v. 11. März 1850 hatte die Feststellung der für die Publication der Polizeiverordnungen erforderlichen Formen und Arten nicht selbst übernommen, vielmehr dieselbe in § 5 Abs. 3 hinsichtlich der ortspolizeilichen Verordnungen der Bezirksregierung, [4]) hinsichtlich der Verordnungen der Bezirksregierung aber in § 11 Abs. 2 dem Minister des Innern übertragen. Dieselben Vorschriften enthält die V.O. v. 20. Sept. 1867. Der Minister des Innern hat sich seiner Aufgabe durch die Circular-Verfügung v. 6. Juni 1850 (V.M.Bl. S. 176) und für die neuen Provinzen durch die v. 16. November 1867 (V.M.Bl. S. 364) entledigt. [5]) In Anknüpfung an deren Inhalt hatte dann die Provinzial-Ordnung v. 29. Juni 1875 im § 77 für die Verordnungen des Ober- und des Regierungs-Präsidenten unmittelbar vorgeschrieben, daß dieselben unter der Bezeichnung „Polizeiverordnung" und unter Bezugnahme auf die betreffenden Bestimmungen der Provinzial-O. selbst und des G. v. 11. März 1850 zu erlassen und durch die Amtsblätter derjenigen Bezirke bekannt zu machen seien, in welchen dieselben Geltung erhalten sollen. Diese Vorschrift wurde in § 86 auf die Polizeiverordnungen der Minister selbst übertragen. Das Recht, über die Art der Verkündigung orts-, amts- und kreispoli-

---

Text hervorgehobene Gedanke bildet auch im Staatsrecht den rechtfertigenden Grund dafür, daß von der Volksvertretung genehmigte Gesetze publicirt werden müssen, bevor eine neue Legislaturperiode eingetreten, d. h. die Volksvertretung eine andere geworden ist. (Von einer neuen Sessionsperiode gilt das Gleiche nicht.) v. Stengel S. 170, G. Meyer, Staatsrecht § 158 Note 16.

[4]) Entsprechend der früheren Kab.-Ordre v. 8. Febr. 1840; vgl. oben § 8 Note 20.

[5]) Dieselben stimmen im Text sachlich überein. Ihre formale Geltung ist aber jetzt beseitigt, nachdem das L.V.G. das Verordnungsrecht der Regierungen aufgehoben und für das des Regierungspräsidenten die Regelung der Publication selbst übernommen hat. Vgl. Erk. K.G. v. 18. Juni 1891, Johow Bd. 11 S. 190.

zeilicher [6]) Verordnungen, sowie über deren Formen Bestimmungen zu erlassen, wurde dagegen lediglich von der Bezirksregierung auf den Oberpräsidenten übertragen [7]) (§ 82 Abs. 2). In § 80 Abs. 2 Org.G. ist dasselbe, den Grundanschauungen dieses Gesetzes entsprechend, [8]) wieder auf den Regierungspräsidenten übergegangen, während die Publication der Verordnungen des Regierungs- und des Oberpräsidenten, sowie der Minister im Sinne der Provinzial-O. geregelt ist (§ 76). Das L.V.G. § 144 Abs. 2 bezw. § 140 steht auf dem gleichen Standpunkte. Hiernach und nach den Bestimmungen der das Verordnungsrecht der besonderen Polizeibehörden regelnden Gesetze ergeben sich folgende Rechtsgrundsätze:

I. Mangels entgegenstehender Bestimmungen des positiven Rechts [9]) geht die Publication eines gesetzgeberischen Willensactes, und damit auch der Polizeiverordnungen, von demjenigen staatlichen Factor aus, welchem die darin ausgesprochene Willensbestimmung angehört. Die zum Erlaß der Polizeiverordnung berechtigte Behörde ist es daher, welche dieselbe unter ihrem Namen und ihrer Unterschrift[10]) in dem dazu bestimmten Organe publicirt. Daß dieses Organ nicht in allen Fällen von der betreffenden Behörde selbst herausgegeben wird, ändert an der rechtlichen Beurtheilung des Publicationsfactors nichts. Nur die thatsächlichen Vorrichtungen, welche in der Besorgung des Abdrucks der Verordnung im Publicationsorgane und in der Redaction und Versendung desselben beschlossen liegen, stehen hier einer anderen Person oder Behörde, als derjenigen zu, welche die Verordnung erläßt. Für die erstere wird dadurch eine, sei es contractliche, sei es amtliche Verantwortlichkeit für die Ordnungsmäßigkeit ihrer Verrichtungen begründet; einen Antheil am Gesetzgebungsacte, wie ihn die Publication im Rechtssinne darstellt, erlangt sie dadurch nicht; nur die verordnende Behörde ist es, welche die von ihr ausgehende Verordnung auch

---

6) Auf das neugeschaffene landräthliche Polizeiverordnungsrecht hatte § 78 der Kreis-O. v. 1872 den § 5 Abs. 3 des G. v. 11. März 1850 übertragen.

7) Entsprechend der geplanten Aufhebung der Bezirksinstanz und der beabsichtigten Verstärkung des oberpräsidiellen Verordnungsrechts.

8) Vgl. oben § 34 Note 8.

9) . . . wie solche z. B. für das deutsche Reich wirksam sind, wo die Sanction der Gesetze dem Bundesrath, die Publication dem Kaiser zusteht.

10) Namen und Unterschrift der Behörde, nicht nothwendig der Person des Beamten, welcher sie vertritt. Erk. K.G. v. 18. Juni 1891, Johow Bd. 11 S. 189.

im Rechtssinne publicirt.[11]) Kann dies in dem Falle kaum zweifelhaft sein, wenn das Blatt, in welchem die Publication der Verordnung erfolgt, wie dies bei ortspolizeilichen Vorschriften vorkommen kann, von einer Privatperson herausgegeben wird, so steht es doch damit nicht anders hinsichtlich derjenigen Verordnungen, welche, wenngleich von anderen Behörden erlassen, nach gesetzlicher Vorschrift in dem vom Regierungspräsidenten geleiteten Amtsblatte[12]) der betreffenden Regierungsbezirke bekannt zu machen sind. Auch hier ist der Oberpräsident, das Oberbergamt, der Marinestationschef u. s. w., welche die Verordnung erlassen, nicht aber der Regierungspräsident als Leiter des Amtsblattes, die dieselbe im Rechtssinne auch publicirende Behörde.[13])

II. Vorschriften über Form und Art der Publication sind zum Theil in den Gesetzen unmittelbar getroffen; so jetzt im L.V.G. § 140 hinsichtlich der Verordnungen der Minister, des Ober- und des Regierungspräsidenten. Zum Theil aber berufen dieselben gewisse Behörden, damit diese hinsichtlich der Polizeiverordnungen der ihnen untergeordneten Instanzen „über die Art der Verkündigung, sowie über die Form, von deren Beobachtung die Giltigkeit

[11]) Dasselbe gilt auch für die Publication durch Aushang, wenn die denselben besorgende Behörde (z. B. Gemeindebehörde beim Aushang am Gemeindehause) eine andere ist, als diejenige, welche die Verordnung erläßt (z. B. kgl. Polizeibehörde).

[12]) § 2 Nr. 1 der Reg.-Instr. v. 23. Oct. 1817 mit § 18 L.V.G. Für Berlin steht die Leitung des Amtsblattes, welches bis auf Weiteres mit dem für den Regierungsbezirk Potsdam verbunden bleibt, dem Oberpräsidenten zu: § 42 mit 41 Abs. 1 L.V.G., V.O. v. 26. Jan. 1881. Das Nähere über das Institut des Amtsblattes bei v. Rönne Bd. 1 S. 109 f.

[13]) Die obigen Ausführungen richten sich insbesondere gegen die Consequenzen, welche aus Laband's Darstellung des Publicationsvorganges bei Reichsgesetzen (Reichsstaatsrecht 2. Aufl. Bd. 1 S. 560. 562 ff.) auch für das Polizeiverordnungsrecht gezogen werden könnten. Nach Laband verkündet der Kaiser (entgegen dem Art. 17 der Reichs-Verf.) nicht die Reichsgesetze, sondern er befiehlt nur deren Verkündigung dem Reichskanzler, der für die entsprechende Ausführung dieses Befehls auch nach Außen allein verantwortlich und Garant ist. Ich kann im Sinne des Textes auch diese Ausführung nicht für zutreffend erachten. Factor der Gesetzespublication im Reiche ist allein der Kaiser; der Reichskanzler hat am Gesetzgebungswerke juristisch keinen Antheil. Die zur Verkündigung des Gesetzes nothwendigen äußeren Handlungen besorgt er (und auch er wieder durch seine Untergebenen) im Auftrage des Kaisers unter seiner amtlichen Verantwortlichkeit dem Kaiser gegenüber; ein besonderer Inhalt, wodurch sie sich von seinen übrigen Amtshandlungen unterschiede, ist auch hier seiner Thätigkeit nicht zuzuschreiben.

derselben abhängt", Bestimmungen treffen. Den bereits oben gedachten gesetzgeberischen Vorgängen dieser Art hat sich jetzt auch der § 144 Abs. 2 L.V.G. hinsichtlich der orts- und kreispolizeilichen Vorschriften angeschlossen, deren formale Regelung dem Regierungspräsidenten [13a]) übertragen ist. Es liegt auch hierin eine Delegation der gesetzgebenden Gewalt; die Bestimmungen, welche auf Grund derselben getroffen werden, sind nicht blos Instructionen, deren Wirksamkeit im Innern des Behördenorganismus beschlossen bleibt, sondern, indem sie die Bedingungen für die Ausübung einer Rechtssetzungsbefugniß fixiren, selbst Rechtssätze, Gesetze im materiellen Sinne, welche den Rechtskreis des Staates und der Unterthanen in verbindlicher, wenn auch nur mittelbarer Weise abgrenzen. Eine wichtige, durch die Praxis bestätigte[14]) Consequenz dieser Auffassung ist es, daß auf die unterlassene oder nicht richtige Anwendung jener Bestimmungen durch den Richter Revision nach Maßgabe der Proceßgesetze[15]) gestützt werden kann.

Die gedachten Ermächtigungen aber begründen zunächst ein Recht[16]) zum Erlaß der von ihnen ins Auge gefaßten Bestimmungen für die dazu berufene Behörde, eine Pflicht dagegen nur in dem allgemeinen Sinne, wie überhaupt die Behörden die ihnen zuertheilten staatlichen Befugnisse zur bestmöglichen Erfüllung ihrer Aufgaben zu verwenden haben.[17]) In diesem Sinne formuliren auch diejenigen Gesetze, welche jene Ermächtigung in den Ausdruck des Befehls kleiden, denselben doch nur dahin, daß die betreffende Behörde die „erforderlichen" Bestimmungen über den fraglichen Gegenstand „zu erlassen habe,"[18]) indem sie damit deren pflicht-

---

[13a]) An dessen Stelle für Berlin auch hier der Polizeipräsident tritt; vgl. Erk. K.G. v. 5. Jan. 1888, Johow Bd. 8 S. 190, und analog hinsichtlich der Kab.O. v. 8. Febr. 1840, wie oben Note 4 citirt.

[14]) Erk. R.Ger. V. Civil-Senat v. 1. Juni 1882 bei Binseel Bd. 4 S. 36; vgl. oben § 5 Note 1. Dazu auch Erk. O.Trib. v. 23. Oct. 1862, Oppenhoff, Rechtspr. Bd. 3 S. 85.

[15]) § 512 C.P.O. § 376 Abs. 2 Str.Pr.O.

[16]) Dementsprechend ertheilt die Kab.O. v. 1840 (oben Note 4) den Regierungen „die Befugniß, die Art der Publication zu bestimmen" und dem Polizeipräsidium von Berlin „die gleiche Befugniß". Ebenso ist in § 78 der Kreis-O. v. 1872 (oben Note 6) „das durch § 5 des G. v. 11. März 1850 der Bezirksregierung beigelegte Recht u. s. w." auch auf die kreispolizeilichen Vorschriften ausgedehnt.

[17]) Vgl. oben § 13 Note 6.

[18]) § 5 Abs. 3, § 11 Abs. 2 G. v. 11. März 1850 bezw. der V.O. v. 20. Sept. 1867. Wenn die neuen Verwaltungsgesetze (§ 82 Abs. 2 der Prov.O. v. 1875, § 80 Abs. 2

gemäßes, aber freies Ermessen entscheiden lassen wollen.[19]) Mit dieser Auffassung aber ist der Gedanke unvereinbar, daß nach dem Willen des Gesetzgebers die Ausübung des Polizeiverordnungsrechts selbst durch den Erlaß der vorgedachten Bestimmungen über Art und Form der Publication bedingt sein und bis zur Emanation derselben ruhen solle. Vielmehr ist mit Sicherheit anzunehmen, daß bis dahin neben den aus dem Gesetze selbst abzuleitenden Erfordernissen einer giltigen Publication diejenigen Bestimmungen Geltung behalten, welche auf Grund eines früheren Gesetzes Form und Art der Publication in rechtsgiltiger Weise geregelt haben. Es bleiben daher auch unter der Herrschaft des Org.G. und L.V.G. bis zu ihrer Abänderung durch den Regierungspräsidenten für örtliche Polizeiverordnungen diejenigen Normen maßgebend, welche auf Grund der Provinzial=O. v. 1875 der Oberpräsident oder auf Grund des G. v. 1850 und der V.O. v. 1867 die Bezirksregierung erlassen hat.[20])

III. Die Publication der Verordnung ist es, welche ihrem Begriffe nach erst die Wirksamkeit derselben nach Außen gegenüber

Org.G., § 144 L.V.G.) lediglich dahin formuliren: „Ingleichen hat — zu bestimmen", so erklärt sich dies durch die Anknüpfung an den unmittelbar vorher genannten „§ 5 der angezogenen Gesetze".

19) Min.Rescr. v. 6. Mai 1850 (V.M.Bl. S. 133): „Die kgl. Regierung hat das Erforderliche nach ihrem Ermessen festzusetzen. Soweit die auf Grund der Kab.O. v. 8. Febr. 1840 erlassenen Bestimmungen für dem Zwecke entsprechend erachtet werden, kann es dabei sein Bewenden behalten."

20) Die Sätze des Textes sind durch die Judicatur in durchaus zutreffender Weise festgestellt worden. In Betracht kamen dabei zunächst die Verhältnisse in Berlin, wo zwar mehrfach (schon auf Grund der Kab.O. v. 1840; vgl. oben § 8 Note 20) Bestimmungen über die Art der Publication ortspolizeilicher Verordnungen, dagegen „Formvorschriften, von deren Beobachtung die Giltigkeit der Localpolizeiverordnungen für den Stadtkreis Berlin abhängen soll, überhaupt nicht getroffen" waren. Vgl. nach dieser Richtung grundlegend Erk. O.V.G. v. 7. Juni 1887 bei Binseel Bd. 8 S. 318 Sp. 2 mit S. 319 Sp. 1 und ihm sich anschließend Erk. K.G. v. 5. Jan. 1888 (Johow Bd. 8 S. 188). Auf das Verhältniß von Regierung und Regierungspräsident nach § 5 Abs. 3 des G. v. 11. März 1850 bezw. § 144 Abs. 2 L.V.G. bezieht sich zutreffend das Erk. K.G. v. 23. Jan. 1890 bei Johow Bd. 10 S. 158. In Beziehung auf das Verhältniß des Oberpräsidenten und des Regierungspräsidenten nach § 82 Abs. 2 der Prov.O. v. 1875 bezw. § 80 Abs. 2 Org.G. v. 1880 läßt die Frage unentschieden das Erk. O.V.G. v. 20. Oct. 1888 bei Binseel Bd. 10 S. 184 Sp. 1, wogegen ein in dieser Entscheidung S. 183 Sp. 2 erwähntes früheres Erk. K.G. v. 5. März 1887 den entgegengesetzten Standpunkt (Ruhen des Verordnungsrechts bis zum Erlaß von Bestimmungen nach § 80 Abs. 2 Org.G.) eingenommen haben soll. Vgl. auch noch Min.Verf. v. 10. Juni 1850 (V.M.Bl. S. 176).

den durch sie zu verpflichtenden Unterthanen herbeiführt.[21]) Ist die Sanction auch als Willensbestimmung das eigentlich Wirkende, so wird sie doch nach Außen hin einzig und allein durch die Publication vermittelt. Daraus ergiebt sich aber mit Nothwendigkeit, daß die Publication auch von allen denjenigen Umständen und Vorgängen nach Außen hin Kenntniß geben muß, von denen die Rechtsgiltigkeit der Willensbestimmung, Sanction, bedingt ist, welche aber ohne dies als lediglich innere Momente ohne äußere Wirksamkeit für die Verordnung bleiben würden.[22]) Dies bedeutet also, daß die Publication der Verordnung, außer der Verkündigung ihrer Rechtssätze und des darin liegenden Gesetzesbefehls, noch gewisse, ihre Rechtsgiltigkeit bedingende Thatbestände ausdrücklich hervorzuheben gehalten ist. Diese nothwendigen Hervorhebungen jener Thatbestände bilden ganz besonders die „Formen" für die Publication der Verordnung, von deren Erfüllung die Rechtsgiltigkeit derselben und damit die der Verordnung selbst abhängig ist.

1. Das Gesetz hat, indem es, wie bemerkt, für die orts-, amts- und kreispolizeilichen Verordnungen diese Aufgabe dem Regierungspräsidenten überließ, für die Verordnungen der Minister, des Oberpräsidenten und des Regierungspräsidenten einige Publicationsformen besonders hervorgehoben (§ 140 L.V.G.). Die eine bezieht sich auf die Bezeichnung, indem bestimmt ist, daß die polizeilichen Vorschriften der gedachten Behörden stets unter der aus-

---

21) Vgl. oben Note 2. In diesem Sinne heißt es in Art. 2 der Reichs-Verf.: „Die Reichsgesetze erhalten ihre verbindliche Kraft durch ihre Verkündigung von Reichswegen, welche vermittelst eines Reichsgesetzblattes geschieht." Des Umweges, den Laband S. 564 f. zu seiner Erklärung einschlägt, bedarf es nicht.

22) Eine Aeußerung des obigen Satzes, welcher als allgemein staatsrechtlicher regelmäßig nicht hervorgehoben wird, sehe ich auch bei der formellen Gesetzgebung z. B. in der nothwendigen Erwähnung der erfolgten Zustimmung der Volksvertretung, welche einige Verfassungen auch ausdrücklich vorschreiben (Schulze, Deutsches Staatsrecht S. 526). Für das Polizeiverordnungsrecht verhält sich principiell das Erk. K.G. v. 12. Juli 1888, Johow Bd. 8 S. 140: „In formeller Beziehung erscheint es zunächst erforderlich, daß die vom Gesetz ausdrücklich verlangten wesentlichen Voraussetzungen für die Gültigkeit einer Polizeiverordnung . . . . als im concreten Falle vorhanden, ausdrücklich in der Polizeiverordnung erwähnt und auf diese Weise zur Kenntniß des Publikums gebracht werden, welchem es andernfalls unmöglich sein würde, zu beurtheilen, ob die wesentlichen Erfordernisse vorhanden sind und demgemäß die betreffende Verordnung formell gültig ist." Derselbe Standpunkt kommt zum Ausdruck in einer Bemerkung des Erk. O.V.G. v. 7. Juni 1887 bei Binseel Bd. 8 S. 319 Sp. 1 Abs. 3 a. E.

drücklichen Benennung „Polizeiverordnung" zu publiciren sind. Diese Bestimmung beruht auf der Idee, daß die Innehaltung des polizeilichen Gebietes, auf welchem den Behörden allein eine exceptionelle Gesetzgebungsgewalt verliehen ist, auch äußerlich erkennbar gemacht werden solle.[23]) An und für sich ergiebt sich, ob jene Grenze beobachtet ist, schon aus dem Inhalte der Verordnung selbst, so daß es einer noch dazu tretenden ausdrücklichen Hervorhebung in bestimmter Form nach dem Wesen der Sache und des dargelegten Zwecks der Publicationsformen eigentlich nicht bedürfen würde. Indem der Gesetzgeber eine solche äußere Hervorhebung in bestimmter Form verlangt hat, hat er damit eine rein positivrechtliche Vorschrift gegeben, welche analog z. B. auf die Verordnungen der Bergpolizeibehörden nicht zu übertragen ist.[24]) Andererseits aber hat er selbstverständlich, wie schon hier hervorgehoben werden mag, eine die innere Unrichtigkeit jener Bezeichnung ergebende Schlußfolgerung aus dem Inhalte der Verordnung selbst nicht ausgeschlossen.[25])

2. Die zweite, besonders festgestellte Formvorschrift gebietet die ausdrückliche Bezugnahme auf die §§ 136 bezw. 137 oder 138 L.V.G., sowie in den Fällen des § 137[26]) auf die in demselben angezogenen Bestimmungen des G. v. 11. März 1850 (§§ 6, 12 und 15), der V.O. v. 20. September 1867 (§§ 6, 12 und 13) und des lauenburgischen Gesetzes v. 7. Jan. 1870 (§§ 6, 12 und 13), d. h. im Ganzen auf diejenigen gesetzlichen Normen, welche die Delegation des polizeilichen Verordnnngsrechts für den betreffenden Fall enthalten. Auch diese Bestimmung geht über den Rahmen des oben (bei III) einleitend an die Spitze gestellten Satzes hinaus.[27]) Aller-

[23]) Vgl. die Ausführungen des Erk. O.Trib. v. 14. Nov. 1872 (Oppenhoff, Rechtspr. Bd. 13 S. 593), sowie des O.V.G. v. 24. Oct. 1894 im Verwaltungsblatt Bd. 16 S. 236 Sp. 1 oben.

[24]) Ebensowenig an sich auf die orts-, amts- und kreispolizeilichen Verordnungen, was natürlich nicht ausschließt, daß die Regierungspräsidenten in zweckentsprechender Weise, wie es in der That geschieht, auch für diese analoge Formvorschriften aufstellen.

[25]) Die Tendenz der Vorschrift richtet sich vielmehr in erster Reihe an die erlassende Behörde, welche durch dieselbe zu einer Prüfung ihrer Verordnung in Hinsicht ihres Gegenstandes inducirt wird.

[26]) Im Gegensatz zu ihm enthalten die §§ 136. 138 L.V.G. neue selbständige Delegationen, nicht bloß Uebertragungen bestehender. Vgl. insbesondere oben § 32.

[27]) Die ratio legis ist hier dieselbe, wie bei Nr. 1 des Textes. Die erlassende Behörde soll besonders darauf hingewiesen werden, den Inhalt ihrer Verordnung nach Maßgabe der in Bezug zu nehmenden Gesetzesbestimmungen zu prüfen, und,

dings muß, da die Verordnungsgewalt nur eine ausnahmsweise, von der gesetzgebenden Gewalt abgeleitete Function der Polizeibehörden ist, sie in jedem Falle ihrer Ausübung durch eine bestimmte, ihren Rechtsgrund enthaltende, Gesetzesnorm, die Delegation, gerechtfertigt sein. Allein auch die delegirende Gesetzesnorm selbst ist publicirt, uud es ist damit in Verbindung mit der gleichfalls publicirten Verordnung nach Außen hin die vollständige Möglichkeit einer vergleichenden Schlußfolgerung darüber gegeben, ob und inwieweit die erlassene Verordnung einer gesetzlichen Delegation als ihrem Rechtsgrunde entspricht.[28]) Auch hier hat also das Gesetz, genau, wie im vorigen Falle, als Ergänzung jener Schlußfolgerung die äußere Hervorhebung des aus ihr sich ergebenden Resultats in der Publication der Verordnung selbst vorgeschrieben.

3. Hiernach ergiebt sich, daß das Gesetz nur soweit ausdrückliche Formvorschriften gegeben hat, als dieselben sich nicht schon von selbst als Consequenzen des Verhältnisses der Publication zur Sanction und deren Voraussetzungen, welche deren Rechtsgiltigkeit bedingen, ergeben. Dadurch sind diese Consequenzen selbst naturgemäß nicht ausgeschlossen, welche in dem an die Spitze dieser Erörterungen (III) gestellten Satze enthalten sind und die demnach auch für die Publication orts- und kreispolizeilicher Verordnungen zu gelten haben. Als eine solche stellt sich insbesondere die in der Publication nothwendige Hervorhebung der erfolgten Zustimmung

---

daß dies geschehen, auch äußerlich erkennbar machen. So auch hinsichtlich der vorgeschriebenen Bezugnahme auf § 15 des G. v. 11. März 1850 bezw. § 13 der V.O. v. 1867 (Verbot des Widerspruchs mit Gesetzen) Erk. K.G. v. 7. Dec. 1891, Johow Bd. 12 S. 173.

[28]) Vgl. dazu Laband, Reichsstaatsrecht Bd. 1 S. 600 Note 3. Hiernach ist es ein Mißverständniß von Arndt, Reichsverordnungsrecht S. 210 Note 4 und Verfassungs-Urkunde 3. Aufl. S. 174, wenn er annimmt, ich hätte die Anziehung der delegirenden Gesetzesstelle als begriffliche und unbedingte Nothwendigkeit bei Rechtsverordnungen erklärt. Im Gegentheil nehme ich sogar, nach Maßgabe des Textes, an, daß für Polizeiverordnungen, welche sich auf eine Specialdelegation (z. B. die Kab.O. betr. die Sonntagsruhe v. 7. Febr. 1837; vgl. oben § 16 Note 12) gründen, die Anziehung des betreffenden Gesetzes zwar praktisch und angemessen, aber für die Rechtsgültigkeit der Verordnung nicht wesentlich ist. Daß andererseits in einem solchen Falle die Bezugnahme auf das allgemeine G. v. 1850 bezw. die V.O. v. 1867 cessiren kann, wird schon durch die Analogie von § 140 L.V.G. (vgl. oben Note 26) bewiesen. Uebereinstimmend jedenfalls Erk. K.G. v. 5. Juli 1883, Johow Bd. 4 S. 258 f., verglichen indessen mit Erk. v. 11. Juni 1891, Johow Bd. 11 S. 319.

der Selbstverwaltungskörperschaften oder der Berathung mit denselben dar.[29]) Ist eine solche in den zulässigen Ausnahmefällen nicht vorhergegangen, so bedarf es einer ausdrücklichen Hervorhebung, daß ein Fall vorliege, welcher keinen Aufschub zulasse, mindestens einer ausdrücklichen Bezugnahme auf § 139 bezw. 143 Abs. 2 L.V.G. Ebenso müßte die zur Erhöhung des ortspolizeilichen Strafmaximums bis zu 30 Mk. nach § 144 Abs. 1 L.V.G. ertheilte Genehmigung des Regierungspräsidenten bei der Publication ausdrücklich erwähnt werden.[30]) Alle diese Thatbestände würden ohne ihre Hervorhebung bei der Publication der Verordnung lediglich innere Momente ohne äußere Wirksamkeit bleiben, so daß die in der Publication enthaltene Willensbestimmung der erlassenden Behörde nach Außen hin der zu ihrer Rechtfertigung nöthigen Voraussetzungen entbehren würde.

IV. Die Art der Publication orts- oder kreispolizeilicher Verordnungen soll nach § 144 L.V.G. gleichfalls vom Regierungspräsidenten bestimmt werden.[31]) Im Uebrigen werden Polizeiver-

[29]) Vgl. übereinstimmend das oben Note 22 citirte Erk. K.G. v. 12. Juli 1888 mit Bezug auf § 69 der R.Gew.O.

[30]) Dementsprechend hat analog das Erk. O.Trib. v. 3. Dec. 1868 (Oppenhoff, Rechtspr. Bd. 9 S. 690) auch angenommen, daß die vor dem G. v. 11. März 1850 ergangenen Regierungsverordnungen die für sie erforderliche höhere, d. h. ministerielle Genehmigung erwähnen mußten. Entgegengesetzt jedoch später das Erk. v. 15. März 1877 (Oppenhoff, Rechtspr. Bd. 18 S. 214).

[31]) Ein Beispiel für eine solche Regelung von Form und Art der Publication orts- und kreispolizeilicher Verordnungen bietet die Verf. der Regierung zu Erfurt v. 3. Febr. 1874, welche im V.M.Bl. S. 109 vom Minister als Muster mitgetheilt wird. Besonders wohldurchdacht erscheint mir eine diesbezügliche Bekanntmachung, welche der Regierungspräsident zu Wiesbaden neuestens unterm 5. Febr. 1895 erlassen hat und die mir vom Verfasser, Herrn Regierungsrath Kantel, freundlichst übermittelt worden ist. Ich lasse sie im Anhang abdrucken. — Wegen besonderer Vorschriften für den Fall der Vertretung des Amtsvorstehers nach § 57 Abs. 5 der östlichen Kreis-Ordnung vgl. bereits oben § 36 Note 20. — Ist die Publication in einem „Kreisblatt" oder in einem sonstigen (auch privaten) Publicationsorgan vorgeschrieben, so muß die Verkündigung im Hauptblatte oder in einem Beiblatte erfolgen, welches als solches sowohl selbst, wie auch im Hauptblatte gekennzeichnet ist. Die einfache Beigabe eines Abdrucks genügt nicht. Erk. K.G. v. 6. April 1891, Johow Bd. 11 S. 186, und v. 19. Oct. 1891, Johow Bd. 12 S. 172. — Als besondere Publicationsarten für örtliche Polizeiverordnungen (von deren Anwendung aber nicht nothwendig die Rechtsgiltigkeit der Verordnung abhängig gemacht zu werden braucht), sind hervorzuheben: a) der Anschlag oder Aushang an bestimmtem öffentlichen Orte, z. B. dem Gemeindehause, welcher daselbst ununterbrochen einige Zeit zu belassen ist; b) bei Verordnungen, die nur eine bestimmte Localität,

ordnungen der Minister, Ober- und Regierungspräsidenten, sowie der Oberbergämter durch die Amtsblätter[32]) derjenigen Regierungs bezirke publicirt, in welchen dieselben Geltung erlangen sollen[33]) Jede andere Bekanntmachung ist keine gesetzlich ausreichende Publication der gesetzgeberischen Willensbestimmung.[34]) Die Publication consularpolizeilicher Verordnungen erfolgt nach § 4 des R.G. über die Consulargerichtsbarkeit v. 10. Juli 1879 in der für consularische Bekanntmachungen ortsüblichen Weise, jedenfalls durch Anheftung an die Gerichtstafel.

Ueber den Beginn der rechtlichen Verbindlichkeit der auf Grund seiner unmittelbaren Vorschriften publicirten Polizeiverordnungen bestimmt das L.V.G. (§ 141), daß derselbe sich in erster Reihe nach der eigenen Festsetzung der Verordnung zu richten habe;[35])

---

eine Anlage, einen Platz, eine Brücke betreffen, die Aufstellung oder Anhängung einer die Polizeiverordnung enthaltenden Tafel (vgl. auch § 3 Abs. 3 der Wege-O. für die Provinz Sachsen v. 11. Juli 1891, wo für Verordnungen, betreffend Beschränkungen der Benutzung öffentlicher Fahr- und Fußwege „thunlichst" Publication „durch Warnungstafeln" vorgeschrieben ist). Das Eigenthümliche dieser Publicationsarten besteht rechtlich darin, daß sich hier der Act der Publication nicht in einem bestimmten Momente, sondern durch seine Dauer während eines bestimmten längeren Zeitraums vollzieht. Während aber bei dem Aushang (a) die Publication für alle Zukunft beendet ist, wenn die vorgeschriebene Frist ununterbrochen innegehalten ist, ist die Publication durch Warnungstafeln (b) überhaupt nur eine momentane in dem Sinne, daß sie zu wirken aufhört, sobald die Warnungstafel irgendwie beseitigt ist.

32) Vgl. oben Note 12.

33) § 140 L.V.G., § 197 Abs. 2 des Allg. Berg-G. Ebenso sind nach § 2 Abs. 2 des R.G. v. 19. Juni 1883 die Verordnungen der Marinestationschefs „in den zu den amtlichen Publicationen der höheren Civil-Verwaltungsbehörden des betr. Hafenbezirks bestimmten Blättern öffentlich bekannt zu machen." — Ueber die Publication der Polizeiverordnungen in Bayern, Württemberg und Baden s. vergleichsweise Art. 11, 55 bezw. § 27 der bezüglichen Pol.-Str.-Gesetzbücher. Auch hier ist dem Ministerium die Feststellung der Publicationsart orts- und bezirks-, bezw. districtspolizeilicher Vorschriften übertragen. Im Uebrigen enthält das bayrische und badische Recht die ausdrückliche Bestimmung, daß Vorschriften letzterer Art „mit dem Nachweise der geschehenen Bekanntmachung in amtlich beglaubigter Fertigung den Gerichten mitzutheilen sind, welche die Uebertretungen (in 1. und 2. Instanz) abzuurtheilen haben."

34) Vgl. analog den Schluß des Ministerial-Rescripts v. 6. Juni 1850.

35) Es ist zulässig, die Verordnung mit dem Tage der Verkündigung in Kraft treten zu lassen: Erk. R.Ger. v. 21. Jan. 1887 (Entsch. Straff. Bd. 15 S. 202). Eine eigentliche Rückwirkung der Strafvorschrift wird im Sinne des delegirenden Gesetzgebers nicht bestimmt werden dürfen; eine solche liegt aber z. B. nicht vor, wenn bei baupolizeilichen Vorschriften eine entsprechende Umänderung bereits bestehender Baulichkeiten u. s. w. bei Strafe verlangt wird. Letzteres mag unter Um-

mangels einer solchen ist der Beginn der Wirksamkeit einer Polizeiverordnung auf den 8. Tag[36]) nach dem Ablauf desjenigen Tages verlegt, an welchem das betreffende Stück des Amtsblattes, welches die Verordnung verkündet, ausgegeben worden ist.[37])

V. Eine Polizeiverordnung, welche nicht in gehöriger Art verkündigt worden ist, ist nichtig.[37a]) Die Nichtigkeit ergreift die ganze Verordnung einschließlich derjenigen Bestimmungen, welche die Aufhebung des bisherigen Rechtszustandes aussprechen, so daß derselbe trotz der nichtigen Verordnung in Geltung bleibt.[38]) Das Gleiche gilt von solchen Verordnungen, bei deren Publication die Formen, von deren Beobachtung ihre Giltigkeit abhängt, nicht

ständen unzweckmäßig und nicht zu vermuthen sein, ist aber nicht unrechtmäßig. Erk. O.V.G. v. 18. März 1886, Entsch. Bd. 13 S. 392, v. 10. März 1884 bei Binseel Bd. 5 S. 352 und die dort citirten.

36) § 2 Abs. 2 R.G. v. 19. Juni 1883 (oben Note 33): „mit dem 14. Tage."

37) Vgl. dazu als Parallelstellen § 4 V.O. v. 28. März 1811 mit Decl. v. 14. Jan. 1813, sowie denselben Wortlaut in § 4 G. betr. die Bekanntmachung landesherrlicher Erlasse durch die Amtsblätter, v. 10. April 1872. — In den Bestimmungen zur Regelung von Art und Form der Publication ortspolizeilicher Verordnungen finden sich häufig analoge Festsetzungen über den Beginn der Wirksamkeit (vgl. z. B. Ziffer 4 der oben Note 31 citirten Erfurter Verfügung: „mit Ablauf des 2. Tages u. s. w.," auch Erk. O.V.G. v. 16. Juni 1886, Entsch. Bd. 14 S. 420); doch erscheint es rechtlich zweifelhaft, ob eine solche materielle Norm durch die auf „Art und Form" gestellte Delegation des § 144 Abs. 2 L.V.G. mitumfaßt wird, wie denn auch § 141 dem vorangehenden § 140 selbständig gegenübersteht. Nicht ganz unbedenklich ist auch die (z. B. in der Wiesbadener Bekanntmachung) als Formvorschrift gefaßte Bestimmung, daß die V.O. selbst den Zeitpunkt angeben muß, mit welchem sie in Kraft treten soll, einmal, weil diese Angabe mit zum Inhalt der Verordnung gehört und daher z. B. auch der Mitwirkung der Selbstverwaltungskörper unterliegt, also keine bloße Publicationsform bildet, und sodann, weil es nicht nöthig erscheint, an die Versäumung dieser Angabe die Nichtigkeit der ganzen Verordnung zu knüpfen. Am angemessensten erscheint es, eine solche Vorschrift, wie die Wiesbadener, im Wege der Verwaltungsinstruction den Behörden einzuschärfen, rechtlich es aber ohne besondern Ausspruch dabei bewenden zu lassen, daß, wenn trotzdem einmal die Feststellung des Geltungsbeginns versäumt wird, nach allgemeinen Rechtsgrundsätzen die Wirksamkeit der Verordnung mit der Publication beginnt.

37a) Erk. O.Trib. v. 23. Oct. 1862 (Oppenhoff, Rechtspr. Bd. 3 S. 85) und v. 6. Jan. 1859 (Rhein. Arch. Bd. 54 Abth. 2 A S. 61), auch die Note 31 citirten Erkenntnisse des Kammergerichts.

38) Erk. K.G. v. 23. März 1893, bei Binseel Bd. 14 S. 397 = Johow Bd. 14 S. 290. — Kann aber eine Bestrafung desjenigen stattfinden, welcher, im Vertrauen auf die Rechtsgiltigkeit der neuen Verordnung, dieser nachlebt und dadurch die ältere übertritt? Es müssen die allgemeinen strafrechtlichen Grundsätze über den Irrthum entscheiden.

innegehalten worden sind. Die Gerichte haben nach dieser Richtung stets daran festgehalten, daß das Fehlen der vorgeschriebenen[39]) Bezeichnung als „Polizeiverordnung u. s. w.",[40]) die Nichthervorhebung der nothwendigen Mitwirkung selbstverwaltender Körperschaften,[41]) sowie der Mangel der vorgeschriebenen Berufung auf die betreffenden, die Delegation begründenden Gesetzesbestimmungen[42]) unbedingte Nichtigkeit der Verordnung herbeiführt.

§ 48. Republication.

Ein wichtiges Mittel für die verordnenden Polizeibehörden, ihre Vorschriften stets in unverminderter Geltung und Beobachtung zu erhalten, ist die sogenannte Republication, die Wiederverkündigung

---

[39]) Mag die Vorschrift unmittelbar im Gesetz (§ 140 L.V.G.) oder in einer auf Grund von § 144 Abs. 2 erlassenen Bestimmung enthalten sein.

[40]) Erk. O.Trib. v. 14. Nov. 1872 (oben Note 23); Erk. K.G. v. 20. März 1884, Johow Bd. 4 S. 329, und v. 29. April 1889, Johow Bd. 9 S. 281; Erk. R.Ger. V Civil=Senat v. 1. Juli 1882, bei Binseel Bd. 4 S. 36 und vom 13. Jan. 1886, ebenda Bd. 8 S. 325. Immerhin ist dem Erk. O.V.G. v. 24. Oct. 1894, Binseel Bd. 16 S. 236 darin beizustimmen, daß geringfügige Abweichungen in der Bezeichnung („Baupolizeiordnung" statt „Baupolizeiverordnung") Nichts verschlagen, wenn immerhin der Absicht des Gesetzgebers (vgl. oben bei Note 23) entsprochen wird. Strenger der Ministerial=Erl. v. 9. Jan. 1894 (V.M.Bl. S. 30) mit Bezug auf ein ungedrucktes Erk. K.G. v. 13. Nov. 1893.

[41]) Erk. K.G. v. 24. Febr. 1881, Johow Bd. 2 S. 273. Eine nachträgliche Feststellung des Thatbestandes, daß die Mitwirkung in der That stattgefunden hat, kann die Nichtigkeit nicht beseitigen: Erk. K.G. v. 12. Juli 1888, Johow Bd. 8 S. 141, und v. 4. Mai 1885, Binseel Bd. 6 S. 304. Auf den Wortlaut der Erklärung kommt Nichts an, wenn nur der Sinn entsprechend ist. Giltig daher eine Verordnung, welche sich als „unter Zustimmung des Magistrats" ergangen einführt, während die maßgebende Bestimmung des Regierungspräsidenten Erwähnung der „Zustimmung des Gemeindevorstandes" verlangt: Erk. K.G. v. 23. April 1891, Johow Bd. 11 S. 188.

[42]) Die allgemeine Bezugnahme auf das betreffende Gesetz genügt nicht; es müssen vielmehr die einzelnen vorgeschriebenen Paragraphen ausdrücklich citirt sein. Dagegen schadet die Anführung anderer Stellen (zutreffender oder nicht zutreffender) neben den vorgeschriebenen richtigen Nichts. Aus der Judicatur des O.Trib. das oben Note 23 citirte Erkenntniß; andere werden in den folgenden Entscheidungen angeführt. Judicatur des Kammergerichts: Erk. v. 24. Febr. 1881 (Johow Bd. 2 S. 273), v. 17. April 1890 (ebenda Bd. 10 S. 158), v. 10. März 1890 (Bd. 10 S. 161), v. 11. Juni 1891 (Bd. 11 S. 319), v. 7. Dec. 1891 (Bd. 12 S. 173), v. 23. März 1893 (Bd. 14 S. 290). Judicatur des Oberverwaltungsgerichts: Erk. v. 19. Sept. 1881 (Entsch. Bd. 8 S. 313), v. 22. Dec. 1881 (Binseel Bd. 3 S. 141), v. 9. Nov. 1886 (ebenda Bd. 8 S. 53).

der von ihnen bereits erlassenen und verkündeten Verordnungen. In der Zeit nach dem § 11 der Regierungs-Instruction v. 23. Oct. 1817, welcher den Regierungen die Befugniß ertheilte, auch ohne höhere Genehmigung „schon bestehende Vorschriften von neuem in Erinnerung zu bringen [1]) und bekannt zu machen", [2]) enthalten die Gesetze keine Bestimmungen mehr über das Institut der Republication. [3]) Man wird aber in demselben zwei verschiedene Begriffe von einander zu trennen haben. So wie man nämlich die Publication im Rechtssinne, als die formelle Aeußerung des gesetzgeberischen Willens, der bloßen thatsächlichen Bekanntmachung einer Verordnung gegenüberstellt, so wird man auch hier die Republication im eigentlichen juristischen Sinne als wiederholte Publication und im uneigentlichen Sinne als bloße erneute Bekanntmachung der Verordnung zu unterscheiden haben. Es ist dieser Gegensatz bereits deutlich in Titel 1 Art. 46 Nr. 2 des französischen G. v. 19. Juli 1791 [4]) ausgesprochen, wo den Polizeibehörden das Recht zugeschrieben wird: „de publier de nouveau les lois et règlements de police ou de rappeler les citoyens à leur observation." Auch kann derselbe in den oben citirten Worten der Reg.-Instr. v. 1817 wiedergefunden werden. Danach ergiebt sich:

I. Die bloße erneute Bekanntmachung hat lediglich den Zweck, eine Verordnung von Neuem einzuschärfen, „die Härte des an eine Fiction grenzenden Rechtssatzes, daß Gesetze und Verordnungen mit deren Publication allen Betheiligten bekannt geworden sind, zu mildern." [5]) Die Neu-Bekanntmachung ist keine neue Publication und ist nicht im Stande, die fehlende oder mangelhafte zu ersetzen. Sie braucht nicht nothwendig von derjenigen Polizeibehörde auszugehen, welche zum Erlaß der betreffenden Verordnung berechtigt wäre; sie kann vielmehr von jeder Polizeibehörde vor-

---

[1]) Aus der Zeit des A.L.R. vgl. nach dieser Richtung Hase, Handbuch zur Kenntniß des preuß. Polizei- und Cameralwesens Bd. 1 (1794), wo es S. 2 zu den Amtspflichten der Polizeibehörden gerechnet wird, „die Befolgung alter, noch geltender Polizeigesetze ihren Untergebenen in Erinnerung zu bringen und einzuschärfen."

[2]) Vgl. oben § 8 II Nr. 1.

[3]) Nichtsdestoweniger ist es praktisch stets in Anerkennung geblieben. Vgl. Förstemann S. 202 und die dort citirte Minist.-Verf. v. 8. Juli 1859 (V.M.Bl. S. 204).

[4]) Vgl. oben § 9 Note 7.

[5]) Förstemann S. 202.

genommen werden, welche ein Interesse an der Befolgung jener Verordnung hat, so daß z. B. eine Ortspolizeibehörde die in ihrem Bezirk geltende Verordnung des Regierungspräsidenten in Erinnerung bringen kann. Sie ist endlich nicht an die Formen und Arten der eigentlichen Publication gebunden.

II. Im Gegensatz hierzu ist die eigentliche Republication eine neue Publication einer bereits erlassenen Verordnung. Sie ist dazu bestimmt, an die Stelle der ersten Publication zu treten und gewinnt dadurch zugleich ihre eigentliche Function, die Fehler und Mängel jener für die Folgezeit zu heilen.

1. Die Republication ist keine Resanction, sie enthält keine erneute Willensbestimmung der verordnenden Behörde, sondern nur einen erneuten Ausspruch der früheren Sanction. [6]) Sie ist daher auch nicht im Stande, Mängel der früheren Sanction zu heilen, sondern setzt deren Giltigkeit im Zeitpunkte der ersten Publication voraus. Daher kann z. B. eine von einer unberechtigten Behörde erlassene Verordnung nicht dadurch giltig werden, daß sie von der berechtigten Behörde lediglich von Neuem publicirt wird, [7]) und ebensowenig kann eine inhaltlich ungiltige Verordnung durch bloße Republication Kraft erhalten, auch wenn inzwischen die Gründe der Ungiltigkeit fortgefallen sein sollten. [8]) In beiden Fällen ist vielmehr ein vollständig neuer und rechtsgiltiger Erlaß der Verordnung (Sanction und Publication) erforderlich.

2. Da die Rechtsgiltigkeit der Sanction sich, wie bereits bemerkt, [9]) Dritten gegenüber nur nach der Zeit ihrer Aeußerung d. h. der Publication bestimmt, so ergiebt sich andererseits, daß

---

[6]) Daher war keine bloße Republication, sondern eine Resanction d. h. ein erneutes Zustandebringen der Verordnung im Ganzen beabsichtigt, als bei der Berathung des 2. Entwurfs der Kreis-Ordnung der Abg. Reichensperger hinsichtlich des Verordnungsrechts des Amtsvorstehers beantragte: „Die verbindliche Kraft dieser Verordnungen ist auf die Dauer von 5 Jahren beschränkt." Das geht weiter aus dem folgenden Satz hervor: „Die gegenwärtig bestehenden Polizeistraf-Verordnungen verlieren ihre verbindliche Kraft, wenn sie nicht vor Ablauf von 5 Jahren von neuem beschlossen und verkündigt werden." Ueber ähnliche Anträge bei Berathung der Provinzial-O. v. 1875 vgl. den Bericht der Commission des Abg.-H. Drucks. Nr. 170 S. 24. Vgl. auch Art. 57 Abs. 2 des württ. Pol.Str.G.B.

[7]) Erk. K.G. v. 2. Febr. 1888, Johow Bd. 8 S. 220: Wiederholte Bekanntmachung einer Localpolizeiverordnung über die Sonntagsruhe durch den Regierungspräsidenten. Vgl. dazu oben § 37 Note 5.

[8]) Vgl. den oben § 17 Note 25. 26 erörterten Thatbestand.

[9]) Oben § 47 Note 3.

eine Republication im eigentlichen Sinne nur dann rechtlich möglich ist, wenn die in ihr erneut auszusprechende Sanction selbst und nach ihren Voraussetzungen den gesetzlichen Erfordernissen zur Zeit der Republication noch entspricht. Es kann daher z. B. der Oberpräsident eine von ihm unter der Geltung der Provinzialordnung v. 1875 mit Zustimmung des Provinzialraths für die Provinz erlassene Verordnung unter der Herrschaft des L.V.G. republiciren, um dadurch rechtliche Mängel der ersten Publication zu heilen, ohne daß er dazu einer erneuten Zustimmung des Provinzialraths bedarf. Dagegen wäre jetzt für ihn eine Republication der von ihm vor dem Inkrafttreten der Provinzial-O. bezw. noch vor dem G. v. 11. März 1850 ohne Zustimmung des Provinzialraths erlassenen Verordnung ausgeschlossen, weil die republicirte Willensbestimmung den gesetzlichen Voraussetzungen (zur Zeit der Republication) nicht entsprechen würde. Hier müßte sich die Behörde entweder mit einer einfachen Wiederbekanntmachung, wenn dieselbe ausreichend erscheint, begnügen, oder auch eine Resanction d. h. einen ganz neuen Erlaß der Verordnung unter Zustimmung des Provinzialrathes eintreten lassen.[10])

3. Die Republication bedingt ihrerseits alle Erfordernisse einer giltigen Publication zur Zeit ihrer Vornahme. Sie kann daher, wie dies schon dem bereits Entwickelten entspricht, nur von derjenigen Behörde ausgehen, von welcher die erste Publication ausgegangen ist und welche auch jetzt zum Neu-Erlaß dieser Verordnung berechtigt wäre. Sie erfolgt unter den zur Zeit der Republication vorgeschriebenen Publicationsformen und in der zu dieser Zeit erforderlichen Art, auch wenn davon der Rechtszustand zur Zeit der ersten Publication abwiche. In dieser Weise ist die Republication eine wirklich neue Publication, welche für die Folgezeit

---

10) Ebenso kann eine nach Berathung mit dem Gemeindevorstande (§ 5 G. v. 11. März 1850) erlassene Polizeiverordnung nicht einfach republicirt werden, nachdem inzwischen die Zustimmung des Gemeindevorstandes zu solchen Verordnungen gesetzlich nothwendig geworden ist (§ 79 Abs. 1 Org.G. bezw. § 143 Abs. 1 L.V.G.). Ist aber zu einer unter der Herrschaft der letztgedachten Bestimmungen erlassenen Verordnung die nöthige Zustimmung des Gemeindevorstandes festgestellter Maßen ertheilt, dieselbe aber bei der ersten Publication entgegen den bestehenden Formvorschriften nicht zum Ausdruck gebracht worden, so kann die Republication ohne Weiteres mit veränderter Eingangsformel rechtsgiltig erfolgen. Vgl. die beiden Erk. O.V.G. v. 19. Oct. 1886 und v. 20. Oct. 1888, Binseel Bd. 8 S. 70. 71 bezw. Bd. 10 S. 184 Sp. 1; zu letzterem auch oben § 43 Note 19.

an die Stelle der ersten Publication tritt und dadurch, indem sie das Zurückgehen auf diese fernerhin ausschließt, ihre rechtlichen Fehler und Mängel zu heilen im Stande ist.[11])

5. Kapitel: Die Aufhebung der Polizeistrafverordnungen.

§ 49. Aufhebung durch Erlaß eines Gesetzes oder einer neuen Polizeiverordnung.

Die Beseitigung einer in Kraft stehenden polizeilichen Strafverordnung erfolgt auf zwei [1]) verschiedenen Wegen, von denen der eine durch die materielle Gesetzesnatur der Verordnung, der andere durch den formellen Charakter derselben als einer Verwaltungshandlung [2]) bestimmt wird. Hiernach ist die im engeren Sinne so zu nennende „Aufhebung" einer Polizeiverordnung durch Erlaß einer neuen entgegenstehenden Rechtsnorm und die „Außerkraftsetzung" durch die dazu berechtigte vorgesetzte Behörde zu unterscheiden. Beide Wege sind ihrer Art nach verschieden und laufen danach selbständig neben einander. [3])

In erster Reihe wird die polizeiliche Strafverordnung, wie jedes Gesetz dadurch aufgehoben, daß in ihrem Geltungsbezirke ein ihr inhaltlich widersprechendes späteres Gesetz in Geltung tritt, gleichviel ob sich das letztere auf die Aufhebung des bis dahin geltenden Gesetzes beschränkt oder zugleich materiell eine neue Rechtsnorm an dessen Stelle setzt. Durch die bloße Aufhebung eines Gesetzes treten die durch dessen frühere Inkraftsetzung bedingungslos beseitigten älteren Rechtsnormen nicht von selbst wieder in Kraft; sie bedürfen vielmehr, soll der frühere Rechtszustand nach dem Willen des Gesetzgebers wieder aufleben, einer neuen Einführung unter Beobachtung aller Voraussetzungen und Formen eines neuen Gesetzgebungsactes.

---

[11]) Vgl. das zuletzt citirte Erk. O.V.G. — Ferner das oben § 47 Note 40 citirte Min.-Rescr. v. 9. Jan. 1894, enthaltend die Anweisung, die nicht als „Polizeiverordnung u. s. w." publicirten „Baupolizeiordnungen" zur Hebung des Mangels neu zu veröffentlichen.

[1]) Von der Außerkraftsetzung octroyirter Verordnungen, wegen Verweigerung der nachträglich zu ertheilenden Genehmigung der Selbstverwaltungskörperschaft, die ihrer Wirkung nach hierher gehört, ist schon oben § 46 die Rede gewesen.

[2]) Vgl. oben § 12.

[3]) Erk. O.V.G. v. 25. Mai 1889, Binseel Bd. 11 S. 33 Sp. 2.

Das aufhebende Gesetz kann entweder von demjenigen Factor der Gesetzgebung ausgehen, dem auch das aufzuhebende Gesetz seinen Ursprung dankt, oder von einem übergeordneten. [4]) Hiernach ergiebt sich, daß die in einem örtlichen Bezirke geltenden Polizeistrafverordnungen (den unveränderten Bestand der über die Organisation der verordnungsberechtigten Behörden sich verhaltenden Gesetze vorausgesetzt) auf dreifache Weise wieder aufgehoben werden können. Zunächst im Wege einer neuen polizeilichen Strafverordnung, die ihrerseits wiederum entweder von derselben Behörde, [5]) welche die aufzuhebende Verordnung erlassen hat, oder von einer übergeordneten für ihren Bezirk, welcher den der aufzuhebenden Verordnung mitumfaßt, erlassen sein kann. So kann die für einen Kreis erlassene Polizeiverordnung eines Landraths entweder durch eine neue kreispolizeiliche Verordnung oder etwa durch eine für den ganzen Regierungsbezirk, welchem der Kreis angehört, vom Regierungspräsidenten erlassene Polizeiverordnung wieder aufgehoben werden. [6]) Drittens aber kann die Aufhebung auch durch einen Act der formellen Gesetzgebung, sei es durch ein preußisches Landesgesetz, sei es durch ein Reichsgesetz erfolgen, welches mit dieser Tendenz [7]) in dem örtlichen Bereiche einer Polizeiverordnung in Kraft tritt.

---

[4]) Von einem untergeordneten nur, wenn das delegirende Gesetz die Verordnung desselben z. B. einer Ortspolizeibehörde ausdrücklich mit dieser Kraft begabt d. h. aber seine eigene der aufzuhebenden Verordnung übergeordnete Kraft auf jene übertragen hat. (Vgl. oben § 14 Note 12). Dagegen ist die höhere Polizeibehörde (nach dem oben § 40 hinsichtlich der Subdelegation Entwickelten) gesetzlich nicht in der Lage, die Befugniß zur Aufhebung oder Abänderung der von ihr erlassenen Polizeiverordnung auf die untergeordnete zu übertragen. Erk. O.V.G. v. 12. Dec. 1893, Entsch. Bd. 26 S. 383. Davon zu unterscheiden das in Gemäßheit der Verordnung seitens der Unterbehörde durch Verfügung im Einzelfalle auszuübende Dispensationsrecht: oben § 18 Note 18.

[5]) Die Befugniß der verordnungsberechtigten Behörde auch zum Erlaß solcher Verordnungen, welche lediglich die Aufhebung früherer aussprechen, ist ausdrücklich anerkannt in § 10 des G. v. 11. März 1850 bezw. der V.O. v. 20. Sept. 1867. Vgl. Förstemann S. 198, Oppenhoff, Ressortverhältnisse S. 513 Note 45.

[6]) Erk. O.V.G. v. 18. Mai 1889, Binseel Bd. 11 S. 31 f.: Aufhebung einer ortspolizeilichen durch eine kreispolizeiliche Verordnung, „obwohl der ersteren bezüglich der Höhe der angedrohten Strafen die Genehmigung des Regierungspräsidenten zu Theil geworden war.“ Vgl. unten Note 10.

[7]) Ob und inwieweit ein neues Gesetz beabsichtigt, die hinsichtlich der Materie bestehenden Polizeiverordnungen zu beseitigen, ist Frage der Auslegung (vgl. analog oben § 17 Note 23. 24) und nicht immer zweifelsfrei; vgl. z. B. hinsichtlich des

Auch eine Polizeiverordnung, deren Inhalt lediglich die Aufhebung einer früher erlassenen ist, ist eine neue selbständige Aeußerung des gesetzgeberischen Willens der verordnungsberechtigten Behörde. Sie steht daher in aller und jeder Beziehung unter denjenigen Normen, welche für den Erlaß von Polizeiverordnungen zur Zeit ihrer Emanation in Geltung sind.[8]) Es bedarf insbesondere die verordnende Behörde auch zu ihrem Erlaß der sonst erforderlichen Zustimmung u. s. w. der berechtigten Selbstverwaltungskörperschaft.[9]) Dagegen ist zur Aufhebung einer ortspolizeilichen Verordnung, zu deren Erlaß mit Rücksicht lediglich auf das bis 30 Mk. erhöhte Strafmaß die Genehmigung des Regierungspräsidenten eingeholt werden mußte, eine erneute Genehmigung desselben nicht erforderlich.[10])

Die Wirkungen, welche die Aufhebung einer Polizeiverordnung auf die Rechtsverhältnisse äußert, sind die gleichen, wie bei der Aufhebung jedes Gesetzes. Auch hier ist Rückwirkung principiell ausgeschlossen.[11]) Daher werden auch polizeiliche Verfügungen, welche auf Grund der früheren Verordnung ergangen sind, nicht mit deren Aufhebung von selbst ungiltig; immerhin können sie nicht

§ 96 Abs. 2 des Feld- und Forstpolizei-G. v. 1. April 1880 oben § 12 Note 11. Ist eine Polizeiverordnung lediglich als Ausführungsverordnung zu einem bestimmten Gesetze ergangen, so wird sie mit dem Wegfall desselben gleichfalls ihre Kraft verlieren (Erk. K.G. v. 28. Juni 1883, Johow Bd. 4 S. 268), es sei denn, daß das neue Gesetz inhaltlich mit dem älteren, soweit es der Polizeiverordnung zur Anknüpfung bezw. Grundlage diente, übereinstimmt (Erk. K.G. v. 8. Nov. 1888, Johow Bd. 9 S. 171). Ausdrückliche Bestimmungen z. B. im § 22 Abs. 3 des Fischerei-G. v. 30. Mai 1874: „Bis zum Erlaß der in diesem § vorgesehenen landesherrlichen Verordnung bleiben die bezüglichen, zur Zeit bestehenden, auf Gesetz oder Verordnung beruhenden Vorschriften in Kraft"; vgl. Erk. K.G. v. 17. Jan. 1889, Johow Bd. 9 S. 271; ferner § 3 G. über das Feuerlöschwesen in Schlesien v. 30. März 1887: „Die vor diesem Zeitpunkte (dem Inkrafttreten des Gesetzes) in Städten erlassenen Polizeiverordnungen über das Feuerlöschwesen bleiben bis zu ihrer auf dem gesetzlich vorgeschriebenen Wege erfolgten Abänderung oder Aufhebung in Geltung."

8) . . . gleichviel, unter welchen die aufzuhebende Verordnung gestanden hat. Dies scheint zu verkennen Oppenhoff, Ressortverhältnisse S. 513 Note 45.

9) Dies gilt natürlich unverändert auch, wenn es sich um die Abänderung oder Aufhebung einer octroyirten, später von der Selbstverwaltungskörperschaft genehmigten Verordnung handelt.

10) Vgl. das oben Note 6 citirte Erkenntniß. Anders Oppenhoff, Ressortverhältnisse S. 514.

11) Vgl. jedoch analog oben § 46 Note 13 mit Bezug auf § 2 Abs. 2 R.Str.G.B.

aufrechterhalten werden, wenn und insoweit bei ihrer verwaltungsgerichtlichen Nachprüfung das zur Zeit des Urtheils geltende Recht zur Anwendung zu bringen ist.[12])

§ 50. Außerkraftsetzung durch die vorgesetzte Behörde.

I. Nach ihrer formellen Seite hin ist die polizeiliche Strafverordnung „Verordnung", d. h. ein Act der staatlichen Verwaltungsorgane, mit welchem dieselben, als Glieder des Gesammtorganismus der Verwaltung, den in diesem wirkenden Kräften unterliegen. Zu den Mitteln, welche die Lebensthätigkeit dieses Organismus einheitlich gestalten, und damit denselben überhaupt zusammenhalten, gehört neben der Anweisungsbefugniß der höheren Organe [1]) auch das Recht derselben, Verwaltungsacte der untergeordneten Behörden im Interesse der Einheitlichkeit und Zweckmäßigkeit außer Kraft zu setzen. [2]) Während die Anweisung unmittelbar nur im Innern des Verwaltungsorganismus wirkt, ist dieses Recht dazu bestimmt, durch directe Einwirkung auf die äußeren Lebensverhältnisse bereits geschehene Abweichungen der unteren Behörden von den Gesammtprincipien der Verwaltung wieder zu beseitigen. Auch gegenüber der Ausübung des polizeilichen Verordnungsrechts ist diese Befugniß der höheren Polizeibehörden vom Gesetz anerkannt, aber im Hinblick auf den besonderen Charakter der in Frage stehenden Verwaltungsacte eigenthümlich geregelt.

II. Schon das Gesetz v. 11. März 1850 und die V.O. v. 20. Sept. 1867 geben dem Regierungspräsidenten [3]) bezw. der Bezirksregierung das Recht, jede ortspolizeiliche Vorschrift durch

---

[12]) So nach feststehender Judicatur des O.V.G. namentlich bei Klagen wegen verweigerter Bauerlaubniß. Erk. v. 31. Januar 1893, Entsch. Bd. 24 S. 353 ff. und v. 18. Mai 1889, Binseel Bd. 11 S. 32; dazu die dort citirten Entscheidungen.

[1]) Vgl. oben § 41.

[2]) § 50 Abs. 3 L.V.G.: „Unberührt bleibt in allen Fällen die Befugniß der staatlichen Aufsichtsbehörden, innerhalb ihrer gesetzlichen Zuständigkeit Verfügungen und Anordnungen der nachgeordneten Behörden außer Kraft zu setzen, oder diese Behörden mit Anweisungen zu versehen." Gleichlautend § 41 Abs. 3 Org.G. und § 39 Comp.G. v. 26. Juli 1876.

[3]) Die Uebertragung der Befugniß an den Regierungspräsidenten statt an die Bezirksregierung hängt im G. v. 1850 mit gewissen Bestimmungen der Gemeinde-Ordnung v. 11. März 1850 zusammen. Vgl. den Bericht der Commission der I. Kammer bei v. Rönne S. 413. Die V.O. v. 1867 ist demgemäß zum Principe wieder zurückgekehrt.

einen förmlichen Beschluß unter Angabe der Gründe außer Kraft zu setzen (§ 9). Dieselbe Befugniß wurde dem Minister des Innern, soweit Gesetze nicht entgegenstehen, hinsichtlich jeder Verordnung (der untergeordneten Polizeibehörden) zugeschrieben (§§ 16 bezw. 14) [4]). Die Kreis-Ordnung v. 13. Dec. 1872 bestätigte jenes Recht des Regierungspräsidenten auch gegenüber den polizeilichen Verordnungen des Amtsvorstehers und des Landraths (§§ 62, 78), während die Provinzial-O. v. 29. Juni 1875 dasselbe allgemein dem Oberpräsidenten übertrug (§ 83). Das Org.G. v. 26. Juli 1880 kehrt in § 81, seinen Principien gemäß, [5]) zu der Befugniß des Regierungspräsidenten zurück, der demzufolge, nach dem gleichlautenden § 145 L.V.G., jetzt auch in den neuen Provinzen an die Stelle der Bezirksregierung getreten ist. Zugleich regeln diese Gesetze, in Anknüpfung an frühere Vorschriften, die bei der Ausübung jenes Rechts erforderliche Mitwirkung der dem Regierungspräsidenten nebengeordneten Selbstverwaltungskörperschaft.

III. Die das heutige Recht beherrschenden Grundprincipien lassen sich danach juristisch folgendermaßen zusammenfassen:

1. Die Befugniß des Regierungspräsidenten und des Ministers, polizeiliche Verordnungen der untergeordneten Behörden außer Kraft zu setzen, ist nicht eine Function des ihnen selbständig zustehenden Verordnungsrechts, sondern ein Ausfluß des ihnen im Verwaltungsorganismus zustehenden Aufsichtsrechts über die niederen Behörden. Ihre Ausübung ist daher, an und für sich betrachtet, kein Gesetzgebungs-, sondern ein Verwaltungsact; sie wirkt nur als Gesetzgebungsact durch den Charakter des Objects, der polizeilichen Verordnung, auf deren Außerkraftsetzung sie gerichtet ist. Daß dem so ist, ergiebt sich äußerlich schon daraus, daß der Außerkraftsetzungsbeschluß nicht in demjenigen örtlichen Bereiche, welcher den Verordnungen der Bezirksinstanz bezw. des Ministers eigenthümlich ist, sondern, was bei Ausübung eines eigenen Verordnungsrechts der außerkraftsetzenden Behörden ausgeschlossen wäre, [6])

[4]) Hinzugefügt ist: „Die Genehmigung des Königs ist hierzu erforderlich, wenn die polizeiliche Vorschrift von dem König (Landesherrn) oder mit dessen Genehmigung erlassen war." Auf Gesetze, die der Zustimmung der Volksvertretung bedurften, bezieht sich dies nicht. — Ueber die Außerkraftsetzungsbefugniß der vorgesetzten Verwaltungsbehörden in Bayern, Württemberg und Baden vgl. Art. 12. 13 bezw. Art. 56 und § 25 der bezüglichen Pol.Str.G.Bücher.

[5]) Vgl. oben § 34 Note 8.

[6]) Vgl. oben § 39.

gerade in dem Bereiche der untergeordneten Behörde als solchem wirksam wird.

2. Die Gründe für die Ausübung der Außerkraftsetzungsbefugniß, welche sowohl auf dem Rechtsgebiete, wie auf dem der staatlichen Zweckmäßigkeit liegen können, werden im Einzelnen in anderem Zusammenhange erörtert werden. [7]) Die Befugniß selbst aber ist für die allgemeine Polizei zweckmäßig auf zwei Instanzen concentrirt. Sie steht einerseits dem Regierungspräsidenten, [8]) andererseits aber dem Minister des Innern [9]) zu. Jede Instanz übt das Recht gegenüber den Verordnungen aller ihr untergeordneten Behörden aus, also der Minister auch gegenüber orts-, amts- und kreispolizeilichen Verordnungen. Im Uebrigen sind für besondere Polizeiverordnungen besondere Ministerialinstanzen competent; so steht die Außerkraftsetzung der strom-, schifffahrts- und hafenpolizeilichen Vorschriften, auch wenn sie von den Behörden der allgemeinen Polizei, dem Ober- oder Regierungspräsidenten erlassen sind, [10]) nach § 145 Abs. 2 L.V.G. dem Minister für Handel und Gewerbe, die der Verordnungen der Oberbergämter jetzt demselben Minister zu. [11]) Die Verordnungen der Consuln können vom Reichskanzler außer Kraft gesetzt werden. [12])

3. Da der Außerkraftsetzungsbeschluß objectiv als Gesetzgebungsact wirkt, so erfordert das Gesetz principiell auch hier eine Theilnahme der der beschließenden Behörde nebengeordneten Selbstver-

---

[7]) Vgl. unten § 54.

[8]) § 9 des G. v. 1850 bezw. der V.O. v. 1867 mit § 145 Abs. 1 L.V.G.

[9]) § 16 G. v. 1850 bezw. § 14 V.O. v. 1867 mit § 145 Abs. 2 L.V.G.

[10]) Vgl. oben § 42 IV.

[11]) Der § 10 G. die Competenz der Oberbergämter betr., v. 10. Juni 1861 bestimmte im Anschluß an § 16 G. v. 11. März 1850: „Der Handelsminister ist befugt, soweit Gesetze nicht entgegenstehen, jede bergpolizeiliche Vorschrift durch einen förmlichen Beschluß außer Kraft zu setzen. Die Genehmigung des Königs ist hierzu erforderlich, wenn die Vorschrift von dem Könige oder mit dessen Genehmigung erlassen war.“ Das Allg. Berg-G. v. 24. Juni 1865 hat diese Vorschrift nicht besonders aufgenommen, „weil ein Bedürfniß zu der auf andere Verhältnisse berechneten speciellen Vorschrift des § 10 neben den allgemeinen Bestimmungen des Entwurfs über die Ressortverhältnisse und den Instanzenzug nicht mehr vorliegt.“ (Ztschr. f. Bergrecht Bd. 6 S. 199). Der Sache nach folgt die gleiche Berechtigung des Handelsministers aus §§ 187. 191 Allg. Berg-G. An die Stelle des Handelsministers ist nach Erl. v. 7. Aug. 1878 mit G. v. 13. März 1879 der Minister der öffentlichen Arbeiten und wiederum durch Erl. v. 17. Febr. 1890 mit G. v. 26. März 1890 der Minister für Handel und Gewerbe getreten.

[12]) § 4 Abs. 4 R.G. v. 10. Juli 1879.

verwaltungskörperschaft. Thatsächlich realisirt sich dieses Princip jedoch nur für den Regierungspräsidenten, da den übrigen berechtigten Behörden keine solche Körperschaften zur Seite stehen. Schon das G. v. 11. März 1850 erforderte eine, wenigstens berathende, in gewissen Fällen auch entscheidende Mitwirkung des Bezirksraths,[13]) eine Vorschrift, die durch den bereits oben[14]) geschilderten Entwicklungsgang der Gesetzgebung illusorisch geworden ist. Dagegen hatte die Provinzial-O. für die Ausübung der Außerkraftsetzungsbefugniß durch den Oberpräsidenten bereits ausnahmslos die Zustimmung des Provinzialraths gefordert (§ 83). Das Org.G. v. 26. Juli 1880 und das L.V.G. haben sich dem insofern angeschlossen, als nach ihnen der Regierungspräsident, mit „Ausnahme von Fällen, welche keinen Aufschub zulassen", der Zustimmung des Bezirksraths bezw. jetzt des Bezirksausschusses bedarf (§ 81 Abs. 1 bezw. § 145 Abs. 1). In dringenden Fällen kann also, nach Analogie der octroyirten Verordnungen, der Regierungspräsident den Außerkraftsetzungsbeschluß auch ohne Zustimmung des Bezirksausschusses erlassen; er ist sogar hier von einer nachträglichen Einholung derselben befreit.[15])

4. Der Inhalt des Außerkraftsetzungsbeschlusses ist die nach Außen wirksame Reprobirung einer untergeordneten Polizeiverordnung im Interesse der Einheitlichkeit und Zweckmäßigkeit der Gesammtverwaltung. Die Wirkung desselben ist hier genau die gleiche, wie die der „Außerkraftsetzung"[16]) einer sogen. octroyirten Verordnung, welche die erlassende Behörde selbst mangels nachträglich ertheilter Zustimmung der Selbstverwaltungskörperschaft vornimmt.

---

[13]) Entscheidend war die Mitwirkung des Bezirksraths (vgl. über denselben oben § 43 Note 10): 1. wenn eine ortspolizeiliche Vorschrift außer Kraft gesetzt werden sollte, weil sie das Gemeindewohl verletzt; 2. wenn es sich darum handelte, eine Verordnung über Gegenstände der landwirthschaftlichen Polizei wegen ihrer Unzweckmäßigkeit aufzuheben. Die Mitwirkung des Bezirksraths konnte in dringenden Fällen unterbleiben.

[14]) Vgl. § 43 Note 12.

[15]) Ausdrücklich anerkannt im Bericht der Commission des Abg.H. zum § 81 Org.G. (Anl. Nr. 283), „da die Aufhebung bestehender Polizeiverordnungen wohl nicht leicht ohne zwingende Gründe ausgesprochen werde."

[16]) §§ 139. 143 Abs. 2 L.V.G. Vgl. oben § 46, besonders Nr. 4. 5. Auch die hier maßgebenden Gesetze gebrauchen charakteristischer Weise den terminus technicus „außer Kraft setzen" im Gegensatz zu „aufheben" (§ 10 G. v. 11. März 1850). So §§ 9. 16 G. v. 11. März 1850, §§ 9. 14 V.O. v. 20. Sept. 1867, § 78 Kreis-O. v. 1872, § 83. 84 Prov.O. v. 1875, § 115 Comp.G. v. 1876, § 81 Abs. 1. 2

Insbesondere treten, insoweit[17]) abweichend von der bloßen Aufhebung einer Verordnung durch eine neue, kraft der auch hier wirksamen Idee der Reprobirung, die durch die außer Kraft gesetzte Verordnung beseitigten Rechtsvorschriften vom Momente der Außerkraftsetzung an von selbst wieder in Geltung. Es entspricht dies zugleich sowohl den Anforderungen der Rechtssymmetrie,[18]) als der Absicht des Gesetzgebers, der mit der Befugniß zur Außerkraftsetzung der Aufsichtsbehörde wohl ein Recht, nachtheilige Aenderungen des Rechtszustandes zu verhindern, nicht aber ein selbständiges Verordnungsrecht im Bezirk der unteren Behörde, dessen Ausübung in der bestehen bleibenden Aufhebung der früheren Rechtsvorschriften gefunden werden müßte, hat verleihen wollen.[19])

Org.G. v. 1880, § 145 Abs. 1. 2 L.V.G., § 10 G. v. 10. Juni 1861. Nur das R.G. v. 10. Juli 1879 § 4 Abs. 4 erklärt den Reichskanzler für befugt, die von dem Consul erlassenen polizeilichen Vorschriften „aufzuheben". Ein anderer Rechtsinhalt sollte jedoch damit der Befugniß des Kanzlers um so weniger gegeben werden, als das durchaus nachgebildete preuß. G. v. 29. Juni 1865 § 17 bestimmte: „Sowohl der Gesandte, als der Minister der auswärtigen Angelegenheiten ist befugt, die polizeilichen Vorschriften des Consuls außer Kraft zu setzen."

17) Im Uebrigen gelten, was die durch die Außerkraftsetzung erfolgende Beseitigung der Verordnung anlangt, die oben § 49 Schlußabsatz entwickelten Grundsätze. Das dort Note 12 citirte Erk. v. 31. Jan. 1893 bezieht sich auf einen Fall der Außerkraftsetzung durch die vorgesetzte Behörde.

18) Anderenfalls würde sich die Inconsequenz ergeben, daß, wenn die Polizeibehörde selbst eine von ihr octroyirte Verordnung wegen verweigerter Zustimmung der Selbstverwaltungskörperschaft außer Kraft setzt, das frühere Recht damit wieder in Kraft tritt, während das gleiche Resultat nicht eintreten würde, wenn die Behörde selbst die Zurücknahme der Verordnung verzögert und nun die controlirende Oberbehörde, sei es ex officio, sei es auf ergangene Beschwerde, dieselbe außer Kraft setzt. Ebenso ist zu berücksichtigen, daß vielfach die Außerkraftsetzung Anwendung findet, um eine schon an sich rechtsungiltige Verordnung auch dem äußeren Scheine nach zu beseitigen, die Ungiltigkeit einer Verordnung aber auch die in ihr ausgesprochene Aufhebung des älteren Rechtszustandes ergreift. Vgl. oben § 47 Note 38 und über die hier in Betracht gezogenen Gründe der Außerkraftsetzung unten § 54.

19) Die Ausführungen des Textes werden bekämpft von Anonymus S. 47 ff. mit dem Hinweis darauf, daß, wenn „bei der Außerkraftsetzung einer vielleicht seit mehreren Jahren bestehenden Polizeiverordnung durch die höhere Behörde ohne Weiteres alle diejenigen Vorschriften wieder aufleben sollten, welche in der Zeit vor deren Erlaß bestanden haben und möglicherweise längst in Vergessenheit gerathen sind", in vielen Fällen „eine Unsicherheit und Ungewißheit über den geltenden Rechtszustand herbeigeführt" werden würde. Demgegenüber ist zu bemerken, daß, wie schon die Verbindung des § 9 mit § 8 des G. v. 11. März 1850 (vgl. im Text unter Nr. 6) zeigt, die Außerkraftsetzung vom Gesetzgeber principiell als eine sofortige Reaction gegen den Erlaß einer an sich nicht zu billigenden Verordnung gedacht ist. Ueberdies

Nach der gleichen Idee steht der vorgesetzten Behörde eine Befugniß, über den Wiedereintritt des früheren Rechtszustandes hinaus, andere Polizeivorschriften an Stelle der außer Kraft gesetzten selbständig zu beschließen, nicht zu.[20])

5. Vermöge seiner objectiven Wirkung bedarf auch der Außerkraftsetzungsbeschluß[21]) einer ihn nach Außen hin vermittelnden Publication.[22]) Dieselbe bestimmt sich ihrer Art nach in Gemäßheit des Objectes, der außer Kraft zu setzenden Verordnung, hinsichtlich deren sie wirken soll, nicht aber nach den für das eigene Polizeiverordnungsrecht der außer Kraft setzenden Behörde, dessen Ausübung sie nicht darstellt, geltenden Normen. Demzufolge muß der Außerkraftsetzungsbeschluß in der Art publicirt werden, welche zur Zeit seines Erlasses für die Polizeiverordnungen desjenigen Bezirks maßgebend ist, in welchem er wirksam werden soll, oder mit anderen Worten: er muß so publicirt werden, als wenn er eine, die frühere aufhebende, Polizeiverordnung derjenigen Instanz wäre, welche zur Zeit seines Erlasses für die betreffenden Bezirke als solche verordnungsberechtigt ist. So wird z. B. ein Beschluß des Regierungs-

---

aber steht in keinem Falle rechtlich etwas im Wege, die Außerkraftsetzung ausdrücklich auch auf diejenigen Polizeivorschriften mitzuerstrecken, welche anderenfalls in Folge des Außerkraftsetzungsbeschlusses wieder aufleben würden. Die Richtigkeit des hier vertretenen Standpunktes erhellt namentlich auch, wenn man sich den vom Gesetzgeber selbst in § 10 des G. v. 11. März 1850 ins Auge gefaßten Fall der Außerkraftsetzung einer, bestehende polizeiliche Vorschriften lediglich abändernden oder aufhebenden, Verordnung vergegenwärtigt.

20) Vgl. hierzu, sowie über das entsprechende französische Recht oben § 9 Note 9. Von demselben Gesichtspunkte aus ist auch ein Recht theilweiser Außerkraftsetzung einer Verordnung eher zu verneinen, wie denn z. B. bei der Berathung von Art. 12 des bayr. Pol.Str.G.B. ein Antrag, welcher die Außerkraftsetzung „ganz oder theilweise" zulassen wollte, ausdrücklich abgelehnt worden ist. Vgl. Seydel, bayr. Staatsrecht Bd. 3 S. 594 Note 2.

21) Zweifelhaft ist, ob auch die Gründe, welche der Regierungspräsident nach § 9 des G. v. 1850 bezw. der V.O. v. 1867, nicht aber der Minister, angeben muß, zu publiciren sind. Die Frage ist zu verneinen; die Gründe gehen nur die Unterbehörde an und sind nur dieser mitzutheilen. Vgl. aber als Beispiel entgegengesetzten Verfahrens den bei Binseel Bd. 2 S. 373 abgedruckten Beschluß des Reg.-Präs. zu Magdeburg v. 28. Juni 1881.

22) Erk. O.V.G. v. 21. Oct. 1876, Entsch. Bd. 1 S. 367: „Wenn auch die im § 16 des G. v. 11. März 1850 dem Minister des Innern ertheilte Befugniß, jede polizeiliche Vorschrift außer Kraft zu setzen, einen förmlichen Beschluß voraussetzt und ohne Publication eines solchen eine Partei aus der betreffenden Verfügung des Ministers keine Rechte für sich herleiten kann u. s. w."

präsidenten, der eine städtische Polizeiverordnung außer Kraft setzt, nach der für die bezüglichen ortspolizeilichen Verordnungen, nicht aber nach der für die Verordnungen des Regierungspräsidenten geltenden Art zu publiciren sein.

6. Zum Zwecke einer wirksamen Ausübung der vorbehaltenen Außerkraftsetzungsbefugniß schreiben der § 8 mit 10 des G. v. 11. März 1850, wie der V.O. v. 20. Sept. 1867 gleichmäßig vor, daß von jeder orts- (amts- und kreis-) polizeilichen Verordnung sofort d. h. sofort nach deren Erlaß eine Abschrift an die zunächst vorgesetzte Staatsbehörde einzureichen ist.[23]) Sache der letzteren, wenn es nicht der Regierungspräsident selbst ist, ist es dann, sie eventuell diesem weiter zu übermitteln. Für die übrigen verordnungsberechtigten Behörden, abgesehen von den Consuln,[24]) ist ein Gleiches durch Gesetz zwar nicht vorgeschrieben; doch wird dieselbe Verpflichtung zweckmäßig durch Verwaltungsverordnung begründet werden können.[25]) Aber auch soweit jene Vorschrift in der Form des Gesetzes ausgesprochen ist, bleibt sie doch ihrer materiellen Natur nach eine nur für das innere Leben der Verwaltung selbst bestimmte und wirksame Verwaltungsvorschrift, deren Nichtbeachtung zwar eine Verletzung der Amtspflicht, aber für die Rechtsgiltigkeit der bereits erlassenen Verordnung ohne Bedeutung ist.[26])

6. Kapitel: Die Controlen des Polizeiverordnungsrechts.

§ 51. Grundlegende Unterscheidungen.

I. Die Controle des Polizeiverordnungsrechts d. h. die Nachprüfung einer erlassenen Polizeistrafverordnung nach den beim Erlaß derselben maßgebenden Gesichtspunkten ist eine verschieden-

---

23) Eine analoge ausdrückliche Bestimmung in der sächsischen Städte-O. für mittlere und kleine Städte v. 24. April 1879 (G.V.Bl. S. 321 ff.) Art. IV § 8. Ueber die weitergehende Bedeutung der Einreichung an die vorgesetzte Behörde in den süddeutschen Staaten vgl. oben § 9 Note 16.

24) § 4 Abs. 3 R.G. v. 10. Juli 1879. Die Einreichung erfolgt an den Reichskanzler.

25) Ueber die Einreichung der Entwürfe zu Polizeiverordnungen (durch welche aber dem § 8 G. v. 1850 nicht genügt wird) vgl. oben § 41 Note 6.

26) Erk. O.Trib. v. 19. Sept. 1866 (Oppenhoff, Rechtspr. Bd. 7 S. 490). Anders nach der ausdrücklichen Vorschrift in § 12 bezw. 16 der beiden ministeriellen Vorentwürfe, welche dadurch erklärlich wird, daß in dem dort in Bezug genommenen § 9 derselben es für die Ortspolizeibehörde als Publicationsform vorgeschrieben wird, die Einreichung der Abschrift am Schlusse der Bekanntmachung zu bescheinigen.

artige. Sie ist zunächst nach der Verschiedenheit dieser Gesichtspunkte selbst entweder auf die Frage der Rechtsgiltigkeit, oder auf die nach der Zweckmäßigkeit der Polizeiverordnung gerichtet. So wie die erlassende Behörde nicht allein die Rechtsgrenzen ihres Verordnungsrechts nicht überschreiten darf, sondern zugleich innerhalb derselben nur aus Gründen und nach dem Maße der Nothwendigkeit und Zweckmäßigkeit thätig werden soll, ebenso bilden nach Erlaß der Verordnung sowohl die Rechtsgiltigkeit, als die Zweckmäßigkeit die verschiedenen Kriterien, nach denen dieselbe einer Prüfung unterzogen werden kann. Allein diese Verschiedenheit der Kriterien bringt zugleich eine Sonderung derjenigen Factoren mit sich, welchen jene Nachprüfung nach der einen, wie nach der anderen Richtung hin obliegt. Auf der einen Seite hat der Richter, der Strafrichter wie das Verwaltungsgericht, welchem die Anwendung des bestehenden Rechts auf die concreten Erscheinungsformen des Lebens obliegt, die Rechtsgiltigkeit der Polizeistrafverordnung, von welcher ihre Eigenschaft als geltendes Recht abhängt, seinem Berufe gemäß zu prüfen und zu würdigen. [1]) Andererseits aber erstreckt sich seine Prüfung über diese rechtlichen Gesichtspunkte nicht hinaus, so daß die Prüfung der Nothwendigkeit und Zweckmäßigkeit einer Verordnung ausschließlich den übergeordneten Verwaltungsbehörden anheimfällt. Es erscheint hiernach die Unzweckmäßigkeit einer Verordnung, was ebenso hinsichtlich der polizeilichen Verfügung gilt, lediglich als ein Widerspruch mit den Zielen und Zwecken der Gesammtverwaltung, dessen Lösung den Vertretern der letzteren, welche sich den niederen Behörden gegenüber immer in den übergeordneten darstellen, vorbehalten ist. [2]) Nach alledem ist die Nachprüfung einer erlassenen

---

[1]) Erk. O.V.G. v. 14. Juni 1882, Entsch. Bd. 9 S. 367, mit den daselbst S. 364 Note citirten Ausführungen des Erk. v. 10. Juni 1880. Vgl. auch die beiden unten § 52 Note 12 citirten Erkenntnisse des früheren Ober-Tribunals.

[2]) Die entsprechenden, allerdings etwas principieller gefaßten Ausführungen der 1. Aufl. haben von Tezner, Zur Lehre von dem freien Ermessen der Verwaltungsbehörden als Grund der Unzuständigkeit der Verwaltungsgerichte (Wien 1888) S. 92 ff. mit S. 121 und 70 ff. Widerspruch erfahren. Der Verfasser will in seiner, zunächst allerdings auf österreichisches Recht gerichteten, Abhandlung eine richterliche, insbesondere verwaltungsgerichtliche Prüfung zwar nicht zulassen darüber, ob vom Standpunkte einer guten Verwaltung das Eingreifen der Behörde überhaupt angezeigt und ob etwa ein anderes, als das eingeschlagene Verfahren vernünftiger oder billiger gewesen wäre. Wohl aber hält er diese principiell in dem Punkte für statthaft, ob die Verwaltung im Verhältniß zum Einzelnen nicht mehr gefordert habe, als nothwendig und zweckmäßig gewesen, und meint, daß die Controle der Nothwendigkeit und Zweckmäßigkeit

Polizeiverordnung entweder eine Rechtscontrole, welche die Frage der Rechtsgiltigkeit derselben beantwortet, und auf die der Richter, der Verwaltungsrichter ebenso, wie der Strafrichter, beschränkt ist, oder eine Verwaltungscontrole, die den höheren Verwaltungsbehörden zusteht und die neben der Gesetzmäßigkeit auch die Nothwendigkeit und Zweckmäßigkeit der Verordnung in den Kreis ihrer Beurtheilung zu ziehen berufen ist.

II. Auf der anderen Seite ist die Controle des Polizeiverordnungsrechts der Art ihrer Ausübung nach entweder eine directe oder eine indirecte. Direct ist dieselbe dann, wenn die vorgenommene Prüfung unmittelbar auf die Verordnung als solche gerichtet ist, indirect dann, wenn es sich unmittelbar nur um die Beurtheilung eines bestimmten Einzelfalles handelt, welcher als ein concreter unter die Normen der Verordnung subsumirt werden soll. Im letzteren Falle tritt die Prüfung der Verordnung nur mittelbar zum Zwecke der Beurtheilung jenes Einzelfalles ein und erstreckt sich in ihrer Wirkung nicht über den Rahmen desselben hinaus, während sie im ersten Falle die Verordnung als solche im Auge hat und in ihrer Wirkung die ganze Verordnung ergreift. Da die Aufgabe des Richters stets nur in der Anwendung des Gesetzes, der Subsumtion des Einzelfalles als eines concreten unter das

---

überall da zugleich auch Rechtscontrole sei, wo der Einzelne (wie nach § 10 II 17 A.L.R.) nach dem Gesetz gegenüber der Verwaltung **nur** dasjenige zu leisten verbunden sein soll, was für die Erreichung eines bestimmten Zweckes geboten ist. — Die darauf bezüglichen Ausführungen **Tezner's** enthalten de lege ferenda und namentlich in Beschränkung auf das polizeiliche Verfügungsrecht aus der Generalclausel des § 10 cit. manches Beachtenswerthe, wie ich dies auch bereits in anderem Zusammenhange (Verwaltungsarchiv Bd. 3 S. 365 Note 334) hervorgehoben habe. Dagegen stehen sie mit dem geltenden preußischen Rechte sicher nicht in Einklang, welches vielmehr in § 1 G. v. 11. Mai 1842 (vgl. unten § 53), sowie namentlich in Bezug auf Polizeistrafverordnungen in § 17 G. v. 11. März 1850 (vgl. unten § 52) die Prüfung polizeilicher Acte auf ihre „Nothwendigkeit und Zweckmäßigkeit", und zwar ohne jede fernere Unterscheidung, scharf von der Prüfung der „Gesetzmäßigkeit" oder „gesetzlichen Gültigkeit" sondert und jedenfalls die erstere in vollem Umfange den Gerichten abspricht. Die Einführung der Verwaltungsgerichtsbarkeit (§§ 127 ff. L.V.G.) hat daran weder etwas geändert, noch ändern wollen, wie der ganze Zusammenhang der Gesetzgebung und z. B. die bei v. **Brauchitsch** Note 240 angeführte Materialienstelle deutlich zeigt. Dementsprechend hat sich denn auch die constante Judicatur des O.V.G. gestaltet (v. **Brauchitsch** a. a. O.) Vgl. außer der von mir a. a. O. genannten Litteratur über die Frage jetzt noch O. **Mueller**, Die Begriffe der Verwaltungsrechtspflege und des Verwaltungsstreitverfahrens (1895) S. 22.

Gesetz beruht, seine Thätigkeit aber nie das Gesetz als Ganzes begreift, so ergiebt sich, daß die Controle des Richters stets nur eine mittelbare, indirecte ist, [3]) während die Verwaltungscontrole je nach der Verschiedenheit der Sachlage sowohl den einzelnen, unter die Verordnung zu subsumirenden Fall, als auch diese selbst als Ganzes ins Auge fassen kann. Hiernach kommt im Einzelnen eine dreifache Art der Controle des polizeilichen Verordnungsrechts rechtlich in Betracht: die Controle des Strafrichters, die indirecte Verwaltungscontrole und die Controle des Verwaltungsrichters, die directe Verwaltungscontrole.

§ 52. Die Controle des Strafrichters.

Die Subsumtion des einzelnen Uebertretungsfalles unter das in der polizeilichen Verordnung liegende Strafgesetz ist nach dem heutigen Recht, wenigstens endgiltig, lediglich Sache des Strafrichters. [1]) Es war dieses Princip speciell bereits in § 17 des G. v. 11. März 1850, [2]) wie in § 15 V.O. v. 20. September 1867 [3]), ebenso aber auch im § 209 Abs. 3 des Allg. Berg-G. v. 24. Juni 1865 ausgesprochen; für das heutige preußische Recht liegt es in dem allgemeinen Grundsatze des § 13 des deutschen Gerichtsverfassungs-G. v. 27. Jan. 1877 beschlossen. [4]) Nur in bestimmtem

[3]) Dieselbe Natur hat die richterliche Thätigkeit auch, was im Texte keiner besonderen Hervorhebung bedurfte, bei Anwendung eines Individualgesetzes (vgl. oben §§ 2. 3. 25 IV). Auch hier subsumirt der Richter nur den realen Thatbestand unter den ihm congruent gedachten (ideellen) des Gesetzes, den dasselbe als individuellen geregelt hat. Wird die Rechtsungiltigkeit des Individualgesetzes oder der Individualverordnung behauptet, so bedeutet das (wenigstens für die individuellen Ausnahmegesetze: vgl. wie oben), daß der dem Richter vorliegende Einzelthatbestand nicht als individueller unter das Individualgesetz, sondern als concreter unter den abstracten Thatbestand des die Regel enthaltenden Gesetzes falle. Auch hier handelt es sich also unmittelbar nur um die Beurtheilung des Einzelfalles und es frägt sich nur, ob dieselbe für ihn als für einen individuellen, oder als einen concreten zu geschehen habe, was durch die Prüfung der Rechtsgiltigkeit des Individualgesetzes entschieden wird.

[1]) Nach § 27 Nr. 1 des Reichs-Ger.Verf.G. sind die Schöffengerichte competent. Dagegen ist die Festsetzung der durch eine Verwaltungsverfügung der Polizeibehörden angedrohten Zwangs- (Executiv-) Strafe nicht Sache des Strafrichters, sondern der Behörde, eventuell unter Controle des Verwaltungsrichters; vgl. schon oben § 19 Note 9.

[2]) Vgl. dazu Art. XIII des Einf.G. zum preuß. Str.G.B. v. 1851.

[3]) Hier in der Form einer feststehenden Voraussetzung: „Die Polizeirichter haben, wenn sie über Zuwiderhandlungen gegen polizeiliche Vorschriften (§§ 6 und 11) erkennen u. s. w.“

[4]) „Vor die ordentlichen Gerichte gehören alle ... Strafsachen, für welche nicht

Umfange, dessen Darstellung nicht Sache dieses Buches ist, steht in Preußen den Polizeibehörden das Recht zu, die wegen einer Uebertretung verwirkte Strafe, stets jedoch unter Vorbehalt des Rechtsweges binnen bestimmter Frist, durch Verfügung vorläufig festzusetzen. [5]) In dieser ihrer Function stehen die Polizeibehörden, was den Charakter ihrer Thätigkeit anlangt, dem Strafrichter völlig gleich; sie üben damit eine, wenn auch nur vorläufige, Rechtsprechung in Strafsachen aus und unterliegen demnach allen für eine solche maßgebenden Rechtsnormen. [6]) Dieselben gestalten sich für die Controle des polizeilichen Strafverordnungsrechts folgendermaßen:

I. Die Controle, welche der Strafrichter gegenüber einer von ihm zur Anwendung zu bringenden Strafverordnung ausübt, ist ihrer Natur nach eine Rechtscontrole. Sie erstreckt sich daher einzig und allein auf die Rechtsgiltigkeit der Verordnung, nicht aber auf ihre Nothwendigkeit und Zweckmäßigkeit. Die verschiedenen Gesetze lassen es sich angelegen sein, diesen Gegensatz besonders hervorzuheben. [7])

---

entweder die Zuständigkeit von Verwaltungsbehörden oder Verwaltungsgerichten begründet ist, oder reichsgesetzlich besondere Gerichte bestellt oder zugelassen sind."

[5]) §§ 453—458 R.Str.Pr.O. Dazu preuß. G. v. 23. April 1883; vgl. oben § 19 Note 1.

[6]) Richtig schon erkannt von Förstemann S. 198. — Die vorläufigen Straffestsetzungsverfügungen wegen Uebertretungen sind also von den die Androhung bezw. Festsetzung einer Executivstrafe enthaltenden Verwaltungsverfügungen der Polizeibehörden, und beide wiederum von den Polizeistrafverordnungen wohl zu unterscheiden. Bei den letzten droht die Polizeibehörde eine öffentliche Strafe durch Rechtsvorschrift an, sie fungirt als Gesetzgeber; bei den Verwaltungsverfügungen droht sie eine Executivstrafe als Zwangsmittel an bezw. setzt sie dieselbe zwangsweise fest, sie fungirt als Verwaltungsbehörde; bei den vorläufigen Straffestsetzungsverfügungen verurtheilt sie, wenn auch nur bedingt, den Uebertreter zur Zahlung einer verwirkten öffentlichen Strafe, sie fungirt als Richter. Diese Unterschiede treten bei Stein, Polizeirecht S. 45 und Anderen nicht ausreichend hervor; vgl. dagegen meinen Art. „Polizeiliche Strafverfügungen", sowie das oben § 19 Note 9 citirte Erk. v. 21. Febr. 1874.

[7]) § 17 G. v. 11. März 1850: „Die Polizeirichter haben über alle Zuwiderhandlungen gegen polizeiliche Vorschriften (§§ 5 und 11) zu erkennen, und dabei nicht die Nothwendigkeit oder Zweckmäßigkeit, sondern nur die gesetzliche Gültigkeit jener Vorschriften nach den Bestimmungen der §§ 5. 11 und 15 des Gesetzes in Erwägung zu ziehen." Analog § 15 der V.O. v. 20. Sept. 1867 (vgl. oben Note 3) unter Hervorhebung der entsprechenden „§§ 5. 11 und 13". Auf § 17 des G. v. 1850 verweist für die Verordnungen der Oberbergämter der § 11 des G. v. 10. Juni 1861

II. Das Prüfungsrecht des Strafrichters, welcher im einzelnen Falle auf Grund der polizeilichen Strafverordnung eine Strafe gegen den Uebertreter aussprechen soll, ergreift die Rechtsgiltigkeit der Verordnung ausnahmslos nach allen ihren Richtungen. Die besondere Verweisung des § 16 bezw. 14 auf die §§ 5, 11, 15 bezw. 5, 11, 13 der betreffenden Gesetze kann keine Einschränkung dieses Grundsatzes herbeiführen. Denn gegenüber den allgemeinen und verfassungsmäßigen Principien, welche die Gerichte lediglich den Gesetzen d. h. aber dem wirklich geltenden Rechte unterwerfen [8]) und sie insbesondere zur Verhängung von Strafen nur in „Gemäßheit des Gesetzes" ermächtigen, [9]) würde es einer ausdrücklichen und zweifelsfreien Ausnahmebestimmung bedürfen, um ihnen nach bestimmter Richtung die Prüfung der Rechtsgiltigkeit anzuwendender Strafgesetze zu verschränken. Eine solche aber kann allein darin, daß das Gesetz bei Anerkennung jenes Prüfungsrechts ausschließlich auf gewisse, für die Rechtsgiltigkeit von Polizeiverordnungen maßgebende §§ verweist, andere dagegen, welche sich theils auf den Gegenstand der zu erlassenden Verordnungen (§§ 6, 12), theils aber auf die bei landwirthschaftspolizeilichen Materien nöthige Zustimmung der Gemeindevertretung (§ 7) beziehen, auslässt, nicht gefunden werden. Im Gegentheil ist es nach Maßgabe des vorliegenden Gesetzes und gemäß allgemeinen Auslegungsprincipien unbedingt geboten, statt der Anwendung eines bedenklichen argumentum e contrario, die ausgelassenen §§ als in den ausdrücklich herangezogenen stillschweigend mitbegriffen zu erachten. Denn der § 7 cit. enthält nichts Anderes, als eine für eine bestimmte Materie vorgeschriebene Potenzirung der auch in § 5 allgemein vorgesehenen Mitwirkung von Gemeindeorganen,[10]) und

betr. die Competenz der Oberbergämter, wogegen jetzt der § 209 Abs. 3 des Allg. Berg=G. selbständig bestimmt: „Die Entscheidung steht den ordentlichen Gerichten zu. Dieselben haben hierbei nicht die Nothwendigkeit oder Zweckmäßigkeit, sondern nur die gesetzliche Gültigkeit der von den Bergbehörden erlassenen polizeilichen Vorschriften zu prüfen." — Vgl. auch § 24 Abs. 2 des bad. Pol.Str.G.B., Art. 15 des bayrischen.

8) Art. 86 Abs. 1 der preuß. Verfassung mit § 1 des Reichs=Ger.Verf.G.; vgl. oben § 51 Note 1.

9) Art. 8 der preuß. Verfassung, verglichen mit § 332 des preuß. Str.G.B.

10) Analoges würde von § 13 G. (Mitwirkung des Bezirksraths bei landwirthschaftlichen Polizeiverordnungen) gelten, welcher jedoch keine praktische Bedeutung erlangt hat; vgl. oben § 43 Note 11. 12.

auch die §§ 6 bezw. 12[11]) sind nur Ausführungsbestimmungen, welche die gegenständliche Tragweite der in § 5 bezw. 11 principiell ausgesprochenen Delegation zum Erlaß „ortspolizeilicher" bezw. bezirkspolizeilicher Vorschriften des Näheren specialisiren und überdies durch den in § 17 angeführten § 15, welcher einen inhaltlichen Widerspruch der zu erlassenden Verordnungen „mit den Gesetzen" schlechthin verbietet, gedeckt erscheinen müssen.[11a]) Diesen Standpunkt hat in der That das frühere Ober-Tribunal in mehreren, zum Theil im Plenum gefaßten Entscheidungen[12]) ausführlich begründet, und die gegenwärtig in Straf-, wie in Verwaltungsrechtssachen höchsten Gerichte haben sich ihm vollinhaltlich angeschlossen.[13]) Derselbe muß aber auch für die Zukunft unbedingt festgehalten werden, trotzdem die jetzt bekannt gewordenen Materialien erkennen lassen, daß allerdings die in den ministeriellen Vorentwürfen dem § 17 des Gesetzes entsprechenden §§ 12 bezw. 19 mit ihren Verweisungen auf bestimmte vorangegangene §§ eine exclusive Tendenz speciell in der Richtung verfolgten, die richterliche Nachprüfung hinsichtlich des Gegenstandes der Polizeiverordnungen und zwar insbesondere hinsichtlich des ortspolizeilichen Charakters der von den Localbehörden erlassenen auszuschließen.[14]) Indessen scheint es,

11) Dazu § 14, welcher die über das polizeiliche Gebiet hinausgehende Verordnungsbefugniß der Regierungen aufhebt; vgl. oben § 22 Note 11.

11a) Vgl. für den ersten Punkt oben § 27 II Nr. 1, für den zweiten § 17.

12) Erk. v. 8. Nov. 1864 (Oppenhoff, Rechtspr. Bd. 5 S. 237) und Plenar-Erk v. 8. Mai 1865 (Bd. 6 S. 91).

13) So insbesondere, und zwar unter ausdrücklicher Bezugnahme auf die angeführte Judicatur des O.Trib., Erk. K.G. v. 5. Juli 1883 (Johow Bd. 4 S. 259 f.) und die § 51 Note 1 citirten Erkenntnisse des O.V.G.

14) Der erste Ministerial-Entwurf „über die Ortspolizei" lautete in § 12: „Die Gerichte, welche berufen sind, über Zuwiderhandlungen gegen ortspolizeiliche Vorschriften zu erkennen, haben nicht die Nothwendigkeit oder Zweckmäßigkeit der letzteren, sondern nur die Frage: ob sie den Bestimmungen der §§ 5. 7 und 9 dieses Gesetzes gemäß erlassen sind und ob nicht ein Widerspruch mit anderen Gesetzen oder mit Verordnungen einer höheren Behörde besteht, in Erwägung zu ziehen." Der § 5 des Entwurfs entsprach dem jetzigen § 5 Abs. 1 des Gesetzes, der § 7 dem jetzigen § 7 (Zustimmung der Gemeindevertretung bei landwirthschaftlichen Polizeiverordnungen), der § 9 mit bestimmter Abweichung (vgl. oben § 50 Note 26) dem § 8 des Gesetzes. Das in § 12 des Entwurfs besonders hervorgehobene Verbot des Widerspruchs mit Gesetzen u. s. w. war in § 8 Abs. 2 des Entwurfs aufgenommen, während § 8 Abs. 1 in Verbindung mit § 6 litt. h (= § 6 litt. i des Gesetzes) den allgemeinen Charakter der ortspolizeilichen Verordnungen fixirte (vgl. oben § 27 Note 19). Der Auslassung von § 6 und § 8 Abs. 1 des Entwurfs entsprach fol-

daß diese Beschränkung schon in dem den Kammern vorgelegten Entwurf zu Gunsten der hier vertretenen Auslegung selbst wieder aufgegeben worden ist.[15]) Jedenfalls ist man bei der parlamentarischen Berathung des Gesetzes sowohl auf Seiten der Volksvertretung, wie der Regierung davon ausgegangen, daß die Prüfung der Rechtsgiltigkeit der Verordnung schlechthin, nur unter Aus-

---

gende Stelle der „Erläuterungen": „Der § 12 hat den Zweck, die Gerichte von der Cognition darüber auszuschließen, ob die ortspolizeiliche Vorschrift nothwendig oder zweckmäßig sei und ob sie einen Gegenstand betreffe, der seiner Natur nach nicht in das Gebiet der Ortspolizei gehört. Ohne eine positive Vorschrift würde es zweifelhaft sein, ob diese Fragen rein administrativer Natur seien; namentlich würden die Gerichte versucht sein, auch ihrerseits die Gesetzlichkeit der Ortspolizeiverordnungen der Bestimmung in § 6 litt. b und dem ersten Satze des § 8 gegenüber zu prüfen." — Der § 19 des 2. Ministerialentwurfs über die Orts- und Districtspolizei entspricht genau dem § 12 des 1. Entwurfs und hebt als diejenigen Bestimmungen, auf welche sich das richterliche Prüfungsrecht zu erstrecken habe, seine eigenen §§ 5. 7. 9. 12. 15. 16 hervor. Die §§ 10. 11 dieses Entwurfs behandeln das Außerkraftsetzungsrecht, § 12 entspricht dem jetzigen § 11 Abs. 1 des Gesetzes, die demnächst ausgelassenen §§ 13 und 14 sind modificirt (vgl. oben § 27 Note 24) in § 12 G. übergegangen, § 15 des Entwurfs erfordert gleich § 13 des G. die Zustimmung des Bezirksraths zu landwirthschaftlichen Verordnungen und § 16 = § 14 des G. beseitigt das Verordnungsrecht der Regierungen außerhalb des polizeilichen Gebietes.

15) Dafür spricht zunächst die principielle Fassung des mit dem jetzigen Gesetzestexte wesentlich übereinstimmenden Regierungsentwurfs. Gegenüber den Ministerialentwürfen (vgl. Note 14) beruft er zum ersten Male die Gerichte zur Prüfung nicht bloß bestimmter „Fragen", sondern „der gesetzlichen Gültigkeit jener Vorschriften". Weiter spricht dafür, daß gegenüber dem 2. Ministerialentwurfe aus dem Katalog den angeführten §§ auch die §§ 7. 13 des Gesetzes, betreffend die Zustimmung der Selbstverwaltungskörper bei landwirthschaftlichen Verordnungen, und der § 14 (nichtpolizeiliches Verordnungsrecht) weggelassen worden sind. Diese Auslassungen können unmöglich auf die Absicht noch weiterer Beschränkung des richterlichen Prüfungsrechts zurückgeführt werden, da es insbesondere mit Bezug auf §§ 7. 13 undenkbar ist, daß der Entwurf eine Nachprüfung der erfolgten Berathung mit dem Gemeindevorstande (§ 5) zulassen, aber eine solche hinsichtlich der Zustimmung bei landwirthschaftlichen Verordnungen ausschließen wollte. Es bleibt also nur anzunehmen, daß man durch die Anführung der §§ 5. 11. 15 die Prüfung der „gesetzlichen Gültigkeit" im Gegensatz zur „Nothwendigkeit und Zweckmäßigkeit" in vollem Umfange decken wollte und für gedeckt erachtete, und deshalb in diesem Sinne nun nicht bloß die §§ 6 und 12 des Gesetzes, sondern auch noch die §§ 7. 13 und 14 ausließ. Wenn der den Kammern vorgelegte Entwurf schließlich den § 15 citirte, während die Ministerialentwürfe ausdrücklich die richterliche Prüfung darauf erstreckten, „ob die polizeilichen Vorschriften nicht im Widerspruche mit anderen Gesetzen oder Verordnungen stehen", so ist auch hier eine, die im Text gegebene Auslegung des Gesetzes stützende, Veränderung nicht zu verkennen. Denn der § 15 spricht nicht von „anderen Gesetzen", sondern verbietet schlechtweg Bestimmungen, welche „mit den Gesetzen",

schluß der Nothwendigkeits- und Zweckmäßigkeits-Controle, den Gerichten zustehen solle.[16]) Dadurch erlangt die an sich in erster Reihe entscheidende Auslegung des Gesetzes aus sich selbst heraus, eine bedeutsame Unterstützung. Eine weitere ergiebt sich aber daraus, daß auch die spätere preußische Gesetzgebung, wie sie in § 209 Abs. 3 des Allg. Berg-G. zu Tage tritt, die Rechtscontrole, ohne jede Beschränkung namentlich in gegenständlicher Hinsicht, der Nachprüfung von Nothwendigkeit oder Zweckmäßigkeit der Verordnung einfach gegenüberstellt.

III. Da eine Polizeistrafverordnung nur auf Grund einer rechtsgiltigen gesetzlichen Delegation ergehen kann und ihre Rechtsgiltigkeit mit der des delegirenden Gesetzes steht und fällt, so hat sich die Prüfung des Strafrichters in erster Reihe auf die letztere zu erstrecken. Hier kommen für ihn alle diejenigen Normen in Betracht, welche nach deutschem Reichs- und preußischem Landesrecht für das richterliche Prüfungsrecht Gesetzen gegenüber gelten.[17])

---

also auch mit den die Gegenstände der Delegation fixirenden Normen dieses Gesetzes in Widerspruch stehen. Vgl. zu letzterem Punkte die entsprechenden Ausführungen der Note 12 citirten Erkenntnisse S. 241 bezw. 97.

16) Es kommt in Betracht a) der Bericht der Commission der 1. Kammer zu § 17, welcher hervorhebt, daß, „nachdem die Ausübung der Polizeigerichtsbarkeit auf die Gerichte übergegangen ist, diesen die Befugniß nicht entzogen werden kann, zu prüfen, ob die Verordnungen, welche sie zur Anwendung bringen sollen, gesetzliche Gültigkeit haben." In diese Prüfung wird dann schlechtweg die Feststellung hineinbezogen, „ob die betreffende Behörde befugt war, die Verordnung zu erlassen". — b) Die Erklärung des Regierungs-Commissars, Geh. Justizraths Bischof (Sten.Ber. I. Kammer S. 2337), welcher gegenüber der Bemerkung eines Abgeordneten, daß der § 17 als selbstverständlich gestrichen werden könnte, erwiderte, seine Bedeutung beruhe darin, „daß die Richter nicht die Nothwendigkeit oder Zweckmäßigkeit, sondern nur die gesetzliche Gültigkeit der Verordnungen zu prüfen haben sollen." Von einer Beschränkung der letzteren, die als nicht selbstverständlich in erster Reihe hervorzuheben gewesen wäre, ist nicht die Rede. — c) Mit Recht wird in den Note 12 citirten Erkenntnissen, abgesehen von dem Punkt zu b, auch das betont, daß bei den Berathungen stets auf das rheinisch-französische Recht als die Grundlage des vorliegenden Entwurfes hingewiesen worden sei (vgl. oben §§ 9. 10), in diesem aber die richterliche Prüfung der Polizeiverordnungen auch in gegenständlicher Hinsicht außer Zweifel gewesen sei (vgl. unten Note 21). Hat doch der Regierungs-Commissar Delius (Sten.Ber. I. Kammer S. 2331; vgl. oben § 10 Note 10) selbst auf die übergroße Menge derartiger französischer Cassationsurtheile hingewiesen und demgegenüber die allgemeine Clausel in § 6 litt. i des Entwurfs empfohlen, ohne aber anzudeuten, daß auch über die Innehaltung des so erweiterten Gebiets polizeilicher Verordnungen die richterliche Prüfung ausgeschlossen sein sollte.

17) Die Ausführung dieser Grundsätze gehört nicht in den Rahmen dieser Dar-

Insbesondere ist der preußische Richter einem die Delegation enthaltenden Landesgesetze gegenüber, wie überhaupt, durch die Bestimmung des Art. 106 der Verfassung gebunden, wonach ihm die Prüfung der Rechtsgiltigkeit königlicher Verordnungen über die gehörige Verkündigung hinaus nicht zusteht.

IV. Eine Polizeistrafverordnung kann ihre rechtsverbindliche Kraft nur insoweit aus dem die Delegation enthaltenden Gesetze entnehmen, als sie subjectiv und objectiv derselben entspricht;[18]) sie hat genau nur in dem Umfange Gesetzeskraft, in welchem sie durch das delegirende Gesetz zugelassen ist. Damit ist für den Strafrichter das Recht und die Pflicht begründet, die Rechtsgiltigkeit der Verordnung nach allen Richtungen ihrer subjectiven und objectiven Uebereinstimmung mit dem Umfange der Delegation zu prüfen, ohne daß dabei auch der preußische Richter an die einschränkende, nur für königliche Verordnungen geltende,[19]) Bestimmung des Art. 106 der Verfassung gebunden wäre. Welche Momente dabei der Richter ins Auge zu fassen hat, hat im Einzelnen der Gesammtinhalt der vorangegangenen Ausführungen ergeben; es sind genau dieselben, welche auch für die erlassende Behörde nach der Seite der Rechtsgiltigkeit der Verordnung hin maßgebend sind. Zusammenfassend möge hervorgehoben werden, daß subjectiv die Prüfung zunächst darauf gerichtet sein wird, ob die Behörde, von der die Verordnung ausgegangen ist, für den örtlichen Bereich derselben zum Erlaß befugt gewesen ist, sodann aber auch darauf, ob, von den Ausnahmefällen, welche keinen Aufschub gestatten, abgesehen, die durch das Gesetz erforderte Mitwirkung der selbstverwaltenden Körperschaften, sei es Zustimmung derselben, sei es Berathung mit ihnen, dem Erlaß der Verordnung voraufgegangen ist.[20]) Gleiches muß für

stellung. Die Anschauungen des Verfassers ergeben sich aus den analogen Ausführungen über das richterliche Prüfungsrecht gegenüber Polizeiverordnungen.

18) Vgl. oben § 17 bei Note 5.

19) Vgl. die Ausführungen des Note 12 citirten Erk. v. 8. Mai 1865 S. 95.

20) Vgl. oben § 43 III Nr. 6, sowie Note 14—16 dieses Paragraphen. Daß auch hier, wie das gegenüber dem formalen Gesetze anerkannt ist, die sogen. interna corporis (Gneist), Beschlußfähigkeit, Abstimmung der zustimmenden Körperschaft, keinen Gegenstand der richterlichen Prüfung abgeben, ist analog anzunehmen. Gegen die begrifflich negirenden Ausführungen Laband's 2. Aufl. Bd. 1 S. 554 f. vgl. Gierke bei Grünhut Bd. 6 S. 231 u. G. Meyer, Staatsrecht 4. Aufl. S. 547. — In Bezug auf § 143 Abs. 1 Schlußsatz L.V.G. hat das O.V.G in einem Erk. v. 7. Juni 1887 bei Binseel 8 S. 320 Sp. 1 ausgeführt, daß die Frage, ob die erforderliche Zustimmung des Gemeindevorstandes in der That versagt und deshalb

den Außerkraftsetzungsbeschluß der Aufsichtsbehörde gelten. Was die objective Seite der Prüfung anlangt, so kommt zunächst in Betracht, ob die in der Verordnung enthaltene Norm ihrem Gegenstand und Inhalte nach dem delegirenden Gesetze entspricht.[21]) Die oben vorgenommene Abgrenzung des Begriffs der Polizei in negativer und positiver Hinsicht,[22]) sowie für die Verordnungen der

ein Fall der Ergänzung derselben gegeben war (vgl. z. B. oben § 44 Note 33), ausschließlich der Cognition der ergänzenden Behörde, ohne (verwaltungs-) richterliche Nachprüfung unterliege. Doch erscheint die gegebene Begründung nicht zureichend, diese Ausnahme von dem allgemeinen Princip zu rechtfertigen. Namentlich ist es zwar richtig, daß jene Frage „rein thatsächlicher Natur" ist; trotzdem gehört sie „dem Gebiete der Rechtsanwendung" ebenso an, wie die Frage der erfolgten Mitwirkung der Selbstverwaltungskörper überhaupt, und es ist in keiner Weise im Gesetz zum Ausdruck gebracht, daß der Beschluß der ergänzenden Behörde auch gegenüber der gerichtlichen Controle „die Angelegenheit in dem fraglichen Punkte endgiltig zum Abschluß bringen solle."

21) Vgl. die Ausführungen zu II. Das Recht des Richters zu prüfen, ob die Verordnung ihrem Gegenstande nach der Delegation entspricht, wird nach der oben Note 12. 13 angeführten Judicatur principiell jetzt nicht mehr bestritten. Vgl. noch besonders die Erk. O.Trib. v. 26. Juni 1878 (Oppenhoff, Rechtspr. Bd. 19 S. 335 = V.M.Bl. S. 249), v. 9. Nov. 1876 (Oppenhoff Bd. 17 S. 722) und v. 8. Juli 1868 (Bd. 9 S. 437). Aus der französischen Litteratur ausführlich Champagny Bd. 1 S. 151. 152.

22) Ein Punkt bedarf hier besonderer Hervorhebung, der hart auf der Grenzscheide der Rechtscontrole und der Zweckmäßigkeitsprüfung liegt. Es ist oben (vgl. § 26 Note 4) als Postulat des Polizeibegriffes entwickelt worden, daß die Verordnung zur Befriedigung eines Gemeininteresses ergehen müsse. Allerdings ist nun die Prüfung, ob die Verordnung objectiv irgend ein Gemeininteresse zu fördern geeignet ist, als eine Zweckmäßigkeitsfrage nach § 17 G. v. 1850 den Verwaltungsbehörden ausschließlich vorbehalten; allein dem liegt die rein thatsächliche Voraussetzung zu Grunde, daß die erlassende Behörde selbst subjectiv ein Gemeininteresse mit Erlaß der Verordnung verfolgt habe. Kommt daher der Richter zu einer dem entgegengesetzten Ueberzeugung, findet er insbesondere, daß die Verordnung überhaupt nicht mehr auf objectiven polizeilichen Motiven, sondern auf Willkür, Pflichtwidrigkeit und Chikane beruht (Entsch. O.V.G. Bd. 2 S. 393, Bd. 3 S. 337, Bd. 7 S. 310, Bd. 8 S. 293; vgl. meinen Artikel „Polizeiliche Verfügungen" in v. Stengel's Wörterbuch Bd. 2 S. 272), so steht der Ausschluß der Zweckmäßigkeitsprüfung einer richterlichen Reprobirung der Verordnung nicht entgegen. Nur wird der Richter aus seiner Ueberzeugung von der Zweckwidrigkeit oder Unzweckmäßigkeit der polizeilichen Vorschriften nicht ohne Weiteres auf die Zwecklosigkeit der Verordnung (im eigentlichen und subjectiven Sinne) schließen dürfen, d. h. er wird aus seiner auf die Beurtheilung der Rechtsgiltigkeit der Verordnung einflußlosen Annahme, daß die Vorschriften derselben nicht zweckdienlich sind, das Gemeininteresse irgendwie zu fördern, nicht folgern dürfen, daß auch die erlassende Behörde subjectiv keinen Gemeinzweck im Auge gehabt habe, den sie mit

Ortspolizeibehörden die der Ortspolizei im materiellen Sinne von der Landespolizei [23]) wird auch hier von entscheidender Bedeutung sein. Verordnungen, deren Inhalt unzulässiger Weise einem Gesetze oder einer höheren Polizeiverordnung widerspricht, wird der Richter die rechtliche Anwendung zu versagen haben.

Erlaß der Verordnung erreichen wollte. So ergiebt sich allerdings das Resultat, daß wegen mangelnden Gemeininteresses der Richter thatsächlich nur in seltenen Fällen eine Verordnung für rechtsungiltig wird erklären können. Zunächst dann, wenn diese selbst einen deutlichen Ausspruch der Behörde enthält, daß dieselbe bei Erlaß der Verordnung ein Gemeininteresse nicht verfolgt habe. Einen solchen Fall sah das Erk. O.Trib. v. 8. Nov. 1864 (Oppenhoff, Rechtspr. Bd. 5 S. 237) in der Verordnung einer Regierung, welche unter anderem bestimmte: „Es darf nicht mehr nach Musik getanzt werden, ohne daß eine schriftliche und mit dem Stempel versehene Erlaubniß der Ortspolizeibehörde zuvor eingeholt worden ist." Aus dem in der Verordnung selbst enthaltenen Zusatz: „Diese Erlaubniß wird in solchen Fällen nie verweigert werden, wenn ein Privatmann in eigener Wohnung geladenen Gästen eine Tanzbelustigung auf eigene Kosten giebt", folgerte das Gericht, „daß die polizeiliche Regulirung derartiger Tanzbelustigungen, deren Erlaubniß niemals versagt werden darf, nicht durch die Verhältnisse des Regierungsbezirks geboten gewesen sein kann", d. h. daß insoweit die Behörde die Befriedigung eines Gemeininteresses mit Erlaß der Verordnung überhaupt nicht beabsichtigt habe. Ueber solche Fälle hinaus wird man aber auch dann eine rechtliche Reprobirung der Verordnung zulassen müssen, wenn dieselbe Maßregeln enthält, welche auch nach objectiver Betrachtung „unter keinen Umständen durch das öffentliche Interesse erfordert sein können", und daher zwingend nur den Schluß auf subjective Verfehlung der Behörde in Bezug auf die Grenzen ihrer Polizeigewalt übrig lassen, wie dies in dem Falle des oben § 25 Note 4 citirten Erk. O.V.G. v. 26. Juni 1894 angenommen worden ist. — Ueber die erhöhte Objectivirung dieses richterlichen Prüfungsrechts mit Rücksicht auf den gesetzlich bestimmten Wirkungskreis der Commune vgl. oben § 26 II Nr. 2. Zum Gegensatz von objectiver und subjectiver Zwecklosigkeit einerseits und von Zwecklosigkeit und Zweckwidrigkeit andererseits s. v. Ihering, Zweck im Recht, Bd. 1 S. 22. Gegen die hier gegebenen Ausführungen wendet sich auf Grund seines oben § 51 Note 2 besprochenen weitergehenden Standpunktes Tezner S. 99; übereinstimmend der Sache nach, unter Heranziehung des französischen excès de pouvoir, die Recension des Tezner'schen Buches von Bernatzik in Grünhut's Ztschr. Bd. 18 S. 159 ff.; dagegen wieder Tezner ebenda Bd. 19 S. 391.

[23]) Daß nach Maßgabe des vorliegenden Gesetzes auch der ortspolizeiliche Charakter der Materie einer richterlichen Prüfung unterliegt, kann nach dem oben im Text II Ausgeführten nicht zweifelhaft sein. Die Judicatur stimmt damit überein, wie für das Kammergericht aus den noch weitergehenden, oben § 27 Note 26 angeführten Erkenntnissen hervorgeht, vom O.V.G. aber in den Erk. v. 10. Juni 1880 und 14. Juni 1882 (Entsch. Bd. 9 S. 364 Note, und S. 368) ausdrücklich ausgesprochen ist; vgl. auch Erk. v. 28. Oct. 1880, bei Binseel Bd. 2 S. 89 (oben § 44 Note 8). In der Litteratur anderer Ansicht Förstemann S. 198, aber

Endlich wird auch die Strafdrohung der Verordnung hinsichtlich ihrer Rechtsgiltigkeit einer Prüfung sowohl mit Rücksicht auf die angewendete Strafart, wie das Strafmaß zu unterziehen sein.

V. Da endlich eine Polizeistrafverordnung nur durch ihre gehörige Publication nach Außen wirksam wird, so hat der Strafrichter auch nur eine solche Verordnung als rechtsverbindlich zur Anwendung zu bringen, welche nach den vom Gesetz vorgeschriebenen Formen und Arten publicirt ist.[24])

VI. Die Rechtsgiltigkeit der Polizeiverordnung hat der Richter, welcher nur wirkliches Recht zur Anwendung zu bringen hat, von Amtswegen zu prüfen.[25]) Diese Prüfung liegt auch dem höheren Richter selbständig und ohne Rücksicht auf Parteianträge ob.[26])

Hinsichtlich aller dem Strafrichter für die Rechtsgiltigkeit der Verordnung relevanten Thatsachen ist dabei die von der Behörde selbst ihm ertheilte Auskunft für ihn nichts Anderes, als ein Mittel für die Herstellung seiner in der Sache allein entscheidenden Ueberzeugung. Daraus folgt zunächst, daß ein bloßes Urtheil der Behörde ihm weder das Recht noch die Pflicht zu eigener Prüfung der diesem zu Grunde liegenden Thatsachen entziehen kann. Dementsprechend ist anerkannt worden, daß hinsichtlich der Publication einer Polizeiverordnung eine allgemeine Bescheinigung der Behörde,

---

wesentlich nur, weil „zuvor dafür gesorgt werden muß, daß die Richter eine Ausbildung gewinnen, die sie befähigt, die Grenzen zwischen Local- und Landespolizei zu unterscheiden" (Note 1), ebenso Bornhak im Archiv f. öff. Recht Bd. 5 S. 404 ff., Staatsrecht Bd. 3 S. 153 Note 53, der indessen (vgl. oben § 27 Note 11) den materiellen Unterschied von Orts- und Landespolizei überhaupt leugnet. Unrichtig ist die Ausführung des Letzteren, daß die richterliche Nachprüfung nach § 6 litt. i des G. v. 1850 durch das in § 17 ausgesprochene Verbot der Nothwendigkeits- und Zweckmäßigkeitsprüfung mitgetroffen werde; denn es ist etwas Anderes, zu prüfen, ob ein befriedigungsbedürftiges Interesse vorhanden und ob es angemessen befriedigt wird (§ 17), etwas Anderes aber zu untersuchen, welche Eigenschaft und örtliche Beziehung einem als vorhanden angenommenen Interesse zukommt.

24) Vgl. das Nähere, sowie die Judicatur bereits oben § 47 V.

25) Um einen eigentlichen Parteibeweis kann es sich also auch hier niemals handeln. Das Recht kennt der Richter und daher hat er auch aus eigener Initiative festzustellen, was Recht ist und was nicht; nur daß, soweit keine Bedenken obwalten, auch keine besondere Prüfung einzutreten braucht. Nur in diesem Sinne kann von einer praesumtio legalitatis die Rede sein, nicht aber in dem Sinne, daß der Richter formell den Gegenbeweis der Partei abzuwarten habe. Vgl. hierzu v. Schulze-Gävernitz, preuß. Staatsrecht Bd. 2 S. 43, Gerber, Grundzüge § 49, Laband S. 554.

26) Erk. O.V.G. v. 28. Oct. 1880 bei Binseel Bd. 2 S. 89.

„dieselbe sei vorschriftsmäßig erfolgt", den Richter nicht von der Prüfung des Vorhandenseins der die Publication darstellenden einzelnen Thatsachen abzuhalten vermag.[27]) Sodann aber ist der Richter durch jene Auskunft rechtlich in keiner Weise an der Gewinnung einer entgegenstehenden thatsächlichen Ueberzeugung gehindert, wenn andere, besonders von Seiten des Angeklagten beigebrachte Momente ihm dieselbe begründen. Die von der Behörde über die Art der geschehenen Publication ihm ertheilte Auskunft würde ihn nicht binden, wenn der Angeklagte nach dem Urtheil des Richters dieselbe als den Thatsachen nicht entsprechend hinzustellen vermocht hätte.

Dies Alles muß aber unverändert auch gegenüber demjenigen Ausspruch gelten, welchen die Behörde bei der Publication der Verordnung selbst über die Voraussetzungen ihrer Rechtsgiltigkeit veröffentlicht. Auch die sogen. „Publicationsformen" enthalten für den erkennenden Richter nichts Anderes, als eine, sei es rechtliche, sei es thatsächliche Auskunft, deren Richtigkeit dadurch seiner Prüfung nicht entzogen wird, soweit sich dieselbe überhaupt auf die bekundeten Thatsachen zu beziehen hat. Ebenso, wie daher durch die vorgeschriebene Bezeichnung der Verordnung als „Polizeiverordnung" und die Bezugnahme auf die betreffenden §§ der delegirenden Gesetze der Richter an der Bildung eines eigenen Urtheils über die polizeiliche Natur des Gegenstandes der Verordnung und über deren rechtliche Begründung durch die in Bezug genommenen Gesetzesstellen keineswegs gehindert werden kann, ebensowenig wird seine Prüfung der erfolgten Mitwirkung der Selbstverwaltungskörperschaft, der ertheilten Genehmigung zur Erhöhung des Strafmaßes u. s. w. durch den bei Publication der Verordnung geschehenen Ausspruch, daß diesen Erfordernissen der Rechtsgiltigkeit derselben genügt sei, ausgeschlossen. Auch hier bleibt der Richter in gleicher Weise befugt, auf Grund einer entgegengesetzten, sei es spontan gewonnenen, sei es ihm durch die Thätigkeit des Angeklagten vermittelten Ueberzeugung die Rechtsgiltigkeit der Verordnung zu verneinen und derselben die rechtliche Anwendung zu versagen.[28])

---

[27]) Erk. O.Trib. v. 6. Jan. 1859 (Rhein. Arch. Bd. 54 Abth. 2 A S. 61). Der Satz wird wichtig insbesondere gegenüber den eigenthümlichen Publicationsarten örtlicher Polizeiverordnungen. Vgl. oben § 47 Note 31.

[28]) Die entgegengesetzte Ansicht Laband's S. 551 ff. 608 beruht zum über-

VII. Im Gegensatz zu den die Rechtsgiltigkeit der Verordnung bestimmenden Momenten ist die Rechtscontrole des Richters von der Prüfung der Nothwendigkeit und Zweckmäßigkeit derselben ausgeschlossen. Es hat der Strafrichter weder zu prüfen, ob der Erlaß der Verordnung objectiv[29]) überhaupt durch die Zwecke der Verwaltung geboten war (Nothwendigkeit), noch auch ob der für den Erlaß derselben maßgebend gewesene Einzelzweck durch die Vorschriften der Verordnung erreicht werden kann (Zweckmäßigkeit).[30]) Ebensowenig hat ferner der Richter das Moment der zeitlich fixirten Nothwendigkeit einer Verordnung seiner Prüfung zu unterziehen, welches für die Behörde in ihrem Verhältniß zur Mitwirkung der selbstverwaltenden Körperschaften maßgebend war: die Frage, ob die Nothwendigkeit derselben eine solche gewesen ist, daß ihr Erlaß ohne Aufschub erfolgen mußte, ist der strafrichterlichen Beurtheilung entzogen.[31]) Entsprechend ist endlich auch die Befolgung aller derjenigen, für die erlassende Behörde maßgebenden Vorschriften nicht Gegenstand der strafrichterlichen Prüfung, welche lediglich auf die

---

wiegenden Theil auf der ihm eigenthümlichen Auffassung der „Promulgation" (vgl. oben § 47 Note 1), welche im preußischen Polizeiverordnungsrecht keinen gesetzlichen Boden findet. Wenn daher auch die erlassende Behörde das giltige Zustandekommen der Verordnung vor der Publication derselben prüft und das Resultat dieser Prüfung in und mit der Publication selbst ausspricht, so wird dadurch der Richter von einer gleichen Prüfung nicht ausgeschlossen. Seine Prüfung geschieht zum Zwecke der Rechtsanwendung, die der Behörde zum Zweck der Rechtssetzung; die eine kann die andere nicht entbehrlich machen. Wie Laband im Resultate auch Seydel, bayr. Staatsrecht Bd. 3 S. 551 und für Polizeiverordnungen S. 596, sowie die dort Note 1 citirten bayrischen Erkenntnisse.

29) Vgl. dazu oben 22.

30) Die Begriffe „Nothwendigkeit" und „Zweckmäßigkeit" sind hiernach nicht ihrer Art nach verschieden, enthalten vielmehr nur verschiedene Beziehungen desselben Begriffs der freien Zweckthätigkeit. In der Sache vgl. aus der Judicatur des früheren preuß. Ober-Appellationsgerichts Erk. v. 8. Juli 1868 (Oppenhoff, Rechtspr. Bd. 9 S. 489), aus der des Kammergerichts: Erk. v. 7. Nov. 1881, Johow Bd. 3 S. 343, v. 5. Juli 1883, Johow Bd. 4 S. 259, v. 11. Juni 1891, Johow Bd. 11 S. 319. Auch die Judicatur des O.V.G. möge hier gleich mitangeführt sein: Erk. v. 9. Mai 1881, Entsch. Bd. 8 S. 292 (unter besonderer Hervorhebung, daß durch § 17 auch die Prüfung ausgeschlossen werde, „ob durch die Anordnung das besondere Interesse der Einzelnen in ungerechtfertigter Weise beeinträchtigt wird"; vgl. oben § 51 Note 2), Erk. v. 5. Dec. 1881, Entsch. Bd. 8 S. 331, v. 14. Juni 1882, Entsch. Bd. 9 S. 368, v. 12. Mai 1887 bei Binseel Bd. 8 S. 397 Sp. 2, v. 26. Sept. 1889, Entsch. Bd. 18 S. 375, v. 4. Oct. 1892, Entsch. Bd. 23 S. 352.

31) Vgl. oben § 46 Nr. 1.

Zweckmäßigkeit der Verordnung selbst hinwirken oder der Nachprüfung derselben durch die vorgesetzte Verwaltungsbehörde dienen sollen. Demzufolge hat der Richter weder zu untersuchen, ob eine Verordnung den über ihren Erlaß und Inhalt ergangenen Verwaltungsverordnungen entspricht,[32]) noch auch ob die Einreichung einer Abschrift derselben den gesetzlichen[33]) oder instructionellen Vorschriften gemäß an die vorgesetzte Behörde erfolgt sei.

VIII. Die Controle des Strafrichters ist lediglich eine indirecte; sie erfolgt nur zum Zwecke der rechtlichen Beurtheilung des seiner Entscheidung unterliegenden Einzelfalles. Das Resultat seiner Prüfung wirkt daher nicht über den einzelnen Fall hinaus; der Richter kann der Verordnung die Anwendung auf denselben versagen, wenn er sie für rechtsungiltig erachtet, und demgemäß den Angeklagten freisprechen, aber er kann nicht mit allgemeiner Wirkung die Verordnung als solche für rechtsungiltig erklären, sie wegen dieses Defects unbedingt außer Kraft setzen.[34]) Jedem anderen Richter und sogar ihm selbst bleibt im anderen Einzelfalle dieselbe Prüfung mit derselben beschränkten Wirkung vorbehalten.[35])

§ 53. Die indirecte Verwaltungscontrole und die Controle des Verwaltungsrichters.

Auf Grund der in der Polizeistrafverordnung ausgesprochenen Norm können von den Polizeibehörden [1]) polizeiliche Verfügungen erlassen werden, welche ihrer Natur nach in einem concreten Einzelfalle eine Handlung oder Unterlassung in Gemäßheit der abstracten Norm der Verordnung fordern. Der Inhalt solcher auf eine Polizeiverordnung gegründeten Verfügungen ist bereits eingehend Gegenstand der Betrachtung gewesen; [2]) es genügt hier daran zu erinnern, daß dieselben zum großen Theil ihren Grund in der den Polizeibehörden auch gegenüber den bestehenden Polizeiverordnungen zufallenden Aufgabe finden, Normwidrigkeiten nach Möglichkeit zu

---

32) Oben § 17 III.

33) § 8 G. v. 1850. Vgl. dazu § 50 Note 26.

34) Erk. O.Trib. v. 1. Oct. 1857 (Rhein. Archiv Bd. 53 Abth. 2 A S. 35) und die treffenden Ausführungen Stein's bei Grünhut Bd. 6 S. 65.

35) Erk. O.V.G. v. 7. Sept. 1889 bei Binseel Bd. 11 S. 98.

1) Es kommen hier nicht immer diejenigen Behörden in Betracht, welche die Verordnung selbst erlassen haben, sondern auch untergeordnete, welche zur Ausführung derselben berufen sind.

2) Vgl. oben §§ 18—20.

verhindern und herbeigeführte normwidrige Zustände, soweit es das öffentliche Interesse verlangt, zu beseitigen. Es ist zugleich festgestellt worden, inwieweit die Polizeibehörden zur Durchsetzung ihrer dies bezweckenden Verfügungen sich der ihnen zustehenden Zwangsmittel, insbesondere der Androhung und Festsetzung von Executivstrafen, neben der aus der Verordnung resultirenden öffentlichen Strafe, bedienen dürfen. Die Controle dieser Verfügungen kann nun zugleich indirect zu einer Controle der Verordnung, auf Grund deren sie ergehen, und zwar sowohl nach der Seite ihrer Rechtsgiltigkeit wie ihrer Zweckmäßigkeit, führen.

Eine umfassende Darstellung der Controlen des polizeilichen Verfügungsrechts liegt außerhalb des Rahmens dieser Abhandlung. Für den vorliegenden Zweck, die indirect darin liegende Controle des Polizeiverordnungsrechts zu beleuchten, genügen folgende Hervorhebungen:

Nach dem für den ganzen damaligen Umfang der Monarchie ergangenen, auch in den neuen Provinzen eingeführten [3]) Gesetz über die Zulässigkeit des Rechtsweges in Beziehung auf polizeiliche Verfügungen [4]) v. 11. Mai 1842 findet gegen polizeiliche Verfügungen regelmäßig nur die Beschwerde an die vorgesetzten Dienst-

---

3) Das Gesetz gilt zufolge Art. I der V.O. v. 16. Sept. 1867, betreffend die Zulässigkeit des Rechtsweges u. s. w. auch in den 1866 erworbenen Provinzen, in Lauenburg nach § 3 G. v. 25. Febr. 1878.

4) Wenn sich bei Oppenhoff, Ressortverhältnisse S. 343 Note 38. 39 und Förstemann S. 476 die Ansicht ausgesprochen findet, daß unter den „polizeilichen Verfügungen“ des G. v. 11. Mai 1842 auch die polizeilichen Verordnungen begriffen seien, so kann dies doch nur in dem Sinne für richtig erachtet werden, als auch die auf Grund einer Polizeiverordnung erlassenen polizeilichen Verfügungen und damit indirect die Polizeiverordnung selbst den Rechtsmitteln des Gesetzes unterliegen, wie dies im Text näher ausgeführt ist. Etwas Anderes ergeben auch die von Beiden angeführten Erkenntnisse des Gerichtshofes zur Entscheidung der Competenzconflicte nicht; vgl. z. B. Erk. v. 16. Dec. 1854 (J.M.Bl. S. 75), wo es sich um eine Verfügung handelt, die ein Gebot zur Wegschaffung eines polizeiverordnungswidrig errichteten Gebäudes unter Androhung einer Geldstrafe enthält, ebenso Erk. v. 13. Febr. 1858 (J.M.Bl. S. 327), wo es sich um die zwangsweise Ausführung der Cultur einer Wiese handelt, die entgegen den Bestimmungen einer Wiesenpolizei-Ordnung von der Eigenthümerin unterlassen war. In beiden Fällen handelt es sich um die Beseitigung verordnungswidriger Einzelzustände. Der legislatorische Zusammenhang des G. v. 1842 mit den in ihm selbst auch formell aufgehobenen §§ 38—40, insbesondere § 40 Schlußsatz, der V.O. v. 26. Dec. 1808 (vgl. oben § 8 Note 5) kann zu einer anderen Entscheidung nicht führen, da die der gedachten Verordnung zu Grunde liegende Auffassung des Verhältnisses von Verfügung und

behörden statt, mag durch dieselbe die Gesetzmäßigkeit, die Nothwendigkeit oder Zweckmäßigkeit der erlassenen Verfügung bestritten werden (§ 1). Nur ausnahmsweise konnten polizeiliche Verfügungen im Rechtswege, und zwar vor dem Civilrichter, angefochten werden, wenn die Verletzung eines zum Privateigenthum gehörigen Rechts und zugleich behauptet wurde, daß dem in Anspruch Genommenen eine Befreiung von der ihm durch die Verfügung auferlegten Verpflichtung auf Grund einer besonderen gesetzlichen Vorschrift oder eines speciellen Rechtstitels zustände (§ 2). [5]) Für die reorganisirten Provinzen brachte das sog. Competenzgesetz v. 26. Juli 1876 §§ 30 ff. eine theils electiv neben der Beschwerde, theils cumulativ nach ihrer Erschöpfung zulässige verwaltungsgerichtliche Klage gegen polizeiliche Verfügungen der Orts- und Kreispolizeibehörden, bestimmte jedoch in § 4, daß die Zulässigkeit des ordentlichen Rechtsweges durch seine Vorschriften nicht berührt werden solle, wodurch die Beschreitung des Civilrechtsweges im Falle des § 2 G. v. 11. Mai 1842 offen gehalten wurde. Zur Vermeidung divergirender Entscheidungen der obersten Civil- und Verwaltungsgerichte wurde demgegenüber bestimmt, daß, soweit gegen die erstinstanzliche Entscheidung der Verwaltungs-Instanzgerichte (Kreisausschuß, Bezirksverwaltungsgericht) der ordentliche Rechtsweg d. h. der Civilrechtsweg zulässig sei, ein weiteres Rechtsmittel im Verwaltungsstreitverfahren nicht stattfinden solle (§ 4 Abs. 2). Das Org.G. vom 26. Juli 1880 und das L.V.G. haben nunmehr für die ganze Monarchie die Rechtsmittel gegen polizeiliche Verfügungen der Orts- und Kreis-Polizeibehörden (L.V.G. §§ 127—129), sowie des Regierungspräsidenten (L.V.G. § 130) im Sinne einer stricten Scheidung von Civil- und Verwaltungsjurisdiction geregelt. [6]) Hiernach ergiebt sich:

1. Gegen polizeiliche Verfügungen der Orts- und Kreispolizeibehörden findet zunächst die Verwaltungsbeschwerde im Instanzenzuge an die vorgesetzte Polizeibehörde statt. Dieselbe geht:

Verordnung jenem Gesetze eigenthümlich war und dem geltenden Rechte nicht mehr angehört. (Vgl. oben § 12 Note 21).

[5]) Der § 4 läßt dann den Rechtsweg wegen der Entschädigungsfrage zu. Die Klage ist hier nicht gegen die Verfügung als solche gerichtet; vgl. Abs. 2. — Dazu oben § 24 Note 14.

[6]) Vgl. meinen Artikel „Polizeiliche Verfügungen“ in v. Stengel's Wörterbuch Bd. 2 S. 269 ff. und 1. Nachtragsband S. 75, sowie die dort angeführte Litteratur.

a) gegen die Verfügungen der Ortspolizeibehörden auf dem Lande oder einer zu einem Landkreise gehörigen Stadt, deren Einwohnerzahl bis zu 10 000 Einwohnern beträgt,[6a]) an den Landrath und weiter an den Regierungspräsidenten;

b) gegen die Verfügungen der Ortspolizeibehörden eines Stadtkreises, mit Ausnahme von Berlin, einer zu einem Landkreise gehörigen Stadt mit mehr als 10 000 Einwohnern,[6a]) oder des Landraths an den Regierungspräsidenten und weiter an den Oberpräsidenten;

c) gegen ortspolizeiliche Verfügungen in Berlin, sowie gegen solche des Polizeipräsidenten zu Berlin in den seiner Zuständigkeit unterstellten Vororten [7]) an den Oberpräsidenten.

Ebenso findet gegen polizeiliche Verfügungen des Regierungspräsidenten die Beschwerde an den Oberpräsidenten statt. [8])

Die auf die Beschwerde eintretende Nachprüfung umfaßt nicht allein die Gesetzmäßigkeit, sondern auch die Nothwendigkeit und Zweckmäßigkeit einer polizeilichen Verfügung. Da aber nach beiden Richtungen hin die Würdigung der auf Grund einer Polizeiverordnung erlassenen Verfügung durch die der Verordnung selbst bedingt ist, so kann unter Umständen die Anfechtung, wie die Aufhebung der ergangenen Polizeiverfügung im Wege der Verwaltungsbeschwerde auch aus dem Fundamente erfolgen, weil die Nachprüfung der Verordnung sei es deren Ungesetzlichkeit und damit Rechtsungiltigkeit, sei es deren Unnöthigkeit oder Unzweckmäßigkeit ergiebt. [9]) Auch hier ist die Nachprüfung lediglich eine indirecte, nicht über den concreten Einzelfall hinaus wirkende; doch wird es Aufgabe der Verwaltung sein, in einem solchen Falle entweder durch ihre zur directen Nachprüfung der Verordnung berufenen Organe[10]) die Außerkraftsetzung derselben im Ganzen eintreten zu lassen, oder durch eine an die über die Verfügung entscheidenden Be-

---

[6a]) Für Hannover vgl. § 28 Nr. 1 der hannoverschen Kreis-O. v. 6. Mai 1884.

[7]) G. v. 12. Juni 1889 § 3 Abs. 3; vgl. oben § 34 Note 5.

[8]) Gegen die Androhung eines Zwangsmittels (einer Executivstrafe) finden dieselben Rechtsmittel statt, wie gegen die Verfügungen, um deren Durchsetzung es sich handelt. Dagegen findet gegen die Festsetzung und Ausführung eines Zwangsmittels nur die Verwaltungsbeschwerde statt. § 133 Abs. 1. 2 L.V.G.

[9]) Man denke an den Fall, wenn die Beschwerde an den Landrath wegen einer polizeilichen Verfügung gerichtet ist, welche die Ortspolizeibehörde auf Grund einer von ihr selbst erlassenen Polizeiverordnung hat ergehen lassen.

[10]) Vgl. oben § 50, unten § 54.

hörden gerichtete rectificirende Anweisung deren Würdigung der Verordnung mit der Auffassung der höheren, dieselbe direct und im Ganzen prüfenden, Behörden[11]) in Einklang zu bringen.

2. Neben der Verwaltungsbeschwerde findet theils electiv, theils cumulativ eine verwaltungsgerichtliche Klage gegen die verfügende Behörde auf Aufhebung ihrer polizeilichen Verfügung statt.

a) Electiv findet gegen polizeiliche Verfügungen der Orts- und Kreispolizeibehörden im Falle zu Nr. 1 a an Stelle der Beschwerde an den Landrath die Klage beim Kreisausschuß, in den Fällen 1 b und c an Stelle der Beschwerde beim Regierungs- bezw. Oberpräsidenten die Klage beim Bezirksausschuß statt.[12])

b) Cumulativ d. h. nach Erschöpfung des Beschwerdeweges findet in allen unter Nr. 1 bezeichneten Fällen gegen den in letzter Instanz auf die Beschwerde ergangenen Bescheid des Regierungs- bezw. Oberpräsidenten die Klage direct bei dem Oberverwaltungsgerichte statt.[13])

Die verwaltungsgerichtliche Nachprüfung bezieht sich als Rechtscontrole auch einer polizeilichen Verfügung gegenüber nur auf die Gesetzmäßigkeit derselben, nicht auf Nothwendigkeit oder Zweckmäßigkeit.[14]) Dagegen erstreckt sich nach consequenter Festsetzung des § 127 Abs. 4, 5 L.V.G. die Prüfung der Gesetzmäßigkeit der angefochtenen polizeilichen Verfügung durch den Verwaltungsrichter, endgiltig gegenüber dem Civilrichter, auch auf diejenigen Fälle, in denen bisher nach § 2 des G. v. 11. Mai 1842 der ordentliche Rechtsweg zulässig war.[15])

---

[11]) So, wenn, wie bei Note 9, auf die Beschwerde über die Verfügung der Landrath entscheidet, während die Außerkraftsetzung der Verordnung als solcher nur dem Regierungspräsidenten zusteht.

[12]) Im Falle des § 3 Abs. 3 des G. v. 12. Juni 1889 beim Bezirksausschuß zu Potsdam.

[13]) Ueber die Rechtsmittel gegen Verfügungen des Regierungspräsidenten in Sigmaringen vgl. besonders § 130 Abs. 2 L.V.G.

[14]) Im Einzelnen kann die verwaltungsgerichtliche Klage nur darauf gestützt werden, 1) daß der angefochtene Bescheid (die angefochtene Verfügung) durch Nichtanwendung oder unrichtige Anwendung des bestehenden Rechts, insbesondere auch der von den Behörden innerhalb ihrer Zuständigkeit erlassenen Verordnungen den Kläger in seinen Rechten verletze; 2) daß die thatsächlichen Voraussetzungen nicht vorhanden seien, welche die Polizeibehörde zum Erlasse der Verfügung berechtigt haben würden. § 127 Abs. 3 mit § 128 Abs. 2 L.V.G. Ueber das Verhältniß beider Fundamente zu einander vgl. oben § 3 Note 39, im Uebrigen noch § 51 Note 2.

[15]) Trotzdem kann auch jetzt noch der Civilrichter in die Lage kommen, die

Die Anfechtung der Gesetzmäßigkeit einer auf Grund einer polizeilichen Verordnung erlassenen Verfügung kann nun entweder darauf gestützt werden, daß die Verfügung der Verordnung selbst, sei es nach den thatsächlichen Voraussetzungen,[16]) sei es nach den an diese durch die Verordnung geknüpften Rechtsfolgen nicht entspreche, der Verordnung selbst zuwiderlaufe.[17]) Hier findet ein Angriff gegen die Verordnung selbst in keiner Weise statt; dieselbe wird im Gegentheil zum Fundament genommen, um damit die Ungesetzlichkeit der Verfügung zu erweisen. Andererseits kann aber auch die der Verordnung thatsächlich und rechtlich entsprechende Verfügung deshalb als ungesetzlich angefochten werden, weil die Rechtsungiltigkeit der Verordnung selbst vor dem Verwaltungsrichter behauptet wird.[18]) In diesem Falle hat derselbe, ganz ebenso wie der Strafrichter und nach allen für diesen geltenden Normen,[19])

Rechtsgiltigkeit einer Verordnung zu prüfen; vgl. z. B. über einen solchen Fall aus Veranlassung einer Beurtheilung der Entschädigungsfrage nach § 4 des G. v. 11. Mai 1842 oben § 24 Note 11, ferner § 12 Note 10.

16) Daß es bei der Nachprüfung einer auf eine rechtsgiltige Polizeiverordnung gegründeten Verfügung nur noch darauf ankommen kann, ob die in der Verordnung selbst aufgestellten thatsächlichen Voraussetzungen des Erlasses vorhanden sind, nicht aber mehr darauf, ob die Polizeibehörde, auch abgesehen von der Verordnung, nach den thatsächlichen Voraussetzungen der in § 10 II 17 A.L.R. enthaltenen Generalclausel zum Erlaß der Verfügung gerade in diesem Einzelfalle berechtigt gewesen wäre, hebt das Erk. O.V.G. v. 18. März 1886 (Entsch. Bd. 13 S. 395) zutreffend mit der Motivirung hervor, daß es „oft genug geboten ist, eine Regel aufzustellen, welche das öffentliche Interesse bloß für die Mehrzahl der vorkommenden Fälle erfordert oder welche erst vermöge ihrer allgemeinen Anwendung eine Bedeutung für das allgemeine Wohl erlangt." Von dem in dieser Schrift (vgl. oben § 21. 26 I) vertretenen Standpunkte aus erlangt aber dieser Satz für die auf dem Gebiete der sog. Wohlfahrtspolizei sich bewegenden Polizeiverordnungen seine besondere Bedeutung. Vgl. meinen Aufsatz im Verwaltungsarchiv Bd. 3 S. 364 Note 332.

17) In diesem Sinne hebt der § 127 Nr. 1 L.V.G. „die von den Behörden innerhalb ihrer Zuständigkeit erlassenen Verordnungen" selbst hervor. Daß darunter hauptsächlich Polizeiverordnungen begriffen sind, vgl. schon oben § 6 Note 3, sowie Entsch. O.V.G. Bd. 9 S. 364 Note. Dazu die Erk. v. 21. Oct. 1876 (Entsch. Bd. 1 S. 366), v. 20. Dec. 1876 (Bd. 1 S. 399), v. 24. Juni 1878 (Bd. 4 S. 309), v. 22. Oct. 1883 (Bd. 10 S. 309), v. 12. April 1878 (V.M.Bl. S. 125) u. a. m. Vgl. auch oben § 18 II Nr. 1: Keine Mehrforderung über das Maß der verordnungsmäßigen Norm hinaus.

18) Auch hier ist der Kläger nach § 127 Nr. 1 L.V.G. durch „Nichtanwendung oder unrichtige Anwendung des bestehenden Rechts" in seinen Rechten verletzt, indem ihm gegenüber nicht das wirklich geltende Recht, sondern ein Scheinrecht, die rechtlich ungiltige Polizeiverordnung, zum Vollzug gebracht worden ist.

in die Nachprüfung der Polizeiverordnung einzutreten. Auch er prüft nur die Rechtsgiltigkeit der Verordnung, diese aber gleichfalls nach allen ihren Richtungen; aber auch seine Prüfung ist lediglich eine indirecte, er hebt die angefochtene Polizeiverfügung auf, nicht aber die Polizeiverordnung als Ganzes, auf Grund deren sie ergangen ist.

§ 54. Die directe Verwaltungscontrole.

Die directe Verwaltungscontrole liegt, wie bereits erörtert, hinsichtlich der orts-, amts- und kreispolizeilichen Verordnungen dem Regierungspräsidenten (unter Mitwirkung des Bezirksausschusses), hinsichtlich aller Verordnungen untergeordneter Behörden der Ministerialinstanz, insbesondere dem Minister des Innern ob. [1]) Sie ergreift die Verordnung als Ganzes, nicht blos den einzelnen, ihr unterstellten Fall, und wirkt dementsprechend direct durch das Mittel gänzlicher Außerkraftsetzung. Als Verwaltungscontrole umfaßt sie nicht blos die Nachprüfung der Gesetzmäßigkeit, sondern auch der Nothwendigkeit und Zweckmäßigkeit der Verordnung. Man wird jedoch zu genauerer juristischer Charakterisirung dieser Controle drei Fälle derselben je nach dem die Verordnung behaftenden Mangel zu unterscheiden haben:

1. Die ergangene Verordnung entspricht nicht den Anforderungen des objectiven Rechts, sie ist mangels dessen rechtsungiltig, nichtig. Führt die Nachprüfung zu diesem Resultat, so kann im eigentlichen Sinne von einer Außerkraftsetzung der Verordnung nicht die Rede sein; [2]) denn was rechtlich nie in Kraft getreten ist, kann rechtlich auch nicht wieder außer Kraft gesetzt werden. Immerhin besteht, wenn die Verordnung formell wenigstens gehörig erlassen ist, [3]) der Schein einer polizeilichen Rechtsvorschrift; die äußere Thatsache des geschehenen Erlasses der Verordnung kann dadurch, daß das Recht derselben rechtliche Anerkennung versagt, nicht aus der Welt geschafft werden; schon sie ist allein im Stande,

[19]) Demzufolge ist die Judicatur des O.V.G. über die Controle des Verwaltungsrichters bereits im § 52 mitberücksichtigt und angeführt worden.

[1]) Vgl. oben § 50.

[2]) Vgl. auch Seydel, bayr. Staatsrecht Bd. 2 S. 594 Note 4.

[3]) ... während sie materiell rechtswidrig ist, indem sie insbesondere gegenständlich oder inhaltlich der Delegation zuwider ist, oder etwa die vom Gesetz geforderte Mitwirkung der Selbstverwaltungskörperschaft nicht eingetreten ist, wenngleich die Publication dies ausspricht.

Rechtsverwirrung zu erzeugen, [4]) deren Beseitigung im Interesse der Gesammtverwaltung liegt. Dieselbe geschieht, indem auch hier die äußere Form der Außerkraftsetzung der äußeren Form des Erlasses entgegengestellt wird; [5]) sie wirkt zwar nicht den Ausschluß von Rechtswirkungen der erlassenen Verordnung für die Zukunft, da diese selbst schon solche nicht zu erzeugen im Stande ist, wohl aber ist ihr Resultat immerhin, daß für die Zukunft auch die äußere Thatsache des Erlasses nicht mehr in Betracht kommen kann.

Der Einzelne nun, der durch die Vorschriften einer rechtsungiltigen Verordnung betroffen wird, hat ein Interesse an deren auch formeller Beseitigung. Denn, wenngleich er gegen jede Anwendung derselben auf seine concreten Rechtsverhältnisse schon durch die indirecten Controlen des Verordnungsrechts ausreichend geschützt ist, so kann er doch nicht ausschließlich darauf verwiesen werden, sich in jedem Einzelfalle der nur für diesen wirkenden, möglicherweise verschieden ausfallenden Beurtheilung der Verordnung zu unterwerfen. Demzufolge kann ihm das Recht nicht versagt werden, im Wege der gegen die erlassende Behörde gerichteten Beschwerde bei der zur directen Controle der Verordnung berufenen Behörde diese zur formellen Außerkraftsetzung der Verordnung zu motiviren. Seine Beschwerde ist im eigentlichen Sinne eine Nichtigkeitsbeschwerde, mit der er die rechtliche Nichtigkeit einer (zwar formell vielleicht gehörig erlassenen) Verordnung behauptet und die Beseitigung auch der äußeren Form einer Verordnung, die ihn benachtheiligen könnte, beansprucht. Die Behörde wird ihr jedenfalls dann genügen, wenn nach der äußeren Erscheinung der angefochtenen Verordnung die Gefahr einer Rechtsverwirrung und damit einer rechtswidrigen Störung des Einzelrechts in der That als vorhanden erkannt wird.

2. Die ergangene Verordnung besteht formell und materiell in Rechtskraft, aber durch ihr Bestehen selbst verletzt sie das Recht, indem sie gegen die Rechtspflicht der Behörde, sie außer Kraft zu setzen, besteht. Dies ist der Fall, wenn eine octroyirte Verordnung, trotzdem innerhalb der gesetzlichen Frist die zur Mitwirkung berufene Selbstverwaltungskörperschaft ihre nachträgliche Zustimmung nicht ertheilt hat, von der Behörde, welche sie erlassen hat, nicht wieder außer Kraft gesetzt wird. Hier besteht für die zur directen

---

[4]) Insbesondere durch die Möglichkeit abweichender, in verschiedenen Einzelfällen hervortretender Beurtheilungen.

[5]) Ein Beispiel bei Binseel Bd. 2 S. 373.

Controle des Verordnungsrechts berufene Behörde eine wirkliche Rechtspflicht, die geltende Verordnung außer Kraft zu setzen, der sie ohne Rücksicht auf Zweckmäßigkeitsgründe zu genügen hat. Der Einzelne und, wie zu behaupten ist, auch die Selbstverwaltungskörperschaft als solche,[6]) deren im öffentlichen Rechte gegründeter Anspruch auf Mitwirkung bei Erlaß der Verordnung verletzt worden ist, haben ein Recht, von der controlirenden Behörde die Außerkraftsetzung der Verordnung beschwerdeweise[7]) zu beanspruchen.

3. Die ergangene Verordnung ist rechtsbeständig und zugleich rechtlich unanfechtbar, aber unnöthig oder unzweckmäßig.[8]) Hier erfolgt durch die controlirende Behörde die Außerkraftsetzung lediglich im Interesse der einheitlichen Ziele der Gesammtverwaltung, mit denen sich die einzelne Behörde, von der die Verordnung ausgegangen ist, in Widerspruch gesetzt hat. Der Einzelne, in dessen Interessensphäre die unzweckmäßige Verordnung eingreift, hat kein eigenes Recht, ihre Außerkraftsetzung zu fordern, dem die Verwaltung genügen müßte. Die Ausübung eines Beschwerderechts[9]) steht ihm

[6]) Für den städtischen Gemeindevorstand z. B. wird dies keinem Zweifel unterliegen; aber auch für den Provinzialrath und Bezirksausschuß muß das Gleiche gelten. Wenngleich rein staatliche Beschlußbehörden und mit Organen der reinen Staatsverwaltung durchsetzt, sind sie doch Körperschaften der Selbstverwaltung, die als solche in ihrer Mitwirkung beim Erlaß von Polizeiverordnungen Theilnahmerechte der Staatsbürger an der obrigkeitlichen Verwaltung zur Ausübung bringen.

[7]) Wenn nach preußischem Verwaltungsrechte nicht die sogen. Enumerationsmethode für das Bestehen eines verwaltungsgerichtlichen Klageanspruchs maßgebend wäre, so daß ein solcher nur insoweit besteht, als ihn das Gesetz ausdrücklich zubilligt, könnte wohl die Frage aufgeworfen werden, ob nicht das Zustimmungsrecht der Selbstverwaltungskörperschaften, im Sinne eines subjectiven, aus dem öffentlichen Rechte entspringenden Rechtes, zur verwaltungsgerichtlichen Verfolgung geeignet wäre. Vgl. dazu v. Sarwey, Das öffentliche Recht S. 92 ff. 404 ff. 477 ff. und die Recension Löning's bei Schmoller Bd. 5 S. 368, auch im Allgemeinen Bernatzik im Archiv für öffentliches Recht Bd. 5 S. 169 ff. Doch kann diese Frage hier nur angedeutet werden.

[8]) Hier kommt insbesondere auch der bereits oben § 17 III analog mit den Ausführungen des Textes behandelte Fall in Betracht, daß der Inhalt einer Polizeiverordnung den Anweisungen einer Verwaltungsverordnung widerspricht.

[9]) Dasselbe richtet sich formell nicht nach den Bestimmungen der §§ 127 ff. L.V.G., die nur für polizeiliche Verfügungen gelten. — Für Bayern giebt Art. 14 Pol.Str.G.B. das Beschwerderecht Jedem, der sich durch Erlassung einer polizeilichen Vorschrift für beschwert erachtet, und gesteht insbesondere ein gleiches Beschwerderecht gegen ortspolizeiliche Vorschriften in Städten und Märkten mit magistratischer Verfassung den Gemeindebevollmächtigten, gegen districtspolizeiliche Vorschriften dem Districtsrathe zu (vgl. noch § 26 des bad. Pol.Str.G.B.). — Daß auch nach preuß. Recht den Communal-

nur zu, weil er annehmen darf, eine seine Interessen störende Verordnung werde nicht im Plane der Gesammtverwaltung gelegen haben. Hat er sich darin nicht getäuscht, hat er seine Interessen gegenüber denen der Gesammtverwaltung nicht überschätzt, so wird die Außerkraftsetzung der Verordnung erfolgen, weil die unnöthige und unzweckmäßige Inanspruchnahme eines Einzelinteresses auch dem Staatsinteresse nicht entspricht, welches „das Gewissen der Verwaltung"[10]) ist.

---

behörden ein Beschwerderecht im Interesse ihrer Communen zukommt, kann nicht bezweifelt werden.

[10]) v. Stein, Verwaltungslehre Bd. 2 S. 10.

Anhang.

I.

Materialien zum Gesetze über die Polizeiverwaltung vom 11. März 1850.

(vgl. § 10 Note 4.)

Berlin, den 12. September 1849.

Dem Königlichen Staatsministerium beehre ich mich anliegend den Entwurf zu einem Gesetze über die Ortspolizei nebst Erläuterungen mit dem Wunsche zu überreichen, daß derselbe baldmöglichst zur Berathung kommen möge, da es mir unerläßlich erscheint, daß der Gegenstand von der Ersten Kammer zugleich mit der Gemeinde-Ordnung, die dadurch ergänzt wird, in Erwägung gezogen werde.

Eine Abschrift der Anlagen habe ich jedem der Herren Departementschefs mitgetheilt, weil das successive Votiren über den Entwurf voraussichtlich zuviel Zeit erfordern würde.

Der Minister des Innern.
gez. v. Manteuffel.

An das Königliche Staatsministerium.
II. 9005.

Entwurf eines Gesetzes über die Orts-Polizei.

§ 1.

Den Bürgermeistern, ihren Stellvertretern und Hülfsbeamten liegt die Handhabung der örtlichen Polizeiverwaltung ob — vorbehaltlich der Bestimmungen des § 2 dieses Gesetzes und des § 87 der Gemeinde-Ordnung.

Sie sind verpflichtet, die ihnen von der vorgesetzten Staatsbehörde ertheilten Anweisungen zur Ausführungen zu bringen.

Jeder, der sich in der Gemeinde aufhält, oder daselbst ansässig ist, muß ihren Anordnungen Folge leisten.

§ 2.

In allen Gemeinden, wo sich eine Bezirksregierung oder ein Land- oder Kreisgericht befindet, sowie in Festungen und in Gemeinden von mehr als 10 000 Einwohnern kann die örtliche Polizeiverwaltung den Staatsbehörden vorbehalten werden.

§ 3.

Die Kosten der örtlichen Polizeiverwaltung sind von der Gemeinde zu bestreiten. In den Fällen des § 2 hat die Staatskasse dazu einen Beitrag zu leisten, welcher, wenn nicht ein anderes mit der Staatsregierung vereinbart ist, die Hälfte der ganzen Summe betragen soll.

§ 4.

Ueber die Einrichtungen, welche die örtliche Polizeiverwaltung erfordert, kann die vorgesetzte Bezirksbehörde besondere Vorschriften erlassen.

§ 5.

Die Bürgermeister oder die gemäß § 2 dieses Gesetzes und § 87 der Gemeinde-Ordnung mit der örtlichen Polizeiverwaltung beauftragten Behörden sind befugt, nach Berathung mit dem Gemeindevorstande, ortspolizeiliche, für den Umfang der Gemeinde gültige Vorschriften zu erlassen und gegen die Nichtbefolgung derselben Geldstrafen bis zum Betrage von 3 Rthlr. anzudrohen.

§ 6.

Zu den Gegenständen der ortspolizeilichen Vorschriften gehören:

a) Ordnung, Sicherheit und Leichtigkeit des Verkehrs auf öffentlichen Straßen, Wegen und Plätzen.
b) Der Marktverkehr und das öffentliche Feilhalten von Nahrungsmitteln.
c) Ordnung und Gesetzlichkeit bei dem öffentlichen Zusammensein einer größeren Anzahl von Personen.
d) Das öffentliche Interesse in Bezug auf die Aufnahme und die Beherbergung von Fremden, die Wein-, Bier- und Kaffeewirthschaften und sonstige Einrichtungen zur Verabreichung von Speisen und Getränken.
e) Sorge für Leben und Gesundheit.
f) Gemeinschädliche und gemeingefährliche Handlungen, Unternehmungen und Ereignisse.
g) Schutz der Felder, Wiesen, Baumpflanzungen, Weinberge, Wälder, Weiden u. s. w. und Ordnung bei Benutzung derselben.
h) Alles andere, was im besonderen Interesse der Gemeinden und ihrer Angehörigen polizeilich geordnet werden muß.

§ 7.

Wenn es sich darum handelt, die Benutzung der Felder, Wiesen, Weiden und dergleichen durch eine ortspolizeiliche Vorschrift zu ordnen, so ist die Zustimmung des Gemeinderathes erforderlich. Der Gemeinderath hat darüber unter dem Vorsitze des Bürgermeisters zu beschließen.

§ 8.

Die im § 5 erwähnte Befugniß erstreckt sich nicht auf Gegenstände, die eine über den Bereich der Gemeinde hinausgehende Bedeutung haben.

Es dürfen in die ortspolizeilichen Vorschriften keine Bestimmungen aufgenommen werden, welche mit den Gesetzen oder den Verordnungen einer höheren Behörde im Widerspruche stehen.

§ 9.

Von jeder ortspolizeilichen Verordnung ist sofort eine Abschrift an die vorgesetzte Staatsbehörde einzureichen und daß dieses geschehen am Schlusse der Bekanntmachung von der Ortspolizeibehörde zu bescheinigen.

§ 10.

Unbefugterweise erlassene, die Gesetze, das Staatsinteresse verletzende oder ihrem Zwecke nicht entsprechende ortspolizeiliche Vorschriften sind von dem Verwaltungschef des Regierungsbezirks durch einen förmlichen Beschluß, unter Angabe der Gründe außer Kraft zu setzen. Dem Beschlusse muß eine Berathung mit dem Bezirksrathe vorhergehen. In Bezug auf die Frage, ob die ortspolizeiliche Vorschrift dem Gemeindewohl nachtheilig sei, ist die Erklärung des Bezirksrathes entscheidend.

§ 11.

Die Bestimmung des § 9 findet auch auf die Abänderung oder Aufhebung ortspolizeilicher Vorschriften Anwendung.

§ 12.

Die Gerichte, welche berufen sind, über Zuwiderhandlungen gegen ortspolizeiliche Vorschriften zu erkennen, haben nicht die Nothwendigkeit oder Zweckmäßigkeit der letzteren, sondern nur die Frage: ob sie den Bestimmungen der §§ 5. 7 und 9 dieses Gesetzes gemäß erlassen sind und ob nicht ein Widerspruch mit anderen Gesetzen oder mit Verordnungen einer höheren Behörde besteht, in Erwägung zu ziehen.

§ 13.

Die Strafbeträge fließen in die Gemeindekasse.

§ 14.

Alle dem gegenwärtigen Gesetze entgegenstehenden Bestimmungen werden hierdurch aufgehoben. Die den Ministern und den Bezirksregierungen bisher verliehen gewesene Befugniß zum Erlasse polizeilicher Vorschriften wird dadurch nicht berührt.

Der Minister des Innern wird mit der Ausführung dieses Gesetzes beauftragt.

Erläuterungen zu dem Entwurfe eines Gesetzes über die Orts-Polizei.

Die Verfassungsurkunde hat in Artikel 104 die Grundsätze aufgestellt, welche bei dem Erlaß der näheren gesetzlichen Bestimmungen über die Vertretung und Verwaltung der Gemeinden festgehalten werden sollen.

In dem angeführten Artikel ist gesagt

sub Nr. 1 und 2, daß gewählte Vertreter über die innern und besondern Angelegenheiten der Gemeinden beschließen und deren Beschlüsse durch die gewählten Vorsteher ausgeführt werden sollen; und ferner, daß das Gesetz die Fälle bestimmen werde, in welchen diese Beschlüsse der Genehmigung einer höheren Vertretung oder der Staatsregierung unterworfen seien.

sub Nr. 3, daß den Gemeinden die selbständige Verwaltung ihrer Gemeinde-Angelegenheiten mit Einschluß der Ortspolizei, zustehe; in Städten von mehr als 30000 Einwohnern aber die polizeilichen Funktionen auf Staatsorgane übertragen werden können.

Nimmt man, wie es ohne Zweifel die Absicht gewesen und auch bei der Ausarbeitung des Entwurfes der Gemeinde-Ordnung geschehen ist, die Ausdrücke „Gemeinde-Angelegenheiten" und „innere und besondere Angelegenheiten der Gemeinden" für gleichbedeutend, so folgt aus jenen Grundsätzen

1) daß die Gemeindevertreter — etwa mit Vorbehalt der höheren Genehmigung in bestimmten Fällen — über ortspolizeiliche Angelegenheiten zu beschließen, mithin eine Art von Autonomie auch in dieser Beziehung zu üben haben.

2) daß es den Gemeinden überall zusteht, die Ortspolizei selbst und selbständig zu verwalten, daß sie aber diese Verwaltung in Städten von mehr als 30000 Einwohnern von sich abwälzen und die Staatsregierung zur Uebernahme derselben nöthigen können.

Eine solche Auslegung der angeführten Bestimmungen des Artikels 104 scheint wenigstens die natürlichste zu sein, wenngleich eine andere Deutung nicht unbedingt durch die Worte ausgeschlossen sein mag, namentlich in Bezug auf den letzten Punkt, bei welchem es unklar ist, in welcher Art die Uebertragung des den Gemeinden zustehenden Rechtes auf Staatsorgane vor sich gehen soll.

Eine Hauptsache fehlt in dem Artikel 104, nämlich eine Andeutung darüber, was unter „Ortspolizei" zu verstehen sei. Wie eng oder wie weit man aber die Grenzen dieses Begriffes ziehen möge, soviel ist gewiß, daß die in Rede stehenden Grundsätze eben so neu als bedenklich sind. Früher hat das Princip gegolten, daß alle Polizeigewalt vom Staate ausgehe; gegenwärtig soll es eine ursprünglich der Gemeinde beiwohnende und von ihr auszuübende Ortspolizeigewalt geben. Während es geschichtlich nachzuweisen ist, daß Standesherren, Gutsherren und Stadtkorporationen nur im Wege der Verleihung oder Delegation oder höchstens im Wege der einstweiligen Belassung eines Theiles früher besessener Souveränetäts- oder Hoheitsrechte, zu dem Besitze einer niederen Polizeigewalt gelangt oder darin belassen worden sind, will man dieselbe jetzt den Gemeinden als ein Ur- oder Grundrecht beilegen und dies in der Staatsverfassung sanctioniren, und zwar in demselben Augenblicke, wo der Staat die eng damit verbundene, ja oft unter demselben Ausdruck begriffene Polizeigerichtsbarkeit als ein fortan unveräußerliches Recht wieder an sich gezogen hat! —

Auch von rein praktischem Gesichtspunkte aus muß dies in hohem Grade bedenklich erscheinen. Es liegt auf der Hand, daß es dem Staate nichts weniger als gleichgültig sein kann, in welcher Weise die Ortspolizei in den Gemeinden gehandhabt wird. Das eigene Interesse der Gemeinden gewährt durchaus keinen genügenden Schutz gegen eine schlaffe Polizeiverwaltung, wenn die Gemeinden darin selbständig sein sollen. Unabhängig von einer kräftigen Staatsregierung hat es gewiß selten oder nie eine Ortspolizeiverwaltung gegeben, die nicht der wesentlichsten Erfordernisse der Strenge und Energie entbehrte, zumal wenn sie von aller richterlichen Gewalt und Autorität getrennt war.

Durch den Umstand, daß es außerordentlich schwierig ist, eine feste Scheidelinie zwischen den Gebieten der Staats- und der Ortspolizei zu ziehen und dafür nicht allein eine theoretische sondern eine gesetzliche gemeinverständliche Bezeichnung zu finden, werden die angedeuteten Bedenken nur noch vergrößert.

Dies ist von vielen Seiten gefühlt worden und man wird nicht irren, wenn man vorzugsweise dem angeführten Artikel 104 der Verfassungsurkunde und der

20*

Hinweisung auf dieselbe in § 58 des Entwurfs der Gemeinde-Ordnung eine vielverbreitete Abneigung gegen den letzteren zuschreibt. Eben deshalb ist aber auch zu erwarten, daß die gegenwärtig versammelten Kammern auf eine Abänderung jenes Artikels willig eingehen werden. Von welcher Art dieselbe sein müßte, wird sich am besten beurtheilen lassen, wenn man zuvörderst den Versuch macht, den Entwurf eines Gesetzes über die Ortspolizei aufzustellen und dabei von Demjenigen auszugehen, was sich in der bisherigen Gesetzgebung oder in den bis jetzt befolgten Verwaltungsgrundsätzen als angemessen bewährt hat.

Daß die konstitutionelle Regierungsform, oder das Princip der Selbstverwaltung in andern rein communalen Angelegenheiten, eine Schwächung der Staatspolizeigewalt erfordere, dürfte schwerlich zu erweisen sein. Viel eher wird es einleuchten, daß bei einer örtlichen Polizeiverwaltung, auf welche die Minister keinen directen leitenden Einfluß auszuüben vermöchten, die Wirksamkeit derselben gelähmt sein und von einer Verantwortlichkeit für die Erfolge ihrer Handlungen nicht viel übrig bleiben würde.

Während der letzten 50 Jahre, in welchen Frankreich eine Reihe von Staatsumwälzungen erlitten und sich in den verschiedensten Systemen versucht hat, ist dort von einer selbständigen Verwaltung der Ortspolizei niemals die Rede gewesen. Mit dem Ausdrucke „police municipale“ ist nicht etwa die Idee verbunden, daß es in der Gemeinde eine aus der socialen Natur derselben hervorgehende Ortspolizeigewalt gäbe, wie in dem Privatrechte die Gewalt des Hausherrn oder des Familienhauptes. Die Gemeinde wird in Bezug auf die Polizei mehr als ein Theil des Staates, denn als ein selbständiger korporativer Verband betrachtet. Daß dieses in Frankreich auch bei eigentlichen Communal-Angelegenheiten im Uebermaße geschieht, gehört nicht hierher und beweist nicht, daß die Grundsätze der französischen Polizeigesetzgebung unrichtig sind. Der maire, ein vom Staate ernannter Beamte, hat die örtlichen Geschäfte der Polizeiverwaltung zu besorgen und ist zugleich berechtigt ortspolizeiliche Verordnungen zu erlassen, deren Verletzung auf sein Betreiben von dem Polizeirichter bestraft wird. Seine Autorität geht in dieser Beziehung unbestritten vom Staate aus; seine Thätigkeit steht unter Aufsicht und Leitung von Staatsbehörden, denen er unbedingt Folge leisten muß. In größeren Städten sind diese Functionen besonderen von dem Gouvernement ernannten Beamten übertragen. – Die französische Gesetzgebung hat die Gegenstände, auf welche sich die ortspolizeilichen Vorschriften beziehen können, durch Aufstellung einer Reihe von Kategorien zu erschöpfen gesucht, damit aber ihren Zweck nicht erreicht. Durch die Jurisprudenz, welche die Gesetze nach ihrem Geiste ausgelegt hat, ist das Gebiet der reglementarischen Polizeigewalt zwar sehr erweitert worden; es hat aber doch nicht an unzähligen Kontestationen über die Grenzen derselben gefehlt. Viele Hunderte von Staatsrathsbeschlüssen und Erkenntnissen des Cassationshofes sind darüber erlassen worden. Dies weist auf eine schwache Seite der sonst in dieser Beziehung sehr beachtenswerthen französischen Gesetze hin. —

Die Preußische Gesetzgebung setzt auf dem Lande eine gutsherrliche Polizeiobrigkeit voraus; in den Städten wird diese Stelle von den Magistraten oder von besonderen Staatsbehörden versehen. Die collegialische Bildung der Polizeibehörden hat sich vielfach als unzweckmäßig erwiesen. Nach dem allgemeinen Landrechte (II Tit. 8 §§ 115. 116) war das Recht „Statuten, welche die innere Einrichtung und Polizei der Gemeine oder gewisser Klassen derselben betreffen, zu errichten“, den Gemeinen selbst in der Art beigelegt, daß ihre Repräsentanten darüber mit Genehmigung der vorgesetzten Landes-Polizei-Instanz Beschlüsse fassen konnten. Durch die beiden Städte-Ordnungen ist dieses Recht auf die Magisträte übertragen worden*) (confr. St.O. v. 1808 §§ 165. 171. Rev.St.O. §§ 109. 112). Ueberall ist aber der Grundsatz festgehalten, daß die ganze Polizeigewalt wesentlich zur Staatshoheit gehöre. Die Städte-Ordnungen kennen nur eine Pflicht und nicht ein Recht der Stadtgemeinen in Bezug auf die Polizeiverwaltung und sprechen sich ganz unzweideutig über die Abhängigkeit derselben von der Staatsregierung aus.

Es erscheint nun unerläßlich an dem eben erwähnten Grundsatze festzuhalten; sodann aber, wie bisher geschehen, auch nicht von einem Gegensatze zwischen Staats- (und) Gemeindepolizei als zwei innerlich verschiedenen Begriffen auszugehen, sondern zunächst nur die örtliche oder Elementar-Verwaltung der Polizei, von der allgemeinen (Kreis-, Bezirks- oder Landespolizeiverwaltung) zu unterscheiden, indem man der letzteren die Beaufsichtigung und Leitung der Localverwaltung und sonstige nicht aus einem örtlichen Gesichtspunkte zu behandelnde Geschäfte zuweist.

Die Gründe, welche dafür sprechen die Geschäfte der örtlichen Verwaltung überhaupt soviel als möglich in einer Hand zu vereinigen, bedürfen keiner näheren Erörterung. Es kann nur die Frage aufgeworfen werden, ob es nicht bedenklich sei, die Polizeiverwaltung einem von der Gemeinde, wenn auch in indirecter Wahl, durch deren Vertreter, gewählten Bürgermeister oder Vorsteher anzuvertrauen. Das Bedenken wird wesentlich vermindert, wenn man voraussetzt, daß die Staatsregierung von ihrem Bestätigungs- und eventuellen Ernennungsrechte (§ 30 des Entwurfs der Gemeinde-Ordnung) ungescheut den nöthigen Gebrauch machen werde, wenn man ihr ferner den Bürgermeister in seiner Eigenschaft als Polizeiverwalter unbedingt unterordnet und endlich den Vorbehalt macht, in solchen Städten, wo die Polizeiverwaltung eine höhere politische Bedeutung hat, oder haben kann, dieselbe besondern Staatsorganen zu übertragen.

Auf der anderen Seite kann die Besorgniß entstehen, daß die abhängige Stellung, in welcher sich der Bürgermeister als Polizeibehörde befindet, seinem Berufe in Bezug auf die selbständige Gemeindeverwaltung Eintrag thun müsse. Hierbei ist indessen, abgesehen davon, daß Staats- und Gemeindeverwaltung nicht als Gegensätze aufzufassen sind, zu erwägen, daß der Bürgermeister in den eigentlichen Gemeindesachen nicht die beschließende, sondern nur die ausführende Behörde ist und auch diese vollziehende Gewalt noch mit einem Collegium (dem Magistrate, Gemeindevorstande) zu theilen hat, dessen übrige Mitglieder von der Gemeindevertretung gewählt werden und keiner Staatsbestätigung bedürfen. Durch eine solche Einrichtung dürfte die Selbständigkeit der Gemeinden hinsichtlich ihrer innern und besondern Angelegenheiten hinlänglich gewahrt sein. Auch ist nicht zu übersehen, daß der Bürgermeister durch seine Stellung als Polizeibehörde eine Autorität erlangt, welche seinen übrigen Functionen mit zu Gute kommt.

Durch die vorstehenden Bemerkungen werden zunächst die §§ 1 bis 4 des vorliegenden Entwurfes eines Gesetzes über die Ortspolizei gerechtfertigt erscheinen. Sie bilden den ersten von der örtlichen Polizeiverwaltung handelnden Theil des Gesetzes.

Zu § 2 ist noch besonders zu bemerken, daß, wenn die Verfassungsurkunde nur für Städte von mehr als 30000 Einwohnern die Uebertragung der polizeilichen

---

*) Vgl. dagegen meinen Aufsatz im Verwaltungsarchiv Bd. 3 S. 344.

Functionen auf Staatsorgane vorbehält, hierdurch nur eins der Motive berücksichtigt ist, die eine solche Einrichtung nothwendig erscheinen lassen können. Je mehr Menschen an einem Orte zusammen wohnen, desto größer wird allerdings das Interesse des Staates an der gehörigen Handhabung der örtlichen Polizeiverwaltung und desto mehr müssen umgekehrt die Kräfte des Bürgermeisters für die Communal-Angelegenheiten in Anspruch genommen werden. Es kommen aber auch noch andere Momente in Betracht. Wo der Sitz einer Landes-, Provinzial- oder Bezirks-Polizeibehörde ist, erfordert es das Ansehen und die nöthige Kraft derselben, daß ihr zur Ausführung der zu ihrer eigenen Sicherheit und Unabhängigkeit, namentlich in unruhigen Zeiten zu treffenden Anordnungen, besondere, durch keinerlei Nebenrücksichten gelähmte Organe zu Gebote stehen. Es ist bekannt, daß dergleichen Orte am meisten der Aufregung ausgesetzt sind, indem es in den Operationsplänen der revolutionären Partei zu liegen pflegt, zunächst einen einschüchternden Einfluß auf jene Behörden auszuüben, sie zu Konzessionen zu nöthigen, wohl auch gar ihre Verbindung mit den untergebenen Behörden zu hemmen pp. Aehnliches gilt von den Orten, wo sich ein Kriminalgericht (Land- oder Kreisgericht) befindet. Die öffentlichen Verhandlungen der Gerichte über Strafprocesse, namentlich wenn es politische Vergehen oder Verbrechen gilt, sowie die Arrestlocale bei jenen Gerichten, bedürfen eines besonders kräftigen Schutzes. Die Geschworenen müssen vor Demonstrationen der Volksmassen bewahrt werden. Es wäre zu wünschen, daß man an allen solchen Orten über eine starke Truppenmacht verfügen könnte; da dies aber nicht möglich ist, so muß der Staatsregierung wenigstens vorbehalten werden, die Polizeiverwaltung in die Hände eines eigens dazu bestimmten Organes zu legen, dessen man ohnehin für die Geschäfte der Polizeianwaltschaft und der Unterstützung der gerichtlichen Polizei kaum wird entbehren können. Die Inconvenienzen, welche daraus hervorgehen können, wenn der Bürgermeister in Festungen die Polizeiverwaltung ausübt, werden einer näheren Auseinandersetzung nicht bedürfen.

Wenn im § 2 des Entwurfes außer den bereits erwähnten Kategorien politisch wichtiger Orte auch noch Gemeinden von mehr als 10000 Einwohnern genannt sind, so ist dies wegen einiger größeren Städte in der Rheinprovinz, als Barmen, Krefeld, Bonn, Eupen geschehen, die nicht unter jenen Kategorien begriffen, aber doch von solcher Bedeutung sind, daß es angemessen erscheinen könnte, dort eine besondere Polizeiverwaltung einzurichten. Für die andern Provinzen würde es jener Bestimmung nicht bedurft haben, da es in denselben kaum einen Ort von mehr als 5000 Einwohnern giebt, in welchem sich nicht ein Kreisgericht befände.

Im § 3 ist der neue Grundsatz aufgestellt, daß die Staatskasse in den Fällen des § 2 einen Beitrag zu den Kosten der örtlichen Polizeiverwaltung zu leisten habe, und dieser, wenn nicht ein anderes mit der Staatsregierung vereinbart sei, in der Hälfte des Gesammtbedarfs bestehen solle.

Die Städte-Ordnung von 1808 hatte zwar (in § 167) den Grundsatz aufgestellt, daß die Gemeinde auch dann die Kosten der Ortspolizei aufzubringen habe, wenn die Verwaltung nicht der Gemeindebehörde übertragen sei. Dieser Grundsatz erwies sich jedoch als unbillig und unausführbar und das Gesetz vom 4. Juli 1832 entband die Stadtgemeinden von den Beiträgen zur Unterhaltung der vom Staate außerhalb der Magisträte besonders angeordneten Polizeibehörden. Diese neue Bestimmung hat gleich denjenigen, die für die Rheinprovinz gelten, zu vielen Weiterungen geführt. Die nunmehr in dem Entwurfe aufgestellte Regel dürfte geeignet sein, die Sache zu vereinfachen. Die vorbehaltene Ausnahme macht die Fortgewährung eines größeren Beitrages der Staatskasse in Berlin, Breslau, Cöln u. s. w. möglich und andererseits ein derselben vortheilhafteres Abkommen in solchen Orten zulässig, wo der Antrieb zur Errichtung einer besonderen Polizeibehörde mehr von der Gemeinde als von der Staatsbehörde ausgeht. Jedenfalls wird dadurch ein bisher entbehrter fester Anhalt zur Regulirung der Sache gewonnen.

Den zweiten Theil des Entwurfes bilden die §§ 5 bis 13; sie handeln, im Gegensatze zu der executiven, von der ordnenden oder reglementarischen örtlichen Polizeigewalt oder von der Befugniß zum Erlasse ortspolizeilicher Vorschriften oder Verordnungen mit Strafandrohung.

Daß es einer solchen Gewalt, zumal in einem großen Staate durchaus bedarf, daß die Gesetzgebung besonders bei der Schwerfälligkeit, welche die Theilung der legislativen Gewalt und das Zweikammersystem mit sich bringt, den ortspolizeilichen Interessen nicht allein zu genügen vermag, wird Niemand in Abrede stellen. Eher möchte eine Meinungsverschiedenheit darüber bestehen, wem diese Gewalt beizulegen sei. Nach dem früher aufgestellten Grundsatze kann sie nur im Namen des Staates geübt werden. Ihrer Natur nach schließt sie sich eng an die Executivgewalt an. Die letztere soll dem Gesetze Achtung verschaffen und Störungen der Ordnung in allen Beziehungen verhüten, sie ist auf die Anwendung von Zwangsmaßregeln angewiesen und muß ihren Anordnungen Nachdruck geben. Deshalb muß sie gebieten und verbieten können. Je mehr dieser Zweck durch allgemeine, nicht auf einen bereits eingetretenen Fall bezügliche Vorschriften zu erreichen ist, desto mehr kann der Polizei die ihr unentbehrliche Hülfe der richterlichen Strafgewalt zu Statten kommen. Welche ortspolizeilichen Vorschriften nöthig sind, das kann Niemand besser als die Ortspolizeibehörde selbst ermessen. Bei dem Erlasse solcher Vorschriften mag man sie verpflichten, zuvor den Rath oder das Gutachten des Gemeindevorstandes (Magistrates) einzuholen; es würde aber mißlich sein, sie an dessen Erklärung zu binden, oder gar die Zustimmung der Gemeindevertreter zur Bedingung zu machen. Der Erfolg würde kein anderer sein, als daß sehr oft die wichtigsten Polizeiverordnungen unterlassen blieben, weil sie einem Theile der Einwohnerschaft oder einer Partei lästig oder unnöthig erscheinen und die Mitglieder der Gemeindebehörden bekanntlich nicht gern ihren Namen zu mißliebigen Maßregeln hergeben. Sie fürchten eher persönliche Nachtheile von ihrer Mitwirkung als von ihrer Opposition und ziehen sich am liebsten ganz aus der Affaire. Wer kann sie dafür verantwortlich machen, wenn nichts zu Stande kommt? Anders ist es mit dem einzelnen von der vorgesetzten Staatsbehörde abhängigen Polizeibeamten, der seine Pflicht nicht ungestraft vernachlässigen kann. Bei ihm allein wird voraussetzlich Einsicht und Eifer für die Sache vereinigt sein.

Aus diesen Gründen ist in § 5 des Entwurfes den mit der örtlichen Polizeiverwaltung betrauten Behörden auch die Befugniß zum Erlassen ortspolizeilicher Vorschriften beigelegt. Nur in einem Falle sollen sie dabei an die Zustimmung des Gemeinderathes gebunden sein, nämlich, wenn es sich von der Ordnung bei Benutzung der Felder, Wiesen, Weiden und dergleichen handelt. Es sind dies Gegenstände, die nicht füglich aus dem Kreise der Selbstverwaltung der Gemeinden hinausgezogen werden können. Sie haben am wenigsten einen politischen Charakter und das Interesse der in den Gemeinderäthen vertretenen Grundbesitzer kann, wenn man nur dem Bürgermeister die Initiative und den Vorsitz bei der Berathung vorbehält, in angemessener Weise dahin angeregt werden, daß die landwirthschaftliche Polizei eine ersprießliche Entwickelung erhält.

Welche Gegenstände überhaupt einer ortspolizeilichen Regulirung fähig und bedürftig sind, läßt sich schwer bestimmen. Das Gebiet der Polizei ist überhaupt ein fast unbegrenztes. Sie ist der Rest oder das nothwendige Complement der übrigen Zweige der Staatsgewalt. Sie fängt an, wo die Rechtspflege, die Finanz- oder Kriegsverwaltung aufhört und umgekehrt. Was die Staatsgesetze und die allgemeinen Verordnungen einer höheren Autorität ungeregelt gelassen haben, das muß, wenn es nach den besonderen Verhältnissen einer Gemeinde von örtlichem Interesse ist, durch ortspolizeiliche Vorschriften erledigt werden. Die Masse dieses Stoffes kann in der einen gewerbe- und verkehrreichen belebten Gemeinde viel größer sein, als in hundert andern. Die Staats- und Provinzial-Gesetzgebung ist in den verschiedenen Theilen der Monarchie ungleich und in manchen Beziehungen mehr oder weniger entwickelt. Deshalb muß man sich darauf beschränken, das Gebiet der ortspolizeilichen Vorschriften mehr negativ als positiv zu bezeichnen und zu beschränken. Von diesem Gesichtspunkte geht der Entwurf in den §§ 8 ff. aus. In § 6 sind jedoch einige Beispiele angeführt, weil es in Ermangelung eines solchen Anhaltes leicht geschehen könnte, daß die Localbehörden sich einen sehr verschiedenen Begriff von ihrer Aufgabe machten.

Daß unter den in § 6 angeführten Gegenständen mehrere sind, welche theilweise durch allgemeine Gesetze und Verordnungen geregelt sind, beweist im Zusammenhange mit § 7, daß es sich hier blos um ausführende und allenfalls nach den Localverhältnissen ergänzende Bestimmungen handelt.

Der § 12 hat den Zweck, die Gerichte von der Cognition darüber auszuschließen, ob die ortspolizeiliche Vorschrift nothwendig oder zweckmäßig sei und ob sie einen Gegenstand betreffe, der seiner Natur nach nicht in das Gebiet der Ortspolizei gehört. Ohne eine positive Vorschrift würde es zweifelhaft sein, ob diese Fragen rein administrativer Natur seien; namentlich würden die Gerichte versucht sein, auch ihrerseits die Gesetzlichkeit der Ortspolizeiverordnungen der Bestimmung in § 6 litt. h und dem ersten Satze des § 8 gegenüber zu prüfen.

Die Befugniß der Staatsbehörden, namentlich der Regierungen in Beziehung auf ihrerseits zu erlassende polizeiliche Anordnungen und Strafandrohungen werden in den zu revidirenden Instructionen ihren Platz finden und sind daher hier übergangen.

Berlin, den 19. September 1849.

Euerer Excellenz beehre ich mich anliegend den dem heutigen Beschlusse des Königlichen Staatsministeriums gemäß umgearbeiteten Entwurf eines Gesetzes über die Orts- und Distriktspolizei ganz ergebenst zu übersenden.

Der Minister des Innern.
gez. v. Manteuffel.

An die sämmtlichen Herren Minister,
„ das Königliche Ministerium der landwirthschaftlichen Angelegenheiten,
„ den Königlichen Geheimen Ober-Finanzrath Herrn Costenoble Hochwohlgeboren hier.

II. 9306/39.

Entwurf eines Gesetzes über die Orts- und Distriktspolizei.

§ 1.

Den Bürgermeistern, ihren Stellvertretern und Hülfsbeamten liegt die Handhabung der örtlichen Polizeiverwaltung ob — vorbehaltlich der Bestimmungen des § 2 dieses Gesetzes und des § 87 der Gemeinde-Ordnung.

Sie sind verpflichtet, die ihnen von der vorgesetzten Staatsbehörde ertheilten Anweisungen zur Ausführung zu bringen.

Jeder, der sich in ihrem Verwaltungsbezirke aufhält oder daselbst ansäßig ist, muß ihren polizeilichen Anordnungen Folge leisten.

§ 2.

In allen Gemeinden, wo sich eine Bezirksregierung, ein Land-, Stadt- oder Kreisgericht befindet, sowie in Festungen und in Gemeinden von mehr als 10000 Einwohnern kann die örtliche Polizeiverwaltung den Staatsbehörden vorbehalten werden.

§ 3.

Die Kosten der örtlichen Polizeiverwaltung sind von den Gemeinden zu bestreiten.

Im Falle der Anwendung des § 2 hat die Staatskasse zu diesen Kosten einen Beitrag zu leisten, welcher nach Vernehmung der Gemeindevertretung und des Bezirksrathes von dem Minister des Innern festgesetzt wird.

§ 4.

Ueber die Einrichtungen, welche die örtliche Polizeiverwaltung erfordert, kann die Bezirkspolizeibehörde (Regierung) besondere Vorschriften erlassen.

§ 5.

Die Bürgermeister oder die gemäß § 2 dieses Gesetzes und § 87 der Gemeinde-Ordnung mit der örtlichen Polizeiverwaltung beauftragten Behörden sind befugt, nach Berathung mit dem Gemeindevorstande, ortspolizeiliche, für den Umfang der Gemeinde gültige Vorschriften zu erlassen und gegen die Nichtbefolgung derselben Geldstrafen bis zum Betrage von 3 Rthlr. anzudrohen.

Die Strafandrohung kann bis zu dem Betrage von 10 Rthlr. gehen, wenn die Bezirksregierung ihre Genehmigung dazu ertheilt hat.

Die Bezirksregierungen haben die erforderlichen Bestimmungen über die Art der Verkündigung der ortspolizeilichen Vorschriften zu erlassen.

§ 6.

Zu den Gegenständen der ortspolizeilichen Vorschriften gehören:

a) der Schutz des Eigenthums,
b) Ordnung, Sicherheit und Leichtigkeit des Verkehrs auf öffentlichen Straßen, Wegen und Plätzen,
c) der Marktverkehr und das öffentliche Feilhalten von Nahrungsmitteln,
d) Ordnung und Gesetzlichkeit bei dem öffentlichen Zusammensein einer größeren Anzahl von Personen,
e) das öffentliche Interesse in Bezug auf die Aufnahme und die Beherbergung von Fremden, die Wein-, Bier- und Kaffeewirthschaften und sonstige Einrichtung zur Verabreichung von Speisen und Getränken,
f) Sorge für Leben und Gesundheit,
g) Gemeinschädliche und gemeingefährliche Handlungen, Unternehmungen und Ereignisse,

h) Schutz der Felder, Wiesen, Weiden, Wälder, Baumpflanzungen, Weinberge u. s. w. und Ordnung bei Benutzung derselben,

i) alles andere was im besonderen Interesse der Gemeinden und ihrer Angehörigen polizeilich geordnet werden muß.

§ 7.

Zu Verordnungen über die Benutzung der Felder, Wiesen, Weiden oder sonstige Gegenstände der landwirthschaftlichen Polizei ist die Zustimmung des Gemeinderaths erforderlich. Die Berathung des Gemeinderaths erfolgt unter dem Vorsitze des Bürgermeisters.

§ 8.

Die in § 5 erwähnte Befugniß erstreckt sich nicht auf Gegenstände, die eine über den Bereich der Gemeinde hinausgehende Bedeutung haben.

§ 9.

Von jeder ortspolizeilichen Verordnung ist sofort eine Abschrift an die Bezirksregierung einzureichen und daß dieses geschehen, am Schlusse der Bekanntmachung von der Ortspolizeibehörde zu bescheinigen.

§ 10.

Unbefugterweise erlassene, die Gesetze, das Staatsinteresse oder das Gemeindewohl verletzende oder ihrem Zwecke nicht entsprechende ortspolizeiliche Vorschriften sind von dem Verwaltungschef des Regierungsbezirks durch einen förmlichen Beschluß unter Angabe der Gründe außer Kraft zu setzen. Dem Beschlusse muß eine Berathung mit dem Bezirksrathe vorhergehen. In Bezug auf die Frage, ob das Gemeindewohl verletzt sei, ist die Erklärung des Bezirksrathes entscheidend; dasselbe gilt in Bezug auf die Zweckmäßigkeit von Verordnungen über Gegenstände der landwirthschaftlichen Polizei.

§ 11.

Die Bestimmungen der §§ 9 und 10 finden auch auf die Abänderung oder Aufhebung ortspolizeilicher Vorschriften Anwendung.

§ 12.

Die Bezirksregierungen sind befugt, distriktspolizeiliche, für den Umfang mehrerer Gemeinden ihres Verwaltungsbezirks gültige Vorschriften zu erlassen und gegen die Nichtbefolgung derselben Geldstrafen bis zum Betrage von 10 Rthlr. anzudrohen.

§ 13.

Die Vorschriften der Bezirksregierungen (§ 12) können sich auf die in § 6 dieses Gesetzes angeführten und alle anderen Gegenstände beziehen, deren polizeiliche Regelung durch die besonderen Verhältnisse des Distrikts erfordert wird.

§ 14.

Die im § 12 erwähnte Befugniß erstreckt sich nicht auf Gegenstände, die eine über den Bereich des Regierungsbezirks hinausgehende Bedeutung haben.

§ 15.

Zum Erlasse solcher Vorschriften, welche die landwirthschaftliche Polizei betreffen, ist die Zustimmung des Bezirksrathes erforderlich.

§ 16.

Die Befugniß der Regierungen, sonstige allgemeine Verbote und Strafbestimmungen, in Ermangelung eines bereits bestehenden gesetzlichen Verbotes mit höherer Genehmigung zu erlassen, ist aufgehoben.

§ 17.

Es dürfen in die orts- und distriktspolizeilichen Vorschriften keine Bestimmungen aufgenommen werden, welche mit den Gesetzen oder den Verordnungen einer höheren Autorität im Widerspruche stehen.

§ 18.

Der vorgesetzte Minister ist befugt, jede orts- oder distriktspolizeiliche Vorschrift außer Kraft zu setzen.

§ 19.

Die Gerichte, welche berufen sind, über Zuwiderhandlungen gegen orts- oder distriktspolizeiliche Vorschriften zu erkennen, haben nicht die Nothwendigkeit oder Zweckmäßigkeit derselben, sondern nur die Frage, ob sie den Bestimmungen der §§ 5. 7. 9. 12. 15. 16 dieses Gesetzes gemäß erlassen sind und ob sie nicht im Widerspruche mit andern Gesetzen oder Verordnungen stehen, in Erwägung zu ziehen.

§ 20.

Die Strafbeträge fließen in die Gemeindekasse derjenigen Gemeinde, in deren Bezirk die Zuwiderhandlung begangen ist und sind zu wohlthätigen Zwecken zu verwenden.

§ 21.

Alle diesem Gesetze entgegenstehenden Bestimmungen sind aufgehoben.

II.

Bekanntmachung des Regierungs-Präsidenten zu Wiesbaden über die Art der Verkündigung und die Form orts- und kreispolizeilicher Vorschriften vom 5. Februar 1895.

(vgl. § 47 Note 31.)

Auf Grund des § 144 Abs. 2 des Gesetzes über die allgemeine Landesverwaltung vom 30. Juli 1883 (G.S. S. 195) bestimme ich über die Art der Verkündigung orts- und kreispolizeilicher Vorschriften sowie über die Form, von deren Beobachtung die Gültigkeit derselben abhängt, für den Regierungsbezirk Wiesbaden, was folgt:

A. Art der Verkündigung.

1. Die Verkündigung von orts- und kreispolizeilichen Vorschriften hat bis auf Weiteres im Stadt und Landkreise Wiesbaden durch die „Wiesbadener Presse", im Stadt- und Landkreise Frankfurt a./M. durch das „Amtsblatt für den Stadtkreis und den Landkreis Frankfurt a./M.", in jedem anderen Kreise durch das vom Königlichen Landrath zur Aufnahme seiner amtlichen Bekanntmachungen bestimmte Blatt zu erfolgen.

2. Die ortsüblichen Arten der Verkündigung von Polizeivorschriften durch Aushang, Ausruf, Anschlag u. s. w. sind auch ferner anzuwenden, insbesondere sind die Gebote und Verbote, sowie die Strafandrohungen der für einzelne Oertlichkeiten (Wege, Brücken, Plätze u. s. w.) erlassenen Polizeivorschriften auf geeigneten Tafeln in leicht sichtbarer Weise an den Hauptzugängen zur Kenntniß zu bringen. Die Nichtbeachtung dieser Bestimmung hat indessen die Ungültigkeit einer Polizeiverordnung nicht zur Folge.

B. Form.

I. Kreispolizeiliche Vorschriften.

Die kreispolizeilichen Vorschriften müssen:

1. mit der Ueberschrift: „Polizeiverordnung" versehen sein,
2. auf die Bestimmungen des § 6 der Allerhöchsten Verordnung über die Polizeiverwaltung in den neu erworbenen Landestheilen vom 20. September 1867 (G.S. S. 1529) sowie des § 142 des Gesetzes über die allgemeine Landesverwaltung vom 30. Juli 1883 (G.S. S. 195) Bezug nehmen,
3. die Erwähnung enthalten, daß der Kreisausschuß seine Zustimmung ertheilt hat, und
4. den Zeitpunkt angeben, mit welchem sie in Kraft treten sollen.

II. Ortspolizeiliche Vorschriften für Landgemeinden.

Die ortspolizeilichen Vorschriften für Landgemeinden müssen:

1. mit der Ueberschrift: „Polizeiverordnung" versehen sein,
2. auf die Bestimmungen der §§ 5 und 6 der Allerhöchsten Verordnung über die Polizeiverwaltung in den neuerworbenen Landestheilen vom 20. September 1867 (G.S. S. 1529) Bezug nehmen,
3. die Erwähnung enthalten, daß eine Berathung mit dem Gemeindevorstande stattgefunden hat, oder, sofern sie zum Gebiete der landwirthschaftlichen Polizei gehören, zum Ausdruck bringen, daß von der Gemeindevertretung oder, wo eine solche nicht besteht, von der Gemeindeversammlung, die Zustimmung ertheilt worden ist,
4. wenn die Strafandrohung den Betrag von 9 Mark übersteigt, einen Hinweis enthalten, daß sie mit Genehmigung des Königlichen Regierungs-Präsidenten erlassen worden sind,
5. den Zeitpunkt angeben, mit welchem sie in Kraft treten sollen.

Schreiben reichsgesetzliche Bestimmungen eine Mitwirkung der Gemeindebehörden vor, auf welche Ziffer 3 nicht anwendbar ist, so muß eine den reichsgesetzlichen Vorschriften entsprechende Erwähnung in der Polizeiverordnung aufgenommen werden.

In der Polizeiverordnung eines Bürgermeisters (Schultheißen), der allein als Gemeindevorstand zu betrachten ist, darf die Bemerkung, daß sie nach Berathung, oder im Einverständniß mit dem Gemeindevorstande erlassen wird, fortgelassen werden.

III. Ortspolizeiliche Vorschriften für Stadtgemeinden.

Bei Erlaß von Polizeivorschriften für Stadtgemeinden finden die Bestimmungen unter II entsprechende Anwendung, nur sind folgende Aenderungen zu beachten:

1. In Polizeiverordnungen, welche weder zum Gebiete der Sicherheitspolizei, noch zum Gebiete der landwirthschaftlichen Polizei gehören, ist
   a) nicht nur auf die unter II 2 angezogenen gesetzlichen Bestimmungen, sondern auch auf § 143 des Gesetzes über die allgemeine Landesverwaltung vom 30. Juli 1883 Bezug zu nehmen,
   b) anstatt der Berathung mit dem Gemeindevorstande die Zustimmung desselben zu erwähnen,
   c) wenn die Zustimmung des Gemeindevorstandes versagt und durch Beschluß des Bezirksausschusses ergänzt ist, oder
   d) wenn die Ortspolizeibehörde in Fällen, welche keinen Aufschub erleiden, solche Polizeivorschriften vor Einholung der Zustimmung des Gemeindevorstandes erläßt, so ist eine diesbezügliche Bemerkung aufzunehmen.
2. Alle Polizeiverordnungen für Stadtkreise, welche Geldstrafen von mehr als 9 Mark androhen, müssen auch eine Bezugnahme auf § 144 des Gesetzes über die allgemeine Landesverwaltung vom 30. Juli 1883 enthalten, dagegen sind sie der Bestimmung unter II 4 nicht unterworfen.

Sachregister.

(Die großen Zahlen bedeuten die Seiten, die kleinen die Noten.)

Druck von A. W. Hayn's Erben in Potsdam.

FSC
www.fsc.org
MIX
Papier | Fördert
gute Waldnutzung
FSC® C083411

Kolibri 360 GmbH
Ferdinand-Jühlke-Straße 7
99095 Erfurt, Deutschland
produktsicherheit@kolibri360.de